Cornelius Merlin

Tourismus und nachhaltige Regionalentwicklung in deutschen Biosphärenreservaten

WÜRZBURGER GEOGRAPHISCHE ARBEITEN

Herausgegeben vom Institut für Geographie und Geologie der Universität Würzburg in Verbindung mit der Geographischen Gesellschaft Würzburg

Herausgeber
R. Baumhauer, B. Hahn, H. Job, H. Paeth, J. Rauh, B. Terhorst

Schriftleitung
R. Klein

Band 118

Die Schriftenreihe Würzburger Geographische Arbeiten wird vom Institut für Geographie und Geologie zusammen mit der Geographischen Gesellschaft herausgegeben. Die Beiträge umfassen mit wirtschafts-, sozial- und naturwissenschaftlichen Forschungsperspektiven die gesamte thematische Bandbreite der Geographie. Der erste Band der Reihe erschien 1953.

Cornelius Merlin

Tourismus und nachhaltige Regionalentwicklung in deutschen Biosphärenreservaten

Regionalwirtschaftliche Effekte touristischer Nachfrage und Handlungsspielräume der Destinationsentwicklung durch Biosphärenreservats-Verwaltungen untersucht in sechs Biosphärenreservaten

Würzburg
University Press

Dissertation, Julius-Maximilians-Universität Würzburg
Philosophische Fakultät, 2016
Gutachter: Prof. Dr. Hubert Job, Prof. Dr. Ludger Brenner

Impressum

Julius-Maximilians-Universität Würzburg
Würzburg University Press
Universitätsbibliothek Würzburg
Am Hubland
D-97074 Würzburg
www.wup.uni-wuerzburg.de

© 2017 Würzburg University Press
Print on Demand

ISSN 0510-9833 (print)
ISSN 2194-3656 (online)
ISBN 978-3-95826-050-4 (print)
ISBN 978-3-95826-051-1 (online)
urn:nbn:de:bvb:20-opus-145039

Danksagung

Die vorliegende Dissertation nimmt ihren Ursprung in einem Projekt des Bundesamtes für Naturschutz, ohne dessen finanzielle Unterstützung elementare Bestandteile der Arbeit nicht hätten durchgeführt werden können. Daneben konnte ich glücklicherweise im Verlauf der Promotionszeit und der letztendlichen Niederschrift der Dissertation auf die Hilfe und Unterstützung zahlreicher Personen bauen, ohne die das vorliegende Ergebnis in dieser Form heute nicht existieren würde. Diesen möchte ich an dieser Stelle ein herzliches Dankeschön aussprechen.

Besonderer Dank gilt meinem Doktorvater Herrn Prof. Dr. Hubert Job, der mich bereits im Jahr 2008 für die Thematik Großschutzgebiete und die Auseinandersetzung mit selbigen aus einer sozioökonomischen Perspektive begeistern konnte. Im Rahmen der Betreuung konnte ich sowohl fachlich als auch strategisch oftmals von seiner Erfahrung profitieren. Herrn Prof. Dr. Ludger Brenner danke ich für die Übernahme der Zweitkorrektur und die stets unkomplizierte Zusammenarbeit.

Weiterhin gilt mein Dank den interviewten Leitern und Mitarbeitern in den Verwaltungsstellen der Biosphärenreservate und den weiteren Interviewpartnern vor Ort für ihre Geduld und Auskunftsfreudigkeit.

Den Kollegen und Freunden Dr. Julius Arnegger, Dr. Elias Butzmann, Manuel Engelbauer, Yasmin Herget, Dr. Anu Kumari Lama, Prof. Dr. Ralf Klein, Dr. Felix Kraus, Daniel Mann, Prof. Dr. Marius Mayer, Niklas Scheder, Dr. Ferdinand Päsler und Dr. Manuel Woltering danke ich für die moralische und fachliche Unterstützung und die stets fruchtbare Zusammenarbeit. Ein besonderes Dankeschön gilt Johannes Schamel, ein wunderbarer Promotionskollege und Freund im Büro, auf dem Berg und in der Luft.

Ganz herzlich danke ich Felix Kraus, mit dem in verschiedenen Projekten zu Biosphärenreservaten eine enge, reibungslose und fruchtbare Zusammenarbeit bestand. Ohne seine Hilfe und Mühen hätte diese Arbeit in der letztendlichen Form nicht entstehen können. Weiterer Dank gilt Lisa Majewski und Katharina Munz, die mich im Rahmen ihrer Bachelorarbeiten, bei der Transkription der Experteninterviews sowie bei weiteren Datenrecherchen und -aufbereitungen unterstützten.

Herrn Winfried Weber gebührt Dank sowohl für die Hilfe beim Layout der vorliegenden Arbeit als auch bei der Gestaltung zahlreicher Karten und Grafiken in anderweitigen Projekten. Ein weiteres Dankeschön gilt Frau Menz für die Hilfe bei organisatorischen Belangen und zahlreichen Verwaltungsvorgängen.

Das größte Dankeschön gilt meiner Familie, Evi, Claus und Julia Merlin, für die jahrelange Unterstützung in jeglicher Hinsicht und bei allen Problemen, sowie Sophie Batsching, für ihre unkomplizierte Art, ihr stets ehrliches Feedback, ihre Geduld und ihre aufmunternden Worte in den anstrengenden Phasen.

Würzburg, November 2016   Cornelius Merlin

Inhaltsverzeichnis

Inhaltsverzeichnis I
Abbildungsverzeichnis.. VI
Tabellenverzeichnis VIII
Kartenverzeichnis IX
Abkürzungsverzeichnis X
Zusammenfassung XII

1 Einführung 1
  1.1 Modellregion Biosphärenreservat – Vereinbarkeit von Schutz und
      Entwicklung 1
  1.2 Zwischen Entwicklungsanspruch und Realität 4
  1.3 Aufbau der Arbeit.. 6

2 Tourismus als Instrument einer nachhaltigen Regionalentwicklung 8
  2.1 Nachhaltige Regionalentwicklung.. 8
  2.2 Regionalwirtschaftliche Effekte des Tourismus und Entwicklungs-
      potential in ländlich-peripheren Räumen... 11
      2.2.1 Regionalwirtschaftliche Effekte des Tourismus.............................. 11
      2.2.2 Tourismus in ländlich-peripheren Regionen.................................. 16
  2.3 Destination – Begriffsannäherungen, Modell und Tourismus-
      organisation auf deutscher Ebene... 17
      2.3.1 Definitionen: Destination, Tourismusorganisation und
           Destinationsmanagement.. 17
      2.3.2 Konzeptionelles Modell der Destination.. 20
      2.3.3 Umsetzung eines nachhaltigen Tourismus auf Ebene der
           Destination in Deutschland.. 28

3 UNESCO-Biosphärenreservate 35
  3.1 Entwicklung der Biosphärenreservate zu Modellregionen
      nachhaltiger Entwicklung 35
      3.1.1 Prä-Sevilla Phase... 35
      3.1.2 Post-Sevilla Phase und Betonung der Entwicklungsfunktion 37
  3.2 Tourismus im Rahmen der nachhaltigen Entwicklung in
      Biosphärenreservaten.. 43
      3.2.1 Tourismus und dessen Bedeutung im MAB-Programm 43
      3.2.2 Internationale Übereinkommen und Programme zur Förderung
           eines nachhaltigen Tourismus und deren Bezug zu
           Biosphärenreservaten 44
      3.2.3 European Charter for Sustainable Tourism in Protected Areas 49
  3.3 Biosphärenreservate in Deutschland 52
      3.3.1 Entwicklung des MAB-Programms und der Biosphären-
           reservate in Deutschland 52

3.3.2　Aufgaben und Zielsetzungen der deutschen Biosphärenreservate..... 55

3.3.3　Eigenschaften deutscher Biosphärenreservate.................................. 59

3.4　Tourismus im Rahmen einer nachhaltigen Entwicklung in deutschen
Biosphärenreservaten... 62

3.4.1　Biosphärenreservate als Destinationen... 63

3.4.2　Potentiale für eine nachhaltige Regionalentwicklung durch
Tourismus in Biosphärenreservaten.. 65

3.4.2.1　Nachfragestrukturen und -trends sowie deren Beitrag
zur Regionalökonomie... 65

3.4.2.2　Schutzstatus als Attraktion – Prädikatisierung und
Kommunikation.. 67

3.4.2.3　Angebotsstrukturen der Biosphärenreservate 72

3.4.2.4　Integrative Managementansätze der Biosphären-
reservate im Tourismus 79

3.4.3　Potentielle Einflussfaktoren auf eine nachhaltige Regionalentwicklung durch Tourismus in Biosphärenreservaten 82

3.4.4　Fördermöglichkeiten im Bereich Regionalentwicklung und
Tourismus in Biosphärenreservaten... 87

3.4.5　Konkretisierung der Forschungsfragen... 91

4　Methodisches Vorgehen.. 94

4.1　Erläuterung zum Forschungsprozess... 94

4.2　Auswahl der Untersuchungsgebiete.. 95

4.3　Methodik zur Berechnung regionalökonomischer Effekte –
die touristische Wertschöpfungsanalyse... 100

4.3.1　Allgemeines Vorgehen zur Ermittlung der Besucherzahlen........... 103

4.3.1.1　Standorte der Befragungen 103

4.3.1.2　Abgrenzung von Einheimischen.. 104

4.3.1.3　Saisonale Verteilung der Befragungen 105

4.3.1.4　Bestimmung der Besucherzahl 106

4.3.2　Generierung der ökonomisch relevanten Merkmale..................... 108

4.3.2.1　Ermittlung der Biosphärenreservats-Affinität................. 108

4.3.2.2　Ermittlung der Ausgabenstruktur 109

4.3.3　Ermittlung der regionalökonomischen Effekte 110

4.4　Qualitative Methodik zur Erfassung der Aktivitäten der Biosphärenreservats-Verwaltungen im Tourismus.. 112

4.4.1　Begründung der Vorgehensweise und Überblick 112

4.4.2　Entwicklung des Leitfadens... 115

4.4.3　Erhebungen... 117

4.4.4　Auswertung der Interviews 118

4.4.5　Weitere Datenquellen... 120

5　Die Untersuchungsgebiete 122

5.1　Pfälzerwald 122

5.2　Rhön 124

5.3 Schaalsee 126
5.4 Spreewald 128
5.5 Südost-Rügen 130
5.6 Vessertal-Thüringer Wald 132

6 Regionalökonomische Effekte des Tourismus in Biosphärenreservaten 135
6.1 Besucherzahlen in den Biosphärenreservaten 135
   6.1.1 Biosphärenreservat Pfälzerwald 135
   6.1.2 Biosphärenreservat Rhön 137
   6.1.3 Biosphärenreservat Schaalsee 139
   6.1.4 Biosphärenreservat Spreewald 141
   6.1.5 Biosphärenreservat Südost-Rügen 143
   6.1.6 Biosphärenreservat Vessertal-Thüringer Wald 144
   6.1.7 Vergleichende Zusammenfassung der Besucherzahlen 146
   6.1.8 Biosphärenreservats-Affinität und Darstellung der
        Besuchergruppen 147
6.2 Regionalökonomische Effekte des Tourismus 153
   6.2.1 Ausgabeverhalten der Besucher 153
   6.2.2 Wirtschaftliche Effekte 157
6.3 Exkurs: Ausgaben für regionale Waren und Lebensmittel 161
6.4 Strukturmerkmale und Motivation der Besucher 169
   6.4.1 Soziodemographie 170
       6.4.1.1 Herkunft der Besucher 170
       6.4.1.2 Weitere soziodemographische Merkmale 177
   6.4.2 Aufenthaltsmerkmale 178
   6.4.3 Motivation, Präferenzen, Aktivitäten 183
6.5 Zwischenfazit und Diskussion der Ergebnisse 187

**7 Tourismus im Rahmen einer nachhaltigen Entwicklung –
Managementaktivitäten durch Biosphärenreservats-Verwaltungen
und Erfolgsfaktoren** 196
7.1 Administrative Zuordnung der Biosphärenreservats-Verwaltungen 196
7.2 Finanzielle und personelle Ressourcen der Verwaltungsstellen 199
   7.2.1 Reguläre Haushaltsmittel für die touristische
        Aufgabenwahrnehmung 200
   7.2.2 Reguläre Haushaltsmittel für Regionalvermarktungs-
        initiativen und -projekte 203
   7.2.3 Personelle Ressourcen der Verwaltungsstellen 205
       7.2.3.1 Personalstruktur 205
       7.2.3.2 Personalstruktur und Einfluss auf die touristische
           Aufgabenwahrnehmung 208
   7.2.4 Finanzielle und personelle Ressourcen als Erfolgsfaktor 210
7.3 Fördermöglichkeiten im Bereich nachhaltiger Regionalentwicklung
durch Tourismus 211
   7.3.1 Biosphärenreservate und LEADER-Aktionsgruppen –
        Fördermittel und Projekte 212

7.3.1.1 Kooperationsstrukturen..212
7.3.1.2 Projekte und Fördervolumen im Bereich Tourismus............214
7.3.1.3 Erfolgsfaktoren für touristische Förderprojekte
durch LEADER..219
7.3.2 INTERREG-Projekt "Parks & Benefits" 222
7.3.3 Förderprogramme im Tourismus..223
7.3.4 Weitere Fördermöglichkeiten...225
7.3.5 Fördermöglichkeiten und -strukturen als Erfolgsfaktor....................227
7.4 Leitbilder und Konzepte...229
7.4.1 Touristisch relevante Konzepte – Rahmenkonzept sowie
touristische Leitbilder und Konzepte 229
7.4.2 Touristisches Leitbild als Erfolgsfaktor...233
7.5 Touristische Angebotsentwicklung durch Biosphärenreservate.................234
7.5.1 Touristisches Angebotsspektrum der Biosphärenreservate.............235
7.5.1.1 Informationszentren und zugehörige Angebote...................236
7.5.1.2 Informations- und Kommunikationsangebote......................237
7.5.1.3 Angebote zur Besucherbetreuung, Naturerlebnisangebote und Bildung für nachhaltige Entwicklung 238
7.5.1.4 Wegeinfrastruktur und Besucherlenkung............................239
7.5.1.5 Angebote mit Veranstaltungscharakter und Pauschalen......240
7.5.2 Touristische Angebote der Biosphärenreservate –
zwischen regionalem Nischenangebot und professioneller
Integration in touristische Wertschöpfungsketten............................241
7.5.2.1 Biosphärenreservats-Verwaltungen und Aufgabenwahrnehmung im Bereich touristischer Angebote 241
7.5.2.2 Steigerung der Aufenthaltsdauer und Saisonausgleich........243
7.5.2.3 Bildung für nachhaltige Entwicklung und
Erlebnisorientierung..244
7.5.2.4 Nachfragesegmente und Zielgruppen....................................245
7.5.2.5 Entwicklung von Pauschalangeboten mit Bezug zum
Biosphärenreservat 247
7.5.2.6 Vermarktung der Angebote..250
7.5.2.7 Erfolgsfaktoren im Rahmen der Angebotserstellung............254
7.6 Positionierung des Biosphärenreservates im Marketing auf
Destinationsebene...256
7.7 Regionalvermarktungs- und Partner-Initiativen der Biosphären-
reservate als touristisches Angebotselement..261
7.7.1 Management, Anbindung an das Biosphärenreservat und Art
der Initiativen 263
7.7.2 Regionalvermarktungsinitiativen ohne direkten Bezug zum
Biosphärenreservat 265
7.7.3 Gebietskulisse der Initiativen...267
7.7.4 Branchenstruktur 270
7.7.5 Marketing- und Strategieansätze und Kooperation mit
Tourismusorganisationen..273

    7.7.6   Kriterien, Siegel und Qualitätsmanagement 283
    7.7.7   Erfolgsfaktoren der Inwertsetzung der Regionalvermarktungs-
            und Partner-Initiativen als touristische Angebotselemente 286

**8 Synthese und Diskussion – Beitrag der Biosphärenreservats-
Verwaltungen zur nachhaltigen Regionalentwicklung durch Tourismus** 289
   8.1 Anmerkungen zur Methodik 289
   8.2 Touristische Nachfrage und Managementansätze 291
   8.3 Organisation und Kooperation mit Tourismusakteuren 292
   8.4 Förderprogramme als integrative, sektorübergreifende Ansätze 294
   8.5 Strategie und Planung im Rahmen der Destination 297
   8.6 Anziehungspunkte und zentrale Angebote 299
   8.7 Integrative und kooperative Marketingstrategie 305
   8.8 Positionierung und Imagefunktion 309
   8.9 Synthese – Erfolgsfaktoren der nachhaltigen Regionalentwicklung
       durch Tourismus 312

9 Fazit 315
   9.1 Managementimplikationen 315
   9.2 Schlussbetrachtung 319

Literaturverzeichnis 325
Anhang 352

Abbildungsverzeichnis

Abbildung 1:   Tangible und intangible Effekte des Tourismus................................ 12
Abbildung 2:   Tangible Effekte des Tourismus in Biosphärenreservaten.............. 14
Abbildung 3:   Dienstleistungskette im Tourismus und Bezug zur
               Tourismusorganisation 19
Abbildung 4:   Konzeptionelles Destinationsmodell 22
Abbildung 5:   Zonierungskonzept der Biosphärenreservate 38
Abbildung 6:   UNESCO-MAB Programm und Übereinkommen zur
               Förderung des nachhaltigen Tourismus 46
Abbildung 7:   Erfolgspotentiale und -faktoren regionaler
               Entwicklungsprozesse.. 84
Abbildung 8:   Bestandteile der Wertschöpfungsanalyse................................ 101
Abbildung 9:   Bestandteile der Wertschöpfung... 102
Abbildung 10: Abgrenzung der Einheimischen und Tagesgäste nach
               Postleitzahlgebieten.. 105
Abbildung 11: Vorgehen zur Berechnung der Besucherzahl 107
Abbildung 12: Bestimmung der Biosphärenreservats-Affinität der Besucher...... 109
Abbildung 13: Berechnungsweg regionalökonomischer Effekte des
               Tourismus in Biosphärenreservaten 111
Abbildung 14: Bestandteile der qualitativen Erhebung 115
Abbildung 15: Schritte der Inhaltsanalyse.. 120
Abbildung 16: Besucherzahlen an den Erhebungstagen im
               Biosphärenreservat Pfälzerwald.. 136
Abbildung 17: Wochenabhängiger Jahresverlauf der Besucherzahlen im
               Biosphärenreservat Pfälzerwald.. 137
Abbildung 18: Besucherzahlen an den Erhebungstagen im
               Biosphärenreservat Rhön... 138
Abbildung 19: Wochenabhängiger Jahresverlauf der Besucherzahlen im
               Biosphärenreservat Rhön... 138
Abbildung 20: Besucherzahlen an den Erhebungstagen im
               Biosphärenreservat Schaalsee 140
Abbildung 21: Wochenabhängiger Jahresverlauf der Besucherzahlen im
               Biosphärenreservat Schaalsee 140
Abbildung 22: Besucherzahlen an den Erhebungstagen im
               Biosphärenreservat Spreewald 141
Abbildung 23: Wochenabhängiger Jahresverlauf der Besucherzahlen
               im Biosphärenreservat Spreewald.. 142
Abbildung 24: Besucherzahlen an den Erhebungstagen im
               Biosphärenreservat Südost-Rügen 143
Abbildung 25: Wochenabhängiger Jahresverlauf der Besucherzahlen im
               Biosphärenreservat Südost-Rügen 144
Abbildung 26: Besucherzahlen an den Erhebungstagen im
               Biosphärenreservat Vessertal-Thüringer Wald.................... 145

Abbildung 27: Wochenabhängiger Jahresverlauf der Besucherzahlen im
    Biosphärenreservat Vessertal-Thüringer Wald............................... 145
Abbildung 28: Kenntnisstand des Schutzstatus in den
    Untersuchungsgebieten 148
Abbildung 29: Biosphärenreservatsbesucher im engeren Sinne in den
    Untersuchungsgebieten 150
Abbildung 30: Besucherzahlen und -strukturen in den Untersuchungs-
    gebieten 151
Abbildung 31: Ausgabenwerte der Besucher in den Untersuchungsgebieten 154
Abbildung 32: Ausgabenstruktur der Übernachtungsgäste in den
    Untersuchungsgebieten 154
Abbildung 33: Ausgabenstruktur der Tagesgäste in den Untersuchungs-
    gebieten 155
Abbildung 34: Durchschnittliche Ausgaben der Tages- und Übernachtungs-
    gäste nach Biosphärenreservats-Affinität.. 157
Abbildung 35: Anteile der Käufer regionaler Waren nach Tages- und
    Übernachtungsgästen.. 162
Abbildung 36: Ausgaben für regionale Waren nach Tages- und
    Übernachtungsgästen.. 163
Abbildung 37: Anteile der Käufer regionaler Waren nach
    Biosphärenreservats-Affinität 164
Abbildung 38: Ausgaben für regionale Waren nach Biosphärenreservats-
    Affinität 165
Abbildung 39: Anteile der Käufer regionaler Waren nach Tages- und
    Übernachtungsgästen sowie Biosphärenreservats-Affinität 166
Abbildung 40: Mittelwerte der Ausgaben für Unterkunftskategorien in
    allen Untersuchungsgebieten.. 182
Abbildung 41: Gründe für den Besuch der Region nach Tages- und
    Übernachtungsgästen.. 183
Abbildung 42: Gründe für den Besuch der Region nach Biosphären-
    reservats-Affinität 184
Abbildung 43: Aktivitäten im Rahmen des Aufenthaltes nach Tages- und
    Übernachtungsgästen.. 185
Abbildung 44: Aktivitäten im Rahmen des Aufenthaltes nach
    Biosphärenreservats-Affinität 186
Abbildung 45: Einstellungen der Biosphärenreservatsbesucher i.e.S. und der
    sonstigen Biosphärenreservatsbesucher.. 187
Abbildung 46: Branchenstruktur der Regionalvermarktungs- bzw. Partner-
    Initiativen in den Untersuchungsgebieten...................................... 271
Abbildung 47: Logo Partner-Initiative der NNL (Beispiel)................................... 284
Abbildung 48: Kombiniertes Siegel zur Kennzeichnung von Betrieben bzw.
    Produkten... 285
Abbildung 49: Siegel der Dachmarke Rhön... 286
Abbildung 50: Integration des Biosphärenreservates in touristische
    Marketingstrukturen 308
Abbildung 51: Erfolgsfaktoren einer nachhaltigen Regionalentwicklung
    durch Tourismus im Kontext der Biosphärenreservate................. 313

Tabellenverzeichnis

Tabelle 1: Touristische Organisationsstruktur auf Ebene des
Bundeslandes (Bsp.) 29

Tabelle 2: Überblick über die Entwicklung des MAB-Programms und der
Biosphärenreservate in Deutschland 54

Tabelle 3: UNESCO-Kriterien für die Anerkennung und Überprüfung der
Biosphärenreservate in Deutschland 56

Tabelle 4: Sozioökonomische Stärken und Schwächen deutscher
Biosphärenreservate 62

Tabelle 5: Bewertungsschema Regionsstärke im Destinationsmanagement 97

Tabelle 6: Kennzahlen zu deutschen Biosphärenreservaten anhand der
amtlichen Statistik (Bezugsjahr 2010) 98

Tabelle 7: Destinationstypologie der Biosphärenreservate 99

Tabelle 8: Anzahl der Erhebungsstandorte in den Untersuchungsgebieten 104

Tabelle 9: Verteilung der Befragungstage 106

Tabelle 10: Struktur des Leitfadens für Experteninterviews 116

Tabelle 11: Zusammenfassende Darstellung der Besucherzahlen in den
Untersuchungsgebieten 146

Tabelle 12: Biosphärenreservats-Affinität nach Tages- und Übernachtungs-
gästen 151

Tabelle 13: Biosphärenreservats-Affinität nach Erhebungsstandorten 152

Tabelle 14: Besucherzahlen, -strukturen, Ausgabenwerte und Bruttoumsatz
in den Untersuchungsgebieten 159

Tabelle 15: Bruttoumsatz, Einkommen und Einkommensäquivalente in den
Untersuchungsgebieten 160

Tabelle 16: Ausgabenwerte der Tages- und Übernachtungsgäste für regionale
Waren nach Biosphärenreservats-Affinität 168

Tabelle 17: Soziodemographische Merkmale der Besucher in den
Untersuchungsgebieten 177

Tabelle 18: Aufenthaltsmerkmale der Besucher in den Untersuchungs-
gebieten 179

Tabelle 19: Aufenthaltsmerkmale der Übernachtungsgäste in den
Untersuchungsgebieten 181

Tabelle 20: Darstellung regulärer Haushaltmittel und finanzieller
Kapazitäten für die touristische Aufgabenwahrnehmung 201

Tabelle 21: Personal und Kapazitäten im Bereich Tourismus und
Regionalvermarktung (Stand: 2014) 207

Tabelle 22: LEADER-Gruppen, Projekte und Beteiligung der Biosphärenreservate in der Förderperiode 2007-2013 216

Tabelle 23: Biosphärenreservate und touristisch relevante Leitbilder,
Konzepte und Programme 230

Tabelle 24: Regionalvermarktungsinitiativen und -projekte in den
Biosphärenreservaten 262

Kartenverzeichnis

Karte 1:   Lage der Biosphärenreservate und Raumstruktur in Deutschland 60
Karte 2:   Biosphärenreservate und LEADER-Regionen in Deutschland
(2007-2013) 88
Karte 3:   Untersuchungsgebiet Biosphärenreservat Pfälzerwald 123
Karte 4:   Untersuchungsgebiet Biosphärenreservat Rhön 125
Karte 5:   Untersuchungsgebiet Biosphärenreservat Schaalsee 128
Karte 6:   Untersuchungsgebiet Biosphärenreservat Spreewald 130
Karte 7:   Untersuchungsgebiet Biosphärenreservat Südost-Rügen 131
Karte 8:   Untersuchungsgebiet Biosphärenreservat
Vessertal-Thüringer Wald 134
Karte 9:   Herkunft der Besucher des Biosphärenreservats Pfälzerwald 171
Karte 10: Herkunft der Besucher des Biosphärenreservats Rhön 172
Karte 11: Herkunft der Besucher des Biosphärenreservats Schaalsee 173
Karte 12: Herkunft der Besucher des Biosphärenreservats Spreewald 174
Karte 13: Herkunft der Besucher des Biosphärenreservats Südost-Rügen 175
Karte 14: Herkunft der Besucher des Biosphärenreservats
Vessertal-Thüringer Wald 176

Abkürzungsverzeichnis

AGBR	Ständige Arbeitsgruppe der Biosphärenreservate in Deutschland
ARGE	Arbeitsgemeinschaft
BBSR	Bundesinstitut für Bau-, Stadt- und Raumforschung
BNE	Bildung für nachhaltige Entwicklung
CBD	Convention on Biological Diversity (Konvention über die Biologische Vielfalt)
DMO	Destinationsmanagementorganisation
DRL	Deutscher Rat für Landespflege
DTV	Deutscher Tourismusverband e.V.
dwif	Deutsches Wirtschaftswissenschaftliches Institut für Fremdenverkehr an der Universität München
DZT	Deutsche Zentrale für Tourismus e.V.
ECST	European Charter for Sustainable Tourism in Protected Areas (Europäische Charta für nachhaltigen Tourismus in Schutzgebieten)
EFRE	Europäischer Fonds für regionale Entwicklung
ELER	Europäischer Landwirtschaftsfonds für die Entwicklung des ländlichen Raums
ESF	Europäischer Sozialfonds
FAO	Food and Agriculture Organization of the United Nations (Welternährungsorganisation)
GAK	Gemeinschaftsaufgabe Agrarstruktur und Küstenschutz
GSTC	Global Sustainable Tourism Council
ICC	International Co-ordinating Council
ILE	Integrierte Ländliche Entwicklung
IUCN	International Union for Conservation of Nature and Natural Resources (Weltnaturschutzorganisation)
LAP	Lima Action Plan
LEADER	Liaison entre actions de développement de l'économie rurale
LfU	Landesamt für Umwelt Brandenburg
MaB	Man and the Biosphere (Der Mensch und die Biosphäre)
MAP	Madrid Action Plan
MDG	Millennium Development Goals (Millenniums-Entwicklungsziele)
MLUL	Ministerium für Ländliche Entwicklung, Umwelt und Landwirtschaft Brandenburg
NNL	Nationale Naturlandschaften
OECD	Organisation for Economic Co-operation and Development (Organisation für wirtschaftliche Zusammenarbeit und Entwicklung)
SDG	Sustainable Development Goals (Ziele nachhaltiger Entwicklung)

TÖB	Träger öffentlicher Belange
TTG	Thüringer Tourismus GmbH
UN	United Nations (Vereinte Nationen)
UNCED	United Nations Conference on Environment and Development (Konferenz der Vereinten Nationen über Umwelt und Entwicklung)
UNEP	United Nations Environment Programme (Umweltprogramm der Vereinten Nationen)
UNESCO	United Nations Educational, Scientific and Cultural Organization (Organisation der Vereinten Nationen für Bildung, Wissenschaft und Kultur)
UNWTO/WTO	World Tourism Organization (Welttourismusorganisation)
VNLR	Verein Natur- und Lebensraum Rhön
WHO	World Health Organization (Weltgesundheitsorganisation)

Zusammenfassung

Die 15 deutschen UNESCO-Biosphärenreservate (Stand 12/2016) sollen als Modell-regionen eine nachhaltige Entwicklung verwirklichen, wozu neben dem Schutz des Naturhaushaltes und der genetischen Ressourcen auch die sozio-ökonomische Entwicklung der Region zu gewährleisten ist. Als Zielgebiete touristischer Nachfrage stellt der Tourismus potentiell eine Entwicklungschance und – laut den deutschen MAB-Kriterien – ein relevantes Handlungsfeld für die Biosphärenreservats-Verwaltungen dar. Die vorliegende Arbeit behandelt aus zwei unterschiedlichen Perspektiven die Frage, inwieweit Tourismus zur nachhaltigen Regionalentwicklung in den deutschen Biosphärenreservaten beiträgt.

Zum einen wird mittels einer Wertschöpfungsanalyse die touristische Nachfrage und dadurch ausgelöste regionalökonomische Effekte untersucht, was eine Erfassung der Besucher hinsichtlich Anzahl, Strukturen, Ausgabenniveaus, Aufenthalts-merkmalen sowie Einstellungen umfasst. Zum anderen wird ermittelt, inwieweit die Biosphärenreservats-Verwaltungen die touristische Entwicklung auf regionaler Ebene im Sinne der nachhaltigen Regionalentwicklung mitgestalten. Basierend auf einer touristischen Typisierung der deutschen Biosphärenreservate werden hierzu sechs ausgewählte Biosphärenreservate (Pfälzerwald, Rhön, Schaalsee, Spreewald, Südost-Rügen, Vessertal-Thüringer Wald) eingehend untersucht.

Die Ergebnisse zeigen, dass die Besucherzahlen zwischen 487.000 im Vessertal-Thüringer Wald und 6,4 Mio. in der Rhön schwanken. Insgesamt wird in den sechs Gebieten ein Bruttoumsatz von 908 Mio. € generiert, was einer Wertschöpfung von 474 Mio. € und 28.000 Einkommensäquivalenten entspricht. Der Wert relativiert sich, betrachtet man die Biosphärenreservatsbesucher im engeren Sinn, die für rund 7 % des Bruttoumsatzes bzw. 1.917 Einkommensäquivalente verantwortlich sind. Das Segment ist tendenziell schwach vertreten, jedoch empfänglich für die Ansätze der nachhaltigen Ausrichtung des Tourismus seitens der Biosphärenreservats-Verwaltung. Es präferiert z.B. traditionelle Kulturlandschaftsbilder, Bio-Labels und Regionalität bei Produkten und ist offen gegenüber Schutzbemühungen, was sich jedoch noch nicht im Ausgabeverhalten widerspiegelt.

Hier setzen die Verwaltungen der Biosphärenreservate im Tourismus an und werden auf Destinationsebene im Bereich der strategischen Planung, der Förder-mittelakquise, der Generierung touristischer Angebote und Dienstleistungen, der Entwicklung von Regionalvermarktungs- und Partner-Initiativen sowie der Positionierung des Biosphärenreservates als Destination und Marke aktiv. Dennoch wird in allen Gebieten nahezu ausnahmslos die Integration des Biosphärenreservates als Akteur, Attraktion und Angebotsfamilie und verbindende Thematik auf Destinationsebene als verbesserungswürdig eingestuft. Im Rahmen der Arbeit können dafür relevante Faktoren abgeleitet werden, die somit Ansatzpunkte darstellen, den noch ausbaufähigen Beitrag des Tourismus zur nachhaltigen Regionalentwicklung in Biosphärenreservaten im Sinne tangibler und intangibler Effekte zu steigern.

1 Einführung

1.1 Modellregion Biosphärenreservat – Vereinbarkeit von Schutz und Entwicklung

#EnjoyGermanNature

Unter diesem Hashtag finden sich bei Twitter im Jahr 2016 zahllose Bilder aus den verschiedenen Naturlandschaften Deutschlands. Twitter-Nutzer aus aller Welt, die ihren Urlaub in Deutschland verbringen, stellen eigene Urlaubsfotos aus den unterschiedlichen Regionen Deutschlands auf der Plattform unter dem Schlagwort „EnjoyGermanNature" online. Dadurch werden die Bilder für weitere Nutzer des Netzwerks zugänglich, finden idealerweise weite Verbreitung und erfahren gesteigerte Aufmerksamkeit. Die Marketingkampagne in den sozialen Netzwerken geht auf die Deutsche Zentrale für Tourismus (DZT) zurück, die das Reiseland Deutschland weltweit vermarktet. Unter dem Motto „Faszination Natururlaub" bewirbt die DZT im Themenjahr 2016 speziell das Naturerbe Deutschlands. Im Mittelpunkt steht die Dachmarke Nationale Naturlandschaften (NNL), die die Nationalparke, Naturparke und Biosphärenreservate Deutschlands vereint. Als Schutzgebieten obliegt diesen der Auftrag, den Erhalt natürlicher Ressourcen und der Biodiversität zu gewährleisten. Darüber hinaus stellen die NNL Zielgebiete touristischer Nachfrage dar, woraus sich die Notwendigkeit ergibt, die Schutzfunktion bei gleichzeitiger touristischer Nutzung fortwährend zu gewährleisten.

Gesellschaftlich stärker debattiert wird die Nutzung von und der Umgang mit natürlichen Ressourcen aufgrund einer aufkeimenden Kritik am Fortschrittsgedanken seit Ende der 1960er und Anfang der 1970er Jahre (vgl. GRUNWALD & KOPFMÜLLER 2012: 20). Dies zeigt sich z.B. in vielbeachteten Veröffentlichungen wie den Berichten „Die Grenzen des Wachstums" des Club of Rome (vgl. MEADOWS et al. 1973) und „Unsere Gemeinsame Zukunft" der Brundtland-Kommission (vgl. HAUFF 1987) sowie der ersten Umweltkonferenz der Vereinten Nationen (UN) in Stockholm oder der Gründung eigenständiger Umweltministerien in zahlreichen Staaten (vgl. GRUNWALD & KOPFMÜLLER 2012: 20ff.). Die von der Brundtland-Kommission erarbeitete Definition einer nachhaltigen Entwicklung ist maßgeblich für das heutige Verständnis, ist aber bereits Anfang des 18. Jahrhunderts im Kontext der Forstwirtschaft (vgl. CARLOWITZ 1713) bzw. Anfang des 20. Jahrhunderts als Ansatz des „maximum sustainable yield" in der Fischereiwirtschaft zu verorten (vgl. GRUNWALD & KOPFMÜLLER 2012: 18f.). Die genannten Ansätze bauen auf dem gleichen Prinzip auf: einer ökonomischen Nutzung unter Wahrung der ökologischen Ressourcen.

Den Widerspruch zwischen Nutzung und Schutz der Biosphäre aufzuheben, war 1968 auf einer Konferenz in Paris unter Teilnahme der UN, der Welternährungsorganisation (FAO), der Weltnaturschutzorganisation (IUCN) und dem Internationalen Biologischen Programm erklärtes Ziel. Damit war der Weg geebnet für das 1970 beschlossene interdisziplinäre „Man and the Biosphere" Programm (MAB-Programm), das neben ökologischen auch soziale und kulturelle Aspekte umfasst (vgl. UNESCO 1968: 33f.). Als zwischenstaatlicher Ansatz unter Federführung der Organisation der Vereinten Nationen für Bildung, Wissenschaft und Kultur (UNESCO), soll neben dem Umweltschutz die sozio-kulturelle und wirtschaftliche Entwicklung gefördert werden (vgl. KAMMANN & MÖLLER 2007: 13). Zur Umsetzung auf regionaler Ebene war dazu ein weltweites Netz aus Schutzgebieten geplant. Der Begriff der Biosphärenreservate wurde dabei 1969 erstmals erwähnt und auf weiteren Konferenzen zunehmend konkretisiert (vgl. KAMMANN & MÖLLER 2007: 14). Wegweisend ist die 1995 beschlossene Sevilla-Strategie, wodurch für die Biosphärenreservate zu erfüllende Mindestkriterien festgelegt werden und der Aspekt menschlicher und nachhaltiger wirtschaftlicher Entwicklung betont wird. Diese grundsätzliche Konzeption wird im Rahmen des Madrid Action Plans (2008-2013) und des Lima Action Plans (2016-2025) beibehalten, umzusetzende Maßnahmen weiterentwickelt und angepasst.

Mittlerweile umfasst das Weltnetz 669 Biosphärenreservate in insgesamt 120 Ländern (Stand 2016, vgl. UNESCO 2016b: 31f.). Im Jahr 2016 sind in Deutschland 15 Biosphärenreservate durch die UNESCO anerkannt und versuchen, eine ausgewogene Entwicklung von Mensch und Umwelt zu gewährleisten. Das umfasst neben dem Entwicklungsaspekt Aufgaben im Naturschutz, der Forschung, dem Monitoring sowie im Bereich der Bildung für nachhaltige Entwicklung (BNE). Ökologische, soziale und ökonomische Aspekte sind unter schonender Nutzung der vorhandenen Ressourcen in Einklang zu bringen (vgl. SCHULZ 2004: 99f.). Eine umweltgerechte wirtschaftliche Entwicklung unter Beteiligung der Bevölkerung ist zu initiieren, konkrete Ziele sollen jeweils in Abhängigkeit von ökologischen und sozioökonomischen Rahmenbedingungen definiert werden. Regionalspezifische Entwicklungsmöglichkeiten in verschiedenen Wirtschaftssektoren sollen aufgezeigt werden, um so *„nachhaltige Nutzungen und die tragfähige Entwicklung des Biosphärenreservates und seiner umgebenden Region"* (DEUTSCHES MAB-NATIONALKOMITEE 2007: 21) im Rahmen einer nachhaltigen Regionalentwicklung zu fördern.

Im primären Sektor eignet sich die Förderung eines naturnahen Landbaus oder der naturnahen Waldbewirtschaftung, im sekundären Sektor innovative Ansätze, z.B. im Bereich Energie, Ressourceneinsatz und Stoffstrommanagement. Im tertiären Sektor können z.B. ökologisch verträglich hergestellte Produkte vermarktet sowie entsprechende Vertriebsstrukturen etabliert werden. Ebenso ist ein umwelt- und sozialverträglicher Tourismus anzustreben. Dem Nachhaltigkeitsanspruch *„müssen sich Biosphärenreservate im Hinblick auf ihre hohe Bedeutung als touristische Zielgebiete in besonderem Maße stellen"* (DEUTSCHES MAB-NATIONALKOMITEE 2007: 22), wozu Leitbilder, Besucherlenkung und nachhaltige Angebote gefördert werden sollen.

Sowohl auf internationaler, nationaler und regionaler Ebene wird der Tourismus in Biosphärenreservaten als eine strategische Komponente und relevantes Handlungsfeld im Rahmen der Entwicklungsfunktion betrachtet. Von der UNESCO werden Biosphärenreservate als *„ideal places to test and develop innovative tourism models that benefit local people and maintain cultures, biodiversity and associated values"* betrachtet (UNESCO MAB SECRETARIAT 2002: 1). Dies spiegelt sich auch in den einzelnen Rahmenkonzepten der Biosphärenreservate wider, die sich i.d.R. mit dem Themenfeld Tourismus auseinandersetzen und diesem eine nicht unbedeutende Entwicklungsfunktion zusprechen (vgl. z.B. BIOSPHÄRENRESERVAT VESSERTAL-THÜRINGER WALD 2006: 39f.; AMT FÜR DAS BIOSPHÄRENRESERVAT SCHAALSEE 2004: 12). Die touristische Inwertsetzung von Biosphärenreservaten ist – bei geeigneten regionalen Voraussetzungen – als Zielsetzung genannt, da sie dazu beitragen kann, nachhaltige Wirtschaftsweisen, insbesondere im Rahmen von Modellprojekten (z.B. Pflege traditioneller Handwerksformen) zu erhalten bzw. auszubauen (vgl. UNESCO 2016d: 9; REVERMANN & PETERMANN 2002: 40).

Nahe liegt hier auch die Verbindung von touristischer Nachfrage und Regionalvermarktungsinitiativen, die versuchen, individuelle regionale Merkmale, hohe Qualität und definierte, nachvollziehbare Kriterien mit Produkten und touristischen Dienstleistungen zu verknüpfen (vgl. GEHRLEIN & FICK 2007: 13). Dadurch können diese, ausgestattet mit regionalen oder ökologischen Spezifikationen, wesentlich zur Attraktivität einer Destination beitragen (vgl. SIMS 2009; SLOAN et al. 2009: 140). Diese Handlungsansätze greifen die Biosphärenreservate zusammen mit den Natur- und Nationalparken in der Dachmarke NNL auf, um sich als attraktive Reisedestinationen für einen umwelt- und sozialverträglichen Tourismus zu vermarkten (vgl. HOFFMANN 2009: 196). Neben gemeinsamen Marketingmaßnahmen werden im Rahmen eines Partnerprogrammes zwischen den Schutzgebieten und vorwiegend touristischen Unternehmen, definierte Qualitäts- und Umweltkriterien angewandt. Dadurch gewinnen die Schutzgebiete Multiplikatoren und die Betriebe mit dem Schutzgebiet einen wettbewerbsrelevanten Werbefaktor (vgl. HOFFMANN 2009: 197ff.).

Die Förderung eines mit dem Naturschutz kompatiblen Tourismus in Schutzgebieten kann, insbesondere in ländlich-peripheren Regionen, dazu beitragen, die regionale Entwicklung zu fördern (vgl. HAMMER & SIEGRIST 2008: 153; MOSE 2007; WOLTERING 2012; JOB 2010; JOB et al. 2003; JOB et al. 2016a). Über tangible und intangible Effekte kann touristische Nachfrage einen Beitrag zum regionalen Einkommen und dem Erhalt einer multifunktionalen Wirtschaftsstruktur leisten. Ebenso können sich positive Effekte für Infrastrukturen, Image, Kooperations- und Netzwerkstrukturen einer Region ergeben (vgl. WOLTERING 2012: 68ff.; JOB 2010).

Spätestens seit der Veröffentlichung „Die Landschaftsfresser" von KRIPPENDORF (1975) ist man sich möglicher negativer Auswirkungen im Tourismus, wie z.B. der ökologischen Belastungen oder der negativen sozio-kulturellen Folgen, bewusst. Maßnahmen zur Ausrichtung der touristischen Entwicklung am normativen Konzept der Nachhaltigkeit sind, auch auf der Destinationsebene, gemeinhin gefordert und akzeptiert sowie im Rahmen zahlreicher Konzepte und Richtlinien dargelegt (vgl. FOXLEE 2007: 44). Auch von Seiten der Schutzgebiete, in Biosphärenreservaten bereits aufgrund der Ausrichtung des MAB-Programms, wird eine nachhaltige Tourismusentwicklung zunehmend als relevant erachtet, u.a. aufgrund des Beitrags zur Schutzfunktion z.B. im Rahmen des Bildungsauftrages (vgl. JOB et al. 1993: 16ff.; FoxLEE 2007: 44; DEUTSCHES MAB-NATIONALKOMITEE 2007: 23).

1.2 Zwischen Entwicklungsanspruch und Realität

Tourismus in deutschen Biosphärenreservaten kann aufgrund verschiedener Rahmenbedingungen als vielversprechende Entwicklungsoption gelten. Zum einen da die Biosphärenreservate mit repräsentativen Natur- und Kulturlandschaftsräumen als attraktive Destinationen einer landschafts- und naturbezogenen Erholung fungieren können (vgl. ENGELS & JOB-HOBEN 2004: 113); zum anderen lässt sich ein verstärktes Interesse gegenüber ökologischem, ressourcenschonendem und umweltverträglichem Urlaub feststellen, was rund einem Drittel der Bevölkerung wichtig ist (vgl. FUR 2012: 6). Da Biosphärenreservats-Verwaltungen u.a. strategisch, kooperativ und integrierend agieren (vgl. HAMMER 2003: 21ff.), bieten sich auch im Tourismus gute Voraussetzungen, Besuchermanagement, integrative Tourismusplanung und kooperative Konzepte umzusetzen. Als potentiell positive Imageträger, die für eine Verknüpfung der Sektoren Landwirtschaft, Handwerk, Tourismus etc. stehen, können Biosphärenreservate neue Attraktionspunkte im Tourismus generieren und als Beitrag zur nachhaltigen Regionalentwicklung die regionale Wertschöpfung steigern (vgl. HAMMER 2003: 23; ENGELS & JOB-HOBEN 2004: 118).

Inwieweit sich entsprechende Trends tatsächlich in einer touristischen Nachfrage in Biosphärenreservaten niederschlagen, ist Gegenstand vorliegender Untersuchung. Ebenso wird ermittelt, inwieweit die Biosphärenreservats-Verwaltungen einen Beitrag zur Steigerung tangibler und intangibler Effekte mit Auswirkungen auf Infrastruktur, Image oder Netzwerke in der Region leisten. Da tangible und intangible Effekte als potentieller Beitrag zur Entwicklung der Destination im Rahmen des nachhaltigen Destinationsmanagements gelten (vgl. REIN & BALÀŠ 2015: 286), eignet sich das Konzept der Destination dementsprechend in der vorliegenden Arbeit als verbindendes Element von Nachfrage- und Managementseite. Dadurch lassen sich, neben einem tieferen Verständnis für touristische Strukturen und Prozesse auf regionaler Ebene, Schnittstellen zwischen Schutzgebietsverwaltung und Tourismusentwicklung aufzeigen, wozu nach wie vor Forschungslücken bestehen (vgl. HAMMER et al. 2012: 6; SPENCELEY 2016).

Die übergeordnete Frage lautet demnach, ob Biosphärenreservate dem Anspruch einer Modellregion, insbesondere im Bereich einer nachhaltigen Regionalentwicklung durch Tourismus, gerecht werden können. Eine Teilantwort liefert die Ermittlung regionalökonomischer Effekte durch Tourismus als Beitrag zur Entwicklung der Region (=tangibler Effekt). Hierzu wird eine standardisierte Methode (vgl. JOB et al. 2006), die bereits vielfach im Kontext der deutschen Nationalparke Anwendung fand (vgl. JOB et al. 2016a), unter leichten methodischen Anpassungen erstmals für deutsche Biosphärenreservate adaptiert. Auf Basis einer Typisierung werden sechs repräsentativ ausgewählte Biosphärenreservate – Rhön, Pfälzerwald, Schaalsee, Spreewald, Südost-Rügen und Vessertal-Thüringer Wald – mit Hilfe umfangreicher empirischer Erhebungen untersucht. Die Spannweite reicht hier von Biosphärenreservaten in tradierten Destinationen bis hin zu touristisch unbekannten Destinationen. Dadurch wird das bisher existente Forschungsdefizit hinsichtlich Nachfragestrukturen und regionalökonomischer Wirkung des Tourismus für einen Teil der deutschen Biosphärenreservate ausgeräumt.

Im breitgefächerten Schutz- und Entwicklungsauftrag der Biosphärenreservate nimmt Tourismus nur ein Betätigungsfeld der Biosphärenreservats-Verwaltungen ein. Mit den vorliegenden offiziellen Strategien und Kriterien *„ist in den Verwaltungen der Biosphärenreservate ein derart umfangreiches, vielschichtiges und komplexes Aufgabenspektrum zu erledigen, dass [sic!] die Frage aufwirft, ob die in Deutschland gegebenen Organisationsformen, die Personalausstattung der Verwaltungen und die Planungsmechanismen für die Umsetzung ausreichen"* (DRL 2010: 11). Aufbauend auf den Ergebnissen zu der Nachfrageseite stellt sich die Frage, wie die Biosphärenreservats-Verwaltungen in den Untersuchungsgebieten zur Steigerung der touristischen Wertschöpfung auf regionaler Ebene beitragen können, was dahingehend bereits geleistet wird und inwieweit Tourismus mit dem Schutzgebietsauftrag im Sinne der nachhaltigen Entwicklung vereint werden kann (vgl. McCooL 2006; Hammer et al. 2012: 6; Spenceley 2016: 3). Dieses Unterfangen ist mitunter maßgeblich für den Erfolg des Biosphärenreservats: *"Without tangible, visible benefits from tourism and protected areas, it is unlikely that local communities will value and support conservation and the associated tourism"* (Spenceley 2016: 10f.). Aus den Gesprächen können für die deutschen Biosphärenreservate beeinflussende Determinanten im Hinblick auf die nachhaltige Regionalentwicklung durch Tourismus abgeleitet bzw. in ähnlichem Kontext ermittelte Faktoren (vgl. Siegrist et al. 2007; Hammer & Siegrist 2008; Stoll-Kleemann & Welp 2008; Gehrlein et al. 2007), präzisiert werden.

Um die Managementaktivitäten und den Beitrag zur nachhaltigen Tourismusentwicklung seitens der Biosphärenreservate zu erfassen, werden qualitative Interviews mit Leitern und Mitarbeitern der sechs Biosphärenreservats-Verwaltungen geführt. Die Ergebnisse liefern Hinweise, ob die Biosphärenreservate derzeit in der Lage sind, der Zielsetzung der nachhaltigen Regionalentwicklung mit Hilfe des Tourismus ausreichend nachzukommen und als Modellregionen zu fungieren. Dabei handelt es sich um die übergeordnete Fragestellung der vorliegenden Arbeit, die sich konkret in folgenden Forschungsfragen widerspiegelt:

Wie stellt sich die touristische Nachfrage in den Biosphärenreservaten hinsichtlich Quantität und Qualität dar und welche regionalökonomischen Effekte resultieren daraus?

Hier werden Besucherzahlen und -strukturen, Ausgabeverhalten und regionalökonomische Effekte durch den Tourismus in den untersuchten Biosphärenreservaten dargelegt. Im Zuge dessen können Motivationen und Präferenzen der Besucher sowie der Stellenwert des Biosphärenreservats-Status im Rahmen des Aufenthaltes ermittelt werden.

Welche Rolle spielt die Biosphärenreservats-Verwaltung für die Entwicklungsfunktion auf regionaler Ebene im Rahmen der weiteren Inwertsetzung der touristischen Nachfrage?

Ziel ist es, die Aktivitäten auf der Managementebene und den Beitrag zur nachhaltigen Entwicklung des Tourismus in der Region zu ergründen. Neben der deskriptiven Erfassung der tourismusbezogenen Managementaktivitäten werden Rahmenbedingungen, innovative Ansätze sowie regionalspezifische Lösungsansätze erfasst. Die Betrachtung der sechs Biosphärenreservate ermöglicht eine Verallgemeinerung von relevanten Erfolgsfaktoren für Biosphärenreservats-Verwaltungen und die touristischen Entwicklungen der Region. In der Summe wird der Beitrag der Biosphärenreservate zu einer nachhaltigen Regionalentwicklung durch Tourismus greifbar. Auf Grundlage der Ergebnisse wird im Rahmen der Diskussion erörtert, inwieweit die Biosphärenreservate auf Ebene der Destination Relevanz besitzen und welche Schnittstellen sich bieten, Tourismus und Schutzgebietsauftrag zu verbinden.

1.3 Aufbau der Arbeit

Der thematischen Einführung und der Darlegung der Forschungsfragen folgt eine schrittweise Untersuchung in acht Kapiteln. In Kapitel 2 werden theoretische Grundlagen zum Tourismus im Rahmen einer nachhaltigen Regionalentwicklung erläutert. Das beinhaltet eine Annäherung an die Thematik der nachhaltigen Entwicklung und deren Umsetzung auf regionaler Ebene. Auf Tourismus als Element einer nachhaltigen Regionalentwicklung wird in der Folge eingegangen. Dazu werden die wesentlichen ökonomischen Effekte des Tourismus im Hinblick auf deren potentiellen Beitrag für die Regionalentwicklung im ländlich-peripheren Raum dargelegt, bevor Kapitel 2.3 das Konzept der Destination erläutert. Der grundlegenden Definition der Destination folgt hier die Erläuterung eines Modells, in dem die Vielzahl relevanter Determinanten im Hinblick auf die Wettbewerbsfähigkeit und Nachhaltigkeit dargelegt werden. Mit dem theoretischen Wissen wird genauer auf ein nachhaltiges Destinationsmanagement sowie dafür relevante Rahmenbedingungen auf deutscher Ebene eingegangen.

In Kapitel 3 erfolgt zunächst eine Einführung zum MAB-Programm und den Biosphärenreservaten, wobei der Fokus auf der Funktion der nachhaltigen Entwicklung liegt. Der Stellenwert des Tourismus in den offiziellen MAB-Dokumenten wird herausgearbeitet und der Bezug des Programms zu internationalen Vereinbarungen zum Thema nachhaltiger Tourismus erfasst. Kapitel 3.3 fasst die Entwicklung des MAB-Programms in Deutschland sowie Eigenschaften deutscher Biosphärenreservate zusammen. Kapitel 3.4 zeigt Potentiale der Biosphärenreservate, den Tourismus im Rahmen einer nachhaltigen Regionalentwicklung auf Destinationsebene zu beeinflussen und legt dafür potentiell relevante Faktoren, v.a. aus der Perspektive des Managements, dar. Kapitel 4 gibt einen Überblick über das methodische Vorgehen im Rahmen der Arbeit. Darin wird die Auswahl der Untersuchungsgebiete begründet sowie die Vorgehensweise bei der Bestimmung der regionalökonomischen Effekte und der Erfassung der Managementaktivitäten seitens der Biosphärenreservats-Verwaltung im Rahmen der Tourismusentwicklung erläutert. Die sechs Untersuchungsgebiete werden im Kapitel 5 vorgestellt.

Kapitel 6 legt die empirischen Ergebnisse zu Besucherzahlen und -strukturen, Ausgaben und den regionalökonomischen Effekten in den sechs Biosphärenreservaten dar. Kapitel 7 umfasst die Ergebnisse der Befragung der Biosphärenreservats-Verwaltungen und damit spezifische Rahmenbedingungen, Aktivitäten im Bereich Planung, Angebot und Marketing sowie eine Darlegung der relevanten Einflussfaktoren. In Kapitel 8 werden die Ergebnisse zusammengeführt, diskutiert und bewertet, bevor in Kapitel 9 Managementimplikationen gegeben werden und eine Schlussbetrachtung die Ergebnisse und ihre Bedeutung resümiert.

2 Tourismus als Instrument einer nachhaltigen Regionalentwicklung

2.1 Nachhaltige Regionalentwicklung

Mit der Konferenz für Umwelt und Entwicklung der Vereinten Nationen in Rio 1992 erhielt der Begriff der nachhaltigen Entwicklung Auftrieb. Das Leitprinzip wird durch die internationale Staatengemeinschaft zunehmend anerkannt und in der Agenda 21 als zugehöriges Aktionsprogramm verankert (vgl. Überblick über internationale Entwicklungen im Kontext des MAB-Programms in Kapitel 3.1 & 3.2). Letzteres hebt die Rolle von Regierungen, NGOs, Zivilpersonen und weiteren Akteuren als verantwortliche Handelnde hervor und betont die Rolle der lokalen Ebene. Nachhaltige Entwicklung avanciert damit zum Kernelement im Bereich von Entwicklungsperspektiven, wobei nach wie vor unterschiedliche Auslegungen des Konzeptes sowie keine einheitliche Definition und Kriterien im Hinblick auf die Evaluierung existieren (vgl. APPEL 2002: 6).

Im Rahmen des Brundtland-Berichts wird der Begriff definiert als eine Entwicklung, die die Bedürfnisse heute lebender Generationen befriedigt, ohne die Möglichkeit der Bedürfnisbefriedigung folgender Generationen zu gefährden (vgl. WCED 1987: 54). Am Leitbild wird die Kritik geäußert, dass keine konkreten, anzustrebenden Ziel-Zustände hinsichtlich ökonomischer, ökologischer und sozialer Dimension, Anforderungen sowie Umsetzungsmechanismen definiert werden. Das Konzept erscheint Kritikern zu ehrgeizig und breit und wird teilweise als Oxymoron bezeichnet (vgl. CASTRO 2004: 196; VAN KERKHOFF & LEBEL 2006: 448; BULKELEY et al. 2013: 960).

In der Agenda 21 wird die Bedeutung der Region als Handlungsebene für eine erfolgreiche Umsetzung des Leitbildes der nachhaltigen Entwicklung hervorgehoben (vgl. HERRENKNECHT & WOHLFARTH 1997: 7). Auf deutscher Ebene wird das Leitbild der Nachhaltigkeit 1998 im Raumordnungsgesetz verankert (vgl. MITSCHANG 1999: 73) und zunehmend in den Kontext der Regionalentwicklung gestellt (vgl. BÄTZING 1997: 166). Im Zuge einer verstärkten Umsetzung findet das Leitbild seit den 1990ern eine verstärkte Integration in regionale Entwicklungskonzepte und Projekte, wodurch es von der globalen auf die regionale Ebene übertragen wird und eine Orientierung für konkrete Handlungen darstellen kann. Die Ansätze weisen dabei eine Parallelität zum Konzept der eigenständigen Regionalentwicklung[1] auf (vgl. PETERS & WITZEL 1995: 21). Das im globalen Kontext stehende Leitbild der nachhaltigen Entwicklung geht jedoch mit dem Anspruch intra- bzw. intergenerativer

---

1 Auf das Konzept der eigenständigen bzw. endogenen Regionalentwicklung wird im Rahmen dieser Arbeit nur bedingt eingegangen, insofern es zur Erklärung des Konzeptes der nachhaltigen Regionalentwicklung notwendig ist. Das Konzept entspringt in den 1970ern weniger im Zuge eines gesteigerten Umweltbewusstseins, als vielmehr aufgrund des Zurückfallens von Regionen im Rahmen von Globalisierungsprozessen und der Abkehr von einer Regionalpolitik „von oben" (vgl. MOSE 1993: 31ff.; PETERS & WITZEL 1995: 21). Für eine ausführliche Erläuterung des Konzeptes der endogenen Regionalentwicklung siehe z.B. HAHNE (1985), MOSE (1989), GLATZ & SCHEER (1981).

8

Gerechtigkeit über die raum-zeitliche Dimension der Konzepte einer endogenen Regionalentwicklung hinaus, weist inhaltlich aber große Gemeinsamkeiten auf (vgl. Job et al. 2003: 12). Mit der zunehmenden Diskussion um nachhaltige Entwicklung seit den 1990ern gerät das Konzept der endogenen Regionalentwicklung zugunsten der nachhaltigen Regionalentwicklung aus dem Fokus bzw. wird von selbiger, als Umsetzungsstrategie im Zuge des normativen, globalen Postulats der nachhaltigen Entwicklung, aufgegriffen und weiterentwickelt (vgl. Peters & Witzel 1995: 21f.).

Die nachhaltige Regionalentwicklung übernimmt wesentliche Inhalte der endogenen Regionalentwicklung (vgl. Job et al. 2003: 12; Appel 2002: 6; Peters & Witzel 1995: 22f.). Die Zielsetzung der nachhaltigen Regionalentwicklung betrifft in ökonomischer Hinsicht insbesondere die Bedürfnisbefriedigung bei nachhaltiger Produktion und somit die Förderung ökologisch verträglicher Produkte und Produktionsweisen. In diesem Zusammenhang wird die Intensivierung der regionalen Wirtschafts- und Stoffkreisläufe, der regionalen Wertschöpfungsketten, der Verarbeitungs- und Vermarktungsmöglichkeiten sowie der regionalen Kooperation genannt, wobei eine sinnvolle Eigenständigkeit der regionalen Ökonomie angestrebt wird (vgl. Peters & Witzel 1995: 23f.; Becker et al. 1996: 148). Die soziale Dimension beinhaltet die breite Beteiligung und Kooperation im Hinblick auf Entscheidungsfindungen und Planungsprozesse in der Region. Dabei spielen die Entscheidungskompetenzen auf regionaler Ebene, in Ergänzung zum Subsidiaritätsprinzip und politischer Dezentralisierung, eine wichtige Rolle: dadurch kann für die Region durch das Nachvollziehen der Auswirkungen eingeschlagener Entwicklungswege, ein umfassender Überblick sowie ein tieferes Verständnis für künftige Entwicklungen resultieren (vgl. Peters & Witzel 1995: 25).[2] Diese Nachvollziehbarkeit macht die Ebene der Region für die nachhaltige Entwicklung relevant (vgl. Spehl 2001: 285f.), da sie mitunter zu verstärkter Partizipation und Förderung der Eigenverantwortung inklusive einer Förderung der regionalen Identität und Motivation führen kann (vgl. Peters & Witzel 1995: 25). Im Zuge der Partizipation ist auf ein ausgewogenes Verhältnis aus top-down (Maßnahmen „von oben" und faire Verteilung von Ressourcen zwischen Regionen) und bottom-up (lokale, gemeinnützige Initiativen „von unten") Ansätzen zu verweisen (vgl. Appel 2002: 7; ARL 2000: 4). Aus ökologischer Perspektive geht es insbesondere um die Naturverträglichkeit von Wirtschafts- und Produktionsweisen bei gleichzeitiger wirtschaftlicher und gesellschaftlicher Entwicklung bzw. um ein nicht zerstörerisches Naturverhältnis zum Erhalt der natürlichen Ressourcen (vgl. Peters & Witzel 1995: 26f.; Becker et al. 1996: 148).

Bei der nachhaltigen Regionalentwicklung handelt es sich weniger um allgemein übertragbare Patentlösungen als vielmehr *„um regionale und lokale Differenzierungen und [...] die Erweiterung des Blicks von rein technischen und ökonomischen auf politische, organisatorische, soziale und ökologische Zusammenhänge"* (Peters & Witzel 1995: 27) und damit die Verbindung von ökologischer, ökonomischer und sozialer Dimen-

---

2 Der Aspekt der Dezentralisierung bzw. des Subsidiaritätsprinzips wird im Zuge der endogenen Regionalentwicklung stärker der politischen Dimension zugerechnet, wo dementsprechend vier Handlungsansätze genannt werden: der politische, ökonomische, sozio-kulturelle und der ökologische (vgl. Mose 1989: 159).

sion. Die Region spielt, wie dargelegt, eine wesentliche Rolle und eignet sich als sinnvolle Umsetzungsebene für aus dem Leitbild konkretisierte, operationalisierte Maßnahmen (vgl. HERRENKNECHT & WOHLFARTH 1997: 7). Als anwendungsbezogenes Konzept soll es eine Möglichkeit der Hilfe zur Selbsthilfe in strukturschwachen Regionen bieten (vgl. MOSE & WEIXELBAUMER 2003: 35).

Aktuelle Defizite der nachhaltigen Entwicklung sind weniger auf den Mangel an Ideen und Strategien als vielmehr auf Lücken bei der Umsetzung zurückzuführen (vgl. BULKELEY et al. 2013: 965). Die Betonung der regionalen Ebene als Ort der Umsetzung der nachhaltigen Entwicklung im Sinne des „Think globally, act locally" überspringt wesentliche Maßstabsebenen und vertraut zu sehr auf die Kompetenz der lokalen bzw. regionalen Ebene (vgl. LAWHON & PATEL 2013: 1059ff.). So wird konstatiert, dass Regierungen den von ihnen anerkannten internationalen Vereinbarungen nicht ausreichend nachkommen, was durch einen Mangel an Finanzierungs- und effizienten Umsetzungsstrategien zu Tage tritt (vgl. BUTCHART et al. 2010: 1168). Gleiches wird auf Ebene privater Unternehmen festgestellt, die formulierte Maßnahmen der nachhaltigen Entwicklung teilweise nicht umsetzen (vgl. FRYNAS 2008).

Die Aufgabe, als Modellregionen der nachhaltigen Entwicklung zu fungieren, ist der Schutzgebietskategorie der UNESCO-Biosphärenreservate im Rahmen des MAB-Programms zugeschrieben (vgl. Kapitel 3). Diese sollen einen wesentlichen Beitrag zur Umsetzung des Leitbildes der nachhaltigen Entwicklung auf regionaler Ebene leisten (vgl. ERDMANN & NIEDEGGEN 2003: 97f.) und neben der Schutz- sowie der Forschungs- und Bildungsfunktion, eine nachhaltige Entwicklung durch die Förderung endogener Wirtschaftspotentiale – z.B. die Vermarktung regionaler Produkte und das Stärken regionaler Wirtschaftskreisläufe – im Rahmen von Bottom-up Ansätzen umsetzen. Dabei wird ihnen eine „Katalysatorfunktion" (BRODDA 2002: 23) zugeschrieben, eine Kanalisierungsfunktion von regionalen Bemühungen sowie der potentielle Vorteil einer Stärkung der regionalen Identität. Durch die Einbindung in das internationale UNESCO-Programm kann ein externer Erfolgsdruck inklusive Evaluierungsanreizen förderlich wirken (vgl. BRODDA 2002: 22ff.; HAMMER 2003: 21ff.).

Das Konzept der nachhaltigen Entwicklung wird vom Konzept des nachhaltigen Tourismus aufgegriffen bzw. auf diesen angewendet (siehe hierzu auch Kapitel 3.2.2), dem gemeinhin das Potential zugeschrieben wird, zu einer nachhaltigen Regionalentwicklung beizutragen. Tourismus wird darin die Rolle zuteil, u.a. möglichst nachhaltige Wirtschaftsweisen und damit auch Infrastruktur sowie langfristig ökonomische Wertschöpfungsmöglichkeiten der Region zu sichern. Dazu gehört jedoch die Vermeidung monostruktureller touristischer Entwicklungen durch eine enge Verbindung mit einer möglichst multifunktionalen Wirtschaftsstruktur, um somit auch die Vermarktungschancen selbiger zu steigern (vgl. PETERS & WITZEL 1995: 29). Als Ansatzpunkte werden u.a. die Vermarktung ökologischer Lebensmittel an Touristen, der Einbezug des regionalen Baugewerbes und die Nutzung regionaler Rohstoffe (z.B. Holz) genannt, was zusammengefasst den Einbezug möglichst vieler regionaler Vorleistungen in das touristische Produkt bedeutet. Ebenso müssen ökologische Ansprüche gewahrt bleiben, sensible Gebiete geschützt, Umweltbildung und Informationsarbeit geleistet sowie Besucherlenkungsmaßnahmen vollzogen werden (vgl. Peters & Witzel 1995: 29f.). Im Kontext der nachhaltigen regionalen Entwicklung wird in vielen Arbeiten Tourismus als ein vielversprechendes Mittel bzw. als Entwicklungsoption diskutiert. Siehe dazu in Bezug auf periphere ländliche Räume z.B. Bätzing (1996), Neumeier & Pollermann (2011: 162ff.), Vogt (2008: 43ff.), Mayer et al. (2008), Job & Mayer (2013), McAreavey & McDonagh (2011) bzw. in Bezug auf Schutzgebiete z.B. Woltering (2012), Job et al. (2004; 2005a; 2016), Job (2008; 2010), Arnegger (2014), Mayer & Woltering (2008), Mayer et al. (2010), Mayer (2014) sowie Paesler (2015).

2.2 Regionalwirtschaftliche Effekte des Tourismus und Entwicklungspotential in ländlich-peripheren Räumen

Aufgrund verschiedener Wertkomponenten wird der Tourismus oft als Beitrag zu einer sozioökonomischen Entwicklung betrachtet. Im Sinne einer nachhaltigen Entwicklung auf globaler Ebene sollten dafür auf regionaler Ebene idealerweise umweltverträglichere Entwicklungswege für die Destinationsebene gefunden und umgesetzt werden. Diese sollten dabei zusätzlich soziale und ökonomische Gegebenheiten der Region berücksichtigen (vgl. Sharpley 2000: 14f.). Im Folgenden werden die angesprochenen Wertkomponenten und deren Bedeutung für den ländlich-peripheren Raum erläutert, bevor auf Kriterien und Voraussetzungen einer nachhaltigen ökonomischen Inwertsetzung der Region durch Tourismus bzw. die nachhaltige Wettbewerbsfähigkeit der Destination genauer eingegangen wird.

2.2.1 Regionalwirtschaftliche Effekte des Tourismus

Ein separater Wirtschaftszweig Tourismus existiert i.d.R. in amtlichen Statistiken nicht, was darauf zurückzuführen ist, dass Wirtschaftszweige von der Angebotsseite (z.B. Baugewerbe) her definiert werden. Tourismus als Querschnittsbrache kennzeichnet ein Konsumverhalten, das zur Nachfrage nach einer ganzen Bandbreite an Gütern und Dienstleistungen führt, die jedoch auch von nicht-touristischen Nachfragegruppen konsumiert werden (z.B. Gastronomie), was die Erfassung des Phänomens komplex werden lässt (vgl. Mundt 2013: 425).

Nach Kaspar (1996: 126ff.) können fünf Auswirkungen touristischer Nachfrage auf die Wirtschaft eines Landes erfasst werden:

1. Zahlungsbilanzfunktion, die die Differenz der Ausgaben ausländischer Touristen im Inland und umgekehrt erfasst
2. Ausgleichsfunktion im Sinne eines Abbaus räumlicher Disparitäten
3. Beschäftigungsfunktion
4. Einkommensfunktion
5. Produktionsfunktion, welche die generierte Wertschöpfung erfasst

Dabei ist darauf hinzuweisen, dass die ersten beiden Funktionen als Ergebnis der letzten drei Funktionen betrachtet werden können. Letztere sind selbst wiederum eng miteinander verknüpft und spielen auf regionaler Ebene bzw. im touristischen Zielgebiet eine wichtige Rolle, wenn es darum geht, die wirtschaftliche Bedeutung des Tourismus in einer Region zu erfassen (vgl. VOGT 2008: 44). Hinsichtlich des wirtschaftlichen Effektes fällt bei Tourismus oft der Begriff der Export-Basis Theorie bzw. der eines „stillen Exports" (KASPAR 1996: 127). Waren oder Dienstleistungen werden jedoch nicht exportiert, der Konsum des „Produktes" Tourismus erfolgt in der Region und zieht einen Geldtransfer in die Region nach sich.

Um die ökonomischen Effekte zu messen, wurden seit geraumer Zeit auf internationaler Ebene verschiedene methodische Ansätze entwickelt. Dazu zählt das Tourismus-Satelliten-Konto, das seit den 1990er Jahren u.a. durch die Welttourismusorganisation (UNWTO), die Organisation für wirtschaftliche Zusammenarbeit und Entwicklung (OECD) und das Statistische Amt der Europäischen Union entwickelt wurde. Bisher ist selbiges jedoch i.d.R. nur auf nationalstaatlicher Ebene etabliert (für Deutschland siehe z.B. AHLERT 2008), regionale Modelle sind generell, u.a. aufgrund von hohen Anforderungen an das Datenmaterial, selten (vgl. CANADA 2013: 2f.). Neben dem Tourismus-Satelliten-Konto lassen sich nach FLETCHER (1989: 515f.) folgende Ansätze im Rahmen der ökonomischen Wirkungsforschung nennen:

1. Touristische Kennziffern der amtlichen und nicht-amtlichen Statistik
2. Kosten-Nutzen-Analyse
3. Multiplikatormodelle
4. Input-Output-Modelle

Abbildung 1: Tangible und intangible Effekte des Tourismus

Tangible Effekte	Intangible Effekte
Direkte ökonomische Effekte (z.B. durch Besucherausgaben, Unterhalt, Management, Förderprogramme)	Struktureffekte
Indirekte ökonomische Effekte (Vorleistungsbezug)	Infrastruktureffekte
Induzierte ökonomische Effekte (Lokale Bevölkerung)	Imageeffekte
	Kompetenzeffekte
Monetäre Zu-/Abflüsse	Kooperations-/Netzwerkeffekte

Quelle: Leicht verändert nach METZLER (2007: 33) und WOLTERING (2012: 68)

Weitere Ausführungen zu diesen finden sich z.B. bei Metzler (2007: 48ff.) oder Woltering (2012: 116ff.), wobei selbige konstatieren, dass diese Methoden im deutschen Kontext aufgrund oft notwendiger, jedoch fehlender Daten nur bedingt geeignet sind. Im Rahmen der vorliegenden Arbeit wird sich der deshalb der Methode der Wertschöpfungsanalyse bedient (vgl. Kapitel 4.3).

Wirtschaftliche Auswirkungen des Tourismus können in tangible und intangible Effekte unterschieden werden (vgl. Abbildung 1) (vgl. Bieger 2001: 89). Unter den tangiblen Effekten werden die Wirkungen verstanden, die sich monetär vergleichsweise gut quantifizieren lassen, wie z.B. Umsatz, Einkommen, Beschäftigung. Hier werden drei Ebenen differenziert (vgl. Metzler 2007: 50ff.; Stynes 1997: 12): die direkten, indirekten und induzierten wirtschaftlichen Effekte. Direkte Effekte entstehen insbesondere durch die Ausgaben der Besucher im Rahmen ihres Aufenthalts und fließen in der Regel an touristische Betriebe wie z.B. Beherbergungs-, Gastronomie-, Einzelhandels- oder touristische Dienstleistungsbetriebe. Daneben werden Transferleistungen in Form von Subventionen bzw. Fördermitteln oder steuerliche Vergünstigungen dazu gezählt (vgl. Bieger 2001: 89).

Indirekte Effekte sind eine Folgewirkung der direkten Effekte und umfassen die zur kontinuierlichen Leistungserstellung notwendigen Ausgaben für Vorleistungen an entsprechende Betriebe wie z.B. Bäckereien oder Wäschereien. Induzierte Effekte ergeben sich durch das teilweise regional, für Konsum veräußerte Einkommen der lokalen Bevölkerung, das auf der direkten und indirekten Ebene generiert wird (vgl. Stynes 1997: 11f.; Küpfer & Elsasser 2000: 434f.). Die Wirkungsebenen der tangiblen Effekte im Tourismus auf regionaler Ebene lassen sich graphisch, hier am Beispiel des Untersuchungsgegenstandes Biosphärenreservat, folgendermaßen darstellen (vgl. Abbildung 2).

Tschurtschenthaler (1993: 222f.) nennt folgende Faktoren, die die Höhe der touristischen Wertschöpfung in einer Zielregion beeinflussen: Die Anzahl der Besucher (auch die zeitliche Verteilung) sowie die Ausgabenhöhe und -struktur bestimmen den Bruttoumsatz. Zur Erstellung des touristischen Produktes ist wiederum ein Vorleistungsbezug notwendig. Die wirtschaftlichen Effekte innerhalb der Region sind dementsprechend umso größer, je mehr Vorleistungen innerhalb der Region erbracht werden können und je weniger Geld für Vorleistungsbezug aus der Region abfließt (= regionaler Wirtschaftskreislauf). Dieses Verhältnis wird bestimmt durch den touristischen Entwicklungsstand der Region und die Intensität der Verflechtung zwischen Tourismus und „übriger" Wirtschaft, deren Diversifizierung sowie der Größe der Region. Je kleiner diese ist, desto mehr wird i.d.R. regionsextern bezogen. Zu ergänzen sind in diesem Zusammenhang die induzierten Effekte: je größer der Anteil, der als Gehalt wieder in der Region ausgegeben wird, desto höher fällt die regionale Wertschöpfung aus (vgl. Küpfer & Elsasser 2000: 435). Die touristischen Ausgaben der Gäste und deren Effekt auf die Regionalwirtschaft kann durch regionale Wirtschaftskreisläufe bzw. den Ausbau regionaler Wertschöpfungsketten vergrößert werden. Durch den regionalen Vorleistungsbezug und die Anstellung lokaler Bevölkerung verbleibt letztendlich mehr von dem im Tourismus eingenommen Geld in der Region (vgl. Kraus 2015: 19ff.; Bätzing & Ermann 2001). *„For tourism to bring local economic development there needs to be extensive local economic linkages, employment, increasingly skilled employment, and dependency needs to be avoided"* (Goodwin 2011: 209).

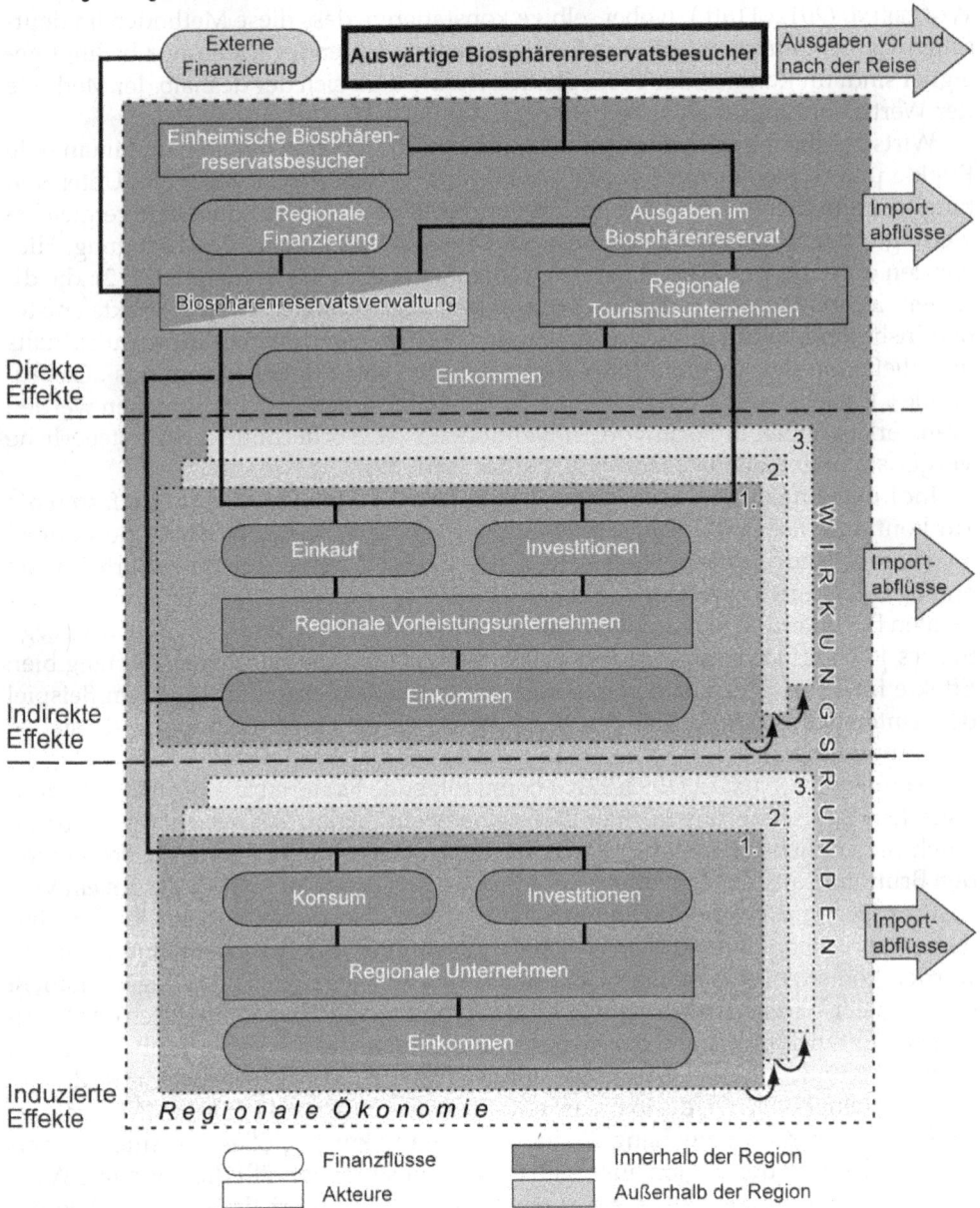

Abbildung 2: Tangible Effekte des Tourismus in Biosphärenreservaten

Quelle: Leicht verändert nach Metzler (2007: 50) und Woltering (2012: 70)

Unter den intangiblen Effekten werden insbesondere ökonomische Auswirkungen verstanden, für die nicht oder nur schwer ein Marktpreis ermittelt werden kann. Diese Effekte haben einen nur schwer quantifizierbaren Einfluss auf die langfristige direkte Wertschöpfung im Tourismus, sind aber für die Wettbewerbsfähigkeit bzw. wirtschaftliche Entwicklung einer Region nicht zu unterschätzen (vgl. Bieger 2001:

88). Der Einfluss auf die tangiblen Effekte sowie die Langfristigkeit des Einflusses sind mitunter Grund für ein gesteigertes Interesse an intangiblen Effekten (vgl. SCHERER et al. 2005: 2).

Zu den *Infrastruktureffekten* zählt VOGT (2008: 46) in Anlehnung an BIEGER (2001: 89f.) die Effekte, die sich durch Einrichtung relevanter Vorleistungen wie z.B. Verkehrsinfrastruktur, Wanderwege, Besuchereinrichtungen ergeben, welche damit auch der einheimischen Bevölkerung zu Gute kommen. Dazu zählen auch Effekte auf die Suprastruktur, die ein entsprechendes Projektmanagement, die Tourismusorganisation bzw. ein Destinationsmanagement umfassen. Als Struktureffekte nennt BIEGER (2001: 89f.) Auswirkungen auf die Unternehmens- und Bevölkerungsstruktur (Zuzug neuer Unternehmen und qualifizierter Arbeitskräfte), den Arbeitsmarkt (z.B. Tertiärisierung) sowie Verwaltungsstrukturen (neue Kooperationsformen zwischen öffentlicher Verwaltung und Privatsektor). Der *Imageeffekt* ist ein weiterer intangibler Effekt. Darunter werden sowohl eine Steigerung des Bekanntheitsgrades sowie die Aufwertung des Images (durch z.B. Sportgroßevents, Nationalparks) als auch die Verknüpfung positiver Assoziationen mit der Region verstanden, was letztendlich auch zu einer stärkeren touristischen Nachfrage führen kann (vgl. BIEGER 2001: 89f.). Eine Stärkung dieses Effektes versucht man in Regionen oft durch entsprechende Labels bzw. Zertifizierungssysteme, z.B. für Beherbergung oder regionale Produkte, zu erreichen, um sich so im gesteigerten Wettbewerb der Standorte bzw. Destinationen zu behaupten (vgl. SCHERER et al. 2005: 11). *Netzwerk- bzw. Kooperationseffekte* im Tourismus tragen zu einer stärkeren Vernetzung von Akteuren in der Region bei. Dabei entstehen Vorteile im Hinblick auf persönliche Netzwerke (z.B. Unternehmer, Verwaltung) oder Informationsnetzwerke, durch die z.B. besser abgestimmte Dienstleistungen und Produkte möglich oder die Verbreitung von Knowhow gefördert werden. Damit ist der Aspekt eng verknüpft mit dem *Kompetenzeffekt*, durch welchen regionale Kernkompetenzen, z.B. im Bereich touristischer Dienstleistungen und Produkte, weiter ausgebaut werden (vgl. BIEGER 2001: 88f.). Selbige Aspekte werden von VOGT (2008: 47f.) beispielhaft präzisiert: *„[…] bei der Organisation und Durchführung von spezifischen Tourismusprojekten (z.B. Trekkingwegen oder Großschutzgebieten) können neue (regionale, aber auch internationale) Netzwerke zwischen den Unternehmen entstehen. […] als große Schwächen „gewachsener" Destinationen wie auch peripherer ländlicher Regionen mit gering ausgeprägtem Tourismus [gelten nach wie vor] die fragmentierte Struktur der Angebotsseite sowie fehlendes Human- und Sozialkapital. Die Initiierung eines Tourismusprojektes könnte eine neue Kooperationsbasis für die Akteure vor Ort ermöglichen und damit zu einer Verringerung von Transaktionskosten sowie zur Vermeidung von Ineffizienzen, Redundanzen und von weiteren Nachteilen führen".* In diesem Zuge sind Impulse bzw. Spill-Over-Effekte von Know-how durch zeitweise Tätigkeit externer Fachleute oder Beratungsfirmen (z.B. aktuelle Marktforschungsdaten, Zielgruppendesign) zu nennen.

Die genannten intangiblen Effekte können bzw. sollten im Zuge möglichst effizienter, positiver Wirkungskreisläufe entwickelt werden. Dadurch können sowohl die tangiblen als auch die intangiblen Effekte selbst verstärkt werden (vgl. BIEGER 2001: 87ff.). Es ist zu ergänzen, dass sich generell auch stets negative Ausprägungen der

Effekte für die Region ergeben können: Bei den tangiblen Effekten u.a. der Preisanstieg für Produkte und Dienstleistungen für Einheimische oder Verdrängungseffekte von Stammgästen, bei den intangiblen Effekten u.a. langfristige Unterhaltungskosten von touristischer Infrastruktur oder negative Imageveränderungen bzw. Imageverluste (vgl. BIEGER 2001: 90; STRASDAS 2015: 15ff.; BEYER et al. 2007).

2.2.2 Tourismus in ländlich-peripheren Regionen

Tourismus wird nicht zuletzt aufgrund des naturräumlichen Potentials und des *„Erlebniswert[s] der Landschaft"* (KRIPPENDORF 1975: 17f.) als Entwicklungschance im ländlich-peripheren Raum betrachtet. Laut der „Theorie der Peripherie" wird ein Streben des Touristen nach dieser Peripherie fernab des Zentrums beobachtet (vgl. BÖVENTER & VAHRENKAMP 1989: 29; JOB 2003: 372). Nach wie vor existieren Nachfrageformen im Tourismus, für die sich periphere Räume besonders eigenen. Zum einen ist das Motiv des Naturerlebnisses relevant, was nicht zuletzt zu einer Zunahme des Segmentes des naturorientierten Tourismus bzw. spezialisierter Formen wie bspw. des „wildlife tourism" geführt hat (vgl. RODGER et al. 2007; im deutschen Kontext z.B. HERGET et al. 2016). Daneben führt eine zunehmende Ausdifferenzierung der Motivationen als Konsequenz stärkerer Individualisierung zu einer entsprechenden Ausdifferenzierung von Urlaubsaktivitäten und -ansprüchen (im Kontext der Alpen siehe hierzu JOB 2005). EGNER (2002: 133f.) stellt u.a. am Beispiel von Mountainbikern fest, dass Zielgebiete weltweit verteilt sind und periphere Räume ggfs. aufgrund ihrer spezifischen Eignung, als Destinationen für Trend- und Natursportarten an Relevanz gewinnen.

Das naturräumliche Potential (wie z.B. Klima, Geomorphologie, Flora und Fauna) wird zum ursprünglichen Angebot gezählt, welches zum einen direkt genutzt wird, zum anderen als Kulisse für bestimmte Freizeitaktivitäten dient (vgl. JOB et al. 2005b: 599). Für nahezu alle Tourismusformen sind naturräumliche Bedingungen nach wie vor elementarer Bestandteil des touristischen Angebotes (vgl. JOB et al. 2005b: 600). Raumgrundlagen allein initiieren jedoch keine erfolgreiche touristische Entwicklung: dazu müssen weitere Akteure im Rahmen eines abgeleiteten Angebotes aktiv werden (vgl. UTTHOF 1988: 7f.). SCHEIDEGGER (2009: 43) formuliert dazu: *„Das Matterhorn allein erzeugt noch keine monetäre Wertschöpfung. Es braucht Investitionen von Unternehmen, um den Nutzen in Wertschöpfung für die Bevölkerung zu verarbeiten".* Dies umfasst im Tourismus zum einen die materielle Infrastruktur (z.B. Gast- und Beherbergungsgewerbe, Museen), die institutionelle Infra- und Suprastruktur (z.B. Tourist-Information, Tourismusverbände) sowie eine personelle Suprastruktur (z.B. Guides, Servicepersonal)(vgl. JOB et al. 2005b: 602). Dabei können durch den Trend der Virtualisierung des Raumes diesem potentiell Vorstellungen, Trends, Bilder, Ideen, Marktforschungsergebnisse etc. zugeordnet werden und im Sinne einer touristischen Raumspezifikation letztendlich der Bedürfnisbefriedigung des Touristen dienen (= in Szene setzen) (vgl. WÖHLER 2003: 241f.). Hinsichtlich der Infrastrukturen wird auf eine ausreichende Qualität, Differenzierung und Diversifizierung des Angebotes sowie Servicequalität hingewiesen, bevor Tourismus einen entsprechenden

Beitrag zur regionalen Entwicklung im ländlich peripheren Raum leisten kann (vgl. NEUMEIER & POLLERMANN 2011: 163; SCHEIDEGGER 2009: 48ff.). Je nach touristischer Zielsetzung der Region muss dabei mehr entwickelt werden als *„Heimatmuseen, Gemeindecenter, Naturlehrpfade, Backhäuser, Outdoor-Schach und Kräuterspiralen"*, da diese eher zur intraregionalen Naherholungsinfrastruktur gezählt werden und nicht das Potential besitzen, touristische Alleinstellungsmerkmale und Anziehungspunkte zu sein (vgl. NEUMEIER & POLLERMANN 2011: 163). Durch die obigen Ausführungen wird bereits deutlich, dass Tourismus als Entwicklungsstrategie kein wirtschaftlicher Selbstläufer für periphere Regionen ist (vgl. WOLTERING 2012: 74; VOGT 2008: 84f.; NEUMEIER & POLLERMANN 2011: 163f.). Als eine weitere wichtige Determinante wird das Destinationsmanagement genannt (vgl. VOGT 2008: 84f.).

Im Folgenden wird auf zuerst auf den Begriff der Destination und in diesem Zuge auf deren nachhaltige Wettbewerbsfähigkeit eingegangen. Die Destination bietet sich in der vorliegenden Arbeit als konzeptionelles Modell an, das eine Brücke zwischen Nachfrage und Angebot sowie Biosphärenreservat und Tourismusentwicklung in der Region schlägt. Es eignet sich, um die Vielzahl der Aspekte touristischer Entwicklung, die in der vorliegenden Arbeit für Biosphärenreservate untersucht werden (wie z.B. Angebote, Strategien, Koordination, Zertifizierung u.v.m.), konzeptionell zu verbinden.

2.3 Destination – Begriffsannäherungen, Modell und Tourismusorganisation auf deutscher Ebene

2.3.1 Definitionen: Destination, Tourismusorganisation und Destinationsmanagement

Das Konzept der Destination basiert seit den 1990ern auf einem gewandelten Grundverständnis hinsichtlich Abgrenzung, Funktion und Aufgaben touristischer Zielgebiete bzw. klassischer Tourismusorganisationen (vgl. STEINECKE 2013: 30). Laut BIEGER (2008: 56) ist eine Destination zu definieren als: *„Geographischer Raum (Ort, Region, Weiler), den der jeweilige Gast (oder ein Gästesegment) als Reiseziel auswählt. Sie enthält sämtliche für einen Aufenthalt notwendigen Einrichtungen für Beherbergung, Verpflegung, Unterhaltung/Beschäftigung. Sie ist damit die Wettbewerbseinheit im Incoming Tourismus, die als strategische Geschäftseinheit geführt werden muss."* Die Sicht des Gastes bildet somit den Schwerpunkt der Definition, die Destination den Ort, an dem die Urlaubsbedürfnisse befriedigt werden. Damit vollzieht sich ein Perspektivenwechsel, denn der Destinationsbegriff ist ursprünglich mit der Anbieterperspektive verknüpft, insbesondere im Hinblick auf öffentliche Akteure wie Städte, Landkreise und Bundesländer, die im Rahmen der Tourismusförderung aktiv sind. Wichtig für Destinationen ist es jedoch, sich nicht an räumlichen Grenzen z.B. administrativer Art zu orientieren, sondern an der Raumwahrnehmung der (potentiellen) Gäste (vgl. STEINECKE 2013: 14), wobei diese wiederum durch gezieltes Tourismusmarketing beeinflusst werden kann (vgl. JOB et al. 2005b: 618). Nicht mehr geographisch, institutionell oder traditionell gewachsene Produktabgrenzungen stehen im Vordergrund, sondern die von Konsumenten definierte, was eine erhöhte Kundenorientierung seitens der Destination erfordert (vgl. Bieger 2008: 61f.).

Als Überbegriff für ein touristisches Zielgebiet, das ein touristisches Leistungsbündel bereitstellt, variiert die Destination in Größe und Organisationform. Als Beispiele für privatwirtschaftliche Destinationen sind u.a. Themenparke oder der All-Inclusive Ressorts zu nennen; die Erstellung des Leistungsbündels erfolgt im Wesentlichen durch ein einzelnes Lead-Unternehmen. Öffentliche Destinationen wie Städte oder Regionen setzen sich aus zahlreichen Einzelunternehmen zusammen (z.B. Hotel, Restaurant, Verkehrsbetriebe), die letztendlich das touristische Produkt generieren.[3] Für eine erfolgreiche, wettbewerbsfähige Destination sind intensive Kooperationen zwischen den Einzelakteuren und ein klares Destinationsprofil inkl. Kommunikation und Marke notwendig (vgl. Steinecke 2013: 14f.).

Die Destination setzt sich u.a. aus Attraktionspunkten – diese umfassen das ursprüngliche und das abgeleitete Angebot – zusammen, die als grundlegende Elemente im Incoming Tourismus bezeichnet werden können und touristische Nachfrage bedingen (vgl. Bieger 2008: 56). Diese Leistungen bzw. das Leistungsbündel inkl. der dadurch möglichen Erfahrungen sind das Produkt, das der Kunde, in diesem Fall der Tourist, konsumiert. Es ist zu beachten, dass der Kunde oftmals Konsum und Urlaubserfahrung nicht nach den Einzelunternehmen, die die Leistungen erbringen, differenziert, sondern Leistungen und Qualität insgesamt der Destination zuschreibt. Das Leistungsbündel der Destination kann als Dienstleistungskette, bei der stufenweise Wertschöpfung generiert wird, dargestellt werden (vgl. Abbildung 3).

Als touristische Zielgebiete stehen Destinationen im Wettbewerb und konkurrieren zunehmend um Besucher: die Zahl der Destinationen nimmt weltweit zu, neue Destinationen entstehen (vgl. Pechlaner et al. 2011: 57) genau wie sog. hybride Touristen mit differenzierten Ansprüchen auf einem Markt, der sich vom Käufer- zum Verkäufermarkt gewandelt hat (vgl. Job et al. 2005b: 619). Das veränderte Begriffsverständnis berücksichtigt diesen Aspekt. Die Destination substituiert zunehmend Bezeichnungen wie z.B. Reisegebiet oder Tourismusregion, v.a. vor dem Hintergrund der zunehmenden Integration eines notwendigen Managements in Destinationen (vgl. Rein & Baláš 2015: 274), das einen reibungslosen Ablauf zwischen den einzelnen Kettengliedern ermöglicht (vgl. Abbildung 3).

Für die Entwicklung bzw. das Management einer Destination wird eine übergeordnete Tourismusorganisation als notwendig erachtet, die auf unterschiedliche Art und Weise definiert werden kann (siehe hierzu u.a. Kaspar 1996: 89ff.; Müller et al. 1991: 112; WTO 1993: 146). In der vorliegenden Arbeit wird diese verstanden als *„der hauptsächliche Träger der übergreifenden und kooperativ zu erbringenden Funktionen im Tourismus einer Destination"* (Bieger 2008: 72) (= Funktion der Innenwirkung). „Hauptsächlich" heißt in diesem Kontext, dass teilweise Aufgaben durch mehrere solcher Organisationen wahrgenommen werden bzw. durch Outsourcing an andere

---

3 In der vorliegenden Arbeit, die Biosphärenreservate in Deutschland behandelt, werden die regionalen, öffentlichen Destinationen thematisiert. Privatwirtschaftlich organisierte Destinationen sind im Zuge der Ausrichtung der Arbeit nicht relevant.

Abbildung 3: Dienstleistungskette im Tourismus und Bezug zur Tourismusorganisation

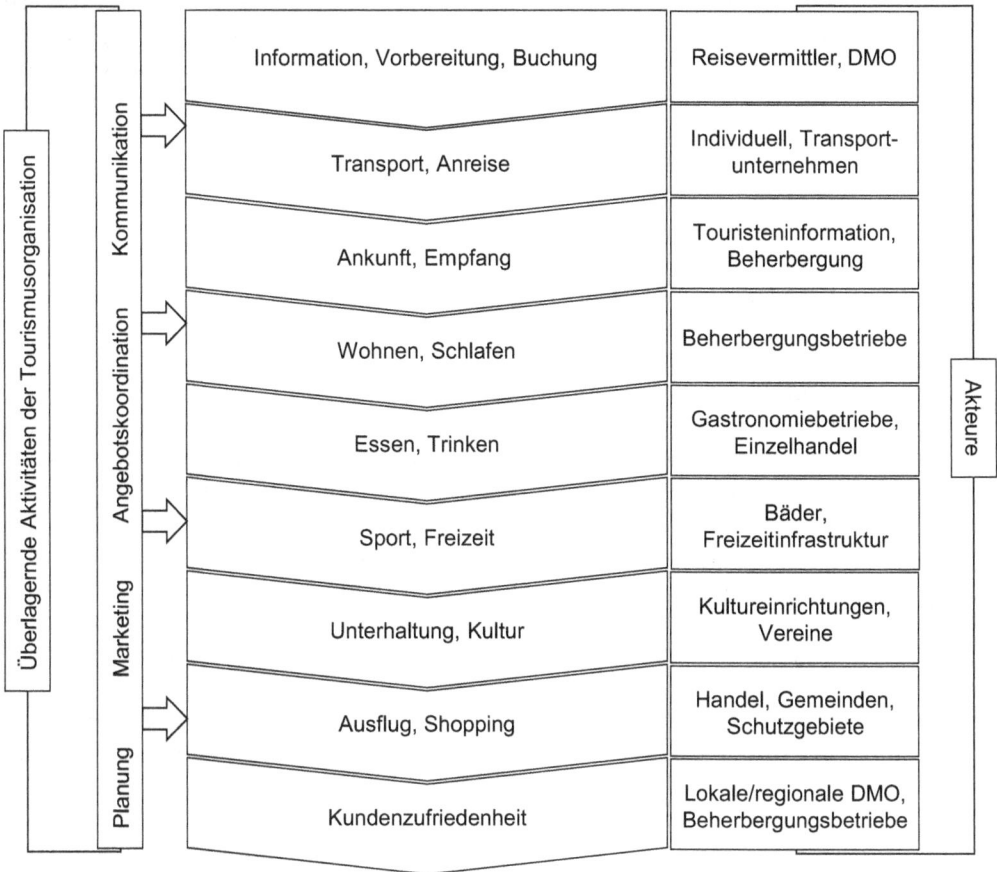

Überlagernde Aktivitäten der Tourismusorganisation		Dienstleistungskette	Akteure
	Kommunikation	Information, Vorbereitung, Buchung	Reisevermittler, DMO
		Transport, Anreise	Individuell, Transport-unternehmen
		Ankunft, Empfang	Touristeninformation, Beherbergung
	Angebotskoordination	Wohnen, Schlafen	Beherbergungsbetriebe
		Essen, Trinken	Gastronomiebetriebe, Einzelhandel
	Marketing	Sport, Freizeit	Bäder, Freizeitinfrastruktur
		Unterhaltung, Kultur	Kultureinrichtungen, Vereine
	Planung	Ausflug, Shopping	Handel, Gemeinden, Schutzgebiete
		Kundenzufriedenheit	Lokale/regionale DMO, Beherbergungsbetriebe

Quelle: Verändert nach BIEGER (2008: 58f.) und REIN & BALÀŠ (2015: 284f.)

Institutionen übertragen werden (vgl. BIEGER 2008: 76). PECHLANER (2003: 6) schreibt den Tourismusorganisationen die Planungs-, Strategie- und Entwicklungsfunktion, eine Koordinationsfunktion zur Gestaltung des Angebotes sowie eine Marketing-funktion zu. Laut BIEGER (2008: 68) kann noch eine Interessenvertretungsfunktion gegenüber Branche, Bevölkerung, Politik sowie eine generelle Bewusstseinsschaffung für Tourismus ergänzt werden. Die Tourismusorganisationen werden in vorliegender Arbeit als *„quasi-konstitutives Element"* des Destinationsmanagements betrachtet (PECHLANER 2003: 6), dessen Bedarf gemeinhin anerkannt ist (vgl. BIEGER 2008: 69ff.). Laut REIN & BALÀŠ (2015: 267) kann es sich dabei auch um eine *„strategisch, flexibel und marktorientiert agierende Interessengemeinschaft"* handeln.

Destinationsmanagement wird definiert als der Versuch, *„wettbewerbsfähige Produkt/Markt-Kombinationen durch die kooperative Etablierung von (virtuellen) Produktentwicklungs- und Marktbearbeitungsplattformen zu schaffen"* (PECHLANER 2003: 5). Die Tourismusorganisation stellt durch die Übernahme der Koordinationsfunktion den wesentlichen Akteur des Destinationsmanagements. Das Destinationsmanage-

19

ment sollte vor allem kunden- und prozessorientiert sein: nicht eine administrative oder Branchenorientierung steht im Vordergrund, sondern die Leistungsprozesse im Rahmen der Dienstleistungsketten für das jeweilige Gästesegment (vgl. BIEGER 2008: 61f.). Die Professionalisierung der Dienstleistungskette und die Positionierung der Destination mit einem besonderen Alleinstellungmerkmal im Kontext globaler Standardisierungsprozesse (= Funktion der Außenwirkung) ist dabei eine wichtige Aufgabe der Tourismusorganisation bzw. Destinationsmanagementorganisation (DMO) (vgl. JOB et al. 2005b: 620). In Deutschland spricht man derzeit von einem Professionalisierungsprozess, da nicht mehr zeitgemäße Strukturen der Tourismusorganisation ersetzt werden durch sogenannte, i.d.R. privatwirtschaftliche DMO (vgl. REIN & BALÀŠ 2015: 277f.). Die Wettbewerbsfähigkeit der Destination stellt letztendlich die Fähigkeit dar, als Destination am Markt langfristig ausreichend Wertschöpfung zu erzielen, wozu die Destination als Wettbewerbseinheit strategisch geführt werden muss (vgl. BIEGER 2008: 58).

Als System betrachtet, steht die Destination in Beziehung zu touristischen Akteuren, Attraktionen sowie verschiedenen Umfeldern wie z.B. Politik, natürlicher Umwelt oder Gesellschaft inkl. deren Ansprüchen. Eine Destination ist als System wesentlich offener als z.B. ein Unternehmen, denn es existieren weder klare Leistungswege noch Weisungsbefugnisse. Strategische Ressourcen sind oft kollektiver Natur und bei Entscheidungsprozessen müssen demnach auch nicht-touristische Stakeholder miteinbezogen werden. Dadurch erhöht sich der Einfluss verschiedener Umfelder („Umwelten"), ein kooperativer Ansatz wird folglich notwendig (vgl. BIEGER 2008: 61ff.).

Die bisher genannten Bestandteile der Destination wie Management, Anbieter, Tourismusförderung etc. lassen sich in einem konzeptionellen Modell nach RITCHIE & CROUCH (2003), das zum tieferen Verständnis der Funktionsweise von Destinationen beitragen kann, veranschaulichen. Dadurch bietet sich das Modell im Hinblick auf die Forschungsfrage, inwieweit Biosphärenreservate zu einer nachhaltigen Tourismusentwicklung auf regionaler Ebene beitragen, an.

2.3.2 Konzeptionelles Modell der Destination

CROUCH & RITCHIE (1999, 2000) bzw. RITCHIE & CROUCH (2003) entwickeln mit ihrem Destinationsmodell einen konzeptionellen Ansatz, der die Determinanten einer nachhaltigen Wettbewerbsfähigkeit bestimmt: *"To be competitive, a destination's development for tourism must be sustainable not just economically, and not just ecologically, but socially, culturally and politically as well"* (CROUCH & RITCHIE 2000: 5). Das Model wurde durch die Autoren über mehrere Jahre im globalen Kontext mit Fokus auf nordamerikanische und europäische Destinationen entwickelt (vgl. RITCHIE & CROUCH 2010: 1050f.). Die Ausrichtung einer Destination am Ziel der nachhaltigen Entwicklung, bei der Ökologie, Ökonomie und die soziale Dimension inklusive der jeweiligen Anforderungen in Einklang gebracht werden, ist mittlerweile im Tourismus breit akzeptiert. Wettbewerbsfähigkeit und die generierte Wertschöpfung werden vielmehr als eine Voraussetzung für die nachhaltige Entwicklung betrachtet (vgl. BIEGER 2008:

111). Letztendlich muss dabei touristischen Anforderungen seitens der Nachfrager entsprochen werden, wozu langfristiges, strategisches Handeln der Destination die Grundlage bildet (vgl. PECHLANER 2003: 27).

Der Vorteil des Modells liegt u.a. an der umfassenden Perspektive, die es erlaubt, die diversen Bereiche wie z.B. Marketing, Unternehmensstrukturen oder Nachhaltigkeitsaspekte im Kontext des Tourismus, der Politik und der Planung zu erfassen, Wechselbeziehungen darzulegen und so ein gutes konzeptionelles Verständnis einer Destination zu ermöglichen (vgl. RITCHIE & CROUCH 2003: 10). RITCHIE & CROUCH (2003: 25) verstehen unter Wettbewerbsfähigkeit "[…] *long-term economic prosperity as the yardstick by which destinations are to be assessed competitively."* Sie kann als Erfolg im Hinblick auf einen langfristigen, positiven Beitrag zu den tangiblen und intangiblen Effekten des Tourismus in einer Region betrachtet werden (vgl. VOGT 2008: 57). Die gleichwertige Gewichtung der Dimensionen der Nachhaltigkeit muss dabei gewährleistet sein: *„Competitiveness without sustainability is illusory"* (RITCHIE & CROUCH 2003: 9).

Einen Überblick über das Modell gibt Abbildung 4. Dabei gehen die Autoren in Anlehnung an PORTER (1990: 74f.) auf komparative und kompetitive Vorteile einer Destination ein. Die komparativen Vorteile umfassen Elemente wie z.B. natürliche, kulturelle und historische Ressourcen, grundlegende Infrastrukturen und touristische Suprastruktur sowie personelle Kapazitäten, Kapital und Wissen. Diese sind als Produktionsfaktoren zu betrachten. Kompetitive Vorteile beschreiben die Effizienz und Effektivität, mit der die komparativen Vorteile langfristig genutzt werden. Dabei können Destinationen, trotz besserer allgemeiner Ressourcenausstattung, weniger erfolgreich geführt werden als Destinationen, die weniger Ressourcen effizienter in Wert setzen.[4] Die kompetitiven Vorteile entscheiden, wie und wo die komparativen Vorteile entwickelt werden, z.B. durch Festlegen einer Strategie, Inventarisierung von vorhandenen Ressourcen, Verständnis über deren Wert und eine entsprechende Entwicklung bzw. Entwicklungsstrategie. Erhalt und Pflege der komparativen Vorteile müssen dabei gewährleistet werden (vgl. CROUCH & RITCHIE 1999: 142ff.; PORTER 1990: 20ff.).

Ähnlich strukturiert findet sich ein Modell für touristische Wettbewerbsfähigkeit bei BIEGER (2008: 113f.), der neben den Bereichen „Unternehmen/Branche" „Faktorbedingungen" und „Qualität des Managements" die „Nachfrage" stärker betont, was im hier dargelegten Modell eher als Resultat, weniger als komparativer oder kompetitiver Vorteil, genannt wird. Die dargelegten Vorteile bieten bereits eine tragfähige Grundlage für das Modell, wobei ergänzt wird, dass die Liste der Vorteile, trotz aller Umfänglichkeit, stets im Kontext des Einzelfalls betrachtet werden muss. Hier kommt es auf das Zusammenspiel der Faktoren untereinander an, wozu ein genaueres systematisches Schema benötigt wird. Darin enthalten sind weitere sieben Dimensionen, die die Nachhaltigkeit und Wettbewerbsfähigkeit einer Destination beeinflussen (vgl. RITCHIE & CROUCH 2003).

---

4 BIEGER (2008: 114) nennt als ein Beispiel dafür das Schweizer Gastgewerbe, in dem über Jahrzehnte hinweg aufgrund einer hohen Verfügbarkeit von Arbeitskräften und Kapital, Innovationsfähigkeit nicht gefordert war, dementsprechend ausblieb und Kapital unproduktiv überinvestiert wurde.

Abbildung 4: Konzeptionelles Destinationsmodell

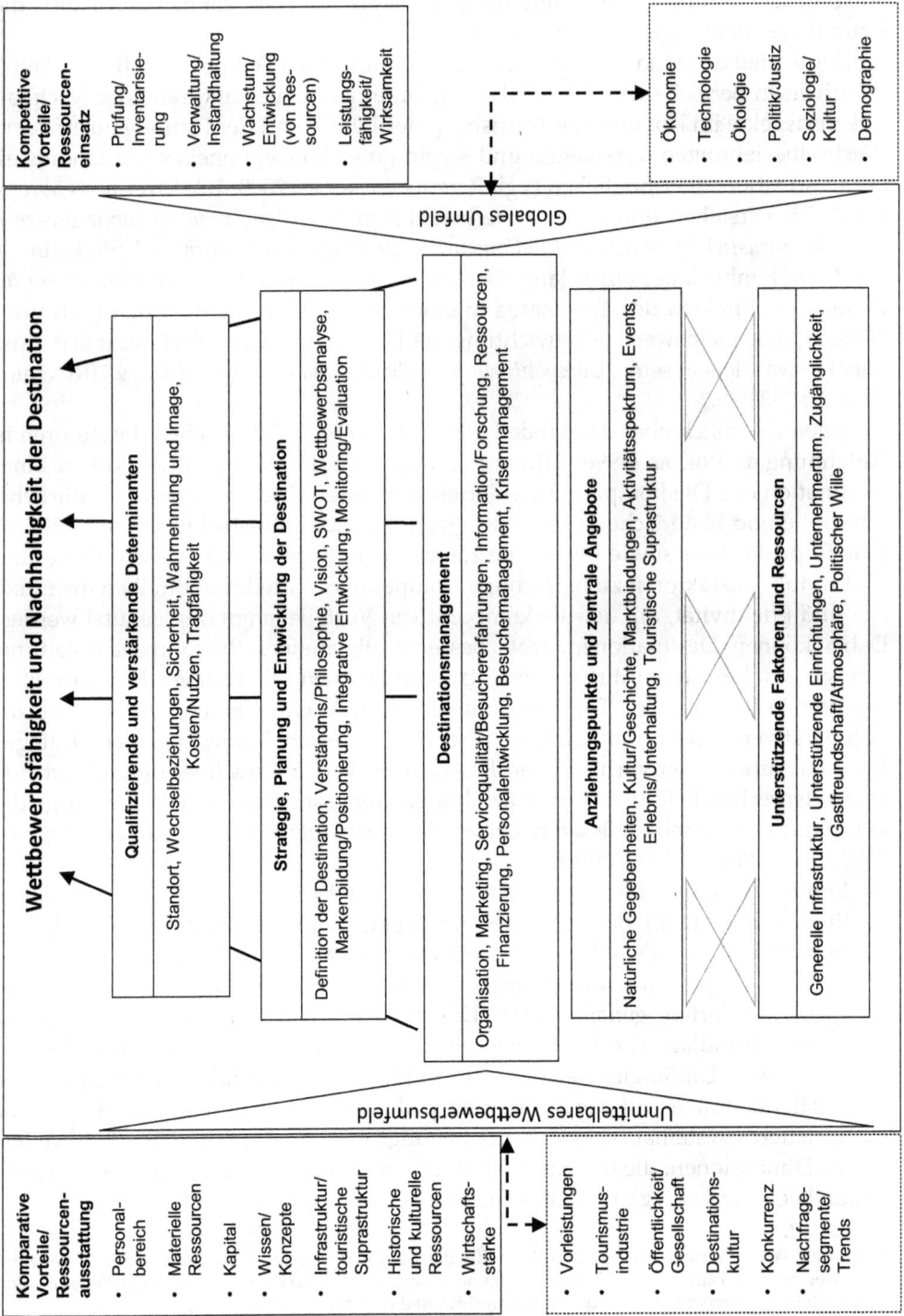

Wettbewerbsfähigkeit und Nachhaltigkeit der Destination

Globales Umfeld

Kompetitive Vorteile/Ressourceneinsatz
- Prüfung/Inventarisierung
- Verwaltung/Instandhaltung
- Wachstum/Entwicklung (von Ressourcen)
- Leistungsfähigkeit/Wirksamkeit

- Ökonomie
- Technologie
- Ökologie
- Politik/Justiz
- Soziologie/Kultur
- Demographie

Qualifizierende und verstärkende Determinanten

Standort, Wechselbeziehungen, Sicherheit, Wahrnehmung und Image, Kosten/Nutzen, Tragfähigkeit

Strategie, Planung und Entwicklung der Destination

Definition der Destination, Verständnis/Philosophie, Vision, SWOT, Wettbewerbsanalyse, Markenbildung/Positionierung, Integrative Entwicklung, Monitoring/Evaluation

Destinationsmanagement

Organisation, Marketing, Servicequalität/Besuchererfahrungen, Information/Forschung, Ressourcen, Finanzierung, Personalentwicklung, Besuchermanagement, Krisenmanagement

Anziehungspunkte und zentrale Angebote

Natürliche Gegebenheiten, Kultur/Geschichte, Marktbindungen, Aktivitätsspektrum, Events, Erlebnis/Unterhaltung, Touristische Suprastruktur

Unterstützende Faktoren und Ressourcen

Generelle Infrastruktur, Unterstützende Einrichtungen, Unternehmertum, Zugänglichkeit, Gastfreundschaft/Atmosphäre, Politischer Wille

Unmittelbares Wettbewerbsumfeld

Komparative Vorteile/Ressourcenausstattung
- Personalbereich
- Materielle Ressourcen
- Kapital
- Wissen/Konzepte
- Infrastruktur/touristische Suprastruktur
- Historische und kulturelle Ressourcen
- Wirtschaftsstärke

- Vorleistungen
- Tourismusindustrie
- Öffentlichkeit/Gesellschaft
- Destinationskultur
- Konkurrenz
- Nachfragesegmente/Trends

Quelle: Eigene Übersetzung nach RITCHIE & CROUCH (2003; 2010)

1. Das globale Umfeld, das alle menschlichen Aktivitäten sowie weltweite Entwicklungen in den Bereichen Ökonomie, Technologie, Ökologie, Politik und Justiz, Soziologie und Kultur sowie Bevölkerung umfasst. Zu nennen sind z.B. der demographische Wandel, die Endlichkeit der Ressourcen, der Klimawandel oder sich ändernde gesellschaftliche oder technische Trends. Das gesteigerte Bildungsniveau wird z.B. als beeinflussender Faktor im Hinblick auf ein zunehmendes Interesse an authentischen Lebensstilen der Gesellschaft am Reiseziel betrachtet. Sowohl der unmittelbare als auch der globale Wettbewerbseinfluss wandelt sich kontinuierlich und muss im Hinblick auf Chancen und Risiken bei der strategischen Entwicklung der Destination berücksichtigt werden (vgl. RITCHIE & CROUCH 2003: 63ff.).

2. Das unmittelbare Wettbewerbsumfeld setzt sich aus Organisationen, Akteuren sowie Wechselwirkungen und Einflüssen innerhalb der Tourismusaktivitäten einer Destination zusammen und ist damit direkter Bestandteil des Tourismussystems. Der Einfluss wird i.d.R. als gewichtiger empfunden als Elemente des globalen Umfeldes, muss es aber nicht immer sein. Die darunter gefassten Determinanten wie z.B. Vorleistungsbetriebe, Akteure der Reiseindustrie, Nachfragemärkte, Konkurrenzbeziehungen zu weiteren Destinationen oder Unternehmen, Destinationskultur (Governance, Netzwerke) und Öffentlichkeit (Einwohner, Medien, Regierungseinrichtungen etc.) prägen als Elemente die unmittelbare touristische Umwelt. Determinanten und Destination beeinflussen sich gegenseitig, die Beziehungen dieser Elemente bestimmen das unmittelbare Wettbewerbsumfeld und im Verlauf der Zeit, die Entwicklung und Wettbewerbsfähigkeit der Destination. Das Funktionieren der Destination als Einheit erfordert ein entsprechendes Steuerungssystem und eine gemeinsame, kooperative Aufgabenwahrnehmung aller Akteure (vgl. RITCHIE & CROUCH 2003: 66ff.).

3. Die Anziehungspunkte und zentralen Angebote umfassen die wesentlichen Gründe, weshalb Besucher ein Zielgebiet einem anderen vorziehen. Diese umfassen die (1) natürlichen Gegebenheiten (Natur, Landschaft, Klima) und bedingen visuelle und ästhetische Reize der Region, wobei dem Destinationsmanagement i.d.R. nur sehr wenig Einfluss- und Gestaltungsmöglichkeiten zukommen. Nur bedingt stärker zu beeinflussen sind (2) Kultur und Geschichte der Destination, wobei in diesem Kontext Ursprünglichkeit oftmals als touristisch attraktiv gilt. Ein einzigartiges Setting der Destination, das dem Besucher die Möglichkeit bietet, fernab vom eigenen Alltag, Einblick in authentische, regionale Lebensstile zu erhalten, kann als ein wesentlicher Wettbewerbsvorteil im heutigen – teilweise stark homogenisierten – Tourismus gelten, der sich durch zunehmend ähnlicher werdende Destinationen auszeichnet. (3) Marktbindungen bezeichnen den Konnex zu touristischen Quellgebieten wie z.B. Verbindungen ethnischer Natur, die aus Einwanderungsbewegungen resultieren oder das Segment der Besucher von Verwandten und Bekannten. Mehr Möglichkeiten der Einflussnahme hat eine Destination auf die (4) Bandbreite der potentiellen Freizeitaktivitäten, die im Zuge zunehmender Individualisierung mehr an Relevanz gewinnen. Dabei

sollten die angebotenen Aktivitäten im Einklang mit den natürlichen und kulturellen Gegebenheiten der Region stehen, z.B. im Bereich eines natur-basierten Tourismus. (5) Besondere Events sind v.a. durch das Management generierbar, wobei die Veranstaltungen in Größe, Thematik oder Einbezug der lokalen Bevölkerung und Ressourcen variieren können. Die (6) Erlebnis- und Unterhaltungsindustrie ist eine weitere Determinante, die im Rahmen des Konzeptes z.B. auf Theater, Kasinos o.ä. bezogen wird. In Destinationen im peripheren-ländlichen Raum stellt diese tendenziell selten eine Kernkompetenz dar. (7) Die touristische Suprastruktur mit Beherbergung, Gastronomie, Transport und anderen touristischen Produkten und Dienstleistungen (=abgeleitetes Angebot) gilt als wesentliches Element, das durch das Destinationsmanagement beeinflussbar und abzustimmen ist. Eine hohe Qualität kann dabei die Attraktivität der Destination steigern (vgl. Ritchie & Crouch 2003: 68f.). Ursprünglich eher als unterstützend klassifiziert, können Beherbergung oder Gastronomie, insbesondere vor dem Hintergrund von Zertifizierungsaktivitäten im Bereich Nachhaltigkeit oder Regionalität, heute oft eine wesentliche Motivation für einen Aufenthalt darstellen (vgl. Croce & Perri 2010: 7f.; Sims 2009).

4. Die unterstützenden Faktoren und Ressourcen gelten als Grundlage für eine erfolgreiche touristische Entwicklung. Selbst wenn zentrale Angebote in guter Qualität vorhanden sind, kann das Fehlen der unterstützenden Faktoren ein Hindernis für eine positive Entwicklung der Destination darstellen. Das stellt insbesondere in peripheren, bevölkerungsarmen Regionen eine Herausforderung dar. Eine vorausschauende Planung und ein umfassendes Management müssen eine angemessene Balance bei der touristischen und infrastrukturellen Entwicklung gewährleisten. Zentrales Element ist die (1) generelle Infrastruktur (Verkehrsinfrastruktur, Wasser- und Abwasserversorgung etc.) sowie (2) unterstützende Einrichtungen und Ressourcen wie z.B. Banken, Verfügbarkeit von Personal, Kapital, Wissen oder Zusammenarbeit mit Forschungseinrichtungen. (3) Unternehmertum bildet ebenfalls einen wichtigen Faktor, insbesondere in Anbetracht der von kleinen und mittleren Unternehmen dominierten Betriebsstruktur, die häufig im Tourismus anzutreffen ist. Wettbewerbsgedanke, Innovation, Kooperation, Investition, Produktivität und Diversifizierung sowie Lösungen im Umgang mit Saisonalität sind wesentliche Determinanten des erfolgreichen Unternehmertums. Zudem ist der (4) Zugang zu der Destination (Visabeschränkung, Luftfahrsektor, Straßenverbindung) sowie den verschiedenen touristischen Anziehungspunkten innerhalb der Destination als relevant zu erachten. Eine (5) Atomsphäre der Gastfreundschaft ist wichtig, damit sich der Reisende nicht lediglich als Einkommensmöglichkeit, sondern als „willkommener" Gast fühlt. Der (6) politische Wille ist zudem zu nennen, der die Bemühungen des Managements unterstützen kann und Einstellungen gegenüber dem Tourismus beeinflusst (vgl. Ritchie & Crouch 2003: 69ff.).

5. Ein umfassender, strategischer Rahmen inkl. Zielsetzungen für die Planung und Entwicklung der Destination kann als Orientierungsgrundlage für die künftige

Richtung und Struktur der Tourismusentwicklung dienen. Erforderlich dazu ist es, das Subjekt des konzeptionellen Rahmens gemeinsam mit den Stakeholdern zu definieren und eine konsensfähige (1) Definition der Destination bezüglich Abgrenzung, Akteuren etc. zu entwickeln. Der Rahmen wird durch das (2) Verständnis der Gesellschaft bzw. vorhandene Auffassungen und Betrachtungsweisen, wie bestimmte Zielsetzungen zu erreichen sind, definiert, wobei dazu regionalspezifische Situationen zu berücksichtigen sind. Die (3) Vision für die Destination ist der gewünschte Zustand in einer mittelbaren Zukunft, der durch das zugrundeliegende Verständnis und die darauf basierende Ausrichtung der Strategie beeinflusst wird. Die „Philosophie" beschreibt stärker den Blickwinkel auf eine Problemstellung, die Vision stärker das gewünschte Ziel. Eine umfassende (4) SWOT-Analyse der Destination bildet eine weitere Grundlage für die Formulierung des strategischen Rahmens. Daten zu Attraktionen, Märkten, Performance sind u.a. wesentliche Informationen, die Relevanz für die beteiligten Akteure besitzen und in die Strategie einfließen sollten. In Ergänzung dazu sollte eine (5) Wettbewerbsanalyse durchgeführt werden, die die Stellung der Destination im Vergleich zur Konkurrenz aufzeigt. Der Vergleich bietet Chancen für das (6) Branding der Destination, das auf die kognitive Positionierung im Vergleich zu anderen Destinationen abzielt bzw. inwieweit die Destination auf Seiten der Nachfrager als einzigartig und touristisch „lohnenswert" wahrgenommen wird. Die durchaus unterschiedliche Wahrnehmung von verschiedenen Besuchersegmenten bedingt komplementäre Strategien für eine Positionierung, z.B. im Bereich gehobener Gastronomie, Extremsport oder Naturtourismus. Eine Destinationsstrategie sollte eine (7) integrative Entwicklung verfolgen, so dass einzelne Teilelemente im Sinne der Wettbewerbsfähigkeit und Nachhaltigkeit koordiniert werden. Es müssen sowohl Faktoren auf der Angebots- als auch der Nachfrageseite berücksichtigt werden. Hinsichtlich der Angebotsseite müssen die Strategien die Entwicklung und den Erhalt von natürlichen Ressourcen, die Qualität an personellen und finanziellen Ressourcen, Maßnahmenkataloge etc. festlegen. Auf der Nachfrageseite muss das Ansprechen der relevanten Märkte sichergestellt werden. Ein entsprechendes (8) Monitoring bzw. die Evaluation der Konzepte muss gegeben sein, wobei erfasst werden sollte, wie gut Strategien verwirklicht wurden und ob diese, wenn verwirklicht, die gewünschten Effekte erzielten (vgl. RITCHIE & CROUCH 2003: 71ff.). Effiziente, integrative Strategien und Steuerungsmechanismen sowie eine breite Beteiligung sind nach wie vor wesentliche relevante Determinanten (vgl. PECHLANER et al. 2014: 1f.).

6. Das Destinationsmanagement umfasst Aktivitäten zur Implementierung der Entwicklungsstrategie, zur Steigerung der Attraktivität der zentralen Angebote sowie der Qualität und der Effizienz des Einsatzes der unterstützenden Ressourcen. Das Destinationsmanagement ist der am stärksten beeinflussbare Bereich, da es Strukturen und Prozesse beinhaltet, die wesentlich durch Akteure und Institutionen gestaltet werden können. Das Management hat im Rahmen der (1) Organisationsstruktur die Verantwortung für eine zielführende Entwicklung aller Teilkomponenten der Destination, wobei vor allem in kooperativen

Strukturen agiert werden sollte. Das stellt gleichzeitig eine Herausforderung dar (z.B. aufwendige Abstimmungsprozesse), birgt jedoch durch Kooperationseffekte auch Entwicklungspotential. Einen weiteren wichtigen Bereich dahingehend stellt das (2) Marketing dar, das neben der klassischen Verkaufsförderung im Sinne von Werbung bzw. Vermarktung auch die Produktentwicklung und Zusammenstellung, angemessene Preispolitik, effiziente Distribution, Kommunikation sowie die strategische Auswahl von Absatzmärkten beinhaltet. Eine hohe (3) Servicequalität sollte zu einer hochwertigen Besuchererfahrung beitragen. Dabei kommt dem Destinationsmanagement die Aufgabe der Gestaltung reibungsloser Abläufe im Rahmen der touristischen Dienstleistungskette zu (vgl. Abbildung 3, Kap. 2.3.1). Notwendig sind dazu u.a. ausreichende (4) Informationen durch Monitoring und Forschung für eine kundenorientierte Produktentwicklung. Ebenso sollte das Destinationsmanagement einen (5) verantwortungsbewussten Umgang mit den gegebenen natürlichen sowie anderweitigen Ressourcen pflegen, was einen nachhaltigen Umgang mit selbigen im Sinne der langfristigen Wettbewerbsfähigkeit beinhaltet. (6) Ausreichende Finanzierungsmöglichkeiten und verfügbares Kapital sind Voraussetzungen für eine erfolgreiche Aufgabenwahrnehmung des Destinationsmanagements sowie Entwicklung der touristischen Infrastruktur, insbesondere im öffentlichen Sektor. Die Förderung durch Regierung, Förderprogramme, Sponsoren etc. sollte dabei konform mit dem erarbeiteten Strategiekonzept der Destination sein. Eine (7) Personalentwicklung durch Weiterbildungs- und Fortbildungsmaßnahmen ist im Sinne der Kompetenzsteigerung im Bereich Tourismus ein wichtiger Faktor. Ein (8) Besuchermanagement sollte auch bei verstärkter touristischer Nachfrage negative Effekte abwenden, was je nach Ausmaß der Nachfrage entsprechenden Ressourceneinsatz erfordert (als Beispiel werden hier u.a. Nationalparke angeführt). Im Zuge von Katastrophen (Terror, Naturkatastrophen) wird ein (9) Krisenmanagement erforderlich. Zudem wirkt das Destinationsmanagement als Katalysator hinsichtlich Beschränkungen und Chancen durch qualifizierende und verstärkende Faktoren (vgl. RITCHIE & CROUCH 2003: 73ff.).

7. Die qualifizierenden bzw. verstärkenden Determinanten verändern die Faktoren der anderen Ebenen hinsichtlich ihrer Wirkung auf die Wettbewerbsfähigkeit der Destination, wobei sie sich der Kontrolle durch den Tourismussektor nahezu vollständig entziehen. Sie werden auch als situationsbedingte Faktoren bezeichnet und bestimmen Ausmaß, Grenzen und Potentiale der Wettbewerbsfähigkeit. Darunter fallen die (1) topographische Lage bzw. der Standort sowie die entsprechende Entfernung zu Quellgebieten. Bei großen räumlichen Distanzen können z.B. kulturelle Distanz oder hohe Reisekosten mitunter dem Wunsch eines Aufenthaltes entgegenwirken. Ändern kann sich die Konstellation z.B. im Zuge neu aufkommender Quellmärkte wie z.B. die in den letzten Dekaden gewachsene Nachfrage durch asiatische Bevölkerungsgruppen. Im nationalen Kontext wären Entwicklungen seit der deutschen Wiedervereinigung und generell erleichterte Reisebedingungen innerhalb der Europäischen Union

relevant.[5] (2) Wechselbeziehungen zwischen Destinationen spielen eine Rolle und beeinflussen die Wettbewerbsfähigkeit wie z.B. im Falle von Stop-over Destinationen oder der Nachbarschaft zu Krisengebieten. Letzteres führt zum Faktor (3) Sicherheit, denn trotz einiger „abenteuerlustiger" Touristen spielt Sicherheit eine wichtige Rolle und wirkt, ist ein bestimmtes Maß nicht gewährleistet, negativ auf die Anziehungskraft der Destination. Die (4) Wahrnehmung und das Image der Destination wirkt ebenfalls beeinflussend: das Image kann deutlich persistenter sein als evtl. bereits existente neue Realitäten der Destination, was abhängig ist vom Grad der Wahrnehmung durch (potentielle) Besucher. Ebenso kann eine gutes Image evtl. Missstände kaschieren und umgekehrt. Für Destinationen ist es von Vorteil, als Zielgebiet auf der mind-map des potentiellen Besuchers zu stehen. Image und Wahrnehmung bilden *„the lens through which tourists perceive all characteristics of a destination and therefore effectively all of the other elements of our model"*(RITCHIE & CROUCH 2003: 76). Ein weiterer Faktor sind (5) Kosten und Nutzen. Diese hängen natürlich zum einen vom Konsumverhalten des Touristen ab bzw. der Bandbreite an Gütern und Dienstleistungen, die konsumiert werden. Dennoch spielen auch nicht beeinflussbare Faktoren eine Rolle: die Transportkosten, Wechselkurse sowie die Preise für regionale Güter und Dienstleistungen, wobei insbesondere Faktoren des unmittelbaren (z.B. Lohn, Kosten für Vorleistungen) und globalen Wettbewerbsumfeldes (Steuern, Inflation etc.) beeinflussend wirken. Letztendlich ist die (6) Tragfähigkeitsgrenze im Hinblick auf die Wettbewerbsfähigkeit relevant, wobei diese den Anforderungen der Nachhaltigkeit gerecht werden muss. Langfristiges Überstrapazieren kann zu einer deutlichen Verschlechterung der Wettbewerbssituation und Anziehungskraft führen (vgl. RITCHIE & CROUCH 2003: 75ff.).

Das Modell ist eines der am häufigsten zitierten im Hinblick auf die behandelnde Thematik und gilt als sehr umfassend und genau, insbesondere durch die Vielzahl an betrachteten Determinanten. Dadurch wird versucht, die Komplexität des Systems Destination zu vermitteln (vgl. LEE et al. 2016: 592). *„Nevertheless, the contribution of the [model of] Ritchie and Crouch lies on the comprehensiveness and wideness of the elements taken into consideration. The model highlights, that it is the combination of all factors comprising the competitiveness of destinations as well as synergies between these elements that determine the attractiveness of a region"* (BUHALIS 2000: 106). Die hohe Komplexität und teilweise geringe Trennschärfe der Determinanten wird als Grund für eine schwere empirische Überprüfbarkeit genannt, so dass teilweise Studien den Fokus auf einzelne Teilelemente beschränken (vgl. LEE et al. 2016: 592). Ebenso wird eine fehlende Gewichtung der einzelnen Faktoren als Kritik geäußert (vgl. BUHALIS 2000: 106). Dem halten die Autoren entgegen, dass die Destinationen im Lebenszyklus unterschiedlich entwickelt sind, unterschiedliche Märkte anvisieren oder aufgrund unterschiedlicher Charakteristika zu verschieden sind und die Destinationen individuell eine entsprechende Bestandsaufnahme und Gewichtung vornehmen

---

5 Im Zuge der „Flüchtlingskrise" werden z.B. bereits etablierte Reisegewohnheiten wie der Ausflugsverkehr an der Grenze zwischen Süddeutschland und Österreich durch die Wiedereinführung von Grenzkontrollen stark beeinflusst, mit entsprechenden Auswirkungen auf die regionale Wirtschaft (vgl. OBERHUBER 2016).

müssen. Eine entsprechende Analyse kann für die regionale Ebene Aufschluss über die im Modell benannten Determinanten und den Umgang mit selbigen geben, um letztendlich die Wettbewerbsfähigkeit zu steigern und Nachhaltigkeit zu gewährleisten (vgl. RITCHIE & CROUCH 2003: 62, 250; BUHALIS 2000: 106). Im Folgenden wird genauer auf die Umsetzung eines nachhaltigen Destinationsmanagements im Kontext der Tourismusorganisation auf deutscher Ebene eingegangen.

2.3.3 Umsetzung eines nachhaltigen Tourismus auf Ebene der Destination in Deutschland

Im Zentrum der Ansätze des Destinationsmanagements steht die Destination, welche i.d.R. auf örtlicher bzw. überörtlicher Ebene angesiedelt ist und im Kontext ländlicher Urlaubslandschaften eine Region umfasst (vgl. REIN & BALÀŠ 2015: 281). Diese besitzt die ausreichende Größe, um die laut Definition von BIEGER (2008: 56) notwendigen touristischen Leistungen bereit zu stellen. Dabei sind für die Destination im Hinblick auf Organisation und Vermarktung sowohl die örtliche Ebene (Gemeinde, Landkreis) sowie die überörtlichen Ebenen, sprich das jeweilige Reisegebiet, das Bundesland und die nationale Ebene von Bedeutung. Zwischen diesen herrscht im Idealfall eine effiziente Aufteilung von Kompetenzen und Aufgaben (vgl. REIN & BALÀŠ 2015: 281). Die zuständigen Tourismusorganisationen arbeiten jedoch oft orientiert an administrativen Grenzen auf der jeweiligen lokalen, regionalen bzw. Landes- und nationalen Ebene (vgl. BIEGER 2008: 73). Von daher werden die hier und in Tabelle 1 aufgeführten traditionellen administrativen Organisationseinheiten oft kritisiert (vgl. JOB et al. 2005b: 620). Eine räumliche Übereinstimmung der Destination als touristisches Zielgebiet aus Sicht des Nachfragers – wie z.B. naturräumliche Einheiten mit Landschaftsnamen – mit den stärker verwaltungsorientieren Abgrenzungen klassischer Tourismusorganisationen kommt eher selten bzw. nur zufällig vor (vgl. JOB et al. 2005b: 620).

Auf nationalstaatlicher Ebene werden u.a. Mittel für Vermarktung, Werbung und Öffentlichkeitsarbeit ausgegeben (vgl. MUNDT 2013: 486). Dabei existiert eine nahezu unübersichtliche Vielzahl an unterschiedlichen Organisationen (vgl. JOB et al. 2005b: 620). Der „Tourismuspolitische Bericht der Bundesregierung", herausgegeben vom Bundesministerium für Wirtschaft und Technologie (BMWi), zeigt, dass nahezu alle Bundesministerien tourismuspolitisch aktiv werden (vgl. BMWi 2013b). Daneben finanziert das BMWi z.B. die DZT, welche Deutschland im Ausland als Reiseland bewirbt. Des Weiteren existiert der Deutsche Tourismusverband (DTV), der entsprechend dem föderativen Charakter eine koordinierende Funktion der Landestourismusverbände übernimmt (vgl. MÜLLER et al. 1991: 495ff.). Neben diesen Verbänden öffentlicher Anbieter existieren mit dem Deutschen Hotel- und Gaststättenverband (DEHOGA) oder dem Deutschen Reiseverband (DRV) beispielsweise Verbände, die privatwirtschaftliche Unternehmen vertreten (vgl. MUNDT 2013: 493).

Auf Ebene der Bundesländer agieren die Landestourismusverbände. Diese besitzen vergleichsweise geringe Mittel für die Tourismusentwicklung bzw. -vermarktung. Diese Mittel, so wird kritisiert, sollten sinnvollerweise zur Bewerbung der

Tabelle 1: Touristische Organisationsstruktur auf Ebene des Bundeslandes (Bsp.)

Ebene	Aufgaben/Verantwortlichkeiten
Länderebene mit Tourismusverbänden	Tourismusförderung z.B. durch Prädikatisierung von Tourismusorten, Bereitstellung von Finanzierungsmöglichkeiten, Bewerbung von Bundesland und Destinationen als Zielgebiete (nationale und internationale Ebene)
Regionalverbände	Überregionales Marketing als Dienstleistung, Produkt- und Markenkoordination und -entwicklung, Neukundengewinnung in Kernmärkten, Marketing für Übernachtungsgäste
Landkreisebene	Entwicklung und Unterhalt touristischer Infrastruktur und Information (insbesondere überörtlich), Tourismuspolitik
Lokale Ebene	Touristische Grundversorgung (Betreuung, Information), Entwicklung und Unterhalt touristischer Infrastruktur, Produktentwicklung, Marketing für Stammgäste/Tagesgäste

Quelle: Verändert nach REIN & BALÀŠ (2015: 281ff.), JOB et al. (2005b: 620f.) und MUNDT (2013: 483ff.)

Destinationen eingesetzt werden, da i.d.R. nicht das politisch-administrative Konstrukt Bundesland bereist wird. Das impliziert, dass man sich dadurch über z.T. für den Touristen irrelevante Ländergrenzen hinwegsetzt (vgl. BIEGER 2008: 221; MUNDT 2013: 506ff.). Auf dieser Ebene finden sich die Regionalverbände (in Bayern z.B. Franken, Oberbayern), die jeweils wieder untergliedert werden können (z.B. Ferienregion Allgäu). Oft werden diese Untergliederungen jedoch nicht nach touristisch relevanten, sondern nach administrativen Kriterien vorgenommen (vgl. JOB et al. 2005b: 620). Ein Überblick über die unterschiedlichen Ebenen inkl. deren Aufgaben gibt Tabelle 1, wobei die Destination auf regionaler Ebene i.d.R. zwischen Landkreis und Regionalverband anzusiedeln ist.[6]

Hinsichtlich der hier skizzierten Organisationsstruktur sind Unklarheiten von Kompetenz- und Aufgabenverteilung, unkoordinierte Vermarktungsaktivitäten und die finanzielle Abhängigkeit der Tourismusorganisation von administrativen Körperschaften zu konstatieren, was ein einheitliches Agieren zu Gunsten der Destination erschwert (vgl. BLEILE 1999: 7). Hindernisse treten dann auf, wenn nicht gewährleistet werden kann, *„dass jede Ebene der Tourismusorganisation ihren Markt/ Leistungsbereich individuell marketingmäßig bearbeiten kann"* und durch alle Marketingaktivitäten Synergieeffekte erzielt werden (BIEGER 2008: 220). Das früher angenommene „Trichter-Prinzip", nach dem sich ein Kunde im Ausland seine Urlaubsregion als Ergebnis einer Recherche von Land-/Landesteil-/Region-/Ort aussucht, gilt mittlerweile als veraltet. Vielmehr wählt der Kunde weltweit in Anbetracht der Urlaubsmotivation direkt die Destination (vgl. BIEGER 2008: 221).

Die Tourismusorganisation auf regionaler Ebene ist aufgrund des ihr zugeteilten Aufgabenspektrums (vgl. Kapitel 2.3.2) ideal geeignet für die Entwicklung und Kommunikation eines nachhaltigen Tourismus (vgl. REIN & BALÀŠ 2015: 282). Dementsprechend spielt die regionale Ebene in der 2002 veröffentlichten Nachhaltigkeitsstrategie der Bundesregierung sowie der „Biodiversitätsstrategie" eine wichti-

---

6 Das trifft im Rahmen der vorliegenden Arbeit auf die Untersuchungsgebiete zu (vgl. Kapitel 5).

ge Rolle für die Umsetzung eines nachhaltigen Tourismus (vgl. BMU 2007: 52f., 85ff.; Presse- und Informationsamt der Bundesregierung 2002: 16). Das BMWi legt im Kontext des Tourismus ebenfalls den Fokus auf die Ebene der Region: im Zuge von Forschungs- und Modellprojekten zur Etablierung nachhaltiger Tourismusformen sollen insbesondere positive Erfahrungen durch nachhaltiges Destinationsmanagement weiterentwickelt werden (vgl. BMWi 2013b: 56).

Der Destination kommt eine Doppelrolle zu: sie muss sowohl die Nachhaltigkeit der eigenen Unternehmung sicherstellen als auch die der Destination als touristischer Angebotskomplex. Insbesondere letzteres erfordert die Legitimation des regionalen, sozio-politischen Umfeldes, da hier in Interessen und Prozesse eingegriffen wird, die über der eigentlichen Befugnis einer Tourismusorganisation bzw. DMO liegen. Die wesentlichen Rahmenbedingungen und Determinanten einer nachhaltigen Destinationsentwicklung wurden bereits im vorherigen Kapitel anhand des Modells von Ritchie & Crouch (2003) dargelegt. Im Zuge einer Nachhaltigkeitsstrategie inkl. Maßnahmenplan, der Einbindung aller relevanten Akteure und Leistungsträger, von Monitoringaktivitäten und der potentiellen Einbettung der Nachhaltigkeitsstrategie in regionale Entwicklungsstrategien, müssen alle Glieder der touristischen Dienstleistungskette (vgl. Abbildung 3) auf Destinationsebene einbezogen werden und eigene Aktivitäten der Tourismusorganisation an Nachhaltigkeitsansprüchen ausgerichtet werden (vgl. Rein & Balàš 2015: 282f.).

Wie in Kapitel 2.1 dargelegt, wird im Rahmen der nachhaltigen Entwicklung die regionale Ebene als geeignete Kulisse für eine Umsetzung des Konzeptes erachtet. Diese entspricht im Tourismus der Destination: hier wird i.d.R. ein umweltverträglicher Tourismus und der Erhalt der Ressourcen als Voraussetzung für eine langfristige Wettbewerbsfähigkeit gesehen, die sich der eigenen Grundlagen nicht beraubt. In der deutschsprachigen Literatur zum Destinationsmanagement (vgl. z.B. Bieger 2008; Steinecke 2013; Eisenstein 2010) findet der Aspekt der Nachhaltigkeit inkl. Verantwortungsbereichen des Destinationsmanagements jedoch wenig explizite Erwähnung (vgl. Rein & Balàš 2015: 273f.). Nachhaltiger Tourismus[7] wird von der UNEP/WTO (2005: 12) folgendermaßen definiert: *"Tourism that takes full account of its current and future economic, social and environmental impacts, addressing the needs of visitors, the industry, the environment and host communities"*. Dadurch sind zentrale Anforderungen an die ökologische, ökonomische und soziokulturelle Dimension gegeben (vgl. Ritchie & Crouch 2003: 44ff.; Baumgartner & Röhrer 1998). Zur Umsetzung auf Destinationsebene wird angemerkt, dass es zwar diverse theoretische Konzepte für nachhaltige Tourismusdestinationen gibt, jedoch kaum praktikable und anwendungsbezogene Ansätze. Das wird auf komplexe Strukturen und Anforderungen sowie ungeklärte Verantwortlichkeiten auf regionaler Ebene zurückgeführt, weshalb vorzugsweise Einzelmaßnahmen angestrebt werden (vgl. Rein & Balàš 2015: 273f.).

---

7 Nachhaltigkeit im Tourismus tritt insbesondere mit der Rio-Konferenz in Erscheinung, war jedoch beispielsweise als alternativer, sanfter oder integrierter Tourismus (vgl. Jungk 1980; Krippendorf 1975) bereits länger ein bekanntes Forschungsthema bzw. Problemfeld (vgl. Bätzing & Fecht 1999: 87). Für eine ausführliche Diskussion der unterschiedlichen Konzepte inkl. identifizierter Probleme (z.B. negative Umweltauswirkungen, soziale Ausbeutung) und Herausforderungen siehe z.B. Rein & Strasdas (2015) oder Strasdas (2009).

REIN & BALÀŠ (2015: 285ff.) nennen drei Handlungsfelder, die von einer Destination, idealerweise in kooperativen Ansätzen, bearbeitet werden können. Die ökonomische Dimension umfasst die bereits erläuterten tangiblen und intangiblen Effekte (vgl. Kapitel 2.2.1). Um diese langfristig zu erhalten und zu fördern, sollte die Tourismusregion Konzepte und Strategien, basierend auf Nachhaltigkeitsprinzipien, erarbeiten. Wesentliche Themen sind u.a. Monitoring der wirtschaftlichen Effekte, Strategieentwicklung und Maßnahmen im Bereich des Angebotsportfolios, Förderung regionaler Wirtschaftskreisläufe durch Beschäftigung lokaler Arbeitskräfte oder Bezug regionaler Vorleistungen sowie Investitionsstrategien und die Reduzierung saisonaler Schwankungen (vgl. RITCHIE & CROUCH 2003: 46f.). Die Angebotsseite soll weiterhin unter Berücksichtigung der Gästewünsche und Qualitätsansprüche natur- und sozialverträglich entwickelt werden. Wesentliche Themen sind u.a. Servicequalität, Zertifizierung und Qualifizierung von Anbietern, einheitliche touristische Informations- und Leitsysteme, zielgruppenbezogene Profilierung sowie die Vermittlung einer intakten Naturausstattung (vgl. REIN & BALÀŠ 2015: 285).

Im Rahmen der ökologischen Dimension sind umwelt- und ressourcenverträgliche Entwicklungen im Tourismus zu fördern. Eine intakte Natur als elementare Ressource wird von der Tourismusbranche kaum mehr angezweifelt, führt jedoch keinesfalls zu einer parallelen Reduzierung von negativen Umwelteinwirkungen. Tourismus kann mitunter (die Akzeptanz für) Schutzbemühungen befördern (vgl. RITCHIE & CROUCH 2003: 44f.). Das Destinationsmanagement sollte wichtige touristische Akteure für ökologische Problematiken sensibilisieren und mit Natur- und Umweltschutzakteuren, Behörden, Schutzgebietsverwaltungen etc. kooperieren. Maßnahmen zum Schutz von Natur, Landschaft, Klima, Biodiversität und nachhaltige Mobilität sind wesentliche Handlungsfelder der ökologischen Dimension (vgl. REIN & BALÀŠ 2015: 287).

Wesentliche Kriterien der sozialen Nachhaltigkeit umfassen eine Bewahrung der regionalen Kultur und Identität, Fort- und Weiterbildung von Angestellten im Tourismus und die breite Beteiligung der Bevölkerung vor Ort. Dementsprechend umfassen Handlungsfelder u.a. die Stärkung der regionalen Identität, Bewusstseinsbildung für Nachhaltigkeit oder die Partizipation bei regionalen Entscheidungsprozessen (vgl. REIN & BALÀŠ 2015: 288f.). Letzteres leitet über zu einer bisher in der Literatur uneinheitlich beschriebenen Dimension: der *„institutionellen"* (SCHULER 2015: 315) bzw. politischen (vgl. RITCHIE & CROUCH 2003: 47f.) Dimension, die von der UNWTO (2013: 21f.) als Tourismuspolitik und Governance bezeichnet wird und eine Miteinbeziehung des Tourismus in Strategien nachhaltiger Entwicklung umfasst. Dazu werden Governance-Strukturen und intersektorale Ansätze zwischen Tourismus- und anderen (Regierungs-)Institutionen, Partizipationsmöglichkeiten für unterschiedliche (tourismusrelevante) Stakeholder und eine Tourismusstrategie mit Berücksichtigung von Nachhaltigkeitsaspekten für relevant erachtet. Weitergehende Einblicke in Konzepte zur Entwicklung eines nachhaltigen Tourismus sowie dazugehörige thematische Aspekte im Kontext der Biosphärenreservate geben die Kapitel 3.2.2 und 3.2.3.

Die Tourismusorganisation ist als Schnittpunkt zwischen Angebot und Nachfrage und in Anbetracht der Verantwortlichkeit für die Nachhaltigkeit der Destinationsentwicklung ein wichtiger Knotenpunkt. Als mögliches Umsetzungsinstrument bzw. Steuerungsmaßnahme kann eine Tourismusstrategie als zentrales Element gelten. Diese gehört zu den weichen Steuerungsinstrumenten, die als freiwillige Selbstverpflichtungsmaßnahmen, neben Indikatoren- und Messsystemen und unterstützenden Maßnahmen wie Informationsarbeit oder Weiterbildungsmaßnahmen, eingesetzt werden können. Da die Tourismusorganisation i.d.R. keine rechtlichen Steuerungsmaßnahmen oder harte Steuerungsinstrumente, wie z.B. ökonomisch-fiskalische Instrumente oder Lenkungs- und Kontrollinstrumente einsetzen kann, werden weiche Instrumente entwickelt und müssen mit den Akteuren vor Ort umgesetzt werden (vgl. STRASDAS & ZEPPENFELD 2008: 43f.; REIN 2009: 46f.). Die DMO tritt dazu als Vermittler und Koordinator im regionalen Netzwerk auf und *„bildet [...] die zentrale Schnittstelle für alle Akteure, indem sie die Kommunikation und Kooperation der Akteure fördert und Nachhaltigkeitsaktivitäten aller Ebenen aufgreift und diese auf der Ebene der Destination bündelt"*. Damit ist die DMO bzw. Tourismusorganisation *„zentraler Impulsgeber"*, jedoch bleibt *„für eine nachhaltige Tourismusentwicklung in der Destination [...] die Kooperation der tourismusrelevanten Akteure"* (REIN 2009: 46f.) eine wichtige Voraussetzung (vgl. REIN & BALÀŠ 2015: 291).

Wesentliche Hindernisse für die Wettbewerbsfähigkeit und Nachhaltigkeit der Destination ergeben sich bereits aus Grenzen für traditionelle Destinationen mit kooperativem Management und Marketing. Hierzu nennt PECHLANER (2003: 7f.) u.a.:

- Verpolitisierung und geringe Ressourcenausstattung und in der Folge negative Konsequenzen für die Positionierung der Destination

- Geringe Investitionen in Konzepte und in der Folge geringer Wirkungsgrad

- Geringe Effektivität und Effizienz der Tourismusorganisation in Folge der Verbreiterung des Aufgabenspektrums, bedingt durch empfundenes Nutzendefizit der Mitglieder

- Heterogenität der Anbieter[8]

- Zersplitterung touristischer Leistungsanbieter als Hindernis für Markterschließung und suboptimale Dienstleistungsketten inkl. Minderung der Erlebnisqualität für den Gast, mitunter bedingt durch geringe Kooperationsfähigkeit

- Durch Tourismusorganisationen bereitgestellte Leistungen teilweise als öffentliche Güter von Trittbrettfahrern genutzt, was Effizienzverluste nach sich zieht

- Innenorientierung der Tourismusorganisation stärker als Außenorientierung

---

8 Hinsichtlich KMU im Tourismus siehe VOGT (2008: 63ff.), wonach der Sektor durch fehlende Professionalität, Innovation, außerökonomische Motive, geringe Kooperationsbereitschaft, jedoch auch Stärken wie z.B. Flexibilität oder erhöhtes Verantwortungsgefühl gekennzeichnet ist.

Neben den bereits aufgezählten sind folgende Hindernisse, die speziell für die Umsetzung von Nachhaltigkeitsansätzen relevant sind, zu nennen (vgl. BIEGER & BERITELLI 2013: 41):

- Egoistisches Verhalten touristischer Entscheidungsträger aufgrund von kurzfristiger Erfolgsmaximierung und fehlenden Informationen

- Fehlendes Wissen über Rückkopplungen bei der Nutzung von Ressourcen und fehlende Kompetenzen für Einschränkungen

- Eigene Dynamik der Nachfrage

Sowohl auf Ebene der Destination als auch auf übergeordneter administrativer Ebene können durch Vertreter mit divergierenden Interessen aus unterschiedlichen Politikbereichen, Hindernisse für eine nachhaltige Tourismusentwicklung erwachsen (vgl. BRAMWELL & LANE 2011: 412). Wie diese Faktoren zeigen, ist die Bedeutung der regionalen Tourismusorganisation im Hinblick auf die Umsetzung der Wettbewerbsfähigkeit und Nachhaltigkeit durchaus auch kritisch zu sehen und darf nicht überschätzt werden (vgl. HALL 2011; BRAMWELL & LANE 2011).

Als Vorreiter einer nachhaltigen Destinationsentwicklung bezeichnen REIN (2009: 43f.) sowie REIN & BALÀŠ (2015: 291f.) die europäischen Natur- und Nationalparks mit der von EUROPARC entwickelten „European Charter for Sustainable Tourism in Protected Areas" (ECST).[9] Die stärkere Gewichtung der Schutzgebiete inkl. deren Verwaltungen im Zuge der Destinationsentwicklung wird z.B. auch von PRÖBSTL-HAIDER et al. (2014: 224) im Kontext der Diskussion um verschiedene Entwicklungsoptionen von Destinationen angedacht. Die Verknüpfung von nachhaltigem Tourismus mit Naturschutz zum Zwecke einer nachhaltigen Regionalentwicklung wird im Kontext von Großschutzgebieten bzw. peripheren ländlichen Räumen oftmals formuliert (siehe hierzu u.a. JOB 2010; JOB et al. 2016a; HAMMER & SIEGRIST 2008). Dabei sind jedoch Maßnahmen (z.B. regionale Lebensmittel in der Gastronomie) im Sinne eines integrativen Ansatzes, der wesentliche Stakeholder in den verschiedensten Bereichen wie z.B. Landwirtschaft, Naturschutz, Tourismus, Raum- und Regionalplanung berücksichtigt und an definierten Leitlinien ausgerichtet ist, umzusetzen, (vgl. REVERMANN & PETERMANN 2002: 129). Die ECST versucht über breite Partizipation, die Erarbeitung einer Konzeption inkl. Maßnahmenplan, Monitoring und Zuweisung von Verantwortlichkeiten dem normativen Gedanken der Nachhaltigkeit auf Destinationsebene näher zu kommen. Europaweit sind 2015 insgesamt 144 Gebiete zertifiziert, darunter sieben in Deutschland: Drei Naturparke, zwei Nationalparke und zwei UNESCO-Biosphärenreservate (vgl. BfN 2015).[10] Eine Förderung des Konzeptes im Kontext der Schutzgebiete ist durch die „Nationale Strategie zur Biologischen Vielfalt" explizit gefordert (vgl. BMU 2007: 86f.).

---

9 Die ECST ist eines von vielen Rahmen- und Handlungskonzepten für einen nachhaltigen Tourismus. Einen Überblick über wesentliche Konzepte, Inhalte sowie den Bezug zu Biosphärenreservaten und der ECST gibt Kapitel 3.2.
10 Naturparke: Steinhuder Meer, Frankenwald, Usedom; Nationalparke: Harz, Müritz; Biosphärenreservate: Pfälzerwald, Südost-Rügen

Für die Biosphärenreservate werden im Folgenden grundlegende Aspekte wie Zielsetzungen und Funktionen im Rahmen internationaler und nationaler Leitlinien dargelegt. Ebenso werden Tourismus und dessen Stellenwert sowie damit einhergehende Aufgaben für Biosphärenreservate, die sich aus den internationalen und nationalen Vereinbarungen und Richtlinien ergeben, erläutert. Die Verbindung zum hier beschriebenen Themenkomplex einer nachhaltigen Regionalentwicklung durch Tourismus erfolgt mit Hilfe der konzeptionellen Betrachtungsweise der Destination. Aus der Literatur werden verschiedene touristische Inwertsetzungsmöglichkeiten und Potentiale von Biosphärenreservaten als Destination sowie deren potentieller Beitrag auf Ebene der Destination durch kooperative, strategische und operative Ansätze dargelegt. Daneben werden Faktoren, die eine effiziente Umsetzung der nachhaltigen Tourismusentwicklung potentiell beeinflussen können, erörtert.

3 UNESCO-Biosphärenreservate

3.1 Entwicklung der Biosphärenreservate zu Modellregionen nachhaltiger Entwicklung

Das Weltnetz der UNESCO-Biosphärenreservate setzt sich im Jahr 2016 aus 669 Biosphärenreservaten in insgesamt 120 Ländern zusammen (davon 16 länderübergreifende Biosphärenreservate, vgl. UNESCO 2016b: 31f.). Von der UNESCO werden sie als Gebiete bezeichnet, die Ansätze und Lösungen vorantreiben, die den Schutz der Biodiversität mit einer nachhaltigen Nutzung der selbigen in Übereinstimmung bringen. Sie verfolgen einen interdisziplinären Ansatz, um so das Verständnis und die Managementkapazitäten für sich ändernde Interaktionsweisen zwischen dem Ökosystem und dem Menschen zu entwickeln und zu testen (vgl. UNESCO 2016a). Die historische Entwicklung des Konzeptes der Biosphärenreservate inklusive der komplexen Zielsetzung ist Gegenstand der folgenden Kapitel.

3.1.1 Prä-Sevilla Phase

Das Konzept der UNESCO-Biosphärenreservate hat seinen Ursprung 1968 auf der Biosphärenkonferenz in Paris.[11] Eine der verabschiedeten Resolutionen mündete in ein interdisziplinäres Umweltforschungsprogramm, das unter Federführung der UNESCO neben dem Thema Umwelt auch soziale und kulturelle Aspekte umfasst: das am 23.10.1970 beschlossene MAB-Programm. Revolutionär ist der bis dato nicht verfolgte, zwischenstaatliche und interdisziplinäre Ansatz, der neben den Umwelt- bzw. Schutzaspekten auch sozio-kulturelle und wirtschaftliche Gesichtspunkte in die Betrachtungen miteinbezieht (vgl. KAMMANN & MÖLLER 2007: 13). Durch das Programm sollten auf internationaler Ebene konkrete Handlungsstrategien und Konzepte hinsichtlich einer effizienteren Umweltpolitik erarbeitet werden (vgl. BATISSE 1982: 100; WALTER et al. 2004: 10), um auf nationaler Ebene verstärkt Anwendung zu finden. Dazu sollen teilnehmende Länder u.a. die Einrichtung eines MAB-Nationalkomitees vornehmen, um die aktive Teilnahme am Programm zu gewährleisten. Aufgrund der Internationalität des Programms und der Beteiligung vieler Länder ist mit dem Internationalen Koordinierungsrat (ICC) ein wichtiges Entscheidungsgremium, mittlerweile bestehend aus 34 Mitgliedsstaaten (Stand 2016), gegründet worden (vgl. KAMMANN & MÖLLER 2007: 14).

1974 tritt eine Sonderarbeitsgruppe in Kooperation mit dem Umweltprogramm der Vereinten Nationen (UNEP)[12] zusammen und entwickelt Richtlinien für die Auswahl und Etablierung von Biosphärenreservaten (vgl. BATISSE 1982: 101f.). Dabei sind folgende Ziele definiert worden, welche die aktuell nach wie vor relevanten

---

11 Teilnehmer waren die UN, die FAO, die WHO, die IUCN und das Internationale Biologische Programm.
12 Das UNEP entstand 1972 im Rahmen der Konferenz der Vereinten Nationen über die Umwelt des Menschen. Diese wurde inhaltlich von der Biosphärenkonferenz beeinflusst und fokussierte auf die Themen nachhaltige Entwicklung und Umwelt (vgl. KAMMANN & MÖLLER 2007: 14).

drei Funktionen bereits ansatzweise widerspiegeln (vgl. KAMMANN & MÖLLER 2007: 14; UNESCO 1974: 11f.):

- Schutz der Vielfalt und Integrität biotischer Gemeinschaften inkl. Erhalt der genetischen Vielfalt für die künftige Entwicklung (auch im Hinblick auf eine künftige Nutzung)

- Ökologische und umweltbezogene Forschung

- Einrichtungen für Bildung und Ausbildung

Die Auswahl der Gebiete muss dabei folgende Aspekte berücksichtigen: zum einen sollen repräsentative Biome und dadurch die Diversität der Ökosysteme weltweit bewahrt werden. Die Gebiete sollten von besonderer Einzigartigkeit bzw. Naturausstattung sein. Ebenso sollte es sich um menschlich beeinflusste bzw. traditionelle Kulturlandschaften handeln. Zusätzlich wurden die Kriterien Größe, Möglichkeiten für Forschung, Bildung und Ausbildung, angemessene, dauerhafte rechtliche Sicherung sowie erste Ansätze eines Zonierungskonzeptes festgelegt (vgl. UNESCO 1974: 15f.). Ein zu dieser Zeit bemerkenswerter Ansatz der Biosphärenreservate ist das Selbstverständnis als offenes System, das versucht, Bedenken seitens der lokalen Bevölkerung betreffend Restriktionen in der Landnutzung zu beachten und diese nicht im Rahmen der Unterschutzstellung auszusperren (vgl. BATISSE 1982: 103).

Die Anfänge des Weltnetzes der Biosphärenreservate gehen zurück auf die Weiterleitung der Kriterien und Richtlinien durch den ICC an die teilnehmenden Länder und deren Nationalkomitees (vgl. UNESCO 1974). Diese wurden damit aufgefordert Nominierungsvorschläge einzureichen. 1976 wurden in einer ersten Welle 57 Biosphärenreservate durch das MAB-Büro in Paris anerkannt und dadurch das Weltnetz der Biosphärenreservate etabliert (vgl. BATISSE 1982: 105), wobei der Prozess der Anerkennung noch nicht einheitlich definiert war (vgl. KAMMANN & MÖLLER 2007: 14). Die wesentliche Zielsetzung des Netzwerks bestand im Austausch zwischen den Biosphärenreservaten insbesondere im Rahmen der Forschung (vgl. BATISSE 1982: 105). In 58 Ländern waren bis zum Jahr 1981 bereits 208 Biosphärenreservate ausgewiesen, wobei die Gebiete in der Regel bereits vorher rechtlich geschützt waren, z.B. als Nationalpark. Problematisch war zu diesem Zeitpunkt die Dominanz der klassischen Schutzfunktion und ein Ausbleiben der Entwicklungsfunktion und somit einer der wesentlichen Zielsetzungen (vgl. KAMMANN & MÖLLER 2007: 14f.; DRL 2010: 7). Dementsprechend versuchte man von Seiten des ICC aus, das Konzept stärker in seiner Gänze in die Praxis umzusetzen.

1983 wurde in Minsk auf dem ersten Weltkongress der Biosphärenreservate ein Aktionsplan beschlossen (vgl. UNESCO 1985), der erneut den Entwicklungsaspekt neben einer Erweiterung des Netzwerks betonte (vgl. KAMMANN & MÖLLER 2007: 15; UNESCO 1985). Denn trotz aller bis dato unternommenen Bemühungen spricht der im Rahmen des Aktionsplanes von Minsk geforderte, 1985 allerdings noch informelle Internationale Beirat (Scientific Advisory Panel on Biosphere Reserves)[13], im

---

13 Offizielle Einberufung 1991 (vgl. KAMMANN & MÖLLER 2007: 15).

Bericht noch nicht von einer ausreichend ausgewogenen Umsetzung der drei Funktionen (vgl. UNESCO 1986: 69) oder wie BATISSE (1997: 10) formuliert: *„It should come as no surprise that a good number of the sites listed in the 1970s and early 1980s do not fully correspond with all three of MAB's objectives [...]. They have had to slowly grow into their role of enhancing the well-being of the local populations and contributing to the sustainable use of natural resources."*

Um die Zielsetzungen weiter zu verfolgen, wurden die Aufnahmekriterien für Gebiete vom ICC und dem Internationalen Beirat angepasst. Die Rolle von Naturschutz, aber auch die Beteiligung an Forschung, Entwicklung durch problemorientierte Forschung sowie Bildung, wurden betont (vgl. KAMMANN & MÖLLER 2007: 15). Diese Entwicklungen gingen einher mit dem 1987 veröffentlichten Brundtland-Bericht „Unsere gemeinsame Zukunft" und der UN-Konferenz für nachhaltige Entwicklung in Rio de Janeiro (UNCED) 1992. Dadurch wurden die Biosphärenreservate noch stärker in Richtung einer nachhaltigen Entwicklung ausgerichtet: aufgrund von konzeptionellen Übereinstimmungen mit den Funktionen der Biosphärenreservate galten diese als geeignet, einen wesentlichen Beitrag zur Umsetzung der UNCED-Beschlüsse, der Konvention über die Biologische Vielfalt (CBD) sowie der lokalen Agenda 21 zu leisten (vgl. WALTER et al. 2004: 11)(vgl. Kapitel 3.2.2). Diese eigens forcierten Anstrengungen im MAB-Programm sowie die umweltpolitischen Entwicklungen auf globaler Ebene waren mitunter ausschlaggebend für das Zustandekommen der für die Biosphärenreservate wegweisenden Sevilla-Strategie.

3.1.2   Post-Sevilla Phase und Betonung der Entwicklungsfunktion

Zentral verankert wurden das Paradigma der nachhaltigen Entwicklung und der Beitrag der Biosphärenreservate zur lokalen Agenda 21 auf dem 2. Weltkongress der Biosphärenreservate in Sevilla 1995. Mit der Verabschiedung der Sevilla-Strategie und den Internationalen Richtlinien als inhaltlicher und institutioneller Rahmen muss der endgültige Wandel des Konzeptes der Biosphärenreservate zu Gebieten, die Entwicklung und Schutz gleichwertig gewichten und vereinen wollen, konstatiert werden (vgl. BATISSE 1997: 33; KAMMANN & MÖLLER 2007: 15). Zu den wesentlichen Funktionen bzw. Mindestanforderungen die zu erfüllen sind, zählt die UNESCO (1996: 4) drei Funktionen:

1. Schutzfunktion: Erhalt genetischer Arten, der Ökosysteme und Landschaften

2. Entwicklungsfunktion: Förderung nachhaltiger (wirtschaftlicher) Entwicklung

3. Logistikfunktion: Unterstützung von Demonstrationsprojekten, Umweltbildung, Ausbildung, Forschung und Monitoring im Bereich des Naturschutzes und der nachhaltigen Entwicklung

Ein wichtiges Erfordernis ist zudem die Beteiligung bzw. Integration der Bevölkerung (vgl. UNESCO 1996: 5).

Für die Biosphärenreservate ist eine räumliche Gliederung in drei Zonen vorgesehen (vgl. Abbildung 5). Eine oder mehrere Kernzonen, die als streng geschützte Flächen dem Erhalt der Biodiversität dienen. Nur bedingt sind Nutzungen, unter der Prämisse eines möglichst geringen Einfluss auf die Schutzfunktion (z.B. Forschung, Monitoring), gestattet. Die Kernzone wird umgeben von der Pufferzone, die für ökologisch tragfähige Aktivitäten wie Erholung, Ökotourismus sowie angewandte und Grundlagenforschung vorgesehen ist. Die Übergangs- oder Kooperationszone eignet sich für verschiedene Aktivitäten: Landwirtschaft, Siedlungen sowie Nutzungen, bei denen verschiedene Akteure wie z.B. lokale Bevölkerung, Wissenschaft, Managementorganisationen oder wirtschaftliche Interessensvertreter zusammenarbeiten, um die Ressourcen nachhaltig in Wert zu setzten und zu entwickeln. Ursprünglich sollten die Zonen in konzentrischen Ringen angeordnet sein, wovon jedoch – abhängig von regionalen Ansprüchen und Bedingungen – teilweise abgewichen wird.

Abbildung 5: Zonierungskonzept der Biosphärenreservate

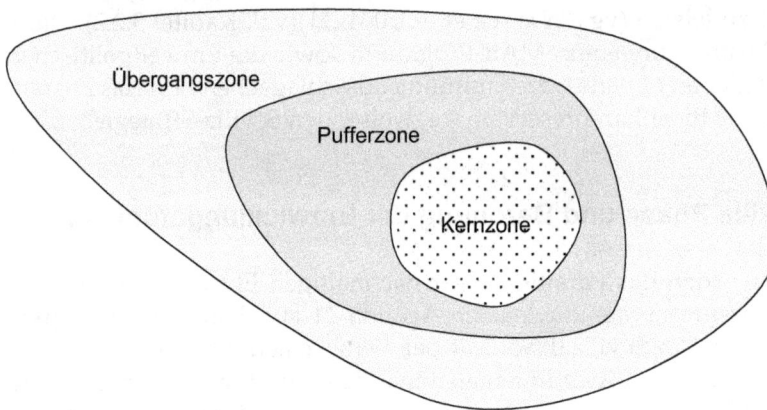

Quelle: Eigene Darstellung nach UNESCO (1996: 4)

Die Sevilla-Strategie enthält zudem Empfehlungen, um Biosphärenreservate handlungsfähiger zu machen und somit ein funktionierendes Weltnetz zu etablieren. Es werden sowohl auf der internationalen als auch auf der nationalen und regionalen Ebene Empfehlungen gegeben, die aufgrund unterschiedlicher regionaler Voraussetzungen und Besonderheiten als Orientierungshilfen und Richtlinien zu verstehen sind. Zusätzlich sind jeweils Indikatoren aufgelistet, mit welchen der Fortschritt bei der Umsetzung von Maßnahmen nachvollzogen werden kann (vgl. UNESCO 1996: 6).

Im Zuge der Betonung der Entwicklungsfunktion wird den Biosphärenreservaten eine nachhaltige wirtschaftliche Entwicklung als Aufgabe zugeordnet (vgl. UNESCO 1996: 4). Dazu wird die Inwertsetzung regionaler Produkte und Dienstleistungen zur Generierung nachhaltiger Einkommensmöglichkeiten gefordert. In allen Biosphärenreservaten sind Management- bzw. Strategiepläne zu etablieren sowie Umsetzungsmechanismen, ebenfalls unter Einbezug der unterschiedlichen Interessensgruppen, zu entwickeln. Der Einbezug in regionale Planungen und Entwicklungsprogramme sollte dabei gewährleistet sein (vgl. UNESCO 1996: 7f.). Ebenso wird der potentielle Beitrag zur Umsetzung der Agenda 21 sowie der Implementierung der CBD betont (vgl. UNESCO 1996: 1).

Die Internationalen Leitlinien beinhalten konkrete Kriterien für die Vorgehensweise bei der Auswahl, Aufnahme und Evaluation der Biosphärenreservate sowie für die Aufgabenwahrnehmung der Nationalkomitees und des ICC (vgl. UNESCO 1996: 16ff.). Die Evaluation der einzelnen Biosphärenreservate ist demnach alle zehn Jahre vorgesehen, wobei die Einhaltung der Kriterien durch den ICC überwacht wird. Entscheidungen werden auf Basis der Kontrolle der Biosphärenreservate durch die MAB-Nationalkomitees anhand von Evaluierungsberichten vollzogen. Diese sind durch die verantwortlichen Managementköper der einzelnen Biosphärenreservate anhand festgelegter Kriterien, die im Wesentlichen die strukturellen und funktionalen Kriterien der Strategie widerspiegeln, zu erstellen (vgl. UNESCO 1996: 16ff.). Die Evaluierungen stellen ein Instrument der nachvollziehbaren Qualitätskontrolle dar (vgl. WALTER et al. 2004: 11f.).[14]

Im Rahmen der Sevilla+5-Konferenz in Pamplona im Jahr 2000 wurden bereits erste Fortschritte hinsichtlich der Umsetzung von Forschungs- und Monitoring-Aktivitäten sowie der Entwicklungsfunktion in Biosphärenreservaten festgestellt. Neben der erneuten Betonung des Entwicklungsgedankens wurden weitere Zielsetzungen festgelegt: die Koordination des MAB-Sekretariats mit multilateralen Konventionen (z.B. CBD), die Intensivierung des Monitorings, der sozialwissenschaftlichen Forschung, des Einwerbens von Sponsorenmitteln bzw. Investoren und der Kommunikation der Sevilla-Strategie. Zusätzlich wurde die Etablierung einer Sonderarbeitsgruppe mit der Aufgabe der Entwicklung von „Quality Economies" gefordert (vgl. UNESCO 2001: 181f.).

Deren Zielsetzung besteht im Wesentlichen darin, auf regionaler Ebene Qualität zu definieren und zu fördern, z.B. durch die Entwicklung einer Marke, eines regionalen Labels inkl. Kriterien sowie sektor-spezifischer Kommunikations- und Marketingstrategien für Biosphärenreservate (vgl. UNESCO 2001: 181f.). Auf der Tagung der Arbeitsgruppe „Development of Quality Economies in Biosphere Reserves" in Berlin im Jahr 2002 konnte zwar keine endgültige Definition von „Quality Economies" festgelegt werden, jedoch wurde entschieden, dass die Definition kompatibel mit der Sevilla-Strategie und dem Ökosystemansatz der CBD sein soll. Der Ansatz soll langfristige Perspektiven und wirtschaftliche Stabilität, basierend auf Effizienz, Diversität und Gleichberechtigung, gewährleisten. Regionale Wertschöpfung sowie Arbeits- und Einkommensmöglichkeiten für die lokale Bevölkerung sind weitere Ziele (vgl. UNESCO 2004: 21f.). Aufgrund der auf globaler Ebene variierenden Rahmenbedingungen und damit Verantwortlichkeiten und Chancen der Biosphärenreservate, konnten keine standardisierten Zielsetzungen formuliert werden (vgl.

---

14 Bis zum Jahr 2010 wurden 229 Evaluierungsberichte durch Biosphärenreservate aus 67 Ländern eingereicht, für acht Biosphärenreservate war es der zweite in Folge. Ein Fünftel der Länder mit Biosphärenreservaten hat noch keinen Evaluierungsbericht geliefert, insgesamt „fehlen" aus rund 130 Biosphärenreservaten die Berichte (Stand 2010 laut PRICE et al. 2010: 552).

UNESCO 2004: 22). Als wesentliche Voraussetzungen zur Umsetzung werden ein professionelles Management, gute Führungsqualitäten in Kombination mit partizipativen Ansätzen, die Arbeit in Netzwerken und der Austausch mit Interessengruppen und Kommunalverwaltungen betrachtet. Lokale, regionale und globale Rahmenbedingungen und deren Einfluss auf die regionale Ebene müssen berücksichtigt werden (vgl. UNESCO 2004: 21f.). Ebenso wurde im Rahmen des Workshops ein Art Biosphärenreservat-Label für entsprechende Dienstleistungen (z.B. Tourismus) bzw. Produkte vorgeschlagen sowie die Entwicklung zugehöriger Leitlinien (vgl. UNESCO 2004: 26).

Sowohl die wesentlichen Aussagen der „Sevilla Strategie" als auch der Sevilla+5-Konferenz wurden 2008 in Madrid, auf dem 3. Weltkongress der Biosphärenreservate mit dem „Madrid Action Plan for Biosphere Reserves 2008-2013" (MAP), bekräftigt. Vor dem Hintergrund des Klimawandels, der beschleunigten Abnahme der Biodiversität und der voranschreitenden Urbanisierung wurden für den Zeitraum bis 2013 die wesentlichen Herausforderungen, Ziele und Lösungsansätze thematisiert, die u.a. auch für die Millennium Development Goals[15] (MDG) relevant sind. Dazu zählt die Stärkung der Entwicklungsfunktion, die Entwicklung von Strategien zur Anpassung an den Klimawandel sowie von Ansätzen zur Reduzierung negativer Einflüsse auf verschiedene Ökosystemtypen (vgl. UNESCO 2008).

Auf der 27. Versammlung des ICC wurde 2015 die „MAB Strategy 2015-2025" beschlossen (vgl. UNESCO 2015). Das MAB-Programm und das Weltnetz der Biosphärenreservate werden u.a. als Ansatz für die Umsetzung der von der UN verabschiedeten Sustainable Development Goals (SDG) betrachtet (UN 2015b). Die Strategie wird als konsequente Fortführung bisheriger Bemühungen betrachtet und beinhaltet strategische Handlungsfelder, Leitbilder und Zielsetzungen (vgl. UNESCO 2015: 8):

- Schutz der Biodiversität, Wiederherstellung und Stärkung von Ökosystemleistungen, Förderung der nachhaltigen Nutzung der Ressourcen

- Beitrag zur Nachhaltigkeit und Gleichberechtigung in gesellschaftlichen und wirtschaftlichen Belangen

- Förderung der Forschung zu Biodiversität und Nachhaltigkeit sowie der BNE, Hilfe zur Selbsthilfe

- Abschwächung des Klimawandels sowie anderer globaler Umweltveränderungen bzw. Anpassung an entsprechende Auswirkungen

---

15 Die MDG begründen sich in der „Millennium Declaration", die von 189 Ländern inklusive 147 Staatschefs unterschrieben und im Rahmen des Millennium-Gipfels von den Vereinten Nationen im September 2000 verabschiedet wurde. Die MDG umfassen acht Entwicklungsziele (u.a. Bekämpfung extremer Armut, Sicherung ökologischer Nachhaltigkeit), zu deren Umsetzung sich die teilnehmenden Staaten bis zum Jahr 2015 verpflichten und deren Umsetzungsfortschritt anhand gegebener Indikatoren gemessen wird (vgl. UN 2000). Die Anstrengungen, die mit den MDG bis zum Jahr 2015 einhergehen, werden mit der „2030 Agenda for Sustainable Development" um 15 Jahre verlängert. Die Agenda wurde 2015 verabschiedet und umfasst 17 „Sustainable Development Goals" (vgl. UN 2015b).

Als wichtige Handlungsfelder werden Kooperation und Netzwerkarbeit, effiziente Partnerschaften, Kommunikation, Information und Datenverbünde sowie funktionsfähige Governance-Strukturen innerhalb des MAB-Programms und des Weltnetzes der Biosphärenreservate genannt. Im Rahmen des dazugehörigen MAB Aktionsplans, der 2016 in Lima am 4. Weltkongress der Biosphärenreservate beschlossen wird, werden die strategischen Zielsetzungen und Handlungsfelder der Strategie mit zentralen Aktivitäten des „Lima Action Plan" (LAP) verbunden. Der LAP beinhaltet somit als umfassendes Gerüst Maßnahmen, um die Strategie erfolgreich zu implementieren (vgl. UNESCO 2015; 2016c).

Der LAP ergänzt die „MAB Strategy 2015-2025" und basiert auf den Ergebnissen der Evaluation zur Implementierung des MAP. Die Vision der Strategie und des LAP beinhalten folgende Aufgaben (vgl. UNESCO 2016c: 2):

- den Modelcharakter für nachhaltige Entwicklung weiter zu fördern

- die Kommunikation der gesammelten Erfahrungen und weltweite Verbreitung modellhafter Ansätze

- die Förderung von Evaluierungsbemühungen, qualitativ hochwertigem Management, Planungen, Strategien und Ansätzen der nachhaltigen Entwicklung

- Hilfe für am MAB-Programm teilnehmende Staaten, Ziele der nachhaltigen Entwicklung umzusetzen, insbesondere durch Innovationen, Technologien und Strategien für ein nachhaltiges Management der Biodiversität

Die Rolle der „2030 Agenda for Sustainable Development" inkl. der SDG wird im Kontext der Biosphärenreservate dabei erneut betont, die diese innerhalb ihres Gebietes umsetzen und damit zu einer Verbreitung erfolgreicher Ansätze bzw. Modelle beitragen (sollen) (vgl. UNESCO 2016c: 2). Der LAP ist in Anlehnung an die strategischen Handlungsfelder der „MAB Strategy 2015-2025" als Matrix gegliedert und umfasst neben gewünschten übergeordneten Auswirkungen, Aktivitäten sowie zugehörige Ergebnisse.

Als erstes strategisches Handlungsfeld ist das Weltnetz der Biosphärenreservate zu nennen, das funktionierende Modelle für eine nachhaltige Entwicklung umfassen soll. Auf allen Ebenen (MAB-Sekretariat, Mitgliedsstaaten, Nationalkomitees, Nationale UNESCO-Kommissionen, Biosphärenreservate) soll als Ergebnis ein Beitrag zu den SDGs und anderen multilateralen Vereinbarungen (CBD, Aichi Targets[16]) geleistet werden. Im Kontext der hier vorliegenden Arbeit ist die Förderung einer „green economy" bzw. nachhaltiger Initiativen zu nennen, wozu z.B. Label für regionale Produkte und Dienstleistungen, die die Ziele des Biosphärenreservates reflektieren, umzusetzen sind. Hier sind insbesondere auch privatwirtschaftliche Unternehmen angesprochen (vgl. UNESCO 2016c: 3). Im Rahmen des Handlungsfeldes werden

---

16 Die Achi-Ziele umfassen fünf strategische Ziele, die durch 20 Kernziele präzisiert werden. Die Ziele sollen zur Umsetzung des strategischen Planes 2011-2020 und dessen Vision anregen, wobei es im Wesentlichen um die Eindämmung des Verlustes an Biodiversität geht (vgl. SCBD 2015a).

zudem die offene und partizipative Auswahl, Planung und Implementierung von Biosphärenreservaten genannt sowie deren Integration in relevante Gesetzgebungen, Strategien und (Förder-)Programme auf nationaler und regionaler Ebene. Eine alleinige Beschränkung auf den Bereich Umwelt bzw. die Verankerung im Naturschutzressort wird als zu unausgewogen betrachtet (vgl. UNESCO 2016c: 4f.). Als weitere Zielsetzungen werden u.a. Weiterbildungsmöglichkeiten für Personal, die Unterstützung des Managements von Biosphärenreservaten, die finanzielle Tragfähigkeit von Biosphärenreservaten mit Hilfe von Geschäftsplänen und ein effizientes Funktionieren des Weltnetzes genannt (vgl. UNESCO 2016c: 5f.).

Das zweite strategische Handlungsfeld umfasst die integrative, dynamische und ergebnisorientierte Zusammen- und Netzwerkarbeit im Rahmen des MAB-Programms und des Weltnetzes. Darunter fällt z.B. das Ziel, möglichst viele, offene und inkludierende thematische Netzwerke mit verschiedenen Stakeholdern zu generieren (vgl. UNESCO 2016c: 7).

Als drittes strategisches Handlungsfeld werden effiziente externe Partnerschaften (z.B. mit Institutionen inkl. „MAB-konformer" Zielstellungen) und eine ausreichende, nachhaltige Finanzierung für das MAB-Programm und die Biosphärenreservate genannt. Auf Ebene des MAB-Sekretariats bzw. der Nationalkomitees sollen Richtlinien zur Anerkennung des MAB-Programms als Partner für die Privatwirtschaft entwickelt werden. Biosphärenreservate sollen generell als globale Marke entwickelt und stärker (an)erkannt werden (z.B. Einbindung in internationale Programme und Konventionen) sowie anhand einheitlicher, offizieller, nationaler Richtlinien auch zur Kennzeichnung von Produkten und Dienstleistungen verwendet werden (vgl. UNESCO 2016c: 8f.).

Das vierte strategische Betätigungsfeld betrifft eine umfassende, moderne, offene und transparente Kommunikation, Information und gemeinsame Datennutzung. Dazu soll die Verfügbarkeit von MAB-Dokumenten, Daten, Informationen und anderen Materialien sowie ein breiteres Engagement u.a. durch die Nutzung von sozialen Medien erreicht werden (vgl. UNESCO 2016c: 10).

Das fünfte strategische Handlungsfeld umfasst die Thematik Governance, wozu auf regionaler Ebene insbesondere ein effektives Funktionieren thematischer und regionaler Netzwerke inkl. entsprechender Entwicklungsstrategien und Evaluierungsmechanismen sichergestellt werden soll (vgl. UNESCO 2016c: 11).

Da der LAP für alle Ebenen und Regionen Gültigkeit besitzt, bleibt dieser Aspekt relativ allgemeingültig formuliert. Die MAB-Netzwerke und Nationalkomitees sind jedoch aufgefordert, komplementär zu Strategie und Aktionsplan, eigene Strategien und Maßnahmen zu entwickeln, die nationale und regionale Rahmenbedingungen und Erfordernisse berücksichtigen, um so eine Umsetzung der Instrumente auf globaler Ebene voranzutreiben (vgl. UNESCO 2016c: 2).

Der Aspekt der nachhaltigen Entwicklung wird in der Entwicklungsgeschichte der Biosphärenreservate nach und nach stärker betont. Seit Sevilla+5 sowie dem MAP als auch 2015 im Rahmen der „MAB Strategy 2010-2015" wird auf "Quality Economies" Bezug genommen. Diese sind als potentielle Entwicklungspfade zu betrachten und fordern nachhaltiges Wirtschaften in Kooperation mit privatwirtschaftlichen Akteuren, die Förderung regionaler Produkte und die Diversifizierung der Wirtschaftsstruktur sowie die Generierung von Einkommen (vgl. UNESCO 2008: 26, 2015: 9). Tourismus, der u.a. als wirtschaftliche Entwicklungsmöglichkeit in Kombination mit der Veranschaulichung von Natur und Vermittlung von Schutzbemühungen eine wichtige Rolle spielen kann, wird im Folgenden anhand der offiziellen Leitlinien und Strategien genauer dargelegt.

3.2 Tourismus im Rahmen der nachhaltigen Entwicklung in Biosphärenreservaten

3.2.1 Tourismus und dessen Bedeutung im MAB-Programm

Tourismus wird 1974 im Rahmen der offiziellen MAB-Leitlinien als eine Möglichkeit finanzieller Unterstützung zum Erhalt traditioneller Landnutzungsformen und damit der Landschaft betrachtet. Damit einhergehend wird das Potential, die Wertschätzung gegenüber dem Schutzgebiet und damit das Verständnis für die Unterschutzstellung der Landschaft zu fördern, genannt (vgl. UNESCO 1974: 22ff.). Im Rahmen der Sevilla-Strategie wird Öko-Tourismus als eine kooperativ zu gestaltende, ökologisch tragfähige Aktivität der Puffer Zone zugeordnet (neben z.B. Umweltbildung) (vgl. UNESCO 1996: 4). Um Biosphärenreservate als Modelle nachhaltiger Landnutzung und Entwicklung zu etablieren, sollen auf regionaler Ebene Arbeitsgruppen gegründet werden. Diese sollen die wirtschaftlichen und sozialen Stakeholder repräsentieren, z.B. aus den Sektoren Land- und Forstwirtschaft, Energie und Tourismus. Tourismus wird indirekt, neben regionalen Produkten, als nachhaltige Einkommensmöglichkeit für die lokale Bevölkerung betrachtet (vgl. UNESCO 1996: 7f.).

Im Zuge des MAP wird der Millennium Ecosystem Assessment-Ansatz auf die Biosphärenreservate bezogen und Tourismus als eine kulturelle Ökosystemleistung der Gebiete betrachtet. Als Erfordernis dieser Betrachtungsweise wird den Biosphärenreservaten die Aufgabe zuteil, die Balance zwischen den Ökosystemleistungen zu entwickeln, um so die Funktion als Modellregionen zu stärken. Erneut wird die Doppelrolle, Tourismus als Einkommensmöglichkeit und Beitrag zur Schutzfunktion, betont. Als Erfordernis werden Partnerschaften explizit erwähnt: diese sind nötig um Initiativen und Projekte im Tourismus durchzuführen und die Verwaltungen zu unterstützen. Als Beispiel wird die Kooperation mit privatwirtschaftlichen Akteuren im Bereich Tourismus genannt und der damit potentielle Beitrag zur Entwicklungsfunktion, der Umsatzgenerierung und dem Erhalt der natürlichen Lebensräume (vgl. UNESCO 2008: 7, 16, 25). Der Verweis auf den Ausbau der „Quality Economies" (vgl. Kapitel 3.1.2) betont die Rolle parallel dazu (vgl. UNESCO 2008: 26).

Im Rahmen der „MAB Strategy 2015-2025" wird unter dem Punkt „Beitrag zu einer nachhaltigen und gleichberechtigten Gesellschaft, Ökonomie, sowie florierenden Siedlungen im Einklang mit der Biosphäre" explizit Bezug auf Tourismus genommen: „*Biosphere reserves act as models to explore, establish and demonstrate innovative approaches that foster the resilience of communities and opportunities for youth, through livelihood diversification, green businesses and social enterprise, including responsible tourism and quality economies*" (UNESCO 2015: 9). Die Strategie wird durch den LAP sowie die Lima Deklaration bekräftigt, worin allerdings keine weiterführenden Aussagen zu Tourismus getroffen werden (vgl. UNESCO 2016d: 2).

Obwohl der Tourismus als ein Mittel im Rahmen der nachhaltigen Entwicklung betrachtet wird, findet man nur bedingt direkte Aussagen in den offiziellen Vereinbarungen. Allgemein können die Zielsetzungen, Aufgaben und Ergebnisse aufgrund offener Formulierungen sowohl in den Kontext Tourismus aber auch in den anderer sektoraler Ansätze gestellt werden. So ist z.B. der im LAP geforderte Beitrag der Biosphärenreservate zu den SDG (vgl. UNESCO 2016c: 3) auch durch eine entsprechende Tourismusentwicklung denkbar und in diesen explizit gefordert (vgl. UN 2015b: 24). Ebenso weißt z.B. die UNESCO den Biosphärenreservaten im internationalen Jahr des Ökotourismus 2002 eine explizite Eignung für touristische Aktivitäten zu und bezeichnet diese als „*ideal places to test and develop innovative tourism models that benefit local people and maintain cultures, biodiversity and associated values*" (UNESCO MAB Secretariat 2002: 1). Die häufig relativ offen formulierten Aussagen betreffend Tourismus sind auf den Anspruch, allgemeingültige Aussagen zu treffen, zurückzuführen. Diese müssen globalen und somit regional sehr unterschiedlichen Rahmenbedingungen und Anforderungen Stand halten können. Letztendlich wird es in die Hände untergeordneter Ebenen gelegt, entsprechend den Rahmenbedingungen vorzugehen und das MAB-Programm umzusetzen: „*MAB National Committees and MAB networks are strongly encouraged to prepare their own strategies and action plans. These should be founded in national and regional realities and imperatives and will contribute both to addressing these and to implementing the Lima Action Plan at the global level*" (UNESCO 2016c: 2).

Dennoch ist bereits durch die Verpflichtung zu multilateralen Umweltabkommen im Rahmen des MAB-Programms eine weitere Auseinandersetzung mit der Thematik eines nachhaltigen Tourismus notwendig. Im Folgenden wird der Bezug zu Vereinbarungen der nachhaltigen Tourismusentwicklung dargelegt. Es erfolgt insbesondere die Darstellung der Gemeinsamkeiten der Konzepte. Diese sind für vorliegende Arbeit relevant, da den Biosphärenreservaten im deutschen Kontext eine hohe Bedeutung als touristische Zielgebiete attestiert wird (vgl. Deutsches MAB-Nationalkomitee 2007: 21ff.) und Tourismus – aufgrund deren Lage in peripheren, strukturschwachen Gebieten – als potentiell wichtige Möglichkeit zur Einkommensgenerierung betrachtet wird (vgl. Beyer et al. 2007: 49f.; Engels & Job-Hoben 2004: 118).

3.2.2 Internationale Übereinkommen und Programme zur Förderung eines nachhaltigen Tourismus und deren Bezug zu Biosphärenreservaten

Seit dem die WTO 1995 die „Charter for Sustainable Tourism" verabschiedet hat, existiert eine Vielzahl an Erklärungen, Richtlinien, internationalen Programmen und Initiativen zur Umsetzung eines nachhaltigen Tourismus. Einen Überblick gibt

Anhang 1 bzw. Abbildung 6, wobei letztere insbesondere die Schnittmenge an Leit- und Richtlinien beinhaltet, die im Bezug zum MAB-Programm stehen. Die Relevanz der offiziellen Dokumente für Schutzgebiete ergibt sich im Wesentlichen durch eine gemeinsame Zielsetzung: die Minimierung von negativen Einflüssen auf Umwelt, Ökonomie und Gesellschaft sowie die Nutzung des Tourismus im Rahmen einer nachhaltigen Entwicklung (vgl. FOXLEE 2007: 44f.).

In Abbildung 6 grau unterlegt finden sich die in Kapitel 3.1.1 & 3.1.2 dargelegten offiziellen Vereinbarungen des MAB-Programms. Durch den LAP wird die potentielle Bedeutung der Biosphärenreservate für die Zielerreichung der SDG der „Agenda 2030 für nachhaltige Entwicklung" bzw. die Umsetzung der SDG durch die Biosphärenreservate betont (vgl. UNESCO 2015: 5; 2016c: 2). Seit der Sevilla-Strategie wird zudem kontinuierlich auf die CBD Bezug genommen (vgl. UNESCO 2015: 5, 11). Die Bezugnahme auf die „Agenda 2030 für nachhaltige Entwicklung" impliziert, dass sich die Biosphärenreservate den 17 dargelegten SDG annehmen und zu deren Erfüllung beitragen (vgl. UNESCO 2015: 3).

Abbildung 6: UNESCO-MAB Programm und Übereinkommen zur Förderung des nachhaltigen Tourismus [17]

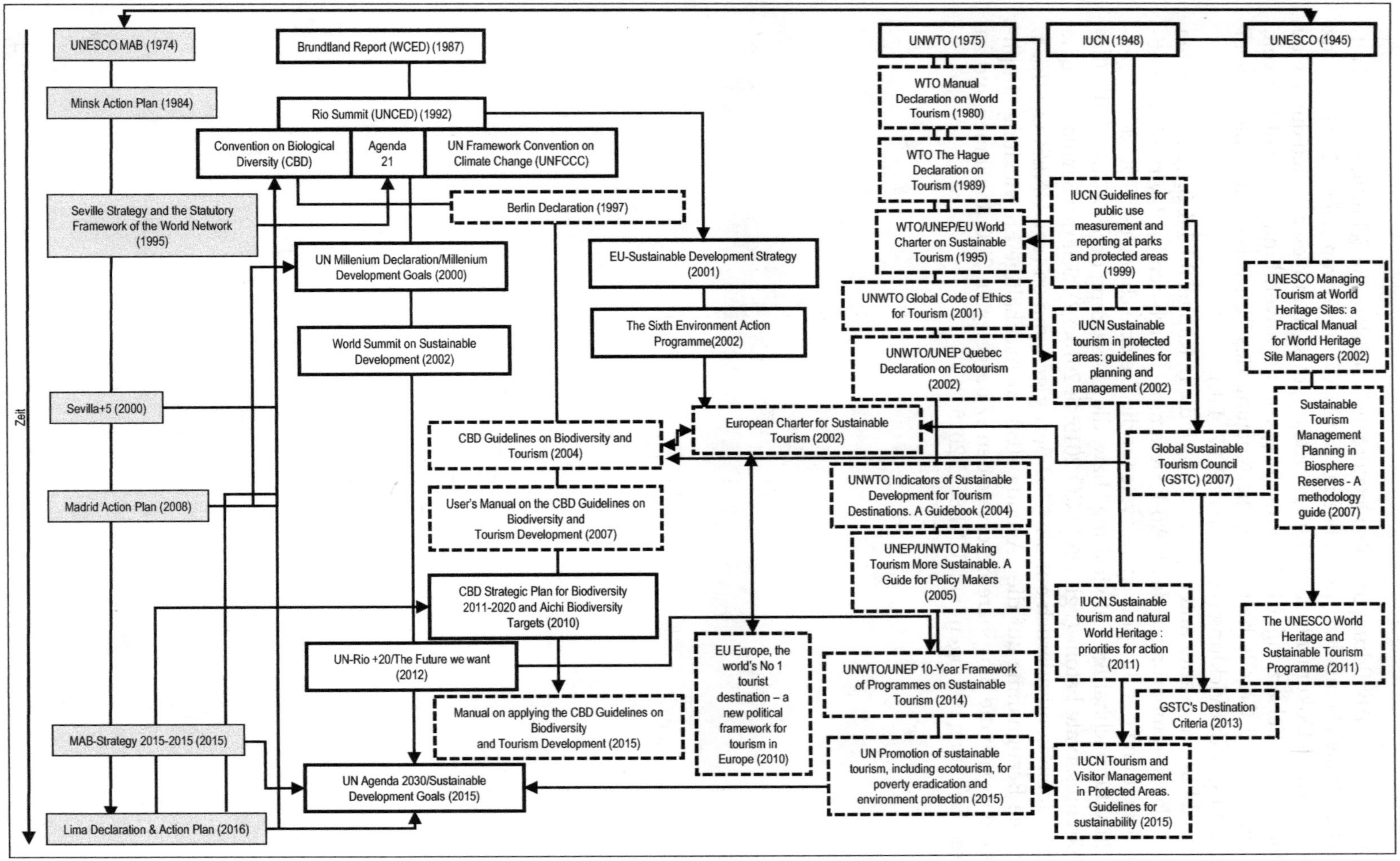

UNESCO (1945)
- UNESCO Managing Tourism at World Heritage Sites: a Practical Manual for World Heritage Site Managers (2002)
- Sustainable Tourism Management Planning in Biosphere Reserves - A methodology guide (2007)
- The UNESCO World Heritage and Sustainable Tourism Programme (2011)

IUCN (1948)
- IUCN Guidelines for public use measurement and reporting at parks and protected areas (1999)
- IUCN Sustainable tourism in protected areas: guidelines for planning and management (2002)
- Global Sustainable Tourism Council (GSTC) (2007)
- IUCN Sustainable tourism and natural World Heritage : priorities for action (2011)
- GSTC's Destination Criteria (2013)
- IUCN Tourism and Visitor Management in Protected Areas. Guidelines for sustainability (2015)

UNWTO (1975)
- WTO Manual Declaration on World Tourism (1980)
- WTO The Hague Declaration on Tourism (1989)
- WTO/UNEP/EU World Charter on Sustainable Tourism (1995)
- UNWTO Global Code of Ethics for Tourism (2001)
- UNWTO/UNEP Quebec Declaration on Ecotourism (2002)
- UNWTO Indicators of Sustainable Development for Tourism Destinations. A Guidebook (2004)
- UNEP/UNWTO Making Tourism More Sustainable. A Guide for Policy Makers (2005)
- UNWTO/UNEP 10-Year Framework of Programmes on Sustainable Tourism (2014)
- UN Promotion of sustainable tourism, including ecotourism, for poverty eradication and environment protection (2015)

European Charter for Sustainable Tourism (2002)

EU Europe, the world's No 1 tourist destination – a new political framework for tourism in Europe (2010)

- EU-Sustainable Development Strategy (2001)
- The Sixth Environment Action Programme (2002)

Berlin Declaration (1997)

- CBD Guidelines on Biodiversity and Tourism (2004)
- User's Manual on the CBD Guidelines on Biodiversity and Tourism Development (2007)
- CBD Strategic Plan for Biodiversity 2011-2020 and Aichi Biodiversity Targets (2010)
- Manual on applying the CBD Guidelines on Biodiversity and Tourism Development (2015)

- Brundtland Report (WCED) (1987)
- Rio Summit (UNCED) (1992)
- UN Framework Convention on Climate Change (UNFCCC)
- Convention on Biological Diversity (CBD)
- Agenda 21
- UN Millenium Declaration/Millenium Development Goals (2000)
- World Summit on Sustainable Development (2002)
- UN-Rio +20/The Future we want (2012)
- UN Agenda 2030/Sustainable Development Goals (2015)

- UNESCO MAB (1974)
- Minsk Action Plan (1984)
- Seville Strategy and the Statutory Framework of the World Network (1995)
- Sevilla+5 (2000)
- Madrid Action Plan (2008)
- MAB-Strategy 2015-2015 (2015)
- Lima Declaration & Action Plan (2016)

Zeit

Quelle: Eigene Darstellung anhand der Quellen in Anhang 1 sowie der offiziellen MAB-Strategien und Leitlinien

17 Schwarz umrandet sind Institutionen sowie Übereinkommen zur Nachhaltigkeit im allgemeinen Kontext, gestrichelte Linien kennzeichnen Übereinkommen

Im Hinblick auf die nachhaltige Entwicklung im Rahmen des Tourismus sind u.a. folgende Ziele der SDG relevant: Im Rahmen des Ziels „Förderung eines kontinuierlichen, offenen, und nachhaltigen ökonomischen Wachstums, produktiver Vollbeschäftigung und angemessener Arbeit" wird explizit die Entwicklung und Implementierung von Strategien gefordert, die einen nachhaltigen Tourismus stärken, um dadurch Arbeitsplätze zu generieren und die lokale Kultur und regionale Produkte zu fördern (vgl. UN 2015b: 23f.). Das Ziel „Sicherung nachhaltiger Konsum- und Produktionsmuster" betont ebenfalls die Rolle des nachhaltigen Tourismus und dessen Relevanz für regionale Produkte und Kultur (vgl. UN 2015b: 26f.). Dabei richten sich die SDG prinzipiell an alle Staaten und Interessensvertreter und versuchen dort anzusetzen, wo die MDG bis dato noch nicht umgesetzt werden konnten (vgl. UN 2015b: 5).

Den Leitlinien im nachhaltigen Tourismus verpflichten sich die Biosphärenreservate insbesondere durch Bezugnahme auf die CBD (vgl. ENGELS & JOB-HOBEN 2004: 116). Auf dem Umweltgipfel von Rio 1992 beschlossen, dreht sich die CBD vorerst allgemein um den Schutz und die nachhaltige Nutzung der Biodiversität (vgl. UN 1992: 3). In der „Berliner Erklärung" zur biologischen Vielfalt und zu nachhaltigem Tourismus 1997 wird die vielgestaltige Abhängigkeit zwischen Biodiversität und Tourismus hervorgehoben (vgl. INTERNATIONALE KONFERENZ ZU BIODIVERSITÄT UND TOURISMUS 1997). Einer Einladung der „Conference of the Parties" durch die Kommission der Vereinten Nationen für Nachhaltige Entwicklung wird seitens vieler Institutionen gefolgt und es kommt zur Mitwirkung an einem internationalen Arbeitsprogramm für eine nachhaltige Tourismusentwicklung im Jahr 2000. Letztendlich werden dadurch die „Guidelines on Biodiversity and Tourism Development" am siebten Kongress der CBD 2004 verabschiedet (vgl. SCBD 2004: 1). In der Folge werden konkrete Anleitungen zur Umsetzung durch das CBD Sekretariat herausgegeben (siehe hierzu SCBD 2007 & 2015b).

Die CBD reiht sich mit ihren Bemühungen um einen nachhaltigen Tourismus in eine breite internationale Strömung ein und verweist insbesondere auf folgende Initiativen bzw. Institutionen und Programme (vgl. SCBD 2015b: 9ff.): die Deklarationen, Leitlinien und Programme, Indikatoren und Publikationen der UNWTO[18] sowie die 2014 verabschiedete UN Resolution „Promotion of sustainable tourism, including ecotourism, for poverty eradication and environment protection", für die die UNWTO maßgeblich mitverantwortlich ist. Die Resolution betont die Wichtigkeit nationaler Programme und Leitlinien zur Förderung eines nachhaltigen Tourismus und bezieht sich dabei sowohl auf die übergeordneten Erklärungen zur Nachhaltigkeit als auch diejenigen der CBD sowie der UNWTO u. v. m. (vgl. UN 2015a). Ebenso wird im Rahmen der CBD „Guidelines on Biodiversity and Tourism Development" auf das „10-Year Framework of Programs on Sustainable Tourism" unter Federführung der UNWTO Bezug genommen sowie diverse Programme der IUCN, der UNESCO und das Programm des „Global Tourism Councils" (vgl. SCBD 2015b: 9f.). Auf die CBD bezieht sich wiederum die vor allem im europäischen Kon-

---

18 In Abbildung 6 können nicht jeweils alle Veröffentlichungen der einzelnen Institutionen untergebracht werden, weshalb nur eine Auswahl integriert wird. Umfassender ist die Tabelle in Anhang 1.

text relevante ECST (vgl. Europarc Federation 2009 & 2015: 4). Die Charta ist dementsprechend von UNEP und der WTO anerkannt (vgl. Dippold & Weiss 2009: 85).

Stark in den Kontext des nachhaltigen Tourismus werden die Biosphärenreservate durch die Zielsetzung der MAB-Strategy 2015-2025 gerückt, wo der Beitrag zum „Strategic Plan for Biodiversity 2011-2020" (CBD) inklusive der Aichi-Ziele gefordert ist (vgl. UNESCO 2015: 5ff.). Eine effiziente Tourismusplanung und -entwicklung kann zur Erfüllung von zwölf der 20 Aichi-Ziele beitragen, wobei dies einerseits durch die Reduktion negativer Umwelteinflüsse durch touristische Nachfrageaktivitäten erfolgen muss; andererseits wird durch Tourismus ein positiver Beitrag zur Bewusstseinsbildung in den Bereichen Biodiversität und Schutzgebiete sowie der Mobilisierung von Ressourcen angestrebt (vgl. SCBD 2015b: 14). Die Tourismus-Leitlinien der CBD sind auch ein zentrales Element der Abbildung 6. Denn sowohl jüngere Strategien bzw. Publikationen unter Federführung der UNWTO (vgl. Responsible Tourism Institute 2015; UNEP/WTO 2005) als auch der IUCN (vgl. Leung et al. 2015) beziehen sich auf die CBD.

Im Folgenden wird auf die gemeinsamen Themenbereiche bzw. Schlüsselprinzipien der Vereinbarungen im Hinblick auf das Erreichen der Nachhaltigkeit im Tourismus eingegangen. Foxlee (2007: 51) fasst diese u.a. folgendermaßen zusammen:

- Richtlinien, Gesetzgebung und Umsetzung – Prozesse, die die Sicherung eines minimalen Einflusses von Tourismus auf natürliche und kulturelle Ressourcen gewährleisten

- Planung und Management – integrierte Planung und Management, Wirkungsabschätzung, Flexibilität und Monitoring

- Partnerschaften und Kooperation – Einbezug lokaler Bevölkerung und gerechte Verteilung von Kosten und Nutzen

- Anreize und Marketing – Unterstützung von Best-Practice-Ansätzen bei denen ein verantwortungsbewusstes Marketing gefordert wird

- Forschung und Informationsaustausch – offene Netzwerke für Forschung und Austausch

- Bewusstseinssteigerung – Sensibilisierung von Akteuren (Regierung, Unternehmen, Touristen etc.) für nachhaltigen Tourismus und Naturschutz durch Bildung und Interpretation

- Kapazitätsausbau – Ausbildung und Ressourcen für Personal

Viele der Prinzipien in den offiziellen Dokumenten haben eine Relevanz für Schutzgebiete im Allgemeinen sowie deren Management und machen die Grundausrichtung eines nachhaltigen Tourismus in Schutzgebieten deutlich: Entwickeln von Partnerschaften, ein integratives, strategisches Tourismusmanagement unter dem

Vorzeichen der Minderung negativer Effekte und Sensibilisierung der Akteure (vgl. Foxlee 2007: 66). Ebenso stehen die wesentlichen Prinzipien im Einklang mit dem im Bereich Tourismus und Schutzgebiete vielzitierten Standardwerk *„Sustainable Tourism in Protected Areas: guidelines for planning and management"* von Eagles et al. (2002). Generell ist zum Thema der nachhaltigen Tourismusentwicklung anzumerken, dass es sich um einen stetigen Prozess handelt: *„Moreover, sustainable tourism should not be taken to imply a finite state of tourism. In fact, it is often argued that tourism may never be totally sustainable – sustainable development of tourism is a continuous process of improvement"* (UNEP/WTO 2005: 12).

Mit den Ausführungen sollen zwei Aspekte verdeutlich werden: zum einen wird ein erster Überblick über die Verbreitung von Nachhaltigkeitsstrategien im globalen Kontext im Tourismus und deren Bezug zum MAB-Programm gegeben. Dabei kann es sich nur um einen ersten, keine Vollständigkeit beanspruchenden Überblick handeln. Die Beziehung zwischen nachhaltigem Tourismus und Biosphärenreservaten wird jedoch verdeutlicht. Wie die Kapitel 3.1.1 - 3.1.2 gezeigt haben, werden in den offiziellen Strategien und Erklärungen des MAB-Programmes nur bedingt Aussagen zum Tourismus getroffen und Biosphärenreservaten entsprechende Aufgaben zugewiesen. Die schematische Darstellung der offiziellen Vereinbarungen und deren Verbindungen verdeutlicht jedoch, dass sich die Biosphärenreservate, z.B. durch den Beitrag zur CBD, der Entwicklung eines nachhaltigen Tourismus verpflichten. Als zweiter Aspekt werden die wesentlichen, gemeinsamen Prinzipien dargelegt und somit auch wesentliche Inhalte einer nachhaltigen Tourismusentwicklung dargestellt, die damit auch in Biosphärenreservaten Relevanz besitzen.

In vielen Leitlinien wird ein Fehlen von praxisnahen Maßnahmen zur Umsetzung der theoretischen Nachhaltigkeitsüberlegungen beanstandet. Als besonders anwendungsbezogen werden aufgrund der darin als notwendig erachteten Strategie (inklusive Maßnahmenplan) die *Guidelines on Biodiversity and Tourism* des SCBD und die ECST bezeichnet (vgl. Foxlee 2007: 66f.). Im Folgenden wird daher genauer auf die ECST eingegangen. Diese stellt zudem den Übergang von der internationalen Ebene zur Ebene Deutschlands dar, bzw. findet in den, im Rahmen der vorliegenden Arbeit betrachteten Untersuchungsgebieten Anwendung, und weist einen expliziten Bezug zu den CBD-Richtlinien auf (vgl. Europarc Federation 2009: 2).

3.2.3   European Charter for Sustainable Tourism in Protected Areas

Deutschland hat die CBD 1993 ratifiziert. In den im Rahmen der CBD veröffentlichten Richtlinien zu Tourismus wird Schutzgebieten eine zentrale Rolle zugewiesen, wobei die übergeordnete Ebene unterstützend wirken muss: *„Authorities and managers of protected areas have a special role for the management of tourism and biodiversity. To this end, there is a need for government support and resources for managers, including training to perform their role effectively. In addition, it is necessary to establish and review mechanisms and funding policies to ensure the availability of adequate resources for maintaining biodiversity and promoting sustainable tourism"* (SCBD 2004: 7). Durch die Verabschiedung der „Nationalen Strategie zur biologischen Vielfalt", welche durch Akteure auf allen staatlichen Ebenen, aber auch durch nicht-staatliche Akteure umgesetzt werden soll, wird die Rolle der CBD inkl. der Richtlinien für Tourismus auch für den deutschen Kontext betont (vgl. OSTERMANN et al. 2014: 121f.; BMU 2007: 7f., 86). Die nationale Strategie fordert im Bereich Tourismus u.a. künftig eine Ausrichtung an umwelt- und naturverträglichen Leitbildern. Dazu zählt, dass in Schutzgebieten, neben der Ausarbeitung von ressourcenschonenden, attraktiven touristischen Nutzungskonzepten, eine verstärkte Umsetzung der ECST[19] erfolgen soll (vgl. BMU 2007: 52f.). Die ECST stellt eine angewandte, umsetzungsorientierte Strategie im Schutzgebietskontext dar, durch die teilnehmende Gebiete zu Modellregionen einer nachhaltige Tourismusentwicklung avancieren sollen. Die implementierten Ansätze und Projekte sollen als Best-Practice-Beispiele über die Grenzen der Schutzgebiete hinaus getragen werden (vgl. OSTERMANN et al. 2014: 122; ENGELS & JOB-HOBEN 2009: 18).

Die ECST ist ein durch die Föderation EUROPARC entwickeltes Strategie- und Maßnahmenkonzept, um in Schutzgebietsdestinationen eine naturverträgliche touristische Entwicklung aktiv zu fördern, wobei gleichzeitig ökologische, ökonomische und soziale Ansprüche berücksichtigt werden (vgl. OSTERMANN et al. 2014: 118; EUROPARC FEDERATION 2015: 6). Das Bewusstsein und die Unterstützung für die Schutzgebiete soll im Rahmen der Umsetzung verbessert werden (vgl. DIPPOLD & WEISS 2009: 75). Der Schwerpunkt liegt weniger auf der Wirkung als Gütesiegel und dem Erfüllen einzelner Kriterien als vielmehr auf dem Planungs- und Umsetzungsprozess der ECST in der Region (vgl. DIPPOLD & WEISS 2009: 75).

Um sich als Charta-Park erfolgreich zu bewerben, müssen die Prinzipien anerkannt und umgesetzt werden (vgl. DIPPOLD & WEISS 2009: 75). Im Rahmen der Charta unterziehen sich die Schutzgebiete einem Evaluierungsprozess durch ein Team aus Gutachtern, das von EUROPARC ausgewählt wird. Mit Hilfe der Bewerbungsunterlagen, die durch eine Vor-Ort Begehung verifiziert und durch einen Evaluierungsbericht zusammengefasst werden, entscheidet ein Evaluierungskomitee von EUROPARC über die Anerkennung. Dabei wird die Betrachtung durch die Gutachter mitunter als gewinnbringend im Hinblick auf die Generierung neuer Ideen und Ansätze gewertet (vgl. DIPPOLD & WEISS 2009: 79f.; EUROPARC FEDERATION 2015: 10). Die Anerkennung als Charta-Gebiet wird auf einen Zeitraum von fünf Jahren begrenzt und kann bzw. muss in der Folge erneuert werden (vgl. EUROPARC FEDERATION 2015: 10).

Das Netzwerk umfasste im Jahr 2015 insgesamt 144 zertifizierte Gebiete in 17 europäischen Ländern (vgl. FÖDERATION EUROPARC 2015: 10). Die Umsetzung begann in Deutschland im Jahr 2001 mit den Naturparken Steinhuder Meer und Frankenwald, woraufhin 2002 als Pilotprojekt die Übertragbarkeit auf Biosphärenreservate und Nationalparke getestet wurde. Der Naturpark Pfälzerwald (gleichzeitig Biosphärenreservat) und der Nationalpark Harz wurden 2005 als Charta-Gebiete anerkannt (vgl. DIPPOLD & WEISS 2009: 81ff.). Die Anerkennung des Nationalpark

---

19 Die ECST resultiert aus den Empfehlungen des Berichtes „Loving them to death? – Sustainable Tourism in Europe's Nature and National Parks" (vgl. FEDERATION OF NATURE AND NATIONAL PARKS OF EUROPE 1993). 2001 unterzeichnen die ersten sieben europäischen Schutzgebiete die Charta (vgl. DIPPOLD & WEISS 2009: 74).

Müritz erfolgte 2011, die des Biosphärenreservates Südost-Rügen 2012 (vgl. OSTER-
MANN et al. 2014: 121). Das Netzwerk bietet im Rahmen regelmäßiger Treffen auf
nationaler und internationaler Ebene eine Plattform zum Informations- und Erfah-
rungsaustausch zwischen den Schutzgebieten (vgl. DIPPOLD & WEISS 2009: 80).

Als übergeordnetes Prinzip gilt die partnerschaftliche Zusammenarbeit, die die
Einrichtung von Kooperationsplattformen und eine breite Beteiligung erfordert (z.B.
Beteiligung von Behörden, Verbänden, Tourismusorganisationen). Dadurch sollen
intensiver Meinungsaustausch und eine breite Konsensfindung ermöglicht werden
(vgl. EUROPARC FEDERATION 2015: 8). Ebenso ist das Vorbereiten und Umsetzen einer
nachhaltigen Tourismusstrategie inkl. SWOT-Analyse zu Tourismus in der Region
Voraussetzung. Die Benennung strategischer Ziele und die Entwicklung eines komplementären Maßnahmenkataloges inkl. der Zuordnung von jeweils verantwortlichen Akteuren spielen hier eine wichtige Rolle. Die Entwicklungsstrategie ist unter
Beteiligung aller Stakeholder zu entwickeln, um breite Akzeptanz und dadurch regionale Relevanz sowie die letztendliche Umsetzung zu gewährleisten. Ebenso sind
entsprechende Notwendigkeiten hinsichtlich der finanziellen Mittel zu berücksichtigen (vgl. EUROPARC FEDERATION 2015: 9; DIPPOLD & WEISS 2009: 75ff.).

Zu Beginn existierten zehn Prinzipien, an denen die ECST ausgerichtet war (vgl.
EUROPARC FEDERATION 2009). 2013 wurden diese im Sinne verbesserter Evaluierungs-
möglichkeiten umformuliert und durch fünf Schwerpunktthemen inkl. zentraler
Maßnahmen ergänzt (vgl. EUROPARC FEDERATION 2013: 28f.). Die fünf Prinzipien umfassen: (1) die Priorisierung der Schutzfunktion des Gebietes; (2) den Beitrag zur
nachhaltigen Entwicklung; (3) die Beteiligung aller Stakeholder; (4) die effiziente
Planung eines nachhaltigen Tourismus sowie (5) das Verfolgen einer stetigen Verbesserung z.B. in den Bereichen Besucherzufriedenheit, Wirtschaftlichkeit, regionaler Wohlstand und Lebensqualität (vgl. EUROPARC FEDERATION 2015: 7).

Hinsichtlich der zehn zentralen Maßnahmen[20] werden hier insbesondere die im
Kontext der Arbeit als relevant erachteten, stärker im direkten ökonomischen Zusammenhang stehenden Aspekte erläutert. Die Schwerpunkte (1) *Schutz von Landschaft, Biodiversität, kulturellem Erbe* und (3) *Verringerung des CO_2 Fußabdrucks, der
Umweltverschmutzung sowie des Ressourcenverbrauchs* sind eher klassische Aspekte
des ökologischen Bereiches. Das Handlungsfeld (2) *Unterstützung der Schutzfunktion durch Tourismus* sieht u.a. den Einsatz von Einnahmen in tourismusbezogenen
Aktivitäten im Sinne der Schutzfunktion vor. Handlungsfeld (4) umfasst die *Bereitstellung eines sicheren Zugangs zu qualitativ hochwertigen Einrichtungen und besonderen
Erlebnismöglichkeiten im Kontext des Schutzgebietes*, wozu u.a. moderne Besuchereinrichtungen inkl. ergänzender Dienstleistungen gefordert werden. Zudem soll die
Möglichkeit bestehen, durch entsprechende Angebote das Entdecken, die Interpretation und die Wertschätzung gegenüber dem natürlichen und kulturellen Erbe zu
ermöglichen. Schwerpunktthema (5) umfasst die *effiziente Kommunikation mit Besuchern* und die Vermittlung der Inhalte des Schutzgebietes. Dazu werden qualitativ
hochwertige Informations- und Interpretationsmöglichkeiten gefordert, was auch

---

20 Im Folgenden *kursiv*: eigene Übersetzung der Schwerpunkte aus der Veröffentlichung EUROPARC FE-
DERATION (2015: 12f.).

für touristische Unternehmen bzw. weitere Stakeholder gilt. Die (6) *Sicherung des sozialen Gefüges* soll u.a. Konfliktlösungsansätze, Kommunikation und Kooperation sowie Partnerschaften gewährleisten. Schwerpunkt (7) umfasst die *Stärkung des wirtschaftlichen Wohlstandes der lokalen Bevölkerung* durch die Förderung regionaler Produkte und Produktionsweisen sowie Dienstleistungen und den Verkauf selbiger an Besucher. Ebenso soll die Wirtschaftlichkeit und Leistungskraft lokaler Unternehmen unterstützt und regionale Beschäftigung gefördert werden. Der (8) *Ausbau von Kapazitäten und Ausbildung* betrifft insbesondere das Personal der Schutzgebietsverwaltung sowie der touristischen Unternehmen. Ebenso sind (9) ein *Monitoringprogramm* (Besucher, touristische Unternehmen und Effekte) sowie (10) die *Kommunikation von Maßnahmen und Ergebnissen* des Charta-Prozess gefordert (vgl. EUROPARC FEDERATION 2015: 12f.).

Die Charta-Gebiete gelten als gute Beispiele für eine Integration von Naturschutz und Regionalentwicklung durch Tourismus (vgl. DIPPOLD & WEISS 2009: 86). Wesentliche Vorteile der Teilnahme spiegeln sich in einer verbesserten Kooperation (zwischen Schutzgebiet und Tourismus) auf regionaler Ebene, einer Profilschärfung auf dem europäischen Destinationsmarkt, verbesserter Öffentlichkeitsarbeit und der Bewusstseinsbildung bei Besuchern wider. Ebenso verspricht man sich von der Evaluation Lerneffekte, eine verstärkte Ideengenerierung sowie eine größere Glaubhaftigkeit gegenüber Fördermittelgebern. Die Festlegung von Belastungsgrenzen und Konfliktlösungsstrategien sowie Verbesserungen im Bereich des Besuchermonitorings sind neben PPP mit touristischen Unternehmen als weitere Aspekte zu nennen (vgl. EUROPARC FEDERATION 2015: 15; OSTERMANN et al. 2014: 120f.; DIPPOLD & WEISS 2009: 82f.). Kooperationseffekte führen zu gegenseitigem Verständnis, da teilweise eine unklare Rollenverteilung zwischen Schutzgebiet (raum- und fachbezogenes Denken) und touristischen Anbietern und Organisationen (produkt- und marktbezogenes Denken) und somit auf beiden Seiten schwer erfüllbare Erwartungshaltungen vorhanden sind (vgl. OSTERMANN et al. 2014: 120).

Der Bogen vom internationalen MAB-Programm über die internationalen Leitlinien im Tourismus führt schließlich zur ECST, die auch für deutsche Biosphärenreservate Relevanz besitzt. Zwei der Untersuchungsgebiete, Südost-Rügen und der Pfälzerwald, sind im Rahmen der ECST zertifiziert. Bevor im weiteren Verlauf speziell auf Tourismus im Kontext deutscher Biosphärenreservate eingegangen wird, erfolgt ein allgemeiner Überblick zu selbigen.

3.3 Biosphärenreservate in Deutschland

3.3.1 Entwicklung des MAB-Programms und der Biosphärenreservate in Deutschland

Die Entwicklung der Biosphärenreservate in Deutschland ist bedingt durch die Entwicklungen auf internationaler Ebene. So wurde bereits zwei Jahre nach der Initiierung des internationalen MAB-Programms 1970, im zum damaligen Zeitpunkt geteilten Deutschland, je ein MAB-Nationalkomitee als Bindeglied zwischen nationaler und internationaler Ebene gegründet (vgl. Tabelle 2). Wesentliche Aufgaben des MAB-Nationalkomitees sind die Umsetzung des MAB-Programms, die strategisch bzw. konzeptionelle Arbeit zu den wesentlichen Funktionen der Biosphärenreservate, die periodische Evaluierung sowie die Umsetzung der CBD im Rahmen des MAB-Programms (vgl. DRL 2010: 7).

Mit der Veröffentlichung der „Kriterien für die Anerkennung und Überprüfung von Biosphärenreservaten der UNESCO in Deutschland" 1996 und der Fortschreibung 2007 werden die Bewertungskriterien für Biosphärenreservate auf deutscher Ebene fixiert und Transparenz gewährleistet[21] (vgl. DRL 2010: 7, 11). Diese sind als Qualitätssicherungsstandard im Hinblick auf die Etablierung eines Netzes an repräsentativen Gebieten auf nationaler Ebene zu sehen, wobei sich die Länder mit der Antragstellung bereit erklären, das Programm umzusetzen und dafür notwendige Voraussetzungen zu schaffen (vgl. Deutsches MAB-Nationalkomitee 2007: 4). Um mit aktuellen Entwicklungen umzugehen und den Biosphärenreservaten möglichst klare Vorgaben bzw. sinnvolle Entwicklungsleitlinien zu geben, veröffentlicht das MAB-Nationalkomitee seit der Aktualisierung der Kriterien diverse Positionspapiere bzw. Empfehlungen zu aktuellen Themen wie Klimawandel, Kernzonen, BNE oder erneuerbaren Energien (vgl. Tabelle 2).

Neben der Entwicklung des MAB-Nationalkomitees inklusive relevanter Kriterien sind in Tabelle 2 die wesentlichen Eckdaten zur Entwicklung der deutschen Biosphärenreservate dargelegt. Diese beginnt mit der Anerkennung der Biosphärenreservate Vessertal und Steckby-Lödderitzer Forst im Jahr 1979, gefolgt von der „Ausweisungswelle" Anfang der 1990er im Rahmen des DDR-Nationalparkprogramms bis hin zur letzten Ausweisung, dem Schwarzwald, der 2016 den Anerkennungsantrag bei der UNESCO eingereicht hat. Im Jahr 2016 beläuft sich die Zahl der Biosphärenreservate in Deutschland auf 17, wobei 15 von der UNESCO anerkannt sind (vgl. BfN 2016). Die potentielle Ausweisung ohne UNESCO-Anerkennung beruht auf der Anerkennung der Biosphärenreservate als Schutzgebietskategorie im Bundesnaturschutzgesetz seit 1998 (vgl. Erdmann & Niedeggen 2003: 106f.) und betrifft aktuell (Stand: 12/2016) z.B. die Karstlandschaft Südharz und den Schwarzwald.

Mit der 2007 veröffentlichten „Strategie zur Biologischen Vielfalt" wird der Umsetzung der CBD auf nationaler Ebene zugestimmt (vgl. BMU 2007: 6f.). Im Zuge der Strategie bieten sich die Biosphärenreservate für viele Bereiche als Gebiete nachhaltiger Entwicklung an (vgl. DRL 2010: 9). Diese stellt eine der Zielsetzungen dar, auf die im Folgenden, neben Rahmenbedingungen und Eigenschaften der deutschen Biosphärenreservate, genauer eingegangen wird.

---

21 Diese beruhen auf den durch die „Ständige Arbeitsgruppe der Biosphärenreservate in Deutschland" (AGBR) entwickelten „Leitlinien für Schutz, Pflege und Entwicklung der Biosphärenreservate in Deutschland" (1995), die eine gleichgerichtete Entwicklung der Biosphärenreservate in Deutschland gewährleisten sollen (vgl. Erdmann & Niedeggen 2003: 104).

Tabelle 2: Überblick über die Entwicklung des MAB-Programms und der Biosphärenreservate in Deutschland

Jahr	Ereignis
1972	Einrichtung der MAB-Nationalkomitees in der BRD und der DDR
1979	Anerkennung der BR* Vessertal sowie Steckby-Lödderitzer Forst (heute Teil des BR Flusslandschaft Elbe, Sachsen-Anhalt)
1981	Anerkennung des BR Bayerischer Wald (2006 Auflösung des BR, Rückgabe des UNESCO-Titels)
1990	Beschluss des Ministerrates der DDR zum Nationalparkprogramm und Ausweisung der BR Rhön, Schorfheide-Chorin, Spreewald, Südost-Rügen sowie Erweiterung der BR Mittlere Elbe und Vessertal-Thüringer Wald Anerkennung der BR Schleswig-Holsteinisches Wattenmeer, Schorfheide-Chorin, Berchtesgaden Zusammenschluss BR-Verwaltungen zur AGBR
1991	Anerkennung der BR Südost-Rügen, Spreewald, Rhön Zusammenlegung der bis 1990 getrennten MAB-Nationalkomitees
1992	Anerkennung BR Hamburgisches und Niedersächsisches Wattenmeer, Pfälzerwald (Anerkennung auf nationaler Ebene, seit 1998 grenzübergreifend)
1996	Anerkennung der Oberlausitzer Heide- und Teichlandschaft Erarbeitung der „Kriterien für die Anerkennung und Überprüfung von Biosphärenreservaten der UNESCO in Deutschland" durch das MAB-Nationalkomitee
1997	Erweiterung BR Mittlere Elbe, Umbenennung in Flusslandschaft Elbe (Brandenburg, Niedersachsen, Mecklenburg-Vorpommern, Sachsen-Anhalt, Schleswig-Holstein)
1998	Novellierung des Bundesnaturschutzgesetztes und Aufnahme der BR als Schutzgebietskategorie (weitere Novellierungen 2002, 2010)
2000	Anerkennung des BR Schaalsee (seit 1990 Naturpark)
2005	Gründung der Dachmarke NNL, die die deutschen Nationalparke, BR und Naturparke vereint
2007	Fortschreibung „Kriterien für die Anerkennung und Überprüfung von Biosphärenreservaten der UNESCO in Deutschland" durch das DEUTSCHE MAB-NATIONALKOMITEE (2007) „Nationale Strategie zur biologischen Vielfalt" (BMU 2007)
2009	Anerkennung der BR Schwäbische Alb und Bliesgau durch die UNESCO, Ausweisung des BR Karstlandschaft Südharz nach Landesrecht
2011	„Empfehlung des deutschen MAB-Nationalkomitees zu Kernzonen in Biosphärenreservaten" (DEUTSCHES MAB-NATIONALKOMITEE 2011) „Dresdner Erklärung zu Biosphärenreservaten und Klimawandel" (DEUTSCHE UNESCO-KOMMISSION 2011)
2012	„Positionspapier des MAB-Nationalkomitees zur Nutzung von Windkraft und Biomasse in Biosphärenreservaten" (DEUTSCHES MAB-NATIONALKOMITEE 2012)
2013	Von 15 durch die UNESCO anerkannten BR bis dato 13 mit mindestens einem Evaluierungsbericht (Evaluierung Schwäbische Alb bzw. Bliesgau 2019)
2014	„Positionspapier des MAB-Nationalkomitees zur Bildung für eine nachhaltige Entwicklung in UNESCO-Biosphärenreservaten" (DEUTSCHES MAB-NATIONALKOMITEE 2014)
2016	BR Schwarzwald nach Landesrecht ausgewiesen, UNESCO-Anerkennungsantrag eingereicht „Positionspapier und Handlungsempfehlung des deutschen MAB-Nationalkomitees zu Kernzonen in Biosphärenreservaten" (DEUTSCHES MAB-NATIONALKOMITEE 2016)

* Biosphärenreservate werden in vorliegender Tabelle mit BR abgekürzt

Quellen: Eigene Zusammenstellung nach ERDMANN & NAUBER (1995), ERDMANN & NIEDEGGEN (2003), MAYERL (2004), DRL (2010), AGBR (1995), DEUTSCHES MAB-NATIONALKOMITEE (2011; 2012; 2014; 2016), DEUTSCHE UNESCO-KOMMISSION (2011), KAMMANN & MÖLLER (2007)

3.3.2 Aufgaben und Zielsetzungen der deutschen Biosphärenreservate

Mit der Novellierung des Bundesnaturschutzgesetzes am 21.09.1998 wurden die Biosphärenreservate als Schutzgebiete aufgenommen, wobei das Gesetz 2002 (vgl. ERDMANN & NIEDEGGEN 2003: 106f.) sowie 2010 novelliert wurde und Biosphärenreservate seitdem laut §25 folgendermaßen definiert sind:

„(1) Biosphärenreservate sind einheitlich zu schützende und zu entwickelnde Gebiete, die

    i.   großräumig und für bestimmte Landschaftstypen charakteristisch sind,

    ii.   in wesentlichen Teilen ihres Gebiets die Voraussetzungen eines Naturschutzgebiets, im Übrigen überwiegend eines Landschaftsschutzgebiets erfüllen,

    iii.   vornehmlich der Erhaltung, Entwicklung oder Wiederherstellung einer durch hergebrachte vielfältige Nutzung geprägten Landschaft und der darin historisch gewachsenen Arten- und Biotopvielfalt, einschließlich Wild- und früherer Kulturformen wirtschaftlich genutzter oder nutzbarer Tier- und Pflanzenarten, dienen und

    iv.   beispielhaft der Entwicklung und Erprobung von die Naturgüter besonders schonenden Wirtschaftsweisen dienen.

(2) Biosphärenreservate dienen, soweit es der Schutzzweck erlaubt, auch der Forschung und der Beobachtung von Natur und Landschaft sowie der Bildung für nachhaltige Entwicklung.

(3) Biosphärenreservate sind unter Berücksichtigung der durch die Großräumigkeit und Besiedlung gebotenen Ausnahmen über Kernzonen, Pflegezonen und Entwicklungszonen zu entwickeln und wie Naturschutzgebiete oder Landschaftsschutzgebiete zu schützen.

(4) Biosphärenreservate können auch als Biosphärengebiete oder Biosphärenregionen bezeichnet werden."

Die Aufnahme ins Bundesnaturschutzgesetz ermöglicht, dass in Deutschland Gebiete sowohl durch die UNESCO als auch das Bundesnaturschutzgesetz anerkannt werden können (vgl. ERDMANN & NIEDEGGEN 2003: 107). Letzteres fordert neben dem Schutz auch den Entwicklungsgedanken, Forschung und BNE-Auftrag der Biosphärenreservate ein, bleibt in vielerlei Hinsicht jedoch unspezifisch. Deutlich konkreter werden hingegen die von der UNESCO vorgegebenen „Kriterien für die Anerkennung und Überprüfung von Biosphärenreservaten der UNESCO in Deutschland". Diese enthalten definierte strukturelle und funktionale Standards, anhand derer überprüft werden soll, ob entsprechende Bedingungen und Funktionen erfüllt sind

Tabelle 3: UNESCO-Kriterien für die Anerkennung und Überprüfung der Biosphärenreservate in Deutschland

Strukturelle Kriterien

Repräsentativität des Gebietes	Bisher unterrepräsentierte Landschaften mit besonderer Eignung aufgrund natur- und kulturräumlicher sowie gesellschaftlicher Gegebenheiten
Flächengröße/Abgrenzung	Min. 30.000 ha bis max. 150.000 ha
Zonierung	Kern-, Pflege- und Entwicklungszone (Kernzone mind. 3 %, Pflegezone mind. 10 %, in der Summe mind. 20 %, Entwicklungszone mind. 50 % der Gesamtfläche)
Rechtliche Sicherung	Grundfunktionen müssen gewährleistet sein; Landes-, Regional-, Bauleit- und Landschaftsplanung sollen unterstützend wirken
Verwaltung und Organisation	Leistungsfähige, den funktionalen Kriterien entsprechende, querschnittsorientierte Verwaltung mit entsprechendem Fach- und Verwaltungspersonal Angemessene Sachmittelausstattung Zuordnung zu zuständiger höherer bzw. oberer Landesbehörde Sicherstellen hauptamtlicher Gebietsbetreuung, Regelung der Zuständigkeiten und Zusammenarbeit mit anderen Verwaltungsstellen auf Landesebene Einbezug von Bevölkerung, Interessensgruppen, Verantwortungsträgern sowie nicht-staatlicher Strukturen und Organisationen zur Unterstützung der Verwaltung
Planung	Erstellung eines Rahmenkonzeptes inkl. haushaltsmäßiger Voraussetzungen (bis spätestens 3 Jahre nach Anerkennung) Pflege- und Entwicklungspläne auf Grundlage des Rahmenkonzeptes für Schutzbereiche und u.a. für nachhaltigen Tourismus binnen 5 Jahre nach Anerkennung Ziele des Rahmenkonzeptes sollen bei anderen Planungen berücksichtigt werden

Funktionale Kriterien

Nachhaltiges Wirtschaften	Nachhaltige Nutzungen und tragfähige Entwicklungen in allen Lebens- und Wirtschaftsbereichen im Rahmen administrativer, planerischer und finanzieller Maßnahmen Umweltgerechte Landnutzungsarten im primären Sektor Energienutzung, Rohstoffeinsatz sowie Abfallwirtschaft im Sinne der Nachhaltigkeit (insbesondere sekundärer Sektor) Orientierung am Leitbild der nachhaltigen Entwicklung im tertiären Sektor z.B. Dienstleistungen, Handel, Tourismus Vorbildfunktion der öffentlichen Hand
Naturhaushalt und Landschaftspflege	Konzepte und Maßnahmen zu Schutz, Pflege und Entwicklung Inventarisierung, Monitoring und Förderung typischer Flora und Fauna Berücksichtigung von Leitbildern und Umweltqualitätszielen bei Eingriffen in Naturhaushalt und Landschaftsbild; Ausgleichs- und Ersatzmaßnahmen
Biodiversität	Erfassung und Erhalt der Biodiversität
Forschung	Angewandte Forschung, Kooperation mit externen Einrichtungen, Bereitstellung entsprechender Ressourcen
Monitoring	Schaffung technischer und finanzieller Voraussetzungen, Abstimmung mit ökologischen Umweltbeobachtungsprogrammen auf anderen Ebenen; gemeinsame Datennutzung
BNE	BNE als zentrale Aufgabe und dauerhafte Umsetzung selbiger Informationszentrum mit hauptamtlicher ganzjähriger Betreuung, ergänzend: dezentrale Informationszentren Zusammenarbeit mit anderen Bildungsträgern
Öffentlichkeitsarbeit und Kommunikation	Auftritt unter der Dachmarke NNL Öffentlichkeitsarbeit basierend auf einem Konzept, das alle gesellschaftlichen Gruppen für die Umsetzung des MAB-Programms einbezieht Etablierung regionaler Netzwerke, Einsatz von Moderatoren, Beratern
Einbindung in das Weltnetz	Beitrag des Biosphärenreservates zum Austausch im Weltnetz und Schaffung der dazu notwendigen fachlichen und haushaltsmäßigen Voraussetzungen

Quelle: Eigene Zusammenstellung nach DEUTSCHES MAB-NATIONALKOMITEE (2007)

bzw. erfüllt werden können[22] (vgl. DEUTSCHES MAB-NATIONALKOMITEE 2007: 5). Einen knappen Überblick über die Kriterien gibt Tabelle 3, für ausführliche Erläuterungen wird an dieser Stelle auf die Veröffentlichung selbst verwiesen (vgl. DEUTSCHES MAB-NATIONALKOMITEE 2007).

Strukturelle Kriterien

Neben einer rechtlichen Sicherung des Biosphärenreservates sowie der einzelnen Zonen ist dessen Entwicklung durch die planerische Unterstützung und Berücksichtigung im Rahmen der Bauleit-, Regional- und Landesplanung in der Entwicklungszone gefordert. Zum Erreichen der Zielsetzungen sind weitere Instrumente wie z.B. Förderprogramme einzusetzen. Zuständigkeiten der Biosphärenreservats-Verwaltung für entsprechende Instrumente im Kontext der nachhaltigen Entwicklung sind zu fördern, wozu ressortübergreifende, landespolitische Unterstützung sowie hoheitliche Zuständigkeiten als notwendig erachtet werden (vgl. DEUTSCHES MAB-NATIONALKOMITEE 2007: 16). Die Verwaltungsstellen sollten mit ausreichend Mitarbeitern, die einen entsprechenden Ausbildungshintergrund, der dem interdisziplinären Betätigungsfeld gerecht wird, ausgestattet sein. Die Verwaltung darf durch ihre Zuordnung in das Fachressort Umwelt/Naturschutz nicht in der Interdisziplinarität der Stellenbesetzung eingeschränkt sein. Das Land muss die Umsetzung der Ziele des Biosphärenreservates unterstützen. Personelle und finanzielle Ressourcen sollen sich an Größe, natur- und kulturräumlicher Ausstattung, Bevölkerung und Besucherdichte, Art und Fokus der wirtschaftlichen Nutzung sowie Forschung und Monitoring-Aufgaben orientieren (vgl. DEUTSCHES MAB-NATIONALKOMITEE 2007: 18).

Die Verwaltung muss neben anderen Fachverwaltungen gleichberechtigt an der Regionalplanung und Zusammenarbeit auf Landesebene mitwirken können, wozu konkurrierende Zuständigkeiten zu vermeiden und eine sinnvolle Arbeitsteilung anzustreben ist. Insofern Aufgaben des Biosphärenreservates in der Zuständigkeit anderer Verwaltungen liegen, muss eine entsprechende Kooperation auf Landesebene geregelt werden. Der Einbezug der lokalen Bevölkerung, der Gemeinden, Städte und Landkreise sowie der Partner in der privaten Wirtschaft soll gewährleistet sein, eine aktive Mitarbeit ist gefragt. Die Verwaltung unterstützende Vereine, Kuratorien oder Beiräte sind ebenso erwünscht, wie langfristige Kooperationen mit externen Partnern bzw. der Privatwirtschaft, u.a. im Sinne erweiterter Handlungsfähigkeit und langfristiger Lösungen (vgl. DEUTSCHES MAB-NATIONALKOMITEE 2007: 18).

Planung wird als wichtiger Aufgabenbereich der Biosphärenreservate erachtet. Dabei ist die Planung idealerweise mit anderen Trägern öffentlicher Belange (TÖB), Institutionen und gesellschaftlichen Akteuren abgestimmt. Für die Entwicklungszone sind grundsätzliche Ansätze des Rahmenkonzeptes zu präzisieren, wobei hierunter nachhaltiger Tourismus, Verkehrs- und Siedlungsentwicklung fallen. Das Rahmenkonzept ist mit den Zielen der Landes- und Regionalplanung bzw. ander-

---

22 Im Kriterienkatalog wird dabei zwischen Antragskriterien (bereits im Rahmen des Antrags zu erfüllen) und Bewertungskriterien, die die auf längere Sicht zu erfüllenden Aufgaben umfassen, unterschieden. Da die Kriterien in Tabelle 3 teilweise zusammengefasst wurden wird die entsprechende Trennung nicht durchgeführt.

weitigen Fachplanungen abzustimmen bzw. idealerweise in selbigen zu verankern (vgl. Deutsches MAB-Nationalkomitee 2007: 19f.).

Funktionale Kriterien und Entwicklungsfunktion

Die funktionalen Kriterien beruhen zum einen auf den internationalen und nationalen Anforderungen, zum anderen auf den Erfahrungen aus den bereits bestehenden Biosphärenreservaten in Deutschland. Funktionale Kriterien erfassen, ob den Aufgaben der Biosphärenreservate nachgekommen wird und ein entsprechender Beitrag auf nationaler und internationaler Ebene geleistet wird (vgl. Deutsches MAB-Nationalkomitee 2007: 21). Im Zuge der Entwicklungsfunktion sind Projekte in allen Wirtschaftssektoren, die einer nachhaltigen Regionalentwicklung dienen – diese wird den deutschen Biosphärenreservaten explizit als Aufgabe im Rahmen der nachhaltigen Entwicklung zugewiesen – umzusetzen. Das gilt sowohl im Biosphärenreservat als auch über dessen Grenzen hinaus. Dazu zählen die Beratung zur Implementierung nachhaltiger Nutzungsformen, das Initiieren und die Umsetzung wirtschaftsfördernder Maßnahmen und die Umsetzung von Projekten, die die soziokulturellen Eigenarten bewahren. Eine entsprechende Netzwerkarbeit wird dafür als Voraussetzung betrachtet (vgl. Deutsches MAB-Nationalkomitee 2007: 17).

Für die Umsetzung der Funktionen, die eine nachhaltige Regionalentwicklung betreffen, sind administrative, planerische und finanzielle Wege und Mittel festzulegen. Unter der Berücksichtigung der regionalen Voraussetzungen sind in allen Lebens- bzw. Wirtschaftsbereichen nachhaltige Nutzungen und Entwicklungen anzustreben und durch innovative Ansätze umzusetzen. In Frage kommende Instrumente oder Förderungen von Seiten der EU, des Bundes oder der Länder sind dementsprechend zu nutzen (vgl. Deutsches MAB-Nationalkomitee 2007: 21f.).

Im primären Sektor werden u.a. zertifizierte Produkte im Kontext der nachhaltigen Landnutzung genannt. Für die Entwicklung des sekundären Sektors soll u.a. regionales Handwerk und Gewerbe durch die Generierung regionaler Wirtschaftskreisläufe gestärkt werden. Regionale Gütesiegel oder Warenzeichen sollen für die Kennzeichnung von Produkten und Dienstleistungen im tertiären Sektor verwendet werden. Marktgerechte Vertriebsstrukturen sind zu fördern (vgl. Deutsches MAB-Nationalkomitee 2007: 21ff.). Hinsichtlich des Tourismus wird angemerkt: *„Tourismus hat in den Biosphärenreservaten eine hohe Bedeutung als Wirtschaftsfaktor. Die Erhaltung des touristischen Kapitals (Natur, Landschaft und Kultur) erfordert ein entsprechendes touristisches Leitbild, ein Besuchermanagement und die Entwicklung von nachhaltigen touristischen Angeboten"* (Deutsches MAB-Nationalkomitee 2007: 23). Damit werden die Aufgaben der Verwaltung im Tourismus vergleichsweise konkret formuliert.

Der Auftrag der BNE ist zentral für die Biosphärenreservate. Neben Infozentren sind weitere Angebote sowie Partizipationsmöglichkeiten gefordert. Ziel ist es, ein gesteigertes Bewusstsein der Öffentlichkeit für den Umgang mit natürlichen Ressourcen und einen Bezug zu nachhaltigem Handeln herzustellen. Die *„Diskrepanz zwischen theoretischem Wissen und praktischem Handeln"* (Deutsches MAB-Nationalkomitee 2007: 28f.) muss überwunden werden. Das große Ziel „Nachhaltigkeit" wird nur erreicht werden können, wenn in der Gesellschaft der emotionale und kognitive Bezug zur Umwelt gefestigt wird (vgl. Deutsches MAB-Nationalkomitee 2007: 28f.).

Im Zuge der Öffentlichkeitsarbeit und Kommunikation wird ein zielgruppen-spezifisches Konzept gefordert, mit dem auf die gesellschaftlichen Gruppen zuge-gangen wird und das deren unterschiedliche Motivationen und Erwartungen be-rücksichtigt. Hervorgehoben wird die kontinuierliche Kommunikation mit dem Ziel der Akzeptanzsteigerung. Diese wird als eine Voraussetzung für den Erfolg der Bio-sphärenreservate betrachtet, weshalb Netzwerkarbeit, Informationsveranstaltun-gen und Kooperation mit allen Akteuren auf regionaler Ebene gefordert wird. Die Beteiligung soll die effiziente Umsetzung der getroffenen Entscheidungen und be-schlossenen Projekte ermöglichen. Auf deutscher Ebene ist der gemeinsame Auftritt der Biosphärenreservate unter der Dachmarke der NNL gefordert (vgl. DEUTSCHES MAB-NATIONALKOMITEE 2007: 30).

Die Darlegung der Kriterien zeigt den sektorübergreifenden, interdisziplinär und integrativ angelegten Ansatz der Biosphärenreservate. Dieser fokussiert eine Konvergenz von Schutz und nachhaltiger sozioökonomischer Entwicklung. Das komplexe Aufgabenspektrum und die Anforderungen im Bereich Ökonomie, Tou-rismus, Regionalentwicklung, soziokulturelle Entwicklung, Kommunikation, Kon-zeptarbeit und Fördermittelakquise sowie dem Naturschutz sind als große Her-ausforderung zu betrachten. Die Frage, ob die Biosphärenreservate dieser gerecht werden können, ist in Anbetracht der Organisationform, Kompetenzen, der Res-sourcenausstattung und aktuellen Planungsmechanismen zu stellen (vgl. DRL 2010: 10ff.)(vgl. Kapitel 3.3.3).

Um die Entwicklung der Biosphärenreservate zu überprüfen, sind Evaluierun-gen im Zehn-Jahres-Turnus vorgesehen. Als möglicher Handlungsbedarf bzw. als Konsequenz der Evaluierung können Gebietserweiterungen erfolgen, Management-pläne erstellt werden, Koordinierungsmaßnahmen verbessert bzw. der Titel aber-kannt werden (vgl. SCHRADER 2010: 88; UNESCO 2013). Da teilweise nach wie vor Defizite im Hinblick auf bestimmte Kriterien existieren (vgl. DRL 2010), ist eine kon-sequente Fortführung der Evaluierungen notwendig.

3.3.3 Eigenschaften deutscher Biosphärenreservate

In Deutschland umfassen 17 Biosphärenreservate eine Gesamtfläche von knapp zwei Mio. ha. Ohne Wasser- und Wattflächen der Biosphärenreservate an Nord- und Ostsee sind es 666.046 ha und somit knapp 3,7 % der terrestrischen Fläche (vgl. BFN 2016). Hinsichtlich der Umsetzung der strukturellen Kriterien in deutschen Biosphä-renreservaten ist anzumerken: teilweise erfüllen nicht alle Biosphärenreservate die Anforderungen an die Zonierung (z.B. Kernzonenanteil Pfälzerwald, Anteil Ent-wicklungszone Südost-Rügen). Ebenso ist in nicht allen Biosphärenreservaten die UNESCO-Anerkennung gegeben (Karstlandschaft Südharz, Schwarzwald), teilwei-se fehlen Rahmenkonzepte als Entwicklungsgrundlage bzw. liegen im Stil klassi-scher Landschaftsplanung vor (vgl. DRL 2010: 48ff.). Die Stellenausstattung der Bio-sphärenreservate zeigt, dass die Bereiche Schutz und Logistik i.d.R. gut abgedeckt werden, der Bereich nachhaltige Entwicklung i.d.R. nur mit wenigen Mitarbeitern bestritten werden muss (vgl. DRL 2010: 54f.). Zu den funktionalen Kriterien, z.B. im

Karte 1: Lage der Biosphärenreservate und Raumstruktur in Deutschland

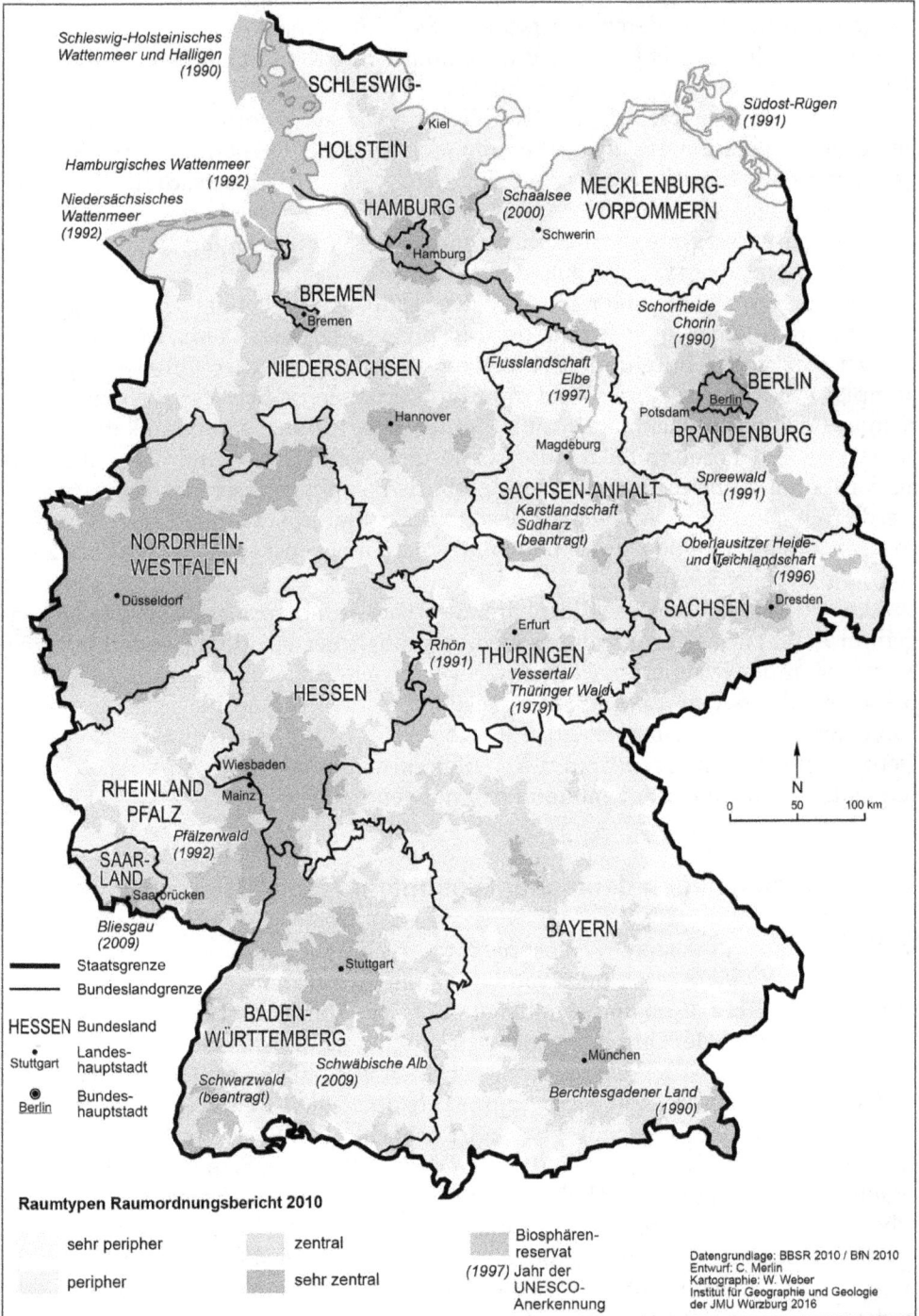

Schleswig-Holsteinisches
Wattenmeer und Halligen
(1990)

SCHLESWIG-

• Kiel

HOLSTEIN

Südost-Rügen
(1991)

Hamburgisches Wattenmeer
(1992)

Niedersächsisches
Wattenmeer
(1992)

HAMBURG

Schaalsee
(2000)

MECKLENBURG-
VORPOMMERN

• Schwerin

• Hamburg

BREMEN

• Bremen

Schorfheide
Chorin
(1990)

NIEDERSACHSEN

Flusslandschaft
Elbe
(1997)

BERLIN

• Berlin

Potsdam • • Berlin

BRANDENBURG

• Hannover

• Magdeburg

SACHSEN-ANHALT

Spreewald
(1991)

NORDRHEIN-
WESTFALEN

Karstlandschaft
Südharz
(beantragt)

Oberlausitzer Heide-
und Teichlandschaft
(1996)

• Düsseldorf

SACHSEN

• Dresden

• Erfurt

Rhön
(1991)

THÜRINGEN

HESSEN

Vessertal/
Thüringer Wald
(1979)

Wiesbaden

N

0   50   100 km

RHEINLAND
PFALZ

Mainz

Pfälzerwald
(1992)

SAAR-
LAND

• Saarbrücken

Bliesgau
(2009)

BAYERN

—— Staatsgrenze
— Bundeslandgrenze

• Stuttgart

HESSEN Bundesland

•
Stuttgart

Landes-
hauptstadt

BADEN-
WÜRTTEMBERG

Schwäbische Alb
(2009)

• München

◉
Berlin

Bundes-
hauptstadt

Schwarzwald
(beantragt)

Berchtesgadener Land
(1990)

Raumtypen Raumordnungsbericht 2010

sehr peripher   zentral   Biosphärenreservat

peripher   sehr zentral   (1997) Jahr der
UNESCO-
Anerkennung

Datengrundlage: BBSR 2010 / BfN 2010
Entwurf: C. Merlin
Kartographie: W. Weber
Institut für Geographie und Geologie
der JMU Würzburg 2016

Bereich der nachhaltigen Entwicklung, wird eine Kompetenzüberschneidung mit Kommunen, Landkreisen und anderen Institutionen konstatiert, da hier eine entsprechende Planungskompetenz der Biosphärenreservate nicht vorgesehen ist (vgl. RUSCHKOWSKI 2010).

Bezüglich der Umsetzung funktionaler Kriterien werden viele Best-Practice Beispiele u.a. in den Bereichen Erhalt biologischer Vielfalt, Vermarktung regionaler Produkte, BNE, erneuerbare Energien, Klimaschutz und Klimawandel sowie Tourismus erläutert. Die Vielfalt der Biosphärenreservate bedingt unterschiedliche Lösungsansätze und Stärken bzw. Umsetzungsdefizite. Die Komplexität der bearbeiteten Projekte und Ansätze bedingt eine im Vergleich zu strukturellen Kriterien schwerere Messbarkeit und dadurch auch geringere Vergleichbarkeit hinsichtlich der funktionalen Kriterien (vgl. DRL 2010: 55).

Wichtige Rahmenbedingungen der Biosphärenreservate ergeben sich durch ihre Lage im Raum. Anhand der Einteilung der Raumtypen des Bundesinstituts für Bau-, Stadt- und Raumforschung (BBSR) wird deutlich, dass sich die Biosphärenreservate meist im peripheren und sehr peripheren Raum befinden (vgl. BBSR 2012) (vgl. Karte 1).

Im Rahmen einer SWOT-Analyse der sozioökonomischen Rahmenbedingungen der Biosphärenreservate werden für die Mehrheit selbiger, die in Tabelle 4 aufgeführten Stärken und Schwächen genannt. Als Risiko wird die weitere Verschlechterung hinsichtlich der jeweiligen Schwächen genannt. Chancen bieten sich im Bereich der Verflechtung mit Städten, der Stärkung regionaler Wirtschaftskreisläufe und der Multifunktionalität der Landwirtschaft sowie im naturverträglichen Tourismus, wobei dazu jeweils regional adaptierte Strategien entwickelt werden sollten (vgl. GEHRLEIN et al. 2007: 52).

Darüber hinaus sind für die Biosphärenreservate weitere hemmende Faktoren relevant (vgl. DRL 2010: 67ff.):

- Defizite hinsichtlich der Verankerung des Nachhaltigkeitsgedankens u.a. bei lokaler Bevölkerung und Institutionen

- Mangelndes Verständnis seitens anderer Institutionen und Akteure gegenüber Biosphärenreservaten und deren komplexen, vielschichtigen Zielsetzungen

- Personelle und finanzielle Ressourcen und eine Ungleichgewichtung von Naturschutz und nachhaltiger Entwicklung

- Mangelnde Planungskompetenzen und Handlungsmöglichkeiten im Bereich nachhaltiger Entwicklung – etwa im Bereich Tourismus oder erneuerbare Energien – so dass Biosphärenreservate nur bedingt initiierend und steuernd in regionalen, langfristig-orientierten Governance-Prozessen wirken können

- Belastung in touristisch intensiv genutzten Gebieten, wobei die Umsetzung nachhaltiger Tourismus-Konzepte erst am Anfang steht

Tabelle 4: Sozioökonomische Stärken und Schwächen deutscher Biosphärenreservate

Stärken	Schwächen
Teilräume der Biosphärenreservate in der Nähe zu Städten	Teilweise periphere Räume inkl. Strukturschwäche
Existenz wirtschaftlicher Aufholprozesse	Niedrige wirtschaftliche Leistungskraft und geringes Einkommensniveau, schwache Wirtschaftsstruktur sowie Wandel selbiger (z.B. Rückgang landwirtschaftlicher Betriebe)
Hoher Anteil an sozialversicherungspflichtig Beschäftigten	Demographischer Wandel
	Teilweise geringe Qualifikation der Beschäftigten und Abbau von Arbeitsplätzen

Quelle: Eigene Darstellung in Anlehnung an GEHRLEIN et al. (2007: 51f.)

Der Mehrwert bzw. die Chance, die sich dennoch für Regionen durch die Anerkennung als Biosphärenreservat ergeben kann, wird vom DRL folgendermaßen beschrieben: *„Dieser Mehrwert besteht in der Bündelung von Kompetenzen und Zuständigkeiten und in den Synergien bei der Entwicklung von Strategien, Planungen, Förderanträgen, ja sogar -programmen und nicht zuletzt in funktionsfähigen Governance-Strukturen mit umfassenden Partizipationsmöglichkeiten"* (DRL 2010: 70). Dazu wird eine wichtige Bedingung ergänzt: *„Dies muss aber nicht nur innerhalb der Biosphärenreservate anerkannt sein, sondern bedarf vor allem auch der Wertschätzung der Biosphärenreservate seitens der verschiedenen parlamentarischen und politischen Entscheidungsebenen, und zwar weit über den Bereich Naturschutz und Umwelt hinaus"* (DRL 2010: 70).

Die bisher dargelegten Zielsetzungen, Rahmenbedingungen und Eigenschaften zeigen die Bandbreite der durch die Biosphärenreservate zu bewältigenden Aufgaben im deutschen Kontext. Tourismus wird darin als eine Aufgabe und Entwicklungsoption der Biosphärenreservate bereits angeschnitten.

3.4 Tourismus im Rahmen einer nachhaltigen Entwicklung in deutschen Biosphärenreservaten

Für Biosphärenreservate wird Tourismus im Rahmen einer nachhaltigen Regionalentwicklung im Bundesnaturschutzgesetz – im Vergleich zu Naturparken – nicht erwähnt. Letztere sind laut §27 definiert als Gebiete, die *„sich wegen ihrer landschaftlichen Voraussetzungen für die Erholung besonders eignen und in denen ein nachhaltiger Tourismus angestrebt wird"* bzw. *„besonders dazu geeignet sind, eine nachhaltige Regionalentwicklung zu fördern"*. Bis in die 1990er Jahre waren Biosphärenreservate, sowohl international als auch auf deutscher Ebene, stärker im Kontext des Natur- und Umweltschutzes positioniert. Das erklärt u.a. die Angliederung der Biosphärenreservats-Verwaltungen an die entsprechenden, für Natur- und Umweltschutz zuständigen Bundes- und Landesministerien bzw. Ressorts (vgl. DRL 2010: 10).

Im Rahmen des MAB-Programms wird die Rolle der nachhaltigen (Regional-) Entwicklung sowie des Tourismus für die Biosphärenreservate z.B. mit der Sevilla-Strategie, den „Quality Economies" der Sevilla+5-Konferenz und dem LAP auf internationaler Ebene stärker betont (vgl. Kapitel 3.2). Tourismus stellt auf nationaler Ebene laut den für Deutschland geltenden MAB-Kriterien einen der Aufgabenbereiche der Verwaltungen dar (vgl. Kapitel 3.3.2) und sollte am Leitbild der Nachhaltigkeit orientiert sein. Der Erhalt des touristischen Kapitals ist durch entsprechende Planungen und Konzepte, Leitbilder und die Entwicklung von Angeboten zu unterstützen. Das gilt u.a. aufgrund der hohen Bedeutung der Biosphärenreservate als Zielgebiete sowie der Bedeutung des Tourismus als Wirtschaftsfaktor, der sich dadurch als potentielles Umsetzungsinstrument der geforderten nachhaltigen Regionalentwicklung eignet (DEUTSCHES MAB-NATIONALKOMITEE 2007: 19ff.).

Die in den MAB-Kriterien formulierten Ansprüche an die Biosphärenreservate sind in Bezug zu setzen mit den in Kapitel 2.3 dargelegten Ausführungen zur Destination und der Tourismusorganisation auf regionaler Ebene, v.a. da Biosphärenreservate i.d.R. nicht im akteurfreien Raum agieren. Mit entsprechenden Ansätzen und Managementstrategien soll durch die Biosphärenreservats-Verwaltung und die Ausrichtung der Destination im Sinne des Nachhaltigkeitsanspruchs aus ökonomischer Perspektive, ein Beitrag zu den in Kapitel 2 dargelegten tangiblen und intangiblen Effekten auf regionaler Ebene geleistet und negative Effekte minimiert werden. Als im besten Falle nicht-konsumtive Landnutzungsform[23] kann Tourismus zum regionalen Einkommen beitragen und als Querschnittsbranche wirtschaftliche Impulse in Schutzgebieten auslösen (vgl. HAMMER 2003: 23; WOLTERING 2012; KÜPFER 2000; JOB et al. 2016a; JOB 2008). Als wichtiges Nachfrageelement kann Tourismus bei der Etablierung regionaler Wertschöpfungsketten indirekt wirken und so zur Schließung regionaler Wirtschaftskreisläufe im Rahmen der Nutzung endogener Potentiale beitragen (z.B. regionale Produkte und Produktionsformen) (vgl. HAMMER 2003: 23; SIMS 2009: 322f.; KRAUS et al. 2014; TORRES 2002; KRAUS 2015; NEUMEIER & POLLERMANN 2011: 161; GEHRLEIN et al. 2007: 51f.).

Wie die Kapitel 2.2 und 2.3 zeigen, ist dazu ein entsprechendes Management auf Ebene der Destination unter Einbezug einer Vielzahl von Akteuren notwendig. Biosphärenreservate können, wie in den folgenden Kapiteln gezeigt wird, zu dieser Aufgabe potentiell einen wesentlichen Beitrag leisten. Die genau Funktionsweise gestaltet sich i.d.R. komplex. Nicht umsonst bilden Fallbeispiele, Steuerungs- und Managementansätze nach wie vor einen der Forschungsschwerpunkte im Kontext von Tourismus und Schutzgebieten, wie z.B. auf dem World Parks Congress in Sydney 2014 (vgl. SPENCELEY 2016: 3).

3.4.1 Biosphärenreservate als Destinationen

Die Handlungsebene der einzelnen Biosphärenreservate umfasst die lokale und regionale Ebene, was im Kontext Tourismus i.d.R. die Destination bzw. einen Teil

---

23 Tourismus wird das Potential zugesprochen, im Vergleich zu in ländlichen Räumen dominierender flächen- bzw. ressourcenintensiver Land- und Forstwirtschaft, weniger flächenintensiv gestaltet werden zu können (vgl. HAMMER 2003: 11f.).

selbiger umfasst. Biosphärenreservate können, wie im Folgenden gezeigt wird, aufgrund verschiedener Aspekt als Destination bzw. als Kernelement selbiger betrachtet werden und wertvolle Beiträge zur Entwicklung und Wettbewerbsfähigkeit selbiger leisten. HANNEMANN & JOB (2003: 6ff.) stellen dies im Kontext der Nationalparke in Deutschland heraus: diese bieten die Chance, Nachfragetrends nach Naturerlebnissen, „Ursprünglichkeit" und die Sehnsucht nach „intakter Natur" touristisch in Wert zu setzen. Die Destination gewinnt mit dem Nationalpark ein Oligopol-ähnliches, nicht willkürlich transferierbares Prädikat bzw. Alleinstellungsmerkmal sowie spezifische Infrastruktur und Bildungsangebote. Das Image der Region kann dadurch aufgewertet werden.

Dieser Argumentation folgend, können deutsche Biosphärenreservate ebenfalls als Chance einer Destinationsentwicklung begriffen werden:

- sie können als relevante Ziele im Spiegel aktueller Nachfragetrends gelten (vgl. Kapitel 3.4.2.1),

- sie leisten durch das international anerkannte UNESCO-Label einen Beitrag zum Image der Destination und der Markenfunktion (vgl. Kapitel 3.4.2.2),

- Biosphärenreservate stellen touristische Infrastruktur bereit, betreiben Zertifizierungen und Qualitätssicherung im Bereich touristischer Infrastruktur (z.B. Gastronomie, Beherbergung, Wegeinfrastruktur) und fördern nachhaltige, authentische regionale Produkte und Dienstleistungen (vgl. Kapitel 3.4.2.3),

- und haben eine interdisziplinäre Ausrichtung mit entsprechender Vernetzung (z.B. Naturschutz, Landwirtschaft, Handwerk), was z.B. im Rahmen der touristischen Dienstleistungskette von Vorteil ist. Biosphärenreservats-Verwaltungen können als ein weiterer Akteur bzw. Interessenvertreter auf Ebene der Destination gelten (vgl. BIEGER 2008: 237) und aufgrund des immanenten interdisziplinären Ansatzes eine wichtige Schnittstelle darstellen (vgl. Kapitel 3.4.2.4).

Daneben sind Biosphärenreservate de facto durch ihre topographische Lage oftmals Zielgebiete oder Teile der Destinationen in Deutschland. Einige der deutschen Biosphärenreservate liegen in traditionellen Destinationen (z.B. Wattenmeer-Biosphärenreservate, Berchtesgaden etc.), andere umfassen weniger bekannte Destinationen bzw. sind ein Teil selbiger (z.B. Pfälzerwald, Rhön) oder sind relativ neue Destinationen wie z.B. das Biosphärenreservat Schaalsee oder die Oberlausitzer Heide- und Teichlandschaft (vgl. hierzu Destinationstypologie im Kapitel 4.2).

Im Folgenden wird genauer auf die hier skizzierten Anknüpfungspunkte zwischen Biosphärenreservaten und Destinationen und deren Tourismusorganisation eingegangen und potentielle Strategien inkl. touristischer Entwicklungspotentiale, Kriterien und Ansprüche, die sich durch die Biosphärenreservate und deren Schutzauftrag ergeben, dargelegt. Dabei wird zu den Thematiken auch ein Überblick über den Forschungsstand zum jeweiligen Sachverhalt auf deutscher Ebene im Kontext der Biosphärenreservate gegeben.

3.4.2 Potentiale für eine nachhaltige Regionalentwicklung durch Tourismus in Biosphärenreservaten

Die Potentiale, die mit Biosphärenreservaten für eine nachhaltige Destinationsentwicklung einhergehen, werden im Folgenden in die Bereiche touristische Nachfragestrukturen, Kommunikation und Inwertsetzung des Schutzstatus Biosphärenreservat, Angebotsgestaltung inklusive Regionalvermarktung sowie Kooperation im Rahmen eines integrativen, strategischen Ansatzes gegliedert. Dabei sind bestimmte Anforderungen zu erfüllen, um Modellvorhaben im Bereich Tourismus zu erproben (vgl. Engels & Job-Hoben 2004: 116ff.): dazu zählt ein Besuchermanagement, das Belastungsgrenzen und Gefährdungspotentiale berücksichtig und Nutzungskonflikte zwischen Tourismus und Naturschutzzielen zu verhindern mag (vgl. Job et al. 2003: 851ff.). Ebenso sind integrative Schutz- und Nutzungskonzepte, die Biosphärenreservate in touristischen Regionen in die kommunale und regionale Planung integrieren, vonnöten, wozu die ganze Bandbreite an regionalen Stakeholdern miteinbezogen werden sollte. Zudem sind die Biosphärenreservate bei der Steigerung der Angebotsvielfalt und der Spezialisierung der Angebote z.B. im Bereich Naturerlebnis, Kurzurlaub und buchbaren Pauschalangeboten gefordert, um entsprechende Trends zu nutzen. Das erfordert wiederum innovative Marketing- und Vermarktungskonzepte. Die hier genannten Ansätze im Tourismus sind im Kontext der nachhaltigen Regionalentwicklung zu sehen, wozu Landwirtschaft, Handwerk, Regionalvermarktung und Tourismus verknüpft werden. Dadurch können neue Attraktionspunkte im Tourismus geschaffen werden. Dabei darf sich die Strategie nicht ihrer Grundlage, der intakten Natur und Landschaft berauben und muss den Beitrag des Tourismus zur regionalen Wertschöpfung ermöglichen (vgl. Engels & Job-Hoben 2004: 116ff.).

3.4.2.1 Nachfragestrukturen und -trends sowie deren Beitrag zur Regionalökonomie

Aktuell kann auf globaler Ebene ein hoher Stellenwert der Schutzgebiete als Destinationen konstatiert werden, denn diese sind Ziel für rund 8 Mrd. Besucher pro Jahr, davon 3,8 Mrd. in europäischen Schutzgebieten (vgl. Balmford et al. 2015: 3). Allein ca. 50 Mio. Besucher sind jährlich in deutschen Nationalparken anzutreffen (vgl. Job et al. 2016a). Die Daten passen zum Trend einer steigenden Nachfrage im Bereich Naturtourismus, dem ein Stellwert als Wachstumsmarkt zugeschrieben wird (vgl. Hall et al. 2009). Nicht umsonst bezeichnet Eagles (2014: 529) Schutzgebietstourismus als eine bedeutende Tourismusaktivität weltweit.

Auch in Deutschland existieren Nachfragetrends, die als positiv zu wertende Voraussetzung für eine touristische Inwertsetzung der Biosphärenreservate gelten können. Laut dem Qualitätsmonitor Deutschland-Tourismus sind für 54 % der deutschen Urlauber "Landschaft/Natur" das wesentliche Kriterium für die Auswahl des

Reiseziels, gefolgt von „gute Luft/Klima" (39 %) (vgl. DZT 2012: 3). Die Ergebnisse der Studie zum Naturbewusstsein deuten in die gleiche Richtung: 56 % der Befragten gaben an, dass Natur zu einem „guten Leben" gehört, für 53 % bedeutet diese Gesundheit und Erholung. Für 52 % der Befragten ist es wichtig, ihren Kindern die Natur nahe zu bringen (vgl. BMUB & BfN 2014). Somit ist durchaus der Wunsch und die Sehnsucht nach Authentizität und Gegensätzen zu urbanen Lebensstilen (vgl. Job et al. 2005a: 18) sowie u.a. der Wunsch nach hoher Umweltqualität aufgrund eines gestiegenen Umweltbewusstseins erkennbar (vgl. Bieger 2008: 6).

Biosphärenreservate bieten, so der gängige Tenor (vgl. Engels & Job-Hoben 2004: 113; Ryan et al. 2013), Gelegenheit, entsprechende Bedürfnisse zu erfüllen. Eine deutschlandweite Umfrage kommt allerdings zu dem Schluss, dass Biosphärenreservate weniger bekannt sind als Nationalparke: 54 % der Befragten war die Schutzgebietskategorie Nationalpark ein Begriff, lediglich 19 % der Befragten kannten den Schutzstatus Biosphärenreservat, wovon wiederum nur die Hälfte eines besucht hat. Von denjenigen, denen „Biosphärenreservat" ein Begriff war, könnten sich 42 % vorstellen, ihren Urlaub dort zu verbringen und 69 %, einen Ausflug in ein Biosphärenreservat zu unternehmen (vgl. Job et al. 2013b: 107ff.).

Zur Inwertsetzung dieser Trends hat der DTV in Kooperation mit dem BMU und BfN einen Leitfaden entwickelt. Dadurch sollen Tourismusorganisationen und Betriebe in die Lage versetzt werden, regionalspezifische, buchbare Naturerlebnisprodukte, die sich durch Nachhaltigkeit auszeichnen, zu generieren und entsprechend zu vermarkten (vgl. DTV 2005: 4). Denn es muss in diesem Zuge konstatiert werden, dass entsprechende Nachfragetrends nicht automatisch in einem Urlaubsaufenthalt im Schutzgebiet resultieren: die Umfragewerte sind stets vor dem Hintergrund einer gewissen Toleranz gegenüber teilweiser Umweltbelastung seitens der Touristen zu betrachten. Für diese gilt bereits ein traditionelles, harmonisches Landschaftsbild oft als Zeiger für Umweltqualität. Zudem tritt bei Umweltfragen oft das Phänomen der sozialen Erwünschtheit im Antwortverhalten auf (vgl. Job & Vogt 2003: 851f.). Ebenso führen die geäußerten Wünsche und Ansprüche nicht automatisch zu einem nachhaltigem Verhalten der Touristen (vgl. Fontanari et al. 2000: 27). Auch wird die „Natur" als eine Motivation genannt, wobei nicht nur das tiefergehende Interesse an selbiger, sondern Natur als Kulisse für z.B. Freizeitaktivitäten genannt werden kann. Nichtsdestotrotz kann die Voraussetzung für den Tourismus in Schutzgebieten, aufgrund wachsender Nachfrage im Bereich Natur- und Ökotourismus, als günstig bezeichnet werden (vgl. Drumm & Moore 2005: 16f.; Revermann & Petermann 2002: 49).

In wieweit sich diese Trends tatsächlich in touristischer Nachfrage in Biosphärenreservaten niederschlagen, wurde im Kontext der UNESCO Biosphäre Entlebuch in der Schweiz untersucht, wobei in der Studie v.a. der Sommertourismus betrachtet wurde (vgl. UNESCO Biosphäre Entlebuch 2012). Für deutsche Biosphärenreservate bestehen bisher nur ansatzweise Untersuchungen. Vereinzelte Studien behandeln das ehemalige Biosphärenreservat Bayerischer Wald[24] (vgl. Nolte 2005), das

---

24 Untersuchungsgebiete sind jeweils zwei aneinander grenzende Schutzgebiete in Deutschland und Tschechien (Biosphärenreservat bzw. Nationalpark Bayerischer Wald und Biosphärenreservat bzw. Nationalpark Sumava) sowie die Biosphärenreservate bzw. Nationalparke Slovensky Kras (Slowakei) und Aggtelek (Ungarn)(beides gleichzeitig UNESCO-Welterbe)(vgl. Nolte 2005).

Biosphärenreservat Rhön (vgl. SCHMITZ-VELTIN 2005) oder das Biosphärenreservat Oberlausitzer Heide- und Teichlandschaft (vgl. HOFFMANN 2006) und lassen somit nur bedingt eine Vergleichbarkeit zu.[25] Eine umfassendere Arbeit liefert ZIENER (2001; 2003) im Kontext des Konfliktfeldes Erholungsnutzung und Naturschutz zu Nationalparken und Biosphärenreservaten, wobei der Fokus nicht auf der Ermittlung einer Besucherzahl bzw. deren Ausgaben liegt.[26]

Im Gegensatz zu den deutschen Nationalparken (vgl. JOB et al. 2016a) liegen für die Biosphärenreservate weder einheitlich ermittelte Besucherzahlen noch -strukturen vor. Entsprechende Aussagen zu Ausgabenniveaus oder zu regionalökonomischen Effekten, ausgelöst durch die Besucher, fehlen bislang. Ergebnisse für eine breitere Basis an Biosphärenreservaten mit einer einheitlichen Methodik zu liefern, ist dementsprechend ein Ziel dieser Arbeit. Die Ergebnisse stellen eine wichtig Voraussetzung im Hinblick auf eine nachhaltige touristische Entwicklung dar: *„Tourism should be judged against other opportunities for economic development, [...] the judgement needs to be based on net impacts including the socio-cultural and environmental impacts. Tourism is often the development option of last resort, selected when there is nothing else"* (GOODWIN 2011: 209).

Relevant sind dementsprechend Besucherzahlen und -strukturen sowie branchenspezifische Ausgabenniveaus der Besucher. Daneben sind weitere Charakteristika wie z.B. soziodemographische Merkmale oder Präferenzen und Motivationen relevant (vgl. WOLTERING 2012: 125f.). Dabei ist Quantität nicht alles: Tourismus muss danach beurteilt werden, inwieweit er zum Erhalt der Lebensgrundlagen der Bevölkerung bzw. der Destination beiträgt. Ein bloßes Mehr an Touristen ist dabei oft nicht hilfreich, es muss auch um eine Qualitätssicherung gehen (vgl. METZLER et al. 2016: 14; GOODWIN 2011: 209f.). Anzustreben sind beispielsweise Besuchersegmente, die sich durch Interesse an einem nachhaltigen Urlaub, Natur und Schutzgebiet sowie überdurchschnittliche Ausgabenniveaus kennzeichnen lassen (das Segment der *„Sustainable High/Profitable High"* Besucher konnte z.B. im Nationalpark Berchtesgaden statistisch signifikant nachgewiesen werden, siehe hierzu BUTZMANN & JOB 2016: 16). Idealerweise lassen sich von dieser Gruppe nachgefragte Elemente im Sinne von Produkten und einer Marketingstrategie mit der Marke des Schutzgebietes verbinden, wozu jedoch eine entsprechende Kommunikation und Vermarktung notwendig ist (vgl. BIEGER 2008: 185ff.).

3.4.2.2 Schutzstatus als Attraktion – Prädikatisierung und Kommunikation

Im Zuge einer zunehmenden Konkurrenz zwischen Destinationen sowie teilweisen Überkapazitäten und der steigenden Professionalisierung (z.B. Qualitätspatt) im Tourismus wird es als vorteilhaft erachtet, sich als Destination von der Konkurrenz entsprechend abheben bzw. positionieren zu können (vgl. LAESSER 2002: 77ff.; BIEGER 2008: 185). Dazu ist es nötig, die vom Gast stärker erwünschten Zusatznutzen

---

25 Bei HOFFMANN (2006) handelt es sich um eine Diplomarbeit im Fach Geographie (Katholische Universität Eichstätt-Ingolstadt), die Veröffentlichung von SCHMITZ-VELTIN (2005) basiert im Wesentlichen auf einer Diplomarbeit (SCHMITZ-VELTIN 2003, Fach Geographie, Universität Mannheim).
26 Eine umfassende Zusammenstellung von Studien zu ökonomischen Effekten des Tourismus in verschiedenen Schutzgebieten liefern MAYER 2013 sowie MAYER & JOB 2014.

wie z.B. Befriedigung von Erlebnisbedürfnissen, Sinnvermittlung und Nachhaltigkeit im Rahmen des Aufenthaltes in der Destination zu ermöglichen (vgl. BIEGER 2008: 185ff.). Idealerweise findet sich für die gewählte Positionierung eine repräsentative Marke, die den Unterschied zu anderen Destination verdeutlicht und die mit der exklusiven Vermittlung von Reiseerfahrungen verknüpft werden kann (vgl. RITCHIE & CROUCH 2003: 164f.). Das Label UNESCO-Biosphärenreservat kann dazu als Alleinstellungsmerkmal genutzt werden und zum Image und der Positionierung der Destination beitragen (vgl. RYAN et al. 2013: 318), auch wenn eine dem Begriff inhärente Komplexität nicht geleugnet werden kann (vgl. HENNE 2007: 58).

Stellenwert des Schutzstatus Biosphärenreservat auf Nachfrageseite

Die Funktion von Schutzgebietslabels als Attraktion und Motivationsgrund bei Reiseentscheidungen von Besuchern ist nach wie vor Gegenstand von Untersuchungen (siehe hierzu z.B. KÜPFER 2000; BUTZMANN & JOB 2016; ARNBERGER et al. 2012; MAYER et al. 2010; REINIUS & FREDMAN 2007: 839; MAYER 2013; JOB et al. 2016a). Letztgenannte Autoren gehen dabei von einem geringeren Effekt des Schutzgebietsstatus Biosphärenreservat aus, als z.B. bei einem Nationalpark. Auch NOLTE (2004: 207, 345) kommt bei ihrer Untersuchungen zu dem Ergebnis, dass Nationalparke im Vergleich zu Biosphärenreservaten stärker wahrgenommen werden, das Potential der internationalen UNESCO-Auszeichnung noch nicht ausreichend erkannt wurde und das entsprechende Wissen zur Inwertsetzung bei Tourismusakteuren fehlt. Die Anerkennung eines Biosphärenreservates durch die UNESCO wird dennoch als Chance für eine Markenetablierung durch Alleinstellung und die Verknüpfung des Labels mit einem Qualitätsanspruch betrachtet (vgl. RYAN et al. 2013: 313f.). Das positive Image der Großschutzgebiete im Allgemeinen und der potentielle Stellenwert als touristisches Zugpferd (vgl. JOB et al. 2005a: 10), kann als Ansatz zur Gewährleistung einer klaren Positionierung als Qualitätsgarant und Orientierungspunkt für den Gast gelten (vgl. BIEGER 2008: 66).

Die Möglichkeit der Abgrenzung gegenüber Konkurrenzdestinationen und die Steigerung der Attraktivität bietet sich, neben dem Schutzstatus des UNESCO-Biosphärenreservats zudem mit der dazu notwendigen Repräsentativität und Besonderheit der Kulturlandschaft (vgl. SCHMITZ-VELTIN 2005: 6; HOFFMANN 2009: 199). Für das Fallbeispiel der Oberlausitzer Heide- und Teichlandschaft fällt das Urteil bezüglich Schutzstatus im Zuge einer Diplomarbeit (2006) jedoch noch deutlich negativer aus. Dem Schutzstatus Biosphärenreservat wird im Kontext des Untersuchungsgebietes keine Zugkraft und nahezu keine Bekanntheit attestiert (vgl. HOFFMANN 2006: 116). Sowohl dem Schutzstatus Nationalpark als auch Biosphärenreservat wird von ZIENER (2001: 60f.) eine geringere Wirkung als Motivation und Attraktion attestiert als gemeinhin angenommen. Anzumerken ist im Zuge der genannten Untersuchung ein unterschiedliches Vorgehen in den einzelnen Gebieten (offene vs. geschlossen Fragestellungen) und somit eine nur bedingt gegebene Vergleichbarkeit. Die Untersuchung in der UNESCO-Biosphäre Entlebuch zeigt dennoch, dass der Schutzstatus für rund 16 % der knapp 2.000 befragten Gäste bei der Reiseentscheidung eine ausschlaggebende Rolle gespielt hat und insgesamt 85 % der Gäste bekannt war (vgl. UNESCO BIOSPHÄRE ENTLEBUCH 2012: 2).

Inwieweit Schutzgebiete als Attraktion und Motivation für Nachfrager dienen, wurde im nationalen Kontext insbesondere im Rahmen von Studien zu National-parken ermittelt (vgl. Job et al. 2016a; Woltering 2012). Entsprechende Ergebnisse fehlen jedoch bisher für die deutschen Biosphärenreservate und werden im Rahmen der vorliegenden Arbeit für einen Teil selbiger ermittelt.

Stellenwert des Schutzstatus Biosphärenreservat auf Managementebene

Die Wahrnehmung auf Seiten der Besucher ist mitunter abhängig von der Kommu-nikation des Schutzstatus. Es stellt sich die Frage, inwieweit der Schutzstatus Bio-sphärenreservat in der Destination verankert wird, z.B. durch die Biosphärenreser-vats-Verwaltung, die Tourismusorganisation oder andere touristische Akteure. Die gleiche Frage kann auf übergeordneter, sprich Länder- und nationaler Ebene gestellt werden. Laut Ryan et al. (2013) bewerben 40 von 114 Ländern, die im Rahmen des MAB-Programms Biosphärenreservate anerkannt haben, selbige durch die nationa-le Tourismusorganisation als Destination. Dadurch wird der Schutzstatus weitläufig als „Öko-Label" für Tourismus genutzt (vgl. Ryan et al. 2013: 318). Schutzgebiete müssen nicht nur den Bildungsauftrag wahrnehmen, sondern auch ein ganzheit-liches touristisches Produkt, das den Besucher nicht nur im Gebiet, sondern schon vor dessen Aufenthalt anspricht, generieren. Dazu gehört, situationsbedingt ge-prüft, evtl. eine Steigerung der Besucherzahlen. Insbesondere geht es aber auch um eine Beeinflussung der Nachfrage in Sachen Qualität, wozu Schutzgebiete selbst im Marketing, in Kooperation mit weiteren touristischen Akteuren, aktiv werden müs-sen (vgl. Sharpley & Pearce 2007: 565ff.). Es geht nicht darum, wie im klassischen unternehmensbezogenen Marketing lediglich Kundenwünsche mit dem Ziel einer kurzfristigen Gewinnmaximierung zufrieden zu stellen, sondern vielmehr darum, als non profit-Organisation, organisatorische, ökologische oder soziale Ziele zu er-reichen (vgl. Reid et al. 2008: 6; Peattie 1999). Ein nachhaltiges Marketing, das ökol-ogisches, umweltbezogenes und green Marketing zusammenfasst, beinhaltet: *„the process of planning, implementing, and controlling the development, pricing, promotion and distribution of products in a manner that satisfies the following three criteria: (1) customer needs are met, (2) organizational goals are attained, and (3) the process is compatible with ecosystems"* (Fuller 1999: 3f.). Entsprechend muss das Marketing im Sinne der Ziel-setzung der Biosphärenreservate beeinflusst bzw. gestaltet werden. Dadurch kann es zu einem effizienten Instrument einer nachhaltigen Tourismusentwicklung wer-den (vgl. Sharpley & Pearce 2007: 563).

Neben weiteren Zielsetzungen sind zur Vermarktung der Schutzgebiete in Deutschland die NNL als Dachmarke 2005 von EUROPARC Deutschland[27] initiiert

---

27 EUROPARC Deutschland unterstützt auf Bundesebene die Weiterentwicklung der NNL als touristische Destinationen (vgl. EUROPARC Deutschland e.V. 2016c). Dazu ist die Organisation z.B. Mitglied im Verbändearbeitskreis „Tourismus und Biologische Vielfalt", in dem man sich für die Stärkung des nachhaltigen Tourismus einsetzt. Im Arbeitskreis finden sich Institutionen aus den Bereichen Um-welt- und Naturschutz, Freizeit, Mobilität und Tourismus wie z.B. der DTV, DAV, NABU, Viabono. Das Handeln orientiert sich u.a. an den Richtlinien der CBD, der nationalen Strategie zur Biologischen Vielfalt sowie der Nachhaltigkeitsstrategie der Bundesregierung. Als Ratgeber für Politik, Verwaltung und Tourismusinstitutionen setzt man sich für die Weiterentwicklung eines nachhaltigen Tourismus ein (vgl. Verbändearbeitskreis „Tourismus und biologische Vielfalt" 2013).

worden. Damit wird den deutschen Biosphärenreservaten, National- und Naturparken ein gemeinsames Profil gegeben. Die Zielsetzung besteht in einer klaren Kommunikation, die die Wahrnehmung der geschützten Landschaften Deutschlands steigern soll, wobei man sich damit an Vorbildern wie dem „National Park Service" der USA oder dem „National Trust" in England orientiert (vgl. HENNE 2007: 58). Entsprechende Initiativen, die Biosphärenreservate als touristische Destinationen im Kontext eines nachhaltigen Tourismus zu fördern, sind u.a. von EUROPARC auf europäischer und deutscher Ebene zu verzeichnen. Mit einer Reiseführer-artigen Veröffentlichung „Ankommen lohnt sich – Bleiben auch" werden die Biosphärenreservate durch EUROPARC Deutschland (2002) als touristische Destinationen hervorgehoben und beworben. Dabei erfolgt die Veröffentlichung mit Unterstützung des DTV und ist u.a. im Kontext des Internationalen Jahr des Ökotourismus zu sehen, dem sich Deutschland unter dem Motto „Lust auf Natur" angeschlossen hat. Als Dachverband für Nationalparke, Naturparke und Biosphärenreservate versucht EUROPARC Deutschland langfristig die Schutzgebiete bei der Aufgabenwahrnehmung zu unterstützen (vgl. EUROPARC DEUTSCHLAND 2002: 1, 36).

Durch die Dachmarke NNL versucht man u.a. die Biosphärenreservate touristisch in Wert zu setzen und als Destinationen für umwelt- und sozialverträgliche Tourismusformen zu etablieren, wobei man auf entsprechende Nachfrage- und Reisetrends reagiert (vgl. HOFFMANN 2009: 196; DEUTSCHER BUNDESTAG 2006b: 2). Durch einen Bundestagsbeschluss (vgl. DEUTSCHER BUNDESTAG 2006b: 4; 2006a) wird u.a. die Förderung und Weiterentwicklung der NNL unterstützt. Der Tourismuswirtschaft sowie den Landestourismusorganisationen sind die Potentiale und die Bedeutung der NNL für nachhaltigen Tourismus zu verdeutlichen. Ebenso ist die DZT zur besseren Integration der NNL anzuregen um diese in der Außendarstellung der BRD stärker einzubinden und das Bewusstsein in der Bevölkerung für selbige zu erweitern. Zudem ist die *„Vermarktung regionaler Produkte aus den nationalen Naturlandschaften zu fördern, um so eine umweltgerechte Landnutzung, den Erhalt der Kulturlandschaften, regionale Wertschöpfungsketten sowie die mit regionaltypischen Produkten verbundene Stärkung der touristischen Attraktivität"* zu fördern (DEUTSCHER BUNDESTAG 2006b: 4).

Zur Förderung der NNL sind die Möglichkeiten im Rahmen europäischer Regionalfonds stärker zu nutzen (vgl. DEUTSCHER BUNDESTAG 2006b: 3f.). 2007 werden die Forderungen teilweise im Rahmen der Nationalen Strategie zur Biologischen Vielfalt aufgegriffen. Bis zum Jahr 2010 sollen die NNL als qualitativ hochwertiges Label für Erholung und Qualitätstourismus anerkannt sein. Angestrebt werden soll u.a. eine Steigerung der Wertschätzung von Natur- und Landschaft bei Besuchern und dadurch nachhaltigeres Verhalten, die verstärkte Entwicklung naturschonender Angebote, die Integration von Naturerlebnisangeboten in touristische Angebote und eine vermehrte Implementierung der ECST (vgl. BMU 2007: 52f.).

Zur Unterstützung der NNL wird z.B. durch den Verbändekreis „Tourismus und Biologische Vielfalt" ein Leitfaden veröffentlicht, der den Tourismusverantwortlichen und Großschutzgebieten Informationen zur erfolgreichen Verknüpfung von Anforderungen zum Erhalt der Biodiversität mit touristischen Ansprüchen, wie z.B. Angebotsentwicklung und Bedürfnisbefriedigung, an die Hand gibt (vgl. ÖTE

2013: 5). Eine Marketingkampagne für die NNL wird auch im Zuge des Themenjahres 2016 der DZT „Faszination Natururlaub in Deutschland" durchgeführt. Dabei sind EUROPARC Deutschland, die NNL, der Verband deutscher Naturparke sowie die Landestourismusorganisationen Partner. Die Kampagne umfasst Marketing und Vertriebsaktivitäten, die die NNL in den Mittelpunkt stellen. Deutschland soll als nachhaltiges Reiseziel etabliert und Tourismus in ländlichen Regionen gefördert werden. Das ist im Kontext des bereits intensiver entwickelten Kulturtourismus in Deutschland zu sehen, an den man durch eine stärkere Etablierung als Naturreiseziel anknüpfen will (vgl. DZT 2015).

Hinsichtlich der Markenwirkung des Labels „Biosphärenreservat" wird angemerkt, dass der Begriff als schwer zu kommunizieren gilt (vgl. HENNE 2007: 58). Das ist zum einen bedingt durch die komplexe Aufgabenstellung, zum anderen durch die negative Konnotation des „Reservats"-Begriffs (vgl. NOLTE 2005: 191). Dieser Sachverhalt kann zusätzlich, z.B. bei einer gleichzeitigen Ausweisung als Nationalpark, an Komplexität zunehmen und zu einer geringen Außenkommunikation des Biosphärenreservates führen. So stellt NOLTE (2005: 189) bereits fest, dass konzeptionelle Unterschiede zwischen Nationalpark und Biosphärenreservat – der Bayerische Wald war zum Zeitpunkt der Untersuchung sowohl Nationalpark als auch Biosphärenreservat – nicht erklärt werden. Weiterführende Informationen zu letzterem fehlen und die Wahrnehmung des Biosphärenreservates im Gebiet auf Seiten des Besuchers wird nicht gefördert. Von Seiten der touristischen Akteure wird dem Biosphärenreservat in den Untersuchungsgebieten im Wesentlichen der Zweck „Naturschutz" zugeordnet und kein Anteil an der touristischen Nachfrage bzw. eine Rolle als Zugpferd zugeschrieben. Wie man den Schutzstatus touristisch in Wert setzten könnte ist i.d.R. nicht bekannt, was u.a. auf die Begriffsschwierigkeit zurückgeführt wird (vgl. NOLTE 2005: 193f.). Hier ist jedoch anzumerken, dass es sich um lediglich drei Untersuchungsgebiete handelt und das Biosphärenreservat im Bayerischen Wald zudem mit einem der bekanntesten und dem ältesten Nationalpark auf deutscher Ebene „konkurrierte".

Inwieweit die deutschen Biosphärenreservate eine Rolle im Marketing der regionalen Destination spielen, wird im Zuge der Veröffentlichung von JOB et al. (2013b)[28] dargelegt. Wesentliche Zielsetzung war eine systematische Kategorisierung der Biosphärenreservate hinsichtlich touristischem Entwicklungsstand nach Übernachtungszahlen, der Intensität der Kooperation zwischen Biosphärenreservat und Tourismusorganisation sowie der Bedeutung des Biosphärenreservates im Tourismusmarketing. Die entworfene Typologie (vgl. Kapitel 4.2) dient der Hochrechnung der regionalökonomischen Effekte des Tourismus in Biosphärenreservaten auf die nationale Ebene (siehe hierzu JOB et al. 2013b sowie MERLIN & KRAUS 2016[29]). Die Schwerpunktsetzung der Typisierung lag auf der Quantifizierung der jeweiligen Intensität der Sachverhalte „Bedeutung des Biosphärenreservates im Marketing" und

---

28 Erste Ergebnisse wurden im Rahmen einer Diplomarbeit (vgl. WEICHERT 2008) ermittelt, die für die genannte Veröffentlichung, unter maßgeblicher Beteiligung des Autors, aktualisiert wurden.
29 Das Vorgehen ist in Anlehnung an die Methodik einer Untersuchung im Kontext der Nationalparke konzipiert. Siehe hierzu JOB et al. (2009) sowie WOLTERING (2012), basierend auf HANNEMANN & JOB (2003).

„Kooperation mit der regionalen Tourismusorganisation". Gründe für die entsprechenden Ausprägungen werden nur bedingt erfasst bzw. stark verallgemeinert auf deutscher Ebene dargestellt. Als relevante Faktoren werden Selbstverständnis der Akteure, fehlende Akzeptanz des Biosphärenreservates auf Seiten der Tourismusorganisation, Unklarheit des Konzeptes, Kulissenüberlagerungen sowie der Mangel an buchbaren Angeboten und eine mangelnde Kommunikation zwischen den Institutionen genannt. Das Biosphärenreservat wird zwar generell als weitere Auszeichnung im Sinne eines Qualitätssiegels anerkannt, entsprechende Möglichkeiten im Außenmarketing der Destination werden bis dato nicht konsequent genutzt (vgl. Job et al. 2013b: 33ff.).[30]

Es ist anzumerken, dass der Beitrag der Biosphärenreservate zum Image der Destination bzw. dessen Wirkung als Zugpferd noch mehr Aspekte umfasst als Kooperation mit der regionalen Tourismusorganisation und die Bedeutung des Biosphärenreservates im regionalen Tourismusmarketing. Aspekte der Kooperation mit übergeordneten Tourismusorganisationen auf Landesebene (z.B. im Rahmen der NNL), Tourismusförderprogramme für die regionale Ebene, Kooperationen mit privatwirtschaftlichen Akteuren im Rahmen von Regionalvermarktungsinitiativen sind z.B. weitere Aspekte, die die Markenwirkung im Tourismus erhöhen können. Auf die Gesamtheit dieser Aspekte wird im Rahmen der vorliegenden Arbeit eingegangen. Dadurch können die bereits existenten Ergebnisse aktualisiert, erweitert und vertieft werden.

3.4.2.3 Angebotsstrukturen der Biosphärenreservate

Für die deutschen Nationalparke wird das Potential für die Vermarktung durch die Betonung des Seltenheitswertes und die damit mögliche Steigerung der Wertschöpfung nicht vollends ausgenutzt. Eine entsprechende Strategie muss stärker die Besonderheit der Gebiete vermitteln sowie eine Qualitätssicherung im Angebot gewährleisten (vgl. Metzler et al. 2016: 12f.). Für die Biosphärenreservate stellen Engels & Job-Hoben (2004: 117) fest, dass *„durch eine Steigerung der Angebotsvielfalt und die Entwicklung von speziellen Angebotsstrukturen die aufgezeigten Trends erfolgreich zu nutzen [sind], wie z. B. die steigende Nachfrage nach pauschal buchbaren Angeboten, Kurzurlauben und Naturerlebnisreisen"*.

Dabei kann das Biosphärenreservat im Wesentlichen im Rahmen zweier Ansätze aktiv werden. Zum einen im Rahmen „klassischer" Angebotselemente, wobei touristische Angebote in Form von BNE, Informationsangeboten, Edutainment, Besucherlenkungsmaßnahmen und landschaftsbezogener Infrastruktur, Veranstaltungen sowie Führungen etc. durch das Biosphärenreservat erbracht werden. Zur Erstellung wird teilweise mit touristischen Leistungsanbietern, Vereinen, Kommunen und anderen regionalen Akteuren kooperiert. Eine Zusammenarbeit und professionelle Vermarktung der Angebote mit regionalen Tourismusorganisationen, der DZT, dem DTV und anderweitigen touristischen Partnern ist erklärtes Ziel (vgl. Engels & Job-Hoben 2004: 118). Zum anderen kann das Biosphärenreservat über Ko-

---

30 Der Großteil der qualitativen Gespräche mit Vertretern der Biosphärenreservate bzw. Tourismusorganisationen wurde 2008 geführt, im Biosphärenreservat Bliesgau und Schwäbische Alb wurden die Gespräche 2010 geführt.

operation mit touristischen Leistungsträgern inklusive deren Vorleistern im Rahmen von Qualitätsoffensiven oder Regionalvermarktungsinitiativen aktiv werden. Hier sind z.B. die NNL mit der Partner-Initiative sowie individuelle Dach- und Regionalmarken der Biosphärenreservate zu nennen. Die Ansätze können als Beitrag zur Koordination des Angebots und einer Qualitätssteigerung betrachtet werden (vgl. BIEGER 2008: 262), dem sich die Biosphärenreservats-Verwaltungen annehmen.

„Klassische" Angebotselemente

Eine ökologisch intakte Natur als ursprüngliches Angebot kann als Vorteil im Tourismus gewertet werden (vgl. MESSERLI 2001: 18). Wenn diese auch nicht in dem Ausmaß wie in Nationalparks (in Form von Wildnis) vorhanden ist, ist sie dennoch durch die Kernzonen der Biosphärenreservate gegeben. Zudem sind reizvolle Kulturlandschaften und attraktive Landschaftsbilder als touristische Angebotselemente für Besucher zu nennen (vgl. JOB & KNIES 2001; WEIERMAIR 2002), die u.a. als Voraussetzung zur Ausweisung eines Biosphärenreservates notwendig sind. Dabei stellt dieser Sachverhalt noch kein touristisches Produkt dar. Nach wie vor besteht ein Mangel an buchbaren Naturerlebnisprodukten auf deutscher Ebene (vgl. DTV 2005). Um Landschaft entsprechend in Wert zu setzen, sind touristische Produkte bzw. ein abgeleitetes Angebot inkl. buchbarer Leistungen nötig. Diese benötigen wiederum Vertriebswege, wozu Strategien und Kooperationen auf regionaler Ebene notwendig sind (vgl. DTV 2005: 14).

Bereits um die Jahrtausendwende wird konstatiert, dass Schutzgebiete Maßnahmen im Rahmen der Tourismusförderung unternehmen und damit zu einer Ergänzung des regionalen touristischen Angebots beitragen (vgl. REVERMANN & PETERMANN 2002: 52f.): dazu zählen die Angebotsgestaltung im Bereich der Kommunikations-, Informations- und BNE-Angebote[31], Wegeinfrastruktur, Besucherlenkung und -betreuung sowie der Bereich Events, Führungen, Camps etc. (siehe auch HOFFMANN 2009: 199). Dabei wird allerdings eine geringe Erlebnisorientierung und eine geringe Vermarktung in Kooperation mit den Tourismusorganisation festgestellt (vgl. REVERMANN & PETERMANN 2002: 52f.). Ebenso wird ein strategisches Produktportfolio seitens der Schutzgebiete vermisst, so dass eine Art Mosaik an Einzelattraktionen vermarktet wird.[32] Großschutzgebiete bieten dennoch die Möglichkeit auf nationaler Ebene den Binnentourismus zu stärken und zum Klimaschutz beizutragen (vgl. REVERMANN & PETERMANN 2002: 52f.). Denn mit diesen besteht ein Leistungsangebot, das ohne Schutzgebiete in anderen Destinationen nur schwer realisierbar ist (vgl. LEIBENATH 2001: 94).

Eine umfassende Bestandsanalyse an Angeboten im Kontext der Biosphärenreservate in Deutschland ist jedoch aktuell nicht vorhanden. Im Rahmen einer Benchmark-Analyse ermittelt MALY-WISCHHOF (2012) BNE- bzw. Edutainment-Angebote

---

31 So können z.B. sämtliche BNE-Angebote als Erweiterung des touristischen Angebotes gelten, die je nach Vermarktung durch Tourismusorganisationen oder sonstiger regionaler Angebotsdichte, mehr oder weniger touristische Relevanz besitzen (vgl. MALY-WISCHHOF 2012: 42).

32 Dabei bezieht sich die damalige Analyse insbesondere auf Nationalparks, entsprechende wissenschaftliche Analysen für Biosphärenreservate sind dem Autor nicht bekannt bzw. umfassen Einzelfall-Analysen im Rahmen grauer Literatur bzw. Abschlussarbeiten (vgl. z.B. HOFFMANN 2006; WEICHERT 2008).

für die NNL auf regionaler (in Tagesausflugsdistanz zum Biosphärenreservat Bliesgau) und nationaler Ebene (für 41 Schutzgebiete wurden die Angebote, aufgeführt auf den jeweiligen Internetseiten, berücksichtigt). Die Ergebnisse werden für ein Strategiekonzept, das eine Zielgruppendefinition, Marketingstrategie und Organisationsstrukturen enthält, genutzt, um damit die touristische Positionierung und Vermarktung der BNE-Angebote des Biosphärenreservat Bliesgau zu unterstützen (vgl. MALY-WISCHHOF 2012: 7ff.). Wie selbst von der Autorin angemerkt, wird durch die Auswertung der Angebote auf den Internetseiten des jeweiligen Schutzgebietes kein Anspruch auf Vollständigkeit erhoben. Gegenüber den Nationalparken wird den Biosphärenreservaten eine breitere Abdeckung an Themen im Bereich der BNE-Angebote sowie eine breite Beteiligung der Biosphärenreservate bei nationalen Programmen von EURPOARC bzw. den NNL wie z.B. „Junior Ranger", „Freiwillige in Parks", „Praktikum für die Umwelt" bestätigt. Die Angebote werden unterschieden nach Zielgruppen, Thema der Edutainment-Angebote und Infrastrukturen (vgl. MALY-WISCHHOF 2012: 30ff.). Hinsichtlich der Edutainment-Angebote werden durch Expertengespräche folgende Herausforderung für die NNL gesehen: eine leicht verzögerte Entwicklung der Angebote in den NNL im Vergleich zur allgemeinen Entwicklung entsprechender Angebote, eine notwendige Erweiterung der Zielgruppen (z.B. Jugendliche, junge Erwachsene), eine stärkere Betonung des Nutzens für Gäste und die Förderung „echter", einzigartiger NNL Erlebnisse in der Fläche sowie zusätzlich, ein professionalisiertes Marketing (vgl. MALY-WISCHHOF 2012: 41ff.).

Die Ausführungen verdeutlichen, dass Biosphärenreservate i.d.R. unentgeltliche Teilleistungen bzw. Angebote mit dem Charakter eines öffentlichen Gutes in die Destination einbringen, von der Gäste, touristische Leistungsträger, Gemeinden und die Destination als Ganzes profitieren (vgl. BIEGER 2008: 66). Die Einbindung der Angebote des Biosphärenreservats durch die Tourismusorganisation bzw. touristische Leistungsträger in touristische Dienstleistungsketten kann mitunter als potentielles Alleinstellungsmerkmal wirken und regionale Wertschöpfung generieren (vgl. BRODDA 2002: 22f.). Dazu bedarf es jedoch intensiver Formen der Kooperation zwischen der Biosphärenreservats-Verwaltung und beteiligten Akteuren (vgl. LAING et al. 2009: 216) im Sinne eines Synergie- und Kreislaufmanagements, das unterschiedliche Sektoren verbindet (z.B. Urlaub auf dem Bauernhof) (vgl. HAMMER 2002: 126).

Als international anerkannte Kulturlandschaften bieten Biosphärenreservate ein besonderes Naturpotential in Kombination mit traditionellen Wirtschaftsweisen, regionalem Brauchtum und Kultur sowie regionalen Produkten und Regionalvermarktung (vgl. HOFFMANN 2009: 199). Letzterer Themenkomplex stellt neben den klassischen Angebotselementen die zweite wesentliche Kategorie an touristischen Angeboten dar. Das Inwertsetzungs-Potential besteht vor dem Hintergrund einer zunehmenden Globalisierung und Vereinheitlichung von Wirtschaftsformen und Produkten und den daraus resultierenden Nachfragetrends[33] (vgl. McKERCHER & DU CROS 2002; PECHLANER et al. 2011: 57). In Biosphärenreservaten existieren dazu

---

33 Die Eigenschaften regional, saisonal bzw. „bio" sind bei Lebensmitteln für 36 % bzw. 18 % der Befragten im Rahmen der vom BMU durchgeführten Studie zum Naturbewusstsein 2013 sehr wichtig. Naturschonende Dienstleistungen z.B. im Bereich Urlaubsplanung und Freizeitgestaltung sind für 9 % sehr wichtig, für 33 % immerhin noch wichtig (vgl. BMUB & BfN 2014: 58).

Regionalvermarktungsinitiativen bzw. die Partner-Initiativen der NNL. Dieser Managementbereich der Biosphärenreservate ist u.a. im Kontext der Angebotsschaffung zu sehen und wird im Folgenden näher erläutert.

Partner- und Regionalvermarktungsinitiativen als touristisches Angebot der Biosphärenreservate

Die NNL etablieren im Rahmen der Partner-Initiativen einen standardisierten, auf individueller Schutzgebietsebene adaptierbaren Rahmen für Kooperationen zwischen der Biosphärenreservats-Verwaltung und regionalen Wirtschaftsakteuren (vgl. HOFFMANN 2009: 197). Das Konzept der Partner-Initiativen geht auf die ECST zurück, auf deutschsprachiger Ebene auf einen Wettbewerb „Nationalparkfreundlichstes Hotel" in den 1990er Jahren. Mithilfe eines von EUROPARC Deutschland erarbeiteten Kriterienkataloges wurden umweltfreundliche Hotels, die den Nationalparkgedanken vermitteln, ausgezeichnet (vgl. HOFFMANN 2009: 199f.). Partner-Initiativen lassen sich laut HOFFMANN (2009: 200) bezeichnen als: *„zielgerichtete und strukturierte, vertraglich geregelte Kooperationen zwischen der Verwaltung einer Nationalen Naturlandschaft und vorwiegend touristisch geprägten Betrieben, die einen direkten geographischen oder wirtschaftlichen Bezug zum Schutzgebiet haben, hohe Qualitäts- und Umweltstandards erfüllen und in ihrer Region als Multiplikator der Schutzgebiets-Idee fungieren."* In der Anfangsphase lediglich relevant für Nationalparke, wurde 2007 die Arbeitsgruppe „Nationalparkpartner" unter dem Dach von EUROPARC gegründet. Ein Jahr später wurde die Initiative auf Biosphärenreservate und Naturparke erweitert, die Arbeitsgruppe in „Partner der NNL" umbenannt (vgl. HOFFMANN 2009: 200f.).

2015 beläuft sich die Anzahl der Partner-Initiativen auf 22 – zwölf in Nationalparken, acht in Biosphärenreservaten und zwei in Naturparken – mit insgesamt mehr als 900 Partnern (vgl. EUROPARC DEUTSCHLAND E.V. 2016c) und verzeichnet damit seit 2009 ein starkes Wachstum (300 Partnerunternehmen in 12 Nationalparken) (vgl. HOFFMANN 2009: 202). Die Partner sind im Wesentlichen den Branchen Beherbergung und Gastronomie, Landwirtschaft, Handwerk, Beförderungsunternehmen sowie touristische Dienstleistungen (u.a. Natur- und Landschaftsführer, Bildungseinrichtungen) zuzuordnen (vgl. EUROPARC DEUTSCHLAND E.V. 2016c). Laut einer aktuellen Studie von STRASDAS et al. (2016: 25) sind die NNL mit der Anzahl an Zertifikatnehmern deutschlandweit an zweiter Stelle nach dem System „Wanderbares Deutschland Qualitätsgastgeber" mit 1.656 Zertifikatnehmern.

Im Rahmen der Partner-Initiativen werden Win-win-Situationen angestrebt: für das Biosphärenreservat ergibt sich ein Multiplikatoreffekt, die Unternehmen können als Kooperationspartner gewonnen werden und wirtschaften durch klar definierte Auflagen nachhaltiger und im Sinne des Schutzgebietes. Als wesentliche Zielsetzung des Programms können der Schutz von natürlichen Ressourcen und des kulturellen Erbes, bessere Informations- und Netzwerkarbeit, Förderung nachhaltiger Wirtschaftsweisen und Stärkung regionaler Wirtschaftskreisläufe, Steigerung des Bekanntheitsgrades der Initiative und Akzeptanzsteigerung bei der lokalen Bevölkerung genannt werden (vgl. EUROPARC DEUTSCHLAND E.V. 2016c). Für die Betriebe ergeben sich Vorteile im Bereich einer Vermarktung unter einem exklusiven

Label mit bundesweitem Marketing und die Erschließung neuer Kundensegmente, der Teilnahme an einem Netzwerk mit regionalen Partnern sowie der Teilhabe an Informations- und Fortbildungsangeboten (vgl. Hoffmann 2009: 203ff.). Dazu ist z.B. das Erscheinen der Publikation „Attraktive Tourentipps und Angebote – Urlaub in der Natur" (vgl. EUROPARC Deutschland e.V. 2013) zu nennen, in der ausgewählte Partner als Anbieter touristischer Pauschalangebote bzw. Ausflugsideen inkl. Schutzgebiet vorgestellt werden. Das Leistungsspektrum und die Betreuungsintensität gegenüber den Partnern sind abhängig von der personellen und finanziellen Ausstattung der Partner-Initiative, die i.d.R. bei der Schutzgebietsverwaltung angesiedelt ist (vgl. Hoffmann 2009: 204).

Um Teil der Partner-Initiative zu werden müssen Betriebe bestimmte Voraussetzungen erfüllen: dazu zählt die Einhaltung von bundesweiten Mindestanforderungen, die für alle Initiativen durch die Arbeitsgruppe „Partner der NNL" auf nationaler Ebene definiert werden. In diesen wird u.a. die Regelung der Anerkennung und Evaluierung von Betrieben durch ein entsprechendes Vergabegremium vorgeschrieben, welches sich aus der Schutzgebietsverwaltung sowie Institutionen und Stakeholdern der Region zusammensetzen soll. Ebenso wird z.B. für touristische Betriebe die Verwendung und der Verkauf von regionalen Produkten gefordert, oder im Bereich des Handwerks eine naturverträgliche, regional orientierte Produktion. Zudem ist in den Mindestanforderungen formuliert, dass auf regionaler Ebene Kriterien (= Kriterienkataloge) zu Identifikation mit dem Schutzgebiet, Regionalität, Qualität und Service zu definieren sind und eingehalten werden müssen. Damit sollen beispielsweise Qualitäts- und Umweltstandards, die Teilnahme an Schulungen und Informationsveranstaltungen, Informationsarbeit zum Schutzgebiet und der Partner-Initiative gegenüber dem Gast, die Vermarktung unter dem offiziellen Label im Corporate Design und die Kooperation im Rahmen des Netzwerks gewährleistet werden (vgl. EUROPARC Deutschland e.V. 2016a; 2016b). Die Kriterienkataloge variieren letztendlich leicht zwischen den Gebieten, wobei durch die bundesweiten Mindestanforderungen eine Vergleichbarkeit gegeben ist (vgl. Hoffmann 2009: 205).

Die Partner-Initiativen sind weniger als klassische, produktbezogene Regionalvermarktungsinitiativen zu betrachten, sondern stellen für touristisch orientierte Betriebe vielmehr ein Zertifizierungssystem im Bereich Nachhaltigkeit dar. Diese implementieren *„Standards für die Bewertung der Nachhaltigkeit von touristischen Dienstleistungen und dienen Unternehmen und Destinationen als Nachweis von Sachverhalten, die für Außenstehende anderweitig nicht nachzuvollziehen sind. Zertifizierungssysteme sollen dazu beitragen, dass das Nachhaltigkeitsengagement von Unternehmen und Destinationen transparenter wird und sich das Vertrauen der Nachfrager in die Nachhaltigkeit einer touristischen Dienstleitung erhöht und darüber hinaus auch ihre Kaufentscheidung positiv beeinflusst"* (Strasdas et al. 2016: 11). Das Zertifizierungssystem kann als Ansatz eines nachhaltigen Wirtschaftens der Biosphärenreservats-Verwaltung im Sinne der Wirtschaftsförderung betrachtet werden: idealerweise schafft eine erfolgreiche Zertifizierung einen Wettbewerbsvorteil gegenüber nicht-zertifizierten Betrieben und Produkten und trägt zum positiven Image der Destination bei.

In einigen Biosphärenreservaten existieren auch Regionalvermarktungsinitiativen, z.T. durch das Biosphärenreservat initiiert, z.T. neben Biosphärenreservatseigenen Partner-Initiativen. Die Regionalvermarktungsinitiativen lassen sich laut PETERMANN (2007: 13) folgendermaßen beschreiben: *„Als „Regionalvermarktung" ist eine an regionale Merkmale und regional definierte Qualitäten geknüpfte Angebotspolitik für Produkte wie z.B. landwirtschaftliche Erzeugnisse, Holz, Lebensmittel oder auch touristische Leistungen zu verstehen. [...] Erzeugnisse gelten als regional erzeugt, die in einer Erzeugungsregion produziert und in einer oder mehreren Vermarktungsregionen abgesetzt werden. Als eine Erzeugungsregion ist ein nach natürlichen und/oder nach historischen Gegebenheiten abgegrenzter zusammenhängender Raum definiert, der in der Regel Teil eines oder mehrerer Bundesländer ist".* Dabei spielt ein hoher Qualitätsanspruch, der die handelsübliche Lebensmittelnorm übersteigt und Tier- oder Umweltauflagen berücksichtigt eine wichtige Rolle, wobei die Transparenz des Produktionsprozesses gefordert ist (vgl. GEHRLEIN & FICK 2007: 13).

Der Ansatz fokussiert im Vergleich zu Partner-Initiativen mehr auf „handfeste" Produkte als auf touristische Dienstleistungen, weißt aber dennoch große Überschneidungen auf (vgl. HOFFMANN 2009: 210), u.a. hinsichtlich folgender Aspekte (vgl. GEHRLEIN & FICK 2007: 8ff.; DREYER et al. 2012: 167ff.; KRAUS et al. 2014; KRAUS 2015)[34]:

- Initiativen als Multiplikator für das Biosphärenreservat

- an Nachhaltigkeit ausgerichtete (Produktions-) Kriterien

- ähnliche Branchenstrukturen und hohe Relevanz des Gastgewerbes, allerdings keine bzw. nur ansatzweise Produktzertifizierung bei Partner-Initiativen der NNL

- Tourismus als wichtiges Nachfragesegment

- Schließung regionaler Wirtschaftskreisläufe und Erhöhung des Multiplikatoreffekts sowie Erhalt der Multifunktionalität der Wirtschaftsstruktur

Wirtschaften in regionalen Kreisläufen führt idealerweise zu einer ökologisch verträglichen Produktion und durch das Alleinstellungsmerkmal „regional", zur Erzielung höherer Preise im Vergleich zum Verkauf von konventionellen Produkten (vgl. PETERMANN 2007: 13f.). Gelingt die Inwertsetzung als Werbeträger und Angebotselement im Tourismus, profitieren die beteiligten wirtschaftlichen Akteure von

---

34 Diese Überschneidungen zwischen Partner- und Regionalvermarktungsinitiativen rechtfertigen die gemeinsame Betrachtung unter dem Aspekt „Regionalvermarktung" in dieser Arbeit. Dennoch werden neben Gemeinsamkeiten auch die genauen regionalen Unterschiede zwischen den Partner-Initiativen sowie den Regional- bzw. Dachmarken der Untersuchungsgebiete dargestellt. Im Rahmen der Arbeit wird bei Bezugnahme auf die Summe der Ansätze der Begriff „Initiativen" verwendet, insbesondere wenn von Sachverhalten allgemeiner Natur die Rede ist. Bei speziellen Unterschieden oder Bezugnahme auf die einzelne Initiative wird die genaue Bezeichnung (Regionalvermarktungsinitiative, Partner-Initiative) verwendet.

einer gesteigerten Wertschöpfung. Zudem wird ein Beitrag zum Naturschutz bzw. zu Schutzgebietszielsetzungen geleistet, z.B. durch den Kulturlandschaftserhalt (z.B. Rhön-Schaf) (vgl. HAMMER 2003: 23; HAMMER & SIEGRIST 2008: 153). Die touristische Eignung entsprechender Initiativen wird u.a. dadurch bedingt, dass regionale Lebensmittel ein wichtiges Element des Urlaubs darstellen können (Haupt-/Nebenattraktion) und einen positiven Beitrag zum Image der Destination und der Identitätsbildung leisten können (vgl. DREYER et al. 2012: 169). Regionale Produkte und Waren können den Ort und die Kultur der Region symbolisieren und zu einer positiven Besuchererfahrung und damit zur erfolgreichen Positionierung im Destinationswettbewerb beitragen (vgl. SIMS 2009: 321; STEINMETZ 2010: 8). Wichtig sind dabei, wie im Kontext der Partner-Initiativen, transparente Kriterien und umwelt- und sozialverträgliche Produktionsmethoden (vgl. STRASDAS et al. 2016: 11; DREYER et al. 2012: 168).

Einen Überblick über Projekte im Bereich der Regionalvermarktung in den Biosphärenreservaten gibt KULLMANN (2007). Dieser ermittelt neben dem Status-Quo wichtige Erfolgsfaktoren für entsprechende Projekte. Dabei ist die Aktualität der Schilderung des Status-Quo in Anbetracht des Erhebungszeitraumes (Stand 2002/2003) kritisch zu bewerten. So ist z.B. die Teilnahme der Biosphärenreservate am Partnerprogramm der NNL und die erste Partner-Initiative in den Biosphärenreservaten erst Jahre nach Ende des Erhebungszeitraums der Veröffentlichung erfolgt. Diese konnten folglich nicht berücksichtigt werden. Die Initiativen in den Biosphärenreservaten sind unterschiedlich strukturiert, der Bezug bzw. die organisatorische Nähe zum Biosphärenreservat wird für Außenstehende i.d.R. nicht genau ersichtlich (vgl. KRAUS 2015: 46ff.). Für die Dachmarke Rhön wird die Organisation bzw. Beziehung zum Biosphärenreservat inkl. der Struktur bei KRAUS (2015) dargelegt, der in diesem Zuge entsprechenden Forschungsbedarf hinsichtlich des Bezuges zwischen Biosphärenreservat und den Initiativen in anderen Regionen konstatiert (vgl. ebd., S. 48). Dieser ergibt sich auch im Hinblick auf die künftige Entwicklung der Partner-Initiativen und das Interesse weiterer Schutzgebiete, dem Partnerschaftsprogramm der NNL beizutreten: *„Die Einbindung bzw. wahlweise Abgrenzung von bestehenden Regionalvermarktungsinitiativen sowie die Integration neuer Branchen in das Kooperations-Modell werden dabei zentrale Themen sein"* (HOFFMANN 2009: 209f.).

Sowohl zu den Partner-Initiativen als auch den Regionalvermarktungsinitiativen der sechs Untersuchungsgebiete werden im Rahmen der vorliegenden Arbeit wesentliche organisatorische Aspekte, Mitgliederstrukturen und das Wechselspiel mit dem Tourismus dargelegt. Dadurch können auch wesentliche Unterschiede zwischen den Partner-Initiativen und anderweitigen biosphärenreservatsnahen Projekten erfasst werden. Darüber hinaus werden Faktoren einer erfolgreichen Inwertsetzung im Tourismus sowie der Beitrag der Biosphärenreservate zur Destinationsentwicklung – mit Hilfe der Initiativen – ermittelt. Entsprechender Forschungsbedarf ist auch im Hinblick auf die im ersten Teilkapitel erwähnten klassischen Angebotselemente zu konstatieren. Dazu erfolgt eine Erfassung des Status-Quo im Bereich „klassischer" Angebote. Zusätzlich werden Faktoren, die die Professionalisierung der Angebote z.B. im Rahmen einer kooperativen, professionellen Vermarktung mit der Tourismusorganisation beeinflussen, herausgearbeitet.

3.4.2.4 Integrative Managementansätze der Biosphärenreservate im Tourismus

Biosphärenreservate werden u.a. aufgefordert, in einem *„querschnittsorientierten, res-sortübergreifenden Ansatz"* zu handeln (DEUTSCHES MAB-NATIONALKOMITEE 2007: 17). Insbesondere im Rahmen der Entwicklungsfunktion sind *„Kooperationen mit geeigne-ten Partnern"* zu etablieren, um den Handlungsspielraum der Biosphärenreservats-Verwaltung zu erweitern (DEUTSCHES MAB-NATIONALKOMITEE 2007: 18). Partizipati-ve Ansätze im Bereich Management, Planung und der Entscheidungsfindung sind im Kontext der Schutzgebiete mittlerweile gemeinhin anerkannt (siehe z.B. BORRINI-FEYERABEND et al. 2013: 12; JOB et al. 2013a). Das wird auf eine höhere Effizienz und erhöhte Qualität der Schutzbemühungen zurückgeführt, wenn Know-how durch weitere Akteure mit einfließt und Entscheidungen von der Region mitgetragen wer-den (vgl. STOLL-KLEEMANN & WELP 2008: 162). Um nachhaltiges Wirtschaften in Bio-sphärenreservaten zu stärken, bietet es sich an, gemeinsame regionale Handlungs-felder mit verschiedenen Akteuren auszubauen (vgl. GEHRLEIN 2010: 102). Dabei ist mittlerweile eine integrative Strategie, die den regionalen Tourismus in den Natur- und Kulturlandschaftsschutz bzw. deren Entwicklung einbezieht, eine anerkannte Grundlage bzw. Voraussetzung. Das trifft insbesondere für Biosphärenreservate zu, wobei u.a. wiederum der Regionalvermarktung eine wichtige Rolle zukommt (vgl. GEHRLEIN 2010: 102; REVERMANN & PETERMANN 2002: 112f.).

Dazu stoßen Biosphärenreservate selbst i.d.R. Governance-Prozesse an (vgl. DRL 2010: 65, JOB et al. 2016b, PÜTZ & JOB 2016), die hier jedoch nicht im Fokus der Un-tersuchung stehen. Laut GRAHAM et al. (2003: 2) (von der IUCN übernommen in BORRINI-FEYERABEND et al. 2013) wird Governance im Kontext der Schutzgebiete fol-gendermaßen definiert: *„The interactions among structures, processes and traditions that determine how power and responsibilities are exercised, how decisions are taken and how citizens or other stakeholders have their say".* Als Teilbereich dieses komplexen Gefüges wird in der vorliegenden Arbeit eine Management-Perspektive eingenommen, die die Biosphärenreservats-Verwaltung mit ihren Schnittstellen zu weiteren Akteuren der nachhaltigen Entwicklung im Tourismus fokussiert: „Was wird im Hinblick auf die Zielsetzung einer nachhaltigen Entwicklung durch Tourismus unternommen?" und „Was sind die gewählten Mittel und Wege?", sind Fragen, denen im Rahmen der Arbeit nachgegangen wird. Das impliziert den Anstoß von Governance-Prozes-sen auf regionaler Ebene und die Etablierung von Strukturen zur Steuerung von Regionen (z.B. im Rahmen eines regionalen Tourismusleitbildes). Die Erfassung des Governance-Systems als solches steht hier jedoch nicht im Vordergrund, denn mit den Fragen nach Entscheidungsprozessen über Ziele, Mittel und Methoden, Verant-wortung und Autoritäten (vgl. BORRINI-FEYERABEND et al. 2013: 10f.) und der Analyse des Konstellationsgefüges in seiner regionalen Gesamtheit (vgl. DRL 2010: 64; FÜRST et al. 2006: 11), würde diese den Rahmen der Arbeit sprengen. Im Rahmen der Ar-beit wird auf eine regionale Governance bzw. vorhandene Kooperationsstrukturen eingegangen, insofern sie von den Interviewpartnern, im Wesentlichen der Biosphä-renreservats-Verwaltung, als relevant in Bezug auf eine touristische Entwicklung eingestuft wurden. Einflussfaktoren regionaler Governance-Prozesse und ein Über-blick zu grundlegenden Governance-Strukturen in deutschen Biosphärenreservaten finden sich bei DRL (2010: 64ff.), FÜRST et al. (2006), FÜRST et al. (2008b), MOSS & GAILING (2010) und STOLL-KLEEMANN & WELP (2008).

Biosphärenreservaten kann eine *„bedeutende regionale Vernetzungsfunktion zukommen, die dazu genutzt werden kann, kontinuierlich Impulse zur Förderung des nachhaltigen Wirtschaftens in der Region zu setzen"* (GEHRLEIN 2010: 102). Das Biosphärenreservat kann mit folgenden Eigenschaften als Chance für Abstimmungsprozesse gelten: als intermediäre, vermittelnde Organisation bzw. dauerhafte Kooperationsplattform und Initiator, der administrative Grenzen überwindet und somit als „Nachhaltigkeitsmotor" in verschiedenen Handlungsfeldern agiert. Dazu muss die Chance wahrgenommen werden, bestimmte Abstimmungs- und Entscheidungsprozesse zu festigen und zu verstetigen sowie einen ständigen Anpassungsprozess an neue Möglichkeiten der Förderung einer nachhaltigen Entwicklung zu durchlaufen (vgl. GEHRLEIN 2010: 102f.).

Biosphärenreservate können als regionale, integrative Regionalmanagementinstrumente verstanden werden und Regionalentwicklung und Naturschutz verbinden. Dabei kann die Biosphärenreservats-Verwaltung in folgenden Managementbereichen agieren (vgl. HAMMER 2003: 21ff.; HAMMER 2002: 121ff.):

- als normatives, strategisches und operatives Management stellt man sich der Frage, mit welchen Strategien, Projekten und basierend auf welchen regionalen Werten und Normen, Ziele erreicht werden sollen, wobei die Ausgestaltung auf den einzelnen Managementebenen mit Akteuren aus der Region erfolgen kann (siehe hierzu auch JOHNSEN et al. 2008: 116f.);

- als Integrationsmanagement, das die Vereinbarkeit von Schutz, Erhalt, Nutzung und Entwicklung ermöglicht, was den Biosphärenreservaten durch die MAB-Ausrichtung inhärent ist;

- als Konfliktmanagement – da mit integrativen Ansätzen Konfliktpotential einhergeht – werden idealerweise mit allen Akteuren Win-win-Szenarios angestrebt, da Nachteile für einzelne Akteure deren Bereitschaft zur Interaktion mindern;

- als Synergie- und Kreislaufmanagement und der Verbindung von Regionalvermarktungs- und Partner-Initiativen mit Tourismus und der Stärkung von regionalen Wirtschaftskreisläufen;

- als Instrumentenabstimmungsmanagement, das bestehende Instrumente der Regionalplanung und -politik sowie lokaler und regionaler Arbeitsgemeinschaften und Kommissionen nutzt und aufeinander abstimmt (vgl. auch Kapitel 3.4.4);

- als Koordinations-, Umsetzungs- und Durchsetzungsmanagement, wozu die Moderation und Koordination auf regionaler Ebene übernommen wird, um nicht zuletzt im Sinne des Schutzkonzeptes Lösungen zu erzielen;

Werden diese Funktionen des Managements wahrgenommen, kann ein Beitrag zu einer effizienten regionalen Governance Struktur geleistet werden (vgl. DRL 2010: 64ff.).

Als ein Ansatz des strategischen bzw. Integrationsmanagements zur Überwindung von Kompetenzüberschneidungen im Bereich Tourismus wird beispielsweise die ECST als informelle Partizipationsmöglichkeit genannt (vgl. Ruschkowski 2010: 121 bzw. Kapitel 3.2.3). Partizipation und Kooperation zwischen Biosphärenreservat, Tourismus, Bevölkerung, Vereinen, Planern etc. im Planungs- und Entscheidungsprozess ist für die nachhaltige Entwicklung des Tourismus eine wichtige Voraussetzung (vgl. McCool 2006: 8f.; Engels & Job-Hoben 2004: 117). Dabei können Biosphärenreservate potentiell zur Entwicklung der Destination z.B. durch Rahmenkonzepte oder spezielle touristische Leitbilder, die einen Schnittpunkt zwischen politische-institutionellen Körperschaften, der Tourismusorganisation und den touristischen Leistungserstellern bieten können, beitragen (vgl. Bieger 2008: 67, 285).

In der Arbeit stehen insbesondere Verbindungen zu touristischen Akteuren wie Tourismusorganisationen und Leistungsträgern sowie indirekt touristisch relevanten Akteuren wie LEADER-Management[35] oder regionalen Arbeitsgemeinschaften etc. im Vordergrund. Für die Untersuchungsgebiete werden die Managementaktivitäten der Biosphärenreservats-Verwaltung im Tourismus sowie darüber hinaus beeinflussende Faktoren im Zuge dieser Managementaktivitäten erfasst. Das heißt, Kooperationsaspekte werden im Rahmen der Arbeit insofern miteinbezogen, wenn sie für die unterschiedlichen Managementfunktionen der Biosphärenreservats-Verwaltung im Bereich Tourismus relevant sind. Das ist z.B. im Rahmen der ECST, dem Marketing mit der Tourismusorganisation, im Synergie- und Kreislaufmanagement im Rahmen der Regionalvermarktungs- und Partner-Initiativen oder im Instrumentenabstimmungs-Management mit der LEADER-Region bzw. anderweitigen Förderungen der Fall.

Die in den vorangegangen drei Kapiteln dargestellten Potentiale stellen Ansatzpunkte für eine nachhaltige Regionalentwicklung durch Tourismus und eine Steigerung der Wettbewerbsfähigkeit der Destination dar. Die Potentiale können als heterogene, immobile Ressourcen für den Erfolg der Destination von Bedeutung sein. Diese zeichnen sich durch eine erhöhte Zahlungsbereitschaft beim Kunden für das Produkt (z.B. regionale Produkte, zertifizierte Unterkünfte), einen Seltenheitswert, eine mangelnde Imitierbarkeit durch die Konkurrenz (UNESCO-Label Biosphärenreservat) und durch mangelnde Substituierbarkeit (Langfristigkeit des MAB-Programms), geknüpft an langfristige Gewinnerzielung, aus (vgl. Bieger 2001: 86). Wie dargelegt, können Biosphärenreservate als eine entsprechende Ressource für den Tourismus auf regionaler Ebene betrachtet werden. Diese positive Entwicklung stellt keineswegs einen Automatismus dar, der mit der Ausweisung eines Biosphärenreservates eintritt. Neben dem Engagement der Verwaltung und der Kooperation von Akteuren sind weitere Faktoren relevant (vgl. Hammer & Siegrist 2008). Im Folgenden werden für die deutschen Biosphärenreservate dahingehend potentiell relevante Faktoren und Hindernisse herausgearbeitet.

---

35 Seit 1991 existentes EU-Förderprogramm (**LEADER**: Liaison entre actions de développement de l'économie rurale)

3.4.3 Potentielle Einflussfaktoren auf eine nachhaltige Regionalentwicklung durch Tourismus in Biosphärenreservaten

Erfolgsfaktoren sind ursächlich für einen positiven Projektverlauf und tragen zur Nutzung vorhandener Erfolgspotentiale bei, Hemmnisse bzw. Hindernisse können wiederum als negative Ausprägung bzw. Fehlen von Erfolgsfaktoren verstanden werden (vgl. NEUMEIER et al. 2011: 258). Erfolgspotentiale bezeichnen den Spielraum der Entwicklungsmöglichkeiten. Als Wirkungsursachen dient die Betrachtung von Erfolgsfaktoren u.a. zur Erklärung von Wirkungsgefügen und dem Zustandekommen von Ergebnissen (vgl. MÖNNECKE et al. 2005: 22; SIEGRIST et al. 2007: 13). Die Aufgabe eines strategischen Managements besteht darin, durch zielgerichtete Maßnahmen Ergebnisse positiv zu beeinflussen und vorhandene Erfolgspotentiale voll auszuschöpfen (vgl. SIEGRIST et al. 2007: 13). Kritik an dem Konzept der Erfolgsfaktoren wird insbesondere im Hinblick auf die zeit- und situationsabhängige Validität geäußert. Der Einfluss der Faktoren variiert im zeitlichen Verlauf und die Faktoren sind nicht pauschal zwischen Projekten, Regionen etc. übertragbar (vgl. SIEGRIST et al. 2007: 13).

Insbesondere letzter Sachverhalt macht die Erforschung von Erfolgsfaktoren für eine nachhaltige Regionalentwicklung durch Tourismus für deutsche Biosphärenreservate erforderlich bzw. führt zu der Frage nach der Übertragbarkeit bereits ermittelter Erfolgsfaktoren. Im Folgenden wird ein Überblick über dafür potentiell relevante Erfolgsfaktoren gegeben: dabei stammen die Ergebnisse aus verschiedenen Bereichen wie z.B. nachhaltigem Wirtschaften, partizipativem, integrativem Management oder der Governance-Forschung im Kontext der Biosphärenreservate. Darüber hinaus werden Erfolgsfaktoren zur Tourismusentwicklung im Kontext von europäischen Schutzgebieten sowie peripheren ländlichen Räumen dargelegt.

Einen umfassenden Überblick über die gesamte Bandbreite der Aktivitäten im Bereich des nachhaltigen Wirtschaftens erfasst GEHRLEIN (et al. 2007; 2010) und zeigt Stärken und Schwächen sowie strategische Zielsetzungen und Handlungsansätze für deutsche Biosphärenreservate auf. Tourismus stellt in diesem Projekt eines von insgesamt acht untersuchten Handlungsfeldern dar, weshalb die Faktoren dementsprechend allgemeiner ausfallen. Als ein Hemmnis wird das geringe Kaufkraftpotential in Biosphärenreservaten genannt: die Aktionskulisse ist so zu erweitern, dass Wertschöpfungsketten durch regionale Kooperation von Betreibern initiiert werden können. Der Raum muss aber wesentliche soziale und ökonomische Bezüge vereinen, Potential für Kooperation bieten und darf den Kulturraum inklusive regionaler Identität nicht verwässern. Als weitere Faktoren werden regional abgestimmte Entwicklungskonzepte sowie deren Ergänzung durch sektorspezifische Leitbilder wie bspw. zu Tourismus oder der Vermarktung regionaler Produkte genannt. Darüber hinaus werden sektorübergreifende Fachkompetenz und Kapazitäten der Biosphärenreservats-Verwaltung, Prozesskompetenz, Akzeptanz und Eigeninitiative seitens der Bevölkerung und regionaler Akteure, regionale Kooperation in Anbetracht administrativer Grenzen und die Akquirierung von Fördermitteln als relevant erachtet (vgl. GEHRLEIN 2010: 101ff.).

Aus der Governance-Forschung im Bereich der Biosphärenreservate lassen sich Faktoren, die das partizipative Management, Governance-Strukturen und letztendlich den Erfolg von Biosphärenreservaten beeinflussen, finden: ein Mangel an professioneller Expertise, Ressourcen, Partizipation, Unterstützung auf übergeordneter Regierungsebene sowie ein geringes Bewusstsein für die Biosphärenreservate und das MAB-Programm auf unterschiedlichen Ebenen u.a. als Folge zu schwacher Kommunikation. Die Folgen äußern sich insbesondere auf regionaler Ebene u.a. im Bereich wirtschaftlicher Entwicklung (vgl. SCHLIEP & STOLL-KLEEMANN 2010: 924ff.). Die Faktoren werden auch im breiteren Kontext verschiedener Schutzgebietskategorien bestätigt: der Managementerfolg der Schutzgebiete wird beeinflusst durch: (1) Nutzen für die lokale Bevölkerung, (2) Partizipation der Bevölkerung und reelle Teilhabe an Entscheidungsprozessen, (3) sozioökonomische, politische (z.B. Zuteilung von Mitteln) und institutionelle (vertikale und horizontale Beziehungen zwischen Institutionen) Bedingungen, (4) Wahrnehmung und Einstellung der Schutzgebietsmanager sowie der Bevölkerung, u.a. gegenüber dem Schutzgebiet (vgl. HIRSCHNITZ-GARBERS & STOLL-KLEEMANN 2011: 329ff.; STOLL-KLEEMANN & WELP 2008: 163).[36] Dabei ist zu ergänzen, dass im Hinblick auf die Aufgabe der nachhaltigen Entwicklung ein Ministerien-übergreifender, kooperativer Ansatz notwendig ist, der Mittel und Programme zur regionalen Selbsthilfe umfasst und die Funktionen der Biosphärenreservate verbindet (vgl. KÜHN 2000: 904).

Wesentliche Erfolgspotentiale, die in Biosphärenreservaten zu einer effizienten Governance-Struktur im Bereich der Kulturlandschaftsgestaltung beitragen, wurden von FÜRST et al. (2008b) ermittelt. Der Fokus liegt auf dem Zusammenhang von Gemeinschaftsgütern, institutionellen Regelungen und Governance-Prozessen, wobei dazu acht Fallstudien, zwei davon in deutschen Biosphärenreservaten, der Rhön und Südost-Rügen, durchgeführt wurden. Die folgenden sieben wesentlichen Erfolgspotentiale wurden dabei erfasst (vgl. FÜRST et al. 2008a: 323f.; FÜRST et al. 2006: 199ff.):

(1) Entwicklung des konzeptionellen Ansatzes: Beachtung regionaler Spezifika wie z.B. kulturlandschaftliche Qualität, institutionelle Strukturen oder kulturlandschaftliche Raumbezüge

(2) Raumabgrenzung: aufgrund von sich i.d.R. überschneidenden Raumbezügen müssen diese in Gleichklang gebracht werden, z.B. über Kooperation, Vernetzung und Integration von bottom-up Ansätzen

(3) Organisatorische Strukturen: Etablierung organisatorischer Kerne und gemeinsamer Foren die Kooperation sicherstellen und den Umgang mit sich überlappenden Interaktionsarenen ermöglichen

---

36 Bei STOLL-KLEEMANN & WELP (2008: 163) finden sich als zusätzliche Erfolgsfaktoren von Biosphärenreservaten Umweltbildung, kontinuierliche Forschung, Monitoring im Hinblick auf adaptives Management, klare Abgrenzung des Schutzgebietes sowie Berücksichtigung traditionellen Wissens. Die Faktoren wurden im Rahmen einer weltweiten Umfrage unter Biosphärenreservats-Verwaltungen in 78 Ländern ermittelt.

(4) Materielle Ressourcen: Zugriff auf Finanzmittel u.a. auch durch Förderprogramme

(5) Sicherung des Engagements der beteiligten Akteure: Berücksichtigung von Motivationen und Interessen in der Region; Sicherung des Governance-Arrangements und Beteiligung durch gemeinsames Verantwortungsgefühl und der Möglichkeit, „gehört" zu werden

(6) Einbindung von Know-how und Fähigkeiten der beteiligten Akteure, deren sozialer Kompetenz und Wertvorstellungen im Rahmen kollektiven, kontinuierlichen Lernens

(7) Gutes Kooperationsklima: Akzeptanz unterschiedlicher Perspektiven, faire Zusammenarbeit und Interaktionsorientierung, Integration von Fach-, Macht- und Prozess-Promotoren

Ein allgemeingültiges Modell der Governance in deutschen Biosphärenreservaten wird aufgrund der jeweils regional unterschiedlichen Rahmenbedingungen als nicht möglich erachtet bzw. nicht angestrebt. Als wichtigste Voraussetzungen werden jedoch eine anerkannte Biosphärenreservats-Verwaltung, die regionale Ak-

Abbildung 7: Erfolgspotentiale und -faktoren regionaler Entwicklungsprozesse

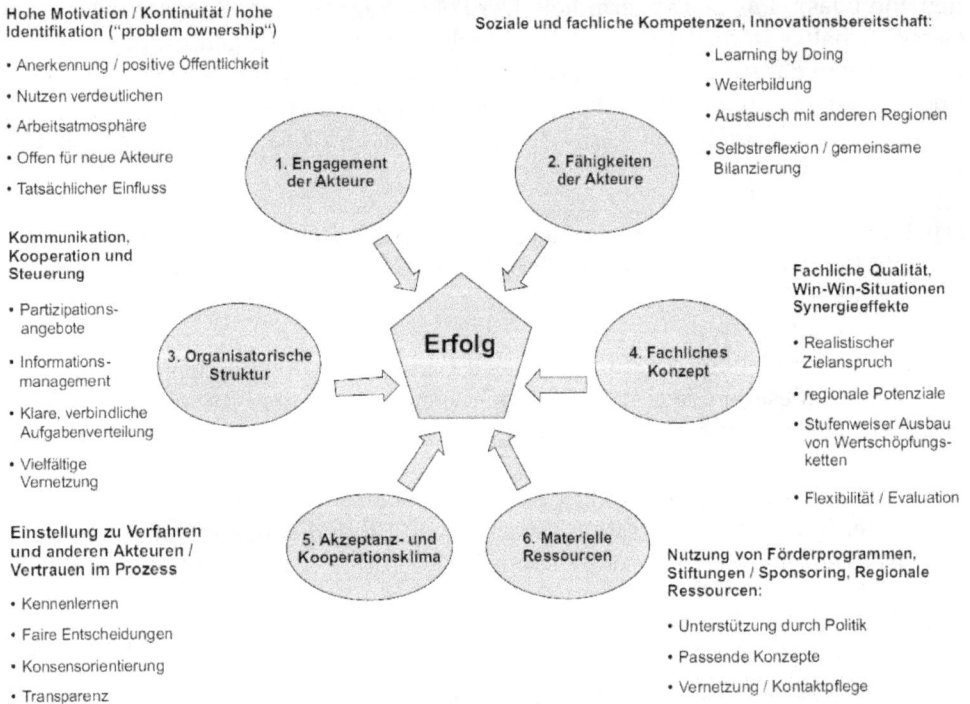

Hohe Motivation / Kontinuität / hohe Identifikation ("problem ownership")

• Anerkennung / positive Öffentlichkeit
• Nutzen verdeutlichen
• Arbeitsatmosphäre
• Offen für neue Akteure
• Tatsächlicher Einfluss

Kommunikation, Kooperation und Steuerung

• Partizipationsangebote
• Informationsmanagement
• Klare, verbindliche Aufgabenverteilung
• Vielfältige Vernetzung

Einstellung zu Verfahren und anderen Akteuren / Vertrauen im Prozess

• Kennenlernen
• Faire Entscheidungen
• Konsensorientierung
• Transparenz

Soziale und fachliche Kompetenzen, Innovationsbereitschaft:

• Learning by Doing
• Weiterbildung
• Austausch mit anderen Regionen
• Selbstreflexion / gemeinsame Bilanzierung

Fachliche Qualität, Win-Win-Situationen Synergieeffekte

• Realistischer Zielanspruch
• regionale Potenziale
• Stufenweiser Ausbau von Wertschöpfungsketten
• Flexibilität / Evaluation

Nutzung von Förderprogrammen, Stiftungen / Sponsoring, Regionale Ressourcen:

• Unterstützung durch Politik
• Passende Konzepte
• Vernetzung / Kontaktpflege

1. Engagement der Akteure
2. Fähigkeiten der Akteure
3. Organisatorische Struktur
Erfolg
4. Fachliches Konzept
5. Akzeptanz- und Kooperationsklima
6. Materielle Ressourcen

Quelle: NEUMEIER & POLLERMANN (2011: 169)

teure motiviert, nachvollziehbare räumliche Abgrenzungen sowie die Auswahl geeigneter Themenfelder betrachtet (vgl. DRL 2010: 66f.). Als offene Frage wird u.a. nach typischen Überlagerungen von Biosphärenreservaten mit anderen regionalen Handlungsräumen wie z.B. LEADER oder Tourismus gefragt (vgl. Moss & Gailing 2010: 125), wozu im Rahmen der vorliegenden Arbeit Ergebnisse geliefert werden.

Neumeier & Pollermann (2011) bzw. Neumeier et al. (2011) untersuchen Erfolgsbedingungen in kooperativen Planungsansätzen im Bereich der ländlichen Entwicklung und touristischer Entwicklungskonzepte auf regionaler Ebene, wobei durch eine umfassende Literaturanalyse Ergebnisse herausgearbeitet werden. Die Faktoren stehen im Kontext der Forschung zu Regionalentwicklung durch Tourismus in peripheren ländlichen Gegenden ohne touristische Alleinstellungsmerkmale oder Schutzgebietsbezug (vgl. Neumeier et al. 2011). Es werden sechs Erfolgspotentiale mit jeweils mehreren konstituierenden Erfolgsfaktoren ermittelt, welche die regionalen Planungs- und Entwicklungsprozesse beeinflussen und die bei erfolgreicher Umsetzung zum Ausschöpfen realisierbarer Möglichkeiten führen (vgl. Abbildung 7). Eine Prognose von Wirkungszusammenhängen oder Ergebnissen im Sinne eines Modells wird jedoch aufgrund der Komplexität und Vielschichtigkeit als schwierig erachtet (vgl. Neumeier et al. 2011: 267f.).

Die Autoren weisen hinsichtlich der analysierten Arbeiten zu den Erfolgsfaktoren auf große Überschneidungen hin, Widerspruch wird hingegen selten gefunden (vgl. Neumeier et al. 2011: 259).[37] Zudem werden i.d.R. Wirkungszusammenhänge dargestellt, ein Ranking der einzelnen Faktoren jedoch nicht. Hinsichtlich der Kompatibilität mit anderen Analyseansätzen neben der Planung, wie z.B. dem „akteurszentrierten Institutionalismus" (Neumeier et al. 2011: 264), wird angemerkt, dass diese durch die fein strukturierte Unterteilung gegeben ist und sich die Faktoren sowohl für die empirische Überprüfung als auch für theoretische Modelle zu Wirkungszusammenhängen nutzen lassen (vgl. Neumeier et al. 2011: 264f.).

Neben den dargelegten Erfolgsfaktoren werden übergeordnet Rahmenbedingungen und Voraussetzungen wie Entwicklungsstand des regionalen Tourismus, touristisches Potential inkl. touristischer Infra- und Suprastruktur der Region, Planungserfahrungen und politische Machtkonstellationen genannt (vgl. Neumeier et al. 2011: 39f.; Neumeier & Pollermann 2011: 269). Die touristischen Angebote müssen idealerweise mehr umfassen als Einrichtungen im Sinne der Naherholung wie z.B. Heimatmuseen oder Weinlehrpfade (vgl. Neumeier et al. 2011: 39). Wichtig für die erfolgreiche Positionierung der Destination und die Entwicklung selbiger sind hervorstechende Attraktivitätsmerkmale (vgl. Haugland et al. 2011: 271). Können übergeordnete Voraussetzungen bzw. Rahmenbedingungen nicht geändert werden, wird die regionale Fähigkeit zur Adaption an entsprechende Rahmenbedingungen relevant, die in Anlehnung an Pollermann (2004) als „Strategiefit" bezeichnet wird.

---

37 Im Rahmen der Literaturrecherche zu den in Abbildung 7 ermittelten Erfolgsfaktoren wurden 18 Veröffentlichungen aus den Bereichen kooperativer Planungsprozesse mit Fokus auf Tourismus, Planungen zu ländlicher Entwicklung (z.B. LEADER) sowie Regionalmarketing herangezogen (vgl. Neumeier et al. 2011: 257ff.). Hinsichtlich der Veröffentlichungen siehe Neumeier et al. (2011: 257f.), darunter hervorzuheben aufgrund des Bezugs zu Biosphärenreservaten ist Lahner (2009) mit dem Fokus auf Governance, wobei die Ergebnisse im Kontext der bereits erwähnten Werke von Fürst et al. (2005), Fürst et al. (2008c) und Fürst et al. (2008a) stehen.

Zusammenfassend wird angemerkt, dass die sechs Erfolgspotentiale als zentrale Einflussgrößen gelten können, die den Umsetzungserfolg von Planungsstrategien beeinflussen (vgl. NEUMEIER et al. 2011: 269).

Zwar liegt der Fokus der oben genannten Arbeit zur Regionalentwicklung im Bereich Tourismus, berücksichtigt aber auch Regionalentwicklung im Kontext von Förderprogrammen, Naturschutzprojekten, Regionalmanagement etc.. Das erklärt die stärker allgemeingültige Formulierung der Erfolgspotentiale sowie die Aufzählung spezieller Faktoren im Tourismus wie z.B. Infrastruktur als Rahmenbedingung. Zudem wird durch den Bezug der Arbeit auf periphere Räume ohne besondere touristische Eignung kein Schutzgebietsbezug hergestellt.

Beide „Defizite" werden in den Arbeiten von SIEGRIST (2005), SIEGRIST et al. (2007) und HAMMER & SIEGRIST (2008) berücksichtigt. Erfolgsfaktoren wurden im Kontext verschiedener alpiner Schutzgebiete und speziell für Tourismus herausgearbeitet. Die Autoren unterschieden *generelle Faktoren* eines Tourismus in Schutzgebieten, wozu eine (1) angemessene Ressourcenausstattung für die Schutzgebietsverwaltung zählt sowie ein für die (2) Thematik Schutzgebiete und Tourismus empfängliches, positiv eingestelltes regionales Umfeld. Betreffend *Kooperation* werden (1) glaubwürdige Partizipation, (2) regelmäßiger Kontakt zwischen Schutzgebietsverwaltung und Tourismusorganisation, (3) projektbezogene Zusammenarbeit mit verschiedenen Stakeholdern, (4) die Institutionalisierung einer „Körperschaft" mit breiter Beteiligung, (5) Konfliktlösungsstrategien und Informationsaustausch und (6) eine angemesse Balance aus bottom-up und top-down Ansätzen genannt. Für eine erfolgreiche touristische Entwicklung in den Schutzgebieten werden in Bezug auf das *touristische Angebot* eine (1) intakte Landschaft, (2) ein angemessenes Preis-Leistungs-Verhältnis, (3) eine zielgruppenorientierte Angebotsgestaltung, (4) erlebnisorientierte Angebote und Naturerlebnisprodukte, (5) eine konsistente und konsequente Marketingstrategie, (6) gute Informationsarbeit sowie (7) die Integration des Schutzgebietes in touristische Dienstleistungsketten als wichtig erachtet (vgl. SIEGRIST et al. 2007: 51; HAMMER & SIEGRIST 2008: 155). Als eine weitere Notwendigkeit wird die institutionelle Anpassung (z.B. rechtliche Rahmenbedingungen, Vereinbarungen) zur Förderung eines integrativen Ansatzes genannt. Eine weitere Möglichkeit besteht durch Förderprogramme auf unterschiedlichen Ebenen der Regionalpolitik, um Schutzgebiete im Hinblick auf Natur-Tourismus zu unterstützen (vgl. HAMMER & SIEGRIST 2008: 160). Die Arbeit von SIEGRIST et al. (2007: 38) betrachtet länderübergreifend den Schutzgebietstourismus mit Fokus auf den alpinen Raum. Als Vertreter deutscher Schutzgebiete für die die Faktoren ermittelt wurden, findet sich der Nationalpark Berchtesgaden. Sowohl länder- als auch schutzgebietsspezifische Unterschiede und daraus u.a. resultierend ein unterschiedlicher Stellenwert des Tourismus und der Regionalentwicklung in der Zielsetzung der Schutzgebiete führen zu der Frage (vgl. SIEGRIST et al. 2007: 16, 55), inwieweit die Faktoren auf die deutschen Biosphärenreservate übertragbar sind.

Welche Erfolgsfaktoren im Kontext der deutschen Biosphärenreservate im Bereich Tourismus relevant sind, ist daher u.a. Gegenstand der vorliegenden Arbeit. Die dargelegten Potentiale in Kapitel 3.4.2 sowie die in diesem Kapitel dargelegten potentiellen Einflussfaktoren führen zu der bereits in der Einleitung dargelegten Forschungsfrage nach den Aktivitäten der Biosphärenreservats-Verwaltungen im

Tourismus und dabei relevanten Einflussfaktoren im Kontext der nachhaltigen Entwicklung durch Tourismus in Biosphärenreservaten.

3.4.4 Fördermöglichkeiten im Bereich Regionalentwicklung und Tourismus in Biosphärenreservaten

Die in den vorangegangenen Kapiteln dargelegten Erfolgspotentiale sind direkt und indirekt über Förderprogramme beeinflussbar (vgl. HAMMER & SIEGRIST 2008: 157). Diese bieten z.B. finanzielle und Motivationsanreize, die Möglichkeit für Qualifizierungsmaßnahmen und Ansätze für Austausch, Vernetzung und Kooperation (vgl. NEUMEIER et al. 2011: 278f.). Für Biosphärenreservate bestehen dahingehend noch Forschungsdefizite, insbesondere zu Überlagerungen mit anderen regionalen Handlungsräumen wie z.B. den LEADER-Regionen oder dem Destinationsmanagement. Ebenso besteht ein Wissensdefizit im Hinblick auf sektorale Förderinstrumente wie z. B. LEADER oder Naturschutzgroßprojekte und deren Nutzung zur Verfolgung der Entwicklungsziele von Biosphärenreservaten (vgl. MOSS & GAILING 2010: 125). Da im Rahmen der Arbeit z.T., aufgrund der Relevanz der Programme für Tourismus, diesen Fragen nachgegangen wird, erfolgt an dieser Stelle ein kurzer Überblick über Förderprogramme.

Sowohl auf europäischer, nationaler und Landes- sowie regionaler Ebene existieren Möglichkeiten, Förderprogramme mit der Zielsetzung Regionalentwicklung und Tourismus in Biosphärenreservaten zu verankern (vgl. HAMMER & SIEGRIST 2008: 157). Diese besitzen trotz unterschiedlicher Förderschwerpunkte oftmals eine Ausrichtung an der Agenda 21 bzw. der nachhaltigen Entwicklung (vgl. DRL 2010: 64). Für Biosphärenreservate sind die Förderprogramme, neben dem finanziellen Anreiz, aufgrund der Netzwerkarbeit als Beitrag zur Identitätsstiftung sowie Förderung eines integrativen Ansatzes und eines partizipativen Managements geeignet (vgl. DRL 2010: 64). Nahezu alle Biosphärenreservate können potentiell aufgrund ihres räumlichen Bezuges zu LEADER-Aktionsgruppen (LAG)[38](vgl. Karte 2) mit diesen kooperieren und die Förderung nutzen. Dabei wird deutlich, dass einzelne Biosphärenreservate z.T. komplett in einer LEADER-Region enthalten sind (z. B. Spreewald, Schaalsee), teilweise aber auch Anteil an mehreren LAG haben wie z.B. im Vessertal-Thüringer Wald oder der Rhön. Deshalb wird an dieser Stelle insbesondere auf diesen Fördermechanismus eingegangen. Je nach Biosphärenreservat werden vereinzelt noch andere Förderungen relevant wie z.B. INTERREG, ILE-Förderungen[39] oder Programme der Wirtschaftsministerien bzw. des Landestourismusverbandes. Auf diese wird im Ergebnisteil an entsprechender Stelle eingegangen.

---

38 Die Gruppen werden offiziell als Regionale Aktionsgruppe (RAG, z.B. in Thüringen), als Lokale Aktionsgruppe (LAG) oder LEADER-Aktionsgruppe (LAG) bezeichnet. Für einen besseren Lesefluss wird im Rahmen dieser Arbeit bei allgemeinen Sachverhalten die Abkürzung LAG verwendet, wenn konkrete Gruppen genannt werden, die jeweils zugehörige, individuelle Abkürzung verwendet.

39 Der Fördergrundsatz der Gemeinschaftsaufgabe Agrar- und Küstenschutz (GAK) beinhaltet die Fördergegenstände Regionalmanagement und Integrierte ländliche Entwicklungskonzepte (ILEK) und überschneidet sich teilweise inhaltlich und räumlich mit dem LEADER-Ansatz, wobei die GAK aus Bundes- und Landesmitteln finanziert wird (vgl. GEHRLEIN 2006: 40ff.). Für eine genaue Darlegung der Inhalte zur GAK siehe BAHRENBERG (2005) sowie BLE (2016).

Karte 2: Biosphärenreservate und LEADER-Regionen in Deutschland (2007-2013)

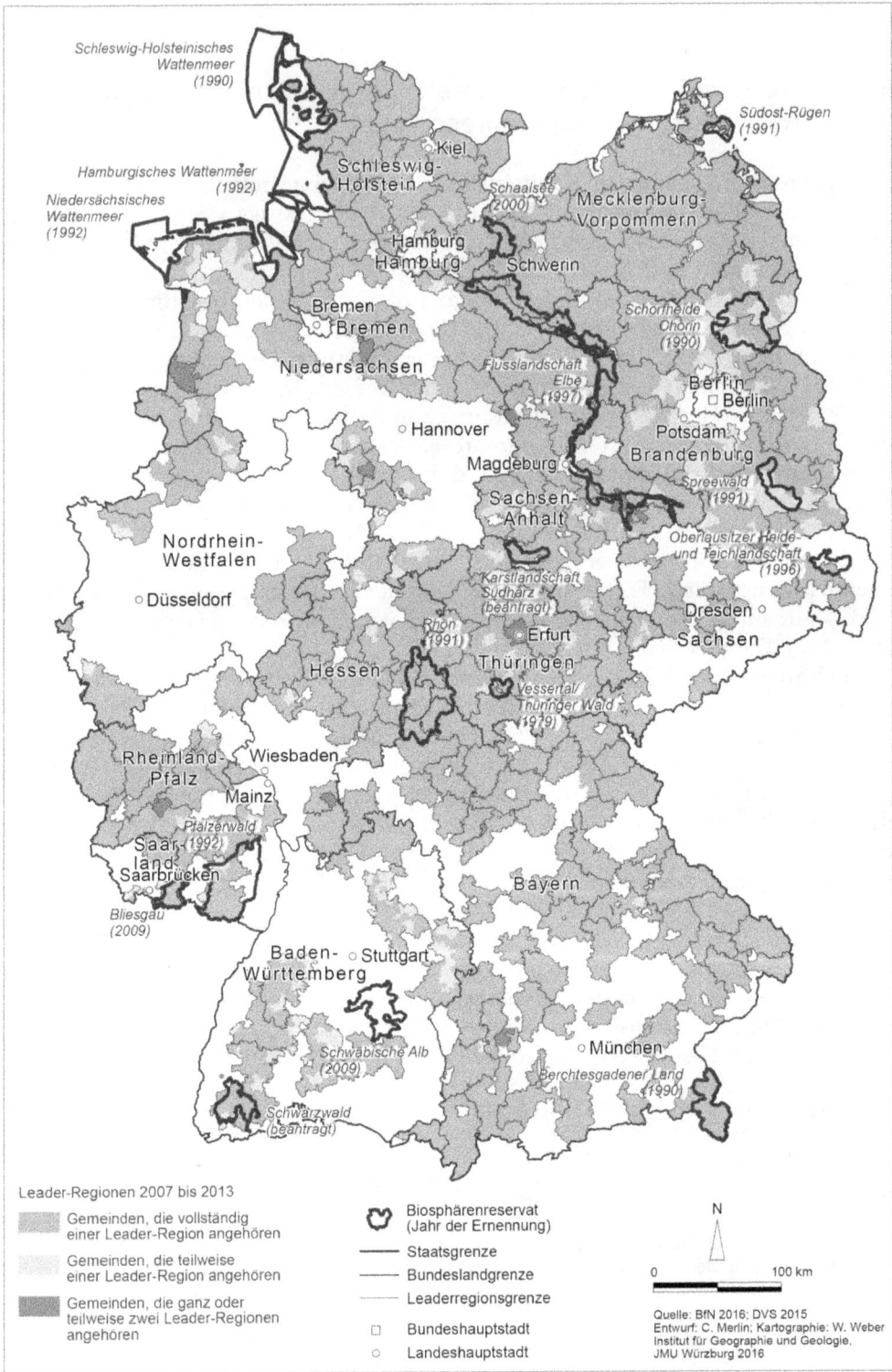

Schleswig-Holsteinisches Wattenmeer (1990)

Hamburgisches Wattenmeer (1992)

Niedersächsisches Wattenmeer (1992)

Südost-Rügen (1991)

Kiel

Schleswig-Holstein

Schaalsee (2000)

Mecklenburg-Vorpommern

Hamburg
Hamburg

Schwerin

Schorfheide Chorin (1990)

Bremen
Bremen

Niedersachsen

Flusslandschaft Elbe (1997)

Berlin
Berlin

Hannover

Potsdam
Brandenburg

Magdeburg

Sachsen-Anhalt

Spreewald (1991)

Nordrhein-Westfalen

Oberlausitzer Heide- und Teichlandschaft (1996)

Düsseldorf

Karstlandschaft Südharz (beantragt)

Dresden

Sachsen

Rhön (1991)

Erfurt

Hessen

Thüringen

Vessertal/ Thüringer Wald (1979)

Rheinland-Pfalz

Wiesbaden

Mainz

Pfälzerwald (1992)

Saarland
Saarbrücken

Bayern

Bliesgau (2009)

Baden-Württemberg

Stuttgart

Schwäbische Alb (2009)

München

Berchtesgadener Land (1990)

Schwarzwald (beantragt)

Leader-Regionen 2007 bis 2013

Gemeinden, die vollständig einer Leader-Region angehören

Gemeinden, die teilweise einer Leader-Region angehören

Gemeinden, die ganz oder teilweise zwei Leader-Regionen angehören

Biosphärenreservat (Jahr der Ernennung)

Staatsgrenze

Bundeslandgrenze

Leaderregionsgrenze

Bundeshauptstadt

Landeshauptstadt

N

0   100 km

Quelle: BfN 2016; DVS 2015
Entwurf: C. Merlin; Kartographie: W. Weber
Institut für Geographie und Geologie,
JMU Würzburg 2016

Für den Zeitraum 2007-2013[40] verfolgte die EU Regionalpolitik die Ziele „Konvergenz", „Regionale Wettbewerbsfähigkeit und Beschäftigung" sowie „Europäische territoriale Zusammenarbeit". Für die Zielerreichung stehen in der Förderperiode 2007-2013 der Europäische Sozialfonds (ESF), der Kohäsionsfonds sowie der Europäische Fonds für die regionale Entwicklung (EFRE) zur Verfügung (vgl. Europäische Union 2006). Gemäß der Verordnung (EG) Nr. 1698/2005 des Rates vom 20. September 2005 sollen der Europäische Landwirtschaftsfonds für die Entwicklung des ländlichen Raumes (ELER) als zweite Säule der gemeinsamen Agrarpolitik sowie der Europäische Fonds für Fischerei (EFF) in die Kohäsionspolitik miteinbezogen werden (vgl. Europäische Union 2005). Im Rahmen des EFRE können Fördermittel im Rahmen des INTERREG IV B Programmes zur Unterstützung der grenzüberschreitenden, europäischen territorialen Zusammenarbeit genutzt werden, wobei u.a. das gemeinsame Management von natürlichen Raumeinheiten oder touristischen Destinationen gefördert werden kann (vgl. Europäische Union 2011: 9ff.). ELER umfasst drei thematische Schwerpunkte, die „Stärkung der Wettbewerbsfähigkeit der Land- und Forstwirtschaft", die „Verbesserung der Umwelt und Landschaft" sowie die „Diversifizierung der ländlichen Wirtschaft und Verbesserung der Lebensqualität im ländlichen Raum". Als vierter Schwerpunkt existiert die ehemalige Gemeinschaftsinitiative LEADER, die übergreifend alle drei Zielstellungen verfolgen soll (vgl. BLE & DVS 2009: 5f.).

Von der EU-Kommission wird der Querschnittscharakter der Tourismuspolitik anerkannt und eine gegenseitige Beeinflussung der Politikbereiche festgestellt: so werden u.a. explizit die Politikbereiche Umwelt, Regionalentwicklung und Entwicklung des ländlichen Raumes genannt. Die Kommission will durch die Förderpolitik für eine bessere Einbindung des Tourismus in die unterschiedlichen Aufgabenbereiche sorgen, um so die Wettbewerbsfähigkeit der Regionen zu steigern (vgl. Europäische Kommission 2010: 14f.). Für die Entwicklung des ländlichen Raumes ist die EU-Politik von Bedeutung, insbesondere im Rahmen des ELER: dadurch können u.a. die Gründung von Unternehmen im Bereich Agrotourismus oder die Aufwertung des Natur- und Kulturerbes unterstützt werden. Entsprechende Förderung im Rahmen der Strukturfonds EFRE sowie des ESF und des ELER werden für die kommende Förderperiode (2014-2020) zur Verfügung stehen (vgl. Europäische Kommission 2010: 14f.). Die Fördermöglichkeiten eröffnen den Biosphärenreservaten seit langem die Möglichkeit, die Kooperation zwischen Umweltschutz, Biosphärenreservat und Tourismus zu fördern (vgl. Revermann & Petermann 2002: 69).

LEADER gilt als querschnittsorientierter Ansatz, bei dem Regionen mit Hilfe einer der LAG ein regionales Entwicklungskonzept unter Beteiligung regionaler Akteure umsetzen. In der BRD werden die ELER Programme und darin LEADER als Schwerpunkt 4 durch die Bundesländer aufgestellt, was eine unterschiedliche Aus-

---

40 Da die Interviews mit Biosphärenreservats-Verwaltungen 2014, mit den LAGn 2015 stattfanden, lagen bis dato die Evaluierungen der letzten Förderperiode 2007-2013 vor, die Entwicklungskonzepte für die Zeit 2014-2020 noch nicht bzw. nur in Teilen. Von daher wird, bezüglich der EU-Förderstrukturen, insbesondere auf die Sachverhalte des Förderzeitraums 2007-2013 abgehoben. Für einen Überblick der Biosphärenreservate und ihre Lage zu den LEADER-Regionen der Förderperiode 2014-2020 siehe Karte im Anhang 2.

gestaltung hinsichtlich Konzeptionierung und Umsetzung bedingt. Dadurch können letztendlich unterschiedliche Maßnahmen und Themenschwerpunkte auf regionaler Ebene resultieren (vgl. DVS 2016b). Der LEADER-Ansatz ist im Wesentlichen durch sieben Merkmale zu beschreiben (für eine ausführlich Beschreibung siehe EUROPÄISCHE KOMMISSION 2006): dazu zählen (1) die bereits erwähnten territorialen Entwicklungsstrategien, wodurch genau Erfordernisse sowie Entwicklungspotentiale berücksichtigt werden. Der (2) bottom-up Ansatz soll die breite Beteiligung lokaler Akteure bei der Entwicklung der Strategie gewährleisten. Die Projektarbeit muss (3) in Form einer öffentlich-privaten Partnerschaft bzw. LAG umgesetzt werden, die öffentliche Partner und verschiedene sozioökonomische Interessensgruppen vereint, wobei sich die Entscheidungsebene je zur Hälfte aus Vertretern der Zivilgesellschaft sowie privaten Partnern und Vereinigungen zusammensetzten muss. Die LAG haben die Aufgabe der Projektauswahl, Zahlungsabwicklung, Überwachung und Evaluierung inne. In den anerkannten LEADER Regionen sollen (4) Innovationen erleichtert, moderne Konzepte, Maßnahmen, Prozesse und Projekte eingeführt werden, wobei (5) integrierende und sektorübergreifende Aktionen explizit gefordert werden. Als weitere Merkmale sind die (6) Netzwerkbildung sowie die (7) Kooperation zu nennen (vgl. EUROPÄISCHE KOMMISSION 2006: 12ff.). Seit 2007 stellt LEADER kein eigenes, separates Programm dar, sondern kann in alle regionalen und nationalen Entwicklungsprogramme integriert werden, was mit dem Begriff „Mainstreaming" beschrieben wird. LEADER ist eine an Kriterien der Nachhaltigkeit ausgerichtete Methode und *„ermutigt sozioökonomische Akteure, miteinander zu arbeiten, Waren und Dienstleistungen zu erzeugen, die in ihrem lokalen Gebiet eine maximale Wertschöpfung schaffen"* (EUROPÄISCHE KOMMISSION 2006: 6).

Die LAG bewerben sich mit Hilfe regionaler Entwicklungskonzepte. Diese enthalten u.a. genaue Angaben zur Förderregion, zu Leitzielen, Maßnahmen und zum Finanzierungsplan. Insgesamt sind die durch ELER bereitgestellten EU-Mittel durch nationale Mittel zu ergänzen, die Bundesländer haben die Möglichkeit, Mittel als sogenannte „Top ups" zuzuschießen. Aus den Entwicklungsprogrammen bzw. drei Säulen des ELER müssen jeweils mindestens fünf Prozent des gesamten Budgets für LEADER vorgesehen werden. Im Rahmen von LEADER 2007-2013 konnte eine EU-Beteiligung an den förderfähigen Projektkosten maximal 55 % umfassen (in Konvergenzgebieten 80 %). Die ELER-Mittel umfassten 2007-2013 rund 9 Mrd. € durch die EU, weitere 5,5 Mrd. € durch den Bund, und 3,2 Mrd. € durch die Länder, woraus rund 17,8 Mrd. € resultierten (vgl. DVS 2016a; DVS 2016b).

Eine beispielhafte Darstellung von über 100 Projekten gibt Einblick in die Bandbreite der Projekte: wichtige Themenbereiche sind u.a. Tourismus sowie der Nahrungsmittel-Sektor mit regionaler bzw. traditioneller Ausrichtung (vgl. DVS 2006). Sowohl LEADER als auch Biosphärenreservate fokussieren eine nachhaltige Entwicklung. Konzepte, die das natürliche Kapital durch nachhaltige Nutzung zur Generierung von Wertschöpfung mobilisieren, sind beiden gemein (vgl. HAMMER 2007: 33) (siehe Kapitel 3.3.2). Die Notwendigkeit, sich an Förderprogrammen im Bereich Regionalentwicklung zu beteiligen um entsprechende Aufgaben im Tourismus zu übernehmen wird deutlich, betrachtet man die im Rahmen der regulären Haushaltsmittel zur Verfügung stehenden finanziellen Ressourcen. Das betonen bereits HAM-

MER & SIEGRIST (2008: 159): „…and funding concepts. The latter are central […] Mixed funding from local, regional, and/or national sources dedicated to regional development, tourism, or economy is essential for the coexistence of nature conservation, tourism, and regional development." Die Einbringung von Ideen und Projekten durch das Biosphärenreservat bietet die Chance, im Rahmen einer LAG oder anderer Förderprogramme, die Inhalte und Konzepte des Biosphärenreservates in der Region zu verankern und im Netzwerk der beteiligten Akteure zu verbreiten (vgl. DRL 2010: 64). Als ein wesentlicher Vorteil der Biosphärenreservate gegenüber den Förderungen, egal ob LEADER, ILE, oder INTERREG, ist die Kontinuität. Biosphärenreservate können als i.d.R. dauerhaft eingerichtete Institutionen und als Kooperationsplattform in Erscheinung treten, was ein Vorteil gegenüber vielen zeitlich befristeten Regionalinitiativen darstellt (vgl. GEHRLEIN 2010: 102).

Inwieweit die Ansätze, Projekte und Ideen der Biosphärenreservate ihren Niederschlag in entsprechenden Förderprogrammen gefunden haben und damit Projekte z.T. auch über die eigentliche Biosphärenreservats- Region hinaus verankert werden konnten, ist bisher nicht systematisch untersucht worden (vgl. DRL 2010: 64).[41] Welche Projekte im Tourismus durch die Biosphärenreservats-Verwaltungen mit den LAG umgesetzt werden und wie sich die Kooperation darstellt, ist für die sechs Untersuchungsgebiete u.a. Gegenstand der vorliegenden Arbeit.

3.4.5 Konkretisierung der Forschungsfragen

Die Ausführungen in den Kapiteln 2 und 3 sowie der aktuelle Forschungsstand ermöglichen die Konkretisierung der eingangs formulierten Forschungsfragen. Der übergeordneten Forschungsfrage, ob Biosphärenreservate derzeit in der Lage sind, der Zielsetzung der nachhaltigen Regionalentwicklung mit Hilfe des Tourismus ausreichend nachzukommen und als Modellregionen zu fungieren, wird sich aus zwei Perspektiven genähert.

Vergleichbare Zahlen zur touristischen Nachfrage in Biosphärenreservaten und eine Einschätzung im Hinblick auf deren Bedeutung als touristische Destinationen sowie der dadurch geleistete Beitrag zur Regionalentwicklung, existieren bisher auf deutscher Ebene nur ansatzweise im Rahmen uneinheitlicher Methodik. Daher stellt dies einen wesentlichen Schwerpunkt der vorliegenden Arbeit dar. Die konkreten Fragen dazu lauten:

- Wie stellen sich die Besucherzahlen und -strukturen in den sechs untersuchten Biosphärenreservaten dar?

- Welche Motivation haben die Besucher der Biosphärenreservate und welche Rolle spielt der Schutzstatus Biosphärenreservat im Rahmen des Aufenthaltes? Welche Einstellungen charakterisieren die Besucher?

---

41 GEHRLEIN et al. (2007: 66ff.) untersuchen die strategische Übereinstimmung von Rahmenkonzepten der Biosphärenreservate mit regionalen Entwicklungskonzepten (im wesentlichen LEADER, teils ILEK), wobei in keiner der untersuchten Regionen Zielkonflikte ersichtlich sind. Vom Autor wird angemerkt, dass dies auch auf eine relativ offene bzw. allgemeine Formulierung zurückgeführt werden kann, so dass real existierende Zielkonflikte evtl. nicht zu Tage treten.

- Welches Ausgabeverhalten kennzeichnet die Befragten und welche regionalökonomischen Effekte ergeben sich durch die touristische Nachfrage in den einzelnen Biosphärenreservaten?

Neben den regionalwirtschaftlichen Effekten des Tourismus und den Anteilen aufgrund des Biosphärenreservat-Status wird damit indirekt ein Teil der Imagewirkung auf die Region erfasst. Einstellungen gegenüber regionalen Produkten sowie Schutz- und Nachhaltigkeitsaspekten unter den Besuchern geben Aufschluss darüber, inwieweit das Biosphärenreservat Besucher, die an Nachhaltigkeitsaspekten interessiert sind, bereits anzieht.

Die Ergebnisse bieten eine Datengrundlage, anhand derer Ansatzpunkte für eine nachhaltige touristische Entwicklung abgeleitet werden können. Dabei sollen u.a. langfristig angelegte wirtschaftliche Unternehmungen, die allen Beteiligten einen fairen sozio-ökonomischen Nutzen (z.B. Beschäftigungseffekte, Einkommen) bieten, entwickelt werden (vgl. UNEP/WTO 2005: 11). Zur Steigerung der regionalen Wertschöpfung der bereits existenten Effekte sind u.a. weitere Angebote, Netzwerke, Kooperationen und Planungen bzw. Strategien notwendig (vgl. UNEP/WTO 2005: 11; NEUMEIER & POLLERMANN 2011: 164). Durch eine entsprechende Aufgabenwahrnehmung seitens der Biosphärenreservats-Verwaltungen unter Einbezug der regionalen Akteure und relevanten Institutionen, kann potentiell ein Beitrag zur Steigerung der tangiblen und intangiblen Effekte auf Destinationsebene und somit zur nachhaltigen Entwicklung geleistet werden (vgl. JOB et al. 2013a; HAMMER 2003; SCHMID et al. 2004).

Damit ergibt sich die Frage, wie die Biosphärenreservats-Verwaltungen zur Inwertsetzung der touristischen Nachfrage und der nachhaltigen Wettbewerbsfähigkeit der Destination beitragen:

- Durch welche Aktivitäten auf der Managementebene trägt die Biosphärenreservats-Verwaltung zur nachhaltigen Entwicklung des Tourismus in der Region bzw. Destination bei, v.a. im Rahmen

  - der strategischen Ausrichtung der Tourismusentwicklung in der Region,

  - der Projektarbeit und Fördermittelakquise,

  - touristischer Produkte und Dienstleistungen,

  - der Partner-Initiativen sowie Regional- und Dachmarken als Schnittstelle zwischen regionalen Wirtschaftskreisläufen und touristischem Angebot,

  - der Vermarktung des Biosphärenreservats mit seinen Angeboten als potentiellem Beitrag zum Image der Region?

Neben einer möglichst genauen Erfassung der Aktivitäten und damit regionalspezifischen Ansätze in diesem Bereich werden Faktoren ermittelt, die den Erfolg der Maßnahmen beeinflussen:

- Welche, insbesondere aus Sicht der Biosphärenreservats-Verwaltung relevanten Faktoren im Hinblick auf die touristische Entwicklung in der Region, lassen sich aus der vergleichenden Analyse der sechs Biosphärenreservate ableiten?

- Wie lassen sich die Ergebnisse zur touristischen Nachfrage und die Managementbemühungen der Biosphärenreservats-Verwaltungen theoretisch kombinieren? Wo ergeben sich Ansätze im Bereich der Nachfrage und des Managements für realistisch umsetzbare Potentiale?

Speziell zu Tourismus liegen zu den oben aufgeführten strategischen Aktivitäten der Biosphärenreservate auf deutscher Ebene nur in Teilen Ergebnisse vor (vgl. Kapitel 3.4.2). Ebenso fehlt bisher eine Spezifizierung von Erfolgsfaktoren für die touristische Entwicklung deutscher Biosphärenreservate.

Mit den Ergebnissen wird für die sechs Untersuchungsgebiete ein umfassender Status-Quo zu touristischen Nachfragestrukturen und ausgelösten ökonomischen Effekten sowie den Managementaktivitäten der Biosphärenreservats-Verwaltungen im Tourismus und der Beitrag zur Entwicklung der Destination und nachhaltigen Regionalentwicklung gegeben. Die Betrachtung von beeinflussenden Faktoren ermöglicht die Ableitung von Handlungsbedarf auf unterschiedlichen Ebenen. Insgesamt wird ein Beitrag zur Frage der Integration von Tourismus und Schutzgebietsmanagement sowie dessen Schnittstellen geliefert (vgl. HAMMER et al. 2012: 6; McCOOL 2006: 9). Das dazu notwendige methodische Vorgehen wird im folgenden Kapitel erläutert.

4 Methodisches Vorgehen

4.1 Erläuterung zum Forschungsprozess

Nach der Annäherung an das Thema der nachhaltigen Regionalentwicklung durch Tourismus in Biosphärenreservaten und die Entwicklung der Forschungsfragen, steht das zur Beantwortung gewählte methodische Vorgehen in diesem Kapitel im Fokus. Neben der Quantifizierung der Nachfrage und dem ökonomischen Effekt für die Region werden das Selbstverständnis und die Aktivitäten der Biosphärenreservats-Verwaltungen sowie Probleme im Hinblick auf eine nachhaltige Regionalentwicklung im Bereich Tourismus genauer analysiert.

Die methodische Vorgehensweise kann in zwei Bereiche untergliedert werden. Der erste beinhaltet die Erfassung der regionalökonomischen Effekte durch Tourismus in den Untersuchungsgebieten mit Hilfe quantitativer, standardisierter Methodik. Dazu existiert bereits ein anwendungsbezogener Leitfaden für Großschutzgebiete in Deutschland (vgl. Job et al. 2006). Diese Methodik wurde zwischen 2002 und 2015 bereits für die Nationalparke innerhalb Deutschlands angewandt, so dass 2016 erstmals einheitlich generierte Daten für diese Schutzgebietskategorie vorlagen (vgl. Job et al. 2016a). Mit der hier vorliegenden Arbeit wird das Untersuchungsdesign das erste Mal auf die Schutzgebietskategorie Biosphärenreservat übertragen. Die Erhebungen fanden zwischen 2010 und 2013 statt und deckten ein Jahr je Untersuchungsgebiet ab.

Die Auseinandersetzung des Autors mit den Regionen im Zuge der Erhebungen, die persönliche und institutionelle Forschungstradition[42] sowie insbesondere erste empirische Ergebnisse ließen schnell weitere Forschungsfragen aufkommen. Die Ermittlung der quantitativen Werte zu Besucherzahlen, Biosphärenreservats-Affinität und Ausgabewerten brachte folgende übergreifende Frage mit sich: wie können die Biosphärenreservats-Verwaltungen insgesamt dem normativen Anspruch des Paradigmas der nachhaltigen Entwicklung im Bereich Tourismus, dargelegt in zahlreichen offiziellen Strategie- und Leitlinienpapieren (vgl. z.B. DEUTSCHES MAB-NATIONALKOMITEE 2007: 8; BMU 2007: 52f. bzw. Kapitel 3.2) auf der regionalen Ebene gerecht werden? Was sind die Gründe und Faktoren, die die ermittelten empirischen Ergebnisse beeinflussen und wie kann die Biosphärenreservats-Verwaltung zu einer Wertschöpfungssteigerung im Tourismus auf regionaler Ebene der Destination beitragen? Was hindert die Biosphärenreservate evtl. daran, im Bereich touristischer Entwicklung, „bessere" Ergebnisse (z.B. Bekanntheit) zu erzielen und den Tourismus im Rahmen einer nachhaltigen Entwicklung zu gestalten?

Um diese Fragestellungen zu beantworten war es notwendig, über die Untersuchung der Nachfragesituation hinaus, regionale Gegebenheiten sowie Handlungs- und Managementansätze tiefergehend zu erfassen und zu verstehen. Dazu eignet sich der, wenn auch in der Tourismusforschung seltener genutzte, qualitative An-

---

42 Seit 2008 war der Autor als wissenschaftliche Hilfskraft bzw. als wissenschaftlicher Mitarbeiter an der Forschung und Lehre des Lehrstuhls für Geographie und Regionalforschung, unter Univ.-Prof. Dr. H. Job, zur Thematik Großschutzgebiete, Regionalökonomie und Tourismus beteiligt.

satz (vgl. RILEY & LOVE 2000: 164ff.). Dementsprechend wurde eine stärker qualitativ ausgerichtete, interpretativ-verstehende Herangehensweise als zweiter Ansatz im Rahmen der Arbeit gewählt, der sowohl die Auswertung von Dokumenten beinhaltet als auch qualitative Interviews (vgl. REUBER & PFAFFENBACH 2005: 119). Dazu wurden im Wesentlichen in der zweiten Jahreshälfte 2014 Gespräche mit verantwortlichen Personen auf regionaler Ebene, welche Zugang haben zu relevanten Informationen und die für die Entwicklungen maßgeblich (mit-)verantwortlich sind bzw. sein sollen, geführt (vgl. MEUSER & NAGEL 2005: 73). Im Rahmen problemzentrierter Experteninterviews mit Biosphärenreservats-Leitern und Mitarbeitern kam ein halbstrukturierter, offener Leitfaden zum Einsatz (vgl. REUBER & PFAFFENBACH 2005: 133ff.)(vgl. Kapitel 4.4).

Die hier vorliegende Arbeit stellt im Verwertungs- bzw. Wirkungszusammenhang (vgl. WESSEL 1996: 57ff.) eine Dissertation, entstanden am Institut für Geographie und Geologie der Universität Würzburg, dar. Dabei sind Teilergebnisse im Rahmen des 2010 gestarteten UFOPLAN Vorhabens „Wirtschaftsfaktor Großschutzgebiete III: Regionalökonomische Effekte des Tourismus in deutschen Biosphärenreservaten"[43] entstanden, wodurch insbesondere der Umfang der Erhebungen bzw. die Anzahl der Untersuchungsgebiete zur Nachfrageseite sowie deren genereller Fokus in Form der Anwendung des oben angesprochen Leitfadens vorgegeben war. Ergebnisse konnten bereits in Form vereinzelter, wissenschaftlicher Buch- und Zeitschriftenbeiträge veröffentlicht werden (vgl. MERLIN & KRAUS 2016; JOB et al. 2013b) sowie im Rahmen von Vorträgen auf Konferenzen und Fachtagungen präsentiert werden. Bevor sowohl auf die Methodik zur Bestimmung der regionalökonomischen Effekte als auch die stärker qualitative Erhebung zur Tourismusentwicklung durch die Biosphärenreservats-Verwaltungen eingegangen wird, wird die Auswahl der Untersuchungsgebiete genauer dargelegt.

4.2 Auswahl der Untersuchungsgebiete

Aufgrund begrenzter zeitlicher und ökonomischer Ressourcen im Zuge der empirischen Erhebungen können nicht alle deutschen Biosphärenreservate untersucht werden. Vor dem Hintergrund der großen Heterogenität der Biosphärenreservate im Hinblick auf ihren touristischen Entwicklungsstand, wurden diese im Vorlauf zu den Erhebungen in vier, möglichst homogene Destinations-Typen eingeteilt. Aus diesen konnte mindestens je ein Vertreter ausgewählt und untersucht werden. Eine

---

43 Ähnlich wie für die Nationalparke, soll auch für die deutschen Biosphärenreservate eine Vollerhebung erfolgen, wozu 2016 das Projekt „Regionalwirtschaftliche Effekte von Tourismus: Integration in das Monitoringsystem von Biosphärenreservaten" startete (Aufnahme in den Ressortforschungsplan bereits 2015 mit dem Titel: „Implementierung des integrativen Monitorings der Großschutzgebiete (Nationalparks und Biosphärenreservate)" (vgl. BMUB 2015: 65). Ziel ist es, mit den in allen Projekten erhobenen Daten und der entwickelten Methode einen Beitrag zur Entwicklung eines standardisierten, sozioökonomischen Monitorings in deutschen Biosphärenreservaten und anderen Großschutzgebieten zu leisten.

Analyse mit Hilfe dieser Methodik wurde bereits im Kontext der Nationalparke durchgeführt (vgl. Job et al. 2009) und wurde hier für Biosphärenreservate angewandt.[44]

In Anlehnung an Hannemann & Job (2003) wird eine arbeitsfähige und funktional-orientierte Definition einer Biosphärenreservats-Region für die vorliegende Arbeit gewählt: *„Die Biosphärenreservatsregion ist ein touristisches Reisegebiet, das die Gesamtfläche aller Gemeinden umfasst, die vollständig oder anteilig in der Kern-, Pflege-, Entwicklungszone des Biosphärenreservates liegen"*. Die Definition berücksichtigt zum einen raumfunktionale Gegebenheiten, da eine Abgrenzung nach Schutzgebietsgrenzen zu eng angelegt wäre. Denn die Gäste nutzen das abgeleitete touristische Angebot, das durch die Gemeinden bereitgestellt wird, u.a. im Zuge eines Besuchs des Biosphärenreservates. Zum anderen ist die Abgrenzung pragmatischer Natur, denn die administrativen Grenzen stimmen häufig nicht mit den Biosphärenreservats-Grenze überein, was im Hinblick auf die Datengenerierung zu Tourismus oder andere sozioökonomische Daten aus der amtlichen Statistik problematisch ist. Da jedoch der simple Einbezug der Daten der Gemeinden, die realen Zahlen zu Tourismus, Einwohnern etc. überschätzen würde, werden die Werte nur anteilig, entsprechend der tatsächlichen Flächenanteil der Gemeinden am Biosphärenreservat, berechnet. Somit wird eine stärker konservative, im Zweifelsfall nicht überschätzende Herangehensweise gewählt. Die Zusammenstellung des sekundärstatistischen Materials erfolgte dabei einheitlich für das Jahr 2010 mit Hilfe von Daten des Statistischen Bundesamtes (vgl. Tabelle 6).

Das Untersuchungsdesign zur Typisierung der Destinationen umfasst in Anlehnung an Hannemann & Job (2003) die Kriterien „Regionsstärke" und „Biosphärenreservatsstärke im Destinationsmanagement". Die Regionsstärke umfasst die absolute Zahl an Übernachtungen. Um als Destination wahrgenommen zu werden und zu funktionieren sind nach Bieger & Laesser (1998: 25) u.a. eine Destinationsmarke, qualifiziertes Personal auf Destinationsebene sowie eine entsprechende Angebotsinfrastruktur für die touristische Nachfrage notwendig, wobei die Reichweite der Marke durch das Marketingbudget bestimmt. Da dieses für die Untersuchungsgebiete nicht vorliegt, wird sich hier auf die Ermittlung von Übernachtungszahlen[45] beschränkt, wo anhand von Schwellenwerten Gruppen gebildet werden (vgl. Bieger & Laesser 1998: 25). Aufgrund der Dynamik im Tourismussektor wurden die 1998 veröffentlichten Schwellenwerte angepasst. Seit 1998 ist die Nachfrage in Form von Übernachtungen in Deutschland um 33 % gewachsen, so dass sich folgende Werte in Tabelle 5 ergeben (eigene Berechnung basierend auf Statistische Ämter des Bundes und der Länder 2013).

In der ursprünglichen Kategorisierung fehlt die „Regionale Destination". Diese spielt jedoch in Anbetracht der Biosphärenreservate als Ausflugsziel für Tagesgäste (z.B.

---

44 Die Ergebnisse basieren auf der Diplomarbeit von Weichert (2008) und wurden im Zuge der Veröffentlichung Job et al. (2013b) unter maßgeblicher Beteiligung des Autors in Teilen aktualisiert. In vorliegender Arbeit wird sich, soweit als zum Verständnis notwendig, auf das Untersuchungsdesign sowie die für die Auswahl der Untersuchungsgebiete entscheidende Typisierung als zentrales Ergebnis beschränkt.
45 Da „Bettenkapazität" und Übernachtungszahlen sehr stark korrelieren (nach Pearson 0,998 bei einem Signifikanzniveau von 0,01), hat der Einbezug des Indikators das Resultat nicht verändert.

Tabelle 5: Bewertungsschema Regionsstärke im Destinationsmanagement

Reichweite der Destination	Schwellenwerte der Übernachtungen
Regional	< 400.000
National	≥ 400.000
International	≥ 800.000
Global	≥ 1.400.000

Quelle: Eigene Darstellung in Anlehnung an BIEGER & LAESSER (1998: 25)

aus umliegenden Städten) eine wesentliche Rolle. Da der Tagesausflugsverkehr nicht in der amtlichen Statistik erfasst wird und für die Biosphärenreservate in der hier gewählten Abgrenzung keine Daten vorliegen, bleibt dieser Aspekt unvollständig. Die vorgenommene Einteilung bietet dennoch einen ersten Überblick über die touristische Nachfrage in den Biosphärenreservaten. Wesentliche touristische Kennzahlen sowie Strukturmerkmale der deutschen Biosphärenreservate liefert Tabelle 6. Diese bildet zum einen die Grundlage zur Bewertung der Regionsstärke, zum anderen liefert sie die wesentlichen Kennzahlen zur Vorstellung der Untersuchungsgebiete in Kapitel 5.

Als zweites Kriterium wird die Biosphärenreservatsstärke im Rahmen des Destinationsmanagements- und der Vermarktung herangezogen (vgl. HANNEMANN & JOB 2003). Dazu zählen folgende Kriterien:

- Kooperationsintensität zwischen Biosphärenreservat und der regionalen Tourismusorganisation

- Bedeutung des Biosphärenreservates im Tourismusmarketing der Region

- Verhältnis von Besuchern der Informationszentren zu Gästeankünften

Aus diesen Kriterien ergibt sich ein Index der Biosphärenreservatsstärke zwischen „nicht erfüllt" und „hoch". Die Informationen hierzu wurden im Rahmen offener, halbstandardisierter Interviews mit Vertretern des Tourismusmanagements sowie der Biosphärenreservats-Verwaltungen 2008 abgefragt und 2010 in Teilen aktualisiert (für eine genauere Erläuterung siehe JOB et al. 2013b: 23, 33ff., basierend auf WEICHERT 2008).

Als Ergebnis der Analyse werden die in Tabelle 7 dargestellten vier Gruppen hinsichtlich der Destinations- und Biosphärenreservatsstärke unterscheiden.

Kennzeichnend für den *Typ 1.* „Sehr große, tradierte Tourismusregion" ist die globale Reichweite, ein starker Tourismussektor, ein hoher Anteil an Übernachtungsgästen mit hoher bis überdurchschnittlicher Aufenthaltsdauer und eine geringe Rolle des Biosphärenreservates hinsichtlich der touristischen Entwicklung, Vermarktung und Kooperation mit der regionalen Tourismusorganisation. Als besondere Situation ergibt sich die jeweilige Nähe zu (z.B. Südost-Rügen) oder Überschneidung mit Nationalparken (z.B. Niedersächsisches Wattenmeer). Für *Typ 2* „Große Tourismusregion" ist eine etwas unterdurchschnittliche Aufenthaltsdauer

Tabelle 6: Kennzahlen zu deutschen Biosphärenreservaten anhand der amtlichen Statistik (Bezugsjahr 2010)

Biosphärenreservats-Region	Fläche (in ha)	Flächenanteil der Gemeinden	Bevölkerung des Biosphärenreservats	Bevölkerungsdichte (EW/km²)	Beherbergungsbetriebe	Bettenkapazität	Bettenauslastung	Gästeübernachtungen	Tourismusdichte (km²)	Aufenthaltsdauer
Berchtesgadener Land	84.000	100%	102.242	122	613	18.660	38%	2.581.786	3.072	4,9
Bliesgau	36.152	87%	115.117	318	32	1.623	43%	278.632	775	3,8
Flusslandschaft Elbe	342.847	31%	256.720	75	143	8.517	23%	710.362	257	2,3
Karstlandschaft Südharz	30.034	46%	22.566	75	20	868	28%	88.451	295	2,4
Niedersächsisches Wattenmeer	240.000	34%	481.296	201	1.846	106.698	30%	11.837.531	11.686	5,4
Oberlausitzer Heide- und Teichlandschaft	30.102	39%	12.864	43	11	359	15%	22.797	75	3,3
Pfälzerwald	177.842	70%	327.880	184	407	12.173	43%	1.725.118	959	2,7
Rhön	185.262	69%	129.613	70	305	11.380	25%	1.026.313	557	3,2
Schaalsee	30.900	62%	12.930	42	14	131	36%	10.552	19	3,1
Schleswig-Holsteinisches Wattenmeer/Halligen	443.100	100%	214	0	15	591	22%	48.420	1.447	4,8
Schorfheide-Chorin	129.160	50%	51.144	40	59	1.999	48%	419.358	321	3,1
Schwäbische Alb	85.269	71%	175.016	205	123	5.676	30%	668.227	785	3,0
Südost-Rügen	22.900	60%	10.550	46	297	23.130	33%	2.628.550	24.512	5,4
Spreewald	47.509	40%	31.178	66	83	3.409	48%	637.771	1.342	3,0
Vessertal-Thüringer Wald	17.081	37%	21.354	125	35	1.327	32%	142.500	836	2,7
*Schwarzwald**	63.236 (BR)	k.A.	309.952	k.A.	435	24.772	39%	3.219.073	k.A.	2,6

* Die Angaben zum Biosphärenreservat Schwarzwald sind dem offiziellen Anerkennungsantrag (Stand: Juli 2016, Bezugsjahr 2014) entnommen. Bis auf die Flächenangabe (Biosphärenreservat) beziehen sich die Angaben auf die Biosphärenkulisse mit 29 Gemeinden inklusive Freiburg. Auf ein Prozessieren der Daten anhand GIS und die Berechnung nach dem Standardschema der vorliegenden Arbeit wurde aufgrund der bereits abgeschlossenen Datenaufnahme zum Zeitpunkt der Ausweisung des Biosphärenreservates verzichtet, zumal das Gebiet für die vorliegende Arbeit keine explizite Relevanz besitzt. Es kommt hinzu, dass der Einbezug Freiburgs im Hinblick auf die Integration der Daten zu Übernachtungen eine Herausforderung darstellt, da ohne profunde regionale Kenntnisse der Einbezug aller Daten sicherlich nicht gerechtfertigt sein dürfte.

Tabelle 7: Destinationstypologie der Biosphärenreservate *(kursiv=Untersuchungsgebiete)*

Typ		Destinations-stärke	Biosphärenreservats-stärke	Biosphärenreservate
1.	Sehr große, tradierte Tourismus-region	Global	Nicht erfüllt bis gering	Berchtesgadener Land Niedersächsisches Wattenmeer *Südost-Rügen*
2.	Große Tourismus-region	International	Mittel bis hoch	*Pfälzerwald* *Rhön*
3.	Mittelgroße Tourismus-region	National	Mittel	Flusslandschaft Elbe Schwäbische Alb *Spreewald* Halligen Bliesgau
4.	Kleine Tourismus-region	Regional	Gering bis hoch	Karstlandschaft-Südharz Oberlausitzer Heide- und Teichlandschaft *Schaalsee* *Vessertal-Thüringer Wald*

Quelle: Leicht verändert nach Job et al. (2013b: 35)

mit einem hohen Niveau an Gästeübernachtungen kennzeichnend, wobei die größere Flächenausdehnung berücksichtigt werden muss. Die Kooperation zwischen Biosphärenreservat und regionaler Tourismusorganisation bzw. die Rolle des Biosphärenreservates im Marketing der Region ist im Vergleich zum *Typ 1* stärker ausgeprägt. Hinsichtlich der Übernachtungen ist *Typ 3* „Mittelgroße Tourismusregion" im Vergleich zu den vorhergehenden Typen noch etwas weniger frequentiert, wobei die Fläche auch hier eine wichtige Rolle spielt und die Biosphärenreservats-Destination im Vergleich zu *Typ 2* zwei kleiner ist. Die Kooperation der Tourismusorganisation mit dem Biosphärenreservat und die Ausrichtung auf das Biosphärenreservat im Marketing ist vergleichbar mit *Typ 2*. Deutlich kleinere Destinationen stellen die Gebiete vereint in *Typ 4* dar, mit deutlich weniger Übernachtungen und einer geringeren Tourismusdichte. Die Biosphärenreservatsstärke in den Gebieten ist relativ heterogen ausgeprägt, von gering wie z.B. im Vessertal-Thüringer Wald und hoch im Biosphärenreservat Schaalsee. Insbesondere das Vessertal-Thüringer Wald und die Halligen liegen zudem in einer sie umgebenen, tradierten Destination, die als Naturpark bzw. als Nationalpark ausgewiesen ist, was zu einer Schwächung der Biosphärenreservate in der Vermarktung führt (siehe hierzu ausführlicher Job et al. 2013b: 36ff.). Um eine möglichst große Bandbreite an Biosphärenreservaten abzudecken, wird jeweils mindestens ein Biosphärenreservat der vier Typen untersucht.

Des Weiteren ist durch die Auswahl der Untersuchungsgebiete ein Biosphärenreservat der Post-Sevilla Phase, das Biosphärenreservat Schaalsee, enthalten, was evtl. im Hinblick auf die Tourismusentwicklung relevant wird, da diesen ein stärkere Fokussierung auf die Funktion der nachhaltigen Entwicklung nachgesagt wird (vgl. Kraus 2015: 70). Zum anderen ermöglicht es die Auswahl, eine große Bandbreite an Handlungsansätzen im Hinblick auf die Regionalvermarktung in Form institutionell unterschiedlich organisierter Initiativen abzudecken: sowohl die Partner-Initiativen der NNL, Regionalmarken als auch eine Dachmarke werden erfasst, um so unterschiedliche Strategien beleuchten zu können. Mit der Auswahl kann auch der für Deutschland öfter existente Fall bundeslandübergreifender Biosphärenreservate inkl. der Aufteilung der Verwaltungsstellen, erfasst werden. Außerdem beinhaltet die Auswahl Biosphärenreservate mit Überschneidungen zu Naturparken.

4.3 Methodik zur Berechnung regionalökonomischer Effekte – die touristische Wertschöpfungsanalyse

Im deutschsprachigen Kontext hat sich die Methode der touristischen Wertschöpfungsstudie für regionalwirtschaftliche Analysen etabliert. Die Methodik wurde dabei im Wesentlichen vom Deutschen Wirtschaftswissenschaftlichen Institut für Fremdenverkehr (dwif) entwickelt (vgl. METZLER 2007: 50ff.). Als Kernargumente für bzw. Vorteile der Methode gelten (vgl. WOLTERING 2012: 123f.):

- das Fehlen regionalisierter Datenbestände für z.B. Input-Output Tabellen, für die umfassende, ressourcenintensive Betriebsbefragungen notwendig wären

- die einfache Verständlichkeit und gute Nachvollziehbarkeit der Methode

- die hohe Flexibilität und damit gute Anwendbarkeit auf einzelne Teilsegmente des Tourismus, z.B. Tourismus in Biosphärenreservaten

Zahlreiche Wertschöpfungsstudien zeigen die gute Anwendbarkeit auf unterschiedlicher räumlicher Ebene und für verschiedene Themen bzw. spezielle Tourismusphänomene (siehe hierzu z.B. BENGSCH et al. 2008; HARRER et al. 2010; KÜPFER 2000; METZLER 2007). Mit dieser Methodik durchgeführte Untersuchungen, insbesondere im Kontext der Nationalparke (vgl. JOB et al. 2009; WOLTERING 2012; JOB et al. 2016a), gewährleisten eine Vergleichbarkeit zwischen den Ergebnissen. Daher wird sich in der vorliegenden Arbeit für diese Methodik entschieden. Diese wird im Nationalparkkontext sehr ausführlich bereits bei JOB et al. (2009) sowie WOLTERING (2012) dargelegt.

Im Folgenden wird auf die touristische Wertschöpfungsanalyse, die angewandte Methodik im Rahmen der nachfrageseitigen Erhebung sowie die verwendeten Berechnungsverfahren zur Ermittlung der regionalökonomischen Effekte durch Tourismus eingegangen. Einen Überblick über die methodischen Bestandteile der Untersuchung gibt Abbildung 8. Um eine Vergleichbarkeit der hier erarbeiteten Ergebnisse mit weiteren Schutzgebieten zu gewährleisten, wurde die Vorgehensweise nur soweit abgewandelt wie nötig, um so die leicht unterschiedlichen Rahmenbedingungen gegenüber den Nationalparken zu berücksichtigen.

Nach LOOMIS & CAUGHLAN (2006: 33f.) sind zur Bestimmung der regionalökonomischen Effekte Besucherzählungen, -befragungen und ein regionaler Überblick über Kostenstrukturen der für den Tourismus relevanten Betriebe inkl. deren Vorleistern notwendig. In diesem Kontext ist der Begriff der Wertschöpfung relevant: diese stellt in betriebswirtschaftlicher Hinsicht die Steigerung des Wertes, die den

Abbildung 8: Bestandteile der Wertschöpfungsanalyse

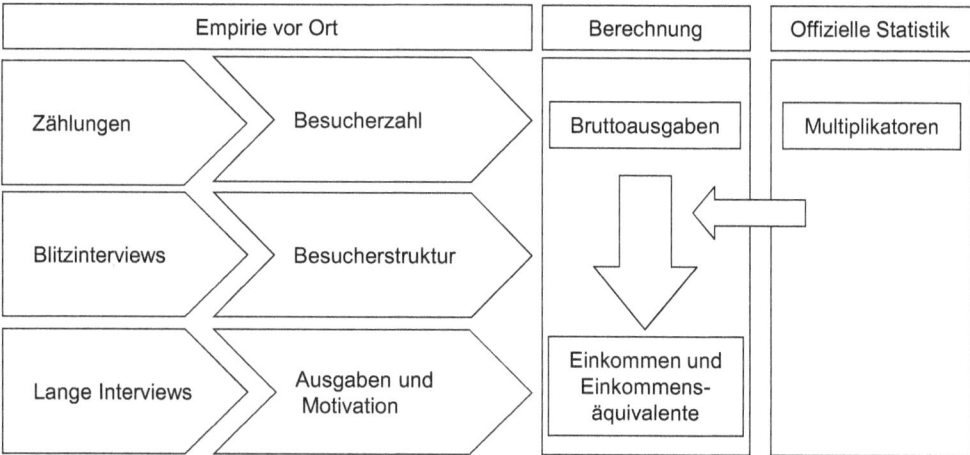

Empirie vor Ort		Berechnung	Offizielle Statistik
Zählungen	Besucherzahl	Bruttoausgaben	Multiplikatoren
Blitzinterviews	Besucherstruktur		
Lange Interviews	Ausgaben und Motivation	Einkommen und Einkommensäquivalente	

Quelle: Eigene Darstellung, leicht verändert nach MERLIN & KRAUS (2016:27)

von Dritten erworbenen Gütern (Vorleistungen) durch Be- und Verarbeitung hinzugefügt worden ist, dar (vgl. WEBER & KABST 2009: 11f.). Es wird zwischen Brutto- und Nettowertschöpfung differenziert (vgl. Abbildung 9). Vom Bruttoumsatz werden die Vorleistungen subtrahiert um die Bruttowertschöpfung zu erhalten, die auf volkswirtschaftlicher Ebene dem BIP entspricht. Subtrahiert man davon die Abschreibungen und saldiert indirekte Steuern bzw. Subventionen, erhält man die Nettowertschöpfung, welche volkswirtschaftlich gleichzusetzen ist mit dem Volkseinkommen. Die Nettowertschöpfung umfasst die Summe aus den in der Abbildung 9 aufgeführten Elementen Löhne und Gehälter, Gewinne der Unternehmungen sowie Steuern, Zinsen und Dividenden. Die Wertschöpfung bzw. deren Bestandteile eigenen sich gut als Maß für die volkswirtschaftliche Bedeutung einer Region oder einer Branche (wie z.B. Tourismus)(vgl. RÜTTER et al. 1996: 10).

Der Anteil der Wertschöpfung am Nettoumsatz, welcher den Bruttoumsatz abzüglich der Mehrwertsteuer umfasst, wird als Wertschöpfungsquote bezeichnet bzw. als touristischer Einkommensmultiplikator. Für unterschiedliche Branchen existieren unterschiedliche Wertschöpfungsquoten, wobei im Tourismus z.B. das dwif entsprechende Werte bereitstellt (vgl. MASCHKE 2007; 2010). Für einzelne Regionen liegen i.d.R. keine Wertschöpfungsquoten vor – der Aufwand für entsprechende Unternehmungsbefragungen ist sehr hoch (vgl. KRAUS 2015) – weshalb für gewöhnlich deutschlandweite Durchschnittswerte verwendet werden (vgl. METZLER 2007: 53).

Um eine Wertschöpfungsanalyse durchzuführen, sind neben den ökonomischen Kennzahlen (Wertschöpfungsquote, Mehrwertsteuersätze etc.) die genaue Besucherzahl und -struktur, deren Motivation und das Ausgabeverhalten relevant. Die eingesetzten Erhebungsinstrumente im Rahmen der Besucherbefragungen zielen dementsprechend auf diese Sachverhalte ab (siehe Anhang 3 und Anhang 4):

Abbildung 9: Bestandteile der Wertschöpfung

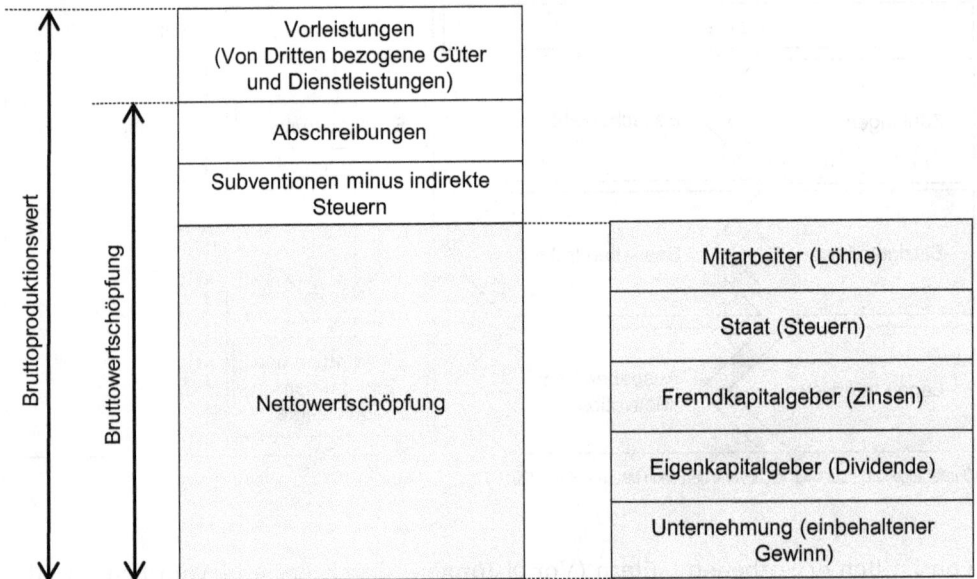

		Vorleistungen (Von Dritten bezogene Güter und Dienstleistungen)	
Bruttoproduktionswert	Bruttowertschöpfung	Abschreibungen	
		Subventionen minus indirekte Steuern	
		Nettowertschöpfung	Mitarbeiter (Löhne)
			Staat (Steuern)
			Fremdkapitalgeber (Zinsen)
			Eigenkapitalgeber (Dividende)
			Unternehmung (einbehaltener Gewinn)

Quelle: Leicht verändert nach WOLTERING (2012: 126), RÜTTER et al. (1996: 10) und MUNDT (2013: 449)

1. Lange Interviews: Ermittlung von Informationen zur Soziodemographie, der Motivation des Besuchs und dem Stellenwert des Biosphärenreservats-Status sowie dem Ausgabeverhalten

2. Blitzinterviews und Zählungen: Ermittlung der Besucherzahl anhand von Zählungen und Blitzinterviews zum Feststellen der Besucherstruktur (Tages- und Übernachtungsgäste, ggfs. Unterkunftskategorie)

Die Erfassung der Besucherzahlen und -strukturen vor Ort ist notwendig, da i.d.R. Tagesgäste in der Statistik nicht erfasst werden, genau so wenig wie Übernachtungsgäste, die in nicht-gewerblichen Betrieben übernachten. Durch deren Berücksichtigung mit Hilfe eigener Erhebungen wird ein möglichst realitätsnahes Bild der Besucherstrukturen vor Ort generiert. Um den räumlichen Gegebenheiten des jeweiligen Untersuchungsgebietes Rechnung zu tragen und um die verschiedenen Besuchergruppen zu erfassen, wird an einer zuvor, je nach Gebietsgröße festzulegenden Anzahl an Standorten, befragt. Um saisonale Effekte zu erfassen, wird im Gebiet an 18 bzw. 20 Tagen, verteilt über das Erhebungsjahr und alle Saisonabschnitte, erhoben.

Dazu werden halbstündige Zählungen inkl. Blitzinterviews mit langen Befragungen alterniert. Die Blitzinterviews haben insbesondere das Ziel, den Stichprobenumfang zu vergrößern und so ein möglichst repräsentatives Bild der Besuchergruppen (Tages- und Übernachtungsgäste, Beherbergungs- und Preiskategorie) zu generieren. In vorangegangen Studien in Nationalparken hat sich gezeigt, dass das Ausgabeverhalten insbesondere von der Aufenthaltsdauer und der Unterkunft abhängt, was somit über die Blitzinterviews abgedeckt wird und zu einer verbesserten

Repräsentativität der einzelnen Besuchergruppen bei der Ermittlung der regional-ökonomischen Effekte führt (vgl. WOLTERING 2012: 145).

Aufgrund der zu Beginn jeder halben Stunde festzulegenden Frequenz, mit der die Blitzinterviews durchgeführt werden, kann eine originäre Zufallsstichprobe gewährleistet werden (vgl. JOB et al. 2005a: 32). Die langen Interviews dienen insbesondere dazu, das Ausgabeverhalten differenziert nach verschiedenen Ausgabekategorien (z.B. Übernachtung, Einzelhandel, touristischen Dienstleistungen) sowie die Motivationen im Rahmen des Besuches zu erfassen.

Die im Rahmen der nachfrageseitigen Erhebungen gewonnen Fragebögen und Zählungen wurden mithilfe von Access, SPSS und Excel erfasst, kodiert und analysiert. Die folgenden Teilkapitel gehen insbesondere näher auf die Ermittlung der für die Wertschöpfungsanalyse notwendigen Informationen ein: die Generierung der Besucherzahlen durch die Erhebungen, die Standorte der Befragungen, die Verteilung der Befragungstermine sowie die Bestimmung der Besucherzahl und die Berechnung der regionalökonomischen Effekte.

4.3.1 Allgemeines Vorgehen zur Ermittlung der Besucherzahlen

Die dazu durchgeführten Zählungen können den quantitativ-analytischen Methoden zugeordnet werden. Die Zählung erfolgt kontrolliert, ist geplant, intersubjektiv überprüfbar und vergleichbar (vgl. REUBER & PFAFFENBACH 2005: 61f.). Die Durchführung eigener Zählungen ist notwendig, da vergleichbare, systematisch generierte Besucherzahlen in deutschen Schutzgebieten – eine Ausnahme bilden die Nationalparke (vgl. JOB et al. 2016a) – i.d.R. fehlen. Das ist auf das freie Betretungsrecht der Schutzgebiete bzw. das Ausbleiben von Zugangsbeschränkungen oder -kontrollen zurückzuführen. In Anlehnung an JOB et al. (2006; 2016a) wird hier zur Ermittlung der Besucherzahl ebenfalls die Methode der direkten Beobachtung mit Hilfe von Zählbögen und Blitzinterviews gewählt. Einen Überblick über andere Methoden zur Besucherzahlerfassung (z.B. automatische Zählstationen, Luftbildauswertung etc.) sowie deren Vor- und Nachteile für die angestrebten Ergebnisse im Kontext Tourismus und Großschutzgebiete, gibt WOLTERING (2012: 135ff.).

Da die deutschen Biosphärenreservate im Gegensatz zu Nationalparken Siedlungen umfassen und sich dementsprechend nicht so leicht bzw. deutlich mit entsprechenden Besucherzugängen abgrenzen lassen, ist eine Erfassung der Besucherzahl im Vergleich komplexer. Da sowohl finanzielle und dementsprechend personelle Ressourcen begrenzt sind und die Erhebungen nicht ungleich aufwändiger gestaltet werden können, erfolgt eine Kombination der bereits erhobenen Daten zu Besucherzahlen mit statistischen Sekundärdaten.

4.3.1.1 Standorte der Befragungen

Bei den Zählungen muss berücksichtigt werden, dass die Frequentierung des Gebiets räumlich variiert und somit mehrere Zählstandorte für die korrekte Ermittlung der letztendlichen Besucherzahl von Nöten sind. Folgende Aspekte sind für die genaue Anzahl an Standorten relevant (vgl. Job et al. 2005a: 49): die Größe des Gebietes, die Geländeverhältnisse und die Erschließung durch Besucherinfrastruktur sowie die Besucherstruktur und deren aktionsräumliches Verhalten. Letzteres impliziert z.B. eher eine Orientierung an einzelnen Achsen (weniger Standorte notwendig) oder eine flächige Verteilung im Untersuchungsgebiet (tendenziell mehrere Standorte notwendig).

Bei der Auswahl der Erhebungsstandorte wurde stets auf die Gebietskenntnis der Biosphärenreservats-Verwaltung zurückgegriffen und die Standorte in Absprache festgelegt (vgl. Tabelle 8). Somit kann gewährleistet werden, dass die Bandbreite an Besuchersegmenten erfasst wird und z.B. neben stark frequentieren Standorten auch explizit wenig frequentierte Standorte, z.B. interessant für „Natur-affine", abgedeckt werden. Im Rahmen der hier durchgeführten Erhebungen ergab sich folgende Verteilung von Erhebungsstandorten, die im jeweiligen Erhebungsjahr besetzt wurden:

Tabelle 8: Anzahl der Erhebungsstandorte in den Untersuchungsgebieten

Untersuchungsgebiet/Biosphärenreservat	Anzahl Standorte
Pfälzerwald	12
Rhön	12
Schaalsee	8
Spreewald	8
Südost-Rügen	5
Vessertal-Thüringer Wald	8

Quelle: Eigene Erhebung

4.3.1.2 Abgrenzung von Einheimischen

Da die Biosphärenreservate in der Regel Siedlungsbereich mit einschließen, werden an den Erhebungsstandorten zum Teil Einheimische bei den Zählungen bzw. Interviews erfasst. Wie mit diesen im Rahmen touristischer Wertschöpfungsstudien zu verfahren ist, ist bereits seit Jahren Gegenstand kontroverser Diskussionen (vgl. Mayer 2013: 132). Als Argument gegen die Berücksichtigung der Ausgaben Einheimischer wird insbesondere angeführt, dass diese Ausgaben inklusive der generierten Wertschöpfung nicht als Beitrag zum Einkommen durch das „Exportgut" Tourismus betrachtet werden können, sondern als Zirkulation bereits regionalen Geldes innerhalb der Region angesehen werden müssen (vgl. Crompton et al. 2001: 81; Hjerpe & Kim 2007: 139f.). Als Argument für die Berücksichtigung der Ausgaben Einheimischer spricht die Tatsache, dass man die ökonomischen Effekte unterschätzen würde, würde man die erneute Einspeisung an Ausgaben in den regionalen Wirtschaftskreislauf ignorieren. Zudem würden die Ausgaben im Rahmen eines regionsexternen Ausflugs nicht in der Region ausgegeben werden und somit abfließen (vgl. Johnson & Moore 1993: 287; Ryan 1998: 345).

Die Tatsache, dass bei den Erhebungen durch die Lage der Erhebungsstandorte in den Biosphärenreservaten auch Personen angetroffen werden können, die keiner Freizeitaktivität nachgehen, macht im Vergleich zu den Erhebungen in Nationalparken eine methodische Anpassung notwendig. Die Einheimischen müssen in diesem Fall aus der Wirkungsanalyse ausgeschlossen werden. Dennoch ist es aufgrund der Ausdehnung der Biosphärenreservate möglich, als Einheimischer Tagesreisen mit dem Ziel der Freizeitgestaltung zu unternehmen, was dementsprechend regionalökonomisch zu erfassen ist. Laut DWIF (2013: 10f.) sind Tagesreisen definiert als *„jedes Verlassen des Wohnumfeldes"*, wobei Fahrten im Sinne anderer Daseinsgrundfunktionen wie Arbeit, Einkaufen oder Arztbesuche etc. ausgenommen sind. Das Wohnumfeld stimmt bei Städten mit bis zu 100.000 Einwohnern mit der Ortsgrenze überein, bei größeren Städten mit dem Stadtteil. Die durchschnittliche, im Rahmen einer Tagesreise zurückgelegte, einfache Distanz beträgt 72,8 km. Rund 60 % der Tagesreisen finden in einem Umkreis von weniger als 50 km statt, bei zwei von fünf Tagesreisen beträgt die einfache Distanz weniger als 25 km (vgl. HARRER & SCHERR 2013: 64f.).

Einheimische werden der Problematik entsprechend in dieser Arbeit definiert als Befragte, deren Postleitzahlgebiet des Wohnortes sich mit einem Kreis, gezogen mit 2,5 km Radius um den Befragungsstandort, schneidet und mehr als 25 % der Kreisfläche ausfüllt (vgl. Abbildung 10). Die aufgrund der Definition als einheimisch kategorisierten Personen werden in der Auswertung nicht berücksichtigt.

Abbildung 10: Abgrenzung der Einheimischen und Tagesgäste nach Postleitzahlgebieten

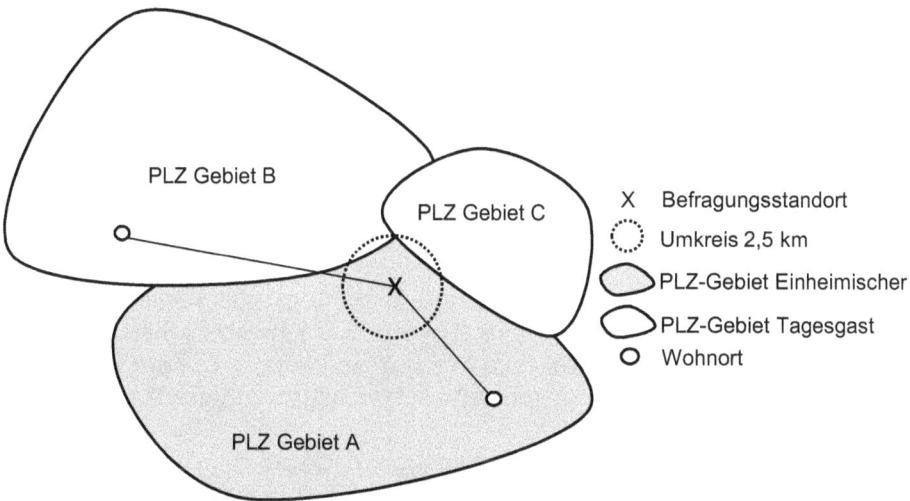

Quelle: Eigene Darstellung, leicht verändert nach JOB (et al. 2013b: 49)

4.3.1.3 Saisonale Verteilung der Befragungen

Nach JOB et al. (2006: 2) wurde in jedem Gebiet an 20 (Vessertal-Thüringer Wald und Rhön) bzw. 18 Tagen erhoben (Biosphärenreservate mit weniger stark ausgeprägter Wintersaison). Da die Frequentierung des Gebietes im Saison-, Wochen- und Tagesverlauf variiert, wurden die Tage auf die verschiedenen, saisonalen Abschnitte aufgeteilt, die sich laut amtlicher Tourismusstatistik hinsichtlich der Gästeankünfte strukturell unterscheiden (vgl. WOLTERING 2012: 137f.):

- Wintersaison   (15.11.-14.03.)
- Nebensaison I   (15.03.-14.06.)
- Sommersaison   (16.06.-14.09.)
- Nebensaison II   (15.09.-14.11.)

Nebensaison I und II werden im Nachgang rechnerisch zu einer Saison zusammengefasst. Insgesamt soll ein ausgewogenes Verhältnis zwischen Saisonabschnitten, Wochen-, Wochenend- und Feiertagen hergestellt werden. Einen Überblick über die entsprechende Verteilung gibt die Tabelle 9.

Tabelle 9: Verteilung der Befragungstage

Gebiet	Winter-saison	Neben-saison	Sommer-saison	Wochen-ende	Wochen-tag	Gutes Wetter	Schlechtes Wetter
Pfälzer-wald	22%	44%	33%	67%	33%	72%	28%
Rhön	30%	40%	30%	60%	40%	60%	40%
Schaalsee	6%	72%	22%	67%	33%	44%	56%
Spreewald	22%	50%	28%	61%	39%	28%	72%
Südost-Rügen	11%	50%	39%	56%	44%	72%	28%
Vessertal-Thüringer Wald	30%	40%	30%	70%	30%	55%	45%

Quelle: Eigene Erhebung

4.3.1.4 Bestimmung der Besucherzahl

Eine ausführliche Erläuterung zum Ablauf eines Erhebungstages sowie der Vorgehensweise bei der Bestimmung der Tagesbesucher- und Jahresbesucherzahl findet sich bei WOLTERING (2012: 138ff.), weshalb hier nur ein knapper Überblick, speziell zu den für die Erhebungen in den Biosphärenreservaten notwendigen Anpassungen der Methodik, gegeben wird.

Ein Erhebungstag an einem Erhebungsstandort deckt i.d.R. acht Stunden von 9-17 Uhr ab, im Winter sechs Stunden von 10-16 Uhr. Die durch die Zähl- und Kurzinterviewbögen gewonnen Daten werden mit Hilfe eines Datenbankmanagementsystems, in diesem Fall Microsoft Access, verarbeitet und ausgewertet. Jeder Passant, der an den festgelegten Zähl- und Befragungsstandorten eine gedachte Linie übertritt, wird gezählt, wobei darauf zu achten ist, dass die Besucher nicht mehrfach erfasst werden (vgl. Anhang 5). Neben der Zählung werden, nach einer vor Beginn jeder Zählperiode festzulegenden Frequenz, Besucher im Rahmen einer ca. ein-minütigen Fragesequenz, dem Kurzinterview, befragt. Abgefragt werden die Länge des Aufenthaltes (Tagesgast oder Übernachtungsgast), wenn letzteres zutreffend, die Beherbergungskategorie und die Preiskategorie sowie die Postleitzahl des Heimatortes (vgl. JOB et al. 2006: 5).

Für jedes halbstündige Zählintervall wird unter Berücksichtigung der unterschiedlichen Besuchergruppen ein Durchschnittswert pro Minute berechnet, um diesen auf eine volle Stunde hochzurechnen. Multipliziert mit der Erhebungsdauer, ergibt dies die Besucherzahl für die acht bzw. sechs Stunden. Da dies nur einen Teil des Tages abdeckt, werden für die fehlenden Zeiten relativ ermittelte Aufschläge addiert (vgl. Job et al. 2006: 8).

Addiert man alle Tagesbesucherzahlen der Standorte, erhält man das Besucheraufkommen für einen Tag im Untersuchungsgebiet. Die so ermittelten Tageswerte dienen als Grundlage bei der Berechnung der Jahresbesucherzahl. Dazu werden zwölf verschiedene Tagestypen festgelegt, die Saison, Wochen- und Wochenendtag sowie das Wetter berücksichtigen, letzteres insbesondere, da es die Nachfrage nach landschafts- bzw. naturbezogenen Freizeitaktivitäten beeinflusst (vgl. PLONER & BRANDENBURG 2003: 297). Aus den Tageswerten werden dann jeweils Durchschnittswerte für den jeweiligen Tagestyp berechnet (z.B. Sommersaison, Wochenende, gutes Wetter). Die Ausprägung des Wetters wird mit Hilfe tagesgenauer Daten des Deutschen Wetter Dienstes festgelegt, wobei die Parameter „Temperatur", „Sonnenscheindauer" und „Niederschlag" einbezogen und mit Hilfe einer z-Transformation standardisiert werden, so dass letztendlich die Kategorien „gutes Wetter" und „schlechtes Wetter" generiert werden (vgl. Job et al. 2005a: 56f.). Die ermittelten Durschnitts-Tagestypen werden dann entsprechend dem Verlauf der Tagestypen im Erhebungsjahr zugewiesen, wodurch die Jahresbesucherzahl ermittelt wird.

Die so ermittelte Besucherzahl entspricht dem Besucheraufkommen an den festgelegten Standorten, was im Falle der Biosphärenreservate aufgrund von Größe und flächiger Verteilung der Besucher bzw. den bereits erwähnten Siedlungsräumen zu kurz greifen würde. Daher werden Daten der amtlichen Statistik nach dem in Abbildung 11 dargestelltem Schema, mit in die Berechnung einbezogen.

Abbildung 11: Vorgehen zur Berechnung der Besucherzahl

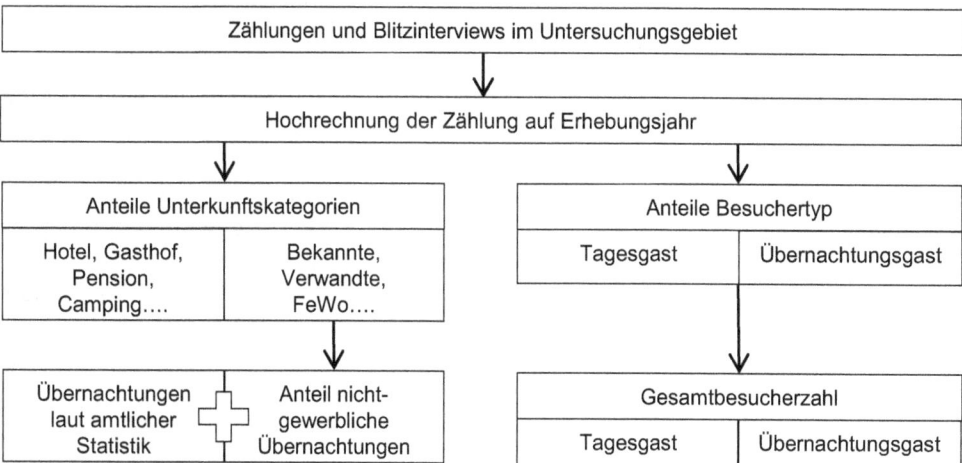

| Zählungen und Blitzinterviews im Untersuchungsgebiet |

| Hochrechnung der Zählung auf Erhebungsjahr |

Anteile Unterkunftskategorien		Anteile Besuchertyp	
Hotel, Gasthof, Pension, Camping….	Bekannte, Verwandte, FeWo….	Tagesgast	Übernachtungsgast

Übernachtungen laut amtlicher Statistik	Anteil nicht-gewerbliche Übernachtungen	Gesamtbesucherzahl	
		Tagesgast	Übernachtungsgast

Quelle: Eigene Darstellung, leicht verändert nach Job (et al. 2013b:52)

Aus den Zählungen und Blitzinterviews werden das Verhältnis von Tages- zu Übernachtungsgästen sowie die Angaben zu Beherbergungskategorien verwendet und mit den Zahlen der amtlichen Statistik, entsprechend der Abgrenzungsdefinition der Untersuchungsgebiete in Kapitel 4.2, in Bezug gesetzt. Dementsprechend werden Anteile der Bekannten- und Verwandtenbesucher sowie Ferienwohnungsbesucher zu den Werten der amtlichen Statistik addiert, um so die Übernachtungen in nicht-gewerblichen Unterkünften abzubilden. Auf die so errechnete Zahl der Übernachtungsgäste wird eine Anzahl an Tagesgästen addiert, die durch das Verhältnis der empirisch erhobenen Werte gewonnen wird. In der Summe ergibt sich die Besucherzahl aus den Zahlen der amtlichen Statistik ergänzt durch nicht-gewerbliche Übernachtungen sowie die Tagesgäste.

4.3.2 Generierung der ökonomisch relevanten Merkmale

Im Folgenden wird die Ermittlung der Biosphärenreservats-Affinität genauer erläutert, bzw. die Relevanz, die das Schutzgebiet für einen Aufenthalt in der jeweiligen Untersuchungsregion spielt. Ebenso wird auf die Ermittlung der Ausgabenstrukturen der Gäste im Rahmen der langen Interviews eingegangen. Die Befragung ist der Methodik des standardisierten Interviews zuzuordnen (vgl. SCHNELL et al. 1999: 299ff.). Mit Hilfe eines standardisierten, vollstrukturierten Fragebogens (vgl. Anhang 3) werden die Besucher der Biosphärenreservate face-to-face im Gebiet befragt.

4.3.2.1 Ermittlung der Biosphärenreservats-Affinität

Die Existenz eines Schutzgebietes kann eine wesentliche Motivation darstellen, eine bestimmte Region im Rahmen der Freizeitgestaltung aufzusuchen (vgl. REINIUS & FREDMAN 2007). In der vorliegenden Arbeit werden Besucher der Untersuchungsgebiete anhand ihrer Affinität zum Biosphärenreservat in zwei Gruppen eingeteilt. Die Gruppe der Biosphärenreservatsbesucher im engeren Sinn (Biosphärenreservatsbesucher i.e.S.), für die das Schutzgebiet im Hinblick auf die Entscheidung die Region zu besuchen, eine wichtige Rolle spielt sowie die sonstigen Biosphärenreservatsbesucher, für die die Auszeichnung der Untersuchungsregion nur eine geringe Rolle spielt (in Anlehnung an JOB et al. 2003: 127ff.). Besucher für die der Schutzgebietsstatus eine wesentliche Rolle spielt, bedingen einen wirtschaftlichen Effekt, der mitunter ohne den Schutzgebietsstatus ausbleiben würde. Dabei muss jedoch angemerkt werden, dass im Sinne von LEIPER (1990: 174) für gewöhnlich mehrere „Nuklei", sogenannte Attraktionspunkte, die den Touristen zu einem Aufenthalt in einer bestimmten Region motivieren, existieren. Diese z.T. unüberschaubare Vielfalt an Nuklei ist wissenschaftlich schwer zu erfassen, und es ist kaum zu rechtfertigen, dass der Schutzstatus der einzige Grund für einen Aufenthalt darstellt (vgl. MAYER 2013: 310).

In der vorliegenden Arbeit wird die Gruppierung der Besucher durch eine Fragesequenz von drei aufeinander aufbauenden Fragen operationalisiert (vgl. Frage 3, und 7a, b, c in Anhang 3). Das in Abbildung 12 dargestellte Vorgehen gewährleistet

Abbildung 12: Bestimmung der Biosphärenreservats-Affinität der Besucher

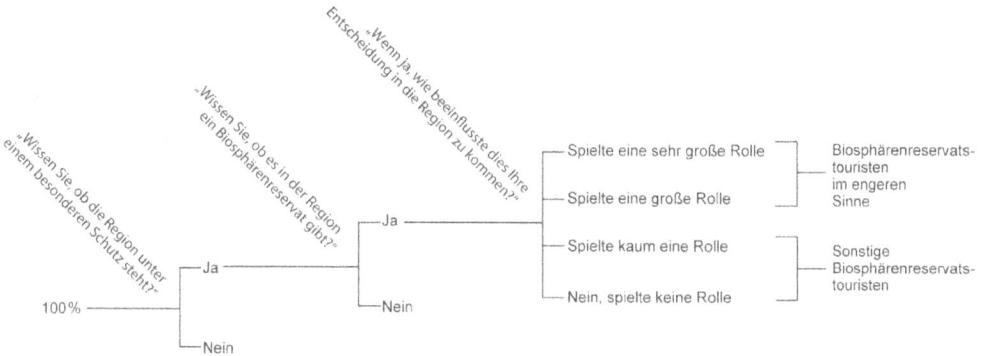

Quelle: Eigene Darstellung in Anlehnung an Job et al. (2003: 127ff.)

die Vergleichbarkeit mit den Untersuchungen in Nationalparken sowie den weiteren, zu untersuchenden Biosphärenreservaten im Rahmen des BfN Projektes „Regionalwirtschaftliche Effekte von Tourismus: Integration in das Monitoringsystem von Biosphärenreservaten" (Beginn 2016).

Insofern der Befragte den Schutzstatus der Region richtig zuordnen kann und dieser zudem noch eine „große" oder „sehr große Rolle" für den Besuch spielt, wird von einem Biosphärenreservats-Touristen im engeren Sinn gesprochen. Die zweite Frage ist dabei eine Plausibilitätsprüfung, ob in der ersten Frage, die eine Auswahlliste mit verschiedenen Schutzgebietskategorien enthält, nicht nur zufällig richtig geantwortet wurde. Hier musste der jeweilige Proband den Schutzstatus Biosphärenreservat wählen, wobei z.T. Mehrfachnennungen möglich waren (wie z.B. im Pfälzerwald, der gleichzeitig als Naturpark ausgewiesen ist).

4.3.2.2 Ermittlung der Ausgabenstruktur

Für die Berechnung der regionalökonomischen Effekte ist die genaue Ausgabenstruktur der Besucher von besonderer Bedeutung, wobei sich insbesondere die Tages- und Übernachtungsgäste stark unterscheiden und diese von daher in den Auswertungen stets getrennt dargestellt werden. Da es zudem Ziel ist, die ökonomischen Effekte durch den Biosphärenreservats-Status zu ermitteln, wird zusätzlich zwischen den Biosphärenreservats-Touristen i. e. S. und den sonstigen Biosphärenreservats-Touristen unterschieden, so dass es sich um insgesamt vier Gruppen handelt. Da die Ausgaben für Übernachtungen einen wesentlichen Faktor für die Ausgabenhöhe darstellen (vgl. Harrer & Scherr 2010; Mayer & Vogt 2016: 182), wird bei der Gewichtung der durchschnittlichen Tagesausgaben auf Basis der langen Interviews auch die Wahl der Unterkunftskategorie durch Übernachtungsgäste im Rahmen der Blitzinterviews berücksichtigt.

Abgefragt werden die Ausgaben der Besucher im Fragenblock 11 (vgl. Anhang 3) nach verschiedenen Kategorien, die letztendlich zu folgenden Wirtschaftsbereichen zusammengefasst werden:

- Gastgewerbe: Ausgaben für Unterkunft, Gastronomie
- Einzelhandel: Ausgaben für Lebensmittel und sonstige Waren
- Dienstleistungen: Ausgaben für Sport, Freizeit, Unterhaltung, Kultur, ÖPNV, etc.

Die Differenzierung der Ausgaben in diese Kategorien wird im Folgenden beibehalten, um so die jeweils sektorspezifischen Mehrwertsteuersätze sowie Wertschöpfungsquoten geltend machen zu können und die Berechnung möglichst genau durchzuführen. Die Daten aus den langen Fragebögen wurden in SPSS eingegeben und kodiert und im Hinblick auf Eingabefehler korrigiert. Zudem erfolgte eine vorläufige Auswertung und Plausibilitätsabschätzung um unrealistische Angaben heraus zu filtern.

4.3.3 Ermittlung der regionalökonomischen Effekte

Die Berechnung der regionalökonomischen Effekte durch den Tourismus in Biosphärenreservaten umfasst in dieser Arbeit die direkten und indirekten Effekte auf tangibler Ebene. Die Berechnung folgt dem in Abbildung 13 dargestellten Schema und kann ausführlicher bei WOLTERING (2012: 128ff.) nachgelesen werden, weshalb hier nur in knapper Form darauf eingegangen wird.

Vereinfacht lässt sich die Vorgehensweise grob in sechs Rechenschritte untergliedern:

Berechnung des Bruttoumsatzes (1): Hierzu wird das Nachfragevolumen in Form der Besuchstage mit den Tagesausgaben, jeweils getrennt nach den entsprechenden Besuchergruppen und Ausgabe-Kategorien, multipliziert. Die *Berechnung des Nettoumsatzes (2)* erfolgt durch die Bereinigung des Bruttoumsatzes um die branchenspezifischen Mehrwertsteuersätze, die unterschiedlich ausfallen (z.B. 19 % in der Gastronomie, 7 % bei Lebensmitteln oder einer Übernachtung im Hotel, 0 % im Privatquartier). Bei der Berechnung muss insbesondere der Beherbergungssektor mit den unterschiedlichen Steuersätzen in den Beherbergungskategorien berücksichtigt werden sowie die anteilsmäßige Inanspruchnahme durch die Befragten. Die angesetzten Mehrwertsteuersätze basieren auf MASCHKE (2005: 130) und wurden entsprechend der Mehrwertsteuergesetzgebung im Jahr 2007 neu berechnet.[46] Zur *Berechnung der Einkommenswirkung auf der 1. Umsatzstufe (3)* werden, getrennt nach Besuchergruppen und Ausgabekategorien, die Nettoumsätze mit den branchenspezifischen Wertschöpfungsquoten multipliziert, was der Verwendung eines touristischen Einkommensmultiplikators entspricht. Der Multiplikator entspricht dem prozentual, für jeden im Tourismus ausgegebenen Euro, generierten Mehrwert, der der regionalen Bevölkerung in Form von Einkommen und Gewinn, dem Staat durch Steuern und den Kapitalgebern durch Zinsen, zu Gute kommt. Diese Multiplikatoren lassen sich in Deutschland für die Untersuchungsgebiete nur schwer durch die Input-Output-Tabellen regionalisieren, weshalb hier auf Multiplikatoren

---

46 Für die Untersuchungsjahre wurde die Mehrwertsteuer nach der bis 2010 geltenden Mehrwertsteuerregelung für Beherbergungsbetriebe ausgewiesen.

Abbildung 13: Berechnungsweg regionalökonomischer Effekte des Tourismus in Biosphärenreservaten

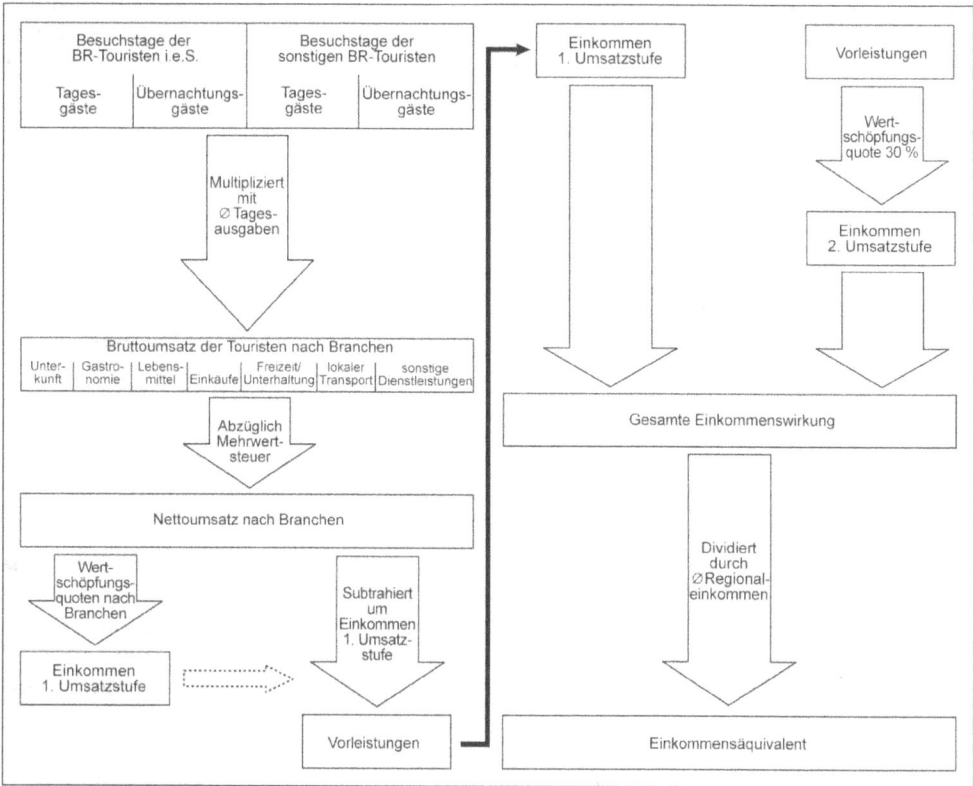

Quelle: Leicht verändert nach WOLTERING (2012: 133) bzw. JOB et al. (2006: 7)

des dwif für die Hotellerie und Gastronomie (vgl. MASCHKE 2005 & 2007; HARRER & SCHERR 2010) zurückgegriffen wird. Zur *Berechnung der Einkommenswirkung auf der 2. Umsatzstufe (4)* bzw. des indirekten Einkommens, das durch die Bereitstellung von Vorleistungen für den Tourismus generiert wird, muss mit Erfahrungswerten des dwif kalkuliert werden (vgl. MASCHKE 2005; HARRER & SCHERR 2010), da ansonsten zusätzlich zeit- und kostenintensive Betriebsbefragungen durchgeführt werden müssten. Dementsprechend wird hier eine einheitliche Wertschöpfungsquote von 30 % angesetzt. Die Einkommenswirkung errechnet sich durch die Multiplikation dieses Wertes mit den Ausgaben für Vorleistungen, die sich aus der Subtraktion der Einkommen auf der 1. Umsatzstufe vom Nettoumsatz ergeben. Addiert man die Einkommen (direktes + indirektes) der beiden Umsatzstufen erhält man die *Gesamteinkommenswirkung (5)*, wobei die induzierten Effekte hier nicht erfasst werden. Um die Effekte des Tourismus zu verdeutlichen werden die Summen in *Einkommensäquivalente (6)* umgerechnet. Die Größe umfasst eine hypothetische Anzahl an Personen, die ein durchschnittliches Einkommen aus dem Tourismus erhalten und somit anteilig vom Tourismus leben könnte. Zur Berechnung wird das durch Tourismus generierte Einkommen durch das durchschnittliche Primäreinkommen der

Einwohner in den Untersuchungsgebieten dividiert. Das Primäreinkommen liegt in Deutschland jeweils auf Landkreisebene vor (vgl. ARBEITSKREIS „VOLKSWIRTSCHAFT-LICHE GESAMTRECHNUNGEN DER LÄNDER" IM AUFTRAG DER STATISTISCHEN ÄMTER DES BUNDES UND DER LÄNDER 2011). Um für die Untersuchungsgebiete einen möglichst realistischen Wert zu erhalten, werden die Einkommen der privaten Haushalte auf Landkreisebene mit der Anzahl an Einwohnern der jeweiligen Landkreise gewichtet, die in den Gemeinden der Biosphärenreservats-Regionen ansässig sind.

4.4 Qualitative Methodik zur Erfassung der Aktivitäten der Biosphärenreservats-Verwaltungen im Tourismus

Neben der Bestimmung der touristischen Nachfrage ist es ein weiteres Ziel der Arbeit zu ermitteln, inwieweit die Biosphärenreservats-Verwaltung als Akteur in der regionalen Tourismusentwicklung Einfluss nimmt, um dadurch der Zielsetzung der nachhaltigen Entwicklung gerecht zu werden. Dabei liegt der Fokus insbesondere auf der ökonomischen Dimension, d.h., wie im Zuge der bereits stattfindenden Nachfrage, das Biosphärenreservat durch einen stärker qualitätsorientierten Tourismus in Wert gesetzt werden kann. Dazu wird erfasst, wie die Biosphärenreservats-Verwaltungen agieren, welche Strategien vorliegen, welche Projekte initiiert werden, welches Selbstverständnis vorliegt und welche Faktoren bei der Aufgabenwahrnehmung relevant werden.

Die Auswahl der Untersuchungsgebiete ergibt sich bereits im Rahmen der Nachfrageanalyse, sodass die Bandbreite an Destinationstypen von Biosphärenreservaten abgebildet wird und für die jeweiligen Gruppenvertreter eine möglichst tiefgründige Analyse erfolgen kann (vgl. FLICK 2011: 167). Dadurch können evtl. unterschiedliche Rahmenbedingungen und in der Folge möglichst viele relevante Faktoren erfasst werden. Das hier gewählte qualitative Vorgehen wird weniger als Gegenposition zum quantitativen Ansatz verstanden, sondern vielmehr als ergänzende Methode (vgl. MEIER KRUKER & RAUH 2005: 5). Dabei können sich die Ansätze gegenseitig unterstützen und zur genaueren Erfassung eines Sachverhaltes beitragen. Ein differenzierteres Bild kann entstehen, wobei die qualitativen Ergebnisse teilweise erklärend im Hinblick auf statistische Zusammenhänge bzw. quantitativen Ergebnisse wirken können (vgl. FLICK 2008: 75ff.).

4.4.1 Begründung der Vorgehensweise und Überblick

Um den dargelegten Sachverhalt inklusive seiner regionalen Besonderheiten und die zugrundeliegenden Prozesse und Zusammenhänge möglichst in allen Facetten zu erfassen, sind die Nähe zum Untersuchungsgegenstand sowie ein möglichst offenes Vorgehen notwendig. Die hier angewandte Methodik ist dafür stärker qualitativ ausgerichtet und als Fallstudie zu bezeichnen. Wesentliche Kennzeichen sind ein detaillierter Informationsgewinn, die Möglichkeit im Forschungsverlauf weitere, evtl. notwendige Forschungsschritte zu unternehmen sowie ein interpretativ-verstehender Auswertungsansatz, der sich für die differenzierte Untersuchung von Objekten bei kleinen Fallzahlen anbietet (vgl. Mayring 2010: 23). Generell kritisch angemerkt werden muss eine fehlende Repräsentativität im statistischen Sinne sowie die oftmals diskutierte Dokumentation der Daten. Letzteres führt zum Gütekriterium der Nachvollziehbarkeit, insbesondere vor dem Hintergrund der interpretativen Verfahren im Rahmen der Auswertung und der subjektiven Wahrnehmung des Forschers (vgl. Reuber & Pfaffenbach 2005: 34f.). Dem Problem der Nachvollziehbarkeit wurde versucht mit Hilfe von ATLAS.ti[47] beizukommen. Das Datenbankprogramm beherbergt alle Transkripte und Kategorisierungen, wodurch z.B. Kodierungsprozesse potentiell nachvollzogen werden können (vgl. Ford et al. 2000). Bedingt durch die gegebene Ausstattung mit Ressourcen war eine Vollerhebung für die deutschen Biosphärenreservate im Rahmen der Arbeit nicht möglich. Der Kritik der mangelnden Repräsentativität kann entgegnet werden, dass durch die Auswahl jeweils eines Vertreters der Gruppen der Destinationstypologie für deutsche Biosphärenreservate, die Bandbreite vergleichsweise gut abgedeckt werden kann.

Neben den theoretischen Vorarbeiten (vgl. Kapitel 2 & 3) wurden zur Entwicklung des Leitfadens sowie zur Vorbereitung auf die Gespräche Evaluierungsberichte[48] sowie weitere Dokumente zu den Biosphärenreservaten durch eine Textanalyse ausgewertet (vgl. Reuber & Pfaffenbach 2005: 119). Dadurch konnten erste Kategorien abgeleitet werden, die eine Vergleichbarkeit mit Hilfe eines halbstrukturierten Leitfadens für die Experteninterviews gewährleisten (vgl. 4.4.2).

Die Auswahl der Personen begründet sich durch die Forschungsfragen bzw. die Zielsetzung der Arbeit: es geht um spezifisches Fachwissen sowie um Ansätze und Handlungsmuster der Biosphärenreservats-Verwaltungen. Da es sich um deren Perspektive, Handlungen und die für sie handlungsrelevanten Einflussfaktoren dreht, wurde mit den Verwaltungsstellenleitern ein Gespräch vereinbart (vgl. Schnell et al. 1999: 277ff.). Im Rahmen der Gespräche wurde auf weitere Interviewpartner verwiesen, die im Schneeballverfahren ebenfalls interviewt wurden, wie z.B. zuständige Personen für Regionalvermarktung und LAG-Manager (vgl. Reuber & Pfaffenbach 2005: 151; Schnell et al. 1999: 277ff.). In den Expertengesprächen ging es insbesondere um die jeweils auf regionaler Ebene existenten Zusammenhänge, Einstellungen, das Verständnis für die Thematik sowie um das Spektrum an Handlungsmustern und beeinflussende Faktoren (vgl. Reuber & Pfaffenbach 2005: 150).

---

47 Entwickelt durch die interdisziplinäre Arbeitsgruppe „Archiv für Technik, Lebenswelt und Alltagssprache" der TU Berlin.

48 Diese stellen im Grunde genommen eine Art Rechenschaftsbericht des Biosphärenreservates an das MAB-Nationalkomitee dar, welches auf Basis des Berichts und einer mehrtägigen Begehung des Biosphärenreservates über die Vergabe des UNESCO-Biosphärenreservats Status, für einen Zeitraum von zehn Jahren, entscheidet. Mithilfe der Evaluierungsberichte konnte ein bereiter Überblick über Aktivitäten der Biosphärenreservate gewonnen werden, der in den Interviews entsprechend kritische hinterfragt und aktualisiert sowie auf einen, für alle Untersuchungsgebiete gleichen Stand gebracht werden konnte (die Evaluierungsberichte werden je Biosphärenreservat im zehn-jahres Rhythmus herausgegeben und unterscheiden sich dementsprechend im Erscheinungsjahr). Zudem konnte durch die Recherche im Vorfeld sichergestellt werden, dass keine wesentlichen, tourismusrelevanten Aspekte im Gespräch ausgelassen werden.

Für ein tiefergehendes Verständnis wurde beim Auswahlprozess der Gesprächspartner, auch vor dem Hintergrund zeitlicher und finanzieller Ressourcen, der Fokus auf die Vertiefung des Themas gelegt (vgl. FLICK 2011: 167f.).

Bei den ausgewählten Personen handelt es sich um die jeweils für das Handlungsfeld Tourismus sowie Regionalvermarktung offiziell zuständigen Ansprechpartner in der Biosphärenreservats-Verwaltung. Damit verfügen sie als jeweils zuständiger Experte auf regionaler Ebene über *„technisches Prozess- und Deutungswissen, das sich auf sein spezifisches professionelles oder berufliches Handlungsfeld bezieht"* (BOGNER & MENZ 2005: 46) und damit über Fach-, Sonder-, Praxis und Handlungswissen, *„in das verschiedene und durchaus disparate Handlungsmaximen und individuelle Entscheidungsregeln, kollektive Orientierungen und soziale Deutungsmuster einfließen. Das Wissen des Experten, seine Handlungsorientierungen, Relevanzen usw. weisen zudem – und das ist entscheidend – die Chance auf, in der Praxis in einem bestimmten organisationalen Funktionskontext hegemonial zu werden, d.h., der Experte besitzt die Möglichkeit zur (zumindest partiellen) Durchsetzung seiner Orientierungen. Indem das Wissen des Experten praxiswirksam wird, strukturiert es die Handlungsbedingungen anderer Akteure in seinem Aktionsfeld in relevanter Weise mit"* (BOGNER & MENZ 2005: 46).

Genau dieses Wissen, die Strategien, Handlungsorientierungen und Ziele des Experten im Bereich der Forschungsthematik galt es zu erfassen und zudem, inwieweit selbiges (Wissen, Strategien etc.) in der (regionalen) Praxis umgesetzt bzw. wirklich „hegemonial" werden kann. Letzteres passiert in der Regel „partiell", da bestimmte Faktoren, die in diesem Fall die Implementierung einer nachhaltigen Entwicklung im Bereich Tourismus beeinflussen, wirksam werden, welche ebenfalls durch die Gespräche erfasst werden. Die Gespräche sind, der Typologie von BOGNER & MENZ (2005: 36ff.) folgend, zum einen dem Typ des systematisierenden Experteninterviews zuzuordnen: Im Vordergrund steht kommunizierbares, individuelles Fach-, Handlungs- und Erfahrungswissen, das objektiv dargelegt und möglichst lückenlos erfasst wird, wobei eine thematische Vergleichbarkeit im Vordergrund steht. Zum anderen wird versucht, einen theoretischen Beitrag zu leisten, so dass die Interviews auch als, auf induktive Weise, „theoriegenerierend" betrachtet werden können: *„Ausgehend von der Vergleichbarkeit der Expertenäußerungen, die methodisch im Leitfaden und empirisch durch die gemeinsame organisatorisch-institutionelle Anbindung der Experten gesichert ist, wird eine theoretisch gehaltvolle Konzeptualisierung von (impliziten) Wissensbeständen, Weltbildern und Routinen angestrebt, welche die Experten in ihrer Tätigkeit entwickeln und die konstitutiv sind für das Funktionieren von sozialen Systemen. Dieses Verfahren zielt idealerweise auf Theoriegenerierung über die interpretative Generalisierung einer Typologie - in Alternative zum statistischen Repräsentativschluss der standardisierten Verfahren"* (BOGNER & MENZ 2005: 38). Einen Überblick über die Vorgehensweise gibt Abbildung 14.

Die geführten Interviews wurden mithilfe einer qualitativen Inhaltsanalyse nach MAYRING (2010), unter Zuhilfenahme des Programms ATLAS.ti, ausgewertet. Die Analyse umfasst insgesamt sechs Biosphärenreservate, die ihre Arbeit im Wesentlichen an denselben Kriterien ausrichten. Im Rahmen der Arbeit geht es darum, Regelmäßigkeiten festzustellen sowie regionale Besonderheiten zu beachten und die Ansätze und Strategien der Biosphärenreservate in unterschiedlichen regionalen

Kontexten zu erfassen. Letzten Endes wird eine Kompilation von Einflussfaktoren für eine Tourismusentwicklung im Sinne der nachhaltigen Entwicklung möglich. Die Ergebnisse stellen somit eine erste umfassende Untersuchung für sechs der 17 Biosphärenreservate in Deutschland (Stand: 07.06.2016) dar und liefern erste Aussagen, die es in weiteren Untersuchungen zu analysieren gilt.

Abbildung 14: Bestandteile der qualitativen Erhebung

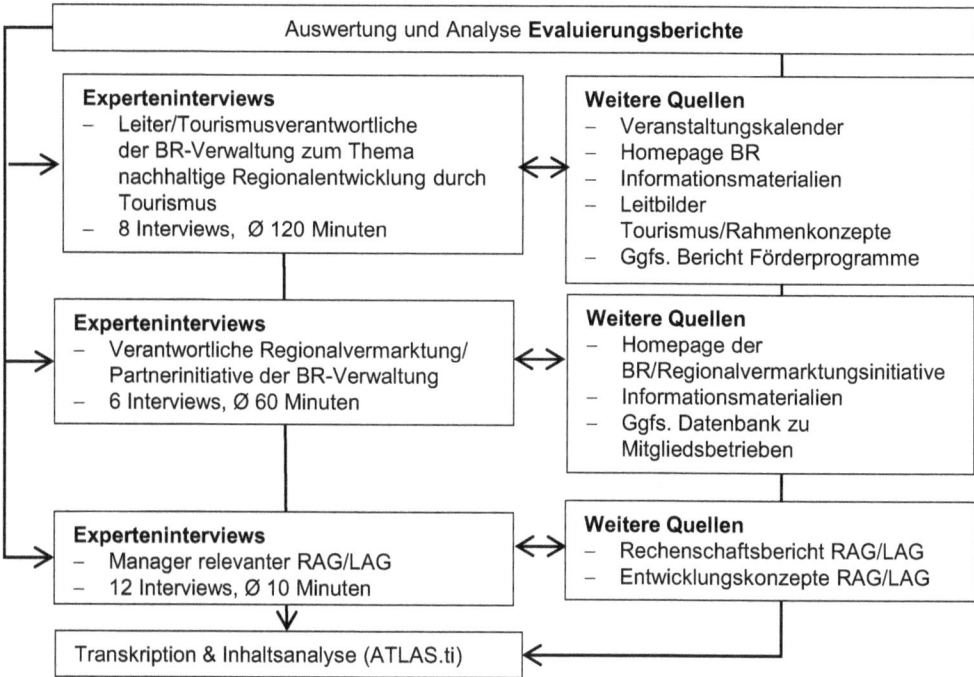

Quelle: Eigene Darstellung

4.4.2 Entwicklung des Leitfadens

Durch die Bearbeitung der Thematik der nachhaltigen Entwicklung durch Tourismus, entsprechender offizieller Dokumente und Nachhaltigkeitsleitlinien im Tourismus sowie durch die Auswertung der Evaluierungsberichte kann die Problemstellung präzisiert werden, die sich, im für die Expertengespräche entwickelten Leitfaden (vgl. Anhang 6), widerspiegelt. Durch diesen kann der ausreichende Antwortspielraum des Befragten, die rudimentäre Vergleichbarkeit zwischen den Untersuchungsgebieten sowie die Erfassung aller relevanten Stichpunkte garantiert werden, bei gleichzeitiger flexibler Gestaltung des Gesprächs (vgl. SCHNELL et al. 1999: 355f.; REUBER & PFAFFENBACH 2005: 137). Da gewisse Punkte der Befragung durch theoretische Vorüberlegungen gegeben waren, hat das Gespräch keinen rein explorativen Charakter sondern fokussierte die dezidierte Fragestellung (vgl. MAY-

RING 2002: 70) deren Teilaspekte in Tabelle 10 dargestellt sind. Die thematische Gliederung bzw. Reihenfolge der Fragen sowie die Formulierungen wurden dem jeweiligen Gesprächsverlauf angepasst (vgl. REUBER & PFAFFENBACH 2005: 134).

Ein Ziel des Leitfadens ist insbesondere deskriptiver Natur und versucht den Status-Quo der Rahmenbedingungen und Aktivitäten der Biosphärenreservats-Verwaltung zu erfassen (also z.B. personelle und finanzielle Ressourcen, touristische Angebotserstellung etc.). Hier dienten zu einer umfänglichen Recherche bereits vorab die jeweiligen Evaluierungsberichte der Biosphärenreservate. Wesentliche Angaben wurden so im Vorfeld erfasst und dienten als Anhaltspunkte für eine entsprechende Komplettierung und Vertiefung in den Gesprächen.

Tabelle 10: Struktur des Leitfadens für Experteninterviews

Fragethematik	In Anlehnung an
Allgemeine Angaben	
Verwaltungsaspekte, Tourismusstrategie Administratives und weitere relevante Akteure Personelle Ressourcen Finanzielle Ressourcen und Förderprogramme Selbstwahrnehmung als Akteur Tourismus/Bedeutung Räumliche Dimension Biosphärenreservat/Destination Touristisches Leitbild	DRL (2010), DEUTSCHES MAB-NATIONALKOMITEE (2007), SIEGRIST et al. (2007), HAMMER & SIEGRIST (2008), BIEGER (1998), EUROPARC FEDERATION (2009)
Produkte, Dienstleistungen und Wertschöpfung im Tourismus Nachfragesegmente und Zielgruppen im Tourismus Angebotserstellung durch Biosphärenreservat	SIEGRIST et al. (2007), HAMMER & SIEGRIST (2008), GOODWIN (2011), SHARPLEY & PEARCE (2007)
Regionalvermarktungsinitiativen Regionalvermarktungs-/Partner-Initiativen Regionalmarkt	KULLMANN (2007), KRAUS (2015), HOFFMANN (2009)
Kooperation und Akteure im Tourismus Kooperation im Tourismus Kooperation NNL	SIEGRIST et al. (2007), HAMMER & SIEGRIST (2008), GOODWIN (2011), EUROPARC FEDERATION (2009)
Kommunikation und Vermarktung Kommunikations- und Vermarktungsstrategie im Tourismus	SIEGRIST et al. (2007), HAMMER & SIEGRIST (2008) GOODWIN (2011), REID et al. (2008) EUROPARC FEDERATION (2009), SHARPLEY & PEARCE (2007)
Abschluss und Ausblick Hindernisse Tourismusentwicklung Zielsetzung Tourismusentwicklung	

Quelle: Eigene Darstellung

Daneben werden mit Hilfe des Leitfadens Ursachen, Faktoren, Probleme und Katalysatoren erfasst, die für die Entwicklung des Tourismus im Rahmen einer nachhaltigen Regionalentwicklung durch die Biosphärenreservats-Verwaltung über den Erfolg bzw. Misserfolg mitentscheiden. Leitfaden bzw. Experteninterviews sind eine geeignete Vorgehensweise im Hinblick auf die Ermittlung zentraler Erfolgsfaktoren (vgl. MÖNNECKE et al. 2005: 22f.; APPEL 2002). Da nicht alle für ein Management bzw. Projekt relevanten Erfolgsfaktoren berücksichtigt werden können bzw. sich deren Erfassung schwierig darstellt, werden insbesondere die Faktoren herausgearbeitet, die häufig auftreten bzw. besonders praxisrelevant sind (vgl. APPEL 2002: 17). Diese können im Rahmen der abgefragten Handlungsroutinen des Prozess- und Fachwissens der Experten ermittelt werden (vgl. BOGNER & MENZ 2005: 46).

Um die relevanten Thematiken dahingehend zu erfassen, wurden für die Gestaltung des Leitfadens verschiedene Quellen der theoretischen Vorüberlegungen herangezogen: zum einen Fragen, die im Zusammenhang mit der nachfrageseitigen Erhebung (vgl. Kapitel 6) stehen bzw. wie Biosphärenreservats-Verwaltungen dazu beitragen können, die Ergebnisse auf lange Sicht positiv zu beeinflussen (z.B. Ausgabenniveau, Wissensstand, Biosphärenreservat als Motivation). Zum anderen wurde versucht, normative Ansprüche in Form von Prinzipien der ECST oder des nachhaltigen Tourismus, in Anlehnung an bereits ermittelte Erfolgsfaktoren (vgl. Kapitel 3.4.3), in Form von Fragen zu instrumentalisieren. Aufgrund der Komplexität des Sachverhaltes der Nachhaltigkeit bzw. der ökonomischen Ausrichtung der nachfrageseitigen Erhebung, wurde eine Einschränkung der Fragethematiken auf die stärker ökonomisch orientierten Kriterien vorgenommen. Darunter fallen die angesprochenen Ansatzpunkte mit dem Ziel einer regionalen Wertschöpfungssteigerung (im Sinne des „low impact, high yield", vgl. z.B. EAGLES et al. 2002: 23; EAGLES 2002: 149f.) wie z.B. Regionalvermarktung im Tourismus oder qualitativ hochwertige touristische Dienstleistungen sowie entsprechende Kommunikations- und Vermarktungsstrategien des Biosphärenreservates im Rahmen der Destination.

Der Fokus auf die ökonomische Dimension mag im Hinblick auf einen interdisziplinären Ansatz, der sich von vereinzelten speziellen Forschungsansätzen löst (vgl. LIU 2003: 472f.), nur bedingt sinnvoll erscheinen. Dennoch haben die ermittelten Ergebnisse regionale Relevanz in dem Sinne, dass sie eine problemorientierte Auswahl und Untersuchung von Faktoren im regionalen Kontext unternimmt. Die Leitfragen orientieren sich dabei am normativen Konzept der Nachhaltigkeit, wobei dieses in der vorliegenden Arbeit *„nicht als ein absoluter Maßstab verstanden [wird], dessen Kriterien von außen kommend auf das Untersuchungsgebiet deduziert werden, sondern als relativer Maßstab, dessen konkrete Kriterien erst aus der regionalen Analyse heraus entwickelt werden müssen"* (BÄTZING 2011: 107).

Mit Hilfe des Leitfadens wurden die im vorherigen Kapitel genannten Experten befragt. Der Leitfaden wurde für die Zuständigen der Biosphärenreservats-Verwaltung im Bereich Regionalvermarktung entsprechend angepasst (insbesondere der Fragenblock Regionalvermarktung in Tabelle 10). Die Fragen an die relevanten LAG Manager waren vom Umfang her vergleichsweise gering und betreffen insbesondere die Themen Kooperation der LAG mit Biosphärenreservaten, die Rolle der Biosphärenreservate in den Projekten mit Bezug zu Tourismus sowie die Angaben zu Fördervolumina.

4.4.3 Erhebungen

Um flexibel auf den Gesprächsverlauf und -partner, Reaktionen und spontane Antworten, Verständnisprobleme sowie relevante Details genauer eingehen zu können (vgl. SCHNELL et al. 1999: 335; BORTZ & DÖRING 2006: 308f.), wurde die Ebene des persönlichen Interviews für die Erhebungen gewählt. Dazu wurde vorab mit den Gesprächspartnern telefonisch ein Termin vereinbart und eine kurze Einführung in die Untersuchungsthematik gegeben. Die Gespräche fanden mit den Leitern bzw. den

Verantwortlichen für Tourismus und Regionalentwicklung in der Verwaltungsstelle statt, Teile der Interviews mit den Regionalvermarktungsverantwortlichen wurden telefonisch geführt. Telefonische Interviews wurden auch mit den LEADER-Managern geführt, da es sich hier um vergleichsweise kurze Gespräche mit sehr standardisiertem Inhalt handelte. Mit allen Gesprächspartnern konnte vereinbart werden, dass nicht sofort verfügbare Informationen, Berichte und Statistiken im Nachgang an den Autor übermittelt werden. Ein Überblick über die Gesprächspartner, -dauer etc. ist in Anhang 13 dargestellt.

Damit ein konzentrierter Gesprächsverlauf gewährleistet war, wurden die Aussagen nur stichpunktartig notiert. Die Interviewpartner stimmten alle dem Mitschnitt per digitalem Audioaufnahmegerät zu. In der Folge wurden die Audiodateien mit Hilfe der Transkriptionssoftware Express Scribe transkribiert, wobei es sich um nicht kommentierte Transkripte handelt. Dabei wurde auf eine sinngemäße Wiedergabe der Sachverhalte geachtet, um so die Aussagen der Gesprächspartner im intendierten Zusammenhang klar zu erfassen. Dialekt, Füllwörter, Stocken etc. wurden ausgelassen bzw. nicht gesondert gekennzeichnet (vgl. MEIER KRUKER & RAUH 2005: 75f.) Die Aufnahmen wurden, wie im Rahmen geographischer Arbeiten üblich, in Schriftdeutsch niedergeschrieben (vgl. REUBER & PFAFFENBACH 2005: 155).

4.4.4 Auswertung der Interviews

Das gewonnene Erhebungsmaterial kann in der Regel in der Weiterverwendung, je nach Forschungsinteresse und Typ der Daten, kodiert bzw. typisiert oder interpretativ genutzt werden (vgl. REUBER & PFAFFENBACH 2005: 162). Aufgrund des Vergleichbarkeitsanspruchs und einer genauen Fragestellung eignet sich für die vorliegende Arbeit die strukturierte Kodierung bzw. Typisierung des Interviewmaterials als methodische Vorgehensweise. Das Textmaterial wird dazu kodiert, d.h. auf relevante Textpassagen hin untersucht und anhand der dabei entwickelten Kategorien gruppiert, wobei hier mehrere Vorgehensweisen existieren (vgl. FLICK 2011: 369). Für vergleichende Studien mit konkreten Fragestellungen eignet sich das thematische Kodieren, das die gruppenspezifische Sicht- und Erfahrungsweisen der untersuchten Objekte in den Vordergrund stellt. Im Gegensatz zum offenen Kodieren ist das Kategoriensystem bereits grob durch den, durch theoretische Vorüberlegungen entstanden Leitfaden, eingegrenzt, was die Vergleichbarkeit steigert (vgl. REUBER & PFAFFENBACH 2005: 164).

Die Auswertung in der vorliegenden Arbeit wurde mit Hilfe einer qualitativen Inhaltsanalyse durchgeführt (vgl. MAYRING 2010). Diese versucht im Wesentlichen Kommunikation, in diesem Fall die Transkripte der Experteninterviews, systematisch, regel- und theoriegeleitet zu analysieren. Deshalb wird von MAYRING (2010: 13) selbst der Begriff kategoriengeleitete Textanalyse als passender empfunden. In vorliegender Arbeit wird im Zuge der Analyse einer theoriebegründeten, spezifischen Forschungsfrage gefolgt (vgl. Kapitel 1.2), die in weitere untergeordnete Fragegestellungen aufgeteilt werden kann (vgl. MAYRING 2010: 57f.).

Wesentliches Aufgabenfeld der qualitativen Inhaltsanalyse ist Hypothesen- bzw. Theoriebildung im Sinne einer Aufdeckung relevanter Einzelfaktoren für einen bestimmten Themenkomplex (vgl. MAYRING 2010: 22ff.). Die qualitativen Gespräche sind nicht im Sinne einer Pilotstudie geführt worden, sondern u.a. vor dem Hintergrund der vertiefenden Erkenntnis zu teilweise in anderem Kontext ermitteltem Wissen. Teilweise bekannte Zusammenhänge werden im Hinblick auf deren Gültigkeit für die Biosphärenreservate in Deutschland geprüft (z.B. Erfolgsfaktoren). Eine zweckmäßige Klassifizierung nach den theoretischen Gesichtspunkten ermöglicht es, eine strukturierte Beschreibung zu generieren und ist ebenfalls ein Ziel der Arbeit (z.B. strukturierte Darlegung der Aktivitäten der Biosphärenreservats-Verwaltungen). Die aus der Theorie generierten Kategorien stehen generell im Zentrum der qualitativen Inhaltsanalyse und gewährleisten die Nachvollziehbarkeit und Vergleichbarkeit der Analyse (vgl. MAYRING 2010: 49f.).

Die Auswertung kann sowohl nach Untersuchungsobjekten als auch nach Problembereichen vorgenommen werden, wobei insbesondere Letztere in der Geographie häufiger Anwendung findet. Der Sachverhalt, das Problem und die Strategie stehen im Vordergrund, wobei in der zweiten Ordnung die Region die Gruppierungsebene bildet (vgl. MEIER KRUKER & RAUH 2005: 77). Die spiegelt sich in der Ergebnisdarstellung in den Kapiteln 6 & 7 wider.

Im Rahmen der hier durchgeführten strukturierenden Inhaltsanalyse (vgl. MAYRING 2010: 92ff.) steht das Herausarbeiten von Strukturen im Vordergrund, welche in Form des Kategoriensystems an das Material herangetragen werden. Die wesentlichen Kategorien sind die im Leitfaden dargelegten Themenkomplexe (vgl. Kapitel 4.4.2) wie z.B. administrative Angliederung, Tourismuskonzept oder touristische Produkte und Dienstleistungen, die sich deduktiv durch die theoretischen Vorüberlegungen zur nachhaltigen Tourismusentwicklung mit Bezug zu Biosphärenreservaten ergeben. Im weiteren Vorgehen werden den gegebenen Kategorien Textpassagen zugeordnet, was die Notwendigkeit weiterer differenzierterer Kategorien bzw. Unterkategorien offenbarte. Diesen werden im erneuten Durchlauf die einzelnen, passenden Textpassagen zugeordnet, wobei auf eine typische und möglichst eindeutige Zuordnung der Kategorien zum Text geachtet wird. Im Anschluss werden die Passagen zusammengefasst, paraphrasiert und interpretiert (vgl. MAYRING 2010: 92). Einen Überblick über den Ablauf der strukturierenden Inhaltsanalyse gibt Abbildung 15.

Als Beispiel sei hier die vorher festgelegte Kategorie „Administrative Zuordnung" der Biosphärenreservate genannt. Zweck der Frage ist es die Anbindung der Biosphärenreservats-Verwaltung als deskriptiven Aspekt festzuhalten und in der Bandbreite für die Untersuchungsregionen zu erfassen. Neben dem deskriptiven Aspekt, ergaben sich zudem die Fragen nach Auswirkungen, Chancen und Problemen, welche jedoch auch teils aus Eigenantrieb der Personen genannt wurden. Auf das Beispiel bezogene Nennungen wie z.B. „Verankerung im Umweltschutz", „Rechtliche Kompetenzen" und „Unterstützung durch Politik" wurden vertiefend als Unterkategorien der Kategorie „Administrative Zuordnung" festgestellt, die sich auf die regionale Wahrnehmung als Naturschutzakteur und die Arbeit im Rahmen der Regionalentwicklung im Tourismus auswirken.

Abbildung 15: Schritte der Inhaltsanalyse

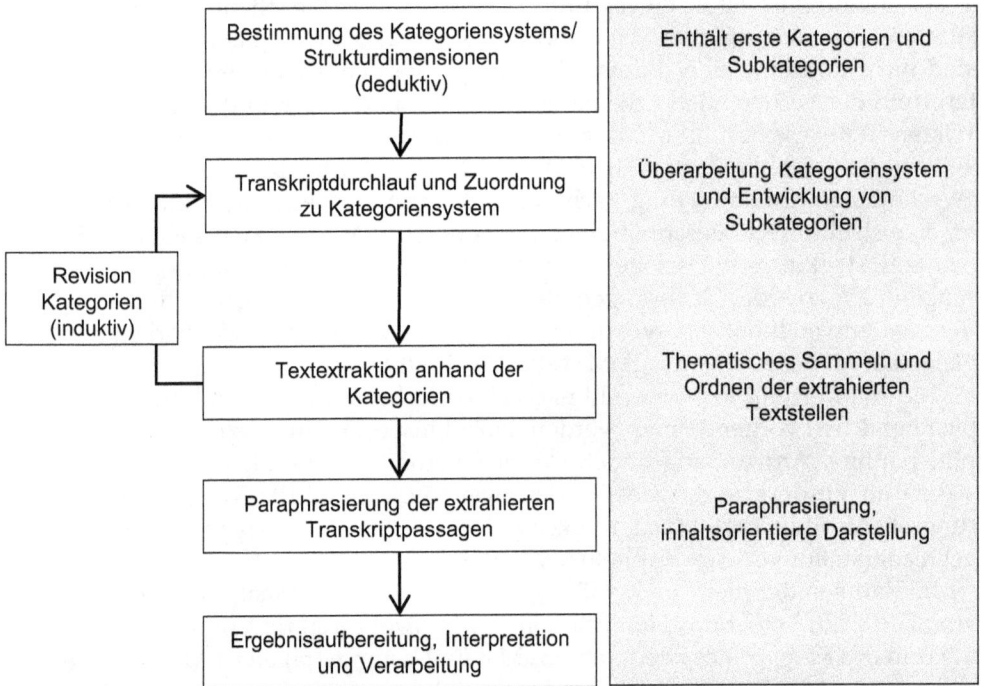

Bestimmung des Kategoriensystems/ Strukturdimensionen (deduktiv)	Enthält erste Kategorien und Subkategorien
↓	
Transkriptdurchlauf und Zuordnung zu Kategoriensystem	Überarbeitung Kategoriensystem und Entwicklung von Subkategorien
↓	
Textextraktion anhand der Kategorien	Thematisches Sammeln und Ordnen der extrahierten Textstellen
↓	
Paraphrasierung der extrahierten Transkriptpassagen	Paraphrasierung, inhaltsorientierte Darstellung
↓	
Ergebnisaufbereitung, Interpretation und Verarbeitung	

Revision Kategorien (induktiv)

Quelle: Verändert nach MAYRING (2010: 92ff.)

Wesentliche Ergebnisse der Interviews zeigen zum einen ein umfassendes, deskriptives Bild der Rahmenbedingungen und Eigenschaften, Handlungsmuster, Strategien, Maßnahmen und Kooperationen zu Biosphärenreservats-Verwaltungen im Bereich Tourismus. Zum anderen werden Faktoren dargelegt, die sich auf die Umsetzung der nachhaltigen Regionalentwicklung durch Tourismus und dazu unternommene Maßnahmen seitens der Biosphärenreservate auswirken.

Die Auswertung der Transkripte erfolgte mit Hilfe des Programms ATLAS.ti, das speziell für qualitative Analysen u.a. von Textelementen entwickelt wurde (vgl. MAYRING 2010: 112f.). Wesentliche Leistungen sind z.B. gleichzeitiges Verwalten aller Texte, Gruppierungsmöglichkeiten der Untersuchungsobjekte, Definition des Kategoriensystems, Vergabe der Kategorien an Textelemente und Synopsen aller Textelemente der unterschiedlichen Kategorien (vgl. KUCKARTZ 2007: 12f.).

4.4.5   Weitere Datenquellen

Im Folgenden wird kurz auf weitere Datenquellen eingegangen. Dazu zählen die offiziellen Evaluierungsberichte zur periodischen Überprüfung der UNESCO-Biosphärenreservate. Diese stellen teilweise veröffentlichte Sachstands- und Rechenschaftsberichte über Aktivitäten, Ansätze, Erfolge der Biosphärenreservats-

Verwaltungen und ihrer Funktion als Modellregionen dar. Die Berichte sind i.d.R. einheitlich strukturiert, enthalten die wesentlichen Aussagen zu den strukturellen und funktionalen Kriterien der Biosphärenreservate (vgl. Kapitel 3.3) und umfassen i.d.R. zwischen 50 und 80 Seiten. Die Analyse selbiger ermöglichte es, einen ersten, umfassenden Eindruck über Aktivitäten und Entwicklungen der Biosphärenreservate im Bereich Tourismus und Regionalvermarktung zu erhalten, was in die Ausarbeitung des Leitfadens miteinfloss.

In Ergänzung zu den Interviews dienten als Grundlage für die Recherche der touristischen Angebote, die durch die Biosphärenreservats-Verwaltungen erbracht werden, zum einen die Evaluierungsberichte, zum anderen die offiziellen Veranstaltungskalender des Jahres 2014 sowie die offiziellen Homepages der sechs Biosphärenreservate (einen Überblick über die Quellen gibt Anhang 28). Die Bestandsaufnahme wurde teilweise durch weitere Verwaltungsmitarbeiter der Biosphärenreservate im Nachgang zu den Interviews komplettiert und an den Autor gesandt. Auch wenn dadurch evtl. nicht alle Angebote erfasst werden konnten, sollte jedoch der größte Teil sowie der Umfang des Angebots bzw. die Bandbreite im Wesentlichen dargelegt werden können. Im Hinblick auf die Regionalvermarktungsprojekte der Biosphärenreservats-Verwaltungen wurde neben den Interviews entsprechendes Informationsmaterial ausgewertet (z.B. Homepage oder Steckbriefe der Initiativen) sowie durch den Gesprächspartner übermittelte Datenbanken zu Mitgliederzahlen, Betrieben und vertretenen Branchen.[49]

Hinsichtlich der LEADER Förderung hatten die Biosphärenreservats-Verwaltungen meist keine genauen Daten zu den durchgeführten Projekten. Hier war die Nachfrage bei den relevanten LAGn notwendig. Diese übermittelten, für die zum Zeitpunkt der Interviews abgeschlossene Förderperiode 2007-2013, i.d.R. die relevanten Daten zu Projekten und Fördermitteln in Form von Excel-Tabellen. Darunter fanden sich, je nach LAG, Projekte gefördert durch ELER, EFRE, ILE Förderung bzw. anderweitige nationale Förderungen. Da eine genaue Trennung hinsichtlich der Fonds teilweise nicht möglich war, liegt der Fokus auf der Beteiligung der Biosphärenreservate an den Projekten der jeweiligen LAG und den dadurch akquirierten Fördermitteln. Wo es möglich war und die Daten eine genaue Trennung zuließen, wurde eine Aufschlüsselung nach Förderprogrammen durchgeführt.

---

49 Mit Hilfe der durch den Autor erhobenen (Interview-)Daten sowie den hier aufgeführten Quellen wurden zwei Bachelorarbeiten angefertigt (vgl. MAJEWSKI 2014 sowie MUNZ 2015). Die in diesem Zuge durchgeführte Dateneingabe und -aufarbeitung diente einer ersten Orientierung und bildete eine Basis für weitergehende Auswertungen zur Angebotserstellung sowie den Regionalvermarktungs- und Partnerinitiativen (relevant waren die Arbeiten für die letztendlichen Ergebnisse in Kapitel 7.2, 7.5.1 und 7.7).

5   Die Untersuchungsgebiete

Im Folgenden werden die sechs Untersuchungsgebiete[50] vorgestellt. Aufgrund der Tatsache, dass es sich um sechs Biosphärenreservate handelt, geschieht dies in knapper, teilweise stichpunktartiger Darstellungsform. Eine Karte des jeweiligen Gebiets zeigt das Biosphärenreservat mit den regionalen Interaktionsarenen die, wie z.B. Landkreise, Regionalvermarktungs- und Partner-Initiativen oder LEADER-Regionen, Relevanz für die Ergebnisdarstellung in Kapitel 7 besitzen.

5.1   Pfälzerwald

Beschreibung: Das Biosphärenreservat Pfälzerwald-Voges du Nord wurde 1998 als grenzüberschreitendes Biosphärenreservat anerkannt. Dem ging auf deutscher Seite 1959 die Ausweisung des Naturparks Pfälzerwald und Anerkennung als UNESCO-Biosphärenreservat (1992) voraus. Auf französischer Seite erfolgt die Ausweisung als regionaler Naturpark 1975, als UNESCO-Biosphärenreservat 1989. Als charakteristisch gilt die Trias-Buntsandstein Mittelgebirgslandschaft inkl. der großflächigen, unzerschnittenen naturnahen Mittelgebirgswälder mit der östlich anschließenden, tieferliegenden Landschaft der Weinstraße mit Weinbau (vgl. VEREIN NATURPARK PFÄLZERWALD E.V. 2013: 6f.; DRL 2010: 40f.)(vgl. Karte 3).

Zonierung:

Zone	Fläche in ha	Anteil (%)
Kernzone	3.939	2,2
Pflegezone	49.261	27,7
Entwicklungszone	124.642	70,1
Gesamt	177.842	100

Quelle: VEREIN NATURPARK PFÄLZERWALD E.V. (2013:13)

Verwaltung und Koordination: Träger des deutschen Teiles des Biosphärenreservates ist der Bezirksverband Pfalz (seit 01/2015), bis dato war der Trägerverein der Naturpark Pfälzerwald e.V. Grundlegende Rechtsverordnung ist die Landesverordnung über den Naturpark Pfälzerwald als deutscher Teil des UNESCO-Biosphärenreservats Pfälzerwald-Voges du Nord (vgl. VEREIN NATURPARK PFÄLZERWALD E.V. 2013: 15). Alle zehn Jahre wird ein Handlungsplan erarbeitet, der durch die Billigung der obersten Naturschutzbehörde verbindlich wird. Das Biosphärenreservat fungiert zudem als TÖB bei raumbedeutsamen Projekten (vgl. VEREIN NATURPARK PFÄLZERWALD E.V. 2013: 53f.).

---

50 Die Reihenfolge der Darstellung zu den Untersuchungsgebieten sowie den Ergebnissen erfolgt in alphabetischer Reihenfolge. Lediglich wenn thematisch eine Zusammenfassung erfolgt oder Aspekte für ein Biosphärenreservat nicht vorliegen, wird davon abgewichen.

Regionalvermarktung: Lose Teilnahme am Programm Partner der NNL: „Partner der Biosphärenreservates Pfälzerwald-Nordvogesen"

Landkreise: Bad Dürkheim, Donnersberg, Kaiserslautern (Land), Südliche Weinstraße, Südwestpfalz, Kreisfreie Städte: Kaiserslautern, Landau in der Pfalz, Neustadt an der Weinstraße, Pirmasens

Karte 3: Untersuchungsgebiet Biosphärenreservat Pfälzerwald

Destination Biosphärenreservat Pfälzerwald:[51] Insgesamt handelt es sich hierbei um 59 Gemeinden mit 327.880 Einwohnern, einer Einwohnerdichte von 184 Einwohnern/km². In rund 400 Beherbergungsbetrieben mit 12.100 Betten erfolgen ca. 1,7 Mio. Übernachtungen, woraus sich eine Tourismusintensität von 5.261 Übernachtungen pro 1000 Einwohner ergibt (vgl. Tabelle 6 in Kapitel 4.2.).

Tourismusverbände regional und Landesebene: Pflalz.Touristik e.V. (regionale Tourismusorganisation), Rheinland-Pfalz Tourismus GmbH, darunter Tourismusvereine und -informationen auf lokaler Ebene (vgl. TOURISMUS- UND HEILBÄDERVERBAND RHEINLAND-PFALZ E.V. 2015: 17)

5.2 Rhön

Beschreibung: Das Biosphärenreservat Rhön erstreckt sich auf die Länder Bayern, Hessen und Thüringen. Als Naturparke wurden sowohl die bayerische als auch die hessische Rhön 1967 anerkannt. Durch das DDR-Nationalparkprogramm als Biosphärenreservat ausgewiesen, erfolgte 1991 die Anerkennung durch die UNESCO. 2014 wurde das Biosphärenreservat durch Hinzunahme von Flächen (58.000 ha) auf bayerischer Seite, auf insgesamt 243.323 ha erweitert. Ursprünglich umfasste das Biosphärenreservat 187.143 ha (vgl. VNLR 2014d). Charakteristisch für das Mittelgebirge sind waldarme Hochflächen, Borstgrasrasen, Offenlandschaften, naturnahe (Buchen-)Wälder, Basaltschutthalden und Moore (vgl. DRL 2010: 38; BIOSPHÄRENRESERVAT RHÖN 2013: 13). Bis 2014 hatten die Länder folgende Flächenanteile (ab 2014 in Klammern): Bayern 39,3 % (53,3 %), Hessen 34,3 % (26,6 %) und Thüringen 26,4 % (20,1 %)(vgl. VNLR 2014a)(vgl. Karte 4).

Zonierung:

Zone	Fläche in ha (vor/nach) Erweiterung	Anteil (vor/nach) Erweiterung (%)
Kernzone	3.577 / 7.438	2 / 3,1
Pflegezone	50.880 / 53.897	27,5 / 22,1
Entwicklungszone	125.105 / 181.988	67,5 / 74,8
Gesamt	185.262 / 243.323	100

Quelle: DRL (2010: 38), VNLR (2014a)

Verwaltung und Koordination: Aufgrund der Beteiligung dreier Länder am Biosphärenreservat existieren drei Verwaltungsstellen, deren Zusammenarbeit durch ein Verwaltungsabkommen geregelt ist und durch eine ständige länderübergreifende Arbeitsgruppe sowie einen Beirat garantiert wird. Die bayerische Verwaltung ist Teil

---

51 Die Tourismus- und Bevölkerungszahlen werden anteilig, entsprechend der tatsächlichen Flächenanteile am Biosphärenreservat, berechnet.

Karte 4: Untersuchungsgebiet Biosphärenreservat Rhön

Biosphärenreservat	Grenze ARGE Rhön und Dachmarke Rhön
Erweiterungsfläche 2014	LEADER-Region 2007-2013
Naturpark	

Siedlungsfläche	
Bundeslandgrenze	
Kreisgrenze	

Quelle: BfN 2016; BR Rhön 2015;
DVS 2015
Entwurf: C. Merlin
Kartographie: W. Weber
Institut für Geographie und Geologie
JMU Würzburg, 2016

der Regierung von Unterfranken, die hessische Verwaltung wird dem Landkreis Fulda, die thüringische Verwaltung dem Landesumweltministerium zugeordnet. Erstere sind dementsprechend eher beratend, dienstleistend und moderierend tätig, Thüringen mit hoheitlichen Befugnissen darüber hinaus im Bereich von Verbots- und Ausnahmetatbeständen (vgl. Biosphärenreservat Rhön 2013: 48). Kooperiert wird mit drei Trägervereinen, dem Verein Naturpark und Biosphärenreservat Bayerische Rhön e.V., dem Verein Natur- und Lebensraum Rhön e.V. (Hessen) sowie dem Rhönforum e.V. (Thüringen). Länderübergreifend wird in der regionalen Arbeitsgemeinschaft Rhön (ARGE Rhön) mit Landkreisen, Trägervereinen sowie der Dachmarke zusammengearbeitet (vgl. DRL 2010: 69; Biosphärenreservat Rhön 2013: 47ff.).

Regionalvermarktung: Dachmarke Rhön

Landkreise: Bayern: Bad Kissingen, Rhön-Grabfeld; Hessen: Fulda; Thüringen: Schmalkalden-Meiningen, Wartburgkreis

LAG/RAG: Bayern: LAG Bad Kissingen e.V.; LAG Rhön-Grabfeld e.V.; Hessen: LAG Verein Natur- und Lebensraum Rhön; Thüringen: RAG LEADER Wartburgregion e.V., RAG LEADER Henneberger Land e.V.

Destination Biosphärenreservat Rhön: Insgesamt handelt es sich vor der Erweiterung hierbei um 85 Gemeinden mit 129.613 Einwohnern, woraus eine Einwohnerdichte von 70 Einwohnern/km² resultiert. In 305 Beherbergungsbetrieben mit 11.380 Betten erfolgen ca. 1,03 Mio. Übernachtungen, woraus sich eine Tourismusintensität von 7.918 Übernachtungen pro 1000 Einwohner ergibt (vgl. Tabelle 6 in Kapitel 4.2.).

Tourismusverbände regional und Landesebene: *Auf Landesebene:* Bayern Tourismus Marketing GmbH, Hessischer Tourismusverband e.V., Hessen Agentur GmbH – Tourismus und Kongressmarketing; Thüringer Tourismus GmbH; *Regionale Ebene:* Tourismus GmbH Bayerische Rhön, Tourismus & Service GmbH Landkreis Fulda, Rhönforum e.V.; Zusammenschluss der regionalen Tourismusorganisationen der Bayerischen, Hessischen und Thüringer Rhön sowie der Vermarktungsorganisation „Dachmarke Rhön GmbH" zu Rhön-Marketing GbR, finanziell gefördert durch die ARGE Rhön (vgl. Biosphärenreservat Rhön 2013: 28).

5.3 Schaalsee

Beschreibung: Der Schaalsee im Westen Mecklenburg-Vorpommerns wurde 1990 als Naturpark ausgewiesen und im Jahr 2000 von der UNESCO als Biosphärenreservat anerkannt. Die Landschaft ist Teil des westmecklenburgischen Seen- und Hügellands mit naturnahen Buchen- und Bruchwäldern, Mooren sowie Feuchtwiesen und Weideland. Westlich angrenzend liegt auf Seite Schleswig-Holsteins der

Naturpark Lauenburgische Seen, der bereits 1960 ausgewiesen wurde, jedoch nicht als Biosphärenreservat anerkannt ist (vgl. DRL 2010: 24) (vgl. Karte 5).

Zonierung (ohne Flusslandschaft Elbe):

Zone	Fläche in ha	Anteil (%)
Kernzone	1.916	6,2
Pflegezone	8.930	28,9
Entwicklungszone	20.054	64,9
Gesamt*	30.900	100

*Von der Gesamtfläche sind rund 1.900 ha (6 %) Seefläche.

Quelle: MINISTERIUM FÜR LANDWIRTSCHAFT, UMWELT UND VERBRAUCHERSCHUTZ MECKLENBURG-VORPOMMERN (2010: 13)

Verwaltung und Koordination: Mit der Gesetzesänderung zum 01.02.2015 wurde neben Änderungen für das Biosphärenreservat Flusslandschaft Elbe Mecklenburg-Vorpommern auch der Zuständigkeitsbereich der Biosphärenreservats-Verwaltung Schaalsee sowie dessen Namen neu geregelt. Die Biosphärenreservatsamt Schaalsee-Elbe ist damit die zuständige untere Naturschutzbehörde für beide Biosphärenreservate (vgl. BIOSPHÄRENRESERVATSAMT SCHAALSEE-ELBE 2015b). Neben den hoheitlichen Aufgaben (Eingriffsregelung) nimmt die Verwaltung u.a. Aufgaben im Bereich der Erstellung von Konzepten im Bereich Naturhaushalt, BNE und Öffentlichkeitsarbeit sowie Dienstleistungs- und Moderationsfunktion im Bereich der Regionalentwicklung wahr. Wesentliche Akteure, mit denen die Verwaltung kooperiert, sind das Kuratorium für das Biosphärenreservat Schaalsee zur Sicherstellung der Beteiligung regionaler Interessensgruppen, der Förderverein Biosphäre Schaalsee e.V. (z.B. Schaalsee-Markt), das Vergabegremium Regionalmarke (im Sinne der länderübergreifenden Zusammenarbeit ist hier auch das Amt Lauenburgische Seen vertreten) sowie der Zweckverband Schaalsee-Landschaft (vgl. MINISTERIUM FÜR LANDWIRTSCHAFT, UMWELT UND VERBRAUCHERSCHUTZ MECKLENBURG-VORPOMMERN 2010: 10, 70ff.).

Regionalvermarktung: Regionalmarke „Für Leib und Seele"

Landkreise: Ludwigslust, Nordwestmecklenburg

LAG: Lokale Aktionsgruppe „Mecklenburger Schaalseeregion-Biosphärenreservatsregion"

Destination Biosphärenreservat Schaalsee: Insgesamt handelt es sich um 35 Gemeinden mit 12.930 Einwohnern bei einer Einwohnerdichte von 42 Einwohnern/km². In 14 Beherbergungsbetrieben mit 131 Betten erfolgen ca. 10.500 Übernachtungen, woraus sich eine Tourismusintensität von 816 Übernachtungen pro 1000 Einwohner ergibt (vgl. Tabelle 6 in Kapitel 4.2.).

Tourismusverbände regional und Landesebene: *Landesebene:* Tourismusverband Mecklenburg-Vorpommern e. V.; *Regionale Ebene:* Tourismusverband Mecklenburg - Schwerin e.V.; auf Seiten Schleswig-Holsteins: Herzogtum Lauenburg Marketing und Service GmbH

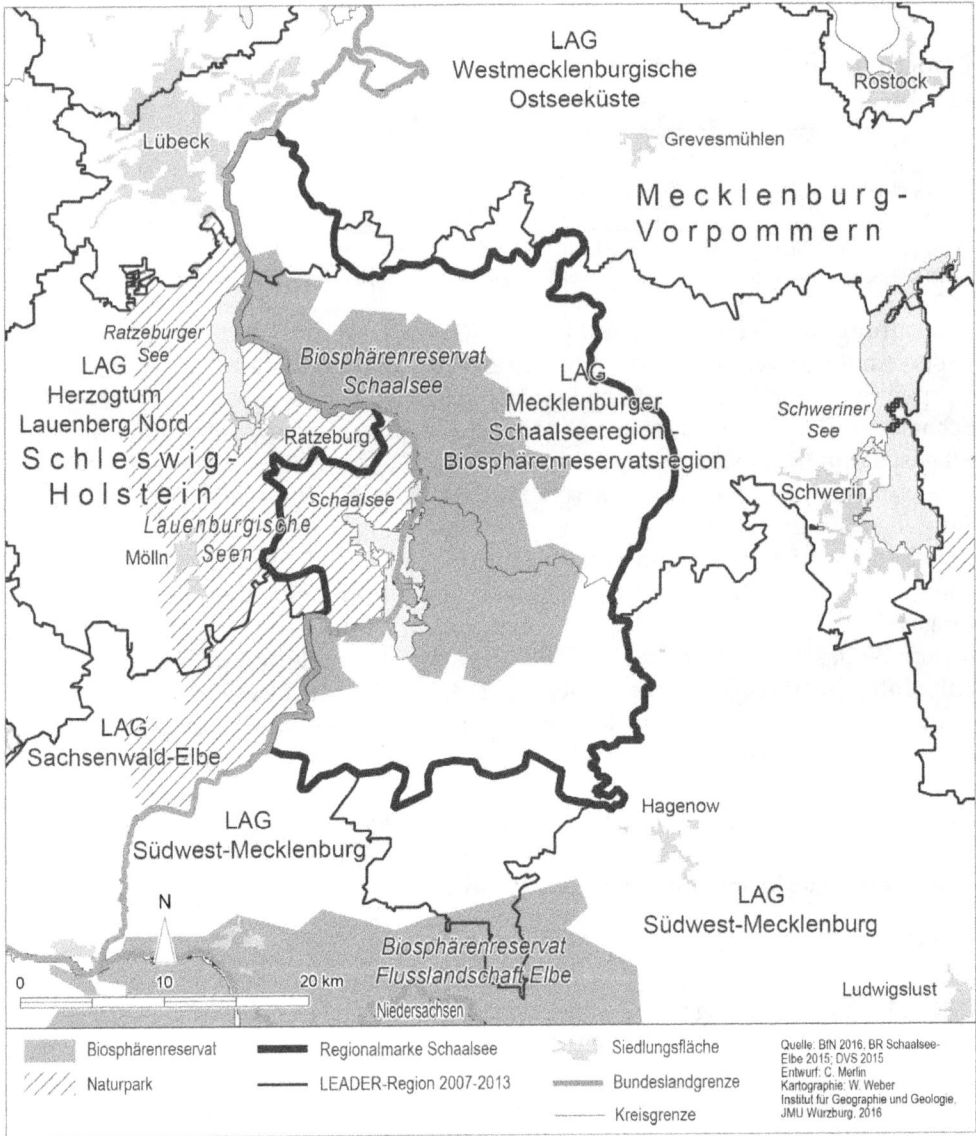

5.4 Spreewald

Beschreibung: Das Biosphärenreservat Spreewald umfasst ein ausgedehntes Netz an natürlichen und künstlichen Fließgewässern (Fließen), Niedermoore, Anmoore, Feuchtgrünländer, Wiesen, Weiden und naturnahe Niederungswälder. Die Landschaft teilt sich in den Oberspreewald, der im Wesentlichen durch kleine Wiesen,

Äcker und Wald gekennzeichnet ist und den Unterspreewald, eine naturnahe Au-
enlandschaft. Der Spreewald, knapp 100 km südöstlich von Berlin gelegen, wurde
im Rahmen des DDR Nationalparkprogrammes als Biosphärenreservat unter Schutz
gestellt und 1991 von der UNESCO als Biosphärenreservat anerkannt (vgl. DRL
2010: 30; Landesamt für Umwelt, Gesundheit und Verbraucherschutz Brandenburg 2012: 7f.) (vgl. Karte 6).

Zonierung:

Zone	Fläche in ha	Anteil (%)
Kernzone	974	2,1
Pflegezone	9.334	19,6
Entwicklungszone	37.201	78,3
Gesamt	47.509	100

Quelle: Landesamt für Umwelt, Gesundheit und Verbraucherschutz Brandenburg (2012: 18)

Verwaltung und Koordination: Die Verwaltung des Biosphärenreservates ist organisatorisch in der Abteilung Großschutzgebiete und Regionalentwicklung des Landesamtes für Umwelt (LfU) aufgehängt. Dieses fungiert nach Landesnaturschutzgesetz
als Fachbehörde für Naturschutz und ist dem Ministerium für Ländliche Entwicklung,
Umwelt und Landwirtschaft (MLUL) als oberste Naturschutzbehörde untergeord-
net. Dabei fungiert die Biosphärenreservats-Verwaltung als TÖB. Abstimmungsprozesse in der Region werden, z.B. mit dem Kuratorium des Biosphärenreservats, zur
Vermittlung zwischen Biosphärenreservats-Verwaltung, Gemeinden und Behörden
durchgeführt. Im Rahmen der zweijährigen Spreewaldkonferenz wird eine intensive
Bürgerbeteiligung ermöglicht, als Mitglied im Tourismusverband Spreewald ist man
im Marketingbeirat vertreten und wirkt bei grundsätzlichen Entwicklungen im Tourismus sowie der Kommunikation des Tourismusverbandes mit (vgl. Landesamt für
Umwelt, Gesundheit und Verbraucherschutz Brandenburg 2012: 43f.).

Regionalvermarktung: Teilnahme am Programm Partner der NNL/Partner-Initiati-
ve; Dachmarke Spreewald durch den Spreewaldverein e.V.

Landkreise: Dahme-Spreewald, Oberspreewald-Lausitz und Spree-Neiße

LAG: Spreewaldverein e.V.

Destination Biosphärenreservat Spreewald: Das Gebiet umfasst 21 Gemeinden mit
31.178 Einwohnern, woraus sich eine Einwohnerdichte von 66 Einwohnern/km² ergibt. In 83 Beherbergungsbetrieben mit 3.409 Betten erfolgen 637.771 Übernachtungen, was einer Tourismusintensität von 20.456 Übernachtungen pro 1000 Einwohner entspricht (vgl. Tabelle 6 in Kapitel 4.2.).

Tourismusverbände: *Landesebene:* Tourismus-Marketing Brandenburg GmbH, Landestourismusverband Brandenburg e.V.; *Regional:* Tourismusverband Spreewald
e.V.

Karte 6: Untersuchungsgebiet Biosphärenreservat Spreewald

5.5 Südost-Rügen

Beschreibung: Das Gebiet auf der Insel Rügen umfasst mit dem Rügischen Bodden, einer zergliederten Küstenregion, der Granitz, einem bewaldeten Höhenzug und der Halbinsel Mönchgut sowie der Insel Vilm einen repräsentativen Ausschnitt der Boddenausgleichsküste in Mecklenburg-Vorpommern. Die Kulturlandschaft konstituiert sich aus extensiven Schaftriften, alten Laubwäldern und Niedermooren. Die Unterschutzstellung erfolgte 1990 durch das DDR Nationalparkprogramm, die Anerkennung als UNESCO-Biosphärenreservat 1991 (vgl. MINISTERIUM FÜR LAND-WIRTSCHAFT, UMWELT UND VERBRAUCHERSCHUTZ MECKLENBURG-VORPOMMERN 2013: 3; DRL 2010: 16)(vgl. Karte 7).

Zonierung:

Zone	Fläche in ha	Anteil (%)
Kernzone	334	1,5
Pflegezone	3.777	16,5
Entwicklungszone	18.689	82,0
Gesamt	22.800	100

Quelle: MINISTERIUM FÜR LANDWIRTSCHAFT, UMWELT UND VERBRAUCHERSCHUTZ MECKLENBURG-VORPOMMERN (2013: 12ff.)

Knapp die Hälfte der Fläche ist marin, insgesamt besteht ein Flächen- sowie Kernzonendefizit, weshalb eine Gebietserweiterung bis 2018 erfolgreich abgeschlossen werden soll (MINISTERIUM FÜR LANDWIRTSCHAFT, UMWELT UND VERBRAUCHERSCHUTZ MECKLENBURG-VORPOMMERN 2013: 12ff.).

Karte 7: Untersuchungsgebiet Biosphärenreservat Südost-Rügen

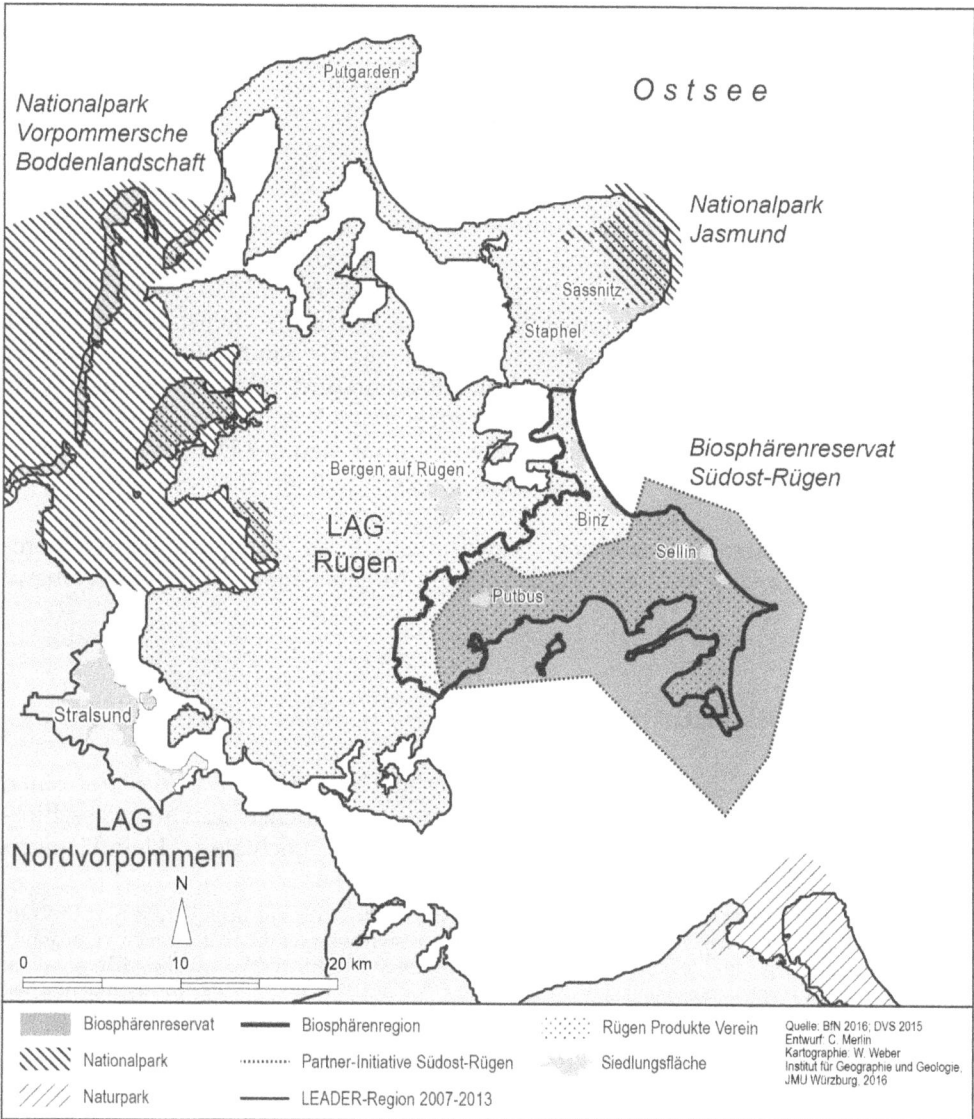

Verwaltung und Koordination: Die Verwaltung ist die hoheitlich zuständige untere Naturschutzbehörde und für die naturschutzrelevante Fachplanung zuständig. Dabei ist sie dem Ministerium für Landwirtschaft, Umwelt und Verbraucherschutz des Landes Mecklenburg-Vorpommern zugeordnet. Auf regionaler Ebene arbeitet man mit zuständigen weiteren Fachbehörden zusammen (z.B. Landwirtschaft). Über den 2010 gegründeten Beirat mit Vertretern aus diversen Bereichen wird die kommunale und gesellschaftliche Ebene beteiligt. Für eine breite Beteiligung im Rahmen der Tourismusentwicklung werden öffentliche Foren mit Vertretern aus Kommunen, Verbänden, Vereinen, Kurverwaltungen etc. abgehalten (vgl. MINISTERIUM FÜR LANDWIRTSCHAFT, UMWELT UND VERBRAUCHERSCHUTZ MECKLENBURG-VORPOMMERN 2013: 44ff.).

Regionalvermarktung: Teilnahme am Partnerprogramm der NNL; Regionalmarke Rügen Produkte Verein e.V. für gesamte Insel (vgl. MINISTERIUM FÜR LANDWIRTSCHAFT, UMWELT UND VERBRAUCHERSCHUTZ MECKLENBURG-VORPOMMERN 2013: 15, 43)

Landkreis: Vorpommern-Rügen

LAG: Lokale Aktionsgruppe Rügen

Destination Biosphärenreservat Südost-Rügen: Das Biosphärenreservat Rügen umfasst 10 Gemeinden mit 10.550 Einwohnern bei einer Einwohnerdichte von 46 Einwohnern/km². In 297 Beherbergungsbetrieben mit 23.130 Betten erfolgen 2.628.550 Mio. Übernachtungen, woraus sich eine Tourismusintensität von 249.151 Übernachtungen pro 1000 Einwohner ergibt (vgl. Tabelle 6 in Kapitel 4.2.). Die hier im Rahmen der vorliegenden Arbeit auf alle Biosphärenreservate angewendete Vorgehensweise der Abgrenzung der Biosphärenreservats-Region, wurde im Biosphärenreservat Südost-Rügen unabhängig davon im Rahmen der ECST als Arbeitskulisse gewählt (vgl. AMT FÜR DAS BIOSPHÄRENRESERVAT SÜDOST-RÜGEN 2014: 2).

Tourismusverbände: *Landesebene:* Tourismusverband Mecklenburg-Vorpommern e. V.; *Regionale Ebene:* Tourismuszentrale Rügen GmbH, Tourismusverband Rügen e.V.

5.6 Vessertal-Thüringer Wald

Beschreibung: Das Biosphärenreservat Vessertal-Thüringer Wald[52] umfasst einen Teil des Mittelgebirges Thüringer Wald, das im Wesentlichen durch ein geschlossenes Waldgebiet mit naturnahen Bergmischwäldern, Bachtälern, kleinflächigen

---

[52] Nach dem 2011 begonnenen Erweiterungsprozess trat am 31.12.2016 eine neue Verordnung in Kraft, wodurch die Erweiterung des Biosphärenreservates rechtswirksam wird. Mit der neuen Verordnung ändert sich u.a. der Name des von Biosphärenreservat Vessertal-Thüringer Wald zu Biosphärenreservat Thüringer Wald (vgl. BIOSPHÄRENRESERVAT THÜRINGER WALD 2017). Da sich in der vorliegenden Arbeit alle Sachverhalte bzw. erhobenen Daten auf das Biosphärenreservat Vessertal-Thüringer Wald in seiner vor dem Erweiterungsprozess geltenden Abgrenzung beziehen, wird der Name entsprechend in dieser Arbeit beibehalten.

Bergwiesen, Silikat-Blockhalden und durch Hochmoore gekennzeichnet ist. Das Biosphärenreservat wurde 1979 von der UNESCO anerkannt, 1986 und 1990 erweitert und befand sich seit 2011 in einem Erweiterungsprozess, der 2016 abgeschlossen wurde (vgl. THÜRINGER MINISTERIUM FÜR LANDWIRTSCHAFT, FORSTEN, UMWELT UND NATURSCHUTZ 2011: 8; UNESCO-BIOSPHÄRENRESERVAT VESSERTAL-THÜRINGER WALD 2016; BIOSPHÄRENRESERVAT THÜRINGER WALD 2017) (vgl. Karte 8).

Zonierung:

Zone	Fläche in ha	Anteil (%)
Kernzone	562	3,3
Pflegezone	1.949	11,4
Entwicklungszone	14.570	85,3
Gesamt	17.081	100

Quelle: THÜRINGER MINISTERIUM FÜR LANDWIRTSCHAFT, FORSTEN, UMWELT UND NATURSCHUTZ (2011: 12)

Verwaltung und Koordination: Die Biosphärenreservats-Verwaltung ist als Fachbehörde direkt der obersten Naturschutzbehörde (Thüringer Ministerium für Landwirtschaft, Forsten, Umwelt und Naturschutz) nachgeordnet. Daneben existieren weitere Behörden die für Forstwirtschaft, Naturschutz oder Landwirtschaft zuständig sind sowie der für Tourismus zuständige Regionalverbund Thüringer Wald, was entsprechende Abstimmungsprozesse notwendig macht. Zudem ist die Verwaltung verantwortlich für die Bearbeitung der Aufgabenbereiche Naturschutz und Landschaftspflege im Naturpark Thüringer Wald (220.000 ha), der das Biosphärenreservat umgibt. Der Einbezug der lokalen Bevölkerung bzw. Interessensgruppen wird z.B. durch die Beteiligung bei der Erarbeitung des Rahmenkonzeptes (2006) gewährleistet sowie durch entsprechende Informationsveranstaltungen. Generell versucht man die Öffentlichkeit, Gemeinden, Nutzergruppen und Fachbehörden bei der Entwicklung des Biosphärenreservates miteinzubeziehen. Daneben existiert ein Förderverein, wobei dieser v.a. den Betrieb des Informations- und Bildungszentrums am Frauenwald sicherstellt (vgl. THÜRINGER MINISTERIUM FÜR LANDWIRTSCHAFT, FORSTEN, UMWELT UND NATURSCHUTZ 2011: 30, 33f.).

Regionalvermarktung: Teilnahme am Programm Partner der NNL/Partner-Initiative (sowie weitere Projekte: Genusswochenende, regionale Produkte) (vgl. BIOSPHÄRENRESERVAT VESSERTAL-THÜRINGER WALD 2015)

Landkreise: Hildburghausen, Ilm-Kreis, kreisfreie Stadt Suhl

LAG/RAG: RAG LEADER Henneberger Land e.V., RAG LEADER Hildburghausen-Sonneberg e.V., RAG Gotha – Ilm-Kreis – Erfurt e. V.

Destination Biosphärenreservate Vessertal: Insgesamt handelt es sich hierbei um 12 Gemeinden mit 21.354 Einwohnern bei einer Einwohnerdichte von 125 Einwohnern/km². In 35 Beherbergungsbetrieben mit 1.327 Betten erfolgen 142.500 Übernachtungen woraus sich eine Tourismusintensität von 6.673 Übernachtungen pro 1000 Einwohner ergibt (vgl. Tabelle 6 in Kapitel 4.2.).

Tourismusverbände: *Landesebene:* Thüringer Tourismus GmbH; *Regionale Ebene:* Regionalverbund Thüringer Wald e.V., der die Naturparke Thüringer Wald und Thüringer Schiefergebirge/Obere Saale sowie das Biosphärenreservat umfasst (vgl. THÜRINGER MINISTERIUM FÜR LANDWIRTSCHAFT, FORSTEN, UMWELT UND NATURSCHUTZ 2011: 23)

Karte 8: Untersuchungsgebiet Biosphärenreservat Vessertal-Thüringer Wald

6 Regionalökonomische Effekte des Tourismus in Biosphärenreservaten

Im Folgenden werden die wesentlichen Ergebnisse der nachfrageseitigen Erhebungen dargelegt.[53] Dazu werden im Rahmen der Darstellung der Gesamtbesucherzahlen die Erhebungsstandorte und die jahreszeitliche Frequentierung der Gebiete erläutert. Anschließend wird auf die Gruppierung der Besucher hinsichtlich Biosphärenreservats-Affinität eingegangen und die durch die relevanten Besuchergruppen verursachten regionalökonomischen Effekte berechnet. In einem darauf folgenden Kapitel werden die Biosphärenreservatsbesucher hinsichtlich soziodemographischer sowie aufenthaltsbezogener Merkmale genauer beleuchtet.

6.1 Besucherzahlen in den Biosphärenreservaten

6.1.1 Biosphärenreservat Pfälzerwald

Die empirischen Erhebungen fanden im Zeitraum zwischen dem 01.04.2011 und dem 31.03.2012 statt. Insgesamt wurde an zwölf Standorten und 18 Tagen, verteilt auf die unterschiedlichen Saisonabschnitte, erhoben. Die Standorte sind so gewählt, dass eine Vielzahl an unterschiedlichen Aktivitätsgruppen von Mountainbikern, Kletterern, Wanderern etc. angetroffen und sowohl naturbelassene Standorte als auch kulturelle Attraktionspunkte abgedeckt werden. Anhang 7 gibt einen Überblick über das Biosphärenreservat Pfälzerwald, die Erhebungsstandorte und die Fallzahlen für die zwei Erhebungsinstrumente. Die Standorte Dürkheimer Fass, St. Martin, und Deutsches Weintor decken dabei den Kultur- und Weintourismus ab, ein klassisches Segment des westlichen Pfälzerwaldes bzw. der Deutschen Weinstraße. Lindemannsruh, Hambacher Schloss und die Kaiserburg Trifels sind Standorte im Haardt, einem Mittelgebirgsrücken, gelegen am Ostrand des Pfälzerwaldes. Die restlichen Standorte verteilen sich auf den nördlichen, östlichen, zentralen und südlichen Pfälzerwald. Insgesamt wurden im Erhebungszeitraum 15.675 Blitzinterviews und 1.929 lange Interviews mit Besuchern geführt. Die gesammelten Daten stellen die Grundgesamtheit für die Auswertungen hinsichtlich der Biosphärenreservats-Affinität, Gästestruktur und dem Ausgabeverhalten dar. Die Standorte sind, wie die zugehörigen Balken zeigen, relativ ausgeglichen frequentiert. Vergleichsweise geringe Fallzahlen ergeben sich an z.B. relativ naturbelassenen Standorten wie dem Luitpoldturm oder dem Johanniskreuz/Haus der Nachhaltigkeit. Vergleichsweise hohe Fallzahlen finden sich an Hauptattraktionen wie dem Biosphärenhaus und Baumwipfelpfad Fischbach oder dem Hambacher Schloss.

---

53 Das vorliegende Kapitel 6 basiert in Teilen auf den Ergebnissen, die unter maßgeblicher Beteiligung des Verfassers bereits in Job et al. (2013b) und Merlin & Kraus (2016) veröffentlicht wurden.

Die Ergebnisse der Besucherzählungen für die einzelnen Tage zeigt Abbildung 16. Die Tage in der Wintersaison sind relativ schwach frequentiert, die Sommersaison bleibt mit mittleren Schwankungen auf einem etwas höheren Niveau. Die größten Schwankungen zeigen sich in der Nebensaison, z.B. am verlängerten Wochenende im Oktober, wo das Maximum innerhalb der Erhebungstage mit 19.834 Personen erreicht wird. Relativ stark frequentiert ist das Gebiet noch am Karfreitag (22.04), mit insgesamt 9.053 gezählten Besuchern.

Abbildung 16: Besucherzahlen an den Erhebungstagen im Biosphärenreservat Pfälzerwald

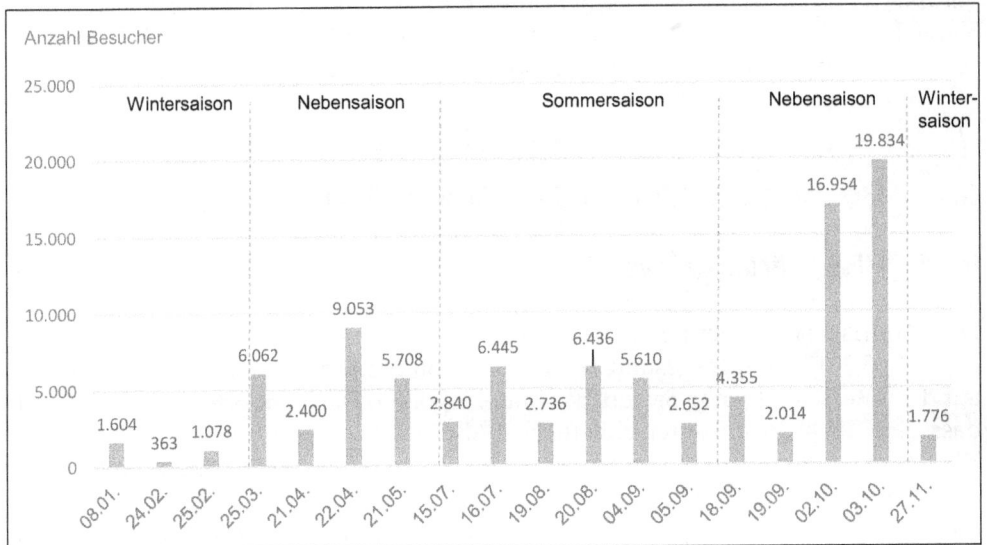

Quelle: Eigene Erhebung

Mit den bisherigen Ergebnissen durch die Zählungen werden „typische" Tage für Saison, Wetter sowie Wochen- oder Wochenendtage gebildet und die Jahresbesucherzahl über ein Jahr hochgerechnet (vgl. Abbildung 17). Dabei fällt der für deutsche Mittelgebirge typische zweigipflige Verlauf mit Besuchermaxima im Frühjahr und im Herbst auf, im Falle des Pfälzerwaldes mit einer geringen Bedeutung der Wintersaison. Letzteres wird durch die Zahlen der amtlichen Statistik im Wesentlichen bestätigt. Ansonsten differieren die Werte der amtlichen Statistik und der eigenen empirischen Erhebungen, wobei die amtliche Statistik im Vergleich weniger Besucher erfasst, was mitunter auf die fehlende Integration der Tagesgäste sowie Übernachtungen in nicht gewerblichen Betrieben zurückzuführen ist. Insbesondere im Frühjahr wird durch ausschließliche Betrachtung von Übernachtungen die Ausflugsintensität im Gebiet stark unterschätzt, so dass sich ein Maximum der Nebensaison im Herbst herausbildet.

Mit Hilfe der in den Kapitel 4.3.1 erläuterten Methodik errechnen sich für das Biosphärenreservat Pfälzerwald insgesamt 5.715.000 Besuchstage, wobei 39,4 % durch Übernachtungs- und 60,6 % durch Tagesgäste zustande kommen.

136

Abbildung 17: Wochenabhängiger Jahresverlauf der Besucherzahlen im Biosphärenreservat Pfälzerwald[54]

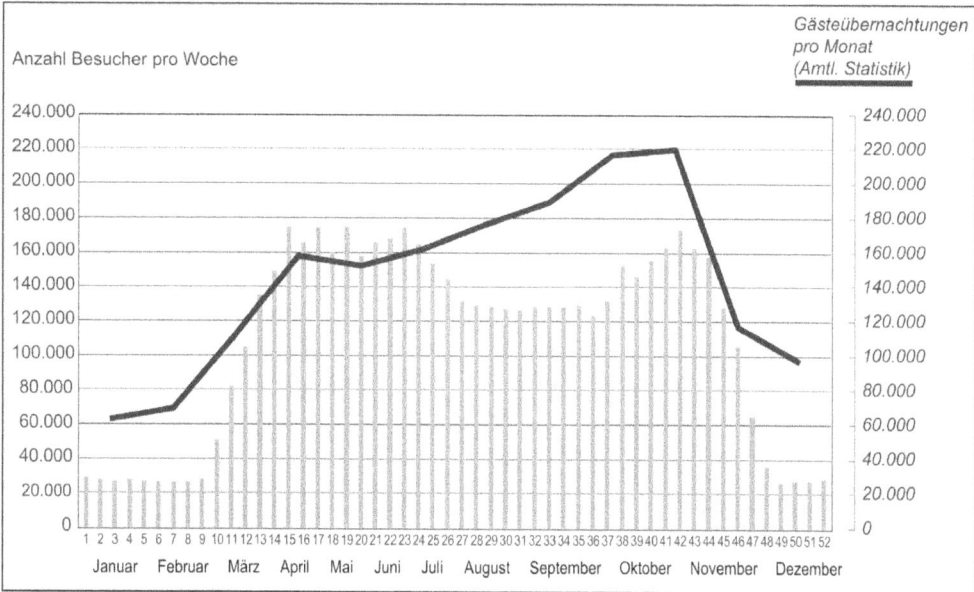

Quelle: Eigene Erhebung

6.1.2 Biosphärenreservat Rhön

Vom 01.08.2010 bis zum 31.07.2011 wurde im Biosphärenreservat Rhön an 20 Erhebungstagen an zwölf Erhebungsstandorten befragt. Insgesamt wurden 9.868 Blitzinterviews und 1.868 lange Interviews geführt. Die Standorte verteilen sich auf die drei Bundesländer Bayern, Hessen und Thüringen[55] (vgl. Karte im Anhang 8). Wichtige Attraktionen bzw. touristisch hochfrequentierte Orte wie Wasserkuppe, Kreuzberg sowie Schwarzes und Rotes Moor werden ebenso abgedeckt wie weniger frequentierte Orte im generell schwächer frequentierten thüringischen Teil (z.B. Hohe Geba). Da der Wintertourismus in der Rhön ein Rolle spielt, werden sowohl Ausgangsorte für Langlauf (z.B. Rotes Moor) als auch Skilifte (Wasserkuppe, Kreuzberg) bei den Erhebungen als Winterstandorte mit einbezogen. Die höchsten Fallzahlen ergeben sich an den Standorten Wasserkuppe, Milseburg und dem Kreuzberg.

Die höchsten Werte von Besuchern an einzelnen Tagen werden in der Rhön, ähnlich wie im Pfälzerwald, in den Abschnitten der Nebensaison erfasst (vgl. Abbildung 18). Mit 15.253 Besuchern ist die höchste Frequentierung am Ostersonntag zu verzeichnen, gefolgt von 14.370 Besuchern am Tag der deutschen Einheit. Die erhöhten Werte Ende August und September sind mitunter auf die späten Schulferien in Bayern zurückzuführen.

---

54 Zu beachten ist, dass die Abbildung zwei y-Achsen unterschiedlicher Bedeutung enthält. Die linke Achse gibt die Besucherzahl pro Woche an, die rechte Achse die amtliche Statistik mit Gästeübernachtungen pro Monat.

55 Die Erweiterung des Biosphärenreservats auf der bayerischen Seite erfolgte 2014 und konnte im Rahmen der Erhebungen noch nicht berücksichtigt werden.

Abbildung 18: Besucherzahlen an den Erhebungstagen im Biosphärenreservat Rhön

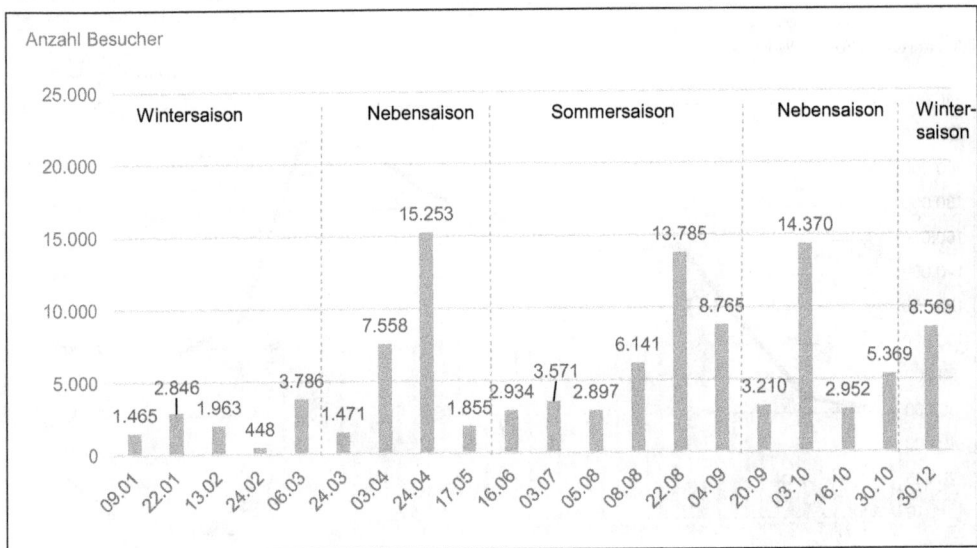

Quelle: Eigene Erhebung

Abbildung 19: Wochenabhängiger Jahresverlauf der Besucherzahlen im Biosphärenreservat Rhön

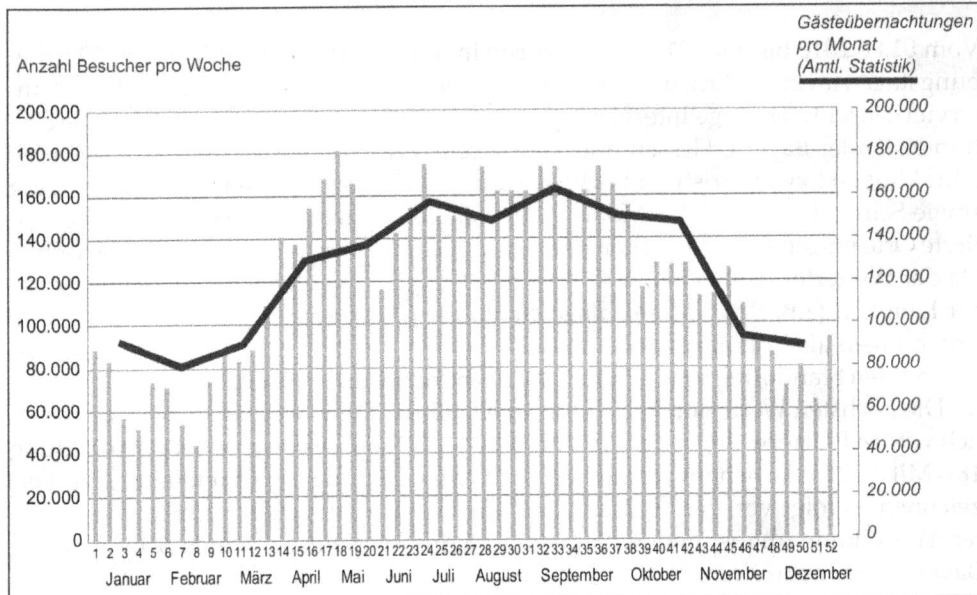

Quelle: Eigene Erhebung

138

Die Hochrechnung der Ergebnisse auf das Erhebungsjahr (vgl. Abbildung 19) zeigt einen Verlauf mit einem relativ ausgeglichenen Plateau von April bis Ende September und einem Minimum, beginnend im Dezember bis Februar, das jedoch von einzelnen Tagen, Wochenenden oder Feiertagen mit gutem Wetter, durchsetzt wird. Ab Ende Februar bzw. Anfang März steigt die Besucherzahl bis zum wenig markanten Maximum im Mai. Der starke Einfluss des Wetters zeigt sich hier auch in der Unterbrechung des Plateaus zwischen Mai und Juni. Insgesamt summiert sich die Berechnung auf 6.370.000 Besucher. Davon sind 31,9 % auf Übernachtungsgäste, 68,1 % auf Tagesgäste zurückzuführen.

6.1.3 Biosphärenreservat Schaalsee

Im Biosphärenreservat Schaalsee wurde zwischen dem 01.06.2011 und dem 31.05.2012 an acht Erhebungsstandorten und 18 Befragungstagen erhoben. Der Schaalsee ist gemäß der Destinationstypologie keine tradierte Region und stellt vielmehr ein Naherholungsgebiet dar. Im Jahr 1960 wurde das Gebiet westlich des Schaalsees, welches bereits zu Schleswig-Holstein zählt, als Naturpark (Lauenburgische Seen) ausgewiesen. Das Biosphärenreservat endet an der Landesgrenze Mecklenburg-Vorpommerns. Da der Besucher diese i.d.R. nicht wahrnimmt, wäre eine alleinige Erfassung der Besucherströme, ohne Standorte am Westufer bzw. auf schleswig-holsteinischer Seite, nicht repräsentativ, weshalb hier drei der acht Standorte liegen (vgl. Anhang 9). Bei den Standorten wurde im Falle des Infozentrums „Pahlhuus" auf die Zählung verzichtet (diese wurde lediglich zweimal zur Erfassung der Besucher eines Regionalmarktes durchgeführt) und stattdessen die vorliegenden, durch das Infozentrum erhobenen Zahlen (tägliche Erfassung), herangezogen. Identisch wurde am Infozentrum Schlagsdorf und dem Standort Kloster Zarrentin verfahren. An den übrigen fünf Standorten wurde regulär erhoben. Insgesamt wurden 7.155 Blitzinterviews und 1.030 lange Interviews geführt.

Abbildung 20 gibt einen Überblick über die Anzahl der erfassten Besucher an den Erhebungstagen. Die Zahlen variieren hier insbesondere in Abhängigkeit von Wochenende bzw. Wochentag und gutem bzw. schlechtem Wetter. So liegen der 01.05. und der 27.05. als Feiertage mit gutem Wetter und dem höchsten Besucheraufkommen in der Frühjahrs-Nebensaison, was ähnlich für den Ostersonntag (08.04.) gilt. Tage mit schlechtem Wetter unter der Woche, wie z.B. der 04.11., verzeichnen hingegen nur 332 Besucher.

Der Jahresverlauf (vgl. Abbildung 21) ist durch ein weniger deutliches, durchgängiges, vergleichsweise hohes Besucheraufkommen von Juni bis Ende September gekennzeichnet, was im Wesentlichen die gesamte Sommersaison umfasst. Von Dezember bis Ende Februar reduziert sich selbiges um ca. die Hälfte, mit einer kleineren Spitze zwischen Weihnachten und Neujahr, um dann von Anfang März bis Juni anzusteigen. Insgesamt sind immer wieder stärkere wetterabhängige Schwankungen zu verzeichnen. Im Sommer stellt die Phase länger anhaltender höherer Besucherzahlen im Vergleich zur Nebensaison mehr ein Plateau als ein ausgeprägtes Maximum dar.

Abbildung 20: Besucherzahlen an den Erhebungstagen im Biosphärenreservat Schaalsee

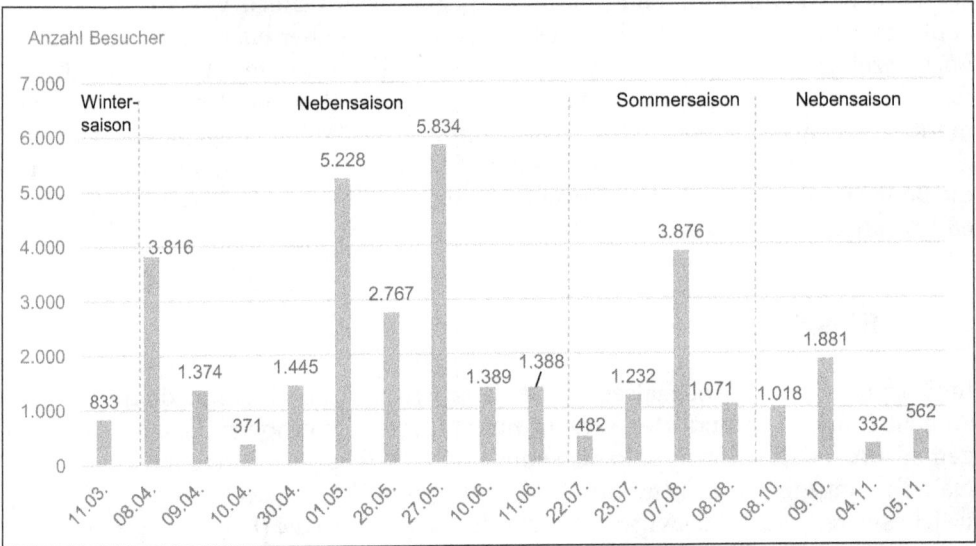

Quelle: Eigene Erhebung

Abbildung 21: Wochenabhängiger Jahresverlauf der Besucherzahlen im Biosphärenreservat Schaalsee[56]

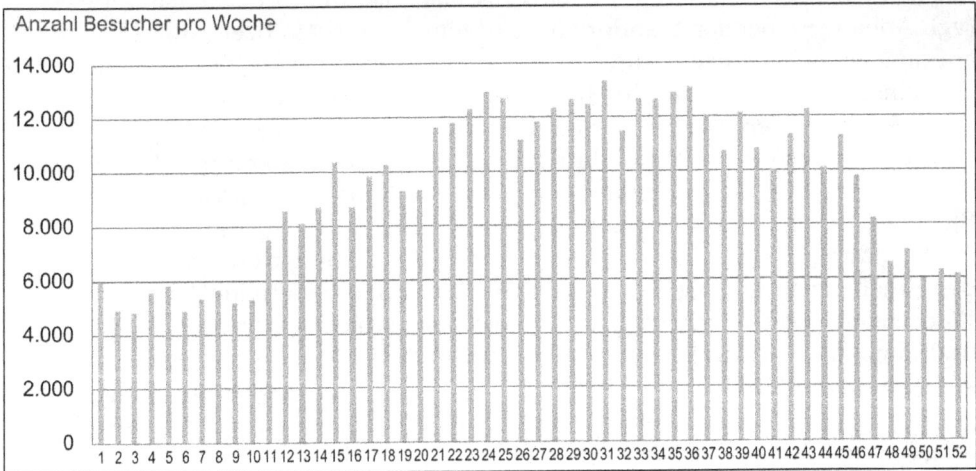

Quelle: Eigene Erhebung

Insgesamt errechnet sich eine Besucherzahl von 490.000 Besuchern für den Erhebungszeitraum. Der Stellenwert als Tagesausflugsziel wird mit einem Tagesgastanteil von 82,4 % und dem komplementären Anteil an Übernachtungsgästen (17,6 %) untermauert.

---

56 Aufgrund fehlender Werte der amtlichen Statistik kann die Darstellung des Monatsverlaufs nicht erfolgen.

6.1.4 Biosphärenreservat Spreewald

Im Biosphärenreservat Spreewald fanden die Erhebungen zwischen dem 01.04.2011 und 31.03.3012 statt. Dabei wurden insgesamt zwölf Standorte im Gebiet festgelegt und an insgesamt 18 Erhebungstagen gezählt und befragt. An acht Standorten wurden ganzjährig sowohl Zählungen, Blitzinterviews als auch lange Interviews durchgeführt, am Standort Slawenburg und Lehde wurde nur im Winter befragt. Weitere lediglich im Winter besetzte Standorte sind die zwei Thermen-Standorte. An den Thermen fanden lediglich lange Interviews statt, da die Besucherzahlen durch die Eintrittszahlen ermittelt werden konnten. Insgesamt wurden 1.146 Gäste im Rahmen langer Interviews und 6.776 Besucher im Rahmen kurzer Interviews befragt (vgl. Karte in Anhang 10).

Das Gebiet des Biosphärenreservates umfasst zum einen den südlich von Lübben gelegenen Oberspreewald und den nördlich gelegenen Unterspreewald. Die Standorte verteilen sich im gesamten Niederungsgebiet und decken sowohl eher natürliche Kulturlandschaftselemente wie die Fliese als auch stärker infrastrukturell ausgestattete Attraktionen wie Infozentren oder Kulturdenkmäler ab. Dabei wurde versucht, an wichtigen Achsen und Knotenpunkten (z.B. Schlossinsel Lübben oder Radweg Leibe) möglichst repräsentativ Besucherzahlen und -strukturen zu erfassen, sprich die Bandbreite von Kahn-, Kanu- und Radfahrern sowie mehr Kulturinteressierten abzudecken. Die höchsten Fallzahlen wurden an den Standorten Schlossinsel Lübben gefolgt von Schlepzig und dem Radweg Leipe erzielt.

Die Besucherzahlen der einzelnen Erhebungstage sind in Abbildung 22 dargestellt. Absoluter Spitzenwert ist der Pfingstmontag (13.06.) mit 13.497 Besuchern,

Abbildung 22: Besucherzahlen an den Erhebungstagen im Biosphärenreservat Spreewald

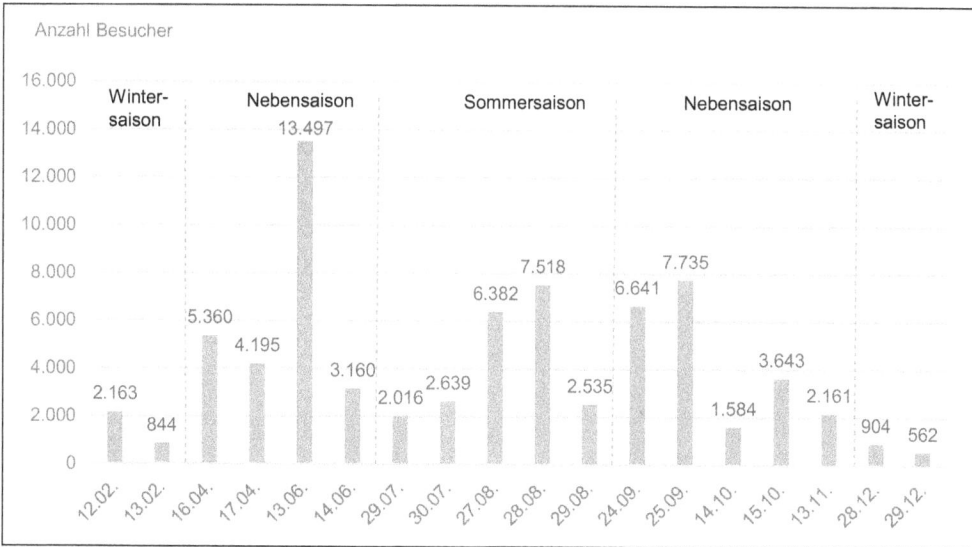

Quelle: Eigene Erhebung

was die Wichtigkeit der Feiertage bzw. die Relevanz von Tagesausflügen verdeutlicht. Eine zweite Spitze zeigt sich in der Herbstsaison am 24./25.09. sowie in der Sommersaison am 27./28.08. mit jeweils mehr als 6.000 gezählten Besuchern. Deutlich geringere Frequentierung herrscht im Winter zwischen Weihnachten und Neujahr sowie im Februar vor.

Der auf das Jahr hochgerechnete Wochenverlauf (vgl. Abbildung 23) zeigt ein ähnliches Bild mit niedrigen Besuchshäufigkeiten in den Monaten Dezember, Januar und Februar. Zwischen März und April erfolgt ein sprunghafter Anstieg auf ein mehr oder minder konstantes Plateau, welches lediglich im August eine kleine Delle erhält (z.T. wetterabhängige Schwankungen). Die amtliche Statistik zeigt einen der Empirie ähnelnden Verlauf, insbesondere in den Wintermonaten. Das Sommermaximum ist hingegen in der amtlichen Statistik prägnanter ausgeprägt, insbesondere von Juni bis Mitte September. Die empirischen Erhebungen erfassen jedoch den relevanten Tagesausflugsverkehr, weshalb der Wochenverlauf in den Abschnitten der Nebensaison höher ausfällt und der Sommer als Maximum weniger heraussticht. Insgesamt errechnen sich für das Biosphärenreservat Spreewald 1.943.000 Besuchstage. Davon sind 51,3 % Übernachtungsgäste, 48,7 % Tagesgäste.

Abbildung 23: Wochenabhängiger Jahresverlauf der Besucherzahlen im Biosphärenreservat Spreewald

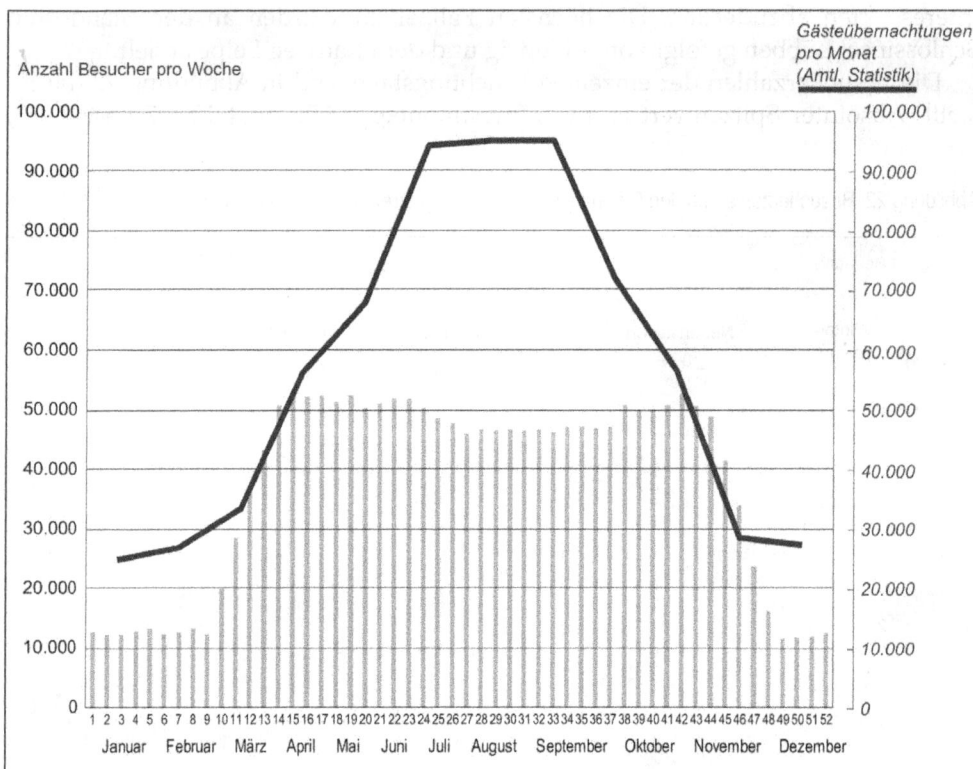

Quelle: Eigene Erhebung

6.1.5 Biosphärenreservat Südost-Rügen

Der Erhebungszeitraum im Biosphärenreservat Südost-Rügen erstreckt sich vom 01.05.2011 bis zum 30.04.2012. Insgesamt wurden sieben Standorte festgelegt, zwei davon, Kleinbahnhof Rasender Roland und Rügen-Markt im Hafen Thiessow, wurden im Wechsel besetzt. Insgesamt wurde an 18 Erhebungstagen befragt. Neben Steilküsten sind Sandstrände als touristische Attraktionspunkte abgedeckt worden, um so die gesamte Bandbreite an Aktivitätsgruppen zu erfassen. Einen Überblick über das Biosphärenreservat sowie die Verteilung der Standorte gibt Anhang 11. Insgesamt wurden 8.940 Personen im Rahmen von Kurzinterviews, 847 Personen im Rahmen von langen Interviews befragt.

Bereits durch die Darstellung der Besucherzahlen (vgl. Abbildung 24) für die einzelnen Erhebungstage wird das Maximum im August erkenntlich, mit dem Spitzenwert von 13.707 Besuchern am 02.08, welches rund 13 mal höher liegt als das Minimum im Februar (20.02.), stellvertretend für die Wintersaison. Die Erhebungstage der Nebensaison sind mit Werten zwischen 3.000 und 6.000 gezählten Besuchern gekennzeichnet.

Abbildung 24: Besucherzahlen an den Erhebungstagen im Biosphärenreservat Südost-Rügen

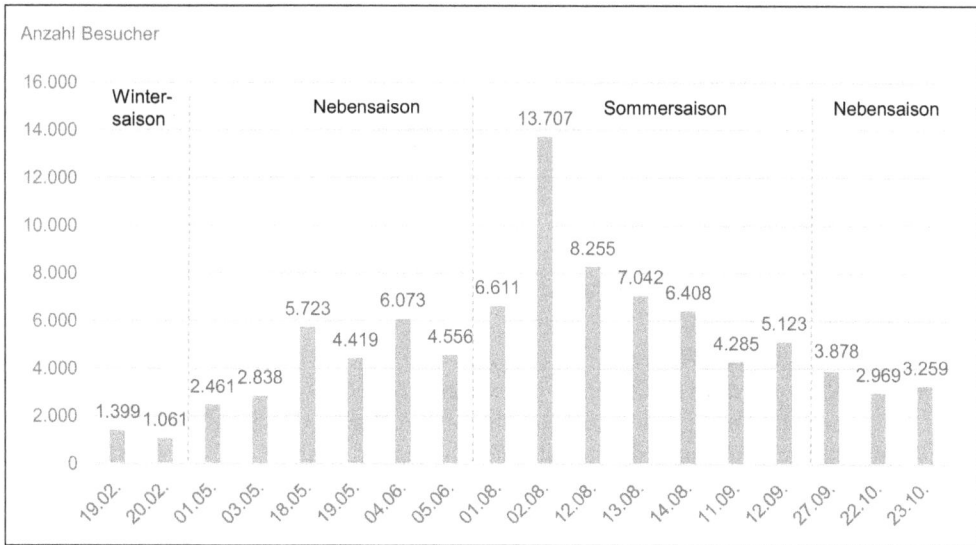

Quelle: Eigene Erhebung

Mit der Nebensaison fällt die Besucherzahl bis zu einem Minimum in der Wintersaison ab, um im Frühjahr bzw. ab Mai wieder bis zum Sommer anzusteigen. Die Glockenform entspricht dem typischen Verlauf einer Urlaubsregion am Meer mit einem dominierenden Bade- und Strandurlaubssegment. Diese Form stellt sich ähnlich in der Hochrechnung des Jahresverlaufs dar, wobei das Hoch im Sommer von Mitte Juli bis Mitte September etwas länger anhält und dadurch breiter ausfällt als

143

der Verlauf der amtlichen Statistik. Diese fällt in beiden Abschnitten der Nebensaison zudem schneller auf ein niedrigeres Niveau, was auf ein Fehlen der Tagesgäste und vor allem der nicht-gewerblichen Übernachtungen zurückzuführen ist (vgl. Abbildung 25). Insgesamt werden für das Biosphärenreservat Südost-Rügen 5.288.000 Besuchstage ermittelt, wobei der Anteil an Übernachtungsgästen mit 93,3 % denjenigen der Tagesgäste (6,7 %) bei weitem übersteigt.

Abbildung 25: Wochenabhängiger Jahresverlauf der Besucherzahlen im Biosphärenreservat Südost-Rügen

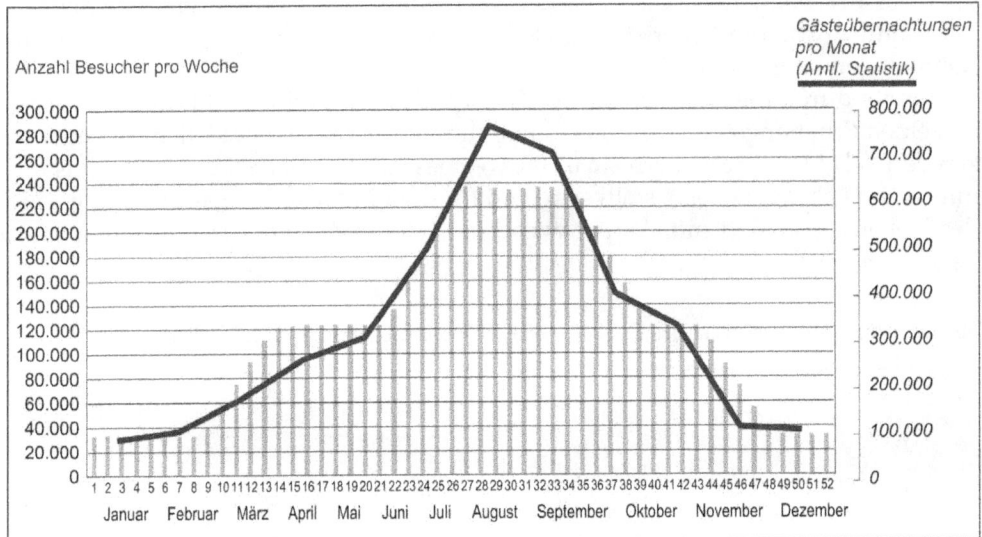

Quelle: Eigene Erhebung

6.1.6 Biosphärenreservat Vessertal-Thüringer Wald

Im Biosphärenreservat Vessertal-Thüringer Wald fanden die Erhebungen zwischen dem 01.07.2010 und dem 30.06.2011 statt. Insgesamt wurde an acht Standorten erhoben, bei zwei Standorten wurde ein saisonaler Wechsel zwischen Sommer-, Neben- und Wintersaison durchgeführt (Kalte Herberge und Unteres Vessertal). Die Karte in Anhang 12 gibt einen Überblick über das Biosphärenreservat und die Erhebungsstandorte sowie die geführten langen und kurzen Interviews (1.433 bzw. 4.157).

Im Gebiet sind die Besucher relativ homogen verteilt. Lediglich der Schneekopf, mit mehr als 30 % der im Rahmen von Blitzinterviews befragten Personen, sticht hier etwas heraus. Wie die Abbildung 26 zu den Besucherzahlen an den einzelnen Erhebungstagen zeigt, hebt sich der 02.06. (Vatertag) mit 3.708 Besuchern stark ab. Auffallend ist, dass alle Saisonabschnitte durch sowohl relativ starke als auch relativ schwache Tage gekennzeichnet sind, wobei die Wintersaison insgesamt gleichmäßiger auf einem etwas höheren Niveau verläuft als die Tage der Sommersaison. So ist der 12.09. mit 2.570 Besuchern ein starker Sommertag und ebenso gut frequentiert wie der stärkste Wintertag mit 2.593. Insbesondere das Wetter stellt hier einen wich-

Abbildung 26: Besucherzahlen an den Erhebungstagen im Biosphärenreservat Vessertal-Thüringer Wald

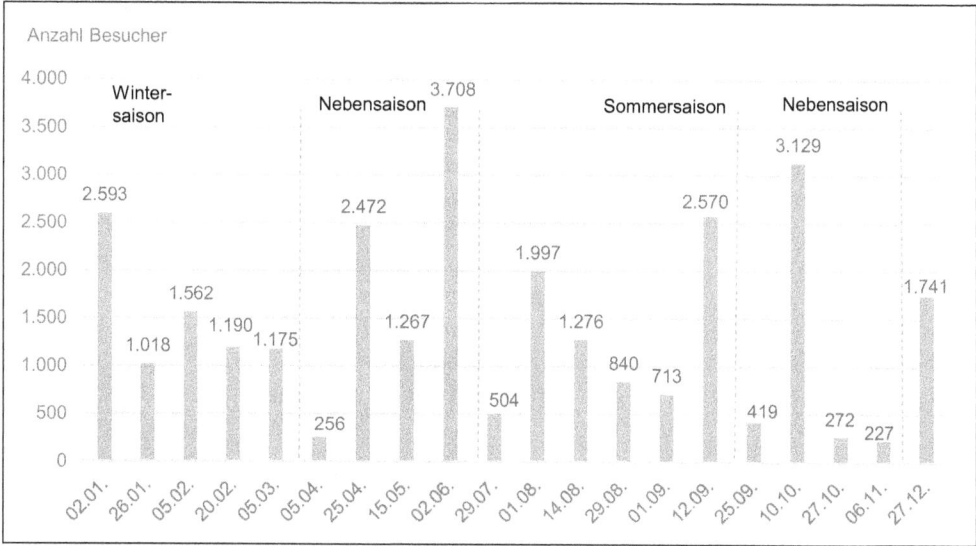

Quelle: Eigene Erhebung

Abbildung 27: Wochenabhängiger Jahresverlauf der Besucherzahlen im Biosphärenreservat Vessertal-Thüringer Wald

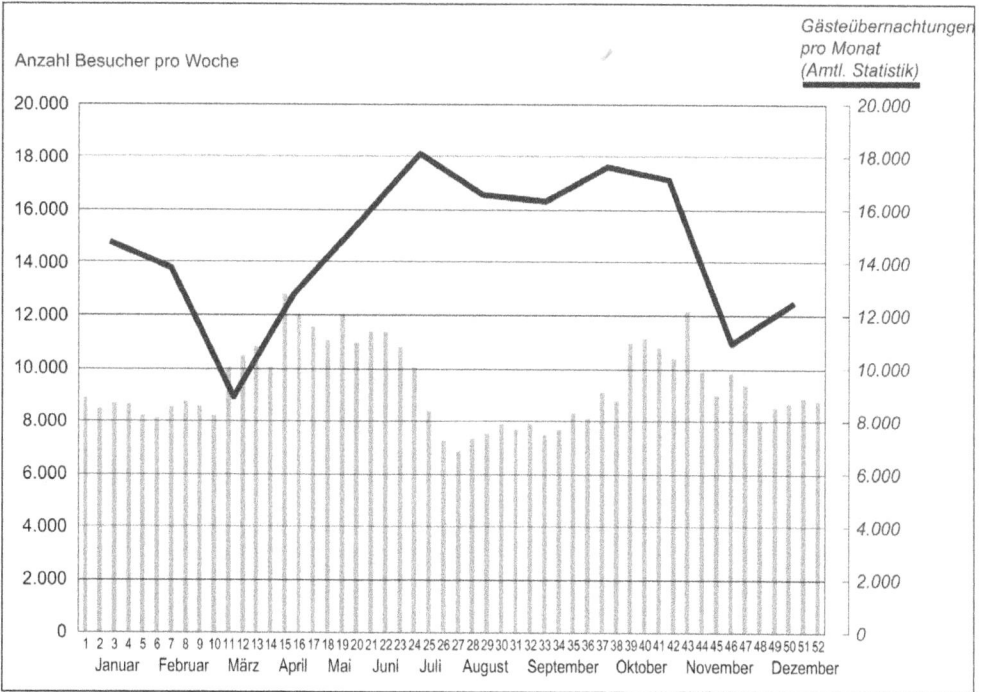

Quelle: Eigene Erhebung

145

tigen Faktor dar, vor allem für die Tagesgäste aus den umliegenden Einzugsbereichen Suhl-Illmenau: sowohl der 06.11. als auch der 05.04. sind Schlechtwettertage mit niedrigen Besucherfrequenzen.

Rechnet man die Besuchstage auf das Erhebungsjahr hoch, ergibt sich ein für die deutschen Mittelgebirge typischer zweigipfliger Saisonverlauf mit einem Maximum im Frühling und Herbst (vgl. Abbildung 27). Diese werden unterbrochen durch einen vergleichsweise gering frequentierten Sommer, der ein ähnliches Niveau hat wie die Wintersaison. Die amtliche Statistik deckt sich mit diesen Ergebnissen nur bedingt. Diese verläuft im Falle des Vessertals sogar eher konträr, mit Minima an den durch die vorliegenden Studie ermittelten Maxima, wodurch der nicht unerhebliche Einfluss der Tagesgäste erneut aufgezeigt werden kann, der in der amtlichen Statistik nicht abgebildet wird. Nicht verwunderlich ist dementsprechend die Tatsache, dass 64,1 % der insgesamt 487.000 Besucher der Gruppe der Tagesgäste und lediglich 35,9 % der Gruppe der Übernachtungsgäste zuzurechnen sind.

6.1.7 Vergleichende Zusammenfassung der Besucherzahlen

In den untersuchten Biosphärenreservaten existiert eine enorme Bandbereite an Besuchstagen pro Jahr. Diese sind vergleichend in Tabelle 11 dargestellt.

Tabelle 11: Zusammenfassende Darstellung der Besucherzahlen in den Untersuchungsgebieten[57]

Gebiet	Pfälzerwald	Rhön	Schaal-see	Spreewald	Südost-Rügen	Vessertal-Thüringer Wald
Besuchstage	5.715.000	6.370.000	490.000	1.943.000	5.288.000	487.000
Übernach-tungsgäste	39,4%	31,9%	17,6%	51,3%	93,3%	35,9%
Tagesgäste	60,6%	68,1%	82,4%	48,7%	6,7%	64,1%
Fläche (ha)	177.842	185.262	30.900	47.509	11.100	17.081
Besucherdichte (Besuchstage/ha)	32,1	34,4	15,9	40,9	476,4	28,5
Einwohner	327.880	129.613	12.930	31.178	10.550	21.354
Besucher-intensität (Besuchstage/Einwohner)	17,4	49,1	37,9	62,3	501,2	22,8

Quelle: Eigene Erhebungen sowie eigene Berechnung basierend auf STATISTISCHE ÄMTER DES BUNDES UND DER LÄNDER (2012a; 2012b)

---

57 Die Angabe zur Fläche bezieht sich auf das Biosphärenreservat, die Angabe der Bevölkerung bezieht sich auf die Gemeinden. Für diejenigen Gemeinden die nur geschnitten werden, wird der Flächenanteil auf die Bevölkerung übertragen.

Sowohl der Schaalsee als auch das Biosphärenreservat Vessertal-Thüringer Wald sind hinsichtlich ihrer Fläche und der Besucherzahl kleine Destinationen. Mit 490.000 bzw. 487.000 Besuchstagen sind sie der Kategorie der „Kleinen Tourismusregion" mit weniger als 400.000 Übernachtungen (vgl. Kapitel 4.2) zuzuordnen. Der Tagesgastanteil ist mit 82,4 % bzw. 64,1 % dementsprechend hoch. Das deutet darauf hin, dass die Biosphärenreservate weniger als Urlaubsdestination sondern vielmehr als Tagesausflugsziel fungieren. Insbesondere der Schaalsee steht in Konkurrenz zu den Urlaubsregionen der Küste und konnte mitunter aufgrund des jungen Alters als Destination bisher wenig etabliert werden. Die beiden Gebiete sind auch hinsichtlich der Besucherdichte Schlusslichter, hinsichtlich der Besucherintensität ebenfalls auf den hinteren Rängen, lediglich vor dem Pfälzerwald (dieser ist jedoch mehr als zehn Mal so groß wie das Biosphärenreservat Vessertal-Thüringer Wald).

Das Biosphärenreservat Spreewald hebt sich hier bereits durch die knapp 2 Mio. Besuchstage pro Jahr ab. Auffallend ist der im Gesamtvergleich hohe Anteil an Übernachtungsgästen, der lediglich durch Südost-Rügen übertroffen wird, was den Stellenwert der Destination als Urlaubsziel verdeutlicht. Sowohl die Besucherdichte (40,9 Besucher/ha) als auch die Besucherintensität (62,3 Besucher/EW) sind im Spreewald deutlich höher ausgeprägt als im Vergleich zu den Biosphärenreservaten Vessertal-Thüringer Wald und Schaalsee. Der Anteil der Tagesgäste ist im Vergleich deutlich geringer.

Übertroffen werden die Besucherzahlen durch die Biosphärenreservate Pfälzerwald (5.715.000) und Rhön (6.370.000), wobei diese durch die größte Flächenausdehnung gekennzeichnet sind. Im Vergleich zum Spreewald wird ein wesentlicher Teil der Besuchertage durch Tagesgäste generiert (rund 60 bzw. 68 %), was den Stellenwert als Tagesausflugsziel untermauert. Ebenso liegen Besucherdichte und -intensität in den Biosphärenreservaten Rhön und Pfälzerwald niedriger als im Spreewald.

Mit 5.288.000 Übernachtungen im Biosphärenreservat Südost-Rügen liegt die Anzahl zwar absolut noch etwas unterhalb derjenigen der Rhön oder des Pfälzerwaldes, jedoch herrscht hier bezogen auf die Fläche, die absolut höchste Besucherdichte (476,4) bzw. bezogen auf die Einwohner, die höchste Besucherintensität (mit 501,2 rund zehn Mal so hoch wie in der Rhön). Der im Vergleich mit Abstand höchste Übernachtungsgastanteil von 93,3 % macht den Stellenwert als traditionelle Urlaubsdestination deutlich. Der geringe Anteil des Tagestourismus ist z.B. im Vergleich zur Rhön oder dem Pfälzerwald durch die sehr periphere Lage der Insel und die geringe Einwohnerdichte Mecklenburg-Vorpommerns zu begründen.

Neben der absoluten Besucherzahl spielt deren Struktur eine wichtige Rolle. Zusätzlich zu der bereits vorgenommen Einteilung in Tages- und Übernachtungsgäste wird im Folgenden Kapitel zwischen Personen unterschieden, für die das Biosphärenreservat eine wichtige Rolle im Rahmen des Aufenthaltes spielt und solche, für die es (tendenziell) keine Relevanz besitzt.

6.1.8 Biosphärenreservats-Affinität und Darstellung der Besuchergruppen

Das in Kapitel 4.3.2.1 vorgestellte Vorgehen zur Ermittlung der Biosphärenreservats-Affinität dient im Folgenden zur Einteilung der Befragten in „Biosphärenreservatsbesucher im engeren Sinn" und „sonstige Biosphärenreservatsbesucher". Die erste Frage im Rahmen der Methodik zielt dabei auf den Kenntnisstand über den Schutzstatus ab. Immerhin 57,5 % aller der im Rahmen langer Interviews befragten Personen nennen richtigerweise den korrekten Schutzstatus Biosphärenreservat (vgl. Abbildung 28).

Abbildung 28: Kenntnisstand des Schutzstatus in den Untersuchungsgebieten

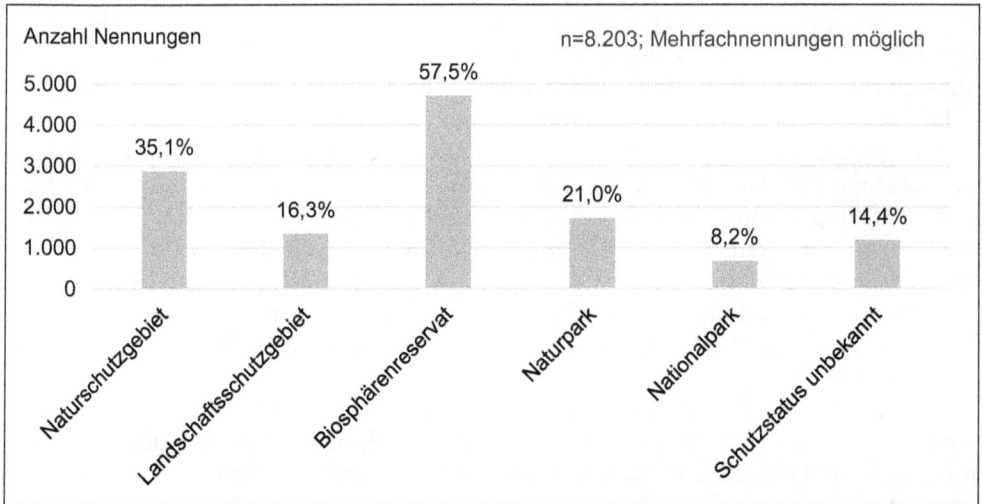

Quelle: Eigene Erhebungen

Dieses tendenziell positive Ergebnis muss relativiert werden, da 5,1 % der Befragten den Schutzstatus Biosphärenreservat und Nationalpark gemeinsam nannten. Das kam in der Hälfte der Nennungen im Biosphärenreservat Südost-Rügen vor, wo mit Sicherheit die Nähe zum Nationalpark Jasmund eine Rolle spielt. Sowohl in der Rhön, dem Pfälzerwald als auch dem Vessertal-Thüringer Wald haben die Befragten gehäuft den gleichzeitigen Status des Naturparks richtigerweise genannt. Jedoch wurde in 5,0 % aller Fälle der Naturpark genannt, auch wenn dieser Status nicht korrekt war, was eine erneute Relativierung notwendig macht.

Nach der Filterung dieser Fälle wurde der Kenntnisstand erneut berechnet (vgl. Abbildung 29). Bezogen auf die einzelnen Biosphärenreservate ist der Kenntnisstand zum Schutzstatus mit 73,8 % in der Rhön am höchsten, gefolgt vom Schaalsee und Vessertal-Thüringer Wald mit je knapp 70 % und dem Spreewald mit 56,6 %. Der Kenntnisstand im Pfälzerwald und Südost-Rügen ist mit knapp über 30 % am geringsten. Das dürfte sich im Falle Südost-Rügens zum einen auf den bereits angesprochenen, sich in der Nähe befindlichen Nationalpark Jasmund zurückführen lassen, im Falle des Pfälzerwaldes auf den deutlich länger existierenden Naturpark. Wurde die anschließende Frage zur Überprüfung der Plausibilität (vgl. Anhang 3, Frage 7a) richtig beantwortet, wurde in der Folge die Frage nach der Rolle des Biosphärenreservates für den Besuch der Region erfragt. Die Personen, für die das Biosphärenreservat eine große oder eine sehr große Rolle im Rahmen des Aufenthaltes spielt, werden in der vorliegenden Arbeit als Biosphärenreservatsbesucher i.e.S. bezeichnet. Den höchsten Anteil findet man im Schaalsee (21,8 %), gefolgt von der Rhön (13,7 %). Im Schaalsee könnten mitunter der „Neustart" als Destination ein Grund für das positive Ergebnis sein, in der Rhön spielt mit Sicherheit die langjährige Arbeit der Verwaltung eine Rolle. Im „Mittelfeld" finden sich der Spreewald (8,7 %) und das Biosphärenreservat Vessertal-Thüringer Wald (11,1 %). Die geringsten Anteile an Biosphärenreservatsbesuchern i.e.S. sind in Südost-Rügen (4,9 %) und dem Pfälzerwald (3,5 %) anzutreffen (vgl. Abbildung 29).

Einen Überblick über die für die Berechnung notwendigen bzw. abgegrenzten Besuchergruppen gibt Abbildung 30, wo die Biosphärenreservats-Affinität getrennt nach Tages- und Übernachtungsgästen dargestellt wird. Die wesentlichen Unterschiede hinsichtlich der Anteile an Tages- und Übernachtungsgästen in den einzelnen Gebieten und deren Stellenwert zwischen Urlaubs- und Ausflugsdestination wurden bereits erläutert. Im Pfälzerwald ist der Anteil der Biosphärenreservats-affinen Tagesgäste ähnlich groß wie der Anteil der Biosphärenreservats-affinen Übernachtungsgäste. In der Rhön ist das Segment der Biosphärenreservats-affinen Tagesgäste mit 10 % deutlich höher als das der Biosphärenreservats-affinen Übernachtungsgäste mit 3,7 %. Ähnlich stellt sich die Situation im Schaalsee und im Vessertal-Thüringer Wald dar. Auch hier ist das Segment der Biosphärenreservats-affinen Tagesgäste stärker ausgeprägt. In Südost-Rügen hingegen wurde kein Tagesgast mit hoher Affinität angetroffen, sämtliche Biosphärenreservatsbesucher i.e.S. generieren sich aus den Übernachtungsgästen. Im Spreewald ist die Gruppe der Biosphärenreservats-affinen Übernachtungsgäste stärker vertreten als die der affinen Tagesgäste, wenn auch nur in geringem Maße.

Eine strengere Abgrenzung (vgl. ARNBERGER et al. 2012; KÜPFER 2000: 91f.) kann erzielt werden, berücksichtigt man die Frage „Wären Sie heute auch hier, wenn es das Biosphärenreservat nicht gäbe?" (vgl. Frage 7c in Anhang 3). Dadurch stellen sich deutlich niedrigere Werte in allen untersuchten Biosphärenreservaten dar (vgl. Anhang 21). Die Ergebnisse bzw. deren Bedeutung werden im Rahmen der Diskussion erneut aufgegriffen.

Neben der absoluten Ausprägung der vier Segmente variiert zudem die Biosphärenreservats-Affinität differenziert nach Tages-und Übernachtungsgästen (vgl. Tabelle 12). In der Rhön und dem Vessertal-Thüringer Wald ist die Affinität unter den Tagesgästen stärker ausgeprägt als bei den Übernachtungsgästen. In den anderen Gebieten dreht sich dieses Verhältnis um, die Übernachtungsgäste legen hier mehr Wert auf die Auszeichnung als Biosphärenreservat. Über alle Gebiete ist der Anteil der Biosphärenreservats-affinen Gäste unter den Tagesgästen mit 11,4 % gegenüber dem Anteil unter den Übernachtungsgästen (8,5 %) signifikant erhöht (Cramérs V: 0,047, ***p<0,001). Das lässt Interpretationsspielraum im Hinblick auf die Verankerung bzw. Etablierung der Marke sowie das Akzeptanzniveau und den Stellenwert als Attraktionsfaktor unter den Besuchern. In der Rhön sowie dem Vessertal-Thüringer Wald kann ein entsprechender Stellenwert bei den umliegenden Bevölkerung in Tagesausflugsreichweite bereits durch die Arbeit der Biosphärenreservats-Verwaltungen erkannt werden, was bei den Übernachtungsgästen noch ausbaufähig ist.

Abbildung 29: Biosphärenreservatsbesucher im engeren Sinne in den Untersuchungsgebieten

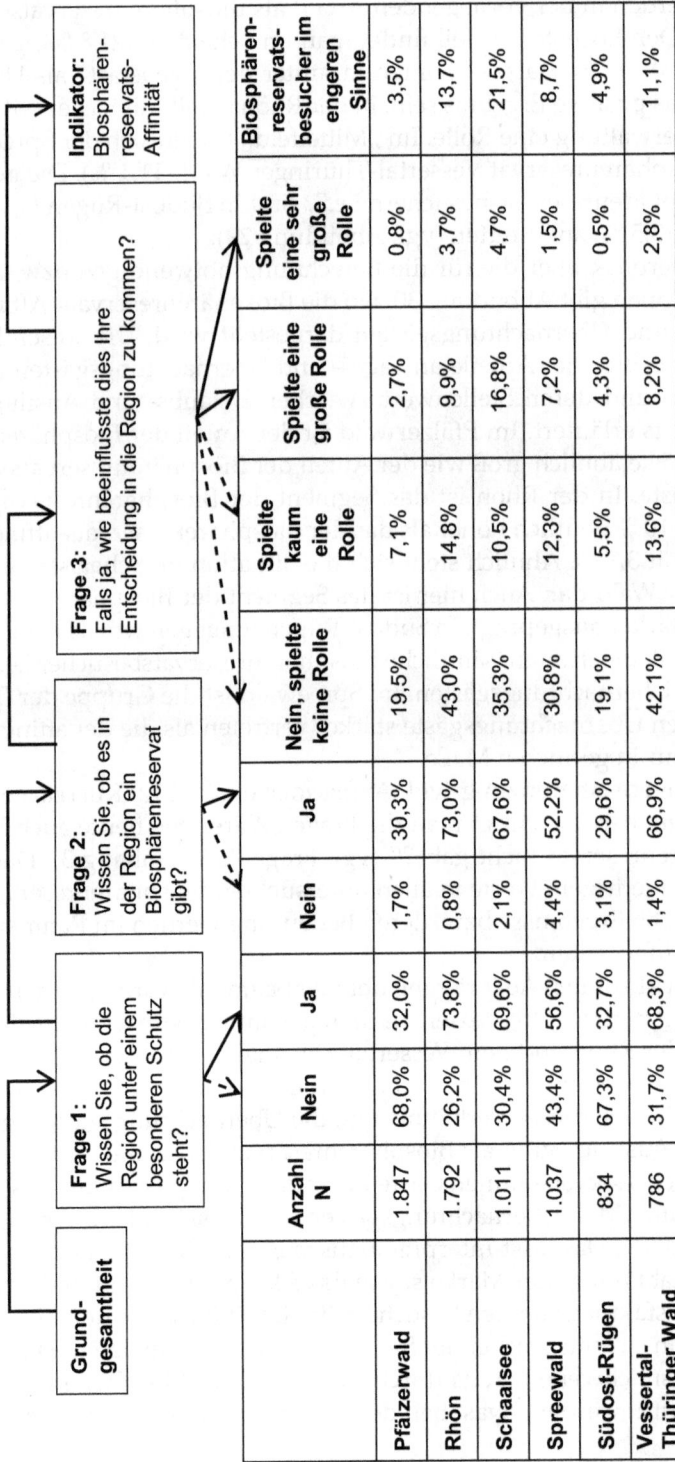

Grundgesamtheit

Frage 1: Wissen Sie, ob die Region unter einem besonderen Schutz steht?

Frage 2: Wissen Sie, ob es in der Region ein Biosphärenreservat gibt?

Frage 3: Falls ja, wie beeinflusste dies Ihre Entscheidung in die Region zu kommen?

Indikator: Biosphärenreservats-Affinität

	Anzahl N	Nein	Ja	Nein	Ja	Nein, spielte keine Rolle	Spielte kaum eine Rolle	Spielte eine große Rolle	Spielte eine sehr große Rolle	Biosphärenreservats-besucher im engeren Sinne
Pfälzerwald	1.847	68,0%	32,0%	1,7%	30,3%	19,5%	7,1%	2,7%	0,8%	3,5%
Rhön	1.792	26,2%	73,8%	0,8%	73,0%	43,0%	14,8%	9,9%	3,7%	13,7%
Schaalsee	1.011	30,4%	69,6%	2,1%	67,6%	35,3%	10,5%	16,8%	4,7%	21,5%
Spreewald	1.037	43,4%	56,6%	4,4%	52,2%	30,8%	12,3%	7,2%	1,5%	8,7%
Südost-Rügen	834	67,3%	32,7%	3,1%	29,6%	19,1%	5,5%	4,3%	0,5%	4,9%
Vessertal-Thüringer Wald	786	31,7%	68,3%	1,4%	66,9%	42,1%	13,6%	8,2%	2,8%	11,1%

Quelle: Eigene Erhebungen

Abbildung 30: Besucherzahlen und -strukturen in den Untersuchungsgebieten

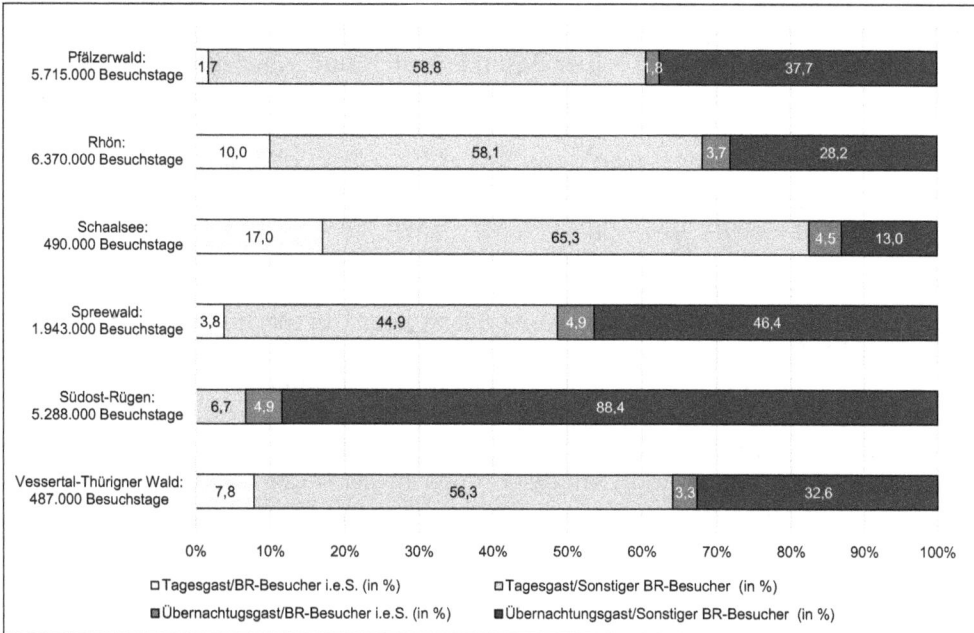

| | Tagesgast/BR-Besucher i.e.S. (in %) | Tagesgast/Sonstiger BR-Besucher (in %) |
| Übernachtungsgast/BR-Besucher i.e.S. (in %) | Übernachtungsgast/Sonstiger BR-Besucher (in %) |

Quelle: Eigene Erhebungen

Tabelle 12: Biosphärenreservats-Affinität nach Tages- und Übernachtungsgästen

Biosphären-reservat	Besuchersegment	Biosphärenreservats-besucher i.e.S. (in %)	Sonstige Biosphärenreservats-besucher (in %)
Pfälzerwald (n= 1.847)	Tagesgäste	2,9	97,1
	Übernachtungsgäste	4,5	95,5
Rhön (n=1.792)	Tagesgäste	14,6	85,4
	Übernachtungsgäste	11,5	88,5
Schaalsee (n=1.011)	Tagesgäste	20,8	79,2
	Übernachtungsgäste	26,2	73,8
Spreewald (n=1.037)	Tagesgäste	7,7	92,3
	Übernachtungsgäste	9,6	90,4
Südost-Rügen (n=834)	Tagesgäste	0	100
	Übernachtungsgäste	5,3	94,7
Vessertal-Thüringer Wald (n=786)	Tagesgäste	12,2	87,8
	Übernachtungsgäste	9,1	90,9

Quelle: Eigene Erhebungen

151

In den anderen Gebieten scheint dies, ebenfalls relativ betrachtet, bei den Übernachtungsgästen besser gelungen zu sein. Gründe für unterschiedlichen Stellenwert können der Intensitätsgrad und die Reichweite der Kommunikation des Biosphärenreservats-Status inklusive seiner Besonderheiten und Konzepte sein. Intensität und Reichweite sind zurückzuführen auf die Kommunikation durch das Biosphärenreservat selbst, die Betriebe sowie Tourismusinstitutionen und die allgemeine mediale Berichterstattung sowie darin inbegriffen, den Grad der Ausrichtung der Destination auf bzw. die entsprechende Integration des Biosphärenreservates in deren Kommunikation und Angebote. Durch die vorliegenden Ergebnisse lassen sich die entsprechenden Segmente erkennen, die noch von der Biosphärenreservats-Verwaltung fokussiert und per Kommunikation sinnvollerweise erreicht werden sollten (z.B. in der Rhön und dem Vessertal weitere Übernachtungsgäste, im Pfälzerwald beide Segmente).

Die Biosphärenreservats-Affinität variiert nicht nur unter den Tages- und Übernachtungsgästen sondern auch räumlich. Hier können Unterschiede für die in Kapitel 6.1 dargelegten Standorte der Befragungen aufgezeigt werden. In Tabelle 13 ist jeweils pro Gebiet der Standort mit der geringsten sowie der stärksten Ausprägung der Biosphärenreservats-Affinität aufgeführt. Höchste Werte werden am Infozentrum des Biosphärenreservates Schaalsee, dem Pahlhuus, erreicht. Ein gutes Drittel räumt hier dem Biosphärenreservats-Status eine wichtige Rolle für den Aufenthalt am Schaalsee ein. Nicht ganz so hoch, aber noch bei knapp einem Drittel, liegen die Standorte Schwarzes Moor im Biosphärenreservat Rhön und Unteres Vessertal im Biosphärenreservat Vessertal-Thüringer Wald. Hierbei handelt es sich jeweils um kernzonennahe Standpunkte als Ausgangspunkt für Wanderung mit hohem Naturbezug, im Falle der Rhön ergänzt durch ein kleineres, dezentrales Informationszen-

Tabelle 13: Biosphärenreservats-Affinität nach Erhebungsstandorten

Biosphärenreservat (Anteil Biosphärenreservatsbesucher i.e.S.)	Standort mit geringster Biosphärenreservats-Affinität		Standort mit höchster Biosphärenreservats-Affinität	
Pfälzerwald (3,5%)	Kaiserburg Trifels (n=158)	0,6%	Biosphärenhaus Fischbach (n=144)	19,4%
Rhön (13,7%)	Berghaus Rhön (n=119)	3,4%	Schwarzes Moor (n=115)	27,8%
Schaalsee (21,5%)	Rothenhusen (n=143)	3,5%	Informationszentrum Pahlhuus (n=270)	35,6%
Spreewald (8,7%)	Thermen (n=46)	2,1%	Informationszentrum Burg (n=74)	13,7%
Südost-Rügen (4,9%)	Ostseebad Baabe (n=207)	5,3%	Granitzer Forst Kreuzeiche (n=171)	11,0%
Vessertal-Thüringer Wald (11,1%)	Schneekopf (n=147)	4,7%	Unteres Vessertal (n=43)	29,6%

Quelle: Eigene Erhebungen

152

trum. Diese „Art" Standorte setzt sich fort, denn auch das Biosphärenhaus Fischbach im Pfälzerwald, das Infozentrum Burg im Spreewald oder der Granitzer Forst im Biosphärenreservat Südost-Rügen sind Standorte mit Infozentrum und/oder hohem Naturbezug. Dennoch variiert die Affinität selbst bei den „Top-Standorten", von 35,6 % (Schaalsee) bis zu 11,0 % in Rügen und 13,7 % im Spreewald. Die Standorte mit geringen Werten sind z.T. aufgrund anderer Attribute für Touristen relevant: die Kaiserburg Trifels (Pfälzerwald) wird gemeinhin mit Barbarossa, dem Kaiser des Römisch-Deutschen Reiches assoziiert, das Ostseebad Baabe ist ein klassischer Badeausflugsort. Ähnliches gilt für die Thermen im Spreewald, für deren Besuche das Biosphärenreservat keine Rolle spielt, oder Besucher des Berghaus Rhön, wo im Wesentlichen die Gastronomie im Vordergrund stehen dürfte.

6.2 Regionalökonomische Effekte des Tourismus

6.2.1 Ausgabeverhalten der Besucher

Das Ausgabeverhalten zwischen Tages- und Übernachtungsgästen ist signifikant unterschiedlich, der Unterschied innerhalb der beiden Gruppen zwischen den Gebieten ist teilweise signifikant (vgl. Abbildung 31 bzw. Signifikanzen in Anhang 14 und 15). Im Mittel liegen die Ausgaben der Übernachtungsgäste bei ca. 67 €, bei den Tagesgästen bei rund 17 €. Die Spannweite bei den Übernachtungsgästen liegt zwischen 51,10 € im Schaalsee und 75,60 € in Südost-Rügen. Knapp unterhalb des Maximalwertes liegt der Pfälzerwald. Höhere Ausgabenwerte der letztgenannten können im Falle Rügens auf den Stellenwert als Ferienregion und entsprechende Angebote im See(heil)-Bädertourismus bzw. Strandurlaub mit Hotel zurückgeführt werden. Im Pfälzerwald spielt mit Sicherheit der (gehobene) Weintourismus an der Deutschen Weinstraße inkl. entsprechender Übernachtungsangebote eine Rolle. Im Vessertal-Thüringer Wald und der Rhön liegen die Ausgaben der Übernachtungsgäste auf einem ähnlichen Niveau (jedoch deutlich niedriger als im Pfälzerwald bzw. Südost-Rügen), was mitunter durch eine vergleichbare Angebotsstruktur in den beiden Gebieten erklärt werden kann. Das niedrigste Niveau findet sich im Schaalsee, was auf ein generell geringes Angebot (14 Beherbergungsbetriebe) und einen geringen Stellenwert als Urlaubsregion zurückgeführt werden kann.

Die Ausgaben der Übernachtungsgäste verteilen sich in allen Gebieten zu fast 80 % auf den Sektor des Gastgewerbes (vgl. Abbildung 32), Ausnahmen bilden die Rhön und der Schaalsee. In den zwei Gebieten spielt der Einzelhandel eine verhältnismäßig wichtige Rolle (>20 % der gesamten Ausgaben). Geringste Anteile der Ausgaben fließen in allen Gebieten in den Sektor touristische Dienstleistungen, einzige Ausnahme bildet der Spreewald, gefolgt von Rügen, wo die höchsten Ausgaben für den entsprechenden Sektor getätigt werden (zurückzuführen z.B. im Spreewald auf die Ausgaben für Kahnfahrten).

Abbildung 31: Ausgabenwerte der Besucher in den Untersuchungsgebieten

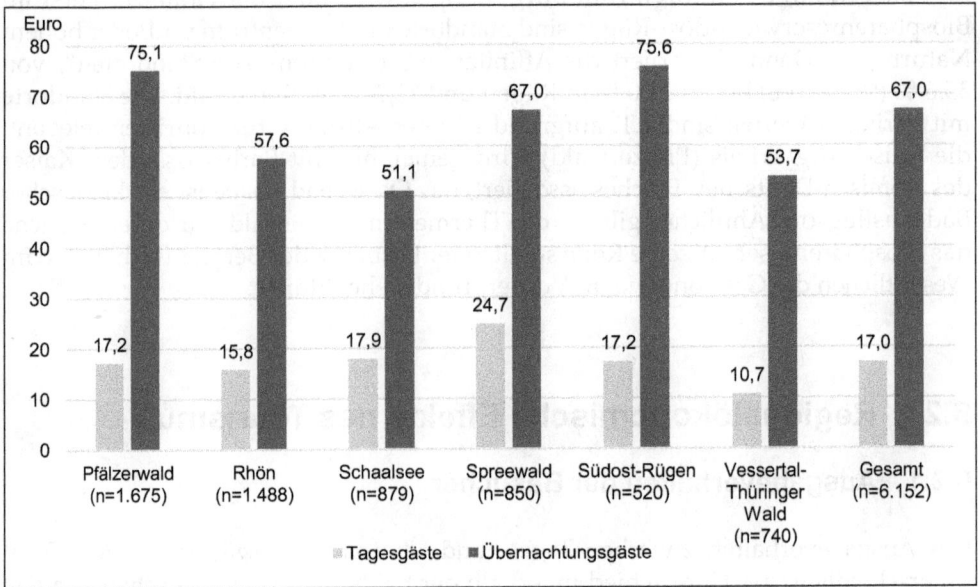

Quelle: Eigene Erhebungen

Abbildung 32: Ausgabenstruktur der Übernachtungsgäste in den Untersuchungsgebieten

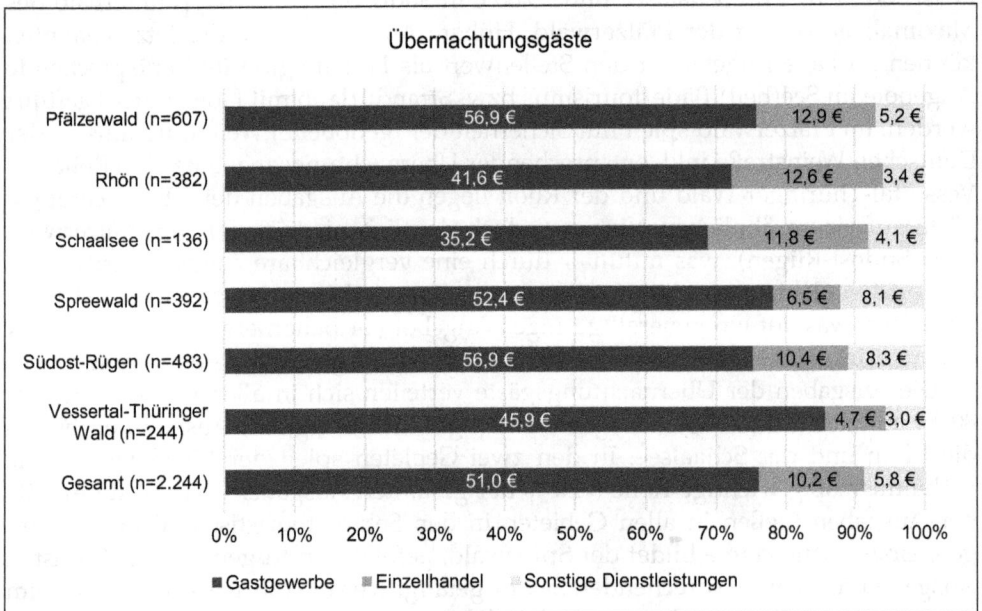

Quelle: Eigene Erhebungen

154

Bei den Tagesgästen liegen die Tagesausgaben deutlich niedriger als bei den Übernachtungsgästen, der Mittelwert über alle Gebiete beläuft sich hier auf 17 € und liegt somit 50 € unter dem Mittel der Übernachtungsgäste. Die Spannweite reicht in den Gebieten von 24,70 € im Spreewald als höchstem Wert, bis zum Minimum von 10,70 € im Vessertal (vgl. Abbildung 31). Dabei stellt das breite Angebot an Ausgabemöglichkeiten wie z.B. Leinölprodukte, Kahntouren, Radverleih etc. im Spreewald einen wesentlichen Treiber dar. Im Vessertal scheinen die Ausgabemöglichkeiten in dieser Hinsicht begrenzter. Neben dem Spreewald liegt das Ausgabenniveau noch am Schaalsee (17,90 €) und im Pfälzerwald (17,20 €) über dem Durchschnitt. Am Schaalsee dürfte, im Vergleich zum Vessertal, das hohe Einkommensniveau der Hamburger einen Einflussfaktor darstellen. Die Verteilung der Ausgaben der Tagesgäste auf die einzelnen Branchen ist in Abbildung 33 dargestellt.

Abbildung 33: Ausgabenstruktur der Tagesgäste in den Untersuchungsgebieten

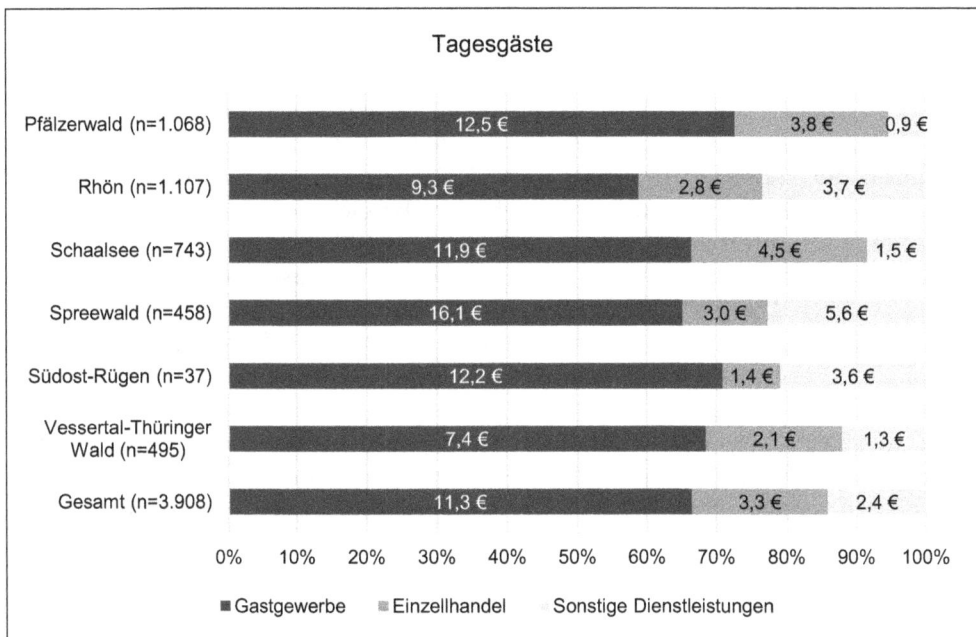

Quelle: Eigene Erhebungen

Der größte Anteil der Ausgaben fließt in allen Gebieten in die Gastronomie. Den absolut höchsten Wert findet man mit 16,10 € im Spreewald, gefolgt vom Pfälzerwald. Nach dem Gastronomiesektor spielt insbesondere der Einzelhandel eine wichtige Rolle, wobei dieser in der Rhön zugunsten von touristischen Dienstleistungen verhältnismäßig gering ausfällt, ähnlich wie in Südost-Rügen und dem Spreewald. Der Schluss auf den bzw. die wesentlichen Treiber der Ausgabenhöhe fällt nicht leicht, da diese generell von einer Vielzahl verschiedener Faktoren beeinflusst wird. Soziodemographische Merkmale (Alter, Gruppengröße), aufenthaltsbezogene Merkmale (Reisedistanz, Länge des Aufenthaltes) und psychologische Merkmale (z.B. Abenteuerfaktor, Gewohnheit) (vgl. Wang et al. 2006) sowie die Angebotsstrukturen sind relevante Einflussgrößen.

Einen Überblick über die Ausgabenniveaus getrennt nach Biosphärenreservats-besuchern im engeren Sinne und sonstigen Biosphärenreservatsbesuchern gibt Abbildung 34. Signifikante Unterschiede hinsichtlich der Ausgaben ergeben sich unter den Tagesgästen in den Gebieten Schaalsee, Vessertal-Thüringer Wald und Spreewald (vgl. Anhang 16). Im Vessertal liegen die Ausgaben der Biosphärenre-servats-affinen Besucher mit 13,60 € rund 3,60 € höher als die der sonstigen Bio-sphärenreservatsbesucher, im Schaalsee mit 20,40 € rund 3,20 € höher als die der sonstigen Biosphärenreservatsbesucher. Im Spreewald ist der Unterschied noch deutlicher, jedoch geben hier die sonstigen Biosphärenreservatsbesucher mehr aus (15,40 € vs. 25,20 €). Begründet werden die Mehrausgaben der sonstigen Besucher im Spreewald durch ein Ausgabenplus in nahezu allen Kategorien, insbesondere in der Gastronomie (rund 6 €) und den Lebensmitteln (rund 2 €). Im Schaal-see kommen die höheren Ausgaben der Biosphärenreservatsbesucher i.e.S. vor allem durch Ausgaben für den Einzelhandel (insbes. Lebensmittel) und touristi-sche Dienstleistungen zustande wohingegen die Ausgaben in der Gastronomie geringer ausfallen. Im Vessertal sind erhöhte Ausgaben auf den Bereich Freizeit und Dienstleistungen zurückzuführen. Im Pfälzerwald und der Rhön liegen die Ausgaben der sonstigen Besucher über denen der Biosphärenreservatsbesucher i.e.S., zurückzuführen auf höhere Ausgaben im Bereich Gastronomie bzw. im Ein-zelhandel. Die Unterschiede sind jedoch nicht signifikant. Der Ausgabenwert 0 € in Südost-Rügen kommt durch das Fehlen des Besuchersegmentes der Biosphä-renreservatsbesucher i.e.S. zustande.

Bei den Übernachtungsgästen liegt ein signifikanter Unterschied zwischen Biosphärenreservatsbesuchern i.e.S. und sonstigen Biosphärenreservatsbesuchern lediglich im Pfälzerwald vor, wo die affinen Besucher mit 58,6 € rund 17 € we-niger ausgeben. Getrieben wird dieser Unterschied insbesondere durch Minder-Ausgaben für Übernachtungen (rund 11 € weniger) und Gastronomie (6 €). Für die anderen Gebiete erben sich z.T. Mehrausgaben durch die Biosphärenreservats-affinen Gäste (Rhön, Schaalsee, Spreewald, Südost-Rügen), wobei diese mit einer Differenz von 10,20 € im Schaalsee am stärksten ausgeprägt sind. Wesentlich Aus-gabentreiber sind hier Übernachtung, Gastronomie und Dienstleistungsbereich, insbesondere Freizeit.

Ein Trend bzw. ein durchgängig höheres Ausgabenniveau der Biosphärenreser-vatsbesucher i.e.S. ist in den Untersuchungsgebieten weder für die Tages-, noch die Übernachtungsgeäste festzustellen. Eine mögliche Erklärung für die Tendenzen der Mehrausgaben der sonstigen Biosphärenreservatsbesucher ist z.B., dass Angebote im Spreewald wie z.B. Thermen, Gastronomie oder Kahn- und Kanufahrten auf-grund der langen touristischen Tradition nicht als Produkte mit Bezug zum Bio-sphärenreservat gelten bzw. vermarktet werden und dementsprechend von allen Besuchern konsumiert werden. Spezielle Biosphärenreservats-bezogene Produkte sind vergleichsweise selten vorhanden bzw. nicht teurer. Gleiches könnte für den Pfälzerwald mit dem touristischen Angebot der Weinstraße (östlichster Teil des Bio-

Abbildung 34: Durchschnittliche Ausgaben der Tages- und Übernachtungsgäste nach Biosphärenreservats-Affinität

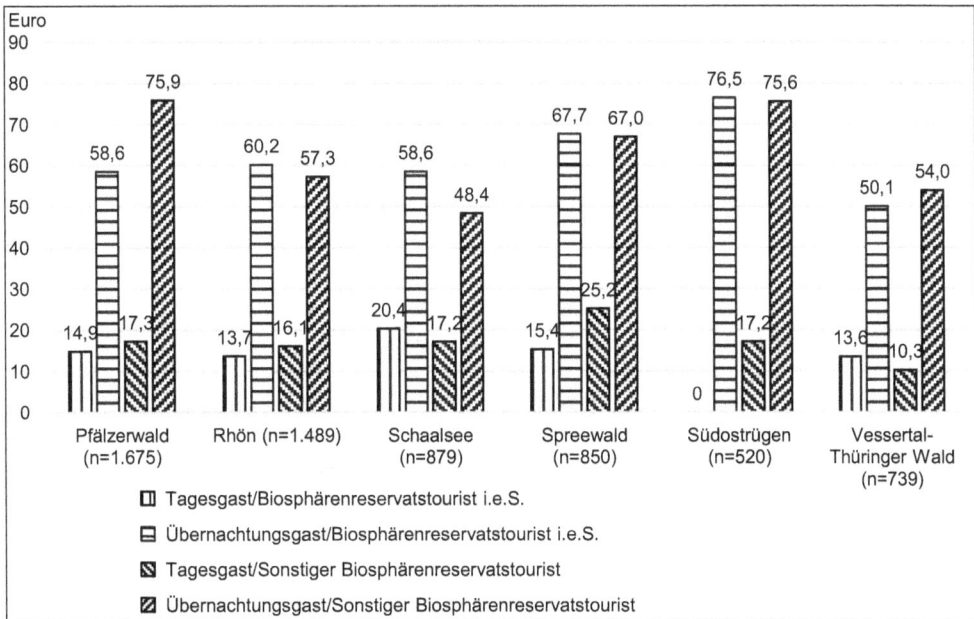

Quelle: Eigene Erhebungen

sphärenreservates) gelten, wo viele kostenintensive Angebote traditionellerweise unabhängig vom Schutzgebiet existieren. Das kann auch für das Biosphärenreservat Südost-Rügen gelten, in diesem Fall vor dem Hintergrund des Badetourismus und dem Stellenwert als traditionelle Urlaubsregion, in der das Biosphärenreservat inkl. der entsprechenden Angebote nur eine geringe Rolle spielt. Im Schaalsee liefern die Unterschiede der Ausgabenniveaus einen Hinweis darauf, dass durch das Biosphärenreservat bzw. in dessen Kontext bereits entsprechende Angebote geschaffen wurden, die sich finanziell für die Region durch höhere Ausgabenwerte der Biosphärenreservats-affinen Besucher in Wert setzen lassen (z.B. vor Existenz des Biosphärenreservates keine Regionalmarke mit Partnerbetrieben, Führungsangebote etc.). Im Vessertal und in der Rhön sind keine eindeutigen Tendenzen erkennbar, im Vessertal geben lediglich die Biosphärenreservatsbesucher i.e.S. unter den Tagesgästen mehr aus, was daraufhin deutet, dass die Tagesgäste bereits entsprechende Angebote wahrnehmen. Minderausgaben der Biosphärenreservatsbesucher i.e.S. können als Indikator für segmentspezifische Angebotsdefizite bzw. einen geringen Wirkungsgrad der Angebote auf regionaler Ebene gedeutet werden.

6.2.2 Wirtschaftliche Effekte

Anhand der relevanten Besuchergruppen inkl. der zugehörigen durchschnittlichen Ausgabenwerte können im folgenden Kapitel die regionalökonomischen Effekte

157

des Biosphärenreservats-Tourismus für die Untersuchungsgebiete berechnet werden. Dabei wird im Wesentlichen dem in Abbildung 13 in Kapitel 4.3.3 dargestellten Berechnungsweg gefolgt. Tabelle 14 gibt einen Überblick über die Besucherzahlen und -strukturen sowie die Ausgabenwerte inkl. des durch die Ausgaben generierten Bruttoumsatzes. Zwischen den Untersuchungsgebieten unterscheidet sich dieser deutlich. Mit insgesamt knapp 13 Mio. € im Vessertal-Thüringer Wald und rund 11,5 Mio. € im Schaalsee wird hier ein Dreißigstel des Bruttoumsatzes in Südost-Rügen erreicht, wo der absolut höchste Wert mit knapp 380 Mio. € generiert wird. Dazwischen finden sich der Pfälzerwald (229 Mio. €), die Rhön (185 Mio. €) und der Spreewald (90 Mio. €). Wesentliche Einflussfaktoren auf die Höhe des Umsatzes sind Anzahl und Struktur der Besucher sowie deren Ausgabeniveau, wobei sich bei letzterem insbesondere die Unterschiede zwischen Tages- und Übernachtungsgästen bemerkbar machen. Das zeigt sich z.B. im Vessertal, wo die sonstigen Übernachtungsgäste 32,6 % der Gesamtbesucherzahl stellen und dabei gleichzeitig für 67,5 % des Gesamtumsatzes verantwortlich sind. Für die Tagesgäste stellt sich die Situation anders dar: so sind 58,8 % der Gäste im Pfälzerwald sonstige Tagesgäste mit einem Anteil von 25% am Gesamtumsatz. Diese Verhältnisse werden auch teilweise in den Gruppen der Biosphärenreservats-affinen Gäste vorgefunden: 10 % der Gäste der Rhön sind Biosphärenreservats-affine Tagesgäste mit einem Anteil von 4,7 % am Gesamtumsatz.

Die Bruttoumsätze zeigen, dass in jedem der Untersuchungsgebiete ein gewisser Prozentsatz von Biosphärenreservats-affinen Besuchern generiert wird. Der Anteil liegt hierfür im Schaalsee bei über 25 %, was mitunter auf den hohen Anteil Biosphärenreservatsbesucher i.e.S. (21,5 %), aber auch die hier sowohl für Tages- als auch Übernachtungsgäste höher ausfallenden Tagesausgaben zurückgeführt werden kann. Für den Pfälzerwald fällt die Bilanz dahingehend weniger gut aus: mit dem im Vergleich geringsten Anteil an Biosphärenreservatsbesuchern i.e.S. und einem Ausgabenniveau, dass zudem noch unter demjenigen der sonstigen Gäste liegt, ergibt sich hier noch erhebliches Potential im Hinblick auf eine touristische Inwertsetzung des Biosphärenreservates. Im Sinne des Auftrages der nachhaltigen Entwicklung wäre es für die untersuchten Biosphärenreservate aus ökonomischer Perspektive vorteilhaft, das Biosphärenreservat im Tourismus stärker in Wert zu setzen, insbesondere durch eine Steigerung des Anteils Biosphärenreservats-affiner Gäste und deren Ausgabenniveaus. Das insbesondere vor dem Hintergrund, dass die Biosphärenreservats-Touristen i.e.S., wie in Kapitel 6.4.3 dargelegt, im Hinblick auf Urlaubsansprüche (Wunsch nach geschützter Natur, Bio-Labels, regionale Produkte etc.) in vielerlei Hinsicht mit den drei Funktionen des Schutzgebietes übereinstimmen.

Von den Bruttoumsätzen muss, um letztendlich die Einkommen zu ermitteln, die Mehrwertsteuer abgezogen werden um den Nettoumsatz zu errechnen. Mit diesem wird, durch die Zuhilfenahme branchenspezifischer Wertschöpfungsquoten (vgl. Kapitel 4.3.3), das direkte Einkommen berechnet. Die resultierenden Mehrwertsteuersätze und Wertschöpfungsquoten, ermittelt anhand der spezifischen Ausgabenstruktur der einzelnen Besuchersegmente, sind in Anhang 17 aufgeführt. Zur Berechnung des indirekten Einkommens wird die, auf Erfahrungswerten des dwif

Tabelle 14: Besucherzahlen, -strukturen, Ausgabenwerte und Bruttoumsatz in den Untersuchungsgebieten

		Pfälzerwald	Rhön	Schaalsee	Spreewald	Südost-Rügen	Vessertal-Thüringer Wald
Besucher	Besuchertage gesamt	5.715.000	6.370.000	490.000	1.943.000	5.288.000	487.000
	Biosphärenreservatstourist i.e.S. Tagesgäste	*99.000*	*635.000*	*84.000*	*73.000*	*-*	*38.000*
	Übernachtungsgäste	*102.000*	*235.000*	*22.500*	*95.500*	*260.000*	*16.000*
	Sonstiger Biosphärenreservatstourist Tagesgäste	3.361.500	3.700.000	320.000	873.500	355.000	274.000
	Übernachtungsgäste	2.152.500	1.800.000	63.500	901.000	4.673.000	159.000
Ausgaben	Durchschnittliche Ausgaben gesamt	38,20	45,60	23,00	62,20	71,40	24,90
	Tagesgäste	17,20	15,80	17,90	24,70	17,20	10,70
	Übernachtungsgäste	75,10	57,60	51,10	67,00	75,60	53,70
	Biosphärenreservatstourist i.e.S. Tagesgäste	*14,90*	*13,70*	*20,40*	*15,40*	*-*	*13,60*
	Übernachtungsgäste	*58,60*	*60,20*	*58,60*	*67,70*	*76,50*	*50,10*
	Sonstiger Biosphärenreservatstourist Tagesgäste	17,30	16,10	17,20	25,20	17,20	10,30
	Übernachtungsgäste	75,90	57,30	48,40	67,00	75,60	54,00
Bruttoumsatz	Bruttoumsatz gesamt	228.981.000	185.556.500	11.609.500	89.968.750	379.274.800	12.726.600
	Biosphärenreservatstourist i.e.S. Tagesgäste	*1.475.100*	*8.699.500*	*1.713.600*	*1.124.200*	*0*	*516.800*
	Übernachtungsgäste	*5.977.200*	*14.147.000*	*1.318.500*	*6.465.350*	*19.890.000*	*801.600*
	Sonstiger Biosphärenreservatstourist Tagesgäste	58.153.950	59.570.000	5.504.000	22.012.200	6.106.000	2.822.200
	Übernachtungsgäste	163.374.750	103.140.000	3.073.400	60.367.000	353.278.800	8.586.000

Quelle: Eigene Erhebungen

159

Tabelle 15: Bruttoumsatz, Einkommen und Einkommensäquivalente in den Untersuchungsgebieten

			Pfälzerwald	Rhön	Schaalsee	Spreewald	Südost-Rügen	Vessertal-Thüringer Wald
Bruttoumsatz (€)	Bruttoumsatz	Gesamt	228.981.000	185.556.500	11.609.500	89.968.750	379.274.800	12.726.600
	Biosphärenreservatstourist i.e.S.		7.452.300	22.846.500	3.032.100	7.589.550	19.890.000	1.318.400
	Sonstiger Biosphärenreservatstourist		221.528.700	162.710.000	8.577.400	82.379.200	359.384.800	11.408.200
Regionalökonomische Berechnungsschritte (€)	Mehrwertsteuer	gesamt	25.674.910	20.977.995	1.414.326	9.578.613	34.510.878	1.395.863
	Nettoumsatz	gesamt	203.306.090	164.578.505	10.195.174	80.390.137	344.763.922	11.330.737
	Vorleistungen	gesamt	124.442.369	100.000.940	6.353.319	47.073.296	201.198.898	6.997.395
	Direktes Einkommen	gesamt	78.863.721	64.577.565	3.841.855	33.316.841	143.565.023	4.333.341
	Indirektes Einkommen	gesamt	37.332.711	30.000.282	1.905.996	14.121.989	60.359.669	2.099.219
	Direktes + indirektes Einkommen	gesamt	116.196.432	94.577.847	5.747.851	47.438.830	203.924.693	6.432.560
	Primäreinkommen der Haushalte	pro Person	22.044	19.762	17.117	15.970	14.279	16.387
Einkommens-äquivalente	*Biosphärenreservatstourist i.e.S.*	*pro 10.000 Besuchstage*	*165*	*611*	*87*	*251*	*762*	*41*
	Sonstiger Biosphärenreservatstourist		5.106	4.175	249	2.720	13.520	352
	Besucher	gesamt	5.271	4.786	336	2.971	14.281	392
	Biosphärenreservatstourist i.e.S.	*pro 10.000 Besuchstage*	*8*	*7*	*8*	*15*	*29*	*8*
	Besucher gesamt		9	8	7	15	27	8
	Biosphärenreservatstourist i.e.S.	*pro 1000 ha Fläche*	*1*	*3*	*3*	*5*	*69*	*2*
	Besucher gesamt	pro 1000 ha Fläche	30	26	11	63	1.287	23

Quelle: Eigene Erhebungen

basierende Wertschöpfungsquote von 30 % der zweiten Umsatzstufe (vgl. Kapitel 4.3.3), verwendet. Damit ergibt sich das Gesamteinkommen als Summe der Einkommen aus der 1. und 2. Umsatzstufe.

Tabelle 15 gibt einen Überblick über den Bruttoumsatz, abgeführte Mehrwertsteuer, die direkte und indirekte Einkommensstufe sowie das Gesamteinkommen, das durch die Ausgaben der Besucher in der jeweiligen Untersuchungsregion resultiert. Das Gesamteinkommen variiert je nach Gebiet relativ stark: das Maximum wird in Südost-Rügen mit mehr als 203 Mio. € erreicht, gefolgt vom Pfälzerwald mit rund 116 Mio. €.; Rhön (95 Mio. €) und Spreewald (47 Mio. €) liegen noch vor dem Vessertal-Thüringer Wald und dem Schaalsee, wo sich das Einkommen mit jeweils rund 6 Mio. € auf eine Dreißigstel des Wertes von Südost-Rügen beläuft.

Um die Einkommensäquivalente zu erhalten, werden in der Berechnung die Gesamteinkommen, getrennt nach Besuchergruppen, durch das Primäreinkommen der Haushalte dividiert. Die Spannweite liegt hier wieder zwischen den Biosphärenreservaten Südost-Rügen (insgesamt 14.281 Einkommensäquivalente) und dem Schaalsee mit insgesamt 336 Einkommensäquivalenten, was rund ein Vierzigstel des Wertes darstellt. Dabei spielt natürlich die hohe Tourismusintensität im Südost-Rügen die entscheidende Rolle. Wesentlich geringer ist die Anzahl an Einkommensäquivalenten, die sich durch die Biosphärenreservatsbesucher i. e. S. ergibt: hier variiert der Wert zwischen 762 in Südost-Rügen und 41 im Vessertal-Thüringer Wald. Im Vergleich zu letzterem verzeichnet der Schaalsee jedoch aufgrund einer deutlich höheren Affinität unter den Besuchern auch einen entsprechend höheren Wert (87 Einkommensäquivalente), was sich ähnlich z.B. im Vergleich der Werte des Pfälzerwaldes und der Rhön ergibt.

6.3 Exkurs: Ausgaben für regionale Waren und Lebensmittel

Im Rahmen der Erhebungen wurden die Besucher dazu befragt, ob sie im Rahmen ihres Aufenthaltes regionale Lebensmittel oder Produkte erworben haben, und wie viel sie dafür insgesamt ausgegeben haben (vgl. Frage 12 & 13, Anhang 3). Im Folgenden werden die beiden Kategorien regionale Lebensmittel und Produkte zusammengefasst und als „Regionale Waren" bezeichnet. [58]

30,1 % (n=1.774) aller befragten Besucher kauften regionale Waren im Rahmen des Aufenthaltes. Zwischen den Untersuchungsgebieten unterscheidet sich der Anteil derjenigen die regionale Waren erwerben signifikant, sowohl für die Tages- als

---

[58] Hier ist anzumerken, dass der Prozentsatz derjenigen, die regionale Lebensmittel erworben haben bei 28,0 %, derjenigen die regionale Produkte erworben haben hingegen bei lediglich 5,5 % liegt (n=5.902). Von letzterer Gruppe haben rund zwei Drittel auch regionale Lebensmittel gekauft, so dass die Gruppe derjenigen, die nur regionale Produkte gekauft hat gering ausfällt und beide Gruppen für die Auswertung zusammengefasst werden.

auch die Übernachtungsgäste.[59] Insgesamt ist der Anteil derjenigen die regionale Waren kaufen unter den Übernachtungsgästen (49,4 %) größer als der Anteil von 18,4 % unter den Tagesgästen (vgl. Abbildung 35).[60] Der größte Anteil mit 54,9 % aller Besucher die regionale Waren erwerben, lässt sich in Rügen beobachten. In der Rhön und im Vessertal ist der Anteil nicht ganz halb so groß (ca. 20 %). Die Unterschiede zwischen Tages- und Übernachtungsgästen spiegeln sich auch in den anderen Gebieten wieder, wo der Anteil unter den Übernachtungsgästen stets größer ist. Höchste Anteile unter den Übernachtungsgästen finden sich im Spreewald (61,8 %), Schlusslicht bildet das Biosphärenreservat Vessertal-Thüringer Wald, wo noch ein gutes Drittel der Übernachtungsgäste regionale Waren kauft. Deutlich geringer ist der Anteil der Käufer regionaler Waren unter den Tagesgästen: Knapp 40 % werden im Spreewald erreicht, gefolgt vom Schaalsee, wo noch ein Viertel der Tagesgäste regionale Waren kauft. Schlusslicht bildet hier das Biosphärenreservat Südost-Rügen. In den Biosphärenreservaten Vessertal-Thüringer Wald, Rhön und Pfälzerwald sind die Anteile der Käufer regionaler Waren unter den Tagesgästen relativ ähnlich und liegen zwischen 12 und 14 %.

Die Ausgabenwerte der Tages- und Übernachtungsgäste unterschieden sich teilweise signifikant zwischen den einzelnen Gebieten (vgl. Abbildung 36 bzw. Anhang 18).

Abbildung 35: Anteile der Käufer regionaler Waren nach Tages- und Übernachtungsgästen

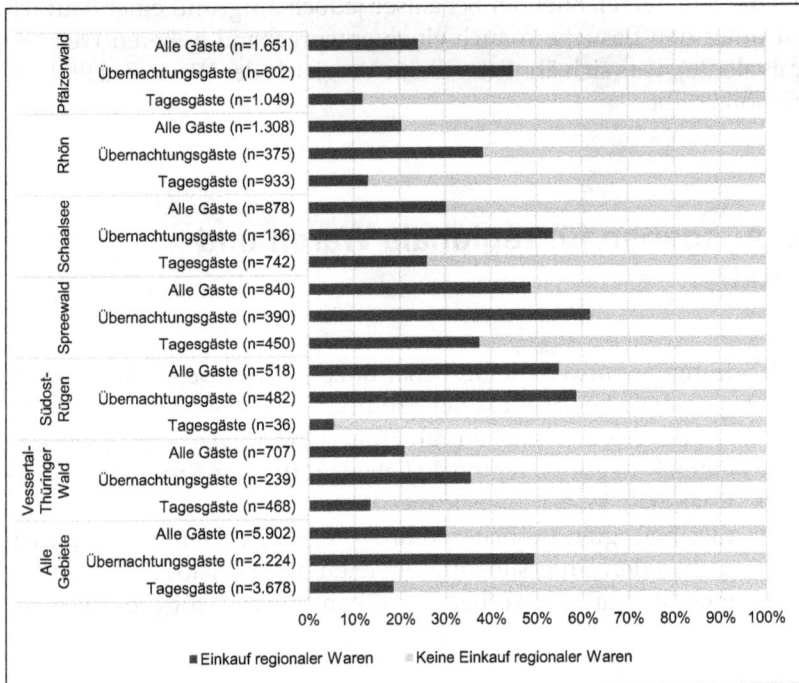

Quelle: Eigene Erhebungen

59 Übernachtungsgäste: n=3.678, χ^2=82,430*** Cramérs V:0,193*** bzw. Tagesgäste: n=2.224, χ^2= 195,752***, Cramérs V: 0,231***.
60 Cramérs V: 0,327***, χ^2=631,870***; n=5.902.

Ebenso sind die Unterschiede zwischen den Tages- und Übernachtungsgästen in den einzelnen Gebieten hochsignifikant (vgl. Anhang 19).[61] Das grundsätzlich höhere Niveau der Tagesgäste ist vermutlich auf den einmaligen Einkauf pro Tag (hier wurde der Betrag ggfs. lediglich durch die Personen der Gruppe geteilt) zurückzuführen. Dementsprechend sind regionale Waren i.d.R. eine Besonderheit, die nicht täglich konsumiert wird.

Abbildung 36: Ausgaben für regionale Waren nach Tages- und Übernachtungsgästen

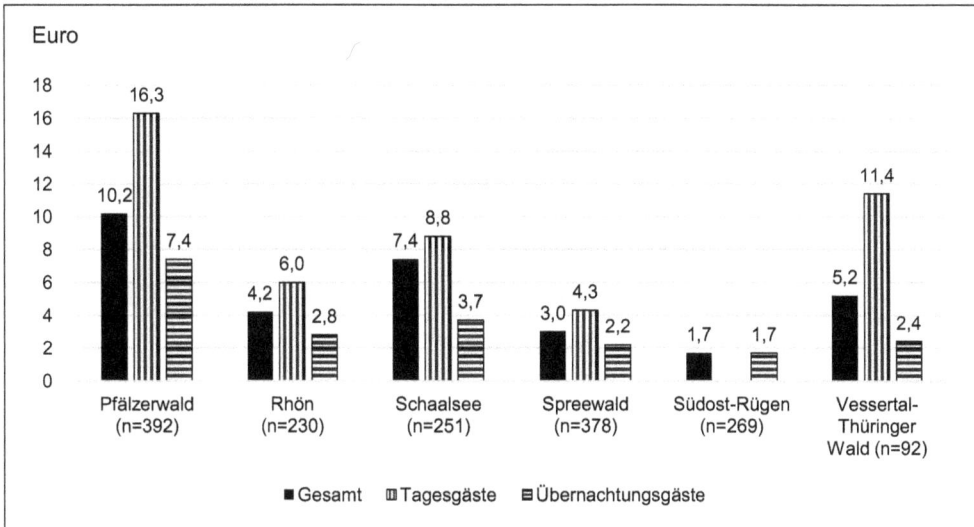

Quelle: Eigene Erhebungen

Die vergleichsweise hohen Werte im Pfälzerwald sind sowohl auf Seite der Tages- als auch der Übernachtungsgäste (16,30 bzw. 7,40 €) dem Einkauf des hochpreisigen regionalen Produktes Wein geschuldet, wo vermehrt Einkäufe, auch von Tagesgästen, im Bereich von über 100 € getätigt wurden. Das gilt auch für die Übernachtungsgäste, wo jedoch aufgrund der Division des Gesamtbetrags durch die Aufenthaltsdauer der Wert etwas gemindert wird.[62] Entsprechend stellt sich das Verhältnis zwischen den Ausgabenwerten von Tages- und Übernachtungsgästen in den restlichen Gebieten auch dar. Zweithöchster Ausgabenwert für regionale Waren nach dem Pfälzerwald wird im Schaalsee erreicht, mit 8,80 € bei den Tagesgästen und 3,70 € bei den Übernachtungsgästen (Median: 5 € bzw. 1,60 €). Gefolgt wird der Schaalsee vom Vessertal-Thüringer Wald. Dabei ist jedoch die geringe Stichprobe (n=29) für die Tagesgäste zu beachten.[63] In der Rhön, dem Spreewald und

---

61 Im Biosphärenreservat Südost-Rügen gaben für die Tagesgäste lediglich zwei Personen eine Auskunft, was von daher nicht berücksichtigt wird.
62 Für die Tagesgäste ergibt sich im Biosphärenreservat Pfälzerwald eine Standardabweichung von $\sigma = 30{,}22$ (Übernachtungsgäste: $\sigma = 9{,}82$). Diese lässt sich durch die kleine Anzahl von elf Fällen (von 123) die mindestens 60 € ausgeben erklären. Die Angaben wurden auf Plausibilität überprüft und in der Stichprobe belassen (Median Tagesgäste: 7,50 €; Übernachtungsgäste: 3,30 €).
63 Der Median liegt hier bei 4,80 €, die Standardabweichung $\sigma = 17{,}73$.

Südost-Rügen variieren die Ausgaben (gesamt) zwischen 4,20 € (Rhön) und 1,70 € (Südost-Rügen).[64] Neben den Lebensmitteln, die den Großteil der jeweiligen Ausgaben ausmachen, werden in der Rhön vermehrt Ausgaben für regionales Bier oder Schafsprodukte, im Spreewald Leinöl und Gurken-Produkte, in Südost-Rügen Kreide- und Sanddorn Produkte, im Vessertal-Thüringer Wald Glasprodukte genannt. Im Schaalsee sind es lokale Handwerksprodukte, in allen Gebieten regionale Souvenirs.

Inwieweit die Biosphärenreservats-Affinität der Besucher einen Einfluss auf den Kauf regionaler Waren hat zeigt Abbildung 37, wobei weniger stark ausgeprägte Unterschiede zwischen den Gruppen auffallen als bei der Differenzierung nach Tages- und Übernachtungsgästen.

Abbildung 37: Anteile der Käufer regionaler Waren nach Biosphärenreservats-Affinität

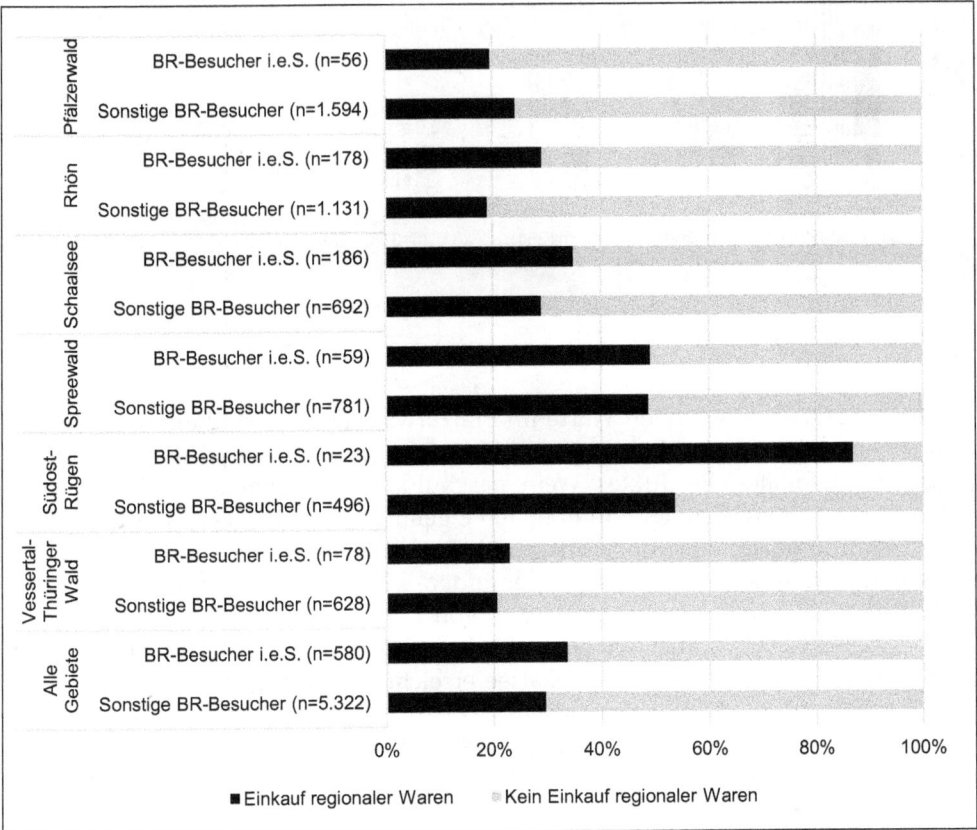

Quelle: Eigene Erhebungen

---

64 In Rügen konnten nur zwei Tagesgäste befragt werden, weshalb das Ergebnis hier nicht berücksichtigt wird.

Es zeichnet sich ein schwacher Zusammenhang zwischen Biosphärenreservats-Affinität und dem Einkauf regionaler Waren ab: unter den Biosphärenreservatsbesuchern i.e.S. finden sich häufiger Käufer regionaler Waren[65], lediglich der Pfälzerwald bildet hier ein Ausnahme, wo knapp 25 % der sonstigen Besucher dem Anteil von 19,6 % unter den Biosphärenreservatsbesucher i.e.S. gegenüberstehen. Ausgeglichen sind die Anteile im Spreewald bzw. im Vessertal-Thüringer Wald. Signifikant erhöht sind die Anteile Käufer regionaler Waren unter den Biosphärenreservatsbesuchern i.e.S. in den Biosphärenreservaten Rhön (29,2 % zu 19,0 %) und Südost-Rügen (87,0 % zu 53,6 %).[66]

Betrachtet man die Mittelwerte der Ausgaben ergeben sich für die betrachteten Gruppen weniger einheitliche Ergebnisse (vgl. Abbildung 38) und keine signifikanten Unterschiede in den einzelnen Gebieten (siehe Anhang 20).

Abbildung 38: Ausgaben für regionale Waren nach Biosphärenreservats-Affinität

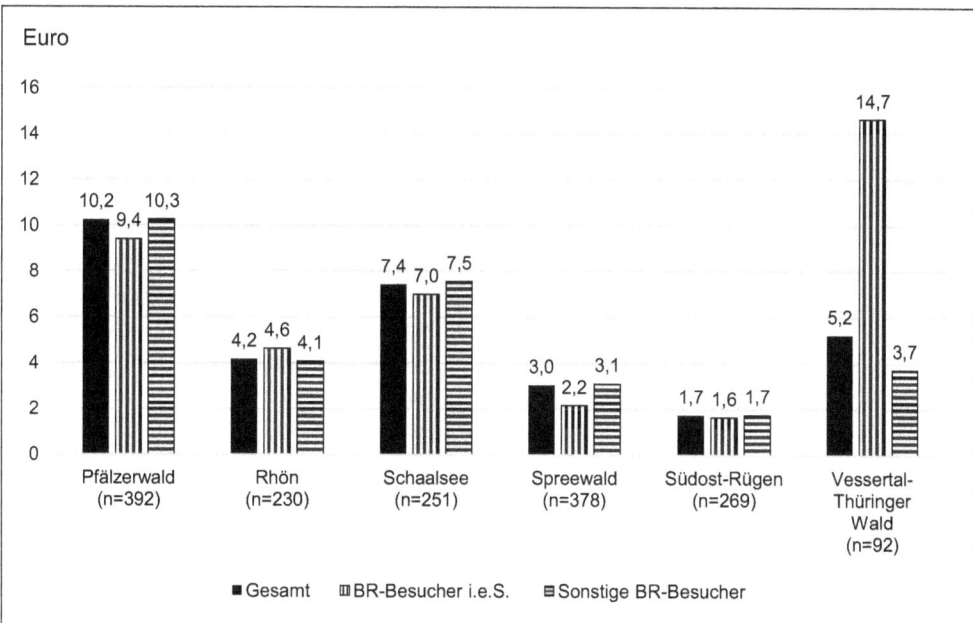

Quelle: Eigene Erhebungen

Es lassen sich dennoch leicht unterschiedliche Tendenzen erkennen: im Pfälzerwald, dem Schaalsee, und dem Spreewald liegen die Ausgaben bei den sonstigen Biosphärenreservatsbesuchern höher (10,30 €, 7,50 € bzw. 3,10 €). Die hohen Werte im Pfälzerwald kommen durch die Ausgaben für Wein zustande (Median Ausgaben gesamt im Pfälzerwald: 4,80 €), wobei kein struktureller Unterschied zwischen den Gruppen erkennbar wird. Im Spreewald liegen die Ausgaben der sonstigen

---

65 χ^2=3,884*; Cramérs V: 0,026*
66 Rhön: n=1.309, χ^2: 9,862** Cramérs V: 0,087**; Südost-Rügen: n=519, χ^2: 9,869** Cramérs V:0,138**

Biosphärenreservatsbesucher rund einen Euro höher als bei den Biosphärenreservatsbesuchern i.e.S. Das mag drauf zurückzuführen sein das entsprechende Produkte wie die Spreewälder Gurken oder Meerrettich bereits als Produkte mit dem Siegel „Geschützte Geographische Angabe" unabhängig vom Biosphärenreservat bekannt sind und entsprechend von allen Besuchern konsumiert werden. Dass ein signifikant höherer Anteil an Personen der regionale Waren einkauft unter den Biosphärenreservatsbesuchern i.e.S., nicht gleichzeitig ein höheres Ausgabenniveau aufweist, belegt das Ergebnis im Schaalsee. In der Rhön verhalten sich die Gruppen

Abbildung 39: Anteile der Käufer regionaler Waren nach Tages- und Übernachtungsgästen sowie Biosphären-reservats-Affinität

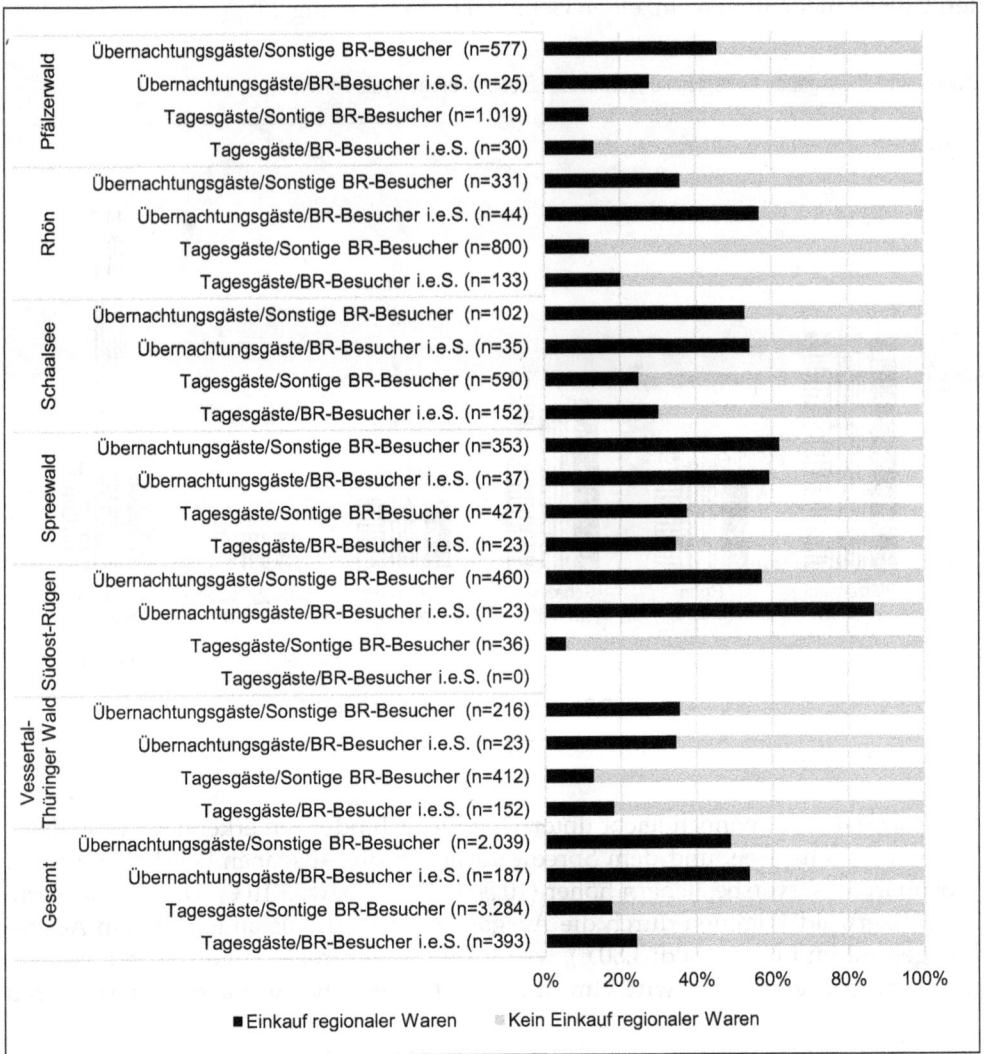

Quelle: Eigene Erhebungen

166

hingegen erwartungskonform: der höhere Anteil an Käufern regionaler Waren unter den Biosphärenreservatsbesuchern i.e.S. gibt im Schnitt auch 0,5 € mehr aus. Höchster Wert wird hier im Vessertal-Thüringer Wald erreicht, wo die Biosphärenreservatsbesucher i.e.S. rund 11 € mehr ausgeben.[67]

Einen abschließenden Überblick über die Anteile an regionalen Waren kaufenden Besuchern an den vier Besuchergruppen getrennt nach Tages- und Übernachtungsgästen sowie Biosphärenreservats-Affinität gibt Abbildung 39.

Dabei werden im Wesentlichen die getroffenen Aussagen nochmals untermauert: in allen Gebieten sind die Anteile der Käufer regionaler Waren unter den Übernachtungsgästen verglichen mit den Anteilen unter den Tagesgästen höher, auch wenn zusätzlich nach Biosphärenreservats-Affinität differenziert wird. Gemittelt über alle Gebiete ist der Anteil der Käufer regionaler Waren unter den Übernachtungsgästen und Biosphärenreservatsbesuchern i.e.S. zwar erhöht, jedoch nicht signifikant (54 % zu 48,9 %).[68] Hinsichtlich der Gruppe der Tagesgäste ist der Anteil der Biosphärenreservatsbesucher als Käufer regionaler Waren mit 24,2 % zu 17,7 % signifikant erhöht.[69]

Im Biosphärenreservat Rhön, Schaalsee, Südost-Rügen sind die Anteile der Käufer regionaler Waren unter den Biosphärenreservatsbesuchern i.e.S. höher, was sich getrennt nach Tages- und Übernachtungsgästen auch bestätigt.[70] Im Pfälzerwald ist der Anteil, betrachtet lediglich nach Biosphärenreservats-Affinität (vgl. Abbildung 37), bei den Biosphärenreservatsbesuchern i.e.S. geringer, was sich für die Übernachtungsgäste bestätigt, bei den Tagesgästen jedoch umkehrt. Sowohl im Spreewald als auch im Vessertal-Thüringer Wald stellt die Affinität sowohl unter den Tages- als auch Übernachtungsgästen kein relevantes Unterscheidungskriterium im Hinblick auf die Höhe des Anteils der Käufer regionaler Waren.

Aufgrund des geringen Stichprobenumfangs, insbesondere für die Gruppe der Biosphärenreservatsbesucher i.e.S. und Einkäufer regionaler Waren, wird im weiteren Verlauf der Arbeit auf einen Mittelwertvergleich für die vier Gruppen nach Gebiet verzichtet. Einen Überblick über die unterschiedlichen Ausgabenniveaus der vier Gruppen, als Mittelwert über alle Gebiete, gibt Tabelle 16. Bei den Tagesgästen geben die Biosphärenreservatsbesucher i.e.S. rund einen Euro mehr aus, bei den Übernachtungsgästen dreht sich dieses Verhältnis zugunsten der sonstigen Besucher um, die 1,30 € mehr ausgeben.[71]

---

67 Hier sind auf Plausibilität geprüfte Ausreißer verantwortlich, die dementsprechend miteinbezogen werden. Der Median liegt bei 3,30 € (σ = 25,50) für die Biosphärenreservatsbesucher i.e.S. und bei 2 € (σ = 4,90) für die sonstigen Besucher.

68 χ^2=1,758; Cramérs V:0,028

69 χ^2=9,826**; Cramérs V: 0,052**

70 In der Rhön ist der Anteil der Käufer regionaler Waren unter den Tagesgästen im Segment der Biosphärenreservatsbesucher i.e.S. signifikant erhöht (χ^2=6,9**;Cramérs V: 0,086**), gleiches gilt für die Übernachtungsgäste (χ^2=7,149**, Cramérs V: 0,138**). Ebenfalls signifikant erhöht ist der Anteil der der Käufer regionaler Waren unter den Übernachtungsgästen im Segment der Biosphärenreservatsbesucher i.e.S. in Südost-Rügen: χ^2=7,904**, Cramérs V:0,128**. Im Schaalsee sind die Unterschiede nicht signifikant.

71 Der T-Test liefert keine signifikanten Unterschiede: Tagesgäste: df(590), p=0,600; Übernachtungsgäste: df(1018), p = 0,061

Tabelle 16: Ausgabenwerte der Tages- und Übernachtungsgäste für regionale Waren nach Biosphärenreservats-Affinität

Besuchergruppe	n	Mittelwert Ausgaben	Median
Tagesgäste/Biosphärenreservatsbesucher i.e.S.	78	9,70 €	5,00 €
Tagesgäste/Sonstige Biosphärenreservatsbesucher	514	8,70 €	5,00 €
Übernachtungsgäste/Biosphärenreservatsbesucher i.e.S.	89	2,40 €	1,49 €
Übernachtungsgäste/Sonstige Biosphärenreservatsbesucher	932	3,70 €	1,67 €

Quelle: Eigene Erhebungen

Über alle Tagesgäste gemittelt geben die Besucher rund 17 € aus, die Übernachtungsgäste rund 67 € (vgl. Kapitel 6.2.1). Die in Tabelle 16 aufgeführten Werte für regionale Waren müssen dementsprechend relativiert werden, als dass es sich um den Mittelwert derjenigen Besucher handelt, die regionale Waren kaufen. Inkludiert man hingegen auch die Fälle, die keine regionalen Waren kaufen, sinkt der Mittelwert und es ergeben sich für die vier aufgeführten Gruppen deutlich geringere Werte: 2 € und 1,40 € für die Tagesgäste und Biosphärenreservatsbesucher i.e.S. sowie die Sonstigen bzw. entsprechend für die Übernachtungsgäste 1,20 € und 1,80 €.[72] Bezogen auf alle Gäste machen die Ausgaben für regionale Waren damit unter den Tagesgästen lediglich 10 %, bei den Übernachtungsgästen lediglich rund 2 % aus.

Als Zwischenfazit lässt sich festhalten: In der Gesamtheit kaufen Übernachtungsgäste signifikant häufiger regionale Waren als Tagesgäste, wobei letztere i.d.R. pro Tag und pro Person mehr für regionale Waren ausgeben. Die regionalen Produkte sind dementsprechend in den Untersuchungsgebieten nach wie vor kein alltäglicher Gebrauchsgegenstand, so dass man davon ausgehen kann, dass die Produkte vereinzelt bzw. aus besonderen Anlass gekauft werden. Zudem greifen Tagesgäste, evtl. weil der „Exotik-Bonus" wegfällt, seltener zu. Insbesondere im Pfälzerwald ist der durchschnittliche Ausgabenwert der Tagesgäste mit über 16 € stark erhöht, was im Wesentlichen auf das Produkt Wein zurückzuführen ist. In der Regel liegen die Ausgabenwerte der Tages- und Übernachtungsgäste jedoch in allen Gebieten unter dem Wert von 10 €, in der Rhön, dem Spreewald und Südost-Rügen unter dem Wert von 5 € pro Person und Tag.

Biosphärenreservatsbesucher i.e.S. kaufen häufiger regionale Waren, wobei diese Tendenz lediglich schwach ausgeprägt ist, und sich das Verhältnis im Pfälzerwald umdreht. Das verwundert nicht, da der Wein als prominentes Produkt bisher seit langer Zeit unabhängig vom Biosphärenreservat vermarktet wird. Dennoch stellen die Käufer regionaler Waren im Segment der Biosphärenreservatsbesucher i.e.S. absolut i.d.R. jeweils die zahlenmäßig kleinere Gruppe dar, was am Stichprobenumfang in Abbildung 39 deutlich wird. Relativ gleichauf liegen die Anteile an Biosphärenreservats-affinen und sonstigen Biosphärenreservatsbesuchern im Spreewald, wo es sich mit den Gurken- und Leinsamenprodukten ebenfalls um bekannte regionale Produkte ohne direkten (Vermarktungs-)Bezug zum Biosphärenreservat handelt.

---

72 T-Test Tagesgäste: n=3.594, df(3.592), p=0,119; T-Test Übernachtungsgäste: n=2.147; df(2.145), p=0,147

Hinsichtlich der Ausgabenhöhe zwischen Biosphärenreservatsbesuchern i.e.S. und den sonstigen Biosphärenreservatsbesuchern lassen sich keine signifikanten Unterschiede feststellen. Tendenzielle Mehrausgaben der Biosphärenreservats-Touristen i.e.S. in der Rhön lassen Interpretationsspielraum, denn die Dachmarke geht im Wesentlichen auf das Biosphärenreservat zurück und gilt deutschlandweit als Vorzeigeprojekt (vgl. KRAUS 2015: 2). Ein Hinweis darauf, dass die Marke mit ihren regionalen Produkten und Lebensmitteln bereits das Segment der Biosphärenreservatsbesucher i.e.S. erreicht. Das gilt z.B. hingegen nicht für die Biosphärenreservate Spreewald, Pfälzerwald oder Südost-Rügen, wo man bereits etablierte Regionalprodukte hat, die (noch) nicht auf das Schutzgebiet zurückgehen, mit diesem vom Kunden gedanklich verbunden werden bzw. im Kontext des Biosphärenreservates vermarktet werden (siehe hierzu HJALAGER & JOHANSEN 2013). Dieser Argumentation folgend, ist eine vergleichsweise starke, gut entwickelte Regionalmarke im Schaalsee noch nicht speziell für das Segment der Biosphärenreservatsbesucher i.e.S. relevant, die Ausgaben liegen bei diesem Segment niedriger, was eine verstärkte Kommunikation der Marke im Kontext des Schutzgebietes erfordert. Im Vessertal sorgen Ausreißer bzw. ein relativ kleiner Stichprobenumfang für die Unterschiede bei den Ausgaben. Insgesamt lassen sich jedoch erst seit 2014 verstärkte Bemühungen in der Region feststellen, regionale Produkte und die Partner-Initiative des Biosphärenreservates zu kombinieren und eine regionale Marke weiterzuentwickeln (vgl. Kapitel 7.7), wobei natürlich einzelne Produkte bereits länger existieren und bekannt sind (z.B. Thüringer Rostbratwurst bzw. Glasbläserei).

Aufgrund der generellen Dominanz der Tagesgäste in den Untersuchungsgebieten wäre es regionalwirtschaftlich von Vorteil, den Anteil der Käufer regionaler Waren in dieser Gruppe steigern zu können bzw. dementsprechend die regionalen Produkte auch als Alltagsprodukte salonfähiger zu machen. Das gilt auch aufgrund des höheren Ausgabenwertes pro Tag in dieser Gruppe (auch wenn die Übernachtungsgäste bezogen auf den Gesamtaufenthalt mehr ausgeben). In den Biosphärenreservaten Pfälzerwald und Spreewald bieten sich Möglichkeiten, sich seitens des Biosphärenreservats mit bereits etablierten Produkten (Wein bzw. Gurken) in Verbindung zu bringen. Evtl. können verstärkt die entsprechenden Produzenten für das Biosphärenreservat bzw. die zugehörigen Regionalvermarktungsinitiativen gewonnen werden (wie z.B. Ausbau der Bio-Winzer im Pfälzerwald). Da insgesamt erst rund ein Drittel der Besucher regionale Waren kauft, besteht generell noch Potential, regionale Produkte stärker zu fördern bzw. in den Kontext des Schutzgebietes zu stellen.

6.4 Strukturmerkmale und Motivation der Besucher

Im Folgenden werden die Besucher im Hinblick auf touristische Entwicklungspotentiale genauer charakterisiert. Dabei werden Merkmale wie Herkunft, ausgeübte Aktivitäten, Motivationen und Bedürfnisse der Besucher betrachtet.

6.4.1 Soziodemographie

6.4.1.1 Herkunft der Besucher

Wie in Kapitel 6.2 dargelegt wird, sind aus regionalökonomischer Perspektive die Anteile an Übernachtungs- und Tagesgästen (vgl. Kapitel 6.1.7) relevant, bzw. die Rolle der Destination zwischen Naherholungsziel oder Urlaubsregion. Neben den Anteilen an Tages- und Übernachtungsgästen spiegelt sich dies auch in der Herkunft der Besucher wider. Die folgenden Karten 9 bis 14 geben für die Untersuchungsgebiete, getrennt nach Übernachtungs- und Tagesgästen, einen Überblick über die Quellgebiete der Besucher. Die Informationen können z.B. dazu dienen, bestimmte Angebotssektoren verstärkt auszubauen (Ein- bzw. Mehrtagesangebote) sowie evtl. Hinweise auf potentiell gewinnbringende räumliche Vermarktungsschwerpunkte zur Neugewinnung von Besuchern oder der Vermarktung von alternativen Biosphärenreservats-Angeboten liefern.

Der Pfälzerwald wird insbesondere von Tagesgästen aus dem Rhein-Neckar- und dem Rhein-Main-Gebiet sowie dem Saarland aufgesucht. Übernachtungen generieren sich vorwiegend aus Baden Württemberg, dem Ruhrgebiet und Süd-Hessen. Hinsichtlich der Gäste aus Hessen bzw. dem Rhein-Main Gebiet steht der Pfälzerwald in direkter Konkurrenz zur Rhön, welche jedoch z.B. von deutlich weniger Besuchern aus Baden-Württemberg aufgesucht wird. Weitere Quellgebiete stellen insbesondere Thüringen (Erfurt) sowie das nördliche Bayern bis inkl. Nürnberg dar, woher auch ein gewisser Anteil der Tagesgäste stammt. Im Schaalsee überwiegen die Tagesgäste deutlich, wichtigstes Quellgebiet sind Hamburg sowie Lübeck. Auffälliger Weise kommen aus dem Norden Schleswig-Holsteins mehr Besucher als aus Teilen Brandenburgs oder dem östlichen Mecklenburg-Vorpommern. Der Spreewald generiert Besucher im Wesentlichen aus Brandenburg, mit einem hohen Stellenwert Berlins als Quellgebiet. Konzentrisch um das Biosphärenreservat abnehmend kommen die Besucher im Wesentlichen aus den östlichen Bundesländern, Übernachtungsgäste aus ganz Deutschland mit einem Schwerpunkt im Ruhrgebiet. Hohe Anteile an Gästen aus den östlichen Bundesländern sind ebenfalls im Biosphärenreservat Vessertal-Thüringer Wald zu verzeichnen, mit einem hohen Besucheraufkommen aus den Städten Leipzig, Dresden sowie etwas abnehmend aus Berlin. Ebenso kommen aus Nordbayern, Westhessen sowie dem südlichen Niedersachsen noch vermehrt Gäste. Eine Sonderrolle aufgrund des hohen Übernachtungsgästeanteils nimmt das Biosphärenreservat Südost-Rügen ein. Ein Schwerpunkt hinsichtlich der Tagesgäste ist klar definiert mit dem östlichen und zentralen Mecklenburg Vorpommern. Die Übernachtungsgäste kommen aus der gesamten Bundesrepublik mit Schwerpunkten in der Nordhälfte und dem Ruhrgebiet. Gewisse Regelmäßigkeiten ergeben sich über alle Gebiete zum einen hinsichtlich der Tagesgäste. Diese kommen erwartungsgemäß aus der näheren Umgebung sowie insbesondere den nahe gelegenen städtischen, einwohnerstarken Räumen. Zum anderen ist zwischen den Gebieten im Westen und Osten eine historisch persistente Verflechtungsstruktur vorzufinden, Spreewald und Vessertal-Thüringer Wald mit vielen Besuchern aus den „neuen" Bundesländern, Pfälzerwald und selbst die zentral gelegene bzw. länderübergreifende Rhön mit einem Schwerpunkt der Quellgebiete im Westen. Diese Tendenzen zeigen sich hingegen weniger am Schaalsee und in Südost-Rügen, welche jedoch im wesentlichen Besucher innerhalb der Tagesausflugsdistanz (Schaalsee) bzw. der Nordhälfte der BRD generieren.

Karte 9: Herkunft der Besucher des Biosphärenreservats Pfälzerwald

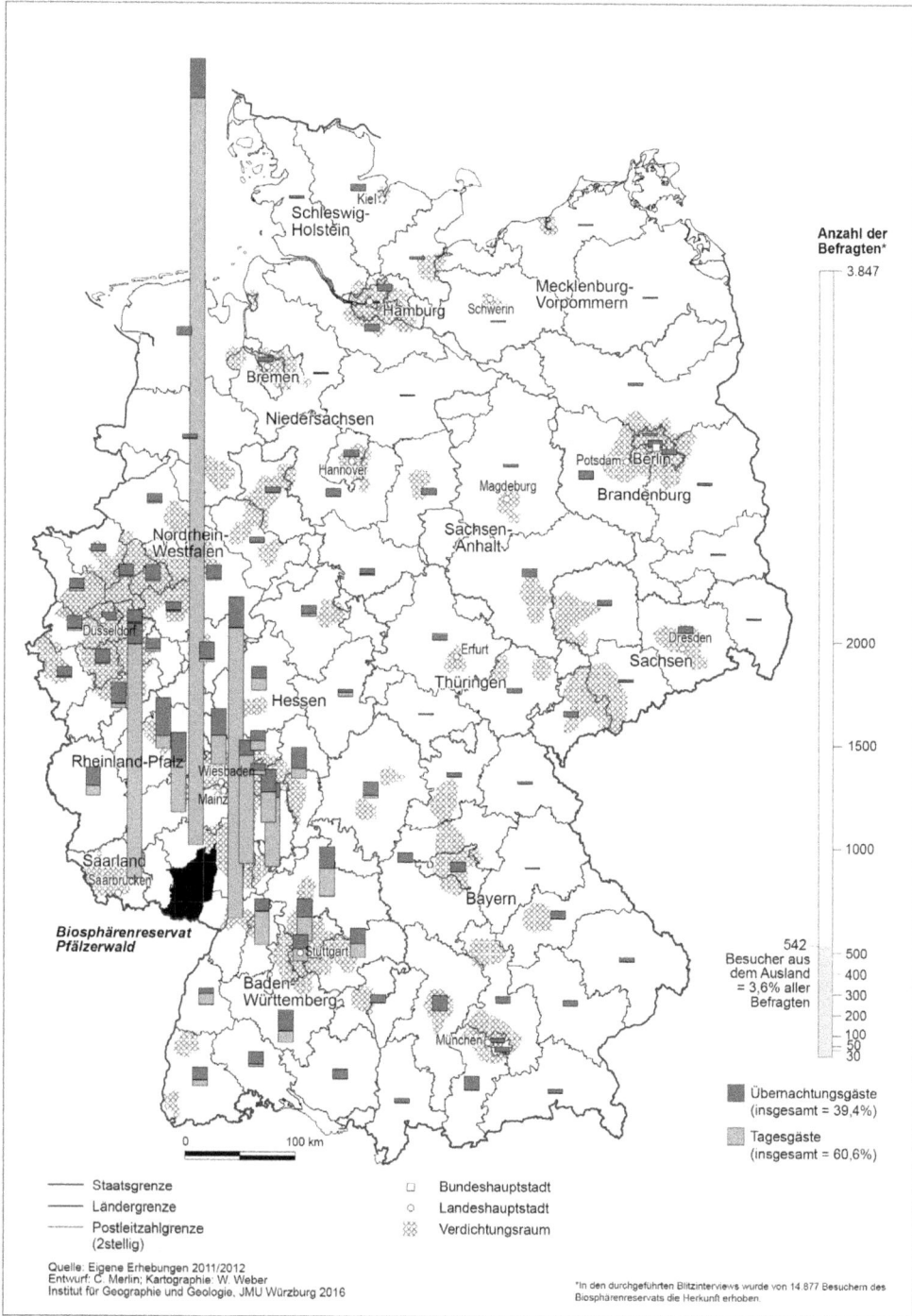

Anzahl der
Befragten*

3.847

2000

1500

1000

500
400
300
200
100
50
30

542
Besucher aus
dem Ausland
= 3,6% aller
Befragten

Biosphärenreservat
Pfälzerwald

Übernachtungsgäste
(insgesamt = 39,4%)

Tagesgäste
(insgesamt = 60,6%)

—— Staatsgrenze
—— Ländergrenze
---- Postleitzahlgrenze
      (2stellig)

☐ Bundeshauptstadt
○ Landeshauptstadt
▨ Verdichtungsraum

Quelle: Eigene Erhebungen 2011/2012
Entwurf: C. Merlin; Kartographie: W. Weber
Institut für Geographie und Geologie, JMU Würzburg 2016

*In den durchgeführten Blitzinterviews wurde von 14.877 Besuchern des
Biosphärenreservats die Herkunft erhoben.

Karte 10: Herkunft der Besucher des Biosphärenreservats Rhön

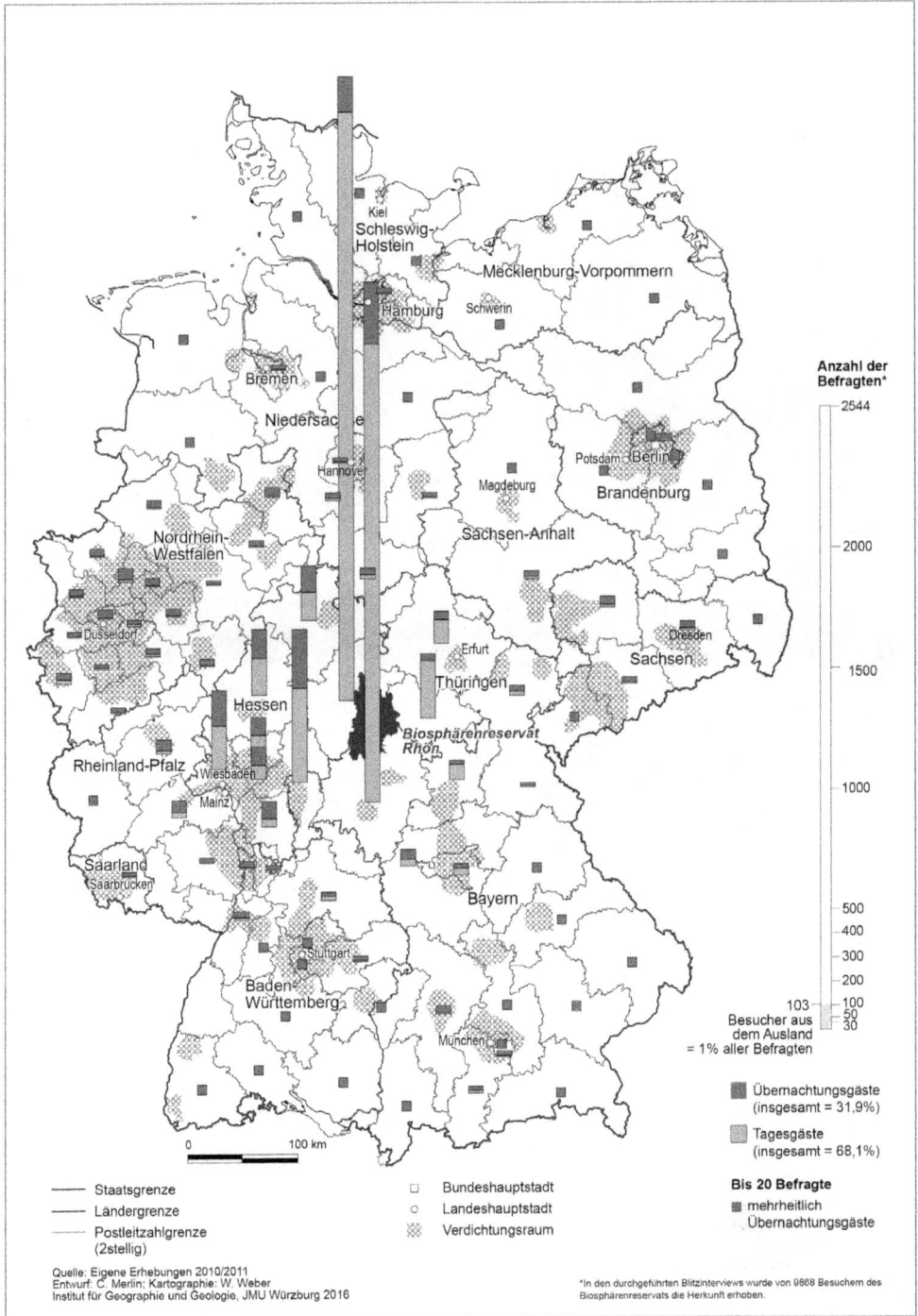

Anzahl der Befragten*

Besucher aus dem Ausland = 1% aller Befragten

Übernachtungsgäste (insgesamt = 31,9%)

Tagesgäste (insgesamt = 68,1%)

Bis 20 Befragte
■ mehrheitlich Übernachtungsgäste

Staatsgrenze
Ländergrenze
Postleitzahlgrenze (2stellig)

□ Bundeshauptstadt
○ Landeshauptstadt
▨ Verdichtungsraum

Quelle: Eigene Erhebungen 2010/2011
Entwurf: C. Merlin; Kartographie: W. Weber
Institut für Geographie und Geologie, JMU Würzburg 2016

*In den durchgeführten Blitzinterviews wurde von 9868 Besuchern des Biosphärenreservats die Herkunft erhoben.

Karte 11: Herkunft der Besucher des Biosphärenreservats Schaalsee

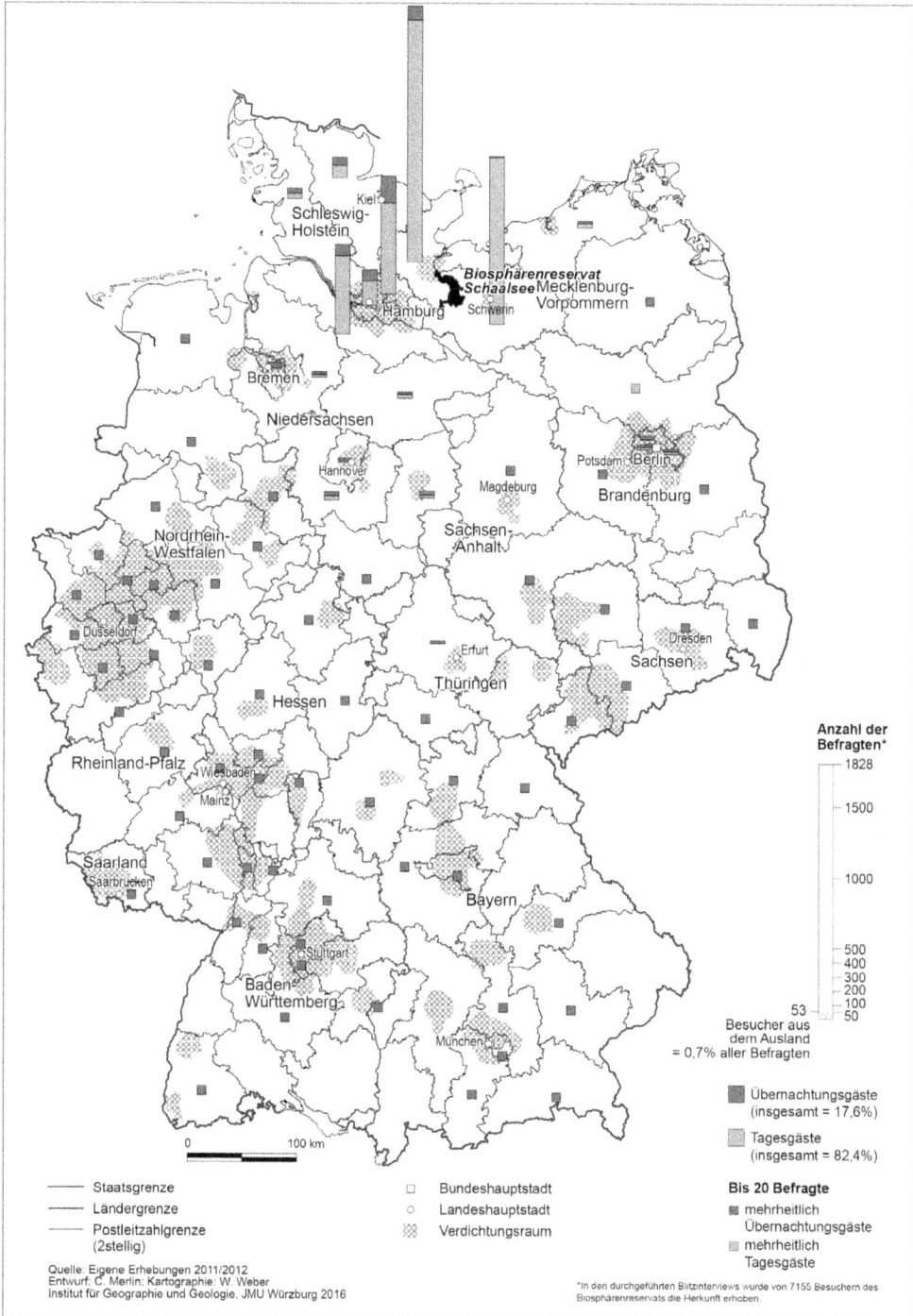

Anzahl der
Befragten*

1828

1500

1000

500
400
300
200
100
50

53

Besucher aus
dem Ausland
= 0,7% aller Befragten

Übernachtungsgäste
(insgesamt = 17,6%)

Tagesgäste
(insgesamt = 82,4%)

Bis 20 Befragte

mehrheitlich
Übernachtungsgäste

mehrheitlich
Tagesgäste

Staatsgrenze

Ländergrenze

Postleitzahlgrenze
(2stellig)

Bundeshauptstadt

Landeshauptstadt

Verdichtungsraum

Quelle: Eigene Erhebungen 2011/2012
Entwurf: C. Merlin; Kartographie: W. Weber
Institut für Geographie und Geologie, JMU Würzburg 2016

*In den durchgeführten Blitzinterviews wurde von 7155 Besuchern des
Biosphärenreservats die Herkunft erhoben.

0   100 km

173

Karte 12: Herkunft der Besucher des Biosphärenreservats Spreewald

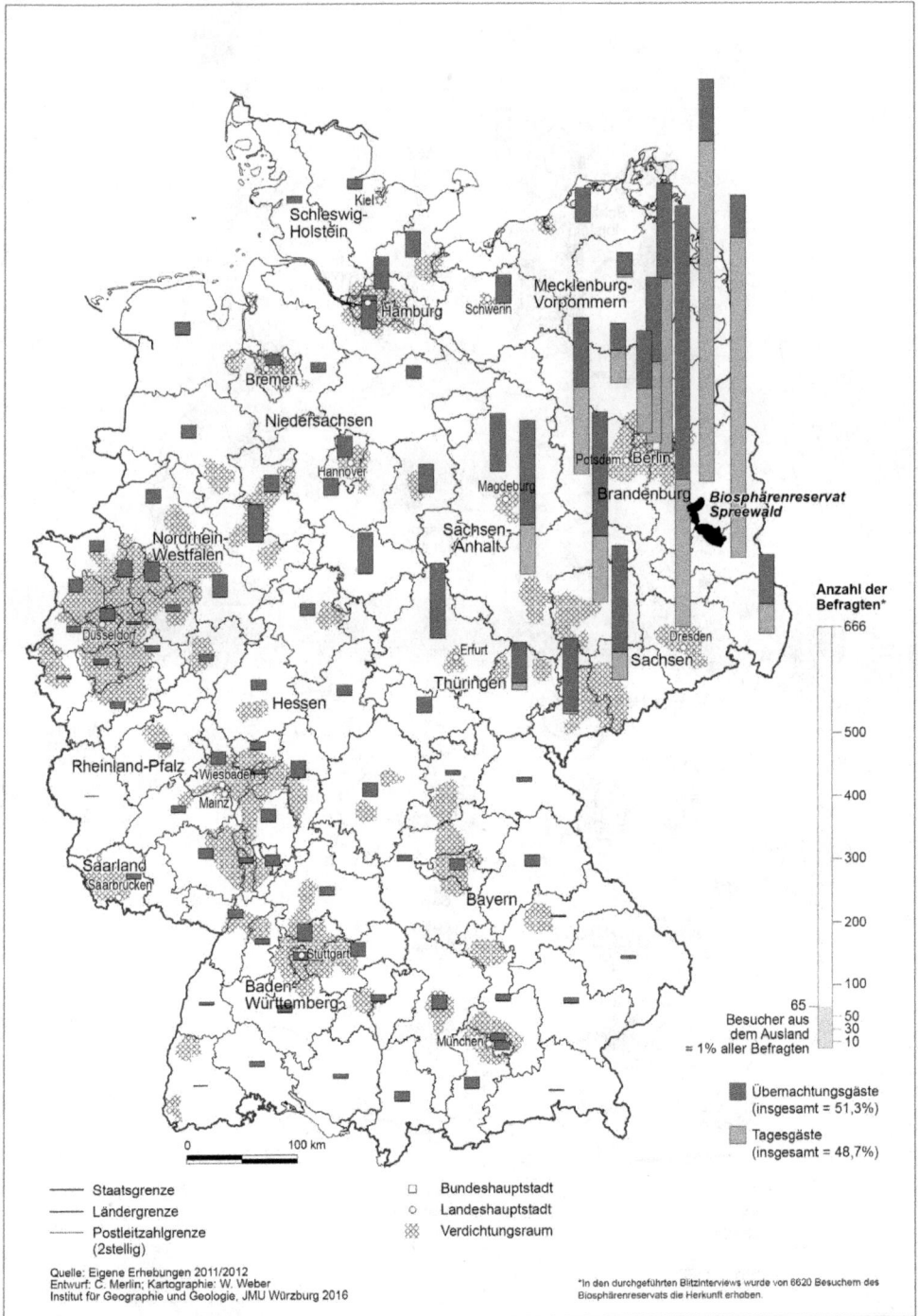

Anzahl der Befragten*

666
500
400
300
200
100
65
Besucher aus dem Ausland
= 1% aller Befragten
50
30
10

Übernachtungsgäste (insgesamt = 51,3%)

Tagesgäste (insgesamt = 48,7%)

Staatsgrenze
Ländergrenze
Postleitzahlgrenze (2stellig)

□ Bundeshauptstadt
○ Landeshauptstadt
▨ Verdichtungsraum

Quelle: Eigene Erhebungen 2011/2012
Entwurf: C. Merlin; Kartographie: W. Weber
Institut für Geographie und Geologie, JMU Würzburg 2016

*In den durchgeführten Blitzinterviews wurde von 6620 Besuchern des Biosphärenreservats die Herkunft erhoben.

Karte 13: Herkunft der Besucher des Biosphärenreservats Südost-Rügen

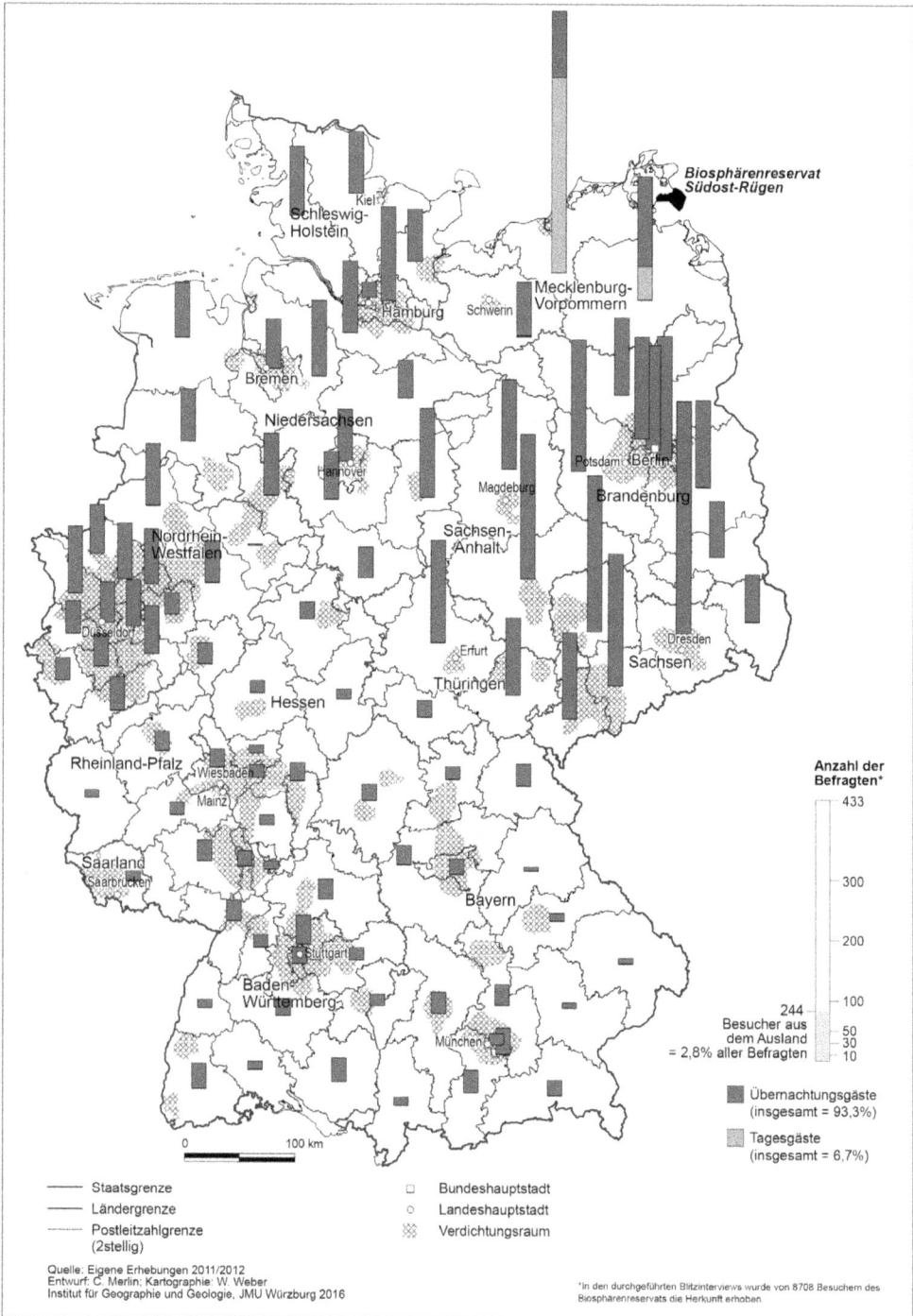

Biosphärenreservat Südost-Rügen

Schleswig-Holstein
Kiel
Hamburg
Schwerin
Mecklenburg-Vorpommern
Bremen
Niedersachsen
Hannover
Magdeburg
Potsdam   Berlin
Brandenburg
Nordrhein-Westfalen
Sachsen-Anhalt
Düsseldorf
Erfurt
Dresden
Hessen
Thüringen
Sachsen
Rheinland-Pfalz   Wiesbaden
Mainz
Saarland
Saarbrücken
Bayern
Stuttgart
Baden-Württemberg
München

Anzahl der Befragten*

433
300
200
100
50
30
10

244
Besucher aus
dem Ausland
= 2,8% aller Befragten

Übernachtungsgäste
(insgesamt = 93,3%)

Tagesgäste
(insgesamt = 6,7%)

0   100 km

——— Staatsgrenze
——— Ländergrenze
------- Postleitzahlgrenze
(2stellig)

☐   Bundeshauptstadt
○   Landeshauptstadt
▨   Verdichtungsraum

Quelle: Eigene Erhebungen 2011/2012
Entwurf: C. Merlin; Kartographie: W. Weber
Institut für Geographie und Geologie, JMU Würzburg 2016

*In den durchgeführten Blitzinterviews wurde von 8708 Besuchern des
Biosphärenreservats die Herkunft erhoben.

Karte 14: Herkunft der Besucher des Biosphärenreservats Vessertal-Thüringer Wald

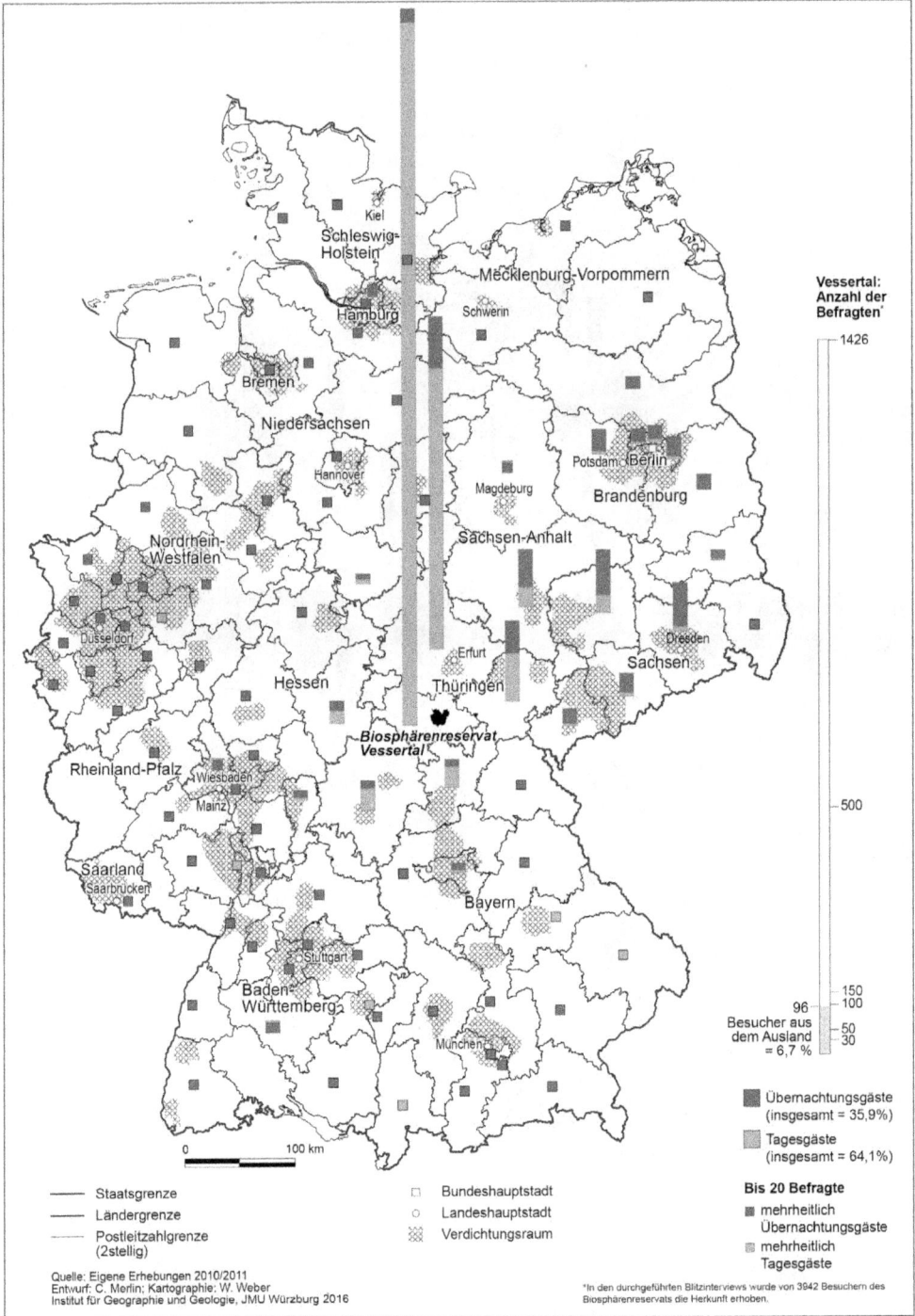

Kiel
Schleswig-Holstein
Mecklenburg-Vorpommern
Hamburg
Schwerin
Bremen
Niedersachsen
Potsdam Berlin
Hannover
Magdeburg
Brandenburg
Nordrhein-Westfalen
Sachsen-Anhalt
Düsseldorf
Dresden
Hessen
Erfurt
Sachsen
Thüringen
Biosphärenreservat Vessertal
Rheinland-Pfalz
Wiesbaden
Mainz
Saarland
Saarbrücken
Bayern
Stuttgart
Baden-Württemberg
München

Vessertal:
Anzahl der
Befragten*

1426

500

150
100
96
Besucher aus
dem Ausland
= 6,7 %
50
30

Übernachtungsgäste
(insgesamt = 35,9%)

Tagesgäste
(insgesamt = 64,1%)

Bis 20 Befragte
mehrheitlich
Übernachtungsgäste
mehrheitlich
Tagesgäste

0   100 km

Staatsgrenze
Ländergrenze
Postleitzahlgrenze
(2stellig)

Bundeshauptstadt
Landeshauptstadt
Verdichtungsraum

Quelle: Eigene Erhebungen 2010/2011
Entwurf: C. Merlin; Kartographie: W. Weber
Institut für Geographie und Geologie, JMU Würzburg 2016

*In den durchgeführten Blitzinterviews wurde von 3942 Besuchern des
Biosphärenreservats die Herkunft erhoben.

176

6.4.1.2 Weitere soziodemographische Merkmale

Einen Überblick zu den erhobenen demographischen Merkmalen gibt Tabelle 17. Das durchschnittliche Alter der Besucher in den Biosphärenreservaten liegt, gemittelt über alle Besucher, bei 47,9 Jahren, wobei für die Auswertung sowohl das Alter der Befragten als auch der Mitreisenden inkludiert wurde. Damit ist das Alter gegenüber dem durchschnittlichen Alter der Bevölkerung Deutschlands (2011:43,9 Jahre, vgl. STATISTISCHES BUNDESAMT 2014) und damit auch gegenüber dem Alter des durchschnittlichen Nationalparktouristen (44,6 Jahre, vgl. JOB et al. 2016a: 11)

Tabelle 17: Soziodemographische Merkmale der Besucher in den Untersuchungsgebieten

	Pfälzer-wald	Rhön	Schaal-see	Spree-wald	Südost-Rügen	Vessertal-Thüringer Wald	Gesamt
Durchschnittsalter (Jahre)	n=16.741, ANOVA, Tamhane Test, Signifikanzniveau 0,05						
	47,5 (a,d)[1]	48,6 (c,d)	48,2 (b,c)	44,8	49,1 (a)	50,4 (b)	47,9
Standardabweichung	19,3	19,4	20,6	19,2	18,6	18,5	19,4
Altersklassen (in %)	n=16.741 χ^2= 325,364*** Cramérs V: 0,050***						
<15	9,6	9,3	11,8	11,9	8,5	6,5	9,8
15-25	4,1	4,7	3,3	4,8	4,1	5,0	4,3
26-35	9,5	7,4	7,2	11,5	6,8	8,4	8,6
36-45	16,6	15,0	14,3	17,7	16,0	13,0	15,6
46-55	22,8	23,2	22,8	21,8	22,9	23,6	22,8
56-65	18,7	19,7	18,8	18,7	22,5	21,2	19,6
>65	18,7	20,6	21,8	13,6	19,2	22,4	19,2
Geschlecht (in %)	n=17.152 χ^2= 91,303* Cramérs V: 0,033*						
Weiblich	48,4	46,5	51,2	50,4	53,1	46,9	49,0
Männlich	51,6	53,5	48,8	49,6	46,9	53,1	51,0
Schulabschluss (in %)	n=7.268 χ^2= 200,958*** Cramérs V: 0,074***						
Noch in Schulausbildung	0,0	0,2	0,2	0,6	0,2	0,1	0,2
Kein Schulabschluss	0,0	0,8	0,0	0,2	0,0	0,0	0,2
Haupt-/Volksschulabschluss	20,3	20,1	14,3	8,6	14,9	8,8	15,9
Mittlere Reife/POS	26,3	28,5	33,9	34,5	30,8	31,9	30,2
Abitur/ Fachhochschulreife/ EOS	51,7	48,8	49,9	52,3	51,3	57,3	51,3
Keine Angabe	1,8	1,7	1,7	3,9	2,8	1,9	2,2

*p<0,05, **p<0,01, ***p<0,001
[1]a-d: Zwei Mittelwerte unterscheiden sich nicht signifikant bei Kennzeichnung durch gemeinsame Buchstabensignatur
Quelle: Eigene Erhebungen

leicht erhöht. Am oberen Ende der Biosphärenreservate liegt dabei das Vessertal-Thüringer Wald mit einem Altersdurchschnitt der Besucher von 50,4 Jahren, die jüngsten Besucher finden sich im Spreewald mit durchschnittlich 44,8 Jahren. Eine aufschlussreichere Betrachtung liefert Klassifikation nach Altersklassen: Insgesamt überwiegen die Klassen der 46-55-jährigen (22,8%), gefolgt von den 56-65-jährigen (19,6 %) und den >65-jährigen (19,2%). Somit sind knapp zwei Drittel älter als 46 Jahre. Die Gruppe der unter 15-jährigen steigt in keinem Gebiet über einen Anteil von zwölf Prozent und ist im Vergleich zur Gruppe der jungen Erwachsenen (25-35) gut vertreten: diesen machen lediglich einen Anteil von 8,6 % an allen Besuchern aus. Insbesondere im Vessertal-Thüringer Wald ist ein vergleichsweise hoher Anteil an >65-jährigen (22,4 %) und ein dafür geringerer Anteil an 15-25-jährigen (5 %) zu verzeichnen. Die Gruppe der Erwachsenen in der mittleren Generation, zwischen Mitte 30 und 50, umfasst gut ein Drittel. Diese Gruppe begleitet im Wesentlichen die Personen, die weniger als 15 Jahre zählen.

Hinsichtlich des Geschlechts ist keine eindeutige Präferenz zu erkennen. 51 % der Besucher sind männlich, dementsprechend 49 % weiblich. Stärkere Abweichungen von dieser Struktur gibt es in den Biosphärenreservaten Rhön und Vessertal-Thüringer Wald, in denen die weiblichen Besucher 53,5 % bzw. 53,1 % stellen.

Hinsichtlich des Bildungsstandes ist anzumerken dass über die Hälfte aller Besucher über ein Abitur bzw. ein entsprechendes Äquivalent verfügt. Damit sind die Besucher überdurchschnittlich gebildet: laut dem Mikrozensus hat rund jeder vierte Deutsche Abitur bzw. eine Fachhochschulreife (vgl. STATISTISCHES BUNDESAMT 2012). 30 % der Besucher besitzen die mittlere Reife, knapp 16 % einen Haupt- bzw. Volksschulabschluss. Lediglich 0,2 % besitzen keinen Schulabschluss, 0,2 % der Befragten befinden sich noch in der Schulausbildung.

6.4.2 Aufenthaltsmerkmale

Neben den soziodemographischen Angaben sind verschiedene Merkmale zum Aufenthalt der Besucher aus tourismuswirtschaftlicher Perspektive relevant. Dafür wurden die verschiedenen Eigenschaften zum Aufenthalt sowohl für die Übernachtungsgäste (z.B. Unterkunftsart, vgl. Tabelle 19) als auch die Gäste in ihrer Gesamtheit erfasst (z.B. Verkehrsmittelwahl, vgl. Tabelle 18).

Am häufigsten wird der PKW zur Anreise an den jeweiligen Erhebungsstandort (bei den Übernachtungsgästen) bzw. bei Tagesgästen zur Anreise in die Region genutzt. Mit knapp 85 % im Mittel liegen die Rhön, der Schaalsee und das Vessertal-Thüringer Wald knapp darüber, die restlichen Biosphärenreservate knapp darunter, mit einem Minimum im Pfälzerwald (81,6 %). Der höchste Anteil an ÖPNV-Nutzern wird im Biosphärenreservat Südost-Rügen mit 11,7 % erreicht. Hier handelt es sich jedoch nicht um einen Anteil der zugunsten einer geringeren Nutzung des PWKs anfällt, sondern im Wesentlichen aufgrund geringerer Anteile an Motorradfahrern und sonstigen Verkehrsmittelnutzern. Durchschnittlich 4,1 % der Besucher nutzen den ÖPNV, der Reisebus liegt deutlich darunter bei 1,4 %. 10,3 % der Besucher sind mit sonstigen Verkehrsmitteln am Standort angetroffen worden. Das Minimum

Tabelle 18: Aufenthaltsmerkmale der Besucher in den Untersuchungsgebieten

	Pfälzer-wald	Rhön	Schaal-see	Spree-wald	Südost-Rügen	Vessertal-Thüringer Wald	Gesamt
Verkehrsmittel (Anteil in %)	n=7.275				χ^2= 286,651*** Cramérs V: 0,115***		
PKW	81,6	85,1	88,2	81,9	84,2	85,2	84,1
ÖPNV/Bahn	3,6	3,3	0,9	3,4	11,7	4,6	4,1
Reisebus	1,2	3,2	,6	1,1	1,2	0,0	1,4
Sonstiges	13,6	8,5	10,3	13,7	2,8	10,2	10,3
Aktivitäten (Anteil in %)	n=6.945				χ^2= 718,656*** Cramérs V: 0,227***		
Wandern/ Spazieren	85,5	78,8	84,3	60,1	76,3	68,4	77,3
Radfahren	4,9	6,6	12,4	21,0	22,1	4,2	10,5
Sonstiges	9,5	14,7	3,3	18,9	1,6	27,4	12,2
Einzelbesucher	n=7.194				χ^2=102,037*** Cramérs V: 0,119***		
Anteil Einzel-besucher (in %)	12,7	16,5	7,7	7,6	7,4	7,7	12,0
Gruppengröße	n=7.184				ANOVA, Tamahane Test p<0,05		
Mittelwert[1]	2,95	3,35	3,00	3,16	2,75	2,79	3,05
Standard-abweichung	3,259	5,359	4,319	3,264	3,194	2,557	3,973
Besucher mit Kind	n=7.191				χ^2= 16,021** Cramérs V: 0,047**		
Anteil Besucher mit Kind (in %)	17,6	20,1	16,7	15,1	19,9	16,3	17,9

*p<0,05, **p<0,01, ***p<0,001
[1] Lediglich die Mittelwerte im Biosphärenreservat Rhön und Vessertal-Thüringer Wald unterscheiden sich signifikant

Quelle: Eigene Erhebungen

wurde auf Rügen mit 2,8 % verzeichnet. Der hohe Anteil von 13,6 % im Pfälzerwald wird wesentlich durch Motorradfahrer generiert, der hohe Anteil im Spreewald durch Radfahrer.

Rund 77,3 % der Besucher sind der Gruppe der Wanderer zuzurechnen.[73] Im Spreewald und Vessertal-Thüringer Wald sind diese Anteile unterdurchschnittlich ausgeprägt, wobei im Spreewald die Gruppe der Radfahrer überdurchschnittlich besetzt ist (21 %), ähnlich wie auf Südost-Rügen. Gemittelt über alle Gebiete sind rund 10 % der Gäste Radfahrer. Hinsichtlich den sonstigen Aktivitäten sind ins-

---

73 Da die Aktivität im Wesentlichen durch die Beobachtung und nicht die Befragung der Passanten ermittelt wurde, ist eine genaue Differenzierung zwischen Spaziergängern und Wanderern nicht nach objektiven Kriterien erfolgt. Somit fasst die hier vorgestellte Gruppe Wanderer im weitesten Sinne.

besondere in der Rhön und im Vessertal-Thüringer Wald die Anteile aufgrund von Skifahrern erhöht. Sowohl in der Rhön als auch dem Vessertal-Thüringer Wald wird der Aktivität Nordic-Ski nachgegangen, in der Rhön gibt es auch einen gewissen Anteil an alpinen Skifahrern. Im Spreewald findet sich unter den sonstigen Aktivitäten ein hoher Anteil an Personen die der Aktivität Kajak- bzw. Kahnfahrt nachgehen.

Für alle Gebiete ergibt sich ein Anteil von 12 % an Besuchern, die das Gebiet alleine und nicht in Gesellschaft weiterer Personen besuchen. Dieser Anteil variiert von 16,5 % in der Rhön und 12,7 % im Pfälzerwald, bis hin zu jeweils rund 7,6 % in den anderen vier Gebieten. Die anderen Besucher halten sich vermehrt in Gruppen auf, wobei die durchschnittliche Gruppengröße drei Personen umfasst. 17,9 % der Gruppen sind in Begleitung eins Kindes im Gebiet unterwegs, wobei der Anteil in der Rhön sowie Südost-Rügen leicht erhöht ist.

Neben diesen werden weitere Merkmale, die jedoch ausschließlich für die Übernachtungsgäste abgefragt wurden, betrachtet (vgl. Tabelle 19). Für alle Übernachtungsgäste kann eine durchschnittliche Aufenthaltsdauer von 5,9 Tagen veranschlagt werden, wobei der höchste Wert erwartungsgemäß in Südost-Rügen (8,9 Tage) beobachtet wird, gefolgt vom Schaalsee (6,8 Tage). Die geringste Aufenthaltsdauer wird im Pfälzerwald mit 4,3 Tagen erreicht, ähnlich wie im Spreewald mit 4,5 Tagen. Dabei liegen die hier ermittelten Werte der Aufenthaltsdauer für alle Gebiete mindestens 1,5 (Spreewald) bis zu 1,9 (Schaalsee) Mal höher als die der amtlichen Statistik für das jeweilige Gebiet (vgl. Tabelle 6). Die Reise der Übernachtungsgäste ist in 93 % der Fälle selbst organisiert, nur knapp 1,4 % sind Kuraufenthalte. 5,6 % der Gäste kommen im Rahmen einer Pauschalreise in das Gebiet, wobei die Aufenthaltsdauer im Mittel 5,5 Tage umfasst (Median: 4). Der Preis für die Pauschale, gemittelt über alle Gebiete, beträgt rund 360 €.

Die am häufigsten gewählte Unterkunftsart stellt das Hotel mit 33,1% dar. Mit einem Anteil von 13,3 % im Schaalsee liegt diese Unterkunftskategorie lediglich noch im Spreewald mit 28,1 % unter dem Durchschnitt. Höchste Anteile werden mit 47,7 % im Vessertal-Thüringer Wald erreicht, gefolgt von Südost-Rügen, Pfälzerwald und Rhön, wo je ein gutes Drittel der Übernachtungsgäste in dieser Kategorie unterkommt. Den zweit-höchsten Anteil bilden die Ferienwohnungen, in denen gut ein Viertel aller Gäste unterkommt. Hier sind die Maxima in Rügen, wo knapp die Hälfte aller Übernachtungsgäste eine Ferienwohnung bucht, sowie am Schaalsee (rund ein Drittel der Gäste) zu finden. Wenig angeboten bzw. gebucht werden Ferienwohnungen im Pfälzerwald (13,5 %) bzw. dem Spreewald (18,1 %). In diesem sind insbesondere Pensionen (23,7 %) und Camping (19,1 %) beliebte Unterkunftskategorien. Letztere Kategorien machen im Schnitt 14,9 % bzw. 9,1 % bezogen auf alle Gebiete aus.

Knapp die Hälfte aller Übernachtungsgäste gibt zwischen 30-50 € für eine Nacht und pro Person im Hotel aus. Rund ein Viertel aller Besucher wählt eine Hotelkategorie mit dem Preisniveau zwischen 50 und 75 € pro Person und Nacht, wobei am Schaalsee und im Vessertal-Thüringer Wald nur rund 10 % diese Kategorie wählen. Am Schaalsee und in Rügen wird die Kategorie der hochpreisigen Übernachtungen für mehr als 75 € überdurchschnittliche oft gewählt, wobei dieses aus regional-

Tabelle 19: Aufenthaltsmerkmale der Übernachtungsgäste in den Untersuchungsgebieten

	Pfälzer-wald	Rhön	Schaal-see	Spree-wald	Südost-Rügen	Vessertal-Thüringer Wald	Gesamt
Durchschnittliche Aufenthaltsdauer			n=3.024		ANOVA, Tamahane-Test, p < 0,05		
Mittelwert[1]	4,3b	5,2cd	6,8abcd	4,5bcd	8,9a	5,4ad	5,9
Reiseart (Anteil in %)			n=2.857		χ^2= 54,516*** Cramérs V: 0,098***		
Pauschal	3,4	7,1	0,0	4,0	6,9	11,7	5,6
Selbst organisiert	95,3	89,8	98,2	95,2	91,7	88,3	93,0
Kur	1,3	3,1	1,8	,8	1,3	,0	1,4
Preis pro Person bei Pauschalbuchung (in €)					n=147		
Mittelwert	297,7	316,8	0	212,9	535,8	217,8	358,2
Standard-abweichung	164,4	181,9	0	116,1	495,9	109,0	341,0
Gewählte Unterkunft (Anteil in %)			n=3.018		χ^2= 672,727*** Cramérs V: 0,214***		
Hotel	35,2	33,2	13,3	28,1	33,7	47,7	33,1
Gasthof	8,5	8,2	3,5	4,4	0,7	2,8	4,9
Pension	18,7	12,1	5,8	23,7	10,1	12,7	14,9
Ferienwohnung	13,5	20,6	32,9	18,1	47,3	24,4	26,3
Jugendherberge	3,5	6,3	0,0	3,1	0,3	0,0	2,6
Camping	8,6	7,1	19,7	19,1	4,6	1,1	9,1
Bekannte	10,9	9,3	17,9	3,4	2,2	11,0	7,5
Sonstige	1,1	3,3	6,9	0,2	1,3	0,4	1,7
Preisklasse Hotel p.P. und Übernachtung (Anteil in %)			n=952		χ^2= 103,149*** Cramérs V: 0,190***		
<30€	5,3	9,4	13,6	15,8	5,0	29,6	11,1
30-50€	48,8	48,5	50,0	33,8	45,2	53,3	46,3
50-75€	27,9	27,5	9,1	25,2	26,1	12,6	24,4
>75€	18,0	14,6	27,3	25,2	23,7	4,4	18,2
Besuchs-häufigkeit (Anteil in %)			n=2.975		χ^2= 95,274*** Cramérs V: 0,103***		
1. Besuch	33,7	33,8	33,5	35,4	29,2	21,0	31,7
2.-5. Besuch	34,0	32,9	31,8	39,9	39,7	32,2	36,0
6.-10. Besuch	8,0	5,5	12,9	11,8	11,9	13,0	10,0
> 10. Besuch	24,3	27,8	21,8	12,9	19,3	33,7	22,3

*p<0,05, **p<0,01, ***p<0,001
[1]a-d: Zwei Mittelwerte unterscheiden sich nicht signifikant bei Kennzeichnung durch gemeinsame Buchstabensignatur

Quelle: Eigene Erhebungen

ökonomischer Perspektive positive Ergebnis für den Schaalsee zu relativieren ist. Hier übernachten insgesamt nur 13 % der Übernachtungsgäste in Hotels. Insbesondere im Vessertal-Thüringer Wald übernachten über 80 % in den unteren Preiskategorien, gefolgt vom Schaalsee mit rund 63 %. Im Spreewald und in Südost-Rügen liegt dieser Anteil bei unter 50 %, in der Rhön und dem Pfälzerwald knapp über der Hälfte (vgl. Tabelle 19).

Verglichen mit anderen Unterkunftskategorien stellt das Hotel, betrachtet über alle sechs untersuchten Biosphärenreservate, die teuerste Alternative mit rund 54 € pro Person und Übernachtung dar. Nahezu gleichauf liegen Gasthöfe und Pensionen (33,60 € bzw. 31,40 €) gefolgt von Ferienwohnungen, Jugendherbergen und Camping (vgl. Abbildung 40).

Abbildung 40: Mittelwerte der Ausgaben für Unterkunftskategorien in allen Untersuchungsgebieten

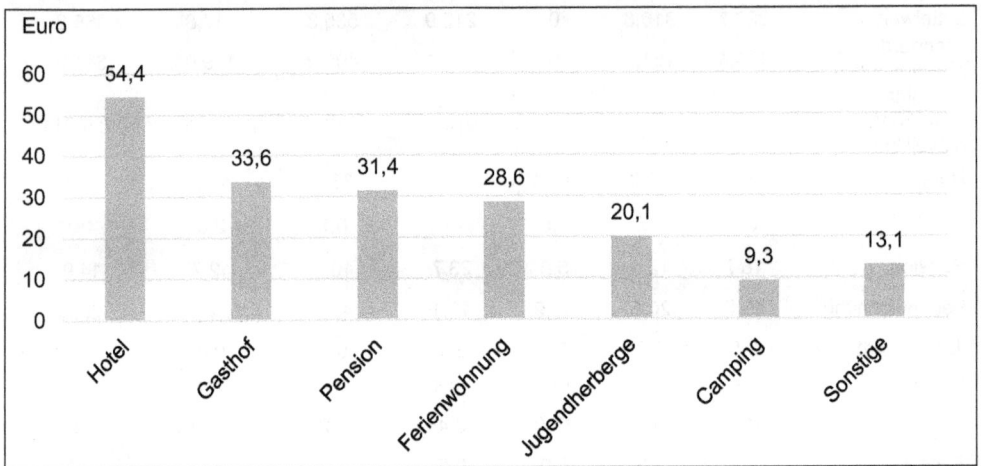

Quelle: Eigene Erhebungen

Knapp ein Drittel der Übernachtungsgäste wurde bei ihrem ersten Aufenthalt im Gebiet befragt (vgl. Tabelle 19), weitere 36 % sind zum zweiten bis fünften Mal in der Region. Weitere zehn Prozent sind zwischen dem 6.-10. Mal in der Region, knapp ein Viertel der Besucher sind über zehn Mal in der Region gewesen. Der Anteil der Erstbesucher liegt für die Rhön, Pfälzerwald, Schaalsee und Spreewald bei über einem Drittel, im Vessertal und in Südost-Rügen bei 21,0 % bzw. 29,2 %. Relativ ausgeglichen verteilt ist die Gruppe der Personen, die zum zweiten bis fünften Mal im Gebiet sind, mit Werten zwischen 30 % und 40 %. Der höchste Anteil an Stammgästen mit über zehn Besuchen findet sich im Vessertal-Thüringer Wald (ein Drittel), gefolgt von der Rhön (27,8 %). Der geringste Anteil liegt im Biosphärenreservat Spreewald mit 12,9 % vor. Hier ist ähnlich wie in Südost-Rügen die Gruppe der Besucher mit zwei bis fünf Besuchen erhöht. Insgesamt sind mehr als zwei Drittel der Gäste in allen Gebieten zu den Wiederholungsbesuchern zu zählen.

6.4.3 Motivation, Präferenzen, Aktivitäten

Die bisherigen soziodemographischen Angaben können durch weitere Aspekte wie Motive und Einstellungen der Besucher ergänzt werden. Die Motive zeigen, was die Besucher zum Aufenthalt in der Region bewegt und was mit der Region bzw. dem Biosphärenreservat verbunden wird. Des Weiteren wurde nach den wesentlichen Aktivitäten gefragt, denen die Besucher in der Region nachgehen. Die Ergebnisse liefern im Hinblick auf eine touristische Entwicklung der Region Ergebnisse dazu, in welchem Motiv- bzw. Aktivitätszusammenhang das Biosphärenreservat potentiell mit nachhaltigen Angeboten bereits Nachfragesegmente befriedigt und wo noch Potential besteht. Daneben wurden den Besuchern knappe Statements zu verschiedenen Themen (z.B. regionale Lebensmittel, Kulturlandschaft, vgl. Anhang 3 Frage 10) vorgelegt, die sie für gut befinden oder ablehnen konnten, was ebenfalls Aufschluss über existente Präferenzen und Potentiale touristischer Inwertsetzung gibt.

Auf die Frage nach wichtigen Gründen für den Aufenthalt in der Region, konnten die Befragten jeweils zwei Gründe in offener Form (als Schlagworte) nennen. Dabei offenbart sich eine sehr große Bandbreite an Gründen, so dass einzelne Motive nicht dominieren. Eher schwanken die Nennungen bei Anteilen zwischen 14 und zwei Prozent (vgl. Abbildung 41).

Abbildung 41: Gründe für den Besuch der Region nach Tages- und Übernachtungsgästen

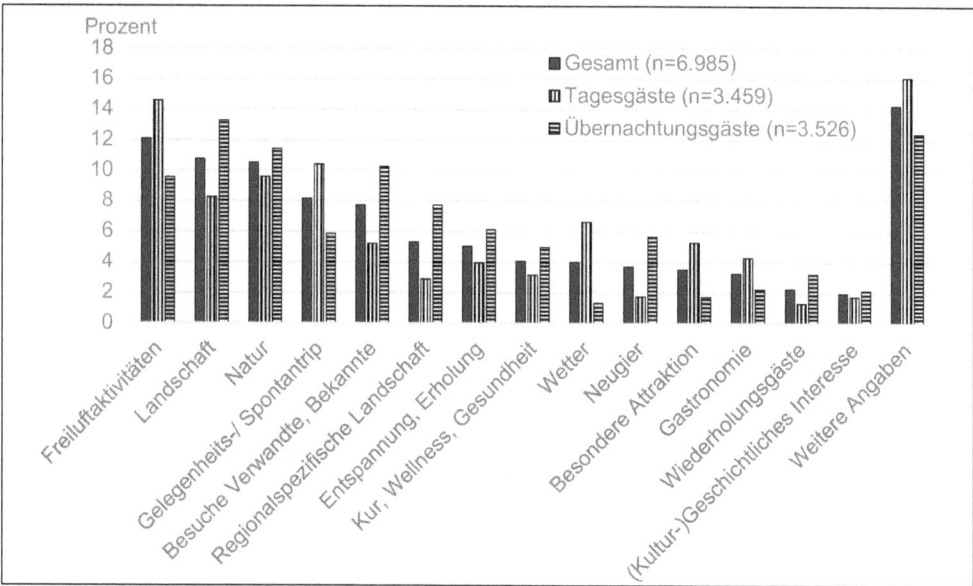

Quelle: Eigene Erhebungen

Wenig überraschend bilden Freiluftaktivitäten (Wandern, Spazieren, Radfahren etc.) sowie weitere naturbezogene Motive (Landschaft, Natur, regionalspezifische Landschaft) eine wesentliche Rolle. Die hier genannten Motive machen summiert gut ein Drittel der genannten Gründe aus. Daneben spielen der Gelegenheitsbesuch bzw. spontane Besuch aufgrund verfügbarer Zeit, der Besuch Verwandter oder Bekannter sowie Entspannung, Erholung, Wellness (Kur), Gesundheit eine Rolle (insgesamt rund 25 %). Weitere Gründe sind gutes Wetter, die Neugierde auf eine neue Region/Landschaft sowie besondere Attraktionen oder gastronomische Angebote sowie kulturgeschichtliches Interesse. Daneben gibt es eine ganze Reihe an spezifischen Nennungen, die aufgrund vergleichsweise geringer Anteile unter der Kategorie „Sonstiges" zusammengefasst wurden (z.B. Oldtimer-Fahrt, Fotografieren, spirituelle Gründe). Hinsichtlich der Tages- und Übernachtungsgäste ergeben sich z.T. nachvollziehbare Unterschiede: So werden z.B. die Gründe Ausübung von Freiluftaktivitäten, spontane Ausflüge in die Region sowie das Wetter von Tagesgästen anteilsmäßig öfter genannt. Für die Übernachtungsgäste spielen die (regionalspezifische) Landschaft, der Besuch Verwandter und Bekannter, Entspannung und Erholung sowie Neugier eine größere Rolle. Biosphärenreservate werden insbesondere als geeignete Regionen zur Bedürfnisbefriedigung im Kontext von Freiluftaktivitäten, Landschaft, Natur betrachtet. Eher kulturelle Aspekte wie Gastronomie und kulturgeschichtliche Attraktion werden zwar genannt, spielen jedoch eine geringere Rolle.

Eine Differenzierung hinsichtlich der Biosphärenreservatsbesucher i.e.S. und den sonstigen Besuchern ist in Abbildung 42 dargestellt. Die Unterschiede zwischen den beiden Gruppen stellt sich deutlich weniger ausgeprägt dar als zwischen den Tages- und Übernachtungsgästen. Insbesondere der Aspekt der Natur wird jedoch von den Biosphärenreservatsbesuchern i.e.S. mit knapp 20 % der Nennung deutlich häufiger erwähnt als durch die sonstigen Besucher (knapp 10 % der Nennungen). Für

Abbildung 42: Gründe für den Besuch der Region nach Biosphärenreservats-Affinität

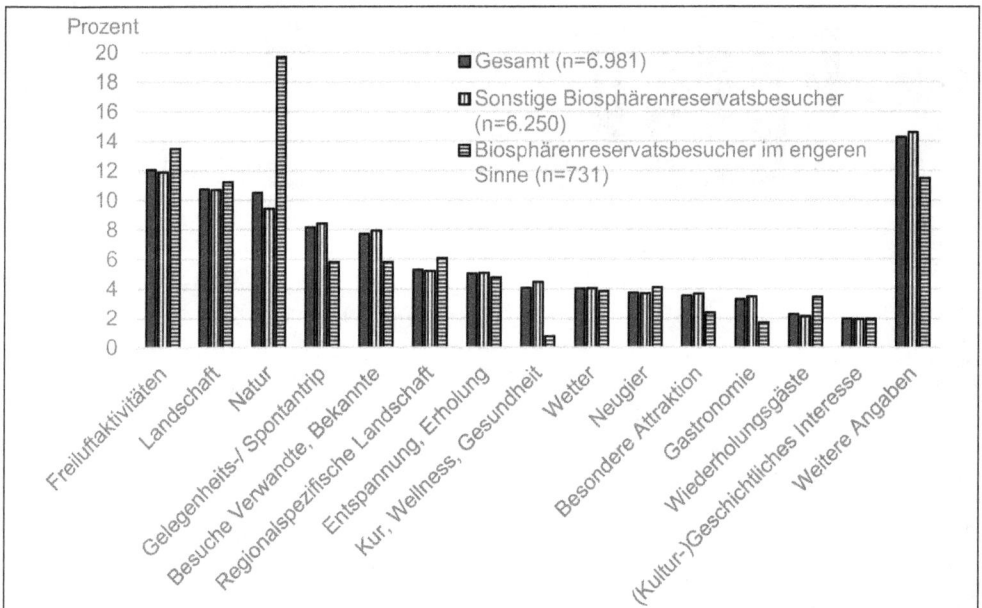

Quelle: Eigene Erhebungen

die Biosphärenreservatsbesucher i.e.S. weniger relevant sind hingegen die Gründe Spontanausflug, Besuch Verwandter und Bekannter sowie Kur, Wellness und Gesundheit. Unter allen Nennung erfährt der Grund Biosphärenreservat eine Häufigkeit von knapp einem Prozent, verdoppelt sich allerdings auf 2,2 %, betrachtet man nur die Gruppe der Biosphärenreservatsbesucher i.e.S. Würden die Aspekte, die mit dem Biosphärenreservat in direktem Zusammenhang stehen, wie z.B. (Wander-) Infrastrukturen oder bestimmte Landschaftspflegemaßnahmen (z.B. Offenhaltung Kulturlandschaft), die zur Attraktivität der Region beitragen, berücksichtigt (werden können), würde der Wert vermutlich höher ausfallen.

Neben den Gründen für einen Aufenthalt in der Region wurde nach den Aktivitäten der Gäste, denen sie beim Aufenthalt in der Region nachgehen, gefragt. Hier ergeben sich Überschneidungen mit den Gründen für den Aufenthalt, insbesondere im Rahmen der oben genannten Freiluftaktivitäten, die hier als Wandern und sonstige sportliche Aktivitäten aufgeführt werden (vgl. Abbildung 43) und dementsprechend gut die Hälfte aller Nennungen umfassen. Bei den sonstigen sportlichen Aktivitäten ist insbesondere das Radfahren eine beliebte Alternative zum Wandern. Danach folgen Spazierengehen, Gastronomie und Sightseeing und mit jeweils rund 10 % der Nennungen. Wesentliche Unterschiede ergaben sich zwischen Tages- und Übernachtungsgästen insbesondere beim Spazieren und der Gastronomie (häufiger durch Tagesgäste), sowie den Kategorien Kultur erleben, Städte, Sightseeing und Baden, was häufiger von den Übernachtungsgästen unternommen wird.

Abbildung 43: Aktivitäten im Rahmen des Aufenthaltes nach Tages- und Übernachtungsgästen

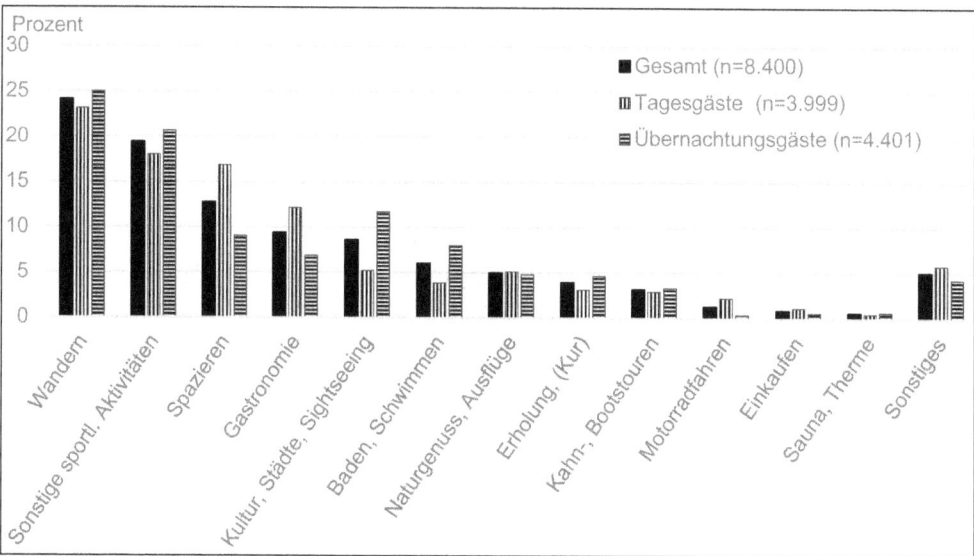

Quelle: Eigene Erhebungen

Die Unterschiede hinsichtlich der ausgeübten Aktivitäten zwischen Biosphärenreservatsbesuchern i.e.S. und den sonstigen Biosphärenreservatsbesuchern ist in Abbildung 44 dargestellt. Tendenziell sind die Biosphärenreservatsbesucher i.e.S.

häufiger mit Wandern, anderen sportlichen Aktivitäten sowie aktivem Naturgenuss bzw. Ausflügen in die Natur beschäftigt. Sonstige Besucher halten sich dafür häufiger an das gastronomische Angebot. Unter dem Punkt Sonstiges zusammengefasst ist auch die aktive Nutzung von Einrichtungen des Biosphärenreservates, was insgesamt 0,5 % der Nennungen ausmacht, sowohl unter den Biosphärenreservats-affinen als auch den sonstigen Biosphärenreservatsbesuchern.

Abbildung 44: Aktivitäten im Rahmen des Aufenthaltes nach Biosphärenreservats-Affinität

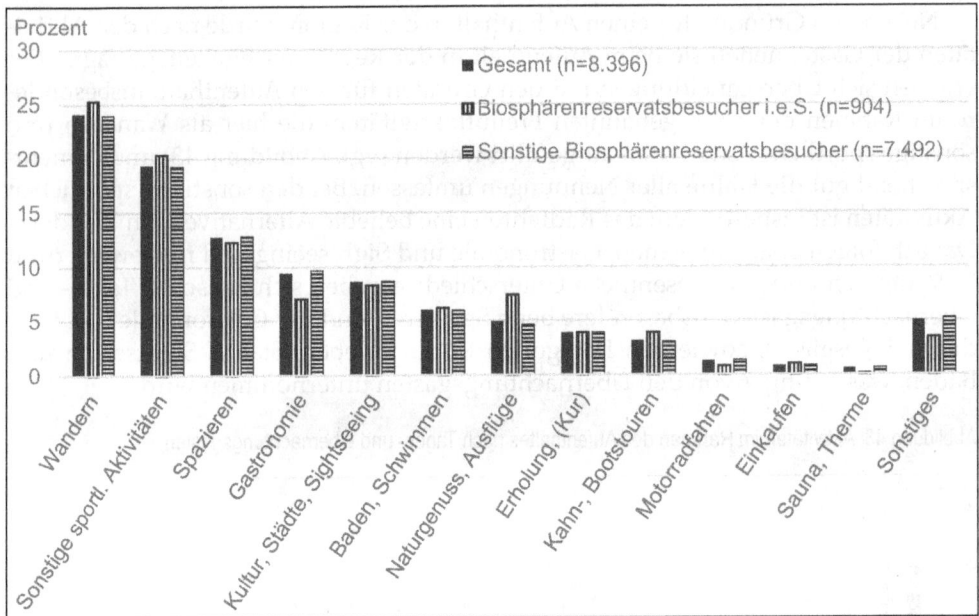

Quelle: Eigene Erhebungen

Neben den Fragen zu Gründen für den Besuch der Region und den Aktivitäten im Rahmen des Aufenthaltes wurden weitere Fragen zu generellen Einstellungen der Besucher gestellt. Hier wird zwischen den Biosphärenreservatsbesuchern i.e.S. und den sonstigen Biosphärenreservatsbesuchern unterschieden (vgl. Abbildung 45).

Die Biosphärenreservatsbesucher i.e.S. stimmen allen Statements stärker zu,[74] sprich der Besuch kultureller Veranstaltungen, geschützte Natur, regionale Produkte und Dienstleistungen sind ihnen wichtiger als den sonstigen Besuchern. Insbesondere das letzte Ergebnis wird bereits in Kapitel 6.3 erläutert, nach dem die Biosphärenreservatsbesucher i.e.S. häufiger regionale Waren kaufen, auch wenn sie nicht mehr Geld als sonstige Besucher dafür ausgeben. Ebenso haben die Biosphärenreservatsbesucher i.e.S. mehr Verständnis für den Wildnis Aspekt bei Naturlandschaften, werden jedoch gleichzeitig stärker von traditionellen Kulturlandschaften angesprochen. Das deutet auf ein generell größeres Verständnis für die Schutzbe-

---

74 Für alle sechs Statements mit Mann-Whitney-U Test p<0,001

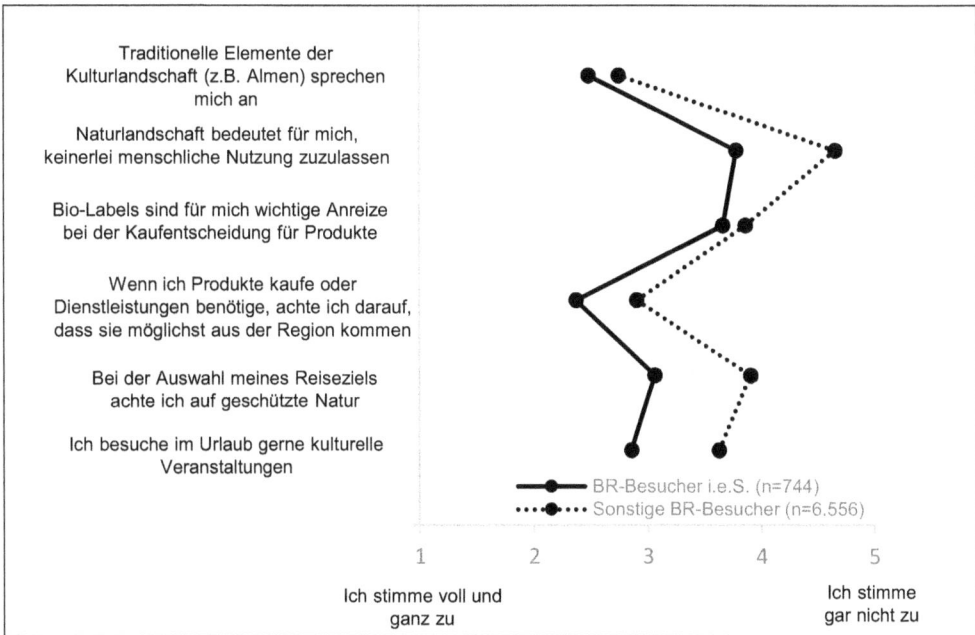

Quelle: Eigene Erhebungen

mühungen hin, bei einem gleichzeitig gesteigerten Attraktivitätsempfingen gegenüber traditionellen Kulturlandschaften.

Die hier vorgenommene Typisierung der Biosphärenreservatsbesucher i.e.S. zeigt, dass es kein spezieller, streng abgegrenzter Sondertypus ist, der sich signifikant in jeder Hinsicht von „herkömmlichen" Besuchern unterscheidet (siehe hierzu auch ARNEGGER et al. 2010: 920). Vielmehr ist es ein Überbegriff für unterschiedliche Besuchergruppen, die schwer eindeutig abgrenzbar sind und sich hinsichtlich einer Vielzahl von Merkmalen ähneln. Insgesamt ist die Tendenz erkennbar, dass die Biosphärenreservatsbesucher i.e.S. ein hohes Interesse an der Thematik Natur, Landschaft bzw. Freiluftaktivitäten haben. Die Statements zeigen, dass die Bedürfnisse bzw. Meinungen stark mit den Funktionen und Zielstellungen der Schutzgebiete übereinstimmen und die Besucher die Inhalte des Biosphärenreservates teilweise stärker Wert schätzen und mit dem Schutzstatus verbinden.

6.5 Zwischenfazit und Diskussion der Ergebnisse

Die Ergebnisse der nachfrageseitigen Erhebung können eine Lücke im Bereich sozioökonomischer Daten im Tourismus für die sechs Biosphärenreservate schließen sowie einen Hinweis liefern, inwieweit Tourismus zu einer nachhaltigen Regionalentwicklung beiträgt bzw. welche Managementnotwendigkeiten sich ergeben (vgl.

EAGLES 2014: 532). Im Folgenden werden die wesentlichen Ergebnisse diskutiert. Vor deren Hintergrund wird in Kapitel 7 auf Ansatzpunkte, Ziele und Managementaktivitäten in den jeweiligen Biosphärenreservaten eingegangen.

Anmerkung Methodik

Die untersuchten Biosphärenreservate weisen deutliche Unterschiede hinsichtlich Fläche, touristischer Frequentierung und Besucherstruktur, Kenntnisstand, Affinität und Ausgabenhöhe der Besucher und in der Folge, Höhe der regionalökonomischen Effekte, auf. Durch die Destinationstypologie, die für die Auswahl der Untersuchungsgebiete herangezogen wird, werden hinsichtlich touristischer Entwicklung und dem Stellenwert des Biosphärenreservates auf Destinationsebene vier Gruppen von Biosphärenreservaten definiert. Lediglich bei der Biosphärenreservatsstärke ist für den Pfälzerwald, wo sich auf Nachfrageseite die geringste Affinität abzeichnet, ursprünglich eine mittlere Biosphärenreservatsstärke antizipiert worden. Hier ist zu überlegen, ob die Typologie im Hinblick auf das Kriterium um einige Aspekte erweitert werden sollte. Die Überlagerung mit anderen Schutzgebieten oder Partner- und Regionalvermarktungsinitiativen sind z.B. potentielle Aspekte, die das Biosphärenreservat auf Destinationsebene herausstellen bzw. relativieren, die jedoch in der Typologie bisher nicht berücksichtigt werden.

Die Bandbreite der ermittelten Ergebnisse zur Nachfrageseite ist als positives Ergebnis der Gebietsauswahl aufgrund der Destinationsanalyse zu werten. Dadurch konnte die Heterogenität der Gebiete antizipiert, de facto erfasst und aufgezeigt werden. Die Unterschiede legen jedoch auch die Vermutung nahe, dass sich die hier nicht untersuchten Biosphärenreservate, selbst innerhalb bestimmter Destinationstypen, regional noch bedingt unterscheiden.[75] Die ermittelten Ergebnisse bestätigen zwei bereits bekannte Defizite im Hinblick auf die amtliche Statistik, was mitunter als Defizit im Hinblick auf Destinationsanalyse zu nennen ist: zum einen die fehlende Erfassung des Tagesausflugsverkehrs (vgl. FEIGE 1992: 149ff.), der in den Biosphärenreservaten teilweise einen größeren Anteil ausmacht, als das Klientel der Übernachtungsgäste. Zum anderen die Abschneidegrenze, die aufgrund von Datenschutz und Minderung der Bürokratie nur Betriebe ab zehn Betten erfasst (vgl. MUNDT 2013: 13f.). Gerade kleine Pensionen und Ferienwohnungen stellen in manchen der untersuchten Biosphärenreservate (z.B. Schaalsee, Vessertal-Thüringer Wald) jedoch eine wichtige Unterkunftskategorie dar.

Die empirische Vorgehensweise der Arbeit ist durch die Einbindung bzw. den Bezug zu bundesweiten Forschungsprojekten gefordert. Denn ein einheitliches und vergleichbares Vorgehen kann als wichtige Voraussetzung für die Vergleichbarkeit zwischen den Untersuchungsgebieten, weiteren Biosphärenreservaten im Zuge von Folgeprojekten[76] und anderen Schutzgebietskategorien, wie z.B. den Nationalparken, gelten (vgl. JOB et al. 2016a). Das Vorgehen ist, wie bereits bei den Nationalparken

---

75 Ein Forschungsdesiderat der Arbeit besteht darin, Biosphärenreservate, die sich mit Nationalparken überschneiden (z.B. Wattenmeer-Nationalparke, Berchtesgaden), im Hinblick auf die Tourismusentwicklung genauer zu beleuchten.

76 Siehe Projekt „Regionalwirtschaftliche Effekte von Tourismus: Integration in das Monitoringsystem von Biosphärenreservaten" (vgl. BMUB 2015: 65).

(vgl. WOLTERING 2012: 255), stets „konservativer" Natur und zielt auf die Generierung möglichst realistischer, wissenschaftlich belastbarer Zahlen ab. So wird bereits durch die Abgrenzung der Untersuchungsregionen und die Definition der Biosphärenreservats-Region versucht, diesem Prinzip Rechnung zu tragen: durch die originären Grenzen der Biosphärenreservate ist die Übereinstimmung mit Gemeinden, Landkreisen oder Reisegebieten nicht gegeben. Die anteilige Integration der touristischen Sekundärdaten auf Basis der Flächenanteile am Biosphärenreservat ist somit deutlich genauer als der komplette Einbezug der Daten aus den Gemeinden, Landkreisen oder gar Reisegebieten, wodurch eine Überschätzung vermieden wird.

Aufgrund der fehlenden Kenntnis der Grundgesamtheit von Besucherzahlen und -strukturen bei Zielgebietsanalysen, u.a. aufgrund von Defiziten der amtlichen Statistik (s.o.), können diese im mathematisch-statistischen Sinne nicht repräsentativ sein (vgl. FEIGE & TRIEBSWETTER 1997: 61). Aufgrund der aufwendigen empirischen Erhebungen und einer originären Zufallsstichprobe mit hohem Stichprobenumfang (z.B. zwischen 15.000 Blitzinterviews im Pfälzerwald und rund 4.000 im Vessertal-Thüringer Wald) werden im Rahmen der Blitzinterviews zuverlässige Werte hinsichtlich Tages- und Übernachtungstourismus sowie den Beherbergungskategorien und der Aufenthaltsdauer erfasst. Die hier ermittelten Werte bilden die Grundlage zur Berechnung der Besucherzahl und -struktur. Es handelt sich, wie bei den deutschen Nationalparken, um eine stichprobenartige Annäherung, die die Genauigkeit einer ganzjährigen Erfassung allerdings nicht ersetzen kann (vgl. WOLTERING 2012: 245). Dennoch stellt der Ansatz für die Untersuchungsgebiete bzw. deutschen Biosphärenreservate bisher im Vergleich zu existenten Untersuchungen, die umfänglichste und methodisch stringenteste dar. Der lange Interviewbogen wurde in ähnlicher Form bei Erhebungen in Nationalparken genutzt und hat sich dort hinlänglich bewährt. Weiterführende Anmerkungen dazu finden sich bei WOLTERING (2012: 274ff.).

Besucherzahlen

Hinsichtlich der Gesamtbesucherzahl und den jeweiligen Anteilen an Tages- und Übernachtungsgästen wird in den Untersuchungsgebieten eine große Spannweite offenbar: in der Rhön ergibt sich eine Jahresgesamtbesucherzahl von 6.370.000, im Biosphärenreservat Vessertal-Thüringer Wald von 487.000. Eine Gemeinsamkeit stellt, mit Ausnahme des Biosphärenreservates Südost-Rügens und nur in abgeschwächter Form im Spreewald, die starke Relevanz der Gebiete als Ausflugsziel für Tagesgäste dar. Hier sind Tagesgastanteile zwischen und 60 bis 80 % zu konstatieren, wobei insbesondere umliegende Städte als wichtige Quellgebiete gelten können. Das Ergebnis entspricht der bereits von REVERMANN & PETERMANN (2002: 46f.) festgestellten generellen Tendenz, das Großschutzgebiete vor allem Tagesausflügler als Schlüsselklientel bedienen.

Selbiges kann zuweilen für das Biosphärenreservat auch Nachteile mit sich bringen: Ausgaben für Verpflegung o.ä. werden teilweise außerhalb der Destination getätigt, negative Effekte wie Verkehrsbelastung oder hohe Besucherdichte an zentralen Attraktionen (z.B. Wasserkuppe in der Rhön) „importiert". Aufgrund eines kürzeren Aufenthaltes in der Destination ist bei Tagesgästen teilweise ein schwächer ausgeprägtes implizites Lernen über Besonderheiten der Destination mit ihren zugehörigen Produkten und Dienstleistungen sowie in der Folge ein geringeres Bewusstsein für die Inhalte des Gebietes sowie eine geringere Erreichbarkeit durch Informationsarbeit festzustellen (vgl. RUSSO 2002: 169f.). Entsprechende Strategien zur Besucherlenkung und Entschärfung potentieller Konflikte sowie Ansätze einer Nachfrageveränderung sind durch die Verwaltungen zu entwickeln (vgl. REVERMANN & PETERMANN 2002: 46f.; HENNIG & GROSSMANN 2008; REID et al. 2008: 8f.).

Saisonale Nachfrageschwankungen sind in allen Gebieten gegeben. Die empirischen Ergebnisse deuten darauf hin, dass markante Minima bzw. Maxima im Vergleich zur amtlichen Statistik durch ein erhöhtes Besucheraufkommen in angrenzenden Zeiträumen abgeschwächt werden. Ob dieser Sachverhalt originär auf das Biosphärenreservat als Reisegrund in der Nebensaison oder die Erhebungsmethodik sowie die Berücksichtigung von Tagesgästen und die in nicht-gewerblichen Betrieben übernachtenden Gäste zurückzuführen ist, kann hier nicht abschließend geklärt werden. Wie entsprechende Untersuchungen zeigen, können Naturevents in Großschutzgebieten wie z.B. der Kranichzug im Nationalpark Vorpommersche Boddenlandschaft (vgl. HERGET et al. 2016), durchaus als touristisches Event und Ausgleich in der Nebensaison instrumentalisiert werden. Ansätze sind z.B. im Schaalsee, ebenfalls durch den Kranichzug, oder in den Biosphärenreservaten generell, u.a. im Bereich der Regionalvermarktung, denkbar (z.B. Urlaub als „Erntehelfer", siehe hierzu DREYER 2012: 253f.).

Eine von WOLTERING (2012) durchgeführte Sensitivitätsanalyse im Rahmen der Bestimmung der regionalökonomischen Effekte des Tourismus in deutschen Nationalparken kann Hinweise geben, was für Biosphärenreservate u.U. potentielle Entwicklungsansätze zur Steigerung der durch Tourismus ausgelösten regionalwirtschaftlichen Effekte sind. Die Änderung der Gesamtbesucherzahl um einen definierten Prozentsatz, hat im Hinblick auf die regionalökonomischen Effekte mehr Einfluss, als eine Änderung der Besucherstruktur durch Steigerung oder Senkung des Übernachtungsgästeanteils um den gleichen definierte Prozentsatz bei gleichbleibender Gesamtbesucherzahl (vgl. WOLTERING 2012: 249). Statt einer Steigerung der Gesamtbesucherzahl, kann die Steigerung des Ausgabenniveaus (z.B. durch die Schaffung entsprechender Angebote) mit prozentual-proportionaler Folgewirkung auf die regionalökonomischen Effekte (vgl. WOLTERING 2012: 251) aus Perspektive der nachhaltigen Regionalentwicklung als die positivere Alternative gegenüber einer Steigerung der Besucherzahlen gelten. Weniger große Auswirkungen auf die regionalökonomischen Effekte werden durch die Steigerung der Wertschöpfungsquoten auf der ersten Umsatzstufe festgestellt, wo eine Anhebung um 10 % das Gesamtergebnis der Effekte noch um rund 5 % steigert. Selbige Effekte verspricht man sich von Regionalvermarktungsprojekten, die die regionale Wertschöpfung zu maximieren versuchen. Diese sind jedoch aufgrund der weiteren positiven Effekte (vgl. Kapitel 3.4.2.3) durchaus eine sinnvolle regionalwirtschaftliche Option im Sinne des Nachhaltigkeitsansatzes (vgl. KRAUS 2015; KRAUS et al. 2014).

Kenntnisstand zum Schutzgebiet und Biosphärenreservats-Affinität

Gut die Hälfte der befragten Besucher weiß, dass sie sich in einem Biosphärenreservat aufhält. Somit sind der Biosphärenreservats-Status bzw. die wesentlichen

Unterschiede der Großschutzgebietskategorien, der anderen Hälfte der Befragten in den Untersuchungsregionen unklar. In der Rhön sind 73 % der Befragten über den Schutzstatus informiert, in Südost-Rügen und dem Pfälzerwald jeweils um die 30 %. Insbesondere bei den letztgenannten Gebieten spielt die Überschneidung mit bzw. geringe Distanz zu weiteren Schutzgebieten eine Rolle (Naturpark Pfälzerwald und Nationalpark Jasmund). Diese Problematik dürfte sich im Kontext der National-parke Berchtesgaden oder den Wattenmeer-Nationalparken durch deren Kulissen-überschneidung mit Biosphärenreservaten verschärfen, was NOLTE (2005) für den Nationalpark – zum damaligen Untersuchungszeitpunkt auch als Biosphärenreser-vat ausgewiesen – Bayerischer Wald, bestätigt. Auch die im Rahmen der vorliegen-den Arbeit ermittelten Werte sind mitunter auf eine noch ausbaufähige Kommuni-kation seitens der Biosphärenreservats-Verwaltungen, regionaler Akteure und In-stitutionen zurückzuführen. Als Vergleichswerte können Erhebungen in deutschen Nationalparken angeführt werden: im Mittel konnten rund 72 % den Schutzstatus richtig zuordnen (vgl. JOB et al. 2016a: 17). Biosphärenreservate können somit als weniger bekannte Schutzgebietskategorie gelten, was die Ergebnisse im internatio-nalen Kontext bestätigt (vgl. NOLTE 2005; REINIUS & FREDMAN 2007).

Der in Kapitel 3.4 beschriebene, im Rahmen diverserer Umfragen ermittelte Wunsch nach nachhaltigen Freizeit- und Urlaubsgestaltungsmöglichkeiten und -angeboten, kann nur bedingt mit einer entsprechenden Nachfrage nach einem Auf-enthalt im Biosphärenreservaten verknüpft werden. Nur für einen geringen Teil der Besucher ist das Biosphärenreservat beeinflussender Faktor für den Aufenthalt. Hier variieren die Werte zwischen 21,5 % im Schaalsee und 3,5 % im Pfälzerwald. In den Gebieten selbst variiert die Biosphärenreservats-Affinität sowohl in den unterschied-lichen Besuchersegmenten (Tages-/Übernachtungsgast) als auch standörtlich, wobei tendenziell eine höhere Affinität insbesondere an naturnahen bzw. Standorten mit Naturbezug oder an BNE-Einrichtungen gegeben ist. Bei Standorten mit stärker Bio-sphärenreservats-unabhängigen, traditionellen, kultur- und konsumorientierten Fa-cetten sowie Standorten, die klassische Urlaubsaktivitäten wie z.B. Baden umfassen, ergibt sich eine geringere Biosphärenreservats-Affinität der Besucher. Den teilwiese geäußerten Aussagen, Biosphärenreservate hätten keine touristische Zugkraft (vgl. Kapitel 3.4.2.2), ist jedoch so nicht zuzustimmen bzw. es muss eine gebietsabhängi-ge Betrachtung erfolgen.

Im Vergleich zu den deutschen Nationalparken, der Durschnitt liegt hier bei 28,3 % (vgl. JOB et al. 2016a: 17), sind die Affinitätswerte in den untersuchten Bio-sphärenreservaten geringer ausgeprägt. Das bestätigt im Wesentlichen für die deut-schen Biosphärenreservate die Ergebnisse von REINIUS & FREDMAN (2007: 850). Die Besucher unterschiedlicher Großschutzgebiete lassen sich in deren Studie ebenfalls stärker von dem Label Nationalpark und den, für sie damit einhergehenden Konno-tationen, beeinflussen.

Dieser Sachverhalt wird bestätigt, betrachtet man in den Prozentsatz der Be-fragten, die einen Aufenthalt ohne die Auszeichnung als Biosphärenreservat, nicht wahrgenommen hätten (im Sinne einer strengeren Abgrenzung nach ARNBERGER et al. 2012): Im Schaalsee wären 5 %, in Südost-Rügen wären lediglich 0,6 % weniger Besucher im Gebiet, gäbe es das Biosphärenreservat nicht (10,5 % bzw. 2,9 % bezieht man die Antwort „eventuell" mit ein, vgl. Anhang 21). Als Kritik an dieser strengeren Abgrenzung kann geäußert werden, dass die Fragestellung: „Wären Sie heute auch hier, wenn es das Biosphärenreservat nicht gäbe?", oft eine Unsicherheit auf Seiten der Befragten hervorrief. Das ist insbesondere auf den rein hypothetischen Charakter der Frage, gepaart mit notwendigen Kenntnissen bzw. der Vorstellungskraft zu Sachzusammenhängen (z.B. Schutzgebiet und Einfluss auf Landschaftsbild), zurückzuführen (vgl. WOLTERING 2012: 211f.). Vergleichbare Werte reduzieren sich auch für die Nationalparke auf deutscher Ebene und es muss auch für die Biosphärenreservate, wie von WOLTERING (2012: 211f.) für Nationalparke festgestellt, angemerkt werden: es gibt keine Biosphärenreservats-Destination auf nationaler Ebene, die als alleiniger Reisegrund bzw. Motivator (wie z.B. Nationalparke in den USA) fungiert. Die Ergebnisse legen den Schluss nahe, dass die den Biosphärenreservaten inhärente und komplexe Zielsetzung noch deutlichen Kommunikationsaufwand benötig, u.a. auch aufgrund der Sperrigkeit des Biosphärenreservats-Begriffs. Somit geht in den untersuchten deutschen Biosphärenreservaten für den Besucher vom Schutzstatus, eine im Vergleich zum Label Nationalpark, geringere Attraktivität aus bzw. der Schutzstatus hat innerhalb des vielschichtigen Motivationskomplexes nur einen geringen Stellenwert (vgl. REINIUS & FREDMAN 2007: 850).

Präferenzen, Motivationen und Aktivitäten der Besucher

Sowohl bei den Fragen zum Konsum regionaler Produkte als auch den Fragen nach Aktivitäten und Gründen für den Aufenthalt in der Region zeigt sich tendenziell ein Unterschied zwischen den Biosphärenreservatsbesuchern i.e.S. und den sonstigen Besuchern.[77] Für die erste Gruppe kann ein stärker ausgeprägtes, originäres Interesse an Landschaft, Natur und regionalen Produkten festgestellt werden. Zudem zeichnen sie sich gegenüber den Zielsetzungen und Inhalten der Biosphärenreservate durch größere Offenheit, Akzeptanz bzw. ein größeres Interesse aus. Aspekte wie die traditionelle Kulturlandschaft, Schutzbemühungen, kulturelle Elemente, Bio-Labels und Regionalität stoßen in dieser Gruppe auf eine höhere Zustimmung bzw. Wertschätzung. Die hier gewählte Vorgehensweise zur Ermittlung der Biosphärenreservatsbesucher i.e.S. stellt folglich eine nützliche Abgrenzungsmethode im Hinblick die Beziehung zwischen Schutzgebiet und Besucher dar (vgl. ARNBERGER et al. 2012: 54f.). Die Ergebnisse stimmen mit internationalen Forschungsergebnissen überein, nach denen Besucher, die dem Schutzgebiet eine gewisse Wertschätzung entgegenbringen, auch durch positive Einstellungen gegenüber Inhalten, u.a. dem Schutz, auszeichnen (vgl. ARNBERGER et al. 2012: 54f.; NEWSOME et al. 2013: 12). Seltener finden sich für diese Gruppe Aufenthaltsgründe wie spontaner Ausflug aufgrund guten Wetters sowie familienbezogene Aktivitäten, Kur, Gesundheit und Wellness, die per se weniger Schutzgebietsbezug aufweisen. Dieser Unterschied gilt auch für Übernachtungs- und Tagesgäste. Insbesondere letztere gehen einer spontanen Gestaltung der Freizeit nach, spezielle regionale Besonderheiten wie die Landschaft oder Natur spielen dagegen eine geringere Rolle.

---

77 Dabei darf nicht außer Acht gelassen werden, dass entsprechende Typisierungen von Nachfragern zum einen nach verschiedensten Merkmalen realisiert werden können und zum anderen die durchaus komplexe Situation im Sinne der Vielseitigkeit der Interessen, Motivationen und Präferenzen nicht immer trennscharf erfassen können (vgl. ARNEGGER et al. 2010: 920).

Der Unterschied zwischen den zwei Gruppen manifestiert sich z.T. in entsprechendem Konsumverhalten der Biosphärenreservatsbesucher i. e. S.: der Anteil derjenigen, die regionale Waren kaufen, ist in dieser Gruppe erhöht. Das stimmt mit internationaler Literatur in diesem Bereich überein, die dem Segment der Schutzgebietsbesucher eine Präferenz von attraktiven Einkehrmöglichkeiten, Einkaufsmöglichkeiten und „Essen im Kontext" zuschreibt (vgl. Hjalager & Johansen 2013: 417). Der Anteil an Käufern regionaler Waren unter den Biosphärenreservatsbesuchern i.e.S. ist jedoch nicht mit im Mittel erhöhten Ausgabewerten gleichzusetzen. Das mag mitunter darauf zurückzuführen sein, dass z.B. in Regionen wie dem Spreewald oder dem Pfälzerwald – mit den regionalen Leitprodukten Gurke bzw. Wein – vergleichsweise bekannte, bereits lang existente, regionale Produkte vermarktet werden, die bisher kaum mit dem Schutzstatus Biosphärenreservat in Verbindung gebracht werden. Die Ergebnisse legen nahe, dass im Spreewald und im Pfälzerwald die Produkte ein eigenes Standing haben und unabhängig vom Biosphärenreservat wahrgenommen werden.

Unter allen Besuchern greifen auch die Übernachtungsgäste häufiger zu, was auf eine gewisse Exotik der regionalen Produkte schließen lässt bzw. deren Stellenwert als authentische, regionale Besonderheit im Urlaub (vgl. Sims 2009: 334). Der Stellenwert der regionalen Produkte ist jedoch nicht zu überschätzen: wenn Ausgaben getätigt werden liegen diese gemittelt für alle Gebiete bei den Tagesgästen bei 8,80 €, bei den Übernachtungsgästen bei 3,60 € pro Tag. Das relativiert sich, betrachtet man den Mittelwert aller Besucher (1,70 bzw. 1,50 €), was den Stellenwert insgesamt stark mindert.

Die Ergebnisse liefern einen Beitrag zur Thematik Schutzgebietsbesuch, Präferenzen und Konsumverhalten von Besuchern im Bereich Nahrungsmittel und regionale Produkte, zu welchem nur bedingt Ergebnisse vorliegen (vgl. Hjalager & Johansen 2013: 418). Das ist insofern verwunderlich, da u.a. der Bereich einer nachhaltigen Nahrungsmittelproduktion als Brücke zwischen den drei Dimensionen der Nachhaltigkeit gilt (vgl. Gössling et al. 2011) und als ökonomische Chance, verbunden mit der Steigerung touristischer Attraktivität, gesehen wird (vgl. Sims 2009; Hjalager & Johansen 2013: 418). In wie weit dieser Ansatz von den Biosphärenreservaten aufgegriffen wird, ist u.a. Gegenstand des Kapitels 7.7.

Ausgabenniveau der Besucher und regionalökonomische Effekte

Die Ausgabenniveaus zeigen signifikante Unterschiede zwischen Tages- und Übernachtungsgästen sowie teilweise zwischen den Gebieten: das höchste Ausgabenniveau der Übernachtungsgäste wird im Biosphärenreservat Südost-Rügen (75,60 €) ermittelt, das Minimum im Schaalsee (51,10 €). Bei den Tagesgästen findet sich das Maximum im Spreewald (24,70 €), das Minimum im Biosphärenreservat Vessertal-Thüringer Wald (10,70 €). Die Ergebnisse unterstreichen den Stand der Biosphärenreservate Vessertal-Thüringer Wald und Schaalsee als kleine Tourismusregionen mit weniger kostenintensiven Angeboten (z.B. im Vergleich zu Südost-Rügen mit vielen Angeboten im höherpreisigen Segment), was z.B. durch die Wahl der Unterkunftsangebote mit geringeren Preisniveaus bestätigt wird. In den Nationalparken stellt sich dieser Sachverhalt ähnlich dar. Auch hier sind die Ausgabenniveaus in den tradierten Destinationen wie Berchtesgaden, den Wattenmeer-Nationalparken oder den an der Ostsee gelegenen Nationalparken deutlich höher als in den kleineren Destinationen wie Kellerwald-Edersee oder Unteres Odertal (vgl. Job et al. 2016a: 19f.).

Die Biosphärenreservats-Affinität stellt kein entscheidendes Kriterium für das Ausgabenniveau dar: lediglich im Biosphärenreservat Schaalsee und Vessertal-Thüringer geben die Biosphärenreservatsbesucher i.e.S. unter den Tagesgästen mehr aus, im Spreewald kehrt sich dieses Verhältnis um. Unter den Übernachtungsgästen findet sich, bis auf den Pfälzerwald, in dem die sonstigen Besucher mehr ausgeben, kein signifikanter Unterschied. Hinsichtlich der Affinität ergeben sich für die deutschen Nationalparke ähnliche Spannweiten: nationalparkaffine Tagesgäste geben zwischen 8,10 € (Unteres Odertal) und 23,10 € (Jasmund) aus, bei den Übernachtungsgästen dieser Gruppe liegen die Werte zwischen 42,40 € (Unteres Odertal) und 81,70 € (Jasmund) bzw. 77,40 € (Schwarzwald). In neun der 14 untersuchten Nationalparke geben die nationalparkaffinen Tagesgäste mehr aus (im Mittel 1 €), unter den Übernachtungsgästen ist das in sieben Gebieten der Fall, im Mittel ergeben sich hier jedoch nahezu keine Unterschiede (vgl. Job et al. 2016a: 19ff.). Die Ausgaben fallen insbesondere dann höher aus, wenn kostenpflichtige Attraktionen mit Nationalparkbezug vorhanden sind wie z.B. Multimar-Wattforum (Wattenmeer-Nationalpark) oder Baumwipfel-Pfad im Hainich (vgl. Job et al. 2016a: 19ff.). Entsprechende Angebote, insofern vorhanden, äußern sich in den untersuchten Biosphärenreservaten bisher nicht in entsprechenden Mehrausgaben, was einen Ansatzpunkt aufzeigt, das regionale Angebotsspektrum dahingehend zu erweitern und z.B. für das Segment der *„Sustainable High/Profitable High"* (Butzmann & Job 2016: 16) zu vermarkten.

Im Sinne einer nachhaltigen Regionalentwicklung wäre der idealtypische, nachhaltigkeitsorientierte Besucher sich des Schutzstatus bewusst bzw. selbiger ein wichtiger Reisegrund. Der Status wird mit besonderer Landschaft, qualitativ hochwertigen, authentischen Produkten und Erlebnismöglichkeiten, für die er konsequenterweise bereit ist, Mehr-Ausgaben in Kauf zu nehmen, verbunden. Die Ergebnisse deuten darauf hin, dass Biosphärenreservate in Sachen Kommunikation und Angebotsstrukturen auf Destinationsebene, insbesondere bei bekannteren und traditionellen Destinationen, noch mehr Aufwand betreiben und Besucher erreichen müssen. Denn teilweise spielt das Biosphärenreservat noch eine geringe Rolle und selbst wenn es als Motivator dient, spiegelt sich das nicht in einem nachhaltigeren Konsummuster und in der Folge höheren Ausgaben wider. Dementsprechend scheinen Biosphärenreservats-spezifische Angebote und Nachfragestrukturen schwächer ausgeprägt bzw. in den untersuchten Biosphärenreservaten noch wenig Relevanz zu besitzen (oder sie werden von Besuchern zwar genutzt, aber nicht mit selbigem gedanklich verknüpft). Relativ einheitlich stellt sich in allen Gebieten und sowohl für die Tages- als auch die Übernachtungsgäste die Verteilung der Ausgaben dar: der größte Anteil fließt in die Gastronomie (inkl. Übernachtungen), gefolgt vom Einzelhandel und den touristischen Dienstleistungen.

Mit Hilfe der Besucherzahlen und Ausgabenwerte können die durch Tourismus generierten regionalwirtschaftlichen Effekte und letztendlich die Einkommensäquivalente, im Sinne tangibler Effekte, berechnet werden. Hier liegt die Spannweite zwischen 336 Einkommensäquivalenten am Schaalsee und 14.281 im Biosphärenreservat Südost-Rügen. Die Summe für die sechs Biosphärenreservate beläuft sich auf 28.037 Einkommensäquivalente, davon sind 1.917 auf die Biosphärenreservats-besucher i.e.S. zurückzuführen. Für den Schaalsee beläuft sich die Zahl auf 87, für das Biosphärenreservat Südost-Rügen auf 762. Damit wird bereits ein, wenn auch noch stark steigerungsfähiger Beitrag zu einer nachhaltigen Regionalentwicklung geleistet.

Mit Hilfe der hier empirisch generierten Ergebnisse konnte unter Zuhilfenahme der Destinationstypologie (vgl. Kapitel 4.2) eine Hochrechnung der Ergebnisse für die deutschen Biosphärenreservate (Stand 2013) erfolgen (siehe hierzu ausführlicher: JOB et al. 2013b; MERLIN & KRAUS 2016). Eine Jahresgesamtbesuchervolumen von 65,3 Mio. Besuchern in deutschen Biosphärenreservaten generiert einen Bruttoumsatz von 2,94 Mrd. €. Daraus errechnen sich rund 86.200 Einkommensäquivalente. Auf die Biosphärenreservatsbesucher i. e. S. sind davon 5.261 Einkommensäquivalente zurückzuführen, was etwa 6,1 % der gesamten Effekte entspricht.

Im Rahmen der vorliegenden Arbeit konnten erste vergleichbare, methodisch einheitlich erfasste Ergebnisse (im Gegensatz zu den in 3.4.2.1 genannten Einzel-ansätzen) für sechs deutsche Biosphärenreservate generiert werden. Dabei ist an-zumerken, dass es sich nur um eine Momentaufnahme handeln kann, die kein konsequentes Monitoring ersetzt. Die Ergebnisse umfassen Informationen zu Be-sucherzahlen und -strukturen, deren Präferenzen, Verhalten sowie Ausgabeniveaus und den letztendlich resultierenden Effekten für die Regionalwirtschaft. Was die Biosphärenreservats-Verwaltungen auf Managementseite zur Inwertsetzung und weiterer Instrumentalisierung des Tourismus im Sinne der Regionalentwicklung leisten, ist Gegenstand des folgenden Kapitels.

7 Tourismus im Rahmen einer nachhaltigen Entwicklung – Managementaktivitäten durch Biosphärenreservats-Verwaltungen und Erfolgsfaktoren

Das vorliegende Kapitel beinhaltet die Darstellung der Managementaktivitäten der Biosphärenreservats-Verwaltungen im Rahmen einer nachhaltigen Regionalentwicklung durch Tourismus. Diese wurden im Rahmen von problemzentrierten Interviews mit den zuständigen Personen in den Verwaltungsstellen anhand des offenen, halbstrukturierten Fragebogens abgefragt. Neben einer vergleichenden Bestandsaufnahme und Darlegung einzelner Rahmenbedingungen (z.B. institutionelle Zuordnung, finanzielle und personelle Ressourcen) und Kernelemente (z.B. touristische Angebote, Regionalvermarktungsinitiativen) erfolgt die Schilderung von Hindernissen sowie gelungenen Ansätzen in diesem Bereich. Dadurch lassen sich Faktoren herausarbeiten, die im Bereich Regionalentwicklung durch Tourismus für Biosphärenreservats-Verwaltungen beeinflussend sein können.

7.1 Administrative Zuordnung der Biosphärenreservats-Verwaltungen

Die institutionelle Aufhängung und administrative Zuordnung der Biosphärenreservats-Verwaltungen ist von Bedeutung für deren Aktivitäten und die Einflussnahme auf die touristische Entwicklung der Region. Aufgrund der Forderung der UNESCO verfügen die deutschen Biosphärenreservate i.d.R. über eine hauptamtliche Verwaltungsstelle inklusive Personal und finanzieller Grundausstattung. Die Verwaltungsstellen sind für gewöhnlich an die jeweiligen Landesministerien im Umwelt- und Naturschutz angebunden (höhere und obere Landesbehörden), ihre Zuständigkeiten folglich durch die Zuordnung geregelt, z.T. sind sie Genehmigungsbehörden, i.d.R. TÖB (vgl. DRL 2010: 53).

Von den sechs untersuchten Biosphärenreservaten weichen hier die Verwaltungsstrukturen im Falle der hessischen Rhön (Teil des Landkreises Fulda und somit untere Naturschutzbehörde), bayerischen Rhön (Teil der Regierung Unterfrankens) (vgl. BIOSPHÄRENRESERVAT RHÖN 2013: 48) sowie diejenige im Pfälzerwald (aufgehängt bei Bezirksverband Pfalz als TÖB) davon ab. Zusätzlich kommt in der Rhön der Aspekt der Dreiteilung zur Geltung: Zwischen den Bundesländern fehlt eine vertragliche Einigung um eine zentrale Verwaltungsstelle zu etablieren. Durch die unterschiedliche Angliederung in staatliche Strukturen unterscheiden sie sich daher hinsichtlich Aufgaben und Kompetenzen (vgl. POKORNY 2010: 129). Daneben sorgt die Situation in der Rhön für Mehraufwand bei der Koordination: die länderübergreifende Zusammenarbeit wird durch eine „Ständige Arbeitsgruppe Biosphärenreservat Rhön" sowie ein Verwaltungsabkommen geregelt (vgl. POKORNY 2010: 130). Der erhöhte Koordinationsaufwand sowie die Transaktionskosten auf Projektebene lassen sich bereits aus der erhöhten Anzahl an relevanten Institutionen im Bereich Regionalentwicklung ableiten (vgl. FÜRST et al. 2008b: 212 ff.).

Im Pfälzerwald wurde durch den Beschluss der Mitgliederversammlung der damalige Trägerverein Naturpark Pfälzerwald e.V. zum Ende des Jahres 2013 aufgelöst. Die Aufgaben des Vereins, festgelegt in der Landesverordnung über den Naturpark Pfälzerwald (vgl. NATPPFÄLZERWALDV RP 2007), werden damit dem Bezirksverband Pfalz übertragen, ein höherer Kommunalverband als Verwaltungsebene zwischen der Landesebene und den Landkreisen. Dieser übernimmt seit dem 01.01.2014 die Trägerschaft für den Naturpark bzw. das Biosphärenreservat (vgl. VWPW Int. 1 2014: 12).[78] Die neue Trägerschaft durch den Bezirksverband hat Einfluss auf die Arbeit des Biosphärenreservats und wird unter Voraussetzung bestimmter Unwägbarkeiten als vorteilhafter wahrgenommen: so muss zum einen der politische Wille zum Biosphärenreservat vorhanden sein, zum anderen muss dieser die Bereitstellung finanzieller Mittel bedingen: *„Aber trotzdem hat sich natürlich der Bezirksverband vorbehalten, neue Schwerpunkte zu setzen [...], da sind die Möglichkeiten viel größer als im Naturparkverein. Der Verein war ein e.V., privatwirtschaftlich organisiert, hatte Mitgliedsbeiträge, die schon seit Jahren immer zu erhöhen waren, weil die beteiligten Gebietskörperschaften, besonders die Städte, total überschuldet waren. Und von daher sind wir sehr [...] durch die knappen Ressourcen, Geldressourcen, waren wir schon sehr bestimmt in unserer Arbeit. Und der Bezirksverband Pfalz hat ganz andere Möglichkeiten, wenn er die wahrnehmen möchte. Aber der Schwerpunkt wird von Politikern gesetzt [...]. Ich kann es noch nicht sagen."* (VWPW Int. 1 2014: 14, 56).

Der politische Wille wird auch im Biosphärenreservat Rhön für die Schwerpunktsetzung der Verwaltungsstelle als relevant erachtet: *„Und das ist [...] letztendlich wieder eine politische Entscheidung, zu sagen, [...] dass das Biosphärenreservat in diesem Bereich [Tourismus, Anm. des Autors] mehr macht. Dann muss es aber auch zwangsläufig sein, dass man sagt, gut, dann kommt auch das entsprechende Personal bei"* (HEVWR Int. 2 2014: 117).

Im Falle der aktuell mehrheitlich vorherrschenden administrativen Zuordnung (wie z.B. Spreewald, Vessertal-Thüringer Wald, Schaalsee, Südost-Rügen)[79] kann die Änderung institutioneller Rahmenbedingungen Auswirkungen auf die Gestaltungsmöglichkeiten der Verwaltung haben, wie das Beispiel Biosphärenreservat Spreewald zeigt: Als TÖB bei Planfeststellungs- oder Plangenehmigungsverfahren anderer Fachbehörden gibt die Verwaltung Stellungnahmen an das LfU, welche in dessen jeweiliges Votum einfließen. 2004 wurde die bis dahin geltende Einvernehmensregelung durch die Benehmensregelung ersetzt, was faktisch zur Schwächung der Position des Biosphärenreservats in Hinblick auf die Funktionserfüllung führte (vgl. LANDESAMT FÜR UMWELT, GESUNDHEIT UND VERBRAUCHERSCHUTZ BRANDENBURG

---

78 Die direkte und indirekte Zitation der befragten Experten erfolgt anhand der Abkürzung der jeweiligen Institution, der sie zugehörig sind. Einen Überblick über die Experteninterviews inkl. Abkürzung zeigt Anhang 13. Die angegebene Zahl in Kurznachweisen im Text (z.B. VWPW Int. 1 2014: 12) entspricht nicht wie bei Literaturquellen der Seitenzahl, sondern aufgrund von Programmeigenschaften von Atlas.ti dem jeweiligen Absatz im Interview.
79 Für alle deutschen Biosphärenreservate siehe DRL (2010: 50).

2012: 41). Dementsprechend besteht in der Verwaltung die Sorge, *„dass wir nicht mehr in der Lage wären, unserer Lenkungsfunktion gerecht zu werden. Dies würde ich als [...] Gefahr [...] sehen, und die könnte konkret eintreten, wenn z.B. [...] durch Gesetzesänderung oder ähnliches weitere Einflussmöglichkeiten genommen würden"* (VWSW Int. 1 2014: 228).

Im Hinblick auf den Entwicklungsauftrag wird im Biosphärenreservat Südost-Rügen die Tätigkeit als TÖB bzw. naturschutzrelevante Fachplanung ambivalent bewertet: *„Eine hoheitliche Zuständigkeit hat immer Auswirkungen [...] Denn eine Behörde, die auch mal was verbieten muss, ist nicht ganz so toll, wie eine Behörde, die nur das Gute bringt. Die direkte Zuständigkeit für die Naturschutzbelange hilft uns natürlich auch, wirklich in die Argumentation zu müssen. Es ist ein zweischneidiges Schwert, eine Biosphärenreservats-Verwaltung [...] mit einem Schwerpunkt in der Regionalentwicklung [...] auch als Naturschutzbehörde zu haben. Da werden immer Konflikte sein. Und die Fähigkeit, Konflikte zu lösen, also der Anspruch, ist wesentlich höher, als in einem „Wohltätigkeits-Biosphärenreservat""* (VWSOR Int. 1 2014: 22).

Die unterschiedliche administrative Zuordnung steht im Zusammenhang mit einer unterschiedlichen Gewichtung der Aufgaben, die, wie im Falle des Biosphärenreservats Rhön, insbesondere im Hinblick auf das Spannungsfeld Tourismus und Naturschutz erkennbar wird. Hier stellt für die thüringische Verwaltungsstelle, ausgestattet mit hoheitlichen Aufgaben, die Besucherlenkung in den schützenswerten Bereichen das Hauptaugenmerk dar (vgl. THVWR Int. 1 2014: 85) und man gewichtet somit auch etwas stärker die Rolle einer Kontroll- und Schutzinstanz. Auf hessischer und bayerischer Seite wird stärker der Entwicklungsgedanke aufgegriffen, man sieht sich hier in der Position, beratend, moderierend, initiierend und dienstleistend tätig zu werden (vgl. HEVWR Int. 1 2014: 50; BYVWR Int. 1 2014: 77). Prinzipiell kann die Anbindung an den Fachbereich Naturschutz richtungsweisend wirken, denn für den Bereich Wirtschaft und Entwicklung sowie Tourismus sind für gewöhnlich andere Institutionen wie z.B. Landkreise oder entsprechende Ministerien bzw. Tourismusorganisationen und -verbände zuständig (vgl. VWSW Int. 1 2014: 176; HEVWR Int. 1 2014: 39; DRL 2010: 52), dem Biosphärenreservat ist eher eine indirekte Zuständigkeit zuzuschreiben (vgl. VWSC Int. 1 2014: 22).

Die institutionelle Anbindung hat mehrere Konsequenzen für die Arbeit der Biosphärenreservats-Verwaltungen: Die Verankerung im Ressort des Natur- und Umweltschutzes kann, wie im Einzelfall gezeigt, zu einer stärkeren Betonung des Schutzaspektes führen, andere Institutionen wie z.B. die Tourismusorganisationen, Landkreise oder Wirtschaftsministerien sind primär zuständig für Entwicklungsaspekte im Bereich Tourismus. Ein weiterer Faktor ist der politische Wille übergeordneter Institutionen bzw. auf Landesebene. Diese haben Einfluss auf die finanzielle und personelle Ausstattung und dadurch indirekt auch die Schwerpunktsetzung der Verwaltungsarbeit, was dementsprechend die Arbeit im Tourismus beeinflussen kann. Ein weiterer Aspekt sind die institutionellen Rahmenbedingungen und die Gesetzgebung und damit Möglichkeiten der Einflussnahme der Biosphärenreservats-Verwaltung auf die Lenkungsfunktion. Des Weiteren können hoheitliche Kompetenzen bzw. die Beteiligung als TÖB im Naturschutz mit Auswirkungen auf die Netzwerkarbeit im Tourismus verbunden sein: es besteht die Möglichkeit weniger als Entwicklungsakteur sondern vielmehr als Verwaltung mit „bremsender" Wirkung wahrgenommen zu werden (vgl. DRL 2010: 66). Vorteilhaft erscheint in einem Untersuchungsgebiet dabei die Unumgänglichkeit als regionaler Akteur und der erforderliche Dialog inklusive des Potentials, akzeptable Kompromisse zu erarbeiten und sowohl Bekanntheit als auch Image der Verwaltung auf regionaler Ebene steigern zu können.

Dies Ergebnisse stimmen mit denjenigen von PLIENINGER (et al. 2016) bzw. des DRL (2010: 14) überein: *„für die Erfüllung des Auftrages „Entwicklung" fehlen den Biosphärenreservatsverwaltungen oft hinreichende Kompetenzen. Hier liegen die Zuständigkeiten bei den Kommunen, Landkreisen und den Ländern. Somit stellt sich die Herausforderung, wie in Biosphärenreservaten als Modellgebieten klassische sektorale Planungsansätze überwunden werden können."* Darauf wird im Folgenden genauer eingegangen, d.h., wie sich die Biosphärenreservats-Verwaltungen für die nachhaltige Entwicklung sektorübergreifend im Rahmen des Tourismus engagieren, welche Voraussetzungen bestehen, was bereits geleistet wird und wo Hindernisse liegen.

7.2 Finanzielle und personelle Ressourcen der Verwaltungsstellen

Die Verwaltungsstelle muss laut Kriterienkatalog des MAB-Nationalkomitees *„querschnittsorientiert entsprechend den drei Funktionen des Biosphärenreservates mit Fach- und Verwaltungspersonal und Sachmitteln für die von ihr zu erfüllenden Aufgaben angemessen ausgestattet"* sein (DEUTSCHES MAB-NATIONALKOMITEE 2007: 4). Der Bedarf an Sachmitteln sollte dabei die Naturausstattung und Flächengröße, Bevölkerungs- und Besucherdichte, Schwerpunkte der wirtschaftlichen Nutzung sowie Aufgaben im Bereich Forschung- und Monitoring berücksichtigen (vgl. DEUTSCHES MAB-NATIONALKOMITEE 2007: 18).

Als etablierte Verwaltung steht i.d.R. eine langfristige Grundfinanzierung zur Verfügung, was in Zeiten verstärkter Projektarbeit bereits als Vorteil betrachtet werden muss (vgl. DRL 2010: 65). In den folgenden Kapiteln werden die finanziellen und personellen Ressourcen im Rahmen des regulären Haushaltes, deren Verwendung sowie die für den Themenkomplex Tourismus bzw. touristisch relevante Regionalvermarktung zur Verfügung stehenden Ressourcen dargestellt. Abgefragt wurden der jährliche Durchschnitt bzw. ein repräsentativer Haushalt innerhalb der letzten sieben Jahre zum Zeitpunkt der Datenaufnahme 2014 (2008-2014) und der Anteil an touristisch relevanten Mitteln.[80]

---

80 Baumaßnahmen und laufende Unterhaltungskosten der Informationszentren wurden nicht erfasst, da diese für die Biosphärenreservats-Verwaltung in ihrer touristischen Arbeit nicht bestimmend sind und die Zuteilung der Mittel bzw. die Entscheidung über Baumaßnahmen i.d.R. nicht in deren Kompetenzbereich fällt. Aufgrund unterschiedlicher Trägermodelle (z.T. über externe Träger) können entsprechende Summen zudem nicht immer nur dem Biosphärenreservat zugeordnet werden, was eine Vergleichbarkeit der für Tourismus verfügbaren Mittel verzerren würde.

Zudem werden die für den Bereich Tourismus über Förderprogramme akquirierten Mittel quantifiziert. Trotz der Interviews mit dem Personal der Biosphärenreservats-Verwaltungen sowie der Einsicht der Evaluierungsberichte seitens des
MAB-Nationalkomitees konnten aufgrund der diversen Finanzierungswege (und
dadurch wiederum anderweitiger Zuständiger für die Förderung) nicht alle, jedoch
der Großteil und insbesondere die vom jeweiligen Biosphärenreservat genannten,
und damit wichtigsten Ressourcen, erfasst werden. Somit liegt der Fokus weniger
auf exakten Zahlenwerten als vielmehr auf den Größenordnungen und Relationen
sowie den Finanzierungswegen.

7.2.1 Reguläre Haushaltsmittel für die touristische Aufgabenwahrnehmung

Den regulären Haushalt der Biosphärenreservats-Verwaltungen stellt i.d.R. das jeweilige Bundesland zu Verfügung. Die Darstellung der Finanzen folgt hier im Wesentlichen den Kategorien der Antworten seitens der Verwaltungsstellen bzw. den
Kategorien der Evaluierungsberichte[81] und umfasst in der Regel den Personalaufwand sowie das Budget im Bereich sächlicher Verwaltungsaufwand, Fachaufgaben
und Dienstbetrieb. Durch letztgenannten Posten werden u.a. die Wahrnehmung von
Fachaufgaben sowie die Umsetzung von Maßnahmen, Veranstaltungen und Projekten im Bereich Tourismus bestritten. Darunter wird in vorliegender Arbeit das Budget verstanden, das die Verwaltungsstellen für touristische Ausgaben im engeren
Sinne zur Verfügung haben, bzw. was teilweise in die in Kapitel 7.5 dargestellten
Angebote und die evtl. dazu nötige Vorarbeit fließt. Einen Überblick über die zur
Verfügung stehenden Mittel gibt Tabelle 20.

Hinsichtlich der jeweiligen finanziellen Ausstattung fällt auf, dass jeweils der
größte Anteil für Personalausgaben verausgabt wird, im Pfälzerwald mit 400.000 €
(50 %) stellen diese den geringsten, in Südost-Rügen mit 90,1% (2.000.000 €) den
höchsten Anteil. Dementsprechend bleibt den untersuchten Verwaltungsstellen
i.d.R. ein meist geringerer Anteil für Fachaufgaben, sächliche Verwaltungsausgaben
und Dienstbetrieb (im Schnitt knapp 30 % des Budgets). In seiner Gesamtheit stehen dem Biosphärenreservat Rhön in dieser Rubrik mit 733.000 € das größte, dem
Biosphärenreservat Vessertal-Thüringer Wald mit 210.000 € das kleinste reguläre
Budget zur Verfügung (Mittel: 353.000 €). Von diesem Budget werden im Schnitt
17.000 € (5 %) für Aufwendungen, Fachaufgaben, Projekte etc. im Bereich Tourismus (ohne Regionalvermarktungsinitiativen) verausgabt. Hier stellen Pfälzerwald,
Schaalsee und Vessertal-Thüringer Wald mit 23.000-25.000 € das obere Ende, der
Spreewald mit 2.000 € das untere Ende dar. Somit stehen pro Hektar rund 0,7 € bzw.
0,02 € pro Besucher zur Verfügung.

Tendenziell zeichnet sich eine Unzulänglichkeit der finanziellen Ressourcen im
Allgemeinen und für das Aufgabenfeld Tourismus im Speziellen ab, was mit-

---

81 Die Mittel wurden seitens der Verwaltungen z.T. auf den Cent genau recherchiert, z.T. wurden gerun-
    dete Beträge angegeben. Dementsprechend wird im Folgenden auf Tausend gerundet.

Tabelle 20: Darstellung regulärer Haushaltsmittel und finanzieller Kapazitäten für die touristische Aufgaben-wahrnehmung

	Pfälzer-wald	Rhön gesamt[1]	Hessen	Bayern	Thürin-gen	Schaal-see[2]	Spree-wald[3]	Südost-Rügen	Vessertal-Thüringer Wald	Mittel
Jahreshaushalt[4]	800.000	k.A.	935.000	k.A.	k.A.	2.250.000	998.000	2.220.000	800.000	1.334.000
Personal	400.000	k.A.	600.000	k.A.	k.A.	2.000.000	576.000	2.000.000	590.000	1.028.000
Aufwand Fachaufgaben/ Dienstbetrieb	400.000	733.000	335.000	188.000[5]	210.000	250.000	302.000	220.000[6]	210.000	353.000
Touristische Aufgaben/ Maßnahmen	25.000	10.000	10.000	0	k.A.	23.000	2.000	18.000	24.000	17.000
Fläche in ha	177.842	185.262				30.900	47.509	11.100	17.081	78.282
Besucher	5.715.000	6.370.000				490.000	1.943.000	5.288.000	487.000	3.382.167
€/Besucher	0,004	0,002				0,047	0,001	0,003	0,049	0,02
€ im Tourismus/ha	0,1	0,1				0,7	0,1	1,6	1,4	0,7

1 Im Biosphärenreservat Rhön hat die thüringische Verwaltungsstelle keinerlei Angaben zum Haushalt, die bayerische Verwaltungsstelle lediglich zu Fachaufwand/Dienstbetrieb und Tourismus getätigt. Die Angaben für Dienstbetrieb/Fachaufgaben für die thüringische Verwaltungsstelle stammen aus dem Evaluierungsbericht. €/Besucher bzw. €/ha wird ohne die Angabe Thüringens für die Gesamtrhön berechnet. Für die Berechnung des Mittels über alle Biosphärenreservate: das Gesamtmittel Rhön für Personal ist ohne Bayern und Thüringen berechnet, der Anteil für touristische Arbeit ohne die Angabe Thüringens.
2 Ohne Elbe
3 Bezugsjahr 2012, da jüngere Daten zum Zeitpunkt des Interviews nicht verfügbar waren bzw. übermittelt wurden. Die Angabe wird vom Amtsleiter jedoch als repräsentativ gewertet.
4 SCHREIBER (2005) gibt pro ha eine Mittelausstattung von rund 40-100€/ha im Schnitt für zehn terrestrische Biosphärenreservate an („sehr grobe Auswertung"), in der vorliegenden Tabelle liegt das Mittel bei rund 70 €, was für die Validität der Daten spricht.
5 Ohne Dienstbetrieb
6 2014: Sonderförderung von 120.000 €

Quelle: Eigene Erhebungen

unter zu Restriktionen führt. Das bestätigt die allgemeinere Aussage (vgl. DRL 2010: 71), dass nicht alle Biosphärenreservats-Verwaltungen entsprechend ihrer Aufgabenstellung adäquat finanziell ausgestattet sind. Neben der Höhe der Mittel ist im Einzelfall zusätzlich die Planbarkeit z.B. im Pfälzerwald kritisch: *„Und wie das zukünftig wird, weiß ich nicht, wobei der Bezirksverband natürlich jetzt auch unter finanzieller Knappheit zu leiden hat"* (VWPW Int. 1 2014: 56). Man agiert hier in der bereits angesprochenen Abhängigkeit des Willens der politischen Akteure, wobei laut Aussage der Leitung die finanziellen Ressourcen des Bezirksverbandes dennoch besser sind als im Rahmen des vorherigen Trägermodells durch den Verein (vgl. VWPW Int. 1 2014: 14, 56). Im Spreewald ist erst seit 2012 ein reguläres, touristisches Budget vorhanden, touristische Maßnahmen sind jedoch nach wie vor stark eingeschränkt: *„Wir haben zu wenig Budget um z.B. alle Wünsche zu befriedigen [z.B.], nach einer einfachen Gebietstafel. [...] zu wenig Geld, zu wenig Leute, zu wenig Budget"* (VWSW Int. 1 2014: 222).

Ein Sonderfall stellt die gleichzeitige Überschneidung mit dem jeweiligen Naturpark in der hessischen und bayerischen Rhön dar. Hier fließen indirekt, nicht aus dem Haushalt des Biosphärenreservats sondern aus dem Etat des Bundesumweltministeriums im Rahmen der Naturpark- und Landschaftspflegerichtlinien, Mittel an den Naturpark e.V., die zur Entwicklung des Tourismus in der Region (z.B. Betreuung Informationsstellen, Wegeunterhalt) genutzt werden (schriftl. Mitteilung BYVWR 2014; BYVWR Int. 1 2014: 73). Als Größenordnung für den bayerischen Teil der Rhön sind 1,08 Mio. € für den Bereich Umweltbildung und Information zur Verfügung gestellt (hier ist das Personal des Naturparks jedoch integriert, stellvertretend für das Jahr 2013, vgl. Biosphärenreservat Rhön 2013: 48; schriftl. Mitteilung BYVWR 2014). Ohne den Naturpark wären diese Arbeiten im Sinne des Biosphärenreservates nicht leistbar (vgl. BYVWR Int. 1 2014: 75). Der Naturpark stellt darüber hinaus den Förder- und Trägerverein dar (vgl. BYVWR Int. 1 2014: 294), der auch im Bereich der Akquisition von EU Fördermitteln relevant ist (vgl. Kapitel 7.3). Ähnlich stellt sich die Situation auf hessischer Seite dar: zusätzlich zum regulären Haushalt werden jährlich Mittel des Naturparks Hessische Rhön auch „zu Gunsten" des Biosphärenreservats verausgabt. Diese belaufen sich auf rund 250.000 €, die Hälfte für Personal mit Aufgaben u.a. im touristischen Bereich (Pflege und Unterhalt Naturparkeinrichtungen, Wanderwege etc.). 20.000 € stehen für touristische Projekte, Materialien, Öffentlichkeitsarbeit bereit. Neben den 250.000 € werden weitere 30.000 € für Infrastruktur im Wintersport, insbesondere die Loipenpflege, über den Naturpark veräußert (schriftl. Mitteilung HEVWR 2014).

Da die Naturparke eine konkretere Zielstellung im Tourismus haben, werden hier wichtige Aufgaben im Sinne des Biosphärenreservats durch den Naturpark und dessen Budget teilweise übernommen bzw. ergänzt oder es findet eine starke Zusammenarbeit (Bürogemeinschaft/teilweise gemeinsame Aufgabenwahrnehmung und Abgleich) statt. Im Vessertal kommt eine ähnlich starke Verknüpfung nicht zur Sprache, dennoch wird die Unterstützung durch den Naturpark bei einem Teil der Beschilderung von Straßen genannt (z.B. „Naturpark-Route", vgl. Thüringer Ministerium für Landwirtschaft, Forsten, Umwelt und Naturschutz

2011: 21). Neben den Mitteln, die durch den regulären Haushalt für Tourismus[82] verfügbar sind, werden weitere Mittel im Zuge der Partner-Initiativen bzw. Regionalvermarktungsinitiativen indirekt im Rahmen einer touristischen Entwicklung wirksam.

7.2.2 Reguläre Haushaltsmittel für Regionalvermarktungsinitiativen und -projekte

Die der Biosphärenreservats-Verwaltung zur Verfügung stehenden finanziellen Ressourcen für die Regionalvermarktungsprojekte setzen sich aus dem regulären Haushalt, den Beitrags- oder Mitgliedsgebühren der Partnerbetriebe, Projekten im Rahmen verschiedener Förderprogramme und regionalen Fördermittelgebern bzw. Sponsoren zusammen.[83] Im Folgenden wird das reguläre, jährlich zur Verfügung stehende Budget, das Haushalt und Mitgliedsbeiträge umfasst, genauer dargelegt. Die Arbeit der Verwaltung umfasst i.d.R. jeweils das komplette Management der Initiativen und damit u.a. Marketing, Netzwerkpflege, Organisation von Veranstaltungen, Fortbildungen sowie die Entwicklung, Anpassung und Überprüfung von Kriterien etc. (siehe hierzu Kapitel 7.7).

In den Biosphärenreservaten Spreewald, Schaalsee, Vessertal-Thüringer Wald und Südostrügen sind die Partner-Initiativen (im Schaalsee gleichzeitig Regionalmarke) jeweils Mitglied der Europarc Initiative „Partner der Nationalen Naturlandschaften", die Partner-Initiative im Pfälzerwald ist „lose" assoziiertes Mitglied. In der Rhön wird die Dachmarke Rhön als länderübergreifendes Zugpferd in Sachen Regionalvermarktung genauer beleuchtet, die mittlerweile unter einem externen Management firmiert (genauer Bezug der jeweiligen Regionalvermarkungsinitiative siehe Kapitel 7.7)

Im Biosphärenreservat **Pfälzerwald** stehen für den gesamten Aufgabenbereich Regionalvermarktung, der u.a. die deutsch-französischen Bauernmärkte, die Lamminitiative, Glanrind-Wochen und die Partner-Initiative umfasst, insgesamt jährlich rund 45.000 € zur Verfügung. Für die Partner-Initiative stehen davon rund 11.000 € zur Verfügung, wovon 3.000 € im Rahmen von Mitgliedsbeiträgen eingenommen werden (vgl. VWPW Int. 2 2014: 56; VWPW Int. 1 2014: 77ff.).

---

82 Daneben existieren in den untersuchten Biosphärenreservaten vereinzelte, einmalige investive Maßnahmen in Bauvorhaben bzw. Renovierungen durch das jeweilige Bundesland (z.B. Schaalsee: Pahlhuus, Vessertal-Thüringer Wald: Haus am hohen Stein). Diese können als attraktive Angebote gelten und stellen touristische Infrastruktur dar. Da die Entscheidung über den Einsatz der Mittel im Wesentlichen beim Land bzw. Träger liegt, die Mittel sporadisch anfallen und teilweise im Bereich mehrerer Millionen Euro liegen, sprich das Bild der regulären Mittel, die die Biosphärenreservate zur touristischen Entwicklung einsetzen können, verzerren würden, werden diese in der Arbeit nicht genauer erfasst und dargestellt. Ansatzweise findet sich eine Zusammenstellung in Kap. 7.3.4., wobei der Fokus auf den Fördermöglichkeiten liegt.

83 Der Fokus der Arbeit liegt dabei insbesondere auf den jeweiligen, durch das Biosphärenreservat gemanagten Partner-Initiativen bzw. Regionalmarken, im Falle des Biosphärenreservats Rhön auf der Dachmarke Rhön. Wo möglich, wurden Daten auch zu weiteren Projekten (insbesondere Regionalmärkten, Vermarktungsinitiativen mit Einzelproduktbezug) erfasst, die in ihrer Gesamtanzahl und Breite jedoch nicht vollständig zu erfassen waren.

In der **Rhön** existieren eine Vielzahl an Regionalvermarktungsprojekten wie z.B. „Mobile Käserei", „Rhöner Biosphärenrind", „Rhöner Apfelinitiative", die oft unter Beteiligung des Vereins „Natur- und Lebensraum Rhön" (Trägerverein, gleichzeitig LAG) initiiert wurden, sich dann teilweise verselbstständigt haben (vgl. VNLR 2015c; HEVWR Int. 2 2014: 162) sowie diverse Regionalmärkte. Abgesehen von letzteren, steht insbesondere die durch das Biosphärenreservat initiierte Dachmarke Rhön als Schnittstelle zum Tourismus im Vordergrund, die sich zu einem wesentlichen Teil aus Gastronomen und Beherbergungsbetrieben konstituiert (vgl. Kapitel 7.7.4 bzw. Kraus 2015: 142). Die Dachmarke finanziert sich über die Landkreise, vereint in der ARGE Rhön, sowie Mitgliedsgebühren der Partnerbetriebe. Der jährliche finanzielle Rahmen beläuft sich auf rund 170.000 € durch die Landkreise (seit 2008 unverändert) und rund 45.000 € Markennutzungsgebühren, ergänzt durch Sponsoring von größeren Unternehmen sowie Projekten (z.B. Rhönforum Regionalbudget) in Höhe von rund 40.000 € (seit 2012). Damit beträgt das jährliche Gesamtbudget (2012-2014) rund 255.000 €. Die konsequente Förderung seit 2008/2009 wird als erheblicher Vorteil gesehen, da vorher keine klaren Zuständigkeiten bzw. kontinuierliche Förderung gegeben war: *„Und jedes Mal, wenn dann die Förderung zu Ende war, brach das alles wieder wie ein Kartenhaus [...] zusammen"* (DMR Int. 1 2014: 37). Seit 2009 existiert ein eigenes Dachmarken-Management inkl. Personal mit Sitz in der Biosphärenreservats-Verwaltungsstelle auf bayerischer Seite.

Für die Partner-Initiative bzw. Regionalvermarktung im Biosphärenreservat **Schaalsee** stehen jährlich rund 5.000 € zur Verfügung, im Wesentlichen eingenommen über Mitgliedsbeiträge. Kleinere Engpässe können wenn möglich im Rahmen der 23.000 €, die jährlich für Bereich Tourismus und Regionalentwicklung zur Verfügung stehen, gedeckt werden. In der Regel summiert sich das Budget für die Regionalmarke jährlich auf ca. 10.000 € (vgl. VWSC Int. 1 2014: 482ff.; VWSC Int. 2 2014: 57ff.). Zusätzlich stellt das Förderprojekt LandArt eine wichtige finanzielle Förderung dar (Laufzeit 2013-2014, vgl. VWSC Int. 1 2014: 21ff. bzw. Kap. 7.3.3).

Im **Spreewald** stehen der Partner-Initiative jährlich rund 2.000 € zur Verfügung, je zur Hälfte aus Mitgliederbeiträgen bzw. dem regulären Haushalt (vgl. VWSW Int. 2 2014: 63ff.). Weitere größere Projekte im Bereich Regionalvermarktung wurden nicht genannt. Die Dachmarke Spreewald ist extern (im Spreewaldverein) aufgehängt und nicht federführend durch das Biosphärenreservat initiiert (vgl. Kapitel 7.7.2).

In **Südost-Rügen** stellt sich die Situation ähnlich dar: Für die Partner-Initiative stehen der Verwaltung im Rahmen der regulären Haushaltsmittel jährlich rund 1.000 € zur Verfügung. Rund weitere 1.000 € jährlich werden durch die Partnerbeiträge verfügbar, seit der Gründung 2010 rund 5.000 € (bis 2014), über deren Verwendung stets mit den Partnern gemeinsam entschieden wird. Neben diesen Beträgen wird versucht, kleiner Umschichtungen im Haushalt vorzunehmen, um Öffentlichkeitsarbeit durch z.B. Informationsmaterial betreiben zu können (vgl. VWSOR Int. 2 2014: 62ff.).

Für die Anfang 2014 gegründete Partner-Initiative des Biosphärenreservats **Vessertal-Thüringer Wald** standen zum Zeitpunkt der Erhebungen keine regulären Haushaltsmittel bzw. Mitgliedsbeiträge zur Verfügung. Jedoch können auf Antrag kleinere Beträge im Rahmen der Haushaltsmittel verfügbar gemacht werden, die jedoch unter 1000 € liegen (vgl. VWVTW Int. 2 2014: 42).

Die Spannweite der verfügbaren Mittel durch Mitgliedsbeiträge und den Verwaltungshaushalt variiert erheblich: von unter 1.000 € bis hin zu 45.000 € und im Falle der Dachmarke Rhön, durch größtenteils Biosphärenreservats-unabhängige Finanzierung, bis hin zu 255.000 €. Dementsprechend werden im Spreewald, Schaalsee, Südost-Rügen die wenigen Mittel für die Weiterentwicklung der Partner-Initiative im Bereich Netzwerkpflege, Marketing etc. als größtes Hindernis betrachtet (vgl. VWSW Int. 2 2014: 259; VWSC Int. 2 2014: 21ff.; VWSOR Int. 2 2014: 228). Selbst im Biosphärenreservat Pfälzerwald, das im Vergleich an zweiter Stelle nach der Rhön rangiert, wird ein Mangel im Hinblick auf eine ausgereifte Regional- oder Dachmarke bekundet (vgl. VWPW Int. 2 2014: 274 bzw. Kapitel 7.7.5). Hier macht sich die Mittelknappheit insbesondere vor dem Hintergrund der Zielsetzung einer weiteren Professionalisierung bemerkbar, genauso wie die nicht immer sichere Verfügbarkeit der Mittel (vgl. VWPW Int. 2 2014: 56). Seitens des Verantwortlichen in der Biosphärenreservats-Verwaltung besteht der Wunsch nach mehr politischer Unterstützung und einem geschlossenen Vorgehen der beteiligten Akteure im Bereich Regionalvermarktung (vgl. VWPW Int. 2 2014: 276). Trotz der verbesserungswürdigen Höhe des Budgets kann die konsequente Förderung der Partner- bzw. Regionalvermarktungsinitiativen als Vorteil gelten, wie im Kontext der Dachmarke Rhön explizit geschildert wird (vgl. DMR Int. 1 2014: 37).

Die in Kapitel 7.2.1 dargestellten Mittel stellen somit den regulären, jährlich verfügbaren finanziellen Rahmen der Verwaltungsstellen dar, der im Bereich touristisch relevanter Arbeit und Projekte verfügbar ist.[84] Neben den hier aufgeführten Mitteln werden über Förderungen und Sponsoren weitere Gelder im Bereich der Tourismusentwicklung bzw. der Regionalvermarktung durch direkte und indirekte Einwirkung der Biosphärenreservate wirksam, auf die in Kapitel 7.3. eingegangen wird.

7.2.3 Personelle Ressourcen der Verwaltungsstellen

7.2.3.1 Personalstruktur

Damit die Biosphärenreservats-Verwaltung unter den zahlreichen Aufgaben auch im Tourismus im Sinne einer nachhaltigen Entwicklung angemessen agieren kann, ist entsprechendes Verwaltungspersonal notwendig. Tabelle 21 gibt einen Überblick über die Personalsituation in den untersuchten Biosphärenreservaten für das Jahr 2014. Neben der Gesamtanzahl an Vollzeitstellen werden die Kapazitäten im Bereich Tourismus und Regionalvermarktung durch die Angabe von Arbeitsplatzäquivalenten für diese Arbeitsbereiche genauer beleuchtet. Die bisherigen Angaben bzw. die jeweiligen Evaluierungsberichte der Biosphärenreservate umfassen in der Regel Angaben zu Stellen der Verwaltung im Bereich Regionalentwicklung bzw.

---

84 Eine Aufteilung des Budgets der Partner- bzw. Regionalvermarktungsinitiativen auf indirekt und direkt wirksame touristische Arbeit war nicht stringent durchführbar, weshalb die Summe hier nicht zu dem im Tourismus zur Verfügung stehenden Budget addiert wird.

nachhaltige Entwicklung, was jedoch weit mehr Arbeitsbereiche beinhaltet als den Tourismus (z.B. Mobilität, Erneuerbare Energien etc.). Der DRL (2010: 54) gibt genaue Angaben zu den Beschäftigten und den Planstellen im Bereich Regionalentwicklung und Tourismus, wobei angemerkt wird, dass nicht alle Bezeichnungen einheitlich verwendet wurden und Tätigkeiten nicht immer eindeutig zugeordnet werden konnten.

Im Mittel arbeiten in den Verwaltungsstellen knapp 22 Personen, das Minimum liegt im Pfälzerwald bei fünf Personen, das Maximum im Biosphärenreservat Schaalsee bei 35 Mitarbeitern (ohne Biosphärenreservat Flusslandschaft Elbe, schriftl. Mitteilung VWSC 2014a). In den Biosphärenreservaten Pfälzerwald, Rhön und Schaalsee arbeiten Teile des Personals in Teilzeit (2/11/1). Ranger sind im Pfälzerwald nicht vorhanden, in den restlichen Biosphärenreservaten variiert die Anzahl zwischen vier Rangern (Vessertal-Thüringer Wald) und 13 am Schaalsee. Ein Stellenabbau innerhalb der letzten fünf Jahre fand in allen untersuchten Verwaltungen statt, lediglich im Falle des Biosphärenreservats Vessertal-Thüringer Wald mussten keine Einschnitte vorgenommen werden.

Eine Stelle mit dem Hauptaufgabenbereich Tourismus ist in keiner befragten Verwaltungen vorhanden. Vielmehr wird der Arbeitsbereich Tourismus entweder durch den Leiter der Verwaltung oder durch die im weitesten Sinne für Regionalentwicklung zuständige Person mitbearbeitet. In der Regel handelt es sich um eine oder mehrere Personen die als Verantwortliche für Tourismus gelten können, wobei die Anzahl hier zwischen zwei Personen (Pfälzerwald, Vessertal-Thüringer Wald) und der Rhön, mit sechs Personen, variiert. Da die Personen das Aufgabenfeld nicht in Vollzeit bearbeiten, wurde nach den aufgewendeten Stellenprozenten[85] (Arbeitsplatzäquivalent) gefragt.

Dementsprechend ist das Minimum von insgesamt 0,7 Arbeitsplatzäquivalenten im Biosphärenreservat Pfälzerwald, das Maximum im Vessertal-Thüringer Wald (2 Arbeitsplatzäquivalente durch die Projektstelle Tourismusbudget, sonst Rhön mit 1,9) zu finden. Die Gruppe der Personen, die sich touristischen Aufgaben annimmt, beinhaltet in der Regel auch stets mindestens eine Person, die mit den Aufgaben der Regionalvermarktung betreut ist. Im Rahmen dieser Tätigkeiten ergeben sich wiederum Schnittstellen zu touristischen Aufgaben. Hier gibt es i.d.R. eine zuständige Person (Pfälzerwald, Spreewald, Südost-Rügen, Vessertal-Thüringer Wald) im Schaalsee zwei, der Rhön fünf Personen (ohne Dachmarke Rhön). Die aufgewendete Arbeitszeit für Regionalvermarktung entspricht i.d.R. weniger als einer Vollzeitstelle. Von den Personen wird wieder ein kleiner Teil für touristische Aufgaben, i.d.R. weniger als ein Arbeitsplatzäquivalent, im Rahmen der Regionalvermarktung aufgewendet. Die mit touristischen Aufgaben beauftragten Personen sind i.d.R. Quereinsteiger in diesem Bereich. Fortbildungen werden in zwei der sechs Verwaltungen besucht (Schaalsee, Südost-Rügen).

---

85 Hier wurde nach der Arbeitszeit aller Beschäftigen im Bereich Tourismus auf strategischer bzw. Projektebene gefragt, nicht derjenigen der Ranger sowie im Bereich Besucherbetreuung. Dies umfasst die direkte touristische relevante Arbeit sowie touristisch relevante Arbeit im Rahmen der Regionalvermarktungs- und Partner-Initiativen (definiert als die Arbeit an Schnittstellen zum Besucher, nicht aber z.B. dem Vollzeit-Landwirt der die Produkte für die Gastronomie herstellt).

Tabelle 21: Personal und Kapazitäten im Bereich Tourismus und Regionalvermarktung (Stand: 2014)*

	Personen gesamt	Davon Teilzeit	Personen mit touristischen Aufgaben	Arbeitsplatzäquivalente Tourismus	Personen Regionalvermarktung /Partner-Initiative	Arbeitsplatzäquivalente für Regionalvermarktung/Partner-Initiative	Arbeitsplatzäquivalente Schnittmenge Tourismus in Regionalvermarktung/Partner-Initiative	Naturwacht	Entwicklung Mitarbeiter/Stellen (2010-2014)
Pfälzerwald	5	2	2	0,7	1	0,50	0,2	-	-2,00
Bayern	9	6	1	0,10	1	k.A.	k.A.	2	1,00
Hessen	13	3	3[1]	1,30	2	k.A.	k.A.	6	-
Thüringen	8	2	2	0,50	2	k.A.	k.A.	-	-3,00
Rhön gesamt[2]	30	11	6	1,90	5	k.A.	k.A.	8	-2,00
Schaalsee	35	1	3	1,50	2	1,50	1,00	13	-1,00
Spreewald	17[3]	-	3	1,25	1	0,40	0,20	8	-2,00
Südost-Rügen	30	-	3	1,70	1	0,50	0,50	12	-6,00
Vessertal-Thüringer Wald	14	-	3[4]	2,00	1	0,80	0,50	4	-

* Die Tabelle sowie der erläuternde Text ergeben sich aus der eigenen Zusammenstellung und Berechnung nach Informationen aller Experteninterviews mit den jeweiligen Leitern sowie zuständigen für die Partner- bzw. Regionalvermarktungsinitiativen, den Evaluierungsberichten und den Homepages der Biosphärenreservate.

1 Inklusive der Stelle im Naturpark Hessische Rhön.

2 In der Rhön existiert neben der Arbeit in den Verwaltungsstellen im Bereich Regionalvermarktung noch die Dachmarke Rhön GmbH mit eigener Geschäftsstelle. Hier handelt es sich um 2,2 Arbeitsplatzäquivalente bzw. vier Personen in Teilzeit (inkl. Sekretariat). Die Beziehung zum Biosphärenreservat ist genauer dargestellt in Kapitel 7.7.2.

3 Davon sind acht Ranger dem Naturschutzfonds Brandenburg zuzurechnen.

4 Inklusive der Stelle, die aufgrund des Förderprogramms „Tourismusbudget" für zwei Jahre (2013-2015) dem Biosphärenreservat zuzurechnen ist.

Quelle: Eigene Erhebungen

207

Die Ergebnisse spiegeln im Wesentlichen die Erkenntnisse des DRL (2010) wider, insbesondere im Hinblick auf die Gesamtzahl an Planstellen. Abweichungen gibt es jedoch bei der Anzahl der Personen, die mit touristischen Aufgaben betreut sind, die hier höher ausfällt als die Angaben beim DRL. Das mag u.a. auf den zeitlichen Unterschied[86] bzw. die Angabe von Planstellen zurückzuführen sein, wodurch eine „informelle" Aufgabenwahrnehmung im Tourismus durch andere Planstellen, auch in Teilzeit, mitunter nicht berücksichtigt wird. Die veranschlagten Arbeitsplatzäquivalente bleiben hingegen unter der vom DRL genannten Zahl.

7.2.3.2 Personalstruktur und Einfluss auf die touristische Aufgabenwahrnehmung

Im Biosphärenreservat **Pfälzerwald** wird insbesondere die Streichung der Stelle im Bereich BNE seit dem Jahr 2012 als einschränkend empfunden, deren Wiederbesetzung nicht abschließend geregelt ist. Somit blieb im Jahr 2013 z.B. die Bearbeitung des Veranstaltungskalenders mit Angeboten wie Führungen, Märkten etc. oder Aktivitäten im Junior-Ranger Programm aus (vgl. VWPW Int. 1 2014: 32, 101).

Auf bayerischer Seite des Biosphärenreservats **Rhön** werden die vergleichsweise geringen personellen Ressourcen ebenfalls als Problem benannt, jedoch gleichzeitig auf die originär zuständigen, hauptamtlichen Kräfte wie die Tourismus GmbH Bayerische Rhön verwiesen (vgl. BYVWR Int. 1 2014: 41). Dennoch wünscht man sich, mehr eigene Angebote bewerkstelligen zu können, da die angebotenen Veranstaltungen teilweise bereits sehr früh ausgebucht sind und vorhandene Ideen aufgrund mangelnder Kapazitäten nicht realisiert werden können. Dazu zählt auch die Integration von Biosphärenreservats-Angeboten in touristische Leistungsketten der Region (vgl. BYVWR Int. 1 2014: 155ff.). Auf hessischer Seite benennt man die Differenz zwischen dem hohen Anspruch an das Biosphärenreservat und der Ausstattung, Qualifizierung und Schwerpunktsetzung: *„Letztendlich muss man natürlich sehen, [...] was können wir leisten mit der Personaldecke die wir haben, mit der Qualifikation, die die Mitarbeiter haben und auch mit den anderen Schwerpunktsetzungen, die ja genauso da sind. Und da stellt sich [...] die Frage, wie leistungsfähig sind wir überhaupt, welche Bedeutung müssen wir dem Tourismus grundsätzlich beimessen [...]. Da bleibt dann [...] am Ende des Tages die Frage, was können wir zusätzlich noch leisten?"* (HEVWR Int. 2 2014: 117). Dementsprechend stellt Tourismus für die Verwaltung keine Hauptagenda dar. Die eigene Arbeit im Tourismus wird als *„unterschwelliges"* Wirken betrachtet, nicht als *„harte"* Tourismusarbeit (HEVWR Int. 2 2014: 26). Eher wird diese, wie im bayerischen Teil auch, zu einem guten Teil vom Naturpark geleistet (vgl. HEVWR Int. 1 2014: 25; BYVWR Int. 1 2014: 33). Auf thüringischer Seite wird das Ausbleiben einer Stelle im Tourismus dem generellen Personalmangel zugeschrieben. Das Themenfeld wird dementsprechend *„nebenbei"* bearbeitet (THVWR Int. 1 2014: 58ff.; schriftl. Mitteilung THVWR 2014).

---

86 Die Angaben beruhen hier beim DRL z.T. auf SCHRADER (2006), Angaben der Biosphärenreservats-Verwaltungen und anderen Quellen (Tagungen). Eine Zeitangabe erfolgt nicht, aufgrund der Veröffentlichung 2010 sind jedoch mindestens vier Jahre bis zum Erhebungszeitraum der hier vorliegenden Arbeit vergangen.

Im Biosphärenreservat **Schaalsee** befindet man sich im Hinblick auf touristische Netzwerkarbeit, weitergehende Kooperationen und die Entwicklung weiterer professioneller Angebote mit Partnerbetrieben ebenfalls an der Grenze, was die Personalkapazitäten betrifft. Auch hier wird stärker eine Projekt-initiierende, unterstützende Rolle im Tourismus eingenommen (VWSC Int. 1 2014: 555, 847).

Durch Stelleneinsparungen fiel im Biosphärenreservat **Spreewald**, trotz der Relevanz des Themas in der Region, eine Planstelle Tourismus weg. *„Die hat natürlich massiv zugenommen, die Bedeutung des Tourismus, aber die dafür zur Verfügung stehende Manpower hat sich verringert. [...]. Ich hatte früher [...] eine Planstelle Tourismus im gehobenen Dienst, ich hatte die Kollegin, die Öffentlichkeitsarbeit gemacht hat, die konnte schon was machen"* (VWSW Int. 1 2014: 49). Als Folge können Ideen, wie z.B. die Verbindung von Biosphärenreservats-Angeboten wie Kanutouren und Führungen mit touristischen Leistungsträgern im Bereich eines qualitätsorientierten Naturtourismus nicht durchgeführt werden (vgl. VWSW Int. 1 2014: 89ff.).

Die Personalsituation im Biosphärenreservat **Südost-Rügen** im Bereich Tourismus wird als wenig zufriedenstellend betrachtet: *„Dann fehlt uns [...] ein Mitarbeiter, der sich nur darum kümmert [...]Aber ich glaube, daran krankt [...] vieles, wenn in der Saison dieser Bruch kommt [und] keiner mehr Zeit hat. [...] Das heißt, wir fangen unheimlich oft wieder bei, nicht bei null an. Dieses Rauf- und Runterschaukeln, das ist sehr unprofessionell"* (VWSOR Int. 1 2014: 863). Aufgrund mangelnder Kapazitäten und ausgeprägter saisonaler Spitzen inkl. dem anfallendem Arbeitsaufwand, wird eine geringe Kontinuität im Bereich der touristischen Aufgabenwahrnehmung angemerkt. Als Lösung wird eine zentrale Anlaufstelle bei der Verwaltung als sinnvoll erachtet, die Ideen aus verschiedenen Bereichen (Regionalvermarktung, BNE etc.) im Rahmen der touristischen Inwertsetzung bearbeitet (vgl. VWSOR Int. 1 2014: 861ff.). Ebenso wird der Mangel der Einbindung des Biosphärenreservats-Status in Marketingstrategien der Region dem Personalmangel, sowohl auf Seite des Biosphärenreservats-Verwaltung als auch auf Seite der zuständigen touristischen Institutionen, zugeschrieben (vgl. VWSOR Int. 1 2014: 985 bzw. Kapitel 7.6).

Durch die thematische Umwidmung einer Stelle wird im Biosphärenreservat **Vessertal-Thüringer Wald** der Aspekt einer nachhaltigen Entwicklung gegenüber dem Naturschutz mittlerweile stärker gewichtet. Die ehemalige Planstelle mit Schwerpunkt Landschaftspflege, Umweltbeobachtung und Biotopschutz ist als Stelle mit Schwerpunkt Regionalmanagement und -entwicklung besetzt worden (vgl. VWVTW Int. 1 2014: 85ff.). Durch das Tourismusbudget (zweijähriges Förderprogramm im Bereich Tourismus, vgl. Kapitel 7.3.3) ist 2013-2015 zusätzlich eine Vollzeitkraft als Projektkoordinatorin, angestellt über den Landkreis, in der Verwaltung mit ansässig (vgl. VWVTW Int. 2 2014: 40). Daneben ist die stellvertretende Leiterin im Rahmen des Tourismusbudgets für selbigen Zeitraum zu 50 % ihrer Arbeitszeit im Wesentlichen mit touristischen Entwicklungsaufgaben betreut (vgl. VWVTW Int. 1 2014: 95).

Sowohl im Pfälzerwald, der Rhön, dem Spreewald sowie Südost-Rügen wird die Personalsituation bezüglich einer stärker aktiven Aufgabenwahrnehmung im Bereich Tourismus explizit als kritisch eingestuft. Hinsichtlich der Partner-Initiativen wird insbesondere in den Biosphärenreservaten Pfälzerwald, Spreewald und

Vessertal-Thüringer Wald die Personalsituation als mangelhaft bezeichnet. Das hat mitunter Auswirkungen auf die Integration weiterer Betriebe und die Pflege des Netzwerks, die Entwicklung von Kriterien, die Qualifizierung, die Professionalisierung und im Pfälzerwald, die Weiterentwicklung zur Dachmarke (vgl. VWPW Int. 2 2014: 40, 96, 122, 274; VWSW Int. 2 2014: 127, 261; VWVTW Int. 2 2014: 32).

7.2.4 Finanzielle und personelle Ressourcen als Erfolgsfaktor

Die bisherigen Darstellungen zeigen, dass die personellen und finanziellen Kapazitäten im Hinblick auf das Aufgabenfeld Tourismus i.d.R. defizitär sind. Das übt einen wesentlichen Einfluss auf die touristischen Gestaltungsmöglichkeiten aus. Die genannten Defizite lassen sich folgendermaßen als Faktoren zusammenfassen:

- Finanzielle Ressourcen
  - Höhe und Zweckbindung
  - Kontinuität und Planbarkeit

- Personelle Ressourcen
  - Ausbildungshintergrund, Qualifikation und fachliches Know-how
  - Planstelle Tourismus (z.B. Einfluss auf Schwerpunktsetzung)
  - Naturwacht
  - Planstelle Tourismus auf Seite des Naturparks

Die Ausstattung an finanziellen Mitteln sowie die für das Themengebiet Tourismus zur Verfügung stehenden Personalstellen dürften dem geforderten Kriterium einer angemessenen Ausstattung mit Fach- und Verwaltungspersonal sowie Sachmitteln nur bedingt entsprechen (vgl. Deutsches MAB-Nationalkomitee 2007: 16). Für zwei Untersuchungsgebiete wirken sich die Kulissenüberschneidungen mit dem Naturpark und ein entsprechender Mitteleinsatz dieser Institution vorteilhaft im Tourismus aus. I.d.R. existiert keine Planstelle für touristische Belange, die zur Verfügung stehenden finanziellen Mittel decken z.T. nicht annähernd den notwendigen Bedarf für eine „Basisarbeit". Die institutionelle Angliederung, die finanziellen Mittel sowie die Personalsituation (inkl. Ausbildungshintergrund, Weiterbildung) spiegeln auch die bereits 2010 dargelegte Einschätzung wider: *„Die (Planungs-)Kompetenzen und der Aktionsraum der Verwaltungsmitarbeiterinnen und -mitarbeiter der Biosphärenreservate reichen häufig nicht aus, um wirkungsvoll steuernd in die Aufgabenbereiche nachhaltiger Entwicklung wie Regionalmarketing, Vermarktung, Tourismus oder Mobilität eingreifen und gemeinsame abgestimmte Strategien im Sinne einer langfristigen Good Governance initiieren und begleiten zu können"* (DRL 2010: 67).

Für die Professionalisierung der Regionalvermarktungs- bzw. Partner-Initiativen, die im Sinne des Anspruchs einer Modellregion entwickelt werden sollen, fehlt es, abgesehen von der Dachmarke Rhön, ebenfalls an finanziellen Ressourcen. Hier ist das „Outsourcing" des Managements aus der Verwaltung bzw. affiliierten Vereinen an einen breiteren, regionalen Akteurskreis, inkl. der entsprechenden finanziellen Unterstützung, als gelungenes Beispiel zu nennen.

Die Darstellungen zeigen, dass die unbefriedigende Personalsituation negative Auswirkungen u.a. auf Bereiche wie Netzwerkarbeit, Marketing oder Angebotsentwicklung im Tourismus haben kann. Wie in den Gesprächen z.T. erwähnt wurde, ist daher die Zusammenarbeit mit den entsprechenden, hauptamtlich für Tourismus zuständigen Institutionen umso wichtiger. Der nahezu durchweg in allen untersuchten Biosphärenreservaten fortschreitende Stellenabbau gefährdet die Wahrnehmung der komplexen Aufgabenstellung und die Umsetzung des Entwicklungsauftrages in den Gebieten. Der politische Wille auf regionaler und übergeordneter Ebene ist somit eine wichtige Grundvoraussetzung. Die stärkere Betonung des Bereichs der nachhaltigen Entwicklung im Zuge der Sevilla Strategie steht somit konträr dem Stellenabbau im Bereich Regionalentwicklung und Tourismus (z.B. Pfälzerwald, Spreewald) entgegen. Auch die Stellenumwidmung (Vessertal-Thüringer Wald) in den Bereich Regionalentwicklung ist kritisch zu betrachteten, da die Schutzfunktion nicht auf Kosten der anderen Funktionen vernachlässigt werden darf.

Als Lösungsmöglichkeiten zur Abschwächung oder gar Beseitigung solcher Defizite kann entweder an Fördermittel inklusive zusätzlicher Stellen oder die Unterstützung regionaler touristischer Akteure (z.B. Tourismusorganisation) gedacht werden. Im Idealfall sollten jedoch entsprechende Kapazitäten seitens der Träger bereitgestellt werden, wenn die Biosphärenreservate dem Entwicklungsauftrag stärker gerecht werden sollen.

7.3 Fördermöglichkeiten im Bereich nachhaltiger Regionalentwicklung durch Tourismus

Die Biosphärenreservats-Verwaltungen akquirieren i.d.R. als Ergänzung zum regulären Haushalt im Rahmen verschiedener Förderprogramme Mittel, die im Rahmen einer touristischen Entwicklung wirksam werden (vgl. Kapitel 3.4.4). Auf regionaler Ebene existieren Förderungen durch die Landkreise oder regionale Arbeitsgemeinschaften sowie z.T. über Sponsoren (z.B. größere Unternehmen). Die für die Biosphärenreservate relevanten Förderprogramme für Tourismus und die touristisch orientierte Regionalvermarktung wurden im Rahmen der Interviews abgefragt. Nahezu in allen Biosphärenreservaten werden für touristische Projekte zusätzliche Mittel in Kooperation mit den LAGn im Rahmen der LEADER Förderung eingeworben. Daneben spielen weitere Förderprogramme im Rahmen von INTERREG sowie durch die jeweiligen Landestourismusverbände bzw. Wirtschaftsministerien eine Rolle (insbesondere Schaalsee und Vessertal-Thüringer Wald).

Neben den durchgeführten Projekten, den Fördersummen und der Rolle des Biosphärenreservats bei den Projekten wurden zusätzlich Strukturen der Zusammenarbeit mit den für die Fördermittel relevanten Akteuren, in der Regel handelt es sich dabei um die regional vorhandenen LAGn, abgefragt. Dadurch können wichtige strukturelle Unterschiede der Zusammenarbeit, die in allen Untersuchungsgebieten stattfindet bzw. potentiell möglich ist, sowie Erfolgsfaktoren der Fördermittelakquise im Bereich Tourismus herausgearbeitet werden.

7.3.1 Biosphärenreservate und LEADER-Aktionsgruppen – Fördermittel und Projekte

7.3.1.1 Kooperationsstrukturen

Alle Biosphärenreservate waren in der LEADER Förderperiode 2007-2013 Teil einer oder mehrerer LAGn. Die Überschneidung mit den jeweiligen Förderkulissen ist auf den Karten in Kapitel 5 dargestellt. Dabei zeigt sich deutlich, dass je nach Biosphärenreservat unterschiedlich viele LAGn relevant sind und die Biosphärenreservate Anteil haben an einer (Schaalsee, Pfälzerwald, Südost-Rügen, Spreewald), drei (Vessertal-Thüringer Wald) oder bis zu sieben (Rhön). Im Folgenden wird kurz auf die Kooperation zwischen den Biosphärenreservaten und den jeweiligen LAGn eingegangen. Die Zusammenarbeit besteht i.d.R. aus unterschiedlich starkem Austausch zwischen der zuständigen LAG mit ihrem Vorstand, Beirat, Lenkungsausschuss und diversen Arbeitsgruppen und der Mitarbeit des Personals der Biosphärenreservats-Verwaltung in diesen Strukturen.

Der stellvertretende Direktor des Biosphärenreservats **Pfälzerwald** ist für das Biosphärenreservat und den Naturpark in beratender Funktion in den Vorstand der LAG integriert und bringt Projektideen und Vorschläge mit ein (schriftl. Mitteilung LAGPW 2015). In der kommenden Förderperiode 2014-2020 soll der Naturpark erneut als beratendes Gremium in den Vorstand der LAG integriert werden. Im Zuge der Bewerbung als LEADER Region brachte der Naturpark bereits eigene Projektideen und Vorschläge ein (schriftl. Mitteilung LAGPW 2015). Die Fläche der LAG für die Förderperiode 2014-2020 ist gegenüber der Kulisse der Förderperiode 2007-2013 etwas geändert, was jedoch keinen weiteren Einfluss auf die Zusammenarbeit haben sollte (vgl. VWPW Int. 1 2014: 18, Karte 2 und Anhang 2).

Das Biosphärenreservat **Rhön** hat auf bayerischer Seite Anteil an der LAG Bad Kissingen sowie der LAG Rhön-Grabfeld. Hatte sich die Verwaltungsstelle des Biosphärenreservats früher noch stärker eingebracht, übernahm ab 2009 das zu diesem Zeitpunkt installierte Regionalmanagement stärker die Federführung in der Projektarbeit, wobei laut Aussage des Biosphärenreservats-Leiters in beiden LAGn auf die Zielstellung des Schutzgebiets Rücksicht genommen wird (vgl. BYVWR Int. 1 2014: 71). Sowohl in der Förderperiode 2007-2013 als auch 2014-2020 ist das Biosphärenreservat bzw. der Naturpark auf bayerischer Seite eingebunden in die LAG Bad Kissingen z.B. durch den Sitz im Fachbeirat des Lenkungsausschusses der LAG. Die Schutzgebietsakteure werden insbesondere bei Projekten im Bereich Naturtourismus zu der entsprechenden Projektgruppe eingeladen. An der Ausarbeitung des regionalen Entwicklungskonzeptes für die Förderperiode (2014-2020) waren sowohl die Verwaltung des Biosphärenreservats als auch des Naturparks beteiligt, wodurch entsprechende thematische Projekte verankert werden konnten (vgl. LAGBK Int. 1 2015: 35ff.). Zur gegenseitigen Abstimmung arbeitet die zuständige Regionalmanagerin wiederum bei der Erstellung des Rahmenkonzeptes[87] des Biosphärenreservats bzw. in den dazu etablierten Arbeitskreisen mit (vgl. LAGBK Int. 1 2015: 59). Nahezu identisch stellt sich die Kooperation mit der LAG Rhön-Grabfeld dar (vgl.

---

87 Erarbeitungsprozess 2014-2017

LAGRG Int. 1 2015: 36ff.). Die zwei LAGn pflegen untereinander eine enge Zusammenarbeit im Zuge gemeinsamer Projekte und befinden sich im Abstand von sechs Wochen in regelmäßigem Austausch (vgl. LAGRG Int. 1 2015: 50).

Auf hessischer Seite ist das Biosphärenreservat nahezu deckungsgleich mit der LEADER Förderkulisse des Vereins Natur- und Lebensraum Rhön[88], der gleichzeitig Förderverein des Biosphärenreservats ist. Der Verein bzw. die LAG stellt im Vergleich zu den anderen Biosphärenreservaten eine Besonderheit im Hinblick auf die Kooperationsstrukturen dar. Das ist dadurch bedingt, dass der Geschäftsführer des Vereins gleichzeitig Fachdienst- und Büroleiter sowie für die Haushaltsführung des Biosphärenreservats zuständig ist (vgl. VNLR 2015b). Somit ist gewährleistet, im Bereich der Regionalentwicklung aktiv agieren bzw. kooperieren zu können.

Auf thüringischer Seite wird die Zusammenarbeit zwischen Biosphärenreservats-Verwaltung und den beiden RAGn durch den Sitz im Fachbeirat (RAG Wartburgregion) bzw. die Mitgliedschaft im Entscheidungsgremium (RAG Henneberger Land) sowie die Teilnahme als Mitglied an den Mitgliederversammlungen gewährleistet (vgl. THVWR Int. 1 2014: 43ff.; schriftl. Mitteilung RAGHL 2015) (vgl. Karte 4). In den drei Bundesländern ist eine Änderung hinsichtlich der Kooperation bzw. Integration der Verwaltungsstellen in die jeweiligen LAGn bzw. RAGn nicht vorgesehen. Die Biosphärenreservats-Verwaltungen sind somit auch in der Förderperiode 2014-2020 Bestandteil der jeweiligen LAGn bzw. RAGn.

Das Biosphärenreservat **Schaalsee** ist in der LAG „Mecklenburger Schaalseeregion- Biosphärenreservatsregion", wie der Name nahelegt, *„Kernthema"* (schriftl. Mitteilung VWSC 2014a)(vgl. Karte 5). Das Biosphärenreservat unterstützt im Rahmen seiner Mitarbeit in der LAG alle Vorhaben, die sich im Sinne eines nachhaltigen, qualitätsorientierten Tourismus ausrichten. Als aktive Mitglieder fungieren der Leiter der Verwaltungsstelle sowie des Fördervereins Biosphäre Schaalsee e.V.. Die Beteiligung erstreckt sich in der Regel auf die aktive Unterstützung der Projekte bzw. Antragsteller durch die Biosphärenreservats-Verwaltung, die untereinander i.d.R. in engerer Beziehung stehen (u.a. Mitgliedsbetriebe der Regionalmarke „Leib und Seele" oder kooperationsgewillte Kommunen). In der Förderperiode 2014-2020 ist das Biosphärenreservat wieder im Rahmen der LAG aktiv, es gibt bereits Vorhaben, die von der Verwaltung besonders unterstützt werden, da sie den Kerngedanken des Biosphärenreservats entsprechen (schriftl. Mitteilung LAGMSR 2015).

Im Biosphärenreservat **Spreewald** ist die LAG beim Spreewaldverein angesiedelt, der gleichzeitig als Träger der Dachmarke sowie als Regionalmanagement fungiert. Die LAG erstreckt sich dabei auf die Spreewaldregion, die sechsmal größer ist als das Schutzgebiet (vgl. Karte 6 bzw. Landesamt für Umwelt, Gesundheit und Verbraucherschutz Brandenburg 2012: 21f.). Das Biosphärenreservat ist im Spreewaldverein durch die Mitgliedschaft des Leiters als Vorsitzender des Regionalbeirates und dadurch an Entscheidungen über Fördermittelanträge beteiligt. Ein weiterer Mitarbeiter des Biosphärenreservats ist als Mitglied im Vorstand des Spreewaldvereins sowie im Markenbeirat der Regionalmarke fest integriert. Der Geschäftsführer des Spreewaldvereins ist wiederum Mitglied im Kuratorium des Biosphärenre-

---

88 Die LAGn Hersfeld Rotenburg und Fulda-Südwest auf hessischer Seite wurden in den Interviews nicht genannt und haben nur einen kleinen Anteil am Biosphärenreservat.

servats und Vorsitzender des Vergaberates der Partner-Initiative. Die Kooperation und Abstimmung sowie Zusammenarbeit in Projekten wird von beiden Seiten als eng und zielgerichtet eingestuft (vgl. VWSW Int. 1 2014: 18; LAGSW Int. 1 2015: 7) Für die Förderperiode 2014-2020 ist u.a. ein LEADER Projekt zur Zertifizierung von Partnern im Bereich Hotels und Gaststätten angedacht, was in Partnerschaft mit dem Spreewaldverein, nicht zuletzt auch wegen dessen Kompetenz und Erfahrung im Bereich einer Dachmarke, durchgeführt werden soll. An der gegenseitigen Besetzung der Gremien änderte sich im Zuge der Bearbeitung der Regionalen Entwicklungsstrategie 2014-2020 nichts (VWSW Int. 1 2014: 18, 42).

Das Biosphärenreservat **Südost-Rügen** ist seit Entstehung der LAG Rügen im Jahr 2002 in selbiger vertreten (vgl. Karte 7). Das Biosphärenreservat ist ständiges Mitglied der verschiedenen Beiräte der LAG. 2007-2013 war die für nachhaltige Regionalentwicklung zuständige Dezernentin des Biosphärenreservats als Vorsitzende des Sprecherrates und in allen Arbeitsgruppen der LAG und somit bei allen Projekten zumindest in begleitender Funktion tätig, was erneut für die aktuelle Förderperiode 2014-2020 gilt. Das Biosphärenreservat wird als *„große Hilfe und Kooperationspartner"* (schriftl. Mitteilung LAGRÜ 2015) bezeichnet und begleitet aktiv die Planung und Umsetzung des Regionalentwicklungskonzepts (vgl. VWSOR Int. 1 2014: 42).

Das Biosphärenreservat **Vessertal-Thüringer Wald** war in der vergangenen Förderperiode von drei anteiligen RAGn offiziell lediglich in der RAG Gotha-Ilm-Kreis Erfurt vertreten (schriftl. Mitteilung VWVTW 2014: 73, siehe hierzu Karte 8). Hinsichtlich touristischer Projekte wird jedoch festgestellt: *"Bei RAGn ist das so, dass das im Wesentlichen keine touristischen Projekte gewesen sind. [...] die letzten Jahre"* (VWVTW Int. 1 2014: 115). In der RAG Henneberger Land bestand keine formelle Kooperation mit dem Biosphärenreservat Vessertal-Thüringer Wald, die Destination wurde vielmehr durch den Naturpark vertreten, jedoch wurden keine touristischen Projekte im engeren Sinn mit Bezug zum Biosphärenreservat durchgeführt (schriftl. Mitteilung RAGHL 2015; RAGHL Int. 1 2015: 20). Die Kooperation mit der RAG Hildburghausen-Sonneberg e.V. beschränkte sich auf informelle, ideelle Unterstützung und eine in der Regel positive Einstellung gegenüber den Projekten, jedoch keine eigene Initiative in Projekten bzw. als Kooperationspartner (vgl. RAGHS Int. 1 2015: 18). In der Förderperiode 2014-2020 wird das Biosphärenreservat, insbesondere aufgrund der thematischen Umwidmung einer Stelle (vgl. Kapitel 7.2.3), in allen relevanten RAGn vertreten sein (schriftl. Mitteilung VWVTW 2014: 73), konkrete Projekte sind bereits angedacht, z.B. im Bereich einer Dachmarke Thüringer Wald oder der Verbesserung des Radwegenetzes (vgl. VWVTW Int. 2 2014: 44; RAGHS Int. 1 2015: 20ff.; RAGHL Int. 1 2015: 18).

7.3.1.2 Projekte und Fördervolumen im Bereich Tourismus

Welchen Betrag an Fördermitteln bzw. Gesamtinvestitionen können Biosphärenreservats-Verwaltungen als Katalysator im Rahmen einer touristischen Entwicklung mit Kooperationspartnern regional wirksam werden lassen? Tabelle 22 zeigt eine Zusammenstellung zu der Anzahl an Projekten und Fördervolumina der jeweiligen LAG sowie die Projekte im Bereich Tourismus und Regionalvermarktung, die unter

Beteiligung des jeweiligen Biosphärenreservats in der vergangenen Förderperiode 2007-2013 realisiert werden konnten. Dabei wird die Aktivität der Biosphärenreservate im Rahmen der Fördermittelakquise genauer spezifiziert. Als Anteil an allen durch die LAG geförderten Projekten werden die Projekte im Bereich Tourismus und Regionalvermarktung herausgestellt, die innerhalb der Grenzen des Biosphärenreservats oder der Biosphärenreservats-Region wirksam wurden und auf eine maßgebliche Beteiligung der Verwaltungsstelle zurückzuführen sind. Das heißt, die Projekte, bei denen das Biosphärenreservat als Ideengeber z.B. durch Konzepte oder Entwicklungsprogramme, Kooperationspartner, indirekte Trägerschaft z.B. über den Trägerverein oder Naturpark oder in Kooperation bzw. unterstützend mit einem Partnerbetrieb aktiv wurde. Anderweitige touristische Projekte im Biosphärenreservat, bei denen selbiges nur eine geringe oder keine Rolle spielte, z.B. in der Funktion als TÖB und der Erstellung entsprechender Stellungnahmen oder in seiner normalen Funktion als Mitglied der LAG, wurden nicht als Projekte betrachtet, die ursächlich auf das Biosphärenreservat zurückgehen.

Zu der Darstellung ist anzumerken, dass es sich i.d.R. um die Förderung durch LEADER in ELER handelt. Teilweise wurden jedoch, wie im Falle der RAG Henneberger Land, alle Projekte seitens der RAG genannt, inkl. solcher, die mit Hilfe von EFRE Mitteln durchgeführt wurden. Wo möglich wird das Förderprogramm spezifiziert, ansonsten werden alle durch die jeweilige LAG durchgeführten Projekte, unabhängig von der Förderquelle, betrachtet.

In der LAG **Pfälzerwald** werden 42 Projekte mit einer Fördersumme von rund 1,6 Mio. € bei einem Gesamtfördervolumen von 3,4 Mio. €[89] umgesetzt (schriftl. Mitteilung LAGPW 2015; BÜNDNIS LÄNDLICHER RAUM IM NATURPARK PFÄLZERWALD E.V. 2014: 7). Insgesamt konnten unter Beteiligung des Biosphärenreservats bzw. des Naturparks in fünf Projekten (Biosphärencamp, Pfälzerwald Lamminitiative, dreiteiliges Wanderwegekonzept), davon bei zwei Projekten als Träger, LEADER Mittel in Höhe von knapp 382.000 € akquiriert werden, was rund 23 % der 1,6 Mio. € Gesamt-LEADER Mittel entspricht. Das lässt sich auf die förderfähigen Gesamtvolumen übertragen: unter Beteiligung des Naturparks bzw. Biosphärenreservats werden rund 833.000 € von 3,4 Mio. € verausgabt, was einen Anteil von knapp einem Viertel darstellt (schriftl. Mitteilung der LAGPW 2015; GESCHÄFTSSTELLE DER LAG PFÄLZERWALD 2015; INSTITUT FÜR LÄNDLICHE STRUKTURFORSCHUNG 2014).

Im Biosphärenreservat **Rhön** ergibt sich ein, je nach Bundesland, unterschiedliches Bild. Die durchgeführten Projekte der zwei LAGn in Bayern werden aufgrund der engen Zusammenarbeit, regulärer Treffen und gemeinsamer Projekte (vgl. LAGRG Int. 1 2015: 50) gemeinsam betrachtet. Unter der Beteiligung – teilweise Trägerschaft – des Vereins Naturpark und Biosphärenreservat Bayerische Rhön e.V. konnten durch fünf LEADER Projekte im Bereich Tourismus in der Förderperiode 2007-2013 insgesamt Investitionen in Höhe von 501.000 € getätigt werden, mit einer Fördermittelsumme von 263.000 €. Davon sind vier Projekte länderübergreifend (z.T. mit Trägerschaft des Vereins Natur- und Lebensraum Rhön (Hessen) oder der

---

89 84 % EU-LEADER, 2 % EU-Sonstige: ELER Schwerpunkt 3, 16 Projekte erhalten zusätzliche nationale Mittel (= 14 % national).

Tabelle 22: LEADER-Gruppen, Projekte und Beteiligung der Biosphärenreservate in der Förderperiode 2007-2013

Biosphären-reservat	LAG/RAG	Anzahl Projekte	Fördermittel (€)	Gesamt-volumen (€)	Touristische Projekte unter Beteiligung des Biosphären-reservats/davon mit Bezug zu Regional-vermarktung	Fördermittel unter Beteiligung des Biosphären-reservats (€)	Gesamtvolumen unter Beteiligung des Biosphären-reservats (€)	Anteil an Gesamt-Fördermitteln	Anteil an Gesamt-volumen
Pfälzerwald	Pfälzerwald	42	1.627.000	3.418.000	5/1	382.000	833.000	23%	24%
Rhön									
Bayern*	*Bad Kissingen*	32	*1.800.000*	*5.400.000*	*4/0*	*238.000*	*442.000*	*13%*	*8%*
	Rhön Grabfeld	22	*1.889.000*	*5.212.000*	*5/1*	*263.000*	*501.000*	*14%*	*10%*
	Summe Bayern	50	*3.451.000*	*10.170.000*	*5, davon vier länderübergreifend*	*263.000*	*501.000*	*8%*	*5%*
Hessen	*Verein Natur- und Lebensraum Rhön*	48	*2.222.000*	*7.300.000*	*12/2*	*599.000*	*1.835.000*	*27%*	*25%*
Thüringen	*Wartburgregion*	219	*k.A.*	*k.A.*	*0*	-	-	-	-
	Henneberger Land	115	*11.400.000*	*20.000.000*	*1/0*	*65.000*	*114.000*	*1%*	*1%*
	Summe Thüringen	334	*11.400.000*	*20.000.000*	*1/0*	*65.000*	*114.000*	*1%*	*1%*
Rhön gesamt		213	17.073.000	37.470.000	18/3	927.000	2.450.000	5%	7%
Schaalsee	Mecklenburger Schaalseeregion	67	1.891.000	3.191.000	15/1	850.000	1.258.000	45%	39%
Spreewald	Spreewaldverein	69	5.198.000	7.740.000	2/0	91.000	148.000	2%	2%
Südost-Rügen	Rügen	25	3.100.000	k.A.	10/0	1.636.000	1.981.000	53%	k.A.
Vessertal-Thüringer Wald	*Henneberger Land*	115	*11.400.000*	*20.000.000*	*0*	-	-	-	-
	Hildburghausen-Sonneberg e.V.	221	*8.195.000*	*18.383.000*	*0*	-	-	-	-
	Gotha-Ilm-Kreis-Erfurt	k.A.	*k.A.*	*k.A.*	*0*	-	-	-	-
Vessertal-Thüringer Wald gesamt		336	19.595.000	38.383.000	0	-	-	-	-

* Vier Projekte in Bayern sind LAG-übergreifend (beide LAGn führen die Projekte jedoch in den individuellen Angaben) und werden daher in der Summe für Bayern nur einmal veranschlagt. Die Gesamtsumme Rhön ergibt sich aus der Addition der jeweiligen Gesamtsumme der Bundesländer, wobei keine Angaben der RAG Wartburgregion einbezogen werden können.

Quelle: Eigene Erhebungen

216

Bayerischen Tourismus GmbH)[90] angelegt und tauchen dementsprechend mit den identischen Fördersummen in den jeweiligen Rechenschaftsberichten der bayerischen LAGn auf, erhielten aber de facto nur einmal die Förderung (schriftl. Mitteilung LAGBK 2015 sowie LAGRG 2015).[91] Beide LAGn haben somit vier länderübergreifende bzw. LAG-übergreifende Projekte abgewickelt, die LAG Rhön-Grabfeld zusätzlich noch ein weiteres Projekt („Vom Halm zum Krug")(vgl. LAGRG Int. 1 2015: 8ff.). In beiden LAGn zusammengenommen stellen die Fördermittel der fünf Projekte knapp 8 % der insgesamt akquirierten Fördermittel (3,5 Mio. €) sowie 5 % des Gesamtinvestitionsvolumens (10,2 Mio. €) dar.

Auf hessischer Seite konnten in der letzten Förderperiode durch den VLNR in 48 Projekten 2,2 Mio. € an Fördermitteln gebunden werden, wodurch 7,3 Mio. € in der Region an Gesamtinvestitionen wirksam wurden. Davon waren zwölf Projekte mit einer Fördersumme von rund 599.000 € mit touristischem bzw. Regionalvermarktungshintergrund, was einen Anteil von rund 27 % an allen Fördermitteln ausmacht (eigene Berechnungen nach VNLR 2014b).[92]

Auf der Seite Thüringens finden sich dagegen vergleichsweise wenig Projekte der RAG Henneberger Land, bei denen das Biosphärenreservat federführend beteiligt gewesen war. Bei einem Projekt mit einer Fördersumme von 65.000 € war die Verwaltungsstelle maßgeblich Kooperationspartner in Verbindung mit dem Rhönforum und einer Gemeinde im Biosphärenreservat (insgesamt 115 Projekte in der RAG mit einer Gesamtfördersumme von 11,4 Mio. €, woraus sich ein Anteil von knapp 0,6 % mit Beteiligung der Biosphärenreservats-Verwaltung ergibt). Das Biosphärenreservat Rhön ist hier sowie in der RAG Wartburgregion aufgrund der Gebietskulisse beteiligt (in 27 Projekten) und dementsprechend für manche Projekte als TÖB und die Erarbeitung von Stellungnahmen tätig (schriftl. Mitteilung RAGHL 2015). Von der RAG Wartburgregion wird dem Biosphärenreservat nur eine geringe Relevanz hinsichtlich der Durchführung von Projekten und keine ausschlaggebende Rolle attestiert (vgl. RAGWR Int. 1 2015).

Mit den fünf LAGn konnte das Biosphärenreservat **Rhön** insgesamt 18 Projekte im Bereich Tourismus, davon drei mit Regionalvermarktungsbezug, durchführen. Im Rahmen der Projekte wurden knapp 1 Mio. € an Fördermitteln in der Region wirksam, mit einem Gesamtvolumen von 2,5 Mio. € (rund 5 %, bzw. 7% Anteil der gesamten Summen). Zu beachten ist natürlich der im Biosphärenreservat Rhön vergleichsweise hohe Anteil auf hessischer Seite, da hier eine für alle Untersuchungsgebiete vergleichsweise hohe Verknüpfung zwischen Biosphärenreservat und LAG besteht.

Im Biosphärenreservat **Schaalsee** konnten in der vergangenen Förderperiode insgesamt 15 Projekte mit einem Gesamtinvestitionsvolumen von 1.258.000 € (39 %

---

90 Zwei Teilprojekte „Rhöner Geologie erleben", Teilprojekt „Hochrhöner", „Wie für Sie" (Qualifizierung Gästeführer).

91 In der Tabelle wurden diese in der Summe für Bayern bzw. Rhön (gesamt) nur einmal veranschlagt.

92 Anteile für die förderfähigen Gesamtinvestitionen der einzelnen Projekte können nicht nachvollzogen werden, da lediglich die komplette Summe von 7,3 Mio. ersichtlich war. Aufgrund dieser wurde ein durchschnittlicher Fördermittelanteil von rund 30 % angenommen. Daraus ergeben sich die 1,8 Mio. € Gesamtinvestitionen der touristischen Projekte unter Beteiligung des Biosphärenreservates (vgl. VNLR 2014c: 1).

der knapp 3,2 Mio. € an Gesamtinvestition in rund 70 Projekte) durchgeführt werden. Rund 850.000 € davon stellen LEADER-Fördermittel dar (entspricht rund 45 % aller LEADER-Mittel der Förderperiode (=1,9 Mio. €) (schriftl. Mitteilung LAGMSR 2015; LAG Mecklenburger Schaalseeregion 2015). Insgesamt wirkte das Biosphärenreservat bei elf Projekten unterstützend für Regionalmarkenpartner mit, eines davon im expliziten Regionalvermarktungskontext (Biosphäre-Schaalsee-Markt), der Rest mit stärkerem Bezug zum Ausbau touristischer Infrastruktur.

Im Biosphärenreservat **Spreewald** konnten im Rahmen von LEADER durch die LAG Spreewald insgesamt 69 Projekte mit einem Gesamtvolumen von 7,7 Mio. €, darin enthalten Fördermittel in Höhe von 5,2 Mio. €, umgesetzt werden. Als touristische Projekte in Verbindung mit dem Biosphärenreservat gelten zwei Projekte (Besucherlenkungskonzept Wassertourismus, Existenzgründung „LandSchafftZukunft") mit einem Gesamtinvestitionsvolumen von rund 148.000 € inklusive der Fördermittel in Höhe von rund 91.000 € (1,9 % bzw. 1,8 %). Nimmt man die durch ILE geförderten Projekte des Spreewaldvereins hinzu, kommt man auf insgesamt 350 Projekte, ein Gesamtvolumen von rund 65 Mio. € und Fördermittel in Höhe von 42 Mio. €.[93] Im Rahmen von ILE konnte auch ein weiteres Projekt mit direktem Bezug zum Biosphärenreservat durchgeführt werden, wodurch sich die Fördersumme auf 331.000 € erhöht mit einem Gesamtinvestitionsvolumen von 430.000 € (0,8 bzw. 0,7 % an den jeweiligen Gesamtsummen)(schriftl. Mitteilung der LAGSW 2015).[94]

Mit der LAG **Rügen** wurden unter wesentlicher Beteiligung des Biosphärenreservats zehn Projekte mit einem Gesamtinvestitionsvolumen von 1.981.000 € und LEADER Mitteln in Höhe von 1.636.000 € realisiert. Die drei Teilprojekte im Projekt „Natürlich Rügen – DIE INSEL zu Land und Wasser erleben", bei dem das Biosphärenreservat als Ideengeber und Kooperationspartner fungiert, umfassen Gesamtkosten von 735.000 € mit LEADER Mitteln in Höhe von 590.000 € und stellen damit das größte Projekt. An den Gesamtfördermitteln der LAG Rügen mit einer Summe von 3,1 Mio. € machen die 10 Projekte mit einer Förderung 1.6 Mio. € einen Anteil von rund 53 % aus (schriftl. Mitteilung LAGRÜ 2015). Neben den LEADER Projekten konnte die LAG zusätzlich Fördermittel in Höhe von 1,1 Mio. € aus dem Europäischen Fischereifonds für die Umsetzung Lokaler Entwicklungsstrategien einwerben.[95] Hier wurde im Rahmen der regulären Beteiligung des Biosphärenreservats ein touristisches Projekt mit Fokus auf die nachhaltige Entwicklung des Tourismus im Umfeld der Fischerei durchgeführt. Die Gesamtkosten des Projektes belaufen sich auf knapp 57.000 € bei einer Förderung von 34.000 € (schriftl. Mitteilung LAGRÜ 2015).

---

93 Der Spreewald hat Anteil an drei ILEK-Kulissen. Brandenburg stellt hier mit der Durchführung des Programms auf Landkreisebene eine Besonderheit dar, normalerweise sind diese unter der Landkreisebene etabliert (vgl. Gehrlein et al. 2007: 69).

94 Die ILE Mittel im Spreewald werden in Tabelle 22 nicht aufgeführt.

95 Im Rahmen der EU-Meerespolitik und des Europäischen Fischereifonds sollen z.B. Gebiete, die durch den Rückgang wirtschaftlicher Aktivitäten im Bereich Fischerei, Schiffsbau etc. Arbeitsplatzabbau und eine Senkung des Einkommensniveaus erfahren mussten, gefördert werden. Ein Diversifizierung der wirtschaftlichen Aktivitäten u.a. durch Tourismus, soll durch entsprechende Maßnahmen gefördert werden (vgl. Europäische Kommission 2010: 14f.).

Im Biosphärenreservat **Vessertal-Thüringer Wald** wurden, unter der Mitarbeit in einer der drei relevanten RAGs, keine Projekte mit den selbigen im Bereich Tourismus durchgeführt (vgl. VWVTW Int. 1 2014: 115).

Betrachtet man die Fördermittel, die im Rahmen touristischer Projekte mit den LAGn für die Region realisiert werden konnten, ist das Biosphärenreservat Südost-Rügen mit einer Vielzahl an umgesetzten Projekten und rund 1,6 Mio. € an Fördergeldern sicherlich als sehr aktives Schutzgebiet in diesem Bereich zu bezeichnen. Ebenso aktiv ist das Biosphärenreservat Rhön (927.000 €), was jedoch im Wesentlichen auf eine Vielzahl realisierter Projekte auf hessischer Seite zurückzuführen ist. Fördermittel im beträchtlichen Ausmaß konnten im Biosphärenreservat Schaalsee und Pfälzerwald akquiriert werden, im Schaalsee 45 % der Gesamt-Fördermittel, im Pfälzerwald 23 %. Deutlich weniger umgesetzte Projekte lassen sich für das Biosphärenreservat Spreewald sowie das Biosphärenreservat Vessertal feststellen.

Es zeigt sich, dass durch einzelne Projekte bereits ein Vielfaches des touristischen Budgets, das im Rahmen des regulären Haushalts zu Verfügung steht, regional wirksam werden kann, was die Wichtigkeit entsprechender Förderprogramme für die Arbeit der Biosphärenreservate betont. Im Folgenden werden Faktoren benannt, die eine erfolgreiche Initiierung von Projekten mit den jeweiligen LAGn ermöglichen bzw. behindern.

7.3.1.3 Erfolgsfaktoren für touristische Förderprojekte durch LEADER

Der höhere Anteil an touristischen Projekten unter Beteiligung des Biosphärenreservats ist im **Pfälzerwald** auf mehrere Sachverhalte zurückzuführen: zum einen liegt ein Schwerpunkt der LAG und dementsprechend der Förderung (gut zwei Drittel des förderfähigen Gesamtvolumens von rund 3,4 Mio. €) im Arbeitsbereich Tourismus (vgl. INSTITUT FÜR LÄNDLICHE STRUKTURFORSCHUNG 2014: 3). Zum anderen kann die Verwaltung diese regionale Schwerpunktsetzung durch die enge Verstrickung zwischen den Organisationen Biosphärenreservat und dem Verein Naturpark Pfälzerwald nutzen. Dieser kann bei LEADER die Trägerfunktion übernehmen und dadurch für Projekte des Biosphärenreservats als Träger fungieren. Die generell im Vergleich zu Biosphärenreservaten konkrete Aufgabenstellung des Naturparks im Tourismus (vgl. Kapitel 3.4) dürfte dabei zusätzlich als vorteilhaft zu erachten sein.

Die Biosphärenreservats-Verwaltung auf bayerischer Seite der **Rhön** fungiert nicht als Träger und nur bedingt als Initiator von Projekten, was laut Aussage der zuständigen Regionalmanagerin vor allem folgende Ursache hat: *„Von der Biosphärenreservats-Verwaltung kommen auch immer mal wieder irgendwelche netten Ideen, die aber zum Teil nicht oder schwierig umsetzbar sind oder für die es dann keinen Träger gibt bzw. Kofinanzierung – dann bleibt es halt bei der gut gemeinten Idee* (LAGBK Int. 1 2015: 45). Dementsprechend spielt, wie im Pfälzerwald, der Naturpark ein wichtige Rolle: *„Er ist ebenfalls im Fachbeirat der LAG, entwickelt und setzt aber auch eigene LEADER-Projekt im Naturtourismus um. Dies sind oft Schlüsselprojekte der touristischen Entwicklung. Zudem ist der Verein des Öfteren auch Partner anderer LEADER-Projekte, z.B. mit Programmen zur Umweltbildung"* (schriftl. Mitteilung LAGBK 2015). Das stellt wie im Pfälzerwald einen Vorteil dar: *„In Bayern ist der Verein Naturpark- und Biosphärenreservat Träger für Projekte im Sinne des Biosphärenreservats zuständig. Dort gibt es eine große finanzielle Unterstützung des Freistaats Bayern für Umweltbildung […] diese Um-*

weltbildung [wird] stark mit touristischen Zielstellungen verknüpft" (schriftl. Mitteilung RF 2015a). Erschwerend kommt hingegen im Biosphärenreservat die Aufteilung auf drei Bundesländer hinzu: die Länder finanzieren mit ihren LEADER Mitteln nur bedingt länderübergreifende Projekte, was dazu führt, dass teilweise bürokratisch aufwendige Kompensationshaushalte geführt werden, was den Verwaltungsaufwand für die Beteiligten erhöht. So wird z.B. bei größeren, länderübergreifenden Projekten wie dem Hochrhöner die koordinierte Antragstellung als hinderlich und zeitraubend empfunden (vgl. LAGBK Int. 1 2015: 53). Bereits LAHNER & POLLERMANN (2008: 212) weisen auf die erhöhten Transaktionskosten sowie Parallelstrukturen durch die Vielzahl relevanter Akteure der Regionalentwicklung in der Rhön hin. Zusätzlich bedingt die unterschiedliche administrative Anbindung der Verwaltungsstellen eine unterschiedliche Selbstwahrnehmung inkl. Schwerpunktsetzung: *„Ähnlich ist die Aufgabe in den zwei thüringischen LEADER RAGn – hier ist das Biosphärenreservat durch seine Verwaltung beratend tätig"* und schreibt schwerpunktmäßig naturschutzfachlich Stellungnahmen (schriftl. Mitteilung RF 2015b).

Auf hessischer Seite findet sich für die untersuchten Gebiete die stärkste Kooperation zwischen Biosphärenreservats-Verwaltung und der LAG, da der Förderverein des Biosphärenreservats selbige konstituiert und *„die zweite, unverzichtbare Säule des Biosphärenreservats ist. Wenn die Verwaltungsstelle als staatliche Einrichtung die Säule darstellt, die im Wesentlichen für die Bereiche „Schutz der biologischen Vielfalt", „Forschung", „Bildung und Kommunikation" zuständig ist, so kommt dem Verein die Aufgabe zu, eine nachhaltige Regionalentwicklung zu gewährleisten. [...] Dabei stellt die bürgernahe Ausprägung unseres Fördervereins und das eng abgestimmte Zusammenspiel mit der Biosphärenverwaltung im nationalen Kontext eine Besonderheit dar, um die uns viele Großschutzgebiete in Deutschland beneiden"* (VNLR 2014b: 35). Die enge Verknüpfung zeigt sich auch in der Zusammenarbeit zwischen Verein und Verwaltung in einem Fachforum Tourismus, welches eine wichtige Rolle für die Entwicklung touristischer Projekte spielt (vgl. HEVWR Int. 2 2014: 14).

Auf thüringischer Seite des Biosphärenreservats existiert zwar eine Zusammenarbeit mit den RAGn, touristische Projekte werden jedoch nicht durchgeführt, was mitunter auf die Kapazitäten und Schwerpunkte der RAG zurückzuführen ist. Die länderübergreifenden Projekte wie z.B. „Hochrhöner" oder „Rhöner Geologie Erleben" konnten auf thüringischer Seite durch die RAG Henneberger Land nicht durch LEADER Mittel unterstützt werden (vgl. RAGHL Int. 1 2015: 20). Zudem spielen weitere Aspekte für die Fokussierung auf die Schutzfunktion eine Rolle: *„Neben der Anbindung sind die Aktivitäten für ein Biosphärenreservat vor allem von der menschlichen Komponente und dem Selbstverständnis für die Aufgaben eines Biosphärenreservates abhängig. In Thüringen ist die Verwaltung des BR anders zu beurteilen [...] wie die Verwaltungsstellen oder Akteure in Bayern und Hessen. [...] Besondere Beispiele mit überregionaler Wirkung oder unternehmerische (nachhaltige touristische) Zugpferde befinden sich aus diesem Grund hauptsächlich in Hessen und in Bayern"* (schriftl. Mitteilung RF 2015a). Von Seiten der RAG Wartburgregion wird eine geringe Initiative seitens des Biosphärenreservats bei der Abwicklung von Projekten genannt. Diese würden viel mehr über das Rhönforum e.V. abgewickelt, zumal die Verwaltung auf geringe Akzeptanz seitens der Einheimischen bzw. Region stoße (vgl. RAGWR Int. 1 2015).

Im Biosphärenreservat **Schaalsee** spielt eine weitgehende Kulissenkongruenz mit der LAG eine wichtige Rolle. Das Biosphärenreservat stellt das *„Kernthema dieser LAG"*, was als ideal betrachtet wird (schriftl. Mitteilung VWSC 2014a). Man pflegt einen intensiven Kontakt zwischen LAG, Regionalmarkenpartnern und dem Biosphärenreservat, z.B. durch die gegenseitige Mitarbeit in Foren (vgl. 7.3.1.1). Der generell hohe Beteiligungsgrad und das Engagement des Biosphärenreservats dürfte u.a. darauf zurückzuführen sein, dass die LAG auf Initiative der Biosphärenreservats-Verwaltung, des Kuratoriums, des Fördervereins sowie einiger Kommunen 2002 gegründet wurde (vgl. MINISTERIUM FÜR LANDWIRTSCHAFT, UMWELT UND VERBRAUCHERSCHUTZ MECKLENBURG-VORPOMMERN 2010: 71). Der enge Austausch zeigt sich auch durch das jährliche Treffen der Regionalmarkenpartner, bei dem die LEADER Akteure auch Präsenz zeigen. Man spricht in der Verwaltung von einem sehr *„lebendigen Netzwerk"*, weshalb viele Projekte im Bereich LEADER umgesetzt werden können (VWSC Int. 1 2014: 11, 75, 242).

Im **Spreewald** ist der Beitrag zu Projekten der LAG seitens der Biosphärenreservats-Verwaltung insbesondere aufgrund zweier Sachverhalte eingeschränkt, und das, obwohl das Biosphärenreservat als eine Art Bonus in der Förderung betrachtet wird, da es ein Raum ist, in dem prioritär Maßnahmen gefördert werden (vgl. LAGSW Int. 1 2015: 17) und die Abstimmung und Kooperation bei Projekten von beiden Seiten als eng und zielgerichtet betrachtet wird (vgl. VWSW Int. 1 2014: 18; LAGSW Int. 1 2015: 7). Zum einen spielt ein räumlicher Miss-fit eine wichtige Rolle, da die LAG auf dem gesamten Wirtschaftsraum Spreewald agiert (inkludiert z.B. Naturparke Dahme-Heideseen und Niederlausitzer Landrücken). Somit liegt der Schwerpunkt des Spreewaldvereins nicht unbedingt auf dem Biosphärenreservat bzw. selbigem wird im Hinblick auf die wirtschaftliche Entwicklung, verglichen mit anderen Teilregionen, wenig Bedeutung beigemessen: *„Das Biosphärenreservat ist eben klein, wirtschaftliche Tätigkeit erfolgt kaum, dass muss man realistisch [sehen]. Es wäre für eine wirtschaftliche Entwicklung viel zu klein"* (LAGSW Int. 1 2015: 21). Zum anderen sind laut, dem zuständigen Bearbeiter beim Spreewaldverein, zwar Ideen für Projekte auf Seiten des Biosphärenreservats vorhanden, aber die entsprechenden Mittel für den Eigenanteil fehlen: *„Denn ohne Finanzen kann da nichts funktionieren. Und die Landesregierung bzw. das Landesumweltamt wird die auch nicht mit entsprechenden Mitteln ausstatten, auch wenn die [...] als gemeinnützig zum Teil in die Höchstförderung reinkommen [würden]"* (LAGSW Int. 1 2015: 11). Somit sind immer weitere Personen bzw. Institutionen nötig zur Durchführung von Projekten, welche durch das Biosphärenreservat initiiert würden, was mit entsprechenden Transaktionskosten einhergeht: *„Wir sind nicht förderfähig als Landeseinrichtung für EU Mittel. Also müssen wir uns immer irgendwo einen Stellvertreter suchen"* (VWSW Int. 1 2014: 82f.).

Entsprechend der starken Nutzung der LEADER Förderung wurden wenige Hindernisse für die Zusammenarbeit im Biosphärenreservat **Südost-Rügen** mit der zuständigen LAG genannt. Man ist sich der unterschiedlichen Kulissen bzw. der weitaus größeren, ganz Rügen umfassenden LAG Kulisse bewusst (vgl. VWSOR Int. 1 2014: 42), dennoch wird eine aktive Planung und Umsetzung der Konzepte seitens des Biosphärenreservats sowie eine *„aktive und zielführende"* Mitarbeit attestiert (schriftl. Mitteilung LAGRÜ 2015). Diese geht auf eine lange Geschichte zurück: die aktuelle Dezernentin für Regionalentwicklung in der Biosphärenreservats-Verwaltung ist seit 1991 Mitglied in der LAG, das Biosphärenreservat seit 2002 vertreten. Die gemeinsame Arbeit mit der LAG Rügen wurde explizit im Sinne des Entwicklungsauftrags gesucht (vgl. VWSOR Int. 1 2014: 46; MINISTERIUM FÜR LANDWIRTSCHAFT, UMWELT UND VERBRAUCHERSCHUTZ MECKLENBURG-VORPOMMERN 2013: 28, 43).

Für die Zurückhaltung des Biosphärenreservats **Vessertal-Thüringer Wald** bei der kooperativen Umsetzung von LEADER-Projekten werden folgende Gründe angeführt: Zum einen sind die Gemeinden, die im Thüringer Wald liegen, aufgrund peripherer Lage im Mittelgebirge oft lediglich mit Handwerk bzw. Kleingewerbe ausgestattet. Die kleineren Gemeinden im Biosphärenreservat tun sich aufgrund fehlender Gewerbegebiete und entsprechender Gewerbeinnahmen oft schwer, den notwendigen Eigenanteil für LEADER-Maßnahmen aufzubringen (z.B. im Vergleich zu Orten am Rand des Thüringer Waldes mit mehr Betriebspotenzial). Zum anderen werden die Förderrichtlinien Thüringens im Bereich LEADER als wenig probat für fachübergreifende Projekte im Sinne eines Biosphärenreservats betrachtet (vgl. RAGHS Int. 1 2015: 115). Daneben wird der administrative Aufwand, der sich durch die Überlagerung mit drei RAGn ergibt, als hinderlich empfunden (vgl. VWVTW Int. 1 2014: 75). Bereits im Evaluierungsbericht ist dazu angemerkt: *„Diese Überlagerungen von Handlungsräumen stellen hohe Anforderungen an institutionelle Arrangements, denen nur mit Kontinuität und Schwerpunktsetzungen seitens der Biosphärenreservatsverwaltung entsprochen werden kann"* (THÜRINGER MINISTERIUM FÜR LANDWIRTSCHAFT, FORSTEN, UMWELT UND NATURSCHUTZ 2011: 33). Zudem ist erst seit der Umwidmung der Stelle die entsprechende Personalkapazität zur Teilnahme an allen drei RAGn möglich (vgl. VWVTW Int. 1 2014: 71f.).

7.3.2 INTERREG-Projekt "Parks & Benefits"

Im Rahmen des INTERREG IV B Projekts „Parks and Benefits" (Baltic Sea Region Programme 2007-2013) konnten in den Jahren 2009 bis 2014 im Biosphärenreservat **Südost-Rügen** insgesamt 141.000 € durch den Landeshaushalt (2010-2014) und 105.750 € durch EU-Kofinanzierung (2009-2012) eingeworben werden, insgesamt 246.750 € (vgl. JOINT TECHNICAL SECRETARIAT OF THE BALTIC SEA REGION PROGRAM 2015).[96] Das Geld stand u.a. für touristische Aufgaben (z.B. Maßnahmenplan und Vorbereitungen für ECST) zur Verfügung und führte 2012 zur Zertifizierung als Charta-Park durch die EUROPARC Föderation (vgl. MINISTERIUM FÜR LANDWIRTSCHAFT, UMWELT UND VERBRAUCHERSCHUTZ MECKLENBURG-VORPOMMERN 2013: 21).

Im Rahmen des Projektes „Parks and Benefits" begann das Biosphärenreservat Südost-Rügen bereits Grundvoraussetzungen für die Anerkennung als Charta-Park im Rahmen der ECST zu schaffen. Es wurde eine Steuerungsgruppe unter

---

96 Das „Parks & Benefits"-Projekt geht auf eine Initiative des Ministeriums für Landwirtschaft, Umwelt und Verbraucherschutz des Landes Mecklenburg-Vorpommerns zurück, die internationale Kooperation geht auch nach Beendigung der Co-Finanzierungsphase weiter (vgl. BIOSPHÄRENRESERVATSAMT SÜDOST-RÜGEN 2013).

Beteiligung der Schutzgebietsverwaltung, Kurverwaltungen, touristischen Leistungsträger, der DEHOGA, Vertretern aus Gemeinden sowie weiterer regionaler Akteuren gegründet, um die Grundvoraussetzung eins partizipativen Prozesses zu gewährleisten (vgl. VWSOR Int. 1 2014: 56). In diversen Foren waren regionale Tourismusakteure dazu aufgerufen, u.a. Stärken und Schwächen sowie Chancen und Risiken und potentielle Leitlinien zu diskutieren, kontinuierlich begleitet von der ständigen Steuerungsgruppe. Im Oktober 2010 wurde der damalige Entwurf des Leitbildes diskutiert und schließlich veröffentlicht (vgl. DWIF 2010; 2011: 9). In den Arbeitsgruppen „Nachhaltige Mobilität", „Nachhaltiger Tourismus" und „Kultur trifft Natur" (unter Leitung des Biosphärenreservats) wurde bis 2012 aktiv an der Strategie und am Maßnahmenplan gearbeitet, wobei die Arbeitsgruppen weiterhin als etablierte Foren der Kooperation im Tourismus dienen (sollen) (vgl. DWIF 2011: 833ff.; VWSOR Int. 1 2014: 831ff.). Letztendlich konnte ein umfassendes Konzept mit SWOT-Analyse, Leitbild sowie Strategien inkl. Maßnahmen veröffentlicht werden (vgl. AMT FÜR DAS BIOSPHÄRENRESERVAT SÜDOST-RÜGEN 2011). 2012 kam es schließlich zur Auszeichnung des Biosphärenreservates durch die EUROPARC Föderation mit dem Titel „Europäischer Charta-Park für Nachhaltigen Tourismus 2012-2017" (vgl. AMT FÜR DAS BIOSPHÄRENRESERVAT SÜDOST-RÜGEN 2011: 5f.; MINISTERIUM FÜR LANDWIRTSCHAFT, UMWELT UND VERBRAUCHERSCHUTZ MECKLENBURG-VORPOMMERN 2013: 24f.).

7.3.3 Förderprogramme im Tourismus

Fördermöglichkeiten über das Wirtschaftsministerium oder den Landestourismusverband, wie z.B. das Tourismusbudget in Thüringen sowie das LandArt-Projekt in Mecklenburg Vorpommern, stellen Förderprogramme mit explizit touristischer Ausrichtung dar. Die Verwaltungen des Biosphärenreservats Schaalsee bzw. Vessertal-Thüringer Wald werden für die Laufzeit der Förderung mit finanziellen Ressourcen ausgestattet und durch professionelle touristische Akteure bzw. Institutionen in Form von Beratung unterstützt.

Das für das Biosphärenreservat **Schaalsee** relevante Projekt „LandArt" wird vom Landestourismusverband Mecklenburg-Vorpommern e.V. sowie dem Verein Landurlaub Mecklenburg Vorpommern ausgeschrieben und dient der Förderung nachhaltiger touristischer Strukturen, v.a. im küstenfernen ländlichen Raum Mecklenburg-Vorpommerns. Bei erfolgreicher Bewerbung erhalten die Gebiete insbesondere Marketingunterstützung und fachliche Beratung im Rahmen von professionellen Coachings und Qualifizierungsprogrammen (schriftl. Mitteilung VWSC 2014b: 1). Unter 39 Bewerbern aus ganz Mecklenburg-Vorpommern konnte das Biosphärenreservat Schaalsee mit der Regionalmarke bzw. dem konstituierenden Partnernetzwerk 2012 als einer der Gewinner hervorgehen und sich somit die zweijährige Förderung für 2013-2014 sichern. Wesentliche Teilnahmevoraussetzung waren ein (touristisches) Partnernetzwerk im ländlichen Raum inklusive der Existenz eines dafür hauptamtlich zuständigen Koordinators und Netzwerkmanagers (vgl. VWSC Int. 1 2014: 11, 25). Das Budget beläuft sich auf rund 60.000 € für die Jahre 2013-2014.

Die Mittel werden über den Tourismusverband sowie den Verein Landurlaub verwaltet (vgl. VWSC Int. 2 2014: 237ff.).

Das Programm soll generell bei der Etablierung nachhaltiger touristischer Strukturen helfen und bietet dazu der Biosphärenreservats-Verwaltung sowie dem Partnernetzwerk eine Vielzahl an verschiedenen unterstützende Maßnahmen an (vgl. VWSC Int. 1 2014: 503ff.). Diese umfassen u.a. die Bereiche Produktentwicklung, Marketing-Planung, Online-Marketing, nachhaltiges Tourismus-Management, Pauschalreiserechte, Presse- und Öffentlichkeitsarbeit, Kundenbindung sowie Beschwerde- und Qualitätsmanagement (schriftl. Mitteilung VWSC 2014b). Daneben werden das Biosphärenreservat sowie die Partner-Initiative in das aktive Marketing über den Tourismusverband eingebunden, was eine Vielzahl an Maßnahmen umfasst. Dazu zählen z.B. Teilnahme an Messen 2013/2014 (Grüne Woche, ITB, Mitbewerbung durch Landestourismusverband auf weiteren Messen), Rundfunkbeiträge (z.B. Radio B2 Berlin, Radio Cottbus), ein professioneller Imagefilm, Anzeigen und Reportagen (z.B. Reisetipp „Welt Am Sonntag", Wanderbares Deutschland, Naturerlebnisbroschüre Metropolregion Hamburg) sowie weitere Marketingaktivitäten die z.B. die Überarbeitung des Internetauftritts, ein Visitenkartensystem sowie verschiedene Imagebroschüren umfassen (schriftl. Mitteilung VWSC 2014b). Die Teilnahme wird sowohl im Hinblick auf Kooperationsstrukturen, Marketing und Qualifizierung der Partnerbetriebe als sehr vorteilhaft betrachtet (vgl. VWSC Int. 1 2014: 47, 95, 503).

Im **Biosphärenreservat Vessertal-Thüringer Wald** stellt die erfolgreiche Teilnahme am „Wettbewerb Tourismusbudget 2013", vergeben durch das Thüringer Ministerium für Wirtschaft, Arbeit und Technologie, im Hinblick auf die Einwerbung von Fördermitteln eine Besonderheit dar. Unter dem Arbeitstitel „NATUR-Erfahrung Biosphäre" nahmen diverse Projektpartner, u.a. Städte und Gemeinden, Tourist-Informationen, Hotels, Regionalverbund Thüringer Wald e.V., Verband Naturpark Thüringer Wald, Rennsteigbahn GmbH, unter der Federführung und Koordination der Verwaltung des Biosphärenreservats an der Ausschreibung teil und konnten den Wettbewerb für sich entscheiden (schriftl. Mitteilung VWVTW 2014). Von Juli 2013 bis Dezember 2015 stehen der Biosphärenreservats-Verwaltung für die Umsetzung der Antragsziele, die im Wesentlichen einen Ausbau der Naturerlebnisse und der umweltfreundlichen Mobilität sowie eine verbesserte Kooperation auf regionaler Ebene und verbesserte Vermarktung der Destination umfassen, rund 375.000 € zur Verfügung (schriftl. Mitteilung VWVTW 2014; VWVTW Int. 1 2014: 17). Im Rahmen des Tourismusbudgets ist in der Biosphärenreservats-Verwaltung zur Umsetzung der Kernstrategie des Tourismusbudgets eine temporäre Koordinierungsstelle geschaffen worden (vgl. LANDRATSAMT ILM-KREIS 2013: 11).

Für die erfolgreiche Bewerbung waren eine Vielzahl von Vorbereitungen bzw. die Schaffung bestimmter Voraussetzungen notwendig (vgl. VWVTW Int. 1 2014: 7f.):

- Entwicklung einer konkreten Zielsetzung zur touristischen Inwertsetzung des Biosphärenreservats als attraktive Destination seitens der Biosphärenreservats-

Verwaltung und die Bereitschaft, den erhöhten Koordinations- und Arbeitsaufwand zu bewältigen (z.B. Antragstellung)

- Informationsarbeit und Kooperation mit regionalen Akteuren insbesondere aus dem Bereich Tourismus (z.B. wie die Marke „UNESCO-Biosphärenreservat" touristisch kommuniziert werden kann)

- Konzeptionelle Vorüberlegungen und Planungen unter aktiver Einbindung der regionalen Akteure betreffend: Angebote, Marketing, Markenpositionierung, Kooperationsebenen und -partner für einen nachhaltigen Tourismus im Kontext des Biosphärenreservats

- Unterstützung seitens der regionalen politischen Akteure (Landrätin erkennt Biosphärenreservat als Chance)

- Einbindung der Marke NNL in die Landestourismuskonzeption Thüringens durch die Thüringer Tourismus Gesellschaft und adäquate, in die Konzeption integrierbare Angebote auf Biosphärenreservats-Ebene (z.B. Online-Buchbarkeit)

- günstiges Timing mit Themenjahr „UNESCO Welterbe in Thüringen" (2014) und DZT Themenjahr „Faszination Natururlaub" (2016)

- Interdisziplinäres und fachliches Know-how (Tourismus, ÖPNV, etc.) sowie querschnittsorientiertes, verknüpfendes Denken

Aus Sicht der Biosphärenreservats-Verwaltung erreicht man durch die Teilnahme am Tourismusbudget im Hinblick auf die Kooperation mit der Landestourismusorganisation bzw. der Integration eigener touristischer Angebote in die touristischen Strukturen eine Qualität, von der man vor fünf Jahren noch *„geträumt"* hätte (VWVTW Int. 1 2014: 35). Man ist sich jedoch des kurzweiligen Charakters des Programms bewusst und versucht die Förderung möglichst auch langfristig zum Vorteil des Biosphärenreservats bzw. der Region zu nutzen (*„[...]dass man jetzt Weichen stellt für die Arbeit der nächsten Jahre"*) (VWVTW Int. 1 2014: 49).

7.3.4 Weitere Fördermöglichkeiten

Neben dem regulären Haushalt und den angesprochenen Förderungen auf europäischer und Länderebene zeichneten sich in den Gesprächen weitere Strukturen ab, über die finanzielle Mittel im Sinne des Biosphärenreservats im Bereich einer nachhaltigen Regionalentwicklung durch Tourismus wirksam werden. Dabei handelt es sich z.T. um Förder- bzw. Trägervereine (z.B. Schaalsee, Rhön), die bereits angesprochenen Naturparke, Sponsoren oder Stiftungen wie z.B. im Falle des Biosphärenreservats Schaalsee oder Vessertal und regionale Arbeitsgemeinschaften wie z.B. die ARGE in der Rhön.[97]

In den **Biosphärenreservaten Pfälzerwald, Südost-Rügen, Vessertal-Thüringer Wald und Spreewald** wurden sowohl im Rahmen der Interviews als auch des Evaluierungsberichtes keine weiteren Strukturen (neben den oben bereits aufgeführten Partnern im Rahmen der LEADER Projekte oder anderer Fördermechanismen) bzw. Förderungen genannt, die aus touristischer Entwicklungsperspektive für das Biosphärenreservat relevant wären. Die Kooperation mit dem Förderverein des Biosphärenreservats Vessertal-Thüringer Wald war zum Zeitpunkt des Interviews aufgrund personeller Gründe („*Also wie sagt man da: Der Mensch hält's.*" VWVTW Int. 2 2014: 52) nicht gegeben, was mitunter auch ein Grund für die geringe Beteiligung an Projekten der RAGn darstellt. In Südost-Rügen sowie dem Spreewald wurden zum Zeitpunkt des Interviews keine weiteren Fördermöglichkeiten über Förder- oder Trägervereine genannt (vgl. VWSW Int. 1 2014; VWSOR Int. 1 2014).

Im Biosphärenreservat **Rhön** stellt sich die Situation, nicht zuletzt aufgrund der Beteiligung von drei Bundesländern, deutlich komplexer dar. Es existiert eine Vielzahl an weiteren Fördervereinen bzw. Partnern, über die Förderungen im Rahmen touristischer Entwicklungsbemühungen eingeworben werden. Zu nennen sind hier insbesondere die jeweiligen Fördervereine, die mit den Verwaltungsstellen zusammenarbeiten: Verein Naturpark Bayerische Rhön e.V., in Hessen der Verein Natur- und Lebensraum Rhön sowie das Thüringer Rhönforum e.V., wobei dieser nicht als „echter" Trägerverein, insbesondere im Ländervergleich, betrachtet wird (schriftl. Mitteilung RF 2015a). Die Förderungen auf bayerischer und hessischer Seite wurden im Wesentlichen im Rahmen der LEADER-Projekte bzw. der regulären finanziellen Mittel und Zusatzmittel durch den jeweiligen Verein bzw. Naturpark dargestellt (vgl. Kap. 7.2.1 und 7.3.1.2).

Auf thüringischer Seite arbeitet die Verwaltungsstelle im Fachbeirat des Rhönforums mit, wobei insbesondere naturschutzrelevante Belange bei Tourismusprojekten bzw. dem Ausbau touristischer Infrastruktur im Vordergrund stehen. Dabei speist sich das Regionalbudget aus den Mitteln des Thüringischen Wirtschafsministeriums im Rahmen der Gemeinschaftsaufgabe „Verbesserung der regionalen Wirtschaftsstruktur", was jedoch nicht das Biosphärenreservat zur Grundlage bzw. als Voraussetzung hat, sondern die Tourismusregion bzw. das Mittelgebirge Rhön (Förderzeitraum 2009-2015) (schriftl. Mitteilung RF 2015b). Daneben werden teilweise touristische Maßnahmen im Naturschutzgroßprojekt „Thüringer Rhönhutungen" (2005-2016) in Trägerschaft des Landschaftspflegeverbandes Biosphärenreservat Thüringer Rhön e.V. durchgeführt (vgl. THVWR Int. 1 2014: 119). Anderweitige Projekte umfassen auch größere Investitionen wie z.B. der Ausbau des Naturerlebnisgarten Zella (125.000 €), von Museen (z.B. Point Alpha: 73.000 €) und weiteren Infozentren und Umweltbildungsstätten (Schwarzes Moor: 2,4 Mio. € oder Umweltbildungsstät-

---

97 In den Gesprächen wurde versucht, einen Großteil der Förderungen zu erfassen, ergänzt durch die Recherche in den jeweiligen Evaluierungsberichten. Das Kapitel dient insbesondere dazu, die verschiedenen Förderstrukturen und -mechanismen sowie deren Größenordnung näherungsweise darzustellen. Eine komplette Erfassung aller Mittel und Mittelgeber war aus erhebungsmethodologischen Gründen, wie z.B. begrenzten Zeitbudgets der Interviewpartner oder dem Wunsch, finanzielle Informationen nicht Preis zu geben, nicht möglich.

te Oberelsbach: 5,3 Mio. €), meist über Landes-, Bundes- und z.T. EU-Mittel finanziert. Hier ist das Biosphärenreservat teilweise Initiator bzw. durch seine Mitarbeit aktiv (schriftl. Mitteilung THVWR 2014). Projekte wie z.B. die Dachmarke Rhön, Premiumwanderweg „Der Hochrhöner", Sternpark und Rotmilanprojekt werden i.d.R. durch die Biosphärenreservats-Verwaltungen initiiert und in ihrer weiteren Entwicklung in die Trägerschaft der regionalen Kooperationsstruktur ARGE Rhön übergeben und dadurch finanziell gefördert (z.B. Hochrhöner: 125.000 €, Sternpark: 20.000 €), z.T. unter weiterer Einwerbung von Fördermitteln durch LEADER (vgl. HEVWR Int. 1 2014: 47; schriftl. Mitteilung ARGE Rhön 2015). Die ARGE Rhön stellt eine länderübergreifende Arbeitsgemeinschaft dar, der die fünf Rhön-Landkreise sowie die oben genannten Trägervereine angehören. Die ARGE finanziert sich u.a. über die beteiligten Landkreise (schriftl. Mitteilung ARGE Rhön 2015).

Neben den regulären finanziellen Mitteln im Bereich Tourismus und Regionalvermarktung, dem LandArt-Projekt sowie einzelnen, in Kooperation mit der LAG geförderten Projekten, werden im Biosphärenreservat **Schaalsee** weitere Mittel im Bereich Tourismus verausgabt. Dazu zählen größere Investitionen im Rahmen der Modernisierung des Pahlhuus bzw. Grenzhus über Landesmittel sowie Drittmittelgeber wie z.B. Sparkasse, Metropolregion Hamburg und die Allianz Umweltstiftung, mit insgesamt mehr als 500.000 € (schriftl. Mitteilung VWSC 2014a; Ministerium für Landwirtschaft, Umwelt und Verbraucherschutz Mecklenburg-Vorpommern 2010: 73). Wichtiger Unterstützer und Akteur, über den sowohl eigenständig als auch im Rahmen gemeinsamer Projekte mit dem Biosphärenreservat touristische Mittel verausgabt werden, stellt der Förderverein Biosphäre Schaalsee e.V. dar (vgl. FVSC Int. 1 2015: 16f.). Der Verein dient teilweise als Institution um Mittel einwerben zu können, was dem Biosphärenreservat als staatliche Institution nicht möglich ist (vgl. FVSC Int. 1 2015: 24). Daneben wird viel Marketing-, Öffentlichkeits- und Projektarbeit (z.B. See-Pferd-Tour, Biosphäre-Schaalsee Markt, regionale und überregionale Präsentation des Biosphärenreservats) geleistet, die zum einen durch Personalaufwand[98] bestritten wird und monetär nicht genau zu beziffern ist. Zum anderen werden über 20 touristisch relevante Projekte, durchgeführt in Eigenregie oder in Kooperation mit dem Biosphärenreservat, angegeben, die z.T. finanziellen Input seitens des Fördervereins beinhalten (vgl. Förderverein Biosphäre Schaalsee e.V. 2015; FVSC Int. 1 2015: 30, 34).

7.3.5 Fördermöglichkeiten und -strukturen als Erfolgsfaktor

Im Vergleich zur regulären finanziellen und personellen Ausstattung der Biosphärenreservate im Bereich Tourismus und Regionalvermarktung können Förderprojekte verschiedenster Art, selbst im kleineren Umfang, eine relevante Option für die Schutzgebiete darstellen, Tourismus im Rahmen einer nachhaltigen Entwicklung zu gestalten. Der sektorübergreifende Ansatz der einzelnen Förderungen ermöglicht Biosphärenreservats-Verwaltungen ihre traditionelle Rolle als Schutzinstanz zu erweitern und im Bereich der nachhaltigen Regionalentwicklung zu agieren.

---

98 Im Förderverein arbeiten zwei Personen Vollzeit, zwei Teilzeit.

Neben der von allen Biosphärenreservaten in Anspruch genommenen LEADER-Förderung stellen spezielle, auf Tourismus ausgerichtete Förderprogramme, eine vielversprechende Möglichkeit dar (bspw. Vessertal-Thüringer Wald, Schaalsee), welche die Biosphärenreservate, wenn auch auf begrenzte Zeit, als touristischen Akteur handlungsfähiger werden lassen. Die Höhe der sowohl auf diesem Weg als auch über die LAGn eingeworbenen Mittel übersteigt die Mittel im Bereich Tourismus und Regionalvermarktung im Rahmen des regulären Haushaltes um das Vielfache.

Im Vergleich dazu existieren im Hinblick auf die Partner- bzw. Regionalvermarktungsinitiativen, wie in Tabelle 22 dargelegt, trotz der geringen regulären Haushaltsmittel relativ wenige weitere Förderprojekte in Kooperation mit den LAGn. Die vereinzelten Beispiele sind i.d.R. anderen Regionalvermarktungs-Projekten mit Bezug zum Biosphärenreservat zuzuordnen. Ausnahme bildet hier die Regionalmarke am Schaalsee, wo insgesamt elf Projekte über Partnerbetriebe abgewickelt wurden, jedoch nur eins davon im expliziten Regionalvermarktungskontext (Biosphäre-Schaalsee-Markt). Mit dem LandArt Projekt existiert hier aber zusätzlich ein Förderprojekt, das speziell die Regionalmarke „Mit Leib und Seele" fördert.

Die Akquise von Fördermitteln ist jedoch mit einem nicht zu unterschätzenden Aufwand verbunden und setzt entsprechende Kapazitäten und Expertise auf Seiten der Biosphärenreservats-Verwaltungen voraus. Die Ausführungen zeigen, dass folgende Aspekte für die Einwerbung der Mittel, die im Rahmen der Tourismusentwicklung eingesetzt werden können, relevant sind:

- Förderschwerpunkte der LEADER-Region und Förderrichtlinien

- Trägerfunktion und Anteilsfinanzierung seitens des Biosphärenreservats

- Unterstützung durch Fördervereine

- Parallelstrukturen inkl. erhöhter Transaktionskosten bzw. Übereinstimmung der räumlichen Kulissen

- Institutionelle und organisatorische Nähe sowie Übereinstimmung in der Zielsetzung zwischen Biosphärenreservat und LAG

- Selbstverständnis des Biosphärenreservats, mitunter bedingt durch administrative Angliederung

- Ressourcenkapazität (Stellen, Expertise)

- Menschliche Komponente

- Unterstützung politischer Akteure auf Ebene der Region

- Akzeptanz des Biosphärenreservats in der Region und Integration des Biosphärenreservats in das Netzwerk der Akteure im Bereich Regionalentwicklung

- Existenz entsprechender Förderprogramme (INTERREG, Tourismusförderung)

Die hier aufgezählten Faktoren beeinflussen die Beteiligung an Förderprogrammen, durch die das Biosphärenreservat als aktiver Akteur im Bereich des Tourismus und der Regionalentwicklung wirken und in der Folge wahrgenommen werden kann. Fördermechanismen durch den Landestourismusverband bzw. die Wirtschaftsministerien auf Landesebene werden bisher in zwei der sechs Untersuchungsgebiete genutzt. Diese bieten aufgrund der Schwerpunktsetzung und der dadurch intensivierten, sektorübergreifenden Kooperation zwischen dem „Naturschutzakteur" Biosphärenreservat und den primär zuständigen Tourismusakteuren einen idealen Ansatz, die Entwicklungsfunktion stärker zu bedienen.

7.4 Leitbilder und Konzepte

Die nationalen MAB-Kriterien fordern auf Ebene der einzelnen Biosphärenreservate Rahmenkonzepte. Diese dienen *„der Konkretisierung des Leitbildes zu Schutz, Pflege und Entwicklung"* und umfassen Maßnahmen, die *„in den einzelnen Zonen differenziert sowie dem Handlungsbedarf entsprechend priorisiert werden"* (DEUTSCHES MAB-NATIONALKOMITEE 2007: 19). Die Rahmenkonzepte unterscheiden sich zwar leicht in ihrem strukturellen Aufbau, jedoch finden sich für gewöhnlich die Elemente Erfassung, Bewertung und Maßnahmen wieder (vgl. RUSCHKOWSKI 2010: 120). Darüber hinaus ist laut MAB-Kriterienkatalog gefordert, dass spezielle Planungen, u.a. zum Thema nachhaltiger Tourismus, auf Grundlage des Rahmenkonzeptes erarbeitet werden (vgl. DEUTSCHES MAB-NATIONALKOMITEE 2007: 19).

In der Regel besteht hierzu seitens der Biosphärenreservats-Verwaltung jedoch keine Planungskompetenz, weshalb nur unverbindliche Empfehlungen erarbeitet werden (vgl. RUSCHKOWSKI 2010: 121) bzw. Versuche erfolgen können, alle Beteiligten im Sinne einer „Good Governance" zu mobilisieren und die Umsetzung von Maßnahmen zu erreichen (vgl. DRL 2010: 5). So versucht man sich z.B. in Südost-Rügen oder im Pfälzerwald über die ECST in der Region im Bereich der Tourismusplanung einzubringen. Der DRL (2010: 58) und RUSCHKOWSKI (2010: 121) merken an, dass die Verbindlichkeit und Wirksamkeit entsprechender sektoraler Planungen noch nicht ausreichend bekannt ist. Im Folgenden wird anhand von Beispielen dargelegt, warum entsprechende Leitbilder als wichtiger Beitrag zur nachhaltigen Regionalentwicklung durch Tourismus gelten können.

7.4.1 Touristisch relevante Konzepte – Rahmenkonzept sowie touristische Leitbilder und Konzepte

In den betrachteten Biosphärenreservaten enthalten sowohl die Rahmenkonzepte (Rhön, Spreewald, Schaalsee, Vessertal-Thüringer Wald) sowie knappere Substitute in Form von Leitbildern (Pfälzerwald, Südost-Rügen) Kapitel zum Thema Tourismus. Diese umfassen Zielsetzungen, Leitlinien inkl. Kriterien und entsprechende

Maßnahmen- bzw. Handlungsfelder (vgl. Tabelle 23). Dabei tauchen in den Rahmenkonzepten i.d.R. ähnliche Zielsetzungen hinsichtlich der touristischen Entwicklung auf, wenn auch unterschiedlich formuliert. Diese lauten beispielsweise für den Pfälzerwald, die Rhön und den Schaalsee (vgl. AMT FÜR DAS BIOSPHÄRENRESERVAT SCHAALSEE 2004: 12f.; GREBE & BAUERNSCHMITT 1995: IX ff.; NATURPARK PFÄLZERWALD E.V. 2012):

- Steigerung der Wertschöpfung durch naturverträgliche Tourismusformen, z.B. durch die stärkere Etablierung von Wertschöpfungsketten vom Landwirt bis in die Gastronomie

- Qualitätssteigerung des touristischen Angebotes (Gastronomie, Beherbergung)

- Verbessertes Marketing nach innen und außen und Stärkung des „sanften Tourismus"

- Profilschärfung durch Herausstellen der besonderen Kulturlandschaft

Tabelle 23: Biosphärenreservate und touristisch relevante Leitbilder, Konzepte und Programme

Biosphären-reservat	Jahr	Rahmenkonzept/Leitbild Tourismus
Pfälzerwald	2003	Entwicklungskonzept für den deutschen Teil des grenzüberschreitenden Biosphärenreservates Pfälzerwald-Voges du Nord
	2006	Tourismusleitbild Pfälzerwald (ECST)
	2012	Fortgeschriebenes Handlungsprogramm des Naturparks Pfälzerwald – deutscher Teil des grenzüberschreitenden Biosphärenreservates Pfälzerwald-Nordvogesen (2009-2018)
Rhön	1995	Biosphärenreservat Rhön. Rahmenkonzept für Schutz, Pflege und Entwicklung (Inhaltliche Überarbeitung/Neuauflage 2014 bis 2017)
	1996	Tourismus in der Rhön. Tourismus-Leitbild Biosphärenreservat Rhön
	2012	Perspektivenpapier
Schaalsee	2003	Rahmenkonzept Biosphärenreservat Schaalsee (Band I: Leitbild und Ziele, Band II: Bestandsanalyse, Band III: Handlungskonzept, Umsetzungsstrategien, Projektübersicht)
	2012	Handlungsprogramm „LandArt – Landurlaub der besonderen Art"
Spreewald	1998	Biosphärenreservat Spreewald – Landschaftsrahmenplan
	2012	Masterplan Naturverträglicher Wassertourismus Spree-Spreewald
Südost-Rügen	2010	Touristisches Leitbild für das Biosphärenreservat Südost-Rügen (ECST)
	2014	Leitbild für das Biosphärenreservat Südost-Rügen
Vessertal-Thüringer Wald	2006	Rahmenkonzept Biosphärenreservat Vessertal-Thüringer Wald
	2013	Wettbewerb Tourismusbudget 2013 – Naturerfahrung Biosphäre

Quelle: Eigene Erhebungen

Neben der großen thematischen Breite der Rahmenkonzepte – diese umfassen in der Regel ein breites thematisches Spektrum betreffend Ökosysteme, Landwirtschaft, Siedlung und Verkehr, Dienstleistungssektor u.v.m. – wird im Hinblick auf die regionale Relevanz im Bereich des Tourismus z.T. auf das Alter hingewiesen. Im Spreewald wird angemerkt, dass es zwar eine umfassende Planung hinsichtlich Tourismus beinhaltet, jedoch aufgrund des Alters eine dringende Überarbeitung notwendig ist, was jedoch aufgrund von Zeit- und Geldmangel nicht geleistet werden kann (vgl. VWSW Int. 1 2014: 55). In der Rhön begegnete man diesem Sachverhalt 2012 durch ein Perspektivenpapier, einer vorläufigen Orientierungshilfe und Handlungsgrundlage bis zur Fertigstellung des aktualisierten, neuen Rahmenkonzepts 2017, in dem das Thema nachhaltiger Tourismus einer der zentralen Eckpfeiler sein wird (vgl. HEVWR Int. 2 2014). Seit dem Jahr 1996, kurz nach der Veröffentlichung des ersten Rahmenkonzepts, existiert noch ein umfassendes Tourismusleitbild. Dieses konnte, aufgrund von *„Gegenwind"* (HEVWR Int. 2 2014: 79) durch die zuständigen Personen im Tourismus, die dem Biosphärenreservat damals jegliche Kompetenzen im touristischen Bereich abgesprochen haben, keine regionale Wirksamkeit erlangen (BYVWR Int. 1 2014: 115).

Idealerweise genießt das Rahmenkonzept erhöhte Relevanz über die Verwaltungsstelle hinaus und es kommt zur Umsetzung von Maßnahmen im Bereich des Tourismus auf regionaler Ebene, wie z.B. explizit betont im Biosphärenreservat Schaalsee. Hier wird von der Verwaltungsstelle stets versucht, Aspekte des Rahmenkonzepts bei der Erstellung des regionalen Entwicklungskonzepts der LAG einfließen zu lassen und das Biosphärenreservat zu einem wesentlichen Inhalt zu machen, was an verschiedenen Punkten gelingt und sich in Form entsprechender Förderprojekte in der Region niederschlägt (vgl. VWSC Int. 1 2014: 229, 242 bzw. Kapitel 7.3.1). Was mit der LAG funktioniert, war an anderer Stelle nicht möglich. Das im Rahmenkonzept verankerte Ziel einer zentralen Tourismusorganisation (vgl. Amt für das Biosphärenreservat Schaalsee 2004: 13) galt aufgrund unterschiedlicher Ansprüche der Landkreise und Kommunen sowie der Tourismusverbände als *„nicht praktikabel"* (VWSC Int. 1 2014: 225) und konnte nicht realisiert werden.

Im Pfälzerwald wird durch das allgemeine Entwicklungskonzept des Biosphärenreservates die Ausarbeitung eines Besucherlenkungskonzepts sowie dessen Umsetzung festgelegt (vgl. Naturpark Pfälzerwald e.V. 2012: 6). Mit dem „Besucherlenkungs- und Informationskonzept Naturpark Pfälzerwald" (vgl. BTE 2010) ist diese Aufgabe angegangen worden. Die Umsetzung fand u.a. über diverse LEADER-Projekte statt (schriftl. Mitteilung LAGPW 2015) und gewinnt so regionale Relevanz. Ebenso gelang es, weitere Projekte im Sinne des Entwicklungs- bzw. fortgeschriebenen Handlungsprogrammes zur Verbesserung des touristischen Angebotes (Biosphären-Camp) sowie der Regionalvermarktung (Pfälzerwald-Lamm-Initiative) im Rahmen der LEADER Förderung umzusetzen (schriftl. Mitteilung LAGPW 2015).

In Ergänzung zu den Rahmenkonzepten existieren teilweise spezielle Leitbilder für den Sektor Tourismus bzw. dessen Teilbereiche (z.B. Biosphärenreservat Spreewald mit Konzept für naturverträglichen Wassertourismus). Im Fall des Pfälzerwaldes sowie des Südost-Rügens ist man durch die ECST zertifiziert. Dahingehend werden durch die Verwaltungen des Pfälzerwaldes folgende Voraussetzung, positiven Effekte aber auch Probleme benannt:

- Als Voraussetzung zur erfolgreichen Etablierung von Projekten ist die Koordinierungsfunktion zu erfüllen, in diesem Fall durch die Biosphärenreservats-Verwaltung: *„Man braucht jemanden, der sich kümmert [...], der das in die Hand nimmt, die Kooperation. Und wenn so ein Projekt erfolgreich ist, dann ist es oft auch ein Selbstläufer"* (VWPW Int. 1 2014: 272).

- Die breite Beteiligung bei der Erstellung des Leitbildes und in der Folge weitreichende regionale Kenntnisnahme ist Voraussetzung und positiver Effekt zugleich (vgl. VWPW Int. 1 2014: 138ff.).

- Insbesondere in der Vernetzung und den dadurch ermöglichten Kooperationsprojekten werden Vorteile gesehen: *„Da sind einige Kooperationen entstanden, die es heute auch noch gibt [und] ohne die auch viele Projekte gar nicht möglich gewesen wären. Und immer wenn Kooperationen entstehen, dann gewinnt auch das Angebot an Stärke"* (VWPW Int. 1 2014: 218).

- Durch die Beteiligung und den Prozess an sich wird ein hoher Umsetzungsgrad erreicht: von rund 40 Projekten werden gut die Hälfte realisiert (vgl. VWPW Int. 1 2014: 152). Dazu zählt jedoch nicht, wie ursprünglich angedacht, ein einheitliches Destinationsmanagement für den Pfälzerwald, dessen Fehlen nach wie vor als Defizit betrachtet wird (vgl. Verein Naturpark Pfälzerwald e.V. 2013: 26)

- Als wünschenswert wird eine stärkere Verbindlichkeit des Leitbildes erachtet, die lediglich ein *„Angebot zur freiwilligen Mitarbeit"* darstellt. *„Es gab keine Verbindlichkeit, wo [...] ein Vertrag geschlossen worden [wäre] mit den Verbandsgemeinden [oder] kreisfreien Städten, [so dass] alle tatkräftig das Leitbild umsetzen. Das wäre natürlich eine tolle Geschichte gewesen"* (VWPW Int. 1 2014: 146).

Als wesentliche Vorteile des Charta-Prozesses werden im Biosphärenreservat Südost-Rügen die intensive Kooperation mit den touristischen Institutionen, die Etablierung langfristiger Kooperationsstrukturen, die Integration touristischen Knowhows durch externe Beratung sowie die Durchführung von diversen Projekten z.B. im Bereich „Gemeinsame Vermarktung und einheitlicher Auftritt", „Schärfung der Alleinstellungsmerkmale" oder „Vermarktung regionaler Produkte" im Rahmen eines konkreten, auf fünf Jahre angelegten Maßnahmenplanes (2012-2016), genannt (vgl. VWSOR Int. 1 2014: 148, 156, 236, 256f.). Zur Realisierung des normativen Anspruchs zielt dieser insbesondere auf die praktische Umsetzung ab und legt Zuständigkeiten und Umsetzungsfristen fest, um so die Praxisnähe und eine erfolgreiche Implementierung zu gewährleisten. Der Maßnahmenkatalog ist in direkter Anlehnung an die Ziele des Leitbildes erarbeitet worden, darunter finden sich auch Maßnahmen, die langfristiger angelegt sind und über das jetzige Leitbild hinaus als Ansatzpunkt für eine Fortschreibung dienen können. Insgesamt konnten im Biosphärenreservat Südost-Rügen rund 20 Projekte der 51 angedachten bisher durchgeführt werden (Stand: 07/2014), wobei der Charta-Prozess noch bis inklusive 2016 läuft (schriftl. Mitteilung VWSOR 2014). Dabei einigte man sich u.a. im Rahmen des

Charta-Prozess auf zehn Gemeinden als sogenannte Biosphärenregion (vgl. Karte 7) mit direktem Bezug zum Biosphärenreservat. Damit will man geschlossen als Teilregion der Insel Rügen auftreten, stärker wahrgenommen werden und das Schutzgebiet stärken (vgl. VWSOR Int. 1 2014: 208ff.; DWIF 2010; AMT FÜR DAS BIOSPHÄRENRESERVAT SÜDOST-RÜGEN 2011: 43).

Als dritte Art von touristischen Leitbildern wird hier die Teilnahme an Programmen bzw. Förderungen durch die jeweiligen Landesministerien für Wirtschaft bzw. die Landestourismusorganisationen betrachtet. Diese stellen zwar keine durch die Biosphärenreservate entwickelten Leitbilder im engeren Sinne dar, es sind jedoch Handlungsgrundlagen und Maßnahmenpläne vorhanden. Wesentliche übergeordnete Zielsetzung des Programms „LandArt" im Biosphärenreservat Schaalsee ist es, den Tourismus im ländlichen Raum Mecklenburg-Vorpommerns nachhaltig zu entwickeln und durch marktgerechte Produkte sowie professionelles Marketing sowohl die Nachfrage als auch die Gästezufriedenheit zu steigern und das Image des touristischen Angebotes zu verbessern (vgl. DWIF 2014: 5). Im Biosphärenreservat Vessertal-Thüringer Wald ist auf Ebene der Landestourismusorganisation, in Vorbereitung auf das Themenjahr „Welterbeland Thüringen 2014", mit der Entwicklung von buchbaren Naturerlebnisangeboten in Kombination mit umweltfreundlichen Verkehrsangeboten begonnen worden. Mit dieser Ausrichtung auf übergeordneter Ebene wird eine Entwicklung der Naturerlebnisangebote, einhergehend mit einer Neupositionierung des UNESCO-Biosphärenreservates unter der regional weiter gefassten Dachmarke Thüringer Wald, als möglich und wünschenswert erachtet (vgl. LANDRATSAMT ILM-KREIS 2013: 5). Wesentliche Voraussetzungen für bzw. Vorteile durch die Programme sind in Kapitel 7.3.3 benannt. Hervorzuheben ist gegenüber den Rahmenkonzepten bzw. den speziellen Leitbildern, dass die letztgenannte Art mit einer erheblichen finanziellen und institutionellen Unterstützung durch die relevanten Tourismusorganisationen einhergeht, was mitunter berechtigter Grund zur Annahme für einen entsprechend hohen Wirkungsgrad der Projekte ist, von den Biosphärenreservaten dementsprechend auch als *„angenehme Position"* (VWVTW Int. 1 2014: 7ff) aufgefasst wird (vgl. VWSC Int. 1 2014: 557).

7.4.2 Touristisches Leitbild als Erfolgsfaktor

Wie die Ausführungen zeigen, können die Rahmenkonzepte und darin enthaltene Ausführungen zum Tourismus bzw. spezielle Leitbilder einen wesentlichen Beitrag leisten, Tourismus im Sinne einer nachhaltigen Regionalentwicklung zu entwickeln. Es handelt sich jedoch nicht um echte Planungskompetenzen seitens des Biosphärenreservats, sondern Angebote an regionale Akteure, entsprechend mitzuarbeiten. Sind die Leitbilder bzw. entsprechende Maßnahmenpläne unter breiter regionaler Partizipation erarbeitet worden, steigert sich die Erfolgschance auf eine Umsetzung. Ebenso können die Biosphärenreservate maßgeblich im Zuge der Förderprogramme seitens der Wirtschaftsministerien und Landestourismusverbände die regionale, touristische Entwicklung beeinflussen. Folgende Faktoren sind – neben dem eigentlichen Inhalt bzw. den angedachten Maßnahmen des Leitbildes – als ausschlaggebend für den Wirkungsgrad und Erfolg anzusehen:

- Alter des Konzeptes und Aktualität

- Regionale Relevanz und Verbindlichkeit

- Beteiligungsgrad regionaler Akteure bei der Erarbeitung und Akzeptanz des Leitbildes

- Bereitschaft zur Übernahme der Koordinierungsfunktion durch Biosphärenreservat

- Ressourcen zur Umsetzung des Leitbildes bzw. der Maßnahmen unter der Federführung des Biosphärenreservats

- Einstellung der relevanten regionalen Tourismusverantwortlichen gegenüber dem Leitbild

- Integration von Maßnahmen in Fördermechanismen (LAG, Landestourismusverband etc.)

- Externes Know-how durch professionelle Tourismusakteure

- Evaluation der Strategien

Die in Kapitel 7.1 bis 7.4 dargelegten Ausführungen beleuchten insbesondere die generellen Voraussetzungen einer Einflussnahme durch Biosphärenreservats-Verwaltungen auf die regionale Tourismusentwicklung. Im Folgenden werden Ansätze betrachtet, wie die Verwaltungen im Rahmen ihrer Möglichkeiten Einfluss nehmen auf die touristischen Angebote und Dienstleistungen der Destination, sowohl durch eigene Angebote als auch in Kooperation mit weiteren Akteuren. Dazu erfolgt zuerst eine Bestandsaufnahme von Angebotselementen im Kontext der Biosphärenreservate sowie dazu ergänzend, wichtige, die Angebote beeinflussende Faktoren, die z.B. den Bereichen Marketing und Kooperation zuzuschreiben sind.

7.5 Touristische Angebotsentwicklung durch Biosphärenreservate

Das folgende Kapitel beleuchtet, inwieweit Biosphärenreservate eigene touristische Angebote erstellen bzw. zur touristischen Angebotsentwicklung auf Ebene der Destination beitragen. Die Angebotserstellung wird dabei explizit in den MAB-Kriterien genannt: *„Die Erhaltung des touristischen Kapitals (Natur, Landschaft und Kultur) erfordert ein entsprechendes touristisches Leitbild, ein Besuchermanagement und die Entwicklung von nachhaltigen touristischen Angeboten"* (DEUTSCHES MAB-NATIONALKOMITEE 2007: 23). Neben diesem Auftrag wird durch die logistische Funktion der Biosphärenreservate indirekt eine touristische Angebotserstellung vorgenommen: die in den Kriterien geforderten Aspekte wie BNE-Angebote und Öffentlichkeitsarbeit, Besucher- und Informationszentren sowie Besucherlenkung und -betreuung (vgl. Deutsches MAB-Nationalkomitee 1996: 17) können als touristisches Angebot gelten (vgl. Weizenegger 2006: 125).

Neben einer umfassenden Bestandsaufnahme der Angebote wird erläutert, inwieweit die Biosphärenreservate daran arbeiten, ihre eigenen Angebote in touristische Wertschöpfungsketten der Destination zu integrieren sowie die Qualität der Angebote zu steigern und zu erweitern. Ebenso werden weitere Handlungsfelder, die zu einer regionalen Wertschöpfungssteigerung auf regionaler Ebene beitragen wie z.B. Saisonausgleich, Zielgruppenorientierung und Vermarktung beleuchtet. Dabei werden in den Gesprächen Hindernisse sowie Erfolge im Bereich der Angebotserstellung offenbar, die es erlauben, die bisherigen Erfolgsfaktoren zu ergänzen. Laut Sims (2009) stellen regionale Speisen und Produkte einen wichtigen Faktor für Attraktivität einer Destination dar und können somit als Angebotselement betrachtet werden. Aufgrund der Umfänglichkeit dieser Thematik werden die wesentlichen Initiativen in diesem Bereich – Partner-Initiativen, Regionalmarken und Dachmarken – die auch unter dem Aspekt „Qualitätssteigerung und touristisches Alleinstellungsmerkmal" stehen, in Kapitel 7.7 behandelt.

7.5.1 Touristisches Angebotsspektrum der Biosphärenreservate

Einen tabellarischen Überblick der touristischen Angebote der Biosphärenreservate gibt Anhang 22 bis inklusive Anhang 27. Die Einteilung beruht im Wesentlichen auf den Kategorien von Revermann & Petermann (2002: 54) bzw. Diepolder & Feige (2000: 216ff.):

(1) Informationszentren und daran gebundene Angebote

(2) Klassische Informationsangebote/Kommunikationsangebote

(3) Angebote Besucherbetreuung, Naturerlebnisangebote und BNE

(4) Wegeinfrastruktur und Besucherlenkung

(5) Angebote mit Veranstaltungscharakter und Pauschalen

In der dritten Kategorie wurden v.a. die in Kooperation erstellten Angebote z.B. mit zertifizierten Natur- und Landschaftsführern oder Partnerbetrieben berücksichtigt. Die Darstellung verfolgt insbesondere das Ziel, den Status-Quo der Aktivitäten im Bereich der Angebotserstellung zu erfassen. Dabei liegt der Schwerpunkt insbesondere auf der Bandbreite der touristischen Angebote durch Biosphärenreservate. Die Zusammenstellung zeigt, inwieweit man mit nachhaltigen, authentischen Angeboten die Bekanntheit des Großschutzgebietes bzw. die regionale Wertschöpfung zu steigern versucht und dadurch zur Destinationsentwicklung beiträgt. Im Zuge der folgenden Darstellungen werden einzelne Angebotsbereiche sowie relevante Faktoren für eine attraktive Angebotsgestaltung durch Biosphärenreservate dargestellt.

7.5.1.1 Informationszentren und zugehörige Angebote

In den untersuchten Biosphärenreservaten sind teilweise die durch das MAB-Nationalkomitee geforderten (vgl. Deutsches MAB-Nationalkomitee 2007: 9), hauptamtlichen, ganzjährig betreuten Informationszentren oder bzw. zusätzlich, diverse dezentrale Informationszentren existent. Die Informationszentren beherbergen neben einer Ausstellung über das Biosphärenreservat u.a. wechselnde Ausstellungsangebote, die sich i.d.R. im weitesten Sinne um den Natur- bzw. Kulturraum drehen. Das Informationszentrum wird i.d.R. durch weitere, eigene Angebote ergänzt: so bilden die Vorträge, Führungen, sowie Veranstaltungen zusätzlich Elemente in nahezu allen Infozentren.[99] Weitaus weniger verbreitet ist die Existenz bzw. Integration eines kleinen Regionalladens bzw. einer „regionalen Ecke", die sowohl als touristisches Angebot das Informationszentrum aufwerten als auch Partnerbetrieben eine Informations- und Absatzplattform bieten kann und in welchen Produkte aus der Region verkauft werden (vgl. Anhang 22 & Anhang 23).

Nicht alle Verwaltungen sind mit dem aktuellen Stand ihrer Informationszentren zufrieden: So wird in der Rhön auf hessischer Seite ein modernes, den hohen Besucherzahlen der Wasserkuppe gerecht werdendes Besucherzentrum (auch als Schlecht-Wetter Angebot) sowie dessen Integration in ein touristisches Gesamtkonzept für die Wasserkuppe als notwendig erachtet (vgl. HEVWR Int. 1 2014: 144). *„Also das wär sicherlich eine der großen Herausforderungen, dass wir auf der Wasserkuppe ein Informationszentrum bekommen, das internationalen Standards entspricht, das barrierefrei ist, das mehrsprachig ist, das kinder- und seniorengerecht ist und das neben Informationen auch ein Stück weit Entertainment [und] Filme umfasst, so wie das mittlerweile große Infozentren wie an der Müritz [...] oder auch die skandinavischen Infozentren seit vielen Jahren vormachen. Das ist ein absolutes Defizit"* (HEVWR Int. 2 2014: 145).

Am anderen Ende der Spannweite liegt das Pahlhuus am Schaalsee. Hier versucht man u.a. durch eine Erneuerung und Modernisierung der Ausstellung sowie viele interaktive Ausstellungselemente, die in verschiedenen Infozentren des Biosphärenreservates (Schaalsee/Flusslandschaft Elbe) aufgegriffen werden (z.B. interaktiver Medientisch, Informationsbereich Partner-Initiative), den Wiedererkennungswert zu steigern und die festgelegte Marketingstrategie umzusetzen: *„Das sind die Infozentren, die wir so gestalten, dass es immer wiedererkennbar ist, zum Beispiel durch dieses Pad, oder auch durch die Visitenkarten, dass immer wiederkehrende Elemente aufgegriffen werden"* (VWSC Int. 1 2014: 272). Vier dezentrale Informationszentren dienen als Anlaufstellen für das „Biosphärenband Elbe-Schaalsee". Darunter vermarkteten sich die Biosphärenreservate Schaalsee und Elbe im Verbund als Eingangstor in die Metropolregion Hamburg bzw. das Bundesland Mecklenburg-Vorpommern und den Ostsee-Raum. Bei dem Pad handelt es sich um einen interaktiven, digitalen Medien-

---

99 Die dabei aufgeführten Angebote können auch in weiteren Tabellen angeführt werden, da sie mitunter Naturerlebnisangebote sind bzw. Biosphärenreservats-bezogene Veranstaltungen darstellen (z.B. Wandermarathon im Pfälzerwald, Regionalmarkt am Schaalsee).

tisch. Dieser liefert zum einen Informationen zum Biosphärenreservat, zum anderen zeigt er auf einer Karte der Region „points of intrest" zu touristischen Attraktionen und Angeboten. Durch die Ausstellungsstücke sollen Gäste zu einer Verlängerung des Aufenthaltes motiviert werden (vgl. AMT FÜR DAS BIOSPHÄRENRESERVAT SCHAAL-SEE 2012).

Eine im Vergleich seltene Kombination stellt die Unterbringung des Infozentrums mit diversen weiteren regionalen Institutionen unter einem Dach dar, vorzufinden bei dem im Jahr 2015 eröffneten Infozentrum in Schmiedefeld im Biosphärenreservat Vessertal-Thüringer Wald. Hier erfolgt eine Mehrzweckbelegung durch die Informationsausstellung zum Biosphärenreservat sowie die Verwaltung mit Besucher- und Seminarräumen, die Tourist-Information sowie das Rennsteighaus des Regionalverbundes (vgl. VWVTW Int. 1 2014: 45).

In den untersuchten Biosphärenreservaten stellen die Informationszentren touristische Angebote dar, die in Teilen jedoch modernisierungsbedürftig sind bzw. noch nicht den mittlerweile etablierten internationalen oder nationalen Standards hinsichtlich Architektur, Ausstellungen, Multifunktionalität etc. entsprechen (siehe weiterführend zu Standards REVERMANN & PETERMANN 2002: 60f.).

7.5.1.2 Informations- und Kommunikationsangebote

Zu den Aufgaben der Biosphärenreservats-Verwaltungen gehört auch die Öffentlichkeitsarbeit. Unter Verwendung des Logos der Dachmarke NNL ist kontinuierliche Informations- und Aufklärungsarbeit zu leisten, wobei lokale Akteure miteinbezogen werden sollen. Eine größere Bekanntheit, Aufklärung zu den Funktionen und gesteigerte Akzeptanz sind dabei wesentliche Ziele. In die Konzeption sollte dabei unbedingt die Definition der Zielgruppen aufgenommen werden (vgl. DEUTSCHES MAB-NATIONALKOMITEE 2007: 30). Für die untersuchten Biosphärenreservate stellt sich dabei die Frage, ob gezielt Öffentlichkeitsarbeit betrieben wird und welche Informationsmaterialien dafür zur Verfügung stehen.

Allgemeine Informationsbroschüren zu verschiedensten Themen, Faltblätter, Flyer sowie Wanderkarten werden in allen untersuchten Biosphärenreservaten bereitgestellt (vgl. Anhang 24). Des Weiteren sind E-Mail Newsletter allgegenwärtig, in denen über aktuelle Themen und Projekte informiert wird. Alle sechs Biosphärenreservate sind zudem mit Internetauftritten vertreten, wobei die Seite des Spreewalds bis 2015 im Design des Landesamtes für Umwelt gestaltet war. Darüber hinaus verfügen vier der sechs Biosphärenreservate über einen offiziellen Veranstaltungskalender, der i.d.R. als Printmedium sowie online herausgegeben wird und die wichtigsten touristischen und BNE-Angebote enthält (Pfälzerwald und Südost-Rügen lediglich online für 2014).

Dabei stellen die hier aufgeführten Angebote insbesondere Material zur Aufklärungs- und Informationsarbeit dar. Allerdings dienen sie auch als Informationsangebot zu potentiellen, touristischen Aktivitäten in der Region – wie z.B. Veranstaltungskalender – und stellen damit einen Vermarktungskanal für touristische Angebote dar. Verstärkte Informations- und Öffentlichkeitsarbeit, Berichterstattung und Angebotsvermarktung (über externe Institutionen) wird v.a. im Schaalsee und Vessertal-Thüringer Wald über die speziellen touristischen Förderprogramme vorgenommen (vgl. Kapitel 7.3.3 & 7.5.2.6.). Dazu zählen u.a. Radiobeiträge, Artikel in (Wander-)Magazinen, Messebesuche oder Veröffentlichungen durch Landestourismusorganisationen.

7.5.1.3 Angebote zur Besucherbetreuung, Naturerlebnisangebote und Bildung für nachhaltige Entwicklung

Anhang 25 gibt einen Überblick zur Bandbereite der Naturerlebnisangebote, der Angebote zur Besucherbetreuung sowie der BNE. Inhalte und Strukturen der BNE sind eine zentrale Aufgabe der Biosphärenreservats-Verwaltungen. Neben dem Informationszentrum sollten die Verwaltungen weitere Angebote in diesem Bereich schaffen (vgl. DEUTSCHES MAB-NATIONALKOMITEE 2007: 28). Auch wenn es sich primär um BNE-Angebote handelt, ist ein großer Teil der Angebote auch aus touristischer Perspektive relevant bzw. stellt Naturerlebnisangebote dar (z.T. als Edutainment-Angebot). Eine genaue Trennung zwischen Umweltbildung/BNE und rein touristischen Angeboten fällt schwer denn für gewöhnlich haben die Biosphärenreservats-Angebote stets einen Bildungscharakter bzw. Nachhaltigkeitsbezug. Das MAB-Nationalkomitee unterscheidet dabei in formale Bildungsangebote die klassische Bildungsangebote (Infozentren, Führung, Unterrichtsmaterialien) beinhalten. Aus touristischer Perspektive relevant ist insbesondere der Bereich informelles Lernen, z.B. durch Verköstigung mit regionalen Produkten, Ausstellungen, Theater oder Kunstaktionen (vgl. DEUTSCHES MAB-NATIONALKOMITEE 2014: 4).

Alle betrachteten Biosphärenreservats-Verwaltungen bieten Führungen, geführte Wanderungen und Exkursionen an. Die Leistungen werden u.a. durch die Naturwacht erbracht, was im Pfälzerwald aufgrund des Fehlens selbiger nicht erfolgt. Im Spreewald und am Schaalsee werden die „klassischen" Führungen ergänzt durch geführte Bootstouren, wie beispielsweise die „See-Pferd-Tour", die als Pauschale angeboten wird und somit Serviceleistungen der Biosphärenreservats-Verwaltung und Dienstleistungen touristischer Leistungsträger verbindet. Im Biosphärenreservat Rhön (bayerischer Teil) besteht hinsichtlich der Angebote das Problem, dass diese z.T. relativ früh ausgebucht sind und man entsprechendes Potential wie z.B. geführte Kernzonenwanderungen, aufgrund von Personalmangel nicht verwirklichen kann (vgl. BYVWR Int. 1 2014: 155ff.). Ähnlich stellt sich die Situation im Spreewald im Kontext der Ranger-Erlebnistouren dar, die über die Naturwacht Brandenburg[100] erbracht werden (vgl. VWSW Int. 1 2014: 89). Oft wird in der Folge in den Gebieten aufgrund mangelnder personeller Kapazitäten ein größerer Teil der Besucherbetreuungs- und Naturerlebnisangebote in Kooperation mit Partnern erbracht.

In den untersuchten Biosphärenreservaten bestehen als Angebote u.a. Führungen mit zertifizierten Natur- und Landschaftsführern. Hier kooperiert das Biosphärenreservat mit Naturführern, z.T. organisiert als Netzwerk oder zertifiziert im Rahmen der Partner-Initiative (Südost-Rügen, Spreewald). Im Falle der Rhön behalf man sich vergleichsweise früh mit Landschaftsführern um die Naturwacht im Bereich Führungen zu entlasten und zu ergänzen (vgl. HEVWR Int. 2 2014: 105): Hier

---

100 Die Naturwacht Brandenburg ist eine landesweite Betreuungsorganisation für die Schutzgebiete Brandenburgs. Seit 1997 übernimmt die Stiftung Naturschutzfonds Brandenburg die Trägerschaft (vgl. LÜTKEPOHL & SCHULZ 2013: 270).

bieten 2015 insgesamt rund 65 Naturführer eine Vielzahl an naturtouristischen Angeboten an, die ergänzt werden durch die Vielzahl an Umweltbildungsangeboten für Kinder und Jugendliche (z.B. „NaturErlebnisCamp"). Die Themenvielfalt der durch die Natur- und Landschaftsführer gebotenen Führungen variiert stark (von Wanderungen zu Quellen, Schaf-Wanderung, Lama-Wanderungen, Vogelstimmenexkursionen, Fledermausnächten usw.), wodurch das Biosphärenreservat über das formelle Spektrum an BNE-Angeboten hinaus den Aspekt der Erlebnisorientierung durch einen kooperativen Ansatz bedienen kann.

Ähnliche Angebote existieren für Kinder und Jugendliche, z.T. eigene, z.T. in Kooperation durchgeführt. Hier spielt insbesondere das Programm „Junior Ranger" durch die NNL eine wichtige Rolle. Ebenso elementarer Bestandteil aller Biosphärenreservate sind Angebote der BNE an Schulen, Bildungseinrichtungen oder Jugendbetreuungseinrichtungen (vgl. Anhang 25).

Wie die Angebote zeigen, versucht man den Aspekt der Erlebnisorientierung stärker zu integrieren, solange der Schutzaspekt nicht in Mitleidenschaft gezogen wird. Insbesondere in Kooperation mit den zertifizierten Natur- und Landschaftsführern bietet sich die Möglichkeit, stärker erlebnisorientierte Angebote im Kontext des Biosphärenreservats zu schaffen, wobei informelle „klassische" Angebote nach wie vor eine wichtige Rolle spielen. Durch den Personalmangel ist man insbesondere bei Angeboten der Besucherbetreuung (z.B. geführte Wanderungen) auf Kooperationspartner angewiesen.

7.5.1.4 Wegeinfrastruktur und Besucherlenkung

Im Rahmen der logistischen Funktion sorgen alle Biosphärenreservats-Verwaltungen wie laut MAB-Kriterienkatalog gefordert (vgl. Deutsches MAB-Nationalkomitee 1996: 17), neben der Besucherbetreuung auch für eine Besucherlenkung. Im Bereich der Wegeinfrastruktur nehmen alle sechs Biosphärenreservate die Ausweisung und Beschilderung von (Wander-)Wegen und Lehrpfaden vor (vgl. Anhang 26). Einige der Wanderwege sind zudem in den eigens herausgegebenen Wanderkarten beschrieben und online abrufbar, oder liegen in den einzelnen Informationszentren – teilweise zum Verkauf – aus.

Die Wanderwege sind teilweise als „Premiumwanderweg" oder „Prädikatswanderweg" ausgezeichnet und garantieren damit einen hohen Standard hinsichtlich Wegeführung, Attraktivität, Beschilderung und Information. Von den Biosphärenreservats-Verwaltungen werden zur Besucherlenkung Wegekonzepte erarbeitet, um dadurch ein einheitliches und besser verknüpftes Wegenetz zu implementieren, das sowohl naturschutzfachlichen als auch Besucheransprüchen genügt. Zudem ergibt sich ein Vorteil bei der Überschneidung mit einem Naturpark, der für die Pflege und den Unterhalt entsprechender Infrastruktur zuständig ist (z.B. hessische und bayerische Rhön, Vessertal-Thüringer Wald). Ähnliches gilt für traditionelle Wandervereine wie z.B. den 1876 gegründeten Rhönklub oder Pfälzerwald-Verein (1903), die sowohl Wanderwege als auch Hütten unterhalten. Dass sich Biosphärenreservate und regionale Akteure bzw. Institutionen in diesem Bereich ergänzen können ist explizit in den MAB-Kriterien vorgesehen, da die Gebietsbetreuung inkl. der zugehörigen Aufgaben wie z.B. Besucherlenkung von fachkundigen Dritten übernommen werden kann (vgl. Deutsches MAB-Nationalkomitee 1996: 18).

7.5.1.5 Angebote mit Veranstaltungscharakter und Pauschalen

Angebote im Bereich von Events sowie stärker ausgeprägte (Natur-)Erlebnisangebote in Form von buchbaren (Pauschal-)Angeboten sind in Anhang 27 dargestellt.[101] Diese stellen die Einbindung eigener Angebote (z. B Führungen, Vorträge) in touristische Leistungsketten dar, z.B. in Kooperation mit Gastronomie, Beherbergung oder Transport. Daneben sind in der Tabelle (Natur-)Events sowie Regionalmärkte enthalten. Zu den Erlebnisangeboten mit Eventcharakter bzw. Veranstaltungscharakter zählen diverse Wandertage, Marathonveranstaltungen oder Regionalmärkte (mit verschiedenen Themen), die von der Verwaltung oder in Kooperation durchgeführt werden. Hinsichtlich der Pauschalangebote ergibt sich eine Bandbreite zwischen „nicht vorhanden" und bis „vielfältig ausgeprägt", mit Konzept entwickelt und vermarktet, worauf in Kapitel 7.5.2 genauer eingegangen wird.

Die Wahrnehmung der Angebote durch Touristen und insbesondere der durch die Verwaltung erbrachten Angebote im Bereich Führungen, Exkursionen, Vorträge, Informationsangebote etc., hängt zum einen von der eigenen Öffentlichkeitsarbeit und Vermarktung durch die Biosphärenreservats-Verwaltungen und touristische Leistungsträger der Region ab, zum anderen von der Vermarktung durch die Tourismusorganisationen. Insbesondere über Letztere ergibt sich die Möglichkeit, das Biosphärenreservat als touristisches Angebotselement der Destination zu etablieren und dessen Bekanntheitsgrad zu steigern, wie z.B. in der Rhön entsprechend angemerkt wird: *„Im Grunde sind das touristische Angebote. Nur dadurch, dass wir es nicht als Tourismus [...] deklarieren oder [diese] wenig [...] von den Touristikern genutzt werden, also wir verkaufen das im Grunde selbstständig. Wir sehen zu, dass wir diese Information weitergeben als Umweltbildungsangebote"* (HEVWR Int. 1 2014: 107). Alle Biosphärenreservate betreiben Informations- und Kommunikationsarbeit und stellen touristische Angebote zur Verfügung, die über die eigenen Kanäle wie Internetseite und Veranstaltungskalender zugänglich sind (womit man bereits vermarktend tätig wird). Die Integration in weitere Vermarktungs- und Kommunikationsstrukturen sollte jedoch, um auch Personen zu erreichen, die sich nicht von vornherein mit dem Biosphärenreservat auseinandersetzen, über das gewöhnliche Maß hinaus forciert werden wie z.B. im Vessertal angemerkt wird: *„...wir machen selbst Werbung [...] und arbeiten auch mit Fahrtziel Natur, mit dem BUND, und, und, und zusammen. Aber das ist für mich eine Kommunikationsschiene, die wirklich die Leute bedient, die Umwelt- und Natur-affin sind. Ich erreiche damit nicht die große, breite Masse, die vielleicht auch Interesse hätte, wenn sie es denn wissen würde"* (VWVTW Int. 1 2014: 161).

Das Ziel der Bestandsaufnahme in den Kapiteln 7.5.1.1 – 7.5.1.5 ist zu zeigen, dass Biosphärenreservate klassische *„aktive Maßnahmen zur Tourismusförderung"* umsetzten, wie z.B. *„Information (Broschüren, Karten, Infozentren)"*, *„Wegeinfrastruktur"* und eine *„Angebotsgestaltung in Form von Veranstaltungen, Führungen etc."* (REVERMANN & PETERMANN 2002: 52f.). Das geschieht in den untersuchten Biosphärenreservaten sicherlich noch mit unterschiedlicher Intensität; dennoch ist, wie die Zusammenstel-

---

101 Teile der in der Tabelle dargestellten Angebote werden auch in der Tabelle in Anhang 25 angeführt, z.B. „See-Pferd-Tour". Das liegt an der nicht immer möglichen, trennscharfen Abgrenzung zwischen z.B. geführten Exkursionen und einem Pauschalangebot. Bei dem genannten Angebot werden zudem noch z.B. Erlebnisorientierung bzw. formelle und informelle Elemente der BNE integriert.

lung zeigt, hier der Schwerpunkt der Angebotsgestaltung durch Biosphärenreservate zu verankern. Weniger stark besetzt sind z.B. die für Nationalparke genannten Angebote mit Alleinstellungspotential wie z.B. Naturerlebnis-Pauschalen, Naturevents bzw. generell ein *„strategisches Produktportfolio"* (Revermann & Petermann 2002: 54). Dieser Mangel an Naturerlebnispauschalen wird für Deutschland generell konstatiert (vgl. DTV 2005: 14), wobei man nach wie vor versucht, diesem durch entsprechende Leitfäden zu begegnen (vgl. ÖTE 2013; BMWi 2013a). Den Nationalparken bescheinigten Revermann & Petermann (2002: 54) eine wenig effiziente Positionierung durch Angebote und Vermarktung, welche noch nicht für eine Abgrenzung gegenüber anderen Destinationen ausreicht. Im Folgenden wird dieser Sachverhalt für Biosphärenreservate genauer beleuchtet.

7.5.2 Touristische Angebote der Biosphärenreservate – zwischen regionalem Nischenangebot und professioneller Integration in touristische Wertschöpfungsketten

Im Folgenden wird genauer beleuchtet, ob und inwieweit die Biosphärenreservats-Verwaltungen durch eigene oder kooperativ erstellte Angebote sowie über eine Zusammenarbeit mit der Tourismusorganisation die *„erlebnisorientierte Vermarktung ihrer vielfältigen Naturerlebnismöglichkeiten betreiben"* (Revermann & Petermann 2002: 53) und dadurch die stärkere Kommunikation des Biosphärenreservats-Status und die Positionierung auf Destinationsebene vornehmen. Daneben werden weitere Aspekte, die eine erfolgreiche Angebotsgestaltung ausmachen, dargelegt. Dazu zählt bspw. der Einfluss der Verwaltung auf die Erlebnisorientierung oder Aufenthaltssteigerung sowie eine vorgenommene Zielgruppenfokussierung im Angebotsbereich.

7.5.2.1 Biosphärenreservats-Verwaltungen und Aufgabenwahrnehmung im Bereich touristischer Angebote

Die durch die Biosphärenreservate generierten Angebote kann der Besucher häufig ohne Buchungs- oder Reservierungsvorgang wahrnehmen. Darüber hinaus existieren teilweise auch buchbare Einzelangebote, seltener kombiniert bzw. integriert in Form von Pauschalen in Kooperation mit weiteren Leistungsträgern (z.B. Übernachtung, Tagesausflug mit Transport, Führung, Verpflegung). Dabei zeigt sich u.a. die eigene Wahrnehmung bzw. das Selbstverständnis der Biosphärenreservate als touristischer Akteur für die Ausgestaltung der Angebote verantwortlich.

Im **Pfälzerwald** sieht man den Schwerpunkt der eigenen Arbeit weniger im Bereich der Angebotserstellung als vielmehr in den Bereichen Umweltbildung und Regionalvermarktung bzw. man definiert seine Rolle als Impulsgeber beim Anstoßen von Modellprojekten. Die klassische Angebotserstellung und Vermarktung (z.B. Pauschale) wird im Sinne der Arbeitsteilung dem Zuständigkeitsbereich der regionalen Tourismusorganisation Pfalztouristik zugeordnet (vgl. VWPW Int. 1 2014: 79f., 161f., 168ff.). Ähnlich sieht man sich im Biosphärenreservat **Rhön** als touristischer Akteur eher im Hintergrund (vgl. HEVWR Int. 1 2014: 47). Die Aufgaben umfassen eher eine „weiche" Tourismusarbeit bzw. Umweltbildung: *„eben indirekte Aufgabenwahrnehmung (...)"* oder *„aus meiner Wahrnehmung keine harte Tourismusarbeit oder Werbung, sondern es ist unterschwellig, dass man im Bereich der Umweltbildung, der Öffentlichkeitsarbeit und der Betreuung von Gruppen [...] [und durch die] Infozentren mit den Infomaterialien, [...] die Gäste der Rhön erreicht. Da wird eben ein Stück weit unterschwellig schon Tourismusarbeit geleistet. Aber es ist nicht so, dass wir das als Hauptagenda ansehen"* (HEVWR Int. 2 2014: 26). Als wichtige Kooperation mit touristischen Leistungsträgern kommt die Dachmarke Rhön ins Spiel: diese wird als Angebotselement mit Bezug zum Biosphärenreservat gesehen, das die Kulturlandschaft u.a. über Tourismus in Wert setzt, wodurch der Arbeitsbereich teilweise durch Partnerschaft externalisiert wird (vgl. BYVWR Int. 1 2014: 77, 171). Wesentliches Angebotsdefizit sieht man bei der Professionalisierung der Leistungsanbieter, wo man z.B. durch die Dachmarke bereits versucht, positiv Einfluss zu nehmen (vgl. BYVWR Int. 1 2014: 183ff.). Das stellt demnach aus Sicht der Verwaltung auch eines der wichtigsten Ziele dar: denn Qualität und Professionalität werden als wesentliche Voraussetzungen für einen erfolgreichen Betrieb betrachtet (BYVWR Int. 1 2014: 454). Die Dachmarke wird dabei zusehends als eigenes Angebot gemäß dem Synergieeffekt „Attraktion im Tourismus" und „Tourismus als Einnahmequelle der Betriebe" gesehen (vgl. BYVWR Int. 1 2014: 77). Es werden von Seiten des Biosphärenreservats natur- oder kulturbedingte Potentiale identifiziert, die sich touristisch potentiell im Zusammenspiel mit Partnern in Wert setzten lassen. Sobald das Produkt Anklang findet und rentabel wird, soll es über die touristischen Organisationen vermarktet werden (vgl. BYVWR Int. 1 2014: 77, 81ff.). Sich entsprechend zu beteiligen und z.B. bei Veranstaltungen als gastronomischer Betrieb davon zu profitieren bzw. Pauschalen zu entwickeln, ist aus Sicht der Verwaltung die Aufgabe der Leistungsanbieter (vgl. BYVWR Int. 1 2014: 87). Als Problem wird auf thüringischer Seite eine Angebotsarmut benannt, was auch auf die eigenen Ressourcen und geringe Aktivitäten zurückgeführt wird: *„Es müssten noch viel mehr Angebote gemacht werden, aber wir können es uns personell wirklich überhaupt nicht leisten, dass wir uns bloß auf der Angebotsebene beschäftigen. [...] Also wir machen es halt nebenbei mit"* (THVWR Int. 1 2014: 165).

Im Biosphärenreservat **Spreewald** werden vereinzelt touristische Angebote in Eigenregie angeboten oder als Aktionen mit Partnern, wobei die Angebote eher dem Bereich Umweltbildung und BNE zugeordnet werden (vgl. VWSW Int. 1 2014: 106ff.). Man übernimmt stärker die Koordination bzw. Initiierung von Projekten (vgl. VWSW Int. 1 2014: 81), sieht sich aber weniger als Verantwortlicher im Tourismus: *„Also wir sind im Grunde kein Tourismusakteur als Biosphärenreservat, das muss man ganz klar sehen"* (VWSW Int. 1 2014: 115).

Im Vergleich steht im Biosphärenreservat **Südost-Rügen, Vessertal-Thüringer Wald** und **Schaalsee** die Angebotserstellung etwas stärker im Fokus. Letztere zwei nehmen natürlich ebenso eine unterstützende Funktion wahr und versuchen im Bereich Tourismus Projekte zu initiieren. Es wird zusätzlich jedoch die Angebotsentwicklung sowie deren Verknüpfung mit privaten touristischen Leistungsträgern, explizit mit dem Ziel der Aufenthaltssteigerung, hervorgehoben (vgl. VWVTW Int. 1 2014: 13; VWSC Int. 1 2014: 109). Die Entwicklung von Angeboten wird insbesondere im Biosphärenreservat Vessertal-Thüringer Wald betont. Hier bearbeitet die Verwaltung folgende Bereiche: Marketingstrategie, Partner-Initiative, Vernetzung und Koordination sowie die Entwicklung von Naturtourismusangeboten mit dem Ziel: *„Kulturlandschaft erlebbar [zu] machen, dass wir hier regionale Produkte einbeziehen und an Wertschöpfungsketten denken"* (VWVTW Int. 1 2014: 7).

Es zeigt sich in allen Biosphärenreservaten die Tendenz, als touristischer Akteur insbesondere Projekte (z.B. Wander- und Themenwege, Konzeptentwicklung) anzustoßen, die durch touristische Leistungsträger in Wert gesetzt werden können. Daneben wird die Angebotserstellung im Bereich der BNE genannt. In einem Teil der Biosphärenreservate zeigen sich darüber hinaus der Wille und Aktivitäten, eigene Angebote in regionale touristische Leistungsketten zu integrieren bis hin zum Angebot von Pauschalen. Das soll zu einer erlebnisorientierten Vermarktung der eigenen Angebote bzw. zu einer Etablierung Biosphärenreservats-spezifischer Angebote führen. Denn diese Art der Angebote kann nur schwerlich auf dem deutschen Reisemarkt durch Destinationen ohne Schutzgebiet kopiert werden (vgl. HANNEMANN & JOB 2003: 8). In den untersuchten Biosphärenreservaten ergibt sich eine gewisse Spannweite: so liegen in der Rhön, dem Spreewald, Südost-Rügen und Pfälzerwald keine bzw. nur bedingt Pauschalen auf Basis der Initiative des Biosphärenreservates und unter Integration eigener Angebotselemente vor. Dadurch erfolgt eine schwächere Vermarktung und Hervorhebung des Schutzstatus im Rahmen der Angebote auf regionaler Ebene bzw. von Seiten der Verwaltung wird weniger Einfluss darauf genommen. Im Schaalsee und im Vessertal-Thüringer Wald wird dieser Ansatz stärker verfolgt, was insbesondere im Vessertal auf das Förderprogramm im Tourismus zurückzuführen ist (vgl. Kapitel 7.3.3).

7.5.2.2 Steigerung der Aufenthaltsdauer und Saisonausgleich

Im Biosphärenreservat Pfälzerwald (vgl. VWPW Int. 1 2014: 213ff.), Spreewald (vgl. VWSW Int. 1 2014: 112f.) und der Rhön (vgl. HEVWR Int. 1 2014: 141; THVWR Int. 1 2014: 157) werden keine Angebote entwickelt um explizit den Übernachtungsgastanteil zu steigern, u.a. weil man sich dazu auch nicht befähigt sieht und die Aufgabe aus Sicht der Verwaltung v.a. durch die Leistungsanbieter bestritten werden muss. In Südost-Rügen hat man eher die Problematik zu hoher Besucherzahlen mit intensiven saisonalen Spitzen. Dementsprechend sieht sich das Biosphärenreservat in der Pflicht *„den hier vorherrschenden Tourismus in eine nachhaltige Basis zu lenken, soweit es uns irgendwie möglich ist"* (VWSOR Int. 1 2014: 465). Das Biosphärenreservat versucht dahingehend gezielt durch bestimmte Angebote saisonverlängernd bzw. ausgleichend zu wirken. So sind im Rahmen der eigenen Angebote insbesondere im Herbst z.B. Pilzwanderungen und Bird-Watching Touren vorhanden, oder in Kooperation mit der Tourismusorganisation der Wanderfrühling bzw. Wanderherbst (vgl. VWSOR Int. 1 2014: 457ff.).

Im Schaalsee verfolgt man mit der Strategie der Pauschalangebote im Rahmen der Vermarktung als Biosphärenband u.a. explizit die Steigerung der Aufenthaltsdauer. Dazu will man sich in der Metropolregion stärker als mehrtägiges Ausflugsziel etablieren. Eine Generierung von Angeboten, die in den Abschnitten der Nebensaison greifen, fällt hingegen schwer: zum einen aufgrund geringer Auslastung (z.B. Vogelstimmenexkursion mit nur begrenzter Nachfrage), zum anderen aufgrund des zu dieser Jahreszeit (v.a. Herbst, Winter) vorherrschenden Schlechtwetters und einem Mangel an Schlecht-Wetter Angeboten des Biosphärenreservats bzw. generell auf regionaler Ebene. In der Konsequenz bleibt das Pahlhuus z.B. im Winter aufgrund geringer Nachfrage wochentags geschlossen (vgl. VWSC Int. 1 2014: 379ff.). Im Vessertal-Thüringer Wald sieht man die Pauschalen bzw. buchbaren Erlebnisangebote ebenfalls explizit im Sinne einer Aufenthaltssteigerung und des Saisonausgleichs. Man ist sich des hohen Anteils an Tagesgästen inklusive der geringeren Ausgabenhöhe bewusst und versucht, darauf gezielt Einfluss zu nehmen (vgl. VWVTW Int. 1 2014: 167).

Im Spreewald wird nicht explizit im Sinne einer saisonausgleichenden Wirkung agiert, u.a. aufgrund der geringen eigenen Angebotskapazitäten bzw. der Selbstwahrnehmung: *„Also da überschätzen sie uns doch nicht, in einem Markt wo es um 3,5 Mio. Touristen geht, ob wir jetzt hier nun ein Angebot machen oder nicht"* (VWSW Int. 1 2014: 107). In diesem Kontext wird auf die Ranger-Erlebnistouren, angeboten durch die Naturwacht Brandenburg, verwiesen, die zu Teilen in der Nebensaison liegen (vgl. VWSW Int. 1 2014: 106ff.). In der Rhön versucht man bezüglich saisonschwacher Abschnitte ausgleichend zu wirken, wobei insbesondere der Sternpark sowie Regionalmärkte genannt werden (vgl. HEVWR Int. 2 2014: 137) bzw. dies z.T. auch automatisch im Rahmen dessen, was im Veranstaltungskalender angeboten wird, abgedeckt wird (vgl. THVWR Int. 1 2014: 155). Aufgrund der prognostizierten Abnahme des (teilweise in der Rhön praktizierten alpinen) Wintertourismus, ist man der Meinung, dass man sich als Biosphärenreservat im Bereich des nachhaltigen Tourismus langfristig über Alternativangebote einbringen kann (vgl. VWPW Int. 1 2014: 138).

Die Angebotsentwicklung mit dem Ziel der Saisonverlängerung sowie der Steigerung der Aufenthaltsdauer wird in den Untersuchungsgebieten explizit im Vessertal-Thüringer Wald sowie dem Schaalsee forciert, i.d.R. in Kooperation mit Akteuren der Region. Teilweise sieht man sich in den Biosphärenreservaten dahingehend (v.a. Steigerung Aufenthaltsdauer) jedoch überfordert, weshalb die Aufgabe teilweise anderen touristischen Akteuren (Tourismusorganisation, privatwirtschaftliche Leistungsträger) zugeordnet wird.

7.5.2.3 Bildung für nachhaltige Entwicklung und Erlebnisorientierung

Im Pfälzerwald wird die Thematik der Erlebnisorientierung zum Zeitpunkt des Interviews aufgrund der langfristig fehlenden Fachkraft weniger stark bedient, dennoch existieren bereits entsprechende Angebote mit Kooperationspartnern wie z.B. Naturerlebnispfade (vgl. VWPW Int. 1 2014: 152, 193ff.). In der Rhön wird eine Erlebnisorientierung im Bereich der eigenen touristischen Angebote (z.B. Ranger-Radtouren, Erlebniscamps) erkennbar und aus Naturschutzgründen in diesem, weniger stark ausgeprägtem Maße gewählt (vgl. HEVWR Int. 2 2014: 129). Zudem werden vereinzelt, aus naturschutzfachlicher Sicht geprüft, Kernzonen-Wanderungen angeboten: *„dass man das touristisch erfahren kann, ohne […] den Naturschutzgedanken [zu gefährden]. Dann auch […] gleichzeitig zu sagen, was für besondere Buchenwälder wir hier haben […], da geh ich mit dem Ranger hin, da krieg ich was gezeigt, was ich sonst nicht sehen kann. Das sind Angebote, die gehen über das normale touristische Angebot mit Sicherheit* *hinaus"* (HEVWR Int. 2 2014: 130). Der Großteil der Angebote im Programm wird nicht als touristisch im engeren Sinn betrachtet sondern vielmehr im Bereich BNE bzw. Informationsangebote angesiedelt, die sich sowohl an Einheimische, Tagesgäste und Übernachtungsgäste richten. Dennoch existieren Angebote, die klar auf ein touristisches Publikum zugeschnitten sind (vgl. BYVWR Int. 1 2014: 149). Mit dem Bewusstsein, dass allein mit Informationsangeboten im Bereich Umweltbildung die Nachfrage nur bedingt bedient werden kann, versucht man folglich auch erlebnisorientierte Angebote zu gestalten (vgl. THVWR Int. 1 2014: 154).

Für die Ausrichtung der touristischen Angebote im Biosphärenreservat Südost-Rügen spielen Erlebnisorientierung und BNE gleichgewichtige Rollen (vgl. VWSOR Int. 1 2014: 427). Ähnlich im Schaalsee: Hinsichtlich der Erlebnisorientierung versucht man beides zu integrieren und über Erlebnisse zu bilden, wobei man auch reine Umweltbildung für z.B. Schulkassen anbietet (vgl. VWSC Int. 1 2014: 363ff.). Die BNE-Angebote im Biosphärenreservat Spreewald finden sich ebenfalls im Grenzbereich zwischen BNE und touristischen Angeboten und werden durch die Verwaltung konzipiert und angeboten, z.T. mit privatwirtschaftlichen Akteuren, insbesondere Partnerbetrieben (z.B. Kanuverleih) (vgl. VWSW Int. 1 2014: 80f.). Für die Generierung erlebnisorientierter Angebote sieht man stärker den Tourismusverband in der Pflicht, wobei dessen Aktivitäten bei Bedarf solange unterstützt werden, wie die Schutzfunktion gewährleistet werden kann (vgl. VWSW Int. 1 2014: 94f.). Primär liegt der Fokus des Biosphärenreservats demnach auf den BNE-Angeboten, wobei man sich hier abseits des touristischen Massenmarktes einordnet (vgl. VWSW Int. 1 2014: 94f.). Im Biosphärenreservat Vessertal-Thüringer Wald wird hinsichtlich einer Erlebnisorientierung konzeptionell im Rahmen der Naturerlebnisangebote gearbeitet, die sich klar von den regulären BNE-Angeboten abgrenzen (vgl. Kapitel 7.5.2.5).

Für alle Biosphärenreservate ist festzuhalten, dass sowohl Angebote im Bereich reiner BNE aber auch mit stärkerer Erlebnisorientierung zu finden sind, insbesondere in Kooperation mit privatwirtschaftlichen Akteuren. Dabei überwiegt sowohl im Hinblick auf die qualitativen Ausführungen in diesem Kapitel als auch der Bestandsaufnahme in den Tabellen in Kapitel 7.5.1 der Aspekt der BNE. Für touristische, erlebnisorientierte Angebote werden teilweise die privaten Leistungsträger sowie die regionale Tourismusorganisation genannt, da man sich als Naturschutzakteur stärker zuständig für den Bereich BNE sieht.

7.5.2.4 Nachfragesegmente und Zielgruppen

In den befragten Verwaltungen ist man sich i.d.R. der Existenz unterschiedlicher Nachfragesegmente bewusst und richtet seine Angebote entsprechend an die ganze Bandbreite: *„Naherholungstouren", „quasi die Bevölkerung", „ältere Leute", „tendenziell mehr Familien"* [...] *Also es wird eigentlich alles beworben. Vielleicht gibt es gewisse Schwerpunkte. Das krieg ich nicht so mit, weil das ganze Marketing wird von der Pfalz Touristik gemacht"* (VWPW Int. 1 2014: 157f.). Ähnlich stellt sich die Situation im Biosphärenreservat Spreewald dar, wo man sich an Daten des Tourismusverbandes, welche als zuständige Organisation genannt wird, bei Bedarf orientiert (vgl. VWSW Int. 1 2014: 74ff.). Zudem wird in allen Gebieten, mit Ausnahme Rügens, die Relevanz der Tagesgäste aus den umliegenden Zentren hervorgehoben (vgl. z.B. VWVTW Int. 1

2014: 167; HEVWR Int. 1 2014: 100; VWSC Int. 1 2014: 379). In der Rhön wünscht man sich eine, in Kooperation mit den Tourismusorganisationen entwickelte, umfassende Marketingstrategie mit Integration des Biosphärenreservats, um Gäste zu erreichen, die der Landschaft und den Angeboten der Dachmarke entsprechende Wertschätzung entgegenbringen (vgl. HEVWR Int. 1 2014: 354). Hinsichtlich einer Typisierung der Gäste visiert man zum einen jüngere Generationen im Bereich der BNE Angebote an (vgl. HEVWR Int. 2 2014: 99). Zum anderen werden, neben „Naturliebhabern", insbesondere Wanderer genannt, welche *einfach Erholung, Natur, bisschen Freizeit"* sowie gutes Essen und Trinken wünschen (HEVWR Int. 1 2014: 100).

In Südost-Rügen versucht man durch die aktive Schaffung von Angeboten die aktuelle, massentouristische Nachfrage zu beeinflussen. Denn der aktuelle „Durchschnittstourist" entspricht nicht demjenigen, auf den man als Verwaltung abzielt. Jedoch ist man in der Angebotsentwicklung nicht so weit fortgeschritten, dass man aktiv auf touristische Anbieter zugehen könnte um die Hauptnachfragesegmente Richtung Nachhaltigkeit auszurichten und reagiert dementsprechend mit dem Versuch, bei vereinzelten Anfragen an das Biosphärenreservat, diese zu bedienen. Ein einfaches Plus an Touristen ist dabei nicht die Zielsetzung (vgl. VWSOR Int. 1 2014: 1015ff.). Wesentliche Zielgruppe sind Natur- und Kulturtouristen sowie Besucher, die sich im Rahmen ihres Urlaubs aktiv am Naturschutz beteiligen wollen. Diese Gruppe soll in Kooperation, insbesondere mit den Partnerbetrieben, stärker erschlossen werden, was auch im Zuge des Charta-Prozess eine Zielsetzung darstellt (vgl. VWSOR Int. 1 2014: 290).

Im Vessertal-Thüringer Wald versucht man insbesondere Interessierte im Bereich Natur, Pflanzen, Tiere, Landschaft sowie Kulinarik (im Zuge der auszubauenden Partner-Initiative) auf lange Sicht zu erreichen (vgl. VWVTW Int. 1 2014: 203), damit auf den breiten Markt zu drängen und das Biosphärenreservat als nachhaltiges Angebotselement zu positionieren (wesentlichen Impuls gibt dabei das Tourismusbudget). Vor dem Hintergrund spezieller Angebote mit einem Nischencharakter wie z.B. Fahrtziel Natur oder bestimmter Angebote bei BUND Reisen, stellt sich die Verwaltung folgende Frage: wie schafft man es, mit den Angeboten die breite Bevölkerung anzusprechen, die nicht spezialisierte Angebote bei Bund Reisen oder „Ökologischer Tourismus in Europa"-Reisen sucht? (*„aber wer das Wort Biosphärenreservat noch nie gehört hat, der wird doch nicht auf die Idee kommen, auf der Internetseite des Biosphärenreservats zu suchen"*) (VWVTW Int. 1 2014: 159).

Die Bandbreite der betrachteten Zielgruppen ist groß, umfasst alle Altersgruppen sowie ein breites Aktivitätsspektrum. Prinzipiell wird in allen Untersuchungsgebieten ein stärker an Nachhaltigkeit orientierter Tourist, der Interesse an Natur, Kultur, BNE sowie den Regionalvermarktungsbemühungen der Biosphärenreservate zeigt, angesprochen und soll verstärkt fokussiert werden. Bezüglich der Quellgebiete besitzt insbesondere der Naherholungsbesucher aus dem regionalen Umfeld und den städtischen Zentren eine hohe Relevanz. Neue Zielgruppen zu erschließen versucht man insbesondere im Biosphärenreservat Vessertal-Thüringer Wald, wo mit den Naturerlebnisangeboten neben den etablierten Segmenten auch solche motiviert bzw. angesprochen werden sollen, die bisher mit dem Biosphärenreservat keine Berührungspunkte hatten.

7.5.2.5 Entwicklung von Pauschalangeboten mit Bezug zum Biosphärenreservat

Im Biosphärenreservat **Rhön, Spreewald** und **Pfälzerwald** wird die Integration eigener Angebote in touristische Leistungsketten stärker dem Aufgabenbereich der Gemeinden, zuständigen Tourismusorganisation auf regionaler und übergeordneter Ebene sowie den touristischen Leistungserstellern zugewiesen (vgl. VWPW Int. 1 2014: 197ff.; HEVWR Int. 2 2014: 134; BYVWR Int. 1 2014: 83ff.; VWSW Int. 1 2014: 99). Gründe dafür liegen im Bereich der Aufgabenwahrnehmung und dem Fokus auf eine mehr konzeptionelle Projektarbeit, die bereits in Kapitel 7.5.2.1 als stärker unterschwellige Tourismusarbeit bezeichnet wurde (vgl. VWPW Int. 1 2014: 79f., 161ff.; HEVWR Int. 2 2014: 26). Neben der Zuständigkeit werden der Mangel an Personal sowie Flexibilität als Gründe für das Ausbleiben der Pauschalen angegeben (vgl. BYVWR Int. 1 2014: 167ff.; VWSW Int. 1 2014: 106ff.). Wenig sinnvoll erscheint den Verwaltungen auch die Alternative, selbst buchbare Angebote bzw. Pauschalen anzubieten, da man hier u.a. rechtlich als Reiseveranstalter agieren müsste, was wiederum mehr organisatorischen Aufwand bedeutet (vgl. VWSW Int. 1 2014: 106ff.). Im Spreewald wird zudem angemerkt, dass aufgrund erfolgreich funktionierender Geschäftsmodelle nicht viel Interesse seitens der touristischen Leistungsanbieter besteht, dahingehend mitzuwirken und *„jetzt nicht unbedingt jeder diesen Innovationswillen oder auch nicht den Druck [hat], etwas zu verändern"* (VWSW Int. 1 2014: 96ff.). Teilweise sind eigene Angebote, die integriert werden könnten, bereits personell am Limit, z.B. Führungen durch Ranger. Mehr Nachfrage könnte nur durch Abstriche in anderen Aufgabenbereichen wie z.B. Instandhaltung von Infrastrukturen oder Monitoring-Aufgaben bedient werden (vgl. VWSOR Int. 1 2014: 1001ff.). Gewünscht und angedacht sind entsprechende Angebote jedoch z.B. in der Rhön: *„Zukunftsmusik. [Das] wäre wichtig. Ich glaube, da hat die Rhön noch einen Nachholbedarf, was Pauschalangebote [angeht, in die] vielleicht auch Gastronomiebetriebe eingebunden sind. [Das] sprengt unsere Möglichkeiten, hier auch noch Pauschalen anzubieten und zu vermarkten. Aber [...] wir könnten die Leute zusammenbringen"* (DMR Int. 1 2014: 139).

Im Biosphärenreservat **Südost-Rügen** wurden bereits Pauschalangebote mit Naturschutzcharakter in Kooperation mit dem Tourismusverband (Tourismuszentrale Rügen) und privaten Leistungsträgern erarbeitet. Die Angebote werden jedoch nicht mehr angeboten, was u.a. auf Personalwechsel bei der Tourismusorganisation zurückgeführt wird, wodurch Projekte aufgrund mangelnder Betreuung nicht langfristig etabliert werden konnten. Seitens des Biosphärenreservats besteht der Wunsch, ähnliche Initiativen in Zukunft stärker zu vernetzen und personell zu betreuen (vgl. VWSOR Int. 1 2014: 294ff., 320ff.). Generell wird der Personalwechsel bei der Einbindung von Angeboten des Biosphärenreservats in touristische Wertschöpfungsketten als Problem betrachtet, da dieser i.d.R. einen Rückschritt im Hinblick auf bisher geleistete touristische Arbeit darstellt und Partnerschaften erneut aufgebaut werden müssen (vgl. VWSOR Int. 1 2014: 435). Auf die Vernetzung und die Kooperation mit der Tourismusorganisation ist man angewiesen, da das eigenständige Vermarkten und Buchen der entsprechenden Angebote durch das Biosphärenreservat nicht geleistet werden kann bzw. konnte (vgl. VWSOR Int. 1 2014: 324). In der Verwaltungsstellte wird an weiteren, neu zu etablierenden Pauschalangeboten gearbeitet, z.B. unter Einbezug der Hotellerie, Gastronomie und Fischerei (vgl. VWSOR Int. 1 2014: 356ff.).

Die Biosphärenreservats-Verwaltung am **Schaalsee** hat als Initiator privatwirtschaftliche touristische Leistungsträger (insbesondere Partnerbetriebe) vernetzt und mit diesen im Rahmen der „Tourismusbörse" eine gemeinsame Richtung der regionalen Tourismusentwicklung definiert (vgl. VWSC Int. 1 2014: 280ff., 312). 2012 wurden im Rahmen dieser Veranstaltung mit rund 80 Teilnehmern diverse buchbare Angebote bzw. „Kombinations-Produkte" entwickelt (vgl. VWSC Int. 1 2014: 274), die u.a. über die Biosphärenreservats-Homepage angeboten werden. Neben Einstellung, Engagement und unternehmerischen Know-how (z.B. Marketing) der involvierten Betriebe gegenüber der Realisierung eines Angebotsbündels, spielt letztendlich das Kriterium einer ausreichenden Nachfrage eine entscheidende Rolle (vgl. VWSC Int. 1 2014: 280; 328). Einige der Angebote konnten sich im Laufe der Zeit durchsetzen, erfolgreichstes bleibt nach wie vor die See-Pferd Tour, die seit 1999 besteht und gut angenommen wird. Das starke Engagement des Fördervereins, der das Projekt betreut, wird dabei als wichtige Voraussetzung betrachtet (vgl. VWSC Int. 1 2014: 280). Die bisherigen Erfolge und Angebote werden zudem noch im Format eines Einlegers/Flyer „Biosphärenband Elbe-Schaalsee – Regionale Produkte, Ausstellungen, Ausflugtipps" vermarktet (vgl. VWSC Int. 1 2014: 371).

Zum Zeitpunkt des Interviews befindet sich die Verwaltung des Biosphärenreservats **Vessertal-Thüringer Wald** in einer Phase, in der sehr aktiv an der Erstellung von Pauschalangeboten mit Kooperationspartnern gearbeitet wird, was durch das Förderprogramm Tourismusbudget „NATUR-Erfahrung Biosphäre" (2013-2015) (vgl. Kapitel 7.3.3) bedingt ist. Insbesondere im Bereich der Naturerlebnisangebote wurden seitens der Verwaltungsstelle seit 2012 konkrete Maßnahmen zur Vorbereitung für das Themenjahr UNESCO-Welterbeland Thüringen ergriffen und in Kooperation mit touristischen Leistungsträgern buchbare Pauschalangebote entwickkelt. Das beruht darauf, dass der Landestourismusverband u.a. die Biosphärenreservate im Zuge des Themenjahres 2014 (Welterbeland Thüringen 2014) integriert und somit in verschiedenen Online- und Printmedien sowie auf Messen (ITB 2013) präsentiert und vermarktet hat (vgl. VWVTW Int. 1 2014: 23ff.). Die Angebote wurden zuerst von den herkömmlichen naturbezogenen Aktivitäten wie z.B. Wandern oder Radfahren inklusive der kostenfreien und individuellen Nutzung entsprechender Infrastrukturen, definitorisch abgegrenzt. Dabei stellt man das individuelle Erleben von Natur in Kombination mit einem buchbaren Angebot in den Vordergrund, so dass das bewusste Erleben von Natur gekoppelt ist an einen Ansprechpartner und die Weitergabe von Informationen zur Natur und dem Schutzgebiet, i.d.R. durch einen Angebotsbaustein des Biosphärenreservats. Entsprechende Produkte sind z.B. geführte Wildbeobachtungen, geführte Wanderungen zum Sonnenaufgang oder Schneeschuhtouren, idealerweise in Kombination mit Übernachtungsaufenthalt (vgl. VWVTW Int. 1 2014: 35). Die Biosphärenreservats-Verwaltung orientiert sich dabei am Leitfaden des DTV (2005) und versucht damit die Inwertsetzung der Natur durch die Generierung von buchbaren Angeboten und touristischen Produkten zu steigern (vgl. VWVTW Int. 1 2014: 167). Damit soll der Begriff Naturerlebnis mit konkreten Inhalten gefüllt werden, wobei in Vorbereitung auf das DZT Themenjahr 2016 „Faszination Natururlaub" Workshops mit regionalen Akteuren zur Ideensammlung und Generierung von Angeboten stattfanden. Damit wird ein Angebotsportfolio entwickelt, mit welchem man auf die regionale sowie die Landestourismusorganisation zugehen und ein vermarktungsfähiges, leicht in deren Strukturen integrierbares Produkt, anbieten kann (vgl. VWVTW Int. 1 2014: 35). In den Angeboten ist das Biosphärenreservat mit eigenen Elementen wie z.B. Wegenetz, Führungen oder Infozentrum stets ein Bestandteil, womit man sich in Kooperation mit touristischen Leistungsträgern und Partnern neu in Szene setzt, als attraktives Angebot vermarktet und an Besucher kommuniziert (vgl. VWVTW Int. 1 2014: 37). Als Beispiel wird u.a. das Konzept Wildnispfad genannt: auf nicht beschilderten Wegen kann eine hinsichtlich Teilnehmerzahl und Terminen limitierte Führung mit Guide gebucht werden, wobei diese an Dienstleistungen wie z.B. Beherbergung oder Gastronomie, erbracht durch privatwirtschaftliche Akteure, gekoppelt ist (vgl. VWVTW Int. 1 2014: 39). Im Kontext der Angebotsentwicklung steht auch der Ausbau des ÖPNV. Im Rahmen des touristischen Förderprogrammes werden z.T. alte Bahnanbindungen von Erfurt, Ilmenau bis zum Rennsteig reaktiviert sowie die kostenlose Nutzung des ÖPNV durch die Umlage der Kurtaxe angestrebt (vgl. VWVTW Int. 1 2014: 39).

Als wichtige Kriterien bei der erfolgreichen Etablierung der Angebote werden von der Verwaltung folgende Aspekte genannt: (1) Qualität der Anbieter, insbesondere vor dem Hintergrund des internationalen UNESCO Labels, denn „es ist ein internationales Label und man muss [...] den Leuten sagen, wer in der obersten Liga spielen will, der muss sich auch wie die oberste Liga aufstellen" (VWVTW Int. 1 2014: 169). (2) Kontinuität in der touristischen Arbeit: man geht in der Verwaltung und bei den Ansprechpartnern in der Tourismusorganisation von einer Zeitspanne von drei Jahren bis zur Etablierung des Produktes aus, was laut Verwaltung auf Betriebsebene z.T. noch nicht bekannt ist. (3) Die Festlegung von Zielen und ein vorausschauendes Handeln, denn die Vorlaufzeit von zwei bis drei Jahren ist mitunter notwendig, um Angebote auf höherer touristischer Ebene zu verankern und zu bewerben (vgl. VWVTW Int. 1 2014: 169). Als Herausforderung wird die Fortführung der touristischen Arbeit in den kommenden Jahren nach Auslaufen der Förderung betrachtet, bzw. ob aktuell die dafür notwendige Weichenstellung auf Kooperationsebene gelingt (vgl. VWVTW Int. 1 2014: 229). Zudem wird der politische Rückhalt bzw. Befürworter des Biosphärenreservats auf höherer Ebene (z.B. Landkreis) als wichtiges Kriterium erachtet (vgl. VWVTW Int. 1 2014: 221).

Die Spannweite der Integration Biosphärenreservats-eigener Angebote in touristische Leistungsketten der Destination reicht von gering bis hin zu einer professionellen Integration in Kooperation mit touristischen Leistungserstellern und den zuständigen Tourismusorganisationen. Ein auf den relevanten touristischen Kommunikationskanälen vermarktetes Pauschalangebot bietet die Möglichkeit, das Biosphärenreservat über das gewöhnliche Maß hinaus als Alleinstellungsmerkmal zu kommunizieren, da es als wesentliches Angebotselement integriert ist. Das gilt insbesondere für die Vermarktung über die regionalen oder Landestourismusorganisationen, da hier potentielle Besucher erreicht werden können, die bisher keinen

Bezug zum Biosphärenreservat hatten. Bei den Gebieten, in denen diese Aufgabe stärker den privatwirtschaftlichen und touristischen Akteuren überlassen wird, stellt sich die Frage, ob diese bei entsprechenden Pauschalen, ohne Initiative des Biosphärenreservats, selbiges integrieren und dadurch mit vermarkten.

7.5.2.6 Vermarktung der Angebote

Damit sich die positiven Effekte wie Einkommen für touristische Anbieter sowie die Bekanntheitssteigerung des Biosphärenreservats ergeben, ist eine ausreichende Nachfrage notwendig, die insbesondere bei unbekannten Destinationen oder Biosphärenreservaten eine professionelle, weitreichende Vermarktung voraussetzt. Das umfasst neben dem Herausstellen des Schutzstatus auf eigenen Kanälen auch die Kommunikation über touristische Leistungsträger und Tourismusorganisationen auf verschiedenen Ebenen.

In allen Untersuchungsgebieten wird eine stärker touristisch orientierte Vermarktung bzw. die Nutzung des Alleinstellungsmerkmals „Biosphärenreservat" im Kontext touristischer Leistungen und Angebote der jeweiligen regionalen bzw. den übergeordneten touristischen Institutionen zugewiesen (vgl. VWPW Int. 1 2014: 226; HEVWR Int. 1 2014: 146; VWSC Int. 1 2014: 695; VWSOR Int. 1 2014: 900ff.; VWSW Int. 1 2014: 206; VWVTW Int. 1 2014: 9). Im **Pfälzerwald** wird als ein wesentliches Problem bezüglich der Vermarktung eigener Angebote ein fehlendes, die Angebote der Region bündelndes Portal gesehen. Die Untergliederung der Region in Teildestinationen ist dahingehend kontraproduktiv, da jede Gemeinde bzw. touristische Teildestination ihre eigenen Angebote bewirbt. Zwar versucht die Pfalztouristik diesem Problem zu begegnen, ist jedoch u.a. aufgrund mangelnder Ressourcen nicht im Stande das Problem vollständig zu lösen (vgl. VWPW Int. 1 2014: 183ff.). Diese Problematik bzw. Zersplitterung wird auch als eines der wesentlichen Probleme im Bereich der Angebotserstellung gesehen. In diesem Zuge wird auch der Charta-Prozess genannt, in dessen Rahmen zwar verstärkt Kooperationen entstanden sind, die Verstetigung in einem gemeinsamen Destinationsmanagement jedoch nicht gelang, so dass Kooperationen teilweise eingeschlafen sind bzw. reaktiviert werden müssten (vgl. VWPW Int. 1 2014: 217f.).

Eine einheitliche touristische Vermarktung der Biosphärenreservats-Angebote funktioniert auch in der **Rhön** nur bedingt, nicht zuletzt aufgrund der Dreiteilung und somit Zuständigkeit dreier Tourismusorganisationen: *„Tourismus [ist] traditionell länderübergreifend in der Rhön ein ziemlich vermintes Gebiet und da ist es schwer, wirklich erfolgreich Dinge voranzubringen"* (HEVWR Int. 2 2014: 79). Das wird auch auf personenbezogene Probleme zwischen Tourismusorganisation und Biosphärenreservat zurückgeführt (vgl. BYVWR Int. 1 2014: 265). Laut hessischer Verwaltungsstelle ist die geringe Nutzung und Bekanntheit von Biosphärenreservats-Angeboten auch einer geringen Kommunikation durch touristische Organisationen (regionale und Landesebene Hessen) zuzuschreiben, wo im Rahmen der strategischen bzw. politischen Tourismusausrichtung das Biosphärenreservat nur eine geringe Rolle spielt. Die Verantwortlichen nehmen die Angebote nämlich nur bedingt wahr, weshalb man aus Perspektive der Biosphärenreservats-Verwaltung dementsprechendes Entwicklungspotential sieht (vgl. HEVWR Int. 1 2014: 107). Würde eine stärkere

Wahrnehmung und Vermarktung auch für eine Auslastung sorgen, sollte aus Sicht der Verwaltung politisch darüber nachgedacht werden, die Angebotserstellung durch Biosphärenreservate stärker zu fördern (vgl. HEVWR Int. 1 2014: 118; HEV-WR Int. 2 2014: 111;). Auf bayerischer Seite funktioniert diese Konstellation besser, die regionale Tourismusorganisation nutzt das Biosphärenreservat laut Aussage der Verwaltung stark bei der Vermarktung touristischer Produkte bzw. kommuniziert dieses wenn möglich (vgl. BYVWR Int. 1 2014: 367ff.). Die Zusammenarbeit mit dem Tourismus auf länderübergreifender Ebene, z.B. im Koordinierungsausschuss der ARGE Rhön, wird teilweise aufgrund mangelnder Akzeptanz des Biosphärenreservats seitens des Tourismus, als holprig beschrieben (vgl. HEVWR Int. 1 2014: 247). Nicht zuletzt deswegen versucht man stärker die Dachmarke Rhön im Tourismus und Destinationsmarketing zu positionieren und hier die Thematik und Akteure der Regionalvermarktung und des Tourismus zu bündeln (vgl. HEVWR Int. 1 2014: 118, 360 bzw. siehe hierzu Kapitel 7.7.5). Eine ähnliche Idee existiert bereits in Form der Rhön Marketing GbR. Diese wird jedoch als Papiertiger bezeichnet, mit der die Biosphärenreservats-Verwaltungen nicht zusammenarbeiten (vgl. BYVWR Int. 1 2014: 367; HEVWR Int. 1 2014: 247; DMR Int. 1 2014: 91).

Im **Spreewald** arbeitet man mit der regionalen Tourismusorganisation zusammen. Man versucht dementsprechend auf den Tourismusverband zuzugehen, so dass dieser das Biosphärenreservat inklusive seiner Funktionen und Zielstellungen touristisch stärker in Wert setzt und kommuniziert. Aufgrund des Leitungswechsels des Tourismusverbandes Spreewald wird die Destination seit 2013 durch eine private Tourismus-Consulting Firma gemanagt. Zum Interviewzeitpunkt konnte daher nur abgeschätzt werden, dass man sich am Anfang einer guten Entwicklung befindet, die allerdings noch nicht in einer formalen Entwicklungsstrategie mit dem neuen Partner festgelegt ist. Das liegt mitunter daran, dass sich die Tourismusorganisation im Zuge der Neuaufstellung erst einrichten muss (vgl. VWSW Int. 1 2014: 193ff.). Auf Landesebene ist im Rahmen der NNL Brandenburg eine institutionalisierte Zusammenarbeit etabliert, in der sich die Großschutzgebiete Brandenburgs als Netzwerk zur Entwicklung von Projekten und Strategien sowie u.a. der Vermarktung von touristischen Angeboten zusammengeschlossen haben. Dazu existieren u.a. ein Content-Management, in das eigene Angebote des Biosphärenreservats Spreewald eingespeist werden, ein gemeinsamer Internetauftritt, Ranger-Erlebnisführungen als kostenpflichtige Naturerlebnisangebote der Naturwacht Brandenburg sowie entsprechende Vermarktungsmaßnahmen. Über die NNL Brandenburg geht man auch auf den Landestourismusverband zu und ist z.B. auf der Internetseite des Landestourismusverbandes integriert, mit entsprechenden Hinweisen auf Angebote in den Gebieten (vgl. VWSW Int. 1 2014: 81, 218).

Zur Vermarktung der Angebote im Biosphärenreservat **Südost-Rügen** wird ein Angebotskalender geschaffen, der neben den hauseigenen geführten (Naturerlebnis-)Touren auch diejenigen der Fremdanbieter und diverser Partner integriert (vgl. VWSOR Int. 1 2014: 330ff.). Eine Buchbarmachung der Angebote findet nicht über das Biosphärenreservat statt, es werden jedoch sowohl die Partnerbetriebe als auch Touren sowie Angebote weiterer Drittanbieter auf der eigenen Internetseite beworben (vgl. VWSOR Int. 1 2014: 987ff.). Über die Tourismusorganisation wird das Biosphärenreservat in verschiedenen Themenrubriken, wie z.B. „Naturerlebnis" oder „Aktivitäten", aufgeführt. Die Integration des Biosphärenreservates wird trotz personeller Neubesetzung in der Tourismusorganisation und somit einer jungen Zusammenarbeit bereits positiv, aber auch noch als ausbaufähig, betrachtet (vgl. VWSOR Int. 1 2014: 900ff.). Generell wird im Rahmen der Angebotserstellung bzw. touristischen Arbeit des Biosphärenreservats kritisiert, dass eigens initiierte und geförderte Projekte und Angebote letztendlich zu wenig im Zeichen des Schutzgebietes stehen, welches dadurch zu selten in dazugehörigen Artikeln oder Meldungen erscheint (vgl. VWSOR Int. 1 2014: 853): *„Also so, „Tue Gutes und rede darüber". Das „rede darüber" ist noch nicht ganz ausgeprägt"* (VWSOR Int. 1 2014: 851).

Am **Schaalsee** strebt man die Vermarktung mit dem regionalen Tourismusverband an, was jedoch nur bedingt funktioniert. Die zuständige Institution (Mecklenburg-Schwerin e.V.) in Ludwigslust befindet sich rund 70 km entfernt, die Kooperation wird als ausbaufähig empfunden. Das liegt nicht zuletzt an einer geringen Wahrnehmung der sich in der Genese befindenden Destination Biosphärenreservat Schaalsee. Diese stellt nur eine der vielen durch die Tourismusorganisation repräsentierten Destinationen dar. Eine eigene regionale Tourismusagentur, primär zuständig für die Region Schaalsee, war geplant bzw. ist gewünscht, konnte jedoch aufgrund finanzieller Tragfähigkeit sowie divergierender Interessen der Landkreise und anderer beteiligter Tourismusorganisationen nicht umgesetzt werden. Dementsprechend ist ein Partnerbetrieb und Regionalladen, der als eine Art Tourist-Information für den Schaalsee fungiert, von besonderer Bedeutung. Es werden eigene regionale Produkte und die der Partner sowie Besucherinformationen für die Aufenthaltsgestaltung angeboten. Zusätzlich wird das touristische Angebot der Partner vermittelt (auch online), wobei sich das Konzept noch in der Auf- bzw. Ausbauphase befindet (vgl. VWSC Int. 1 2014: 42ff., 215ff., 417, 563ff., 695, 787ff.). Die See-Pferd-Tour wird z.B. ebenfalls in Kooperation über den Förderverein und einen regionalen Busunternehmer angeboten (VWSC Int. 1 2014: 805). Die eigene Kompetenz bzw. Rolle wird hier folgendermaßen beschrieben: *„Wir sind keine Tourismusorganisation, wir sind eine Behörde. Wir können anbieten, aber auch nur im Rahmen unserer Möglichkeiten"* (VWSC Int. 1 2014: 268). Man wünscht sich dementsprechend mehr (Kombinations-)Angebote durch touristische Leistungsträger, um so die Wertschöpfungsmöglichkeiten in der Region hinsichtlich Quantität und Qualität zu erweitern (vgl. VWSC Int. 1 2014: 851ff.). Neben der Vermarktung durch das Biosphärenreservat wird der Erfolg auch auf die Art der Umsetzung durch die Anbieter (vgl. VWSC Int. 1 2014: 272) oder deren Marketingbemühungen bzw. Bereitschaft zurückgeführt: dahingehend wird kritisiert, dass diese z.T. hoffen bzw. erwarten, dass das Biosphärenreservat selbiges in vollem Umfang übernimmt (vgl. VWSC Int. 1 2014: 280).

Im **Vessertal-Thüringer Wald** stellt sich die Vermarktung und Kooperation mit der Tourismusorganisation auf Landesebene vergleichsweise stark ausgeprägt dar. Die Biosphärenreservats-Verwaltung koordiniert federführend die Zusammenarbeit zwischen der Tourismusorganisation und den NNL Thüringen und arbeitet seit 2007 in der „Kompetenzgruppe Wandern" auf Landesebene mit. Dadurch wird das Biosphärenreservat inklusive seiner Angebote durch die Landestourismusorgani-

sation beworben (vgl. THÜRINGER MINISTERIUM FÜR LANDWIRTSCHAFT, FORSTEN, UM-
WELT UND NATURSCHUTZ 2011: 20). Weiter befördert wurde die Entwicklung durch
das Förderprogramm Tourismusbudget, wobei bereits 2012 die in Kapitel 7.5.2.5
dargelegten Schritte der Angebotsentwicklung unternommen wurden. Die Landestourismusorganisation integriert die Biosphärenreservate im Zuge der Themenjahre 2014 „Welterbeland Thüringen" bzw. 2016 „Faszination Natururlaub". Das Biosphärenreservat Vessertal-Thüringer Wald wird dadurch in verschiedenen Online-
und Printmedien sowie Messen (ITB 2013) präsentiert und vermarktet (vgl. VWVTW
Int. 1 2014: 23ff.). Durch die Buchbarmachung der Naturerlebnisangebote ergibt sich
eine Erleichterung und Verbesserung der Zusammenarbeit zwischen Biosphärenreservat und Landestourismusorganisation bzw. dem Regionalverbund. Seitens des
Biosphärenreservats spürte man vor der Initiative im Rahmen des Tourismusbudgets Hemmungen der Tourismusorganisation, wie mit dem Biosphärenreservat aus
touristischer Perspektive umzugehen ist (vgl. VWVTW Int. 1 2014: 177ff.).

Die Entwicklung der Naturerlebnisangebote wirkt hier als Katalysator und hat
zudem den Vorteil einer starken Kommunikation des Biosphärenreservats nach
außen: *„Ich habe auf der örtlichen Ebene meine ganzen Angebote. Dann kommen wir als
Biosphärenreservat und sagen, von diesen ganzen Angeboten sind das [die] Naturerlebni-
sangebote. Dann kommt der Regionalverbund und sagt: die und die kann ich [...] auf der
Thüringer Wald Seite gut präsentieren und dann kommt die TTG [Landestourismusverband
Thüringer Tourismus GmbH] und sagt: das sind für mich die beiden, die für Thüringen
Leuchtturm sind. Das heißt, das ist wie eine Pyramide aufgebaut"* (VWVTW Int. 1 2014:
161). Das automatisiert mitunter den Prozess der Vermarktung über die zuständigen
Institutionen und zwingt das Biosphärenreservat nicht stets erneut auf die Tourismusverbände zugehen und versuchen zu müssen, in die entsprechenden Strukturen
integriert zu werden: *„Dass die Touristiker damit arbeiten können, dass die das für sich
aufnehmen [...] und wir nicht immer sagen müssen: ihr müsstet doch, ihr könntet doch. Und
das greift jetzt. Also bei der TTG ist das schon so, beim Regionalverbund [...] müssen wir
diesen Schritt auch gehen. Aber das ist für mich schon jetzt ein erstes konkretes Ergebnis und
das ist eine Qualität, da hätte ich vor fünf Jahren noch von geträumt"* (VWVTW Int. 1 2014:
35). Durch die Integration des Biosphärenreservats in die touristischen Strukturen
und die Aufnahme als Angebotsbestandteil in die Vermarktung sowie die Landestourismuskonzeption ergeben sich weitere Vorteile: für verschiedene Reiseanbieter
und -vermittler wird durch das Innenmarketing der Landestourismusorganisation
(Newsletter, Reisemessen) das Biosphärenreservat als Angebotselement vermittelt
(vgl. VWVTW Int. 1 2014: 161).

Dem Risiko einer geringen Auslastung der Angebote und einem darauf folgenden Ressentiment der entsprechenden Anbieter, mit denen man die Angebote generiert hat, ist man sich in der Biosphärenreservats-Verwaltung bewusst: *„Vielleicht ho-
len wir uns auch eine Schramme, vielleicht geht auch irgendwo was schief"* (VWVTW Int. 1
2014: 161). Dennoch sollen im Bereich der Naturerlebnisangebote künftig insbesondere die Betriebe der Partner-Initiative integriert und im Bereich Übernachtung oder
Gastronomie noch mehr Angebote generiert und entsprechend vermarktet werden
(vgl. VWVTW Int. 1 2014: 167).

Neben der eigenen Vermarktung touristischer Angebote kann eine deutlich effizientere, breitere, neue Kundensegmente erschließende Vermarktung über die Kooperation mit den Tourismusorganisationen gelingen. Generell zeigen sich in den verschiedenen Biosphärenreservaten unterschiedliche Intensitäten bzw. Qualitäten in der Zusammenarbeit mit touristischen Institutionen auf regionaler und Landesebene. Teilweise wird diesen die Bündelung und Vermarktung von Pauschalen mit Bezug zum Biosphärenreservat überlassen, z.T. wird aktiv auf diese mit einem Angebotsportfolio zugegangen und man hat fest institutionalisierten Austausch. Je schwächer die Kooperation dahingehend funktioniert, desto mehr wird in Eigenregie, wie z.B. im Biosphärenreservat Schaalsee, unternommen und beispielsweise eine „informelle" Tourismusorganisation mit dem Partnerbetriebe etabliert. Der Ansatz der Rhön ist insofern innovativ, da er sowohl das Biosphärenreservat, Tourismus, touristische Unternehmen und die Dachmarke im Sinne eines kooperativen Destinationsmanagements verknüpft und zudem administrative Grenzen überschreitet.

7.5.2.7 Erfolgsfaktoren im Rahmen der Angebotserstellung

Wie die Ausführungen zeigen, werden alle Biosphärenreservats-Verwaltungen als touristischer Akteur aktiv und tragen zur Angebotsvielfalt auf Destinationsebene bei. Durch die Etablierung und Vermarktung biosphärenreservats-spezifischer Angebote kann zum einen der Bekanntheitsgrad zum anderen die regionale Wertschöpfung gesteigert werden. Die Entwicklung von Kombinationsangeboten und die Einbindung der Angebote in regionale Angebotsstrukturen erfolgen noch auf unterschiedlichem Niveau, sind jedoch generell ausbaufähig. Zusammengefasst spielen folgende Faktoren, die die Generierung erfolgreicher Angebote im Kontext der Biosphärenreservate beeinflussen, eine Rolle:

Angebote allgemein

- Selbstverständnis als touristischer Akteur und Aktivitäten im Bereich der Angebotserstellung

- Wahrnehmung der Vernetzungsfunktion und strategischen Ausrichtung (z.B. ECST)

- Finanzielle und personelle Ressourcen
  - Flexibilität zur Reaktion auf Nachfragen im Bereich eigener Angebote
  - Kontinuität in der strategischen Zusammenarbeit

- Qualitativ hochwertige und attraktive Informations- und Wegeinfrastruktur, Besucherbetreuungs-, BNE- und Naturerlebnisangebote

- Balance zwischen BNE und Erlebnisorientierung

- Hervorheben der Alleinstellungsmerkmale der Angebote (z.B. Kernzonenwanderung)

- Naturpark und kooperative Bereitstellung touristischer Infrastrukturen

- Kooperation und Arbeitsteilung bei der Generierung von Angeboten (z.B. mit Leistungserstellern, Naturpark oder Tourismusorganisationen)

- Qualität und Quantität der touristischen Leistungsträger

- Schaffung spezieller Angebote zur Saisonverlängerung bzw. -ausgleich oder Steigerung der Aufenthaltsdauer

- Angebotsentwicklung und Vermarktung für definierte Zielgruppen sowie Mainstreaming mit Bildungsauftrag

- Räumliche Kongruenz von Destination, Biosphärenreservat und zuständigen Tourismusorganisationen und Transaktionskosten (z.B. zentrale Angebots-, Informations- und Vermarktungsstrukturen der Destination)

Kombinationsangebote und Integration eigener Angebote in touristische Leistungsketten

- Strategisches, kooperatives Vorgehen seitens der Biosphärenreservate um Alleinstellungsmerkmale und den Schutzgebietsbezug in Kombinations-Angebote zu integrieren

- (Innovations-)Wille zur Integration des Biosphärenreservates auf Seiten touristischer Leistungsträger und Tourismusorganisationen

- Planung der Pauschalangebote in Abstimmung mit Tourismusorganisationen auf unterschiedlichen Administrationsebenen

- Entwicklung und Vermarktung der Angebote für definierte Zielgruppen und breiten Markt

- Kontinuierliche Betreuung der Angebote durch beteiligte Akteure

- Ökonomische Tragfähigkeit entsprechender Pauschalangebote

Kommunikation und Vermarktung in Kooperation mit touristischen Leistungsträgern sowie Tourismusorganisationen

- Tourismusorganisationen und Wahrnehmung des Biosphärenreservats (inkl. touristischer Angebotselemente) als Entwicklungsakteur bzw. Schaffung entsprechender Voraussetzung durch das Biosphärenreservat

- Buchbares Angebotsportfolio zur Integration in touristische Leistungsketten und touristische Vermarktungsstrukturen

- Bereitschaft touristischer Leistungsanbieter (Partnerbetriebe) sowie touristischer Strukturen das Biosphärenreservat bei der Kommunikation und Angebotsvermarktung zu integrieren (z.B. Fokus der tourismuspolitischen Ausrichtung bzw. Landestourismuskonzeption/-strategie)

- Teilnahme an touristischen Förderprogrammen

Neben den hier aufgeführten Angeboten im Bereich Tourismus muss im Kontext der Biosphärenreservate noch eine weitere, für die Angebotserstellung relevante Komponente betrachtet werden.

7.6 Positionierung des Biosphärenreservates im Marketing auf Destinationsebene

Aufgrund politischer Weichenstellung wird im **Pfälzerwald** seit Jahren, unter entsprechendem finanziellem Aufwand, die Destination Pfalz unter Zuständigkeit der Pfalztouristik mit der Marke „Zum Wohl. Die Pfalz" beworben. Diese gliedert sich in verschiedene Teildestinationen wie die Weinstraße oder den westlichen Pfälzerwald, wodurch das Biosphärenreservat eine Art Subdestination, aber keine eigene Destination darstellt und auch nicht/nur bedingt als Aushängeschild fungiert (vgl. VWPW Int. 1 2014: 114ff.; VWPW Int. 2 2014: 134). Die Untergliederung bedingt auch die Verteilung von Zuständigkeiten und eine uneinheitliche Vermarktung, da jeweils insbesondere die eigenen Angebote beworben werden (vgl. VWPW Int. 1 2014: 186). Für das Biosphärenreservat existiert keine eigene Marketingstrategie. Diese ist aber seitens der Verwaltung im Zuge einer Regional- oder Dachmarke, die regionale Produkte und das Gebiet inkl. der Alleinstellungsmerkmale vermarkten soll, gewünscht (vgl. VWPW Int. 1 2014: 290ff.). Der Zusammenschluss der Akteure sowie eine gemeinsame Vermarktung wird als Ansatzpunkt gesehen, im Bereich der Angebotsentwicklung, Projektentwicklung und Vermarktung einheitlicher zu agieren (vgl. VWPW Int. 1 2014: 370; VWPW Int. 2 2014: 240). Aus Sicht der Verwaltung wird das Biosphärenreservat Pfälzerwald von regionalen Akteuren bereits in den Rubriken „Natur" und „nachhaltiger Tourismus" für die touristische Vermarktung von Angeboten genutzt: *„Die Bewerbung des Biosphärenreservats als Besonderheit und Alleinstellungsmerkmal [...] findet statt, sowohl bei der Pfalz Touristik, den Verbandsgemeinden und den Landkreisen, [alles] Richtung sanfter Tourismus [...] oder auch Regionalvermarktung lässt sich mit dem Begriff Biosphärenreservat gut machen"* (VWPW Int. 1 2014: 197ff.). Dennoch bleibt Potential, dem jedoch generell die Konnotation des „Reservats" Begriff und die dadurch teilweise, nach wie vor den Naturpark fokussierende Vermarktung durch Dritte entgegensteht (vgl. VWPW Int. 1 2014: 296ff.). Bei der Bewerbung der übergreifenden Destination kommt zudem stärker das Alleinstellungsmerkmal „größtes unzerschnittenes Waldgebiet" zur Geltung als die Zielsetzung des Biosphärenreservats, die aktuell im Wesentlichen in Eigenregie kommuniziert wird (vgl. VWPW Int. 1 2014: 330).

Auf hessischer Seite des Biosphärenreservats **Rhön** wünscht man sich bezüglich einer koordinierten Destinationsvermarktung eine stärkere Kooperation zwischen regionalen Tourismusorganisationen und dem Biosphärenreservat. Inhalte des Biosphärenreservats, Angebote und das Alleinstellungsmerkmal UNESCO-Label könnten aus Sicht der Verwaltung stärker betont werden (vgl. HEVWR Int. 1 2014: 358). Im Hinblick auf eine Destinationsentwicklung und -vermarktung „Rhön" findet sich das Biosphärenreservat in einem Zwiespalt: man ist sich einerseits bewusst, dass der

Gast, der die Rhön besucht, nicht primär zwischen den Bundesländern, Landkreisen und Biosphärenreservats-Grenzen unterscheidet und man daher die Destination Rhön stärker entwickeln und vermarkten müsste (vgl. HEVWR Int. 1 2014: 86). Andererseits haben sich die Länder mit der Finanzierung dem jeweils eigenen Teil des Biosphärenreservats verpflichtet, so dass alles, was über die anerkannte Kulisse hinaus passiert, der Verwaltung *„auf die Füße fallen"* kann (HEVWR Int. 2 2014: 87). Für die länderübergreifende Zusammenarbeit existiert die ARGE sowie die Dachmarke Rhön, wo man mit dem Biosphärenreservat wirbt (vgl. HEVWR Int. 1 2014: 88). Die Kulisse gewährleistet zum einen die einheitliche Vermarktung als Destination, zum anderen die für eine funktionierende Dachmarke notwendige Anzahl an Betrieben und Bezugsmöglichkeiten regionaler Vorleistungen (vgl. BYVWR Int. 1 2014: 109ff.). Das Potential der Destination Rhön ist jedoch nicht voll entfaltet. Länderübergreifend wird dies nach Auffassung der Verwaltung erst zur Geltung kommen können, wenn unter Vermeidung des Aufbaus von Parallelstrukturen, ein einheitliches, länderübergreifendes Tourismusmanagement existiert (vgl. HEVWR Int. 1 2014: 118; BYVWR Int. 1 2014: 325). Eine eigene touristische Marketingstrategie für das Biosphärenreservat existiert nicht, soll jedoch im Zuge der Erstellung des aktuellen Rahmenkonzeptes in Kooperation mit Leistungserstellern und Tourismusorganisationen entwickelt werden (vgl. HEVWR Int. 1 2014: 283; BYVWR Int. 1 2014: 361ff.). Aus Sicht der hessischen Verwaltungsstelle könnte das Biosphärenreservat aktuell noch stärker in die Destinationsmarketingstrategie integriert werden, was mitunter auf die Schwierigkeiten der länderübergreifenden Zusammenarbeit zurückgeführt wird (auf bayerischer bzw. thüringischer Seite funktioniert es ausreichend, vgl. BYVWR Int. 1 2014: 369, 427; THVWR Int. 1 2014: 295ff.). Die seitens der Tourismusorganisation empfundene geringe Attraktionsfähigkeit des Biosphärenreservats wird mitunter als Grund für die geringe Kommunikation auf hessischer Seite vermutet, die jedoch nicht als berechtigt wahrgenommen wird: *„Also da beißt sich die Katze in den Schwanz. Ich kann nicht sagen, es kommt keiner wegen des Biosphärenreservats wenn es keiner weiß [bzw.] ich das auch nicht vorne dran schreibe"* (HEVWR Int. 1 2014: 146). Das Biosphärenreservat könnte folglich stärker in den Fokus gerückt werden (vgl. HEVWR Int. 1 2014: 336): *„Dieses Biosphärenreservat, das in Hessen durchaus Alleinstellungsmerkmal ist, und wo sich Hessen nur dieses eine Biosphärenreservat leistet, das aber in der Tourismuswerbung des Landes Hessen kaum herausgestellt wird. [...] Dass man aktiv im Rahmen der strategisch politischen Tourismusausrichtung mit dem Biosphärenreservat Rhön wirbt, das passiert einfach nicht. Da laufen wir uns im Prinzip seit 20 Jahren die Hacken ab. In die entsprechenden Arbeitskreise, die solche Papiere erstellen, kommen wir nicht rein"* (HEVWR Int. 2 2014: 111). Das Problem liegt folglich darin, dass man nicht entsprechend wahrgenommen und in die touristische Arbeit auf übergeordneter Ebene integriert wird und das, obwohl das Thema Nachhaltigkeit, Natururlaub bzw. Naturerleben auch hier eine Rolle spielt, jedoch der Städtetourismus mehr im Fokus der tourismuspolitischen Betrachtungen steht (vgl. HEVWR Int. 1 2014: 112; HEVWR Int. 2 2014: 113).

Im Biosphärenreservat **Schaalsee** hat man eine eigene touristische Marketingstrategie, namentlich „Biosphärenband Elbe-Schaalsee", in Anlehnung an das grüne Band bzw. die ehemalige innerdeutsche Grenze, mit der man versucht, sich als „Juwelen am grünen Band" im Eingangsbereich zur Metropolregion Hamburg stärker zu präsentieren. Die Zielsetzung lautet (VWSC Int. 1 2014: 274): *„Wie kann ich den Touristen dazu bringen, [...] die beiden Biosphärenreservate als ein Band wahr zu nehmen und hier länger zu verweilen"*, wozu in einer Art Workshop mit Regionalmarkenpartnern, Gemeinden, Tourismusverband u.v.m. entsprechende Angebote, u.a. Pauschalen entwickelt wurden (vgl. Kapitel 7.5.2.5). Die Darstellung, Kommunikation und Vermarktung soll u.a. durch wiederkehrende Elemente z.B. in den Informationszentren des Biosphärenreservats Schaalsee und Flusslandschaft Elbe gelingen (vgl. VWSC Int. 1 2014: 11, 272). Die Strategie zielt darauf ab, das Biosphärenreservat Schaalsee als im Vergleich junge Destination bekannter zu machen: *„Es gab diese Region Schaalsee ja nie wirklich. Diese Identifizierung der Region, diese Region als Begriff bekannt zu machen, das ist relativ schwierig. [...] Der Bekanntheitsgrad ist eben ein Problem"* (VWSC Int. 1 2014: 391). Die Verwaltung versucht, das Biosphärenreservat zum einen selbst nach außen zu kommunizieren, zum anderen über die zuständigen regionalen Tourismusorganisationen. Im Bereich des Biosphärenreservats Elbe funktioniert das über die Elbtalaue-Wendland Touristik, im Bereich des Schaalsees nur eingeschränkt (vgl. Kapitel 7.5.2.6). Startschwierigkeiten werden auf eine geringe Wahrnehmung des Biosphärenreservats seitens des Tourismusverbandes zurückgeführt (vgl. VWSC Int. 1 2014: 563ff.). Die Kooperation mit dem zuständigen Tourismusverband Mecklenburg-Schwerin wird aktuell, u.a. durch das LandArt Projekt, positiv beeinflusst. Dadurch greifen Maßnahmen, durch die das Destinationsmarketing des Schaalsees deutlich verbessert wird, wobei hinsichtlich der Langfristigkeit der positiven Effekte auf Kooperation und Marketing über den Förderzeitraum hinaus, noch Unsicherheit auf Seiten des Biosphärenreservats besteht (vgl. VWSC Int. 1 2014: 661). Die Destination ist im Falle des Schaalsees v.a. die Vergaberegion der Regionalmarke (vgl. Kapitel 5.3), die sich auf das Biosphärenreservat und darüber hinaus auf angrenzende Städte wie Gadebusch, Rhena oder Wittenburg bzw. den Lauenburgischen Teil in Schleswig-Holstein erstreckt, was im Sinne der Wahrnehmung der Touristen die Destination darstellt (vgl. VWSC Int. 2 2014: 73ff.).

Im **Spreewald** ist das Bewusstsein seitens der relevanten Akteure (u.a. Spreewaldverein, Tourismusverband) hinsichtlich der Bedeutung des Schutzstatus, den damit einhergehenden Verpflichtungen aber auch dessen Wert als Auszeichnung und somit Kommunikationsmittel in den letzten Jahren gewachsen. Man ist sich hier aus Sicht der Verwaltung *„weitestgehend einig"* (VWSW Int. 1 2014: 63). Dementsprechend arbeitet man mit der Tourismusorganisation zusammen,[102] so dass diese das Biosphärenreservat inklusive seiner Funktionen und Zielstellung kommuniziert. Aufgrund des Leitungswechsels des Tourismusverbandes Spreewald (vgl. Kapitel 7.5.2.6) wird eine entsprechende Strategie für die Destination Spreewald, in der man sich als Biosphärenreservat verankern kann, noch zu erarbeiten sein. Das beinhaltet z.B., dass der Status des UNESCO-Biosphärenreservats sowohl online als auch in Urlaubsmagazinen, auf Messen etc. kommuniziert wird und die Teilnahme der Biosphärenreservats-Verwaltung an Abstimmungsprozessen zu entsprechenden Maßnahmen gegeben ist (vgl. VWSW Int. 1 2014: 176ff.). Dabei geht es jedoch

---

102 Die Zusammenarbeit findet im Rahmen gegenseitiger Gremienbesetzung (Biosphärenreservat im Vorstand des Tourismusverbandes sowie im Marketingausschuss) statt (vgl. VWSW Int. 1 2014: 152).

im Wesentlichen um eine Kommunikation des Schutzstatus bzw. die Umweltbildung, weniger um die Vermarktung von Angeboten. Man sieht sich mehr als *„Hüter der Idee des Biosphärenreservates"* im touristischen Entwicklungsprozess der Region (VWSW Int. 1 2014: 194). Der Beitrag zum Image wird, vor dem Hintergrund des Spreewalds in seiner Funktion als tradierte Tourismusdestination, als schwierig erachtet: *„Wir sind eine alt-eingesessene Tourismusregion. Der Spreewald hat 140 Jahre ohne Biosphärenreservat gut und viel Tourismus gebracht. Deswegen ist man hier noch nicht soweit, dass man sagt, wir müssen jetzt unbedingt Biosphärenreservat [...] [kommunizieren], aber zunehmend schon"* (VWSW Int. 1 2014: 200). Stärker versucht die Verwaltung durch ihre Arbeit darauf hinzuwirken, dass touristisch relevante Akteure das Biosphärenreservat nach und nach stärker wahrnehmen, es als besondere regionale Auszeichnung verstehen und dementsprechend im Marketing nutzten (vgl. VWSW Int. 1 2014: 224). Eine eigene Vermarktung des Biosphärenreservats-Status bzw. eine eigene Marketingstrategie wird u.a. aufgrund der eingeschränkten eigenen Werbemöglichkeiten – im Vergleich zu Unternehmen und beauftragten Marketingagenturen – nur ansatzweise umgesetzt (vgl. VWSW Int. 1 2014: 115).

Aufgrund der geringen Größe arbeitet man im Rahmen von Kooperationen und Initiativen im Biosphärenreservat **Südost-Rügen** insbesondere auf Kulisse der größeren Biosphärenregion[103] sowie auf Kulisse der gesamten Insel, z.B. bei LEADER oder mit der Tourismusorganisation (vgl. VWSOR Int. 1 2014: 212). Der regionale Tourismusverband (Tourismuszentrale Rügen) entwickelt und vermarktet dementsprechend auch die gesamte Insel bzw. Destination Rügen. Die Tradition und Stärke der Destinationsmarke zweifelt man in der Verwaltung keinesfalls an: *[Es wird] nie eine Marke „Biosphärenreservat Rügen" geben [...], sondern nur „Rügen". Also die Marke ist „Rügen""* (VWSOR Int. 1 2014: 212). Im touristischen Leitbild (ECST) legt man eine Marketingstrategie fest, mit der man versucht, als Biosphären-Region und Sub-Destination stärker aufzutreten. Dazu zählt die Etablierung verschiedener Kooperationsmechanismen (z.B. verschiedene Arbeitsgruppen, Bildung einer Steuerungsgruppe), die stärkere Verwendung der Wort-Bild Marke Biosphärenreservat Südost-Rügen bei Publikationen der Gemeinden sowie die Einrichtung von Informationsecken zum Biosphärenreservat in den Kurverwaltungen, Tourist-Informationen und Beherbergungsbetrieben (schriftl. Mitteilung VWSOR 2014). Im Bereich der Kommunikation des Schutzstatus wird das Defizit benannt, dass über Projekte, initiiert durch das Biosphärenreservat, zwar berichtet wird, die Verantwortlichkeit des Biosphärenreservats für das Projekt jedoch nicht immer klar herausgestellt wird (vgl. VWSOR Int. 1 2014: 851). Über die Tourismuszentrale Rügen wird das Biosphärenreservat in verschiedenen Angebotsbereichen der Tourismusorganisation kommuniziert, z.B. im Bereich Naturerlebnis oder Aktivurlaub (vgl. VWSOR Int. 1 2014: 900ff.). In der Summe sieht man sich mit dem Alleinstellungsmerkmal Biosphärenreservat jedoch in der Destinationsmarketing-Strategie Rügens zu wenig repräsentiert. Hier kommt man auf regionaler Ebene, trotz der als intensiv empfundenen Zusammenarbeit, aufgrund der saisonalen Spitzen und Arbeitsbelastung und den damit einhergehenden Unterbrechungen auf strategisch-konzeptioneller

---

103 Ostseebäder Baabe, Binz, Göhren, Sellin und Thiessow sowie die Orte Lancken-Granitz, Middelhagen, Putbus, Gager, Zirkow (vgl. DWIF 2010: 2 bzw. Karte 7 in Kap. 5.5).

Arbeitsebene, nur langsam zu Ergebnissen. Letztendlich wird diese Problematik auf mangelndes Personal sowohl auf Seiten des Biosphärenreservats als auch der Kur-Gemeinden und der Tourismusorganisation zurückgeführt (vgl. VWSOR Int. 1 2014: 971ff.).

Im Biosphärenreservat **Vessertal-Thüringer Wald** ist der (Naturpark) Thüringer Wald als touristische Destination stärker im Rahmen des Destinationsmarketings präsent. Da man als Biosphärenreservat nur einen kleinen räumlichen Teil der Destination darstellt, will man sich dementsprechend als Teildestination in der Dachmarke Thüringer Wald stärker als Biosphärenreservat positionieren und die landschaftliche Qualität hervorheben: man hat nicht die *„Kraft, [...] alleine zu leuchten"* (VWVTW Int. 1 2014: 9, 131). Als problematisch wird der Zuständigkeitsbereich des Regionalverbundes Thüringer Wald als Tourismusorganisation betrachtet, der für die touristische Vermarktung eines Gebietes mit ca. der Größe halb Thüringens vergleichbar ist. Darin enthaltene andere Teildestinationen, wie z.B. das Thüringer-Gothaer Land haben für ihren Bereich eine passende regionale Arbeitsebene mit Bündelungsfunktion. Eine Grundlage die man im in der Biosphärenreservats-Verwaltung vermisst. Kommunal- oder landkreisübergreifende Projekte können dementsprechend nur durch das mühsame, einzelne Ansprechen aller gewollten bzw. potentiellen Partner der Region erfolgen. Eine gemeinsame Arbeitsebene fehlt und verzögert das Ausarbeiten von Projekten, die Übergabe an sowie die Vermarktung durch den Regionalverbund. Die Verbesserung der Kooperationsstrukturen ist dementsprechend ein weiteres Ziel im Rahmen des Tourismusbudgets (vgl. VWVTW Int. 1 2014: 9).

Die Neupositionierung in der Dachmarke Thüringer Wald ist u.a. ein erklärtes Ziel im Rahmen des Tourismus-Förderprogramms. Die Profilschärfung erfolgt durch die Naturerlebnisangebote in Kombination mit einem ÖPNV-Konzept und somit der Schaffung von Alleinstellungsmerkmalen des Biosphärenreservates (vgl. VWVTW Int. 1 2014: 17, 39). Durch die entwickelten Naturerlebnisangebote konnte sich das Biosphärenreservat erfolgreich in Werbekampagnen der Landestourismusorganisation integrieren und ist somit in der *„Aufmerksamkeit auf der Landesebene angekommen"* (VWVTW Int. 1 2014: 23). Dies stellt eine neue Qualität der Arbeit dar, die so bisher nicht vorhanden war (vgl. VWVTW Int. 1 2014: 65). Gleiches gilt für den Regionalverbund, wo man in die Marketingstrategien mit aufgenommen wurde, sich stärker mit dem touristischen Marketing vernetzen und das Label Biosphärenreservat in der Destinationsvermarktung verankern konnte. Das grundlegende Problem bis zu diesem Punkt wird so umschrieben: *„Wir sind immer in der Aufzählung als ein „das kannst du auch noch besuchen" dargestellt worden, ohne dass klar ist, dass letztendlich die Orte, die Veranstaltungen, [...]die Wanderwege und die Ausflugsziele alle in der Region liegen"* und das Biosphärenreservat konstituieren (VWVTW Int. 1 2014: 7). Aus Sicht der Verwaltung stellt das einen besonderen Erfolg dar, da man so auch potentielle Besucher erreichen kann, die bis dato keine Information zu Biosphärenreservaten hatten und dementsprechend auch nicht durch die eigenen Kommunikationskanäle erreicht werden (vgl. VWVTW Int. 1 2014: 159). Generell sieht man diese Vorgehensweise über die Tourismusorganisationen als einen Ansatz, über den man sich gerne mit anderen Biosphärenreservaten austauschen würde, um die touristische Arbeit auf nationaler Ebene zu professionalisieren: *„Aber dieses Thema Tourismus ist bei EUROPARC in dieser Form noch nicht so angekommen [...] Und es ist auch* *bisher[...], im Arbeitskreis Biosphärenreservate nicht unbedingt das Thema. [...] Ich denke diese Wege sind wichtig, um in die Breite zu gehen"* (VWVTW Int. 1 2014: 161).

Wie die Ergebnisse zeigen, stellt sich die Positionierung des Biosphärenreservates auf Destinationsebene als ein stark von regionalen Interessen und Strukturen beeinflusster Prozess dar. Abgesehen von der Rhön und dem Schaalsee stellen die Biosphärenreservate bisher keine für sich alleinstehenden Destinationen dar. Vielmehr stellen sie eine Teildestination bzw. Attribute einer bereits bekannten Destination – insbesondere im Biosphärenreservat Südost-Rügen oder Spreewald – dar, wobei die Biosphärenreservats-Verwaltungen als ein Akteur von Vielen in der strategischen Ausrichtung und Zusammenarbeit der Destination mitwirken. Im Biosphärenreservat Schaalsee, das sich als Destination in der Genese befindet, spielt die Verwaltung, u.a. aufgrund einer wenig aktiven Tourismusorganisation eine tragende Rolle im Bereich der Entwicklung der Destination, deren Vermarktung und der Positionierung des Biosphärenreservates als Marke bzw. Alleinstellungsmerkmal.

Folgende Faktoren sind sich für die Positionierung des Biosphärenreservats im Rahmen des Destinationsmarketings relevant:

- Räumlicher Misfit bzw. fehlende gemeinsame Arbeitsebene (Biosphärenreservat, Tourismusorganisation) in der Destination

- Organisatorisch zergliederte Destination und Parallelstrukturen

- Der Biosphärenreservats-Begriff und mangelnde touristische Attraktivität bzw. bereits existente Destinationsmarken

- Konkurrenz des Naturparks in der Bewerbung bzw. Kommunikation

- Eigene, Biosphärenreservats-spezifische, touristische Marketingstrategie und Kompatibilität mit bestehendem Destinationsmarketing (Pfadabhängigkeit)

- Kommunikation in Kooperation mit regionalen und überregionalen touristischen Organisationen (z.B. Integration in Landestourismuskonzeption)

- Kommunikation in Kooperation NNL bzw. mit nationalen Tourismusverantwortlichen (DTV, DZT)

- Teilnahme an touristischen Förderprogrammen

7.7 Regionalvermarktungs- und Partner-Initiativen der Biosphärenreservate als touristisches Angebotselement

In allen untersuchten Biosphärenreservaten existieren Partner- sowie Regionalvermarktungsinitiativen und -projekte. Darunter finden sich sowohl von der Biosphärenreservats-Verwaltung initiierte als auch davon unabhängig gemanagte Initiativen (vgl. Tabelle 24).[104] Im Folgenden werden die durch Biosphärenreservats-

---

104 Die Tabelle umfasst die Projekte, die im Rahmen der Interviews genannt wurden sowie diejenigen, die in den Evaluierungsberichten zu finden sind.

Verwaltungen etablierten Initiativen genauer betrachtet. Diese sind in den Untersuchungsgebieten als Partner-Initiative, Regionalmarke bzw. Dachmarke organisiert und für die Biosphärenreservate als das Aushängeschild in Sachen Zertifizierung und Regionalvermarktung zu betrachten. Darüber hinaus wird für Südost-Rügen und den Spreewald die Beziehung zu den stärker vom Biosphärenreservat unabhängigen Regional- bzw. Dachmarken dargestellt.

Tabelle 24: Regionalvermarktungsinitiativen und -projekte in den Biosphärenreservaten

Biosphären-reservat	Initiative und Gründungsjahr	Weitere, durch das Biosphärenreservat initiierte Projekte	Weitere Projekte, unabhängig vom Biosphärenreservat (teilweise Kooperation)
Pfälzerwald	Partner im Biosphärenreservat (2002), seit 2010 loses Mitglied NNL	Pfälzerwald Lamminitiative, Deutsch-Französische Bauernmärkte	
Rhön	Dachmarke Rhön (2008/2009)	Mobile Käserei, Rhöner Apfelinitiative, Rhön Biosphärenrind, Rhönholz-Veredler, Diverse Regionalmärkte	Rhöner Charme, Aus der Rhön - Für die Rhön
Schaalsee	Regionalmarke „Für Leib und Seele" 1998, seit 2012 gleichzeitig Partner-Initiative NNL	Biosphärenrind Elbe-Schaalsee w.V., Biosphäre-Schaalsee-Markt	
Spreewald	Partner-Initiative NNL (2014)		Dachmarke Spreewald
Südost-Rügen	Partner-Initiative NNL (2011)		Rügen Produkte Verein, Rügen-Markt
Vessertal-Thüringer Wald	Partner-Initiative NNL (2014)	Regionale Produkte aus dem Thüringer Wald (im Aufbau), Teilnahme am Programm „Weidewonne"	

Quelle: Eigene Erhebungen

Neben den vier Partner-Initiativen (Partner der NNL) im Pfälzerwald, Vessertal-Thüringer Wald, Spreewald, Südost-Rügen werden die Regionalmarke „Für Leib und Seele" (gleichzeitig als Partner-Initiative anerkannt) sowie die Dachmarke Rhön (unabhängig von den NNL) genauer betrachtet. Dazu werden im Folgenden Gemeinsamkeiten und Unterschiede zwischen den Initiativen sowie Faktoren der erfolgreichen Inwertsetzung der Regionalvermarktungsinitiativen im touristischen Kontext bzw. als Angebotsbaustein betrachtet.[105] Dazu zählen z.B. Faktoren, die eine Integration der Initiativen in die touristischen Angebots- und Vermarktungsstrukturen der Destination erleichtern und somit die Positionierung als nachhaltiges Ange-

---

105 Bei den Interviews wurden viele der bereits bei KULLMANN (2007) genannten Erfolgsfaktoren der Regionalvermarktung genannt. Der Fokus in genannter Arbeit liegt auf den allgemeinen Erfolgsfaktoren von Regionalvermarktungsprojekten im Kontext der Biosphärenreservate, ohne speziell eine touristische Perspektive einzunehmen und auf Integrationsmöglichkeiten im Bereich Destinationsentwicklung abzuheben. Zum Zeitpunkt der Erhebungen der Arbeit von KULLMANN (2007) existierten noch keine Partner-Initiativen der NNL, die folglich in dessen Untersuchung nicht betrachtet werden konnten.

botselement ermöglichen. Dabei geht es weniger um das erneute Erfassen aller für die Regionalvermarktung im Kontext der Biosphärenreservate relevanten Erfolgsfaktoren wie bereits bei KULLMANN (2007) umfänglich dargelegt. Vielmehr steht eine Ergänzung und Konkretisierung der Faktoren im Kontext des Tourismus (wie z.B. Gebietskulisse, Marketingstrategie) im Fokus, da Biosphärenreservatsbesucher mitunter ein wichtiges Nachfragesegment für die Initiativen darstellen können (vgl. auch Kapitel 6.3).

7.7.1 Management, Anbindung an das Biosphärenreservat und Art der Initiativen

Das Management der Partner-Initiativen ist in der Regel direkt in der Biosphärenreservats-Verwaltung aufgehängt und konstituiert sich, bis auf die Dachmarke Rhön, durch das Personal der Verwaltungsstelle. In der Regel steht dafür ein Arbeitsplatzäquivalent von weniger als 100 % zur Verfügung, im Biosphärenreservat Schaalsee sind es rund 1,5 Stellen (vgl. Kapitel 7.2.3). Bezüglich des verfügbaren Budgets ist anzumerken, dass die bereits länger existenten, als Regionalvermarktungsprojekte gestarteten Initiativen im Pfälzerwald, Schaalsee und der Rhön besser ausgestattet sind als die drei regulären Partner-Initiativen im Spreewald, Südost-Rügen und Vessertal-Thüringer Wald (vgl. Kapitel 7.2.1). Generell gilt jedoch, dass die Initiativen – eine Ausnahme bildet die Dachmarke Rhön – sowohl personell als finanziell relativ schwach ausgestattet sind, was dementsprechend angemerkt und für den Entwicklungsauftrag als hinderlich empfunden wird (insbesondere in den reinen NNL Partner-Initiativen nahezu kein Budget) (vgl. Kap. 7.2.1-7.2.4). In der Dachmarke Rhön existiert mittlerweile ein, aus der Biosphärenreservats-Verwaltung ausgegliedertes Management, aufgehängt bei der ARGE Rhön (vgl. Kapitel 5.2), wobei es sich insgesamt um 2,2 Arbeitsplatzäquivalente bzw. vier Personen in Teilzeit (inkl. Sekretariat) handelt (schriftl. Mitteilung DMR 2014). Die Aufteilung der Arbeitsplatzäquivalente auf mehrere Personen und die dadurch stets verfügbare bzw. erreichbare Krankheits- und Urlaubsvertretung sowie die Möglichkeit, sich intern zu beraten, werden als Vorteil betrachtet (vgl. DMR Int. 1 2014: 55).

Durch Aufhängung in der Biosphärenreservats-Verwaltung und der Zugehörigkeit zur Partnerschaftsinitiative der NNL ist die Zielkongruenz zwischen Schutzgebiet und der jeweiligen Partner-Initiative gewährleistet (vgl. BMU/BfN 2012: 2; VWSW Int. 2 2014: 40, 175). Die Partner-Initiative steht im Zeichen einer nachhaltigen (Tourismus-)Entwicklung (vgl. HOFFMANN 2009: 197), die Identifikation mit den Zielen des Biosphärenreservats seitens der Partnerunternehmen wird mit als wichtige Voraussetzung bzw. Zielsetzung gesehen (vgl. VWPW Int. 2 2014: 24, 328). Ideen des nachhaltigen Wirtschaftens sollen insbesondere im Tourismus auf Betriebsebene umgesetzt und das Konzept des Biosphärenreservats sowie der Partner-Initiative an Kunden vermittelt werden (vgl. VWSOR Int. 2 2014: 20, 230, 553).

Bis auf die Dachmarke Rhön sind alle Partner-Initiativen Mitglied des Partnerprogramms NNL. Einen Sonderfall bildet aktuell der Pfälzerwald: 2002 als Zusammenschluss mehrerer Biobetriebe gegründet, schließt man sich 2010 lose den NNL an und stellt eine Art passives Mitglied dar (vgl. VWPW Int. 2 2014: 46). Mangels politischer Unterstützung scheiterte eine reguläre Mitgliedschaft im Netzwerk in den letzten Jahren. Dementsprechend hat man die eigenen Qualitätskriterien an die Mindestanforderungen der Kriterienkataloge von EUROPARC-Deutschland angepasst, ist jedoch kein offizieller Partner der NNL. Die Partnerunternehmen dürfen z.B. das Corporate Design der NNL verwenden, eine Vermarktung durch das Netzwerk, z.B. über die Internetseite der NNL, findet jedoch nicht statt (vgl. VWPW Int. 2 2014: 254ff.).

Ähnlich stellt sich die Situation im Schaalsee dar, man ist jedoch seit 2012 vollständig integriertes Mitglied der NNL. Auf Initiative des Biosphärenreservats sowie des Fördervereins wurde 1998 in Kooperation mit der Gemeinde Roggendorf eine „Ideenbörse" veranstaltet, und unter breiter Beteiligung der Bevölkerung und relevanter Akteure die Idee der Regionalmarke „Für Leib und Seele" entwickelt (vgl. VWSC Int. 2 2014: 33). Die Umsetzung und Betreuung der Regionalmarke übernehmen seit jeher der Förderverein Biosphäre Schaalsee e.V. sowie die Biosphärenreservats-Verwaltung. Das ursprünglich entwickelte, patentrechtlich geschützte Logo der Regionalmarke wurde durch den Beitritt zur Partner-Initiative der NNL durch das offizielle Punktlogo ergänzt (vgl. Kapitel 7.7.6) und die Produktkriterien branchenspezifisch an die der NNL angepasst (vgl. VWSC Int. 2 2014: 107). Der Beitritt zur Partner-Initiative war auf regionaler Ebene nicht unumstritten, denn die ursprüngliche Marke war aus der Region heraus entwickelt worden und dementsprechend stark verwurzelt, so dass viele Betriebe dem neuen, kombinierten Logo vorerst ablehnend gegenüberstanden. Die Vorteile der NNL, z.B. in der deutschlandweiten Vermarktung, trugen u.a. dazu bei, sich der Partner-Initiative anzuschließen (vgl. VWSC Int. 1 2014: 475).

Bei der Entwicklung der Organisationsstrukturen der Partner-Initiative werden wichtige Aspekte für die Entwicklung der Initiativen genannt: ein wesentlicher Grund für einen erfolgreichen Aufbau wird bei der Beteiligung der Partnerbetriebe und dem Mitspracherecht bei der Entwicklung der Partner-Initiative gesehen. Als vorteilhaft wird eine natürliche, kontinuierliche, die Branchen nach und nach integrierende Entwicklung – stets im Dialog mit den Partnerbetrieben – betrachtet (z.B. bei der Erarbeitung der Qualitätskriterien oder Strategieentwicklung) (vgl. VWPW Int. 2 2014: 32). Die Aufhängung des Managements innerhalb der Biosphärenreservats-Verwaltung wird im Schaalsee als Vorteil betrachtet: es gewährleistet eine gute Zusammenarbeit zwischen Biosphärenreservat und Regionalmarke inklusive einer langfristigen Finanzierung und Planungssicherheit, z.B. im Vergleich zu LEADER-Projekten (vgl. VWSC Int. 2 2014: 29).

Die Anfänge der Dachmarke Rhön gehen bis in die 1990er zurück, als die ersten Versuche einer gemeinsamen Vermarktung von Produkten und Dienstleistungen im Rahmen eines Netzwerkes aus ambitionierten, dem Biosphärenreservat gegenüber aufgeschlossenen Betrieben, erfolgten. Der Förderverein des Biosphärenreservats auf hessischer Seite begann zu diesem Zeitpunkt damit, ein länderübergreifendes Konzept für die Partnerbetriebe des Biosphärenreservats, z.T. unter Widerständen in den einzelnen Ländern, zu entwickeln (vgl. HEVWR Int. 2 2014: 81). Der Förderverein sowie die ARGE-Rhön forcierten schließlich um die Jahrtausendwende die Entwicklung einer gemeinsamen, länderübergreifenden Dachmarke. Der Förderverein war bis in das Jahr 2008, als der Verein „Dachmarke Rhön e.V." gegründet wurde, zuständig für das operative Geschäft. Mit der Gründung der GmbH 2009 wurden klare rechtliche und organisatorische Strukturen für eine gemeinsame Vermarktung geschaffen (vgl. Dachmarke Rhön GmbH 2015b; HEVWR Int. 1 2014: 80). Damit wechselte das Management vom Verein in die Geschäftsstelle der Dachmarke Rhön GmbH (vgl. DMR Int. 1 2014: 55). Mitglieder des Vereins Dachmarke Rhön e.V. sind die Partnerbetriebe, die durch Stimmrecht in der Mitgliederversammlung beteiligt sind, den Vorstand bilden die Landräte der fünf Rhönlandkreise (ARGE Rhön) sowie, um die Interessen der Mitglieder zu vertreten, fünf Vertreter der Partnerbetriebe (vgl. Dachmarke Rhön GmbH 2015b). Der Verein ist der einzige Gesellschafter der seit 2009 existierenden Dachmarke Rhön GmbH, wodurch der Beirat dasselbe Gremium umfasst wie der Vereinsvorstand. Die GmbH selbst ist zuständig für das operative Alltagsgeschäft wie Vernetzung, Förderung der Vermarktungsaktivitäten, Qualitätskriterien usw. (vgl. Dachmarke Rhön GmbH 2015b). Die Dachmarke stellt somit ein im Vergleich stärker von der Biosphärenreservats-Verwaltung losgelöstes, komplexeres institutionelles, länderübergreifendes Konstrukt dar, wobei der Schutzgebietsbezug gegeben ist, man sich im Einklang mit der Zielsetzung des Biosphärenreservates sieht und dementsprechend auch das Qualitäts- bzw. Biosiegel mit dem Slogan „Qualität des Biosphärenreservates" etabliert hat und nutzt. Zudem ergeben sich durch den gemeinsamen Bürostandort der Biosphärenreservats-Verwaltung (bayerischer Teil) und der Geschäftsstelle der Dachmarke vielfältige Austausch-, Diskussions- Absprachemöglichkeiten (vgl. DMR Int. 1 2014: 43ff., 93).

Alle untersuchten Biosphärenreservate sind im Rahmen einer organisierten Regionalvermarktungs- oder Partner-Initiative engagiert bzw. primär zuständig. Neben einer direkten Aufhängung des Managements der Initiative in der Biosphärenreservats-Verwaltung ist eine externalisierte Form, als eigene Geschäftsstelle einer GmbH, im Falle der Dachmarke Rhön vorhanden. Letztere ist zwar originär dem Biosphärenreservat zuzurechnen, jedoch nicht Teil der Partner-Initiativen der NNL, wodurch sich Unterschiede hinsichtlich Kriterien, Siegel, Vermarktung etc. ergeben. Die neu geschaffene, externe Organisationsstruktur bedingt mitunter die bessere finanzielle und personelle Ausstattung des Managements der Dachmarke Rhön im Vergleich zu den Partner-Initiativen der NNL.

7.7.2 Regionalvermarktungsinitiativen ohne direkten Bezug zum Biosphärenreservat

Neben den genannten Initiativen existieren auf Rügen der Rügen-Produkte Verein sowie im Spreewald die Dachmarke Spreewald als weitere Initiativen im Bereich der Regionalvermarktung, die jedoch nicht primär auf das Biosphärenreservat zurückgehen, mit denen jedoch kooperiert wird. In beiden Fällen stellen die Vereine eine bereits seit langem etablierte Regionalvermarktungsinitiative dar.

Der Verein „Rügen Produkte e.V." stellt seit 1994 einen wichtigen Akteur im Bereich der Produktion, Verarbeitung und Vermarktung regionaler Erzeugnisse auf Rügen dar. Der Verein umfasst aktuell rund 35 Partner/Bertriebe, agiert auf der gesamten Insel Rügen und vergibt anhand festgelegter Kriterien, die im Wesentlichen auf regionale Herkunft und Verarbeitung abzielen, drei verschiedene regionale Gütesiegel (vgl. Rügen Produkte Verein 2015). Die Zusammenarbeit zwischen dem Rügen Produkte Verein und dem Biosphärenreservat wird als gelungen, regelmäßig und reibungsfrei bezeichnet und findet z.B. auf organisatorischer Ebene, bei Veranstaltungen oder bei der Vermarktung statt. Neben der Teilnahme an Vorstandssitzungen des Vereins durch Mitarbeiter der Biosphärenreservats-Verwaltung ist diese assoziiertes Mitglied des Vereins. Dadurch kann bis zu einem gewissen Grad Einfluss auf die Strategie- und Produktentwicklung genommen werden. In Abstimmung werden gemeinsame Werbeaktionen, wie z.B. die Teilnahme an Messen durchgeführt (vgl. VWSOR Int. 1 2014: 489ff.). Eine Zusammenführung des Rügen Produkte Vereins mit der Partner-Initiative ist, trotz gewisser Übereinstimmungen betreffend Zielgruppen und Kriterien, vorerst nicht geplant, da man mit der Partner-Initiative vorrangig ein aktives Netzwerk mit direktem Bezug zum Biosphärenreservat etablieren will (vgl. VWSOR Int. 1 2014: 501).

Im Spreewald existiert die durch den Spreewaldverein e.V. im Jahr 1994 initiierte Dachmarke „Spreewald", die u.a. zum Schutz regionaler Leitprodukte wie der Spreewaldgurke ins Leben gerufen wurde, wobei das Biosphärenreservat als einer vieler regionaler Akteure am Projekt beteiligt war (vgl. VWSW Int. 1 2014: 119). Mittlerweile umfasst die Dachmarke (Stand 2012) rund 125 Betriebe aus den Bereichen Landwirtschaft, Lebensmittelverarbeitung und Gastronomie und erstreckt sich auf die Kulisse des Wirtschaftsraumes Spreewald (vgl. Landesamt für Umwelt, Gesundheit und Verbraucherschutz Brandenburg 2012: 29 bzw. siehe Karte 6, Kap. 5.4). Das Biosphärenreservat wirkt durch seine Mitarbeit im Vorstand des Vereins und dem Markenbeirat mit und wächst mit dem Spreewaldverein kontinuierlich zusammen.[106] Das ist u.a. auf eine mittlerweile als relativ hoch eingeschätzte Zielkongruenz zurückzuführen, da man *„im Grunde an derselben Sache"* arbeitet (VWSW Int. 1 2014: 18). Eine große Rolle spielen die Leitprodukte Spreewaldgurke und Meerrettich, für die die Dachmarke das EU-Gütesiegel „geschützte geographische Angabe" vergibt. Geringere Relevanz besitzt das Thema ökologisch nachhaltiges Wirtschaften bzw. der Anbau nach ökologischen Kriterien. Die Verwaltung des Biosphärenreservats sieht den Spreewaldverein als Hauptakteur im Bereich der Vermarktung regionaler Produkte, wobei die Integration von Bio-Kriterien aus Sicht des Biosphärenreservats eine wichtige Zielsetzung darstellt: *„Also die Regionalmarke ist erstmal ok [...], sie ist nicht Bio, aber regional [...]. Und wenn wir die jetzt noch mit Bio verknüpfen könnten, dann sind wir da, wo wir als Biosphärenreservat unseren Anspruch haben"* (VWSW Int. 1 2014: 133).

---

106 An dieser Stelle ist auf die 1990er zu verweisen, als der Spreewaldverein als das *„wirtschaftlich unterstützende organisatorische Element"* (VWSW Int. 1 2014: 18) bzw. als Regionalentwicklungsakteur konzipiert und gegründet wurde und als Ergänzung zur damals noch stärker hoheitlich planenden Fachbehörde Biosphärenreservat agieren sollte. In den Folgejahren distanzierte man sich jedoch voneinander bzw. stand eine Zeitlang in Konkurrenz, bis sich um die Jahrtausendwende u.a. durch Personalwechsel, das Kooperationsklima besserte (vgl. VWSW Int. 1 2014: 18).

7.7.3 Gebietskulisse der Initiativen

Auf der definierten Gebietskulisse des Biosphärenreservats und nicht in einer erweiterten Region agiert man mit den Partner-Initiativen des **Pfälzerwaldes** und des **Spreewaldes**. Begründet ist die Gebietsabgrenzung im Pfälzerwald insbesondere in der damaligen, strenger naturschutzfachlich und forstorientierten Zielsetzung des Gebietes, in der der Regionalvermarktungsgedanke noch nicht berücksichtigt wurde. Das hat zur Konsequenz, dass aufgrund des hohen Waldanteils wenig verarbeitende Betriebe ansässig sind und man Schwierigkeiten hat, ein starkes Netzwerk zu entwickeln. Dieser Sachverhalt bedingt Überlegungen, das Gebiet der Initiative zu erweitern (vgl. VWPW Int. 2 2014: 86). In der Region wird seit längerem die Etablierung einer Regionalmarke inklusive einer Erweiterung der Gebietskulisse auf alle am Biosphärenreservat beteiligten Landkreise diskutiert. Wesentliche Schritte in diese Richtung scheiterten jedoch bisher auch aufgrund finanzieller und personeller Aspekte, wobei sich die Forderung nach der Dachmarke auf regionaler Ebene mit dem Übergang des Biosphärenreservats zum Bezirksverband erneuerten (vgl. VEREIN NATURPARK PFÄLZERWALD E.V. 2013: 33; BEZIRKSVERBAND PFALZ 2015: 7; VWPW Int. 2 2014: 74).

Im Spreewald werden zwei Gründe für eine engere Definition der Gebietskulisse genannt: zum einen der direkte Bezug und die stärkere Bindung der Betriebe an das Biosphärenreservat und damit mehr Authentizität. Zum anderen spielt die aus Sicht der Biosphärenreservats-Verwaltung ausreichende Existenz an potentiellen Partnerbetrieben (v.a. Tourismus) innerhalb der Grenzen des Biosphärenreservats eine Rolle bei der Kulissenwahl (vgl. VWSW Int. 2 2014: 72ff.). Das ist vor dem Hintergrund der zusätzlich existierenden Dachmarke Spreewald zu sehen, die bereits regionale Produkte vermarktet und mit der Herkunftskulisse das Biosphärenreservat bzw. ein rund sechsmal so großes Gebiet umfasst (vgl. Kap. 7.7.2).

Mit fließenden Grenzen – zwischen Biosphärenreservats-Grenze und einer erweiterten Kulisse – agieren die Biosphärenreservate **Südost-Rügen** und **Vessertal Thüringer Wald**. Im Gegensatz zum Rügen Produkte Verein, der auf ganz Rügen aktiv ist, erstreckt sich die Gebietskulisse der Partner-Initiative auf das Gebiet des Biosphärenreservats. Ausnahmen sind möglich, wenn sich die Betriebe mit ihren Produkten im Biosphärenreservat verstärkt vermarkten, was jedoch lediglich auf zwei Betriebe zutrifft (vgl. VWSOR Int. 2 2014: 78). Bei der engeren Kulissenwahl geht es vor allem um ein direktes Zusammenspiel innerhalb des Biosphärenreservats bzw. ein Wirtschaften mit der Etablierung effizienter Netzwerke (vgl. VWSOR Int. 1 2014: 501). Zudem existiert neben der Partner-Initiative des Biosphärenreservats noch die Partner-Initiative des benachbarten Nationalparks Jasmund. Seitens der Betriebe wird eine räumliche Zugehörigkeit zum jeweiligen Gebiet empfunden, wodurch in der Folge eine Trennung der Initiativen stattfindet (vgl. VWSOR Int. 2 2014: 82). Die engere Abgrenzung der Partner-Initiative basiert auf der Strategie, sich mit dem Biosphärenreservat als eine Teilregion der Destination Rügen darzustellen, jedoch keine eigene Marke Biosphärenreservat für die gesamte Insel zu etablieren (vgl. VWSOR Int. 1 2014: 212 bzw. Kapitel 7.6). Die eigene Partner-Initiative mit starker räumlicher und thematischer Bindung an das Biosphärenreservat und die Einordnung in die etablierte Destinationsmarke Rügen inklusive Regionalmarke spielt für die Kulissenwahl eine wichtige Rolle. Gäbe es letztere nicht, würde man mit der Partner-Initiative verstärkt, über die engeren Grenzen hinausgehend agieren (vgl. VWSOR Int. 1 2014: 501ff.; VWSOR Int. 2 2014: 78ff.). Mit rund 20.000 ha ergibt sich jedoch ein begrenztes unternehmerisches Potential im Bereich der landwirtschaftlichen Produktion und des verarbeitenden Gewerbes, was sich in der Branchenstruktur (vgl. Kapitel 7.7.4) widerspiegelt und als wesentliches Defizit bei der Intensivierung regionaler Wertschöpfungsketten benannt wird (vgl. VWSOR Int. 1 2014: 214ff.).

Die Gebietskulisse der Partner-Initiative des Biosphärenreservats Vessertal-Thüringer Wald war zum Zeitpunkt der Experteninterviews (07/2014) noch nicht abschließend festgelegt. Vorzugsweise sollte ein möglichst enger Bezug zum Schutzgebiet existieren und Betriebe regional wirtschaften, damit der Aspekt der Glaubwürdigkeit der Partner-Initiative gewährleistet ist. Die Herkunft aus dem Biosphärenreservat gilt insbesondere für Gastronomie und Hotellerie, für die auf dieser Kulisse ausreichend Betriebspotential existiert. Im Bereich der Landwirtschaft und Verarbeitung denkt man über eine etwas flexiblere Grenzziehung nach (vgl. VWVTW Int. 2 2014: 58ff.). Das entspricht der angedachten Biosphärenregion, die jedoch bisher kein verbindlicher Begriff ist und das Biosphärenreservat nach Durchführung des Erweiterungsprozesses umfasst sowie potentiell Anlieger mit berücksichtigen kann (vgl. BIOSPHÄRENRESERVAT VESSERTAL-THÜRINGER WALD 2015). Da man sich als Teil der Destination Thüringer Wald sieht und hier Kooperationen mit diversen touristischen Akteuren bestehen, will man nicht eine Art Insel darstellen, sondern insbesondere überregional die Destination „Thüringer Wald" vermarkten, in der man sich als Biosphärenreservat und landschaftliche Besonderheit positioniert. Diese Strategie ist vor dem Hintergrund einer potentiellen Dach- oder Regionalmarke zu sehen – zum Zeitpunkt des Interviews sind „Regionale Produkte aus dem Thüringer Wald" angedacht – die unter der Marke Thüringer Wald fungieren würde (vgl. VWVTW Int. 1 2014: 9; VWVTW Int. 2 2014: 144). Aufgrund des jungen Alters der Initiative wird sich für diese erst noch ein gemeinsamer Strategieansatz, auch im Hinblick auf die Herkunftsregion, etablieren müssen, der mit Sicherheit auch vom Erweiterungsprozess abhängen dürfte.

Im Biosphärenreservat **Schaalsee** bzw. der **Rhön** agiert man auf einer erweiterten, speziell die Regionalvermarktungsinitiativen berücksichtigenden Kulisse. Die Dachmarke Rhön geht mit der Kulisse der ARGE-Rhön deutlich über die Grenzen des Biosphärenreservates hinaus. Grund für die Abgrenzung war u.a. die bereits seit der Jahrtausendwende existierende ARGE-Rhön sowie deren Beteiligung als Fördermittelgeber. Gleichzeitig als Wirtschaftsraum der Rhön aufgefasst, war man sich zudem bewusst, dass man bei einer Beschränkung auf die Kern-Rhön ökonomisches Potential im Sinne von gewillten und leistungsfähigen Betrieben ausschließt und Gefahr läuft, kein funktionierendes Netzwerk etablieren zu können (vgl. DMR Int. 1 2014: 63). Aktuell existieren dahingehend noch in Thüringen Defizite, da man aufgrund der Geschichte und Grenzlage nur schwer Betriebe ausfindig machen kann: *„Es ist einfach ungleich schwerer wieder bei null anzufangen und wieder aufzubauen, sich einen Namen zu machen im Vergleich zu vielen familiengeführten, auch sicherlich kleinen*

Betrieben, Pensionen, Gasthöfen hier in der bayerischen Rhön [...]. Wir haben auch einige erlebt, die wieder zugemacht haben" (DMR Int. 1 2014: 75). Hier sieht das Management noch Potential und man ist auch gewillt, weitere Betriebe zu akquirieren (vgl. DMR Int. 1 2014: 75). Die länderübergreifende Arbeit hat erhöhten Koordinierungsaufwand für das Management der Dachmarke zur Folge, da man sich in den meisten Angelegenheiten jeweils mit drei Ansprechpartnern abstimmen muss, was sowohl für Zuständige in der Biosphärenreservats-Verwaltung als auch im Tourismus gilt (vgl. DMR Int. 1 2014: 27).

Die Vergaberegion der Regionalmarke Schaalsee geht über die Fläche des Biosphärenreservats hinaus und umfasst auch Teile Schleswig-Holsteins sowie die größeren Städte Rhena, Gadebusch und Wittenberg. Diese Abgrenzung wurde zum einen im Hinblick auf ein größeres und breiteres Betriebspotential und dadurch vielfältigeres Angebot gewählt, zum anderen aufgrund der Tatsache, dass Gäste im Rahmen eines Aufenthaltes die administrativen Grenzen nicht wahrnehmen und den Schaalsee als eine Destination sehen (vgl. VWSC Int. 2 2014: 73ff.). Das Agieren über administrative Grenzen hinweg erzeugt auf Verwaltungsebene Probleme in der Zusammenarbeit, insbesondere da auf der westlichen Seite bzw. im Naturpark Lauenburgische Seen kein Biosphärenreservat eingerichtet wurde und dort eigene Aufgaben verfolgt werden: *„Aber ansonsten ist [...] eine Landesgrenze dazwischen. [...] Die UNESCO fordert natürlich: der Landschaftsraum Schaalsee. Aber das können wir nicht sagen, das ist eine Ländersache"* (VWSC Int. 1 2014: 643ff.). Die dadurch erschwerte Zusammenarbeit ist mitunter Grund dafür, dass zum Interviewtermin lediglich fünf der 90 Partnerbetriebe im Schleswig-Holsteinischen Teil der Vergaberegion zu verorten sind (vgl. VWSC Int. 2 2014: 73ff.). Dennoch versucht man, z.B. durch die Mitgliedschaft des Amtes Lauenburgische Seen im Vergaberat der Regionalmarke, der Mitgliedschaft des Landrates im Kuratorium sowie gemeinsame Veranstaltungskalender, die Kooperation zu festigen und den Landschaftsraum trotz administrativer Grenzen als Destination zu vermarkten (vgl. VWSC Int. 1 2014: 180ff.). Deutlich vorteilhafter gestaltet sich die Flächenkongruenz des Biosphärenreservates mit der LAG auf Seite Mecklenburg-Vorpommerns. Um das Netzwerk der Partner-Initiative zu stärken und zur Ideenfindung wird einmal im Jahr ein Treffen der Regionalmarkenpartner organisiert, zu dem auch die Akteure der LAG eingeladen werden (vgl. VWSC Int. 1 2014: 11).

Die Kulissen der Initiativen sind teilweise, insbesondere bei den jüngeren Partner-Initiativen (Südost-Rügen, Spreewald, Vessertal-Thüringer Wald), auf das Biosphärenreservat beschränkt. Als wesentliche Gründe dafür werden eine Abgrenzung gegenüber anderen regionalen Initiativen, ein starkes Netzwerk sowie die Authentizität angeführt. Für die Etablierung regionaler Wertschöpfungsketten werden die Biosphärenreservate im Falle des Pfälzerwaldes, der Rhön und dem Schaalsee als zu klein empfunden. Die Kulisse wird in der Rhön und dem Schaalsee großzügiger definiert, um so entsprechende Betriebe (v.a. verarbeitende Betriebe) zu integrieren. Regionale Körperschaften wie z.B. Landkreise spielen, u.a. aufgrund von Finanzierungsmöglichkeiten, im Rahmen der Dachmarke Rhön eine wichtige Rolle für eine erweiterte Kulisse.

7.7.4 Branchenstruktur

Einen Überblick über Branchenstrukturen der Partner- bzw. Regionalvermarktungsinitiativen in den Untersuchungsgebieten gibt Abbildung 46.[107] Die höchste Anzahl an Branchenvertretern findet sich in der Rhön (241 bei 195 Partnerbetrieben) sowie im Schaalsee (111 bei 87 Partnerbetrieben), die geringste bzw. in der Abbildung nicht gekennzeichnete im Vessertal-Thüringer Wald (mit Null Betrieben im Erhebungs- bzw. Gründungsjahr 2014)[108] sowie Südost-Rügen und Spreewald (mit 25 bzw. 27 bei je 23 Betrieben). Bis auf das Biosphärenreservat Spreewald ist in allen Gebieten das Gastgewerbe die am stärksten besetzte Branche, welche in den vier Gebieten jeweils ein Drittel oder mehr ausmacht. Nimmt man die Betriebe der Dachmarke Rhön mit in die Berechnung, stellt die Lebensmittelverarbeitung die zweitstärkste Branche, ohne Betrachtung der Dachmarke Rhön sind es die landwirtschaftlichen Betriebe, wobei hier insbesondere der Pfälzerwald und der Schaalsee ins Gewicht fallen. Landwirtschaftliche Betriebe fehlen in der Partner-Initiative im Spreewald gänzlich. Handel stellt in allen Initiativen nur ein relativ gering besetztes Segment dar, ebenso das nicht lebensmittel-bezogene Handwerk. Dieses umfasst im Pfälzerwald insbesondere die Wertschöpfungskette Holz, ist im Schaalsee hingegen breiter gestreut. In allen Initiativen sind wiederum touristische Dienstleistungen sowie Anbieter von Bildungs- und Öffentlichkeitsarbeit gehäuft vertreten. Letztere Branchen sind anteilsmäßig am stärksten in den rein als Partner-Initiativen agierenden Netzwerken vertreten, sprich Spreewald (52 % insbesondere durch die Kanu-Tour Anbieter/-verleiher) und Südost-Rügen, gefolgt vom Schaalsee.

Im Pfälzerwald wird das Gastgewerbe nicht nur auf Grund der quantitativen Bedeutung als wertvoller Partner für die Partner-Initiative gesehen und im Vergleich als innovationsfreudig, qualitätsorientiert und aktiv bei der Ideenumsetzung wahrgenommen (vgl. VWPW Int. 2 2014: 50ff., 120ff.). Qualität bzw. Engagement sind jedoch nicht in allen Betrieben bzw. Branchen gegeben, z.T. gibt es Partner, die nur schwer dazu motiviert werden können, sich aktiv einzubringen (vgl. VWPW Int. 2 2014: 154).

Mangelnde finanzielle und personelle Ressourcen sind u.a. der Grund dafür, dass z.B. im Pfälzerwald in bestimmten Branchen wie dem Gastgewerbe nicht mehr Betriebe aufgenommen werden und die Zahl der Partnerbetriebe seit rund fünf Jahren stagniert. Ausnahmen werden in den Branchen gemacht, die man bewusst ausbauen will, wie z.B. verarbeitende Betriebe (vgl. VWPW Int. 2 2014: 38ff., 102). Darin wird das wesentliche Entwicklungspotential gesehen, wozu es bereits im Evaluierungsbericht heißt: *„Um einen gezielten Aufbau regionaler Wertschöpfungsketten voranzutrei-*

---

107 Zur Branchenstruktur ist anzumerken, dass in die jeweilige Gesamtsumme an Betrieben in Abbildung 46 nicht die tatsächlichen Betriebe, sondern die Verteilung der Betriebe auf Branchen einfließt. Das liegt daran, dass oft ein Betrieb Mitglied ist, jedoch in mehreren Branchen geführt wird (z.B. Landwirtschaft, Lebensmittelverarbeiter und Direktvermarkter = Branche Landwirtschaft/Direktvermarktung und Lebensmittelhandwerk). Das schlägt proportional mit der Mitgliederstärke ins Gewicht und ist dementsprechend in der Rhön und am Schaalsee stark ausgeprägt.

108 Stand 04/2016: neun Betriebe im Gastgewerbe

Abbildung 46: Branchenstruktur der Regionalvermarktungs- bzw. Partner-Initiativen in den Untersuchungsgebieten

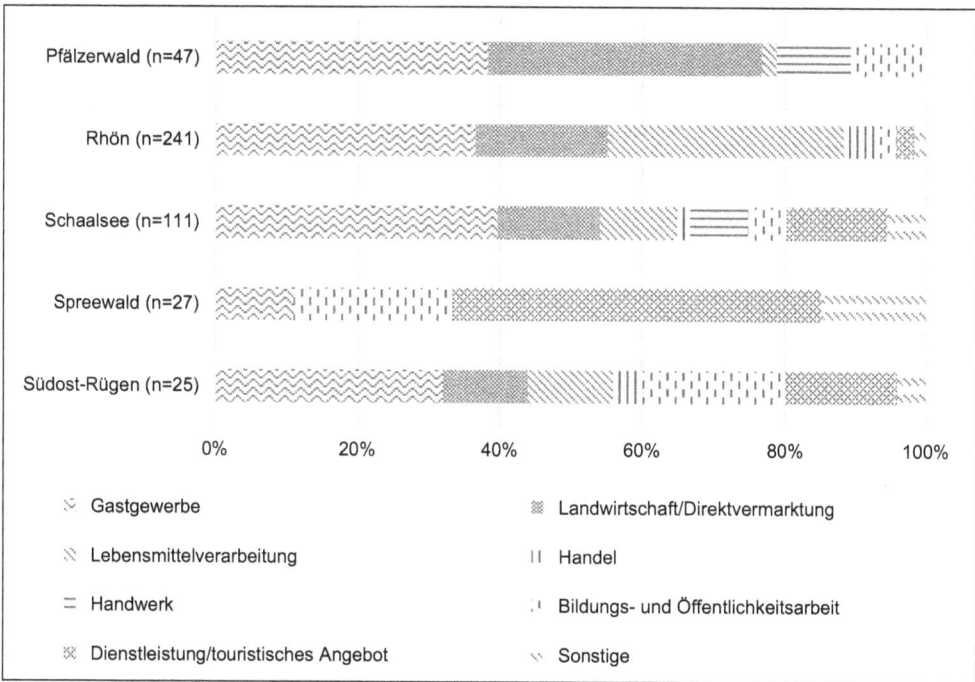

Quelle: Eigene Darstellung basierend auf Angaben der Gesprächspartner in den Verwaltungen

ben, ist eine Förderung von Verarbeitungsbetrieben vorstellbar, die beispielsweise Fleisch, Milch, Getreide bzw. Mehl oder Obst zu Produkten mit regionalem Charakter verarbeiten" (VEREIN NATURPARK PFÄLZERWALD E.V. 2013: 32). Vorzeigeprodukte sind neben Gastronomie und Wein das Glanrind und Lamm, weiteres Entwicklungspotential sieht die Biosphärenreservats-Verwaltung in Holzprodukten, was jedoch aufgrund von Personalmangel noch nicht stärker bearbeitet werden konnte (vgl. VWPW Int. 2 2014: 106).

Im Biosphärenreservat Rhön stellt aus Sicht der Verwaltung das Gastgewerbe die stärkste Verbindung zwischen der Dachmarke und dem Tourismus dar. Die Initiative begann damit, dass insbesondere kleinere Gastronomie- und Beherbergungsbetriebe beim Biosphärenreservat eine Anlaufstelle zur Integration in die organisierte touristische Entwicklung der Region fanden, da man sich hier mit der Dachmarke den Betrieben anbot (vgl. DMR Int. 1 2014: 133). „Die Dachmarke Rhön, im Gegensatz zu vielen anderen regionalen Vermarktungsinitiativen, hat mit den Gaststätten begonnen. [...] Eben mehr regionale Produkte in die Gastronomie zu bekommen, was speziell im Schutzgebiet auch sehr wichtig ist. [...] Und das war, [...]ein sinnvoller und richtiger, [...] bis heute wichtiger Ansatzpunkt" (DMR Int. 1 2014: 35). Zum Ausbau des Netzwerks wird angemerkt, dass weniger bestimmte Branchen fokussiert werden als vielmehr der thüringische Teil der Rhön, wo es aufgrund der Historie und der dadurch bedingten Wirtschaftsstruktur schwer fällt, Betriebe zu akquirieren (vgl. DMR Int. 1

2014: 77). Im Spreewald steht für die nahe Zukunft insbesondere die Gewinnung und Integration des Hotel- und Gaststättengewerbes zur Absatzsteigerung von regionalen Produkten im Vordergrund (vgl. VWSW Int. 2 2014: 109). Die Etablierung der notwendigen Kriterien und die Integration der Branche soll im Rahmen eines LEADER-Projektes sowie mit Hilfe und Know-how des Spreewaldvereins und dessen Dachmarke vollzogen werden (vgl. VWSW Int. 2 2014: 28; VWSW Int. 1 2014: 236), was bisher aufgrund finanzieller und personeller Engpässe noch nicht vorangetrieben wurde (vgl. VWSW Int. 1 2014: 42).

Im Biosphärenreservat Schaalsee konnten sich Vorzeigeprodukte bzw. charakteristische Regionalvermarktungsprodukte (abgesehen von der See-Pferd-Tour) bisher noch nicht etablieren. Ein Schwerpunkt der Verteilung der Betriebe liegt in Mecklenburg-Vorpommern, lediglich 5 Partner sind in Schleswig- Holstein lokalisiert (vgl. VWSC Int. 2 2014: 81). Aufgrund der Arbeitsbelastung liegt die Obergrenze für die Verwaltung bei einer Betriebsanzahl von rund 100 Partnern (vgl. VWSC Int. 2 2014: 31). Im Biosphärenreservat Südost-Rügen hingegen wird das Defizit im Handel (ein Betrieb) und Handwerk (kein Betrieb) gesehen. Dieses Problem ist jedoch kennzeichnend für die ganze Region, weshalb man sich schwer tut, hier Betriebe zu gewinnen (vgl. VWSOR Int. 1 2014: 214).

Die Partner-Initiative des Biosphärenreservats Vessertal-Thüringer Wald wurde im Jahr 2014 ins Leben gerufen, wobei zu Beginn des Jahres vorerst die Kriterien für Gastronomie und Hotellerie entwickelt, erste Betriebe im November 2014 zertifiziert wurden (vgl. VWVTW Int. 2 2014: 24, 74ff.). Die aktuelle Fokussierung des sich generierenden Netzwerks auf den Tourismussektor soll, u.a. durch die Integration der Partner-Initiative in die Naturerlebnisangebote, künftig intensiviert werden. Dennoch wird auch eine Diversifikation und die Offenheit gegenüber weiteren Branchen als wichtig erachtet (vgl. VWVTW Int. 2 2014: 174).

Nach Angaben der Gesprächspartner in den Biosphärenreservaten Rhön, Pfälzerwald und Südost-Rügen stellt der Bereich Gastgewerbe tendenziell den wichtigsten Bereich der Initiativen dar: der Tourismus hat als Nachfrager herausragende Bedeutung für die Branche und stellt für die gesamte Initiative einen wichtigen Absatzmarkt für regionale Produkte dar, insbesondere über die Gastronomie (vgl. z.B. DMR Int. 1 2014: 73; VWPW Int. 2 2014: 50ff., 120ff.; VWSOR Int. 1 2014: 527).

Bis auf den Spreewald dominiert im Pfälzerwald, der Rhön, dem Schaalsee und Südost-Rügen das Gastgewerbe. Insbesondere die Regionalmarke Schaalsee bzw. Dachmarke Rhön – Ausnahme unter den Partner-Initiativen ist hier der Pfälzerwald aufgrund der Winzer – mit Produktzertifizierungsoption, haben einen höheren Anteil an landwirtschaftlichen Betrieben, lebensmittelverarbeitenden Betrieben und den als Verkaufsoption zu betrachtenden Betrieben im Gastgewerbe. Die als Partner-Initiativen fungierenden Netzwerke sind in der Branchenbesetzung durch einen höheren Anteil an touristischen Dienstleistern bzw. Anbietern im Bereich Bildungs- und Öffentlichkeitsarbeit gekennzeichnet, umfassen jedoch insgesamt weniger Betriebe. Damit wird der touristische Schwerpunkt aller Initiativen deutlich. Dabei umfassen die älteren Initiativen in der Rhön, am Schaalsee und im Pfälzerwald bisher deutlich mehr Betriebe und können komplette, regionale Wertschöpfungsketten von der Primärproduktion bis zum Kunden umsetzten.

7.7.5 Marketing- und Strategieansätze und Kooperation mit Tourismusorganisationen

Wesentliche Gemeinsamkeiten der betrachteten Initiativen ergeben sich insbesondere im Hinblick auf die Kommunikationskanäle und Vermarktungsareale. In der Regel findet die eigene Vermarktung durch Flyer/Informationsbroschüren, auf regionalen Märkten, regionalen und überregionalen Messen und Events, in Infozentren und über Plaketten- bzw. Siegelnutzung durch Betriebe (offizielles Logo) statt. Ebenso werden die Initiativen über die „normalen" Kommunikationskanäle der Biosphärenreservate (vgl. auch Kapitel 7.5.1.2) und insbesondere die Webseite des Biosphärenreservats bzw. der Initiative kommuniziert (vgl. VWPW Int. 2 2014: 138ff.; DMR Int. 1 2014: 99ff.; VWSC Int. 2 2014: 135ff.; VWSOR Int. 2 2014: 76, 140ff.; VWSOR Int. 1 2014: 583ff.). Aufgrund des jüngeren Alters sind die Partner-Initiativen im Spreewald und im Vessertal-Thüringer Wald auf die Kommunikation über Internet sowie Info-Flyer beschränkt, wobei ein Ausbau der Maßnahmen geplant ist (vgl. VWSW Int. 2 2014: 137ff.; VWVTW Int. 2 2014: 100ff.). Daneben erfahren alle Partner-Initiativen die Kommunikation bzw. Vermarktung über die NNL mit nationaler Reichweite über Internet, Flyer und Broschüren, wo z.B. Angebote der Partner im Rahmen eines Kataloges „Urlaub in der Natur" durch EUROPARC Deutschland e.V. (2013) angeboten werden.

Als wichtigste Nachfragesegmente für die Initiativen werden Ausflügler aus umliegenden Zentren sowie Übernachtungsgäste genannt (vgl. DMR Int. 1 2014: 81, 99ff.; VWPW Int. 2 2014: 74, 120ff.; VWSC Int. 1 2014: 433; VWSC Int. 2 2014: 121). In der Partner-Initiative des Biosphärenreservats Südost-Rügen stellen Touristen deutschlandweiter Herkunft das wichtigste Nachfragesegment. Der lokale bzw. regionale Markt spielt nur eine untergeordnete Rolle (vgl. VWSOR Int. 1 2014: 553). Dieser Sachverhalt kann auch durch die Erhebungen im Rahmen der Nachfrageseite bestätigt werden (vgl. Kapitel 6.2). Im Vessertal-Thüringer Wald wird der Absatz an Besucher ebenfalls stark gewichtet, man will sich jedoch auch der Herausforderung stellen, das Bewusstsein der ansässigen Bevölkerung für entspreche Produkte zu schaffen und diese als Nachfragesegment zu gewinnen (vgl. VWVTW Int. 2 2014: 94). Im Schaalsee werden die Ferienwohnungen und Direktvermarkter als absatzstärkste Branchen bezeichnet (vgl. VWSC Int. 2 2014: 95), in der Rhön und dem Pfälzerwald spielt insbesondere der Absatz über die Gastronomie eine wichtige Rolle (vgl. VWPW Int. 2 2014: 106; DMR Int. 1 2014: 81). Im Biosphärenreservat Südost-Rügen und Spreewald stellen hingegen die touristischen Dienstleister die absatzstärkeren Betriebe (vgl. VWSW Int. 2 2014: 105; VWSOR Int. 2 2014: 96; 98).

Da sich die Initiativen hinsichtlich der weiterführenden Maßnahmen der Bewerbung, der eigenen Marketingstrategien, der Kooperation mit der Tourismusorganisation im Rahmen einer professionellen Vermarktung bzw. der Einbindung der Initiative in eine Destinationsmarketingstrategie unterscheiden, wird im Folgenden getrennt auf die Gebiete eingegangen.

Pfälzerwald

Die beschränkten personellen und finanziellen Kapazitäten für die Partner-Initiative des Biosphärenreservats Pfälzerwald lassen aktuell nur bedingt Kommunikationsmaßnahmen zur Erschließung neuer Kundensegmente in Gebieten außerhalb der bereits etablierten Quellgebiete zu, so dass die Bewerbung i.d.R. im unmittelbaren regionalen Umfeld stattfindet und keine strategische Marktarealerweiterung beinhaltet (vgl. VWPW Int. 2 2014: 94ff., 122). Thematisch werden Zielgruppen mit erhöhtem Gesundheitsbewusstsein, Interesse an Wellness, Ökologie/Umwelt sowie an Nachhaltigkeit ins Auge gefasst, da diese im Einklang mit der Produktausrichtung stehen: es wird vor allem der ökologische Land- und Weinbau gefördert und der Schwerpunkt auf regionale, authentische und nachhaltig produzierte Lebensmittel (z.B. Lammfleisch, Glanrind) im höher-preisigen Segment gelegt (vgl. VWPW Int. 2 2014: 106ff.; VEREIN NATURPARK PFÄLZERWALD E.V. 2013: 32f.).

Als Ansatzpunkt für künftige Entwicklungen werden Exkursionen zu produzierenden und verarbeitenden Partnern genannt, die in einzelnen Fällen bereits hohes touristisches Potential besitzen wie z.B. Besuche bei einem Landwirtschaftsbetrieb mit Auerochsen (vgl. VWPW Int. 2 2014: 280). Die Arbeit im Rahmen der Partner-Initiative wird weniger als direkte touristische Arbeit wahrgenommen, auch wenn man sich der Überschneidungen durchaus bewusst ist: *„Da kommen wir natürlich in den Tourismus rein und diese Regionalproduktvermarktung ist [...] eine Schnittstelle zwischen Tourismus- und Wirtschaftsförderung"* (VWPW Int. 2 2014: 14). Dementsprechend besteht eine wichtige Zielsetzung darin, enger mit touristischen Akteuren auf institutioneller Ebene zusammenzuarbeiten sowie Multiplikator-Effekte mit Betrieben zu nutzen und dadurch die Partner-Initiative stärker zu kommunizieren und zu vermarkten (vgl. VWPW Int. 2 2014: 280).

Die als verbesserungswürdig empfundene Kommunikation des Biosphärenreservats durch den regionalen Tourismusverband (vgl. Kap. 7.6) erstreckt sich auch auf die Partner-Initiative. Eine Vermarktung der Partner-Initiative durch die Tourismusorganisation und somit eine Integration als Angebotselement in die Destination existiert lediglich in geringem Ausmaß und findet wenn, sporadisch statt (vgl. VWPW Int. 2 2014: 130ff.).

Hier setzt man im Marketing der Pfalztouristik stärker auf das Segment Wein. Die Zielgruppe „Schutzgebietsbesucher", „Öko" bzw. „Natur" fehlt weitestgehend (vgl. VWPW Int. 2 2014: 72ff.). Die Kooperation zwischen Partner-Initiative und Tourismusorganisation ist unregelmäßig. Seitens der Partnerbetriebe wird eine Vermarktung ihrerseits im Rahmen der Partner-Initiative und im Kontext des Biosphärenreservats, der Vermarktung mit dem Logo „Zum Wohl. Die Pfalz.", aufgrund der Schwerpunktsetzung und Kriterien der Pfalztouristik, vorgezogen (vgl. VWPW Int. 2 2014: 150). Dass die Einigung auf einheitliche Kriterien und eine Marke schwer fällt, wird u.a. dadurch begründet: *„Die haben natürlich auch ihre Argumente. Wurden zehntausende von Euro reingebuttert um diese Marke [...] zu kreieren und die Pfalz wird immer mit Wein verbunden, das kann ich auch bestätigen, dass Wein eben die Nummer eins ist"* (VWPW Int. 2 2014: 134). Somit stehen eine Pfadabhängigkeit bzw. regionale Teilinteressen einer Integration bzw. umfassenden Dachmarke gegenüber.

Diese wird dennoch als sinnvoll erachtet, denn bei einer regionalen Dachmarke denkt man an eine umfassende, regionale Marketingstrategie, durch die die Produkte und die Region inkl. der Alleinstellungsmerkmale vermarktet werden sollen (vgl. VWPW Int. 1 2014: 290ff.). Angestrebt bzw. gewünscht seitens der Verwaltung sowie des Bezirksverbandes ist eine Dachmarke mit ähnlicher Organisationsstruktur wie in der Rhön (vgl. VWPW Int. 2 2014: 240; Bᴇᴢɪʀᴋsᴠᴇʀʙᴀɴᴅ Pғᴀʟᴢ 2015: 7). Neben dem Engagement der Verwaltung und der regionalen Akteure, würde eine entsprechende Initiative zudem mehr politischen Rückhalt, Personal und finanzielle Ressourcen benötigen, was jedoch bisher nicht realisiert wurde: *„Eine Dachmarke müsste her, unter die sich die Marke [Partner-Initiative] einordnet. Und wenn man eine starke Dachmarke will, müsste das Land sagen, oder auch unser Verband, das kostet am Anfang eine halbe Million Euro, wird mal kalkuliert von den Experten oder [...] 350.000 €, um sowas aufzubauen. Sonst wird es halt immer klein-klein bleiben. Die Akteure [...], die kommen ja mal aus der Pfalz raus und die sehen auch, was sich in anderen Regionen drehen [lässt]. Und die Situation haben wir jetzt schon seit 10 Jahren."* (VWPW Int. 2 2014: 274). Das hier angesprochene Defizit wird als das elementare Hindernis für eine erfolgreiche Weiterentwicklung aufgefasst (vgl. VWPW Int. 2 2014: 274). [109]

Rhön

Speziell anvisierte Zielgruppen werden von der Dachmarke Rhön nicht genannt. Als wichtiger wird erachtet, möglichst allen Gästen und Kunden (z.B. über Vertrieb der Produkte im Handel) den Mehrwert der Produkte zu vermitteln und dadurch einen höheren Verkaufspreis zu rechtfertigen und zu generieren. Dabei wird explizit die Besonderheit der Dachmarke im Kontext eines Großschutzgebietes angesprochen. Die Abgrenzung der Dachmarke gegenüber anderen Vermarktungsinitiativen aus Regionen ohne Schutzgebiet muss noch deutlicher zu Tage treten, wo ein Ansatz in der Weiterentwicklung der Kriterien gesehen wird: *„Wir haben hier eine Modellregion, dann denke ich, müsste sich das noch stärker in den Kriterien und in der Kommunikation niederschlagen. Und das zusammen mit dem Tourismus natürlich, das muss Hand in Hand gehen"* (DMR Int. 1 2014: 153). An Einheimische fällt die Vermarktung schwerer als an externe Besucher, da die lokale Bevölkerung seit jeher bei regionalen Metzgern und Bäckern einkauft und ein neues Zertifikat aus deren Sicht den Mehrpreis nicht rechtfertigt (vgl. DMR Int. 1 2014: 81).

Als auszubauenden Vermarktungskanal für die zertifizierten Produkte sollen Verträge mit dem (Groß-)Handel in nahegelegenen Zentren wie z.B. Würzburg, Frankfurt, oder Fulda geschlossen werden, um so überregionale Absatzmärkte zu erschließen. Die strategische Ausrichtung der Dachmarke setzt künftig auf zwei weitere Schwerpunkte: es ist zum einen erklärtes Ziel die regionalen Wertschöpfungsketten und die Produktverflechtungen zu intensivieren, wozu das Segment Gastronomie weiter ausgebaut und dadurch mehr Produkte abgesetzt werden sollen (vgl. DMR Int. 1 2014: 81). Zum anderen ist die Professionalisierung und Qualitätssteigerung, z.B. im Bereich Produkte oder Vermarktung, vor allem aufgrund eines hohen Anteils an Klein- und Kleinstbetrieben eine wesentliche Zielsetzung. Die Herausforderung besteht darin, differenziert auf die Partnerbetriebe einzugehen und sowohl neugewonnenen Betrieben als auch den Vorreitern und mustergültigen Partnerbe-

---

109 Im Jahr 2015 wird durch den Bezirksverband mit der LAG ein LEADER-Förderprojekt für eine Dach- bzw. Regionalmarke mit Bezug zum Biosphärenreservat beantragt. In einem folgenden Schritt sollen interessierte regionale Akteure im Rahmen einer Tagung integriert werden (vgl. Bᴇᴢɪʀᴋsᴠᴇʀʙᴀɴᴅ Pғᴀʟᴢ 2015: 7).

trieben einen Mehrwert zu bieten. Ebenso will man sich der Herausforderung der Logistik und Distribution regionaler Waren stellen, um dadurch letztendlich auch die Marke bekannter zu machen (vgl. DMR Int. 1 2014: 133, 159).

Einer künftigen Kooperation mit den NNL wird nur geringes Potential beigemessen, u.a. aufgrund der individuell entwickelten Kriterien und Signets der Dachmarke. Dementsprechend existiert kaum eine Vermarktung über EUROPARC (vgl. DMR Int. 1 2014: 147ff.; BYVWR Int. 1 2014: 353). Für eine Vermarktung im Tourismus erscheint die Zusammenarbeit mit regionalen bzw. überregionalen Tourismusorganisationen wichtig. Diese findet jedoch bezogen auf das gesamte Biosphärenreservat bisher nur bedingt statt (vgl. Kapitel 7.6 bzw. HEVWR Int. 2 2014: 113). Auch der Dachmarke wird in der touristischen Vermarktung der Region nicht der Stellenwert als Qualitätsmerkmal der Region beigemessen, wie man es sich in der Verwaltung wünscht. Das stößt umso mehr auf Verwunderung, als dass die Dachmarke wesentlich durch die Landkreise getragen wird und aufgrund der Branchen-Ausrichtung erhebliches touristisches Potential beherbergt (vgl. HEVWR Int. 1 2014: 166, 336). Laut Management der Dachmarke harmonieren die Arbeitsfelder der Touristiker und die der Dachmarke in großen Teilen bzw. ergänzen sich, wobei man nicht auf die gleichen Ressourcen zurückgreifen kann wie die Touristiker: man sieht sich als *„kleine Schwester des Tourismus"* (DMR Int. 1 2014: 83). Seitens der Dachmarke wird die Kooperation mit den Tourismusorganisationen als gut bzw. gewachsen bezeichnet. Eine entsprechende Wahrnehmung des Biosphärenreservats bzw. der Dachmarke und der jeweiligen touristischen Relevanz ist nach Meinung der Dachmarke auf Seiten der Touristiker jedoch noch nicht ausreichend vorhanden (vgl. DMR Int. 1 2014: 95).

Zum Zeitpunkt des Interviews (07/2014) ist angedacht, die länderübergreifende Tourismusorganisation der Rhön unter dem Konstrukt der Dachmarke zu verankern und somit ein besser abgestimmtes Vorgehen zwischen Biosphärenreservat, Tourismus und Dachmarke zu entwickeln. Dadurch könnten gemeinsame Ziele definiert, Aufgaben sinnvoller verteilt und Parallelstrukturen abgebaut werden (vgl. HEVWR Int. 1 2014: 118, 360). Die verbesserte Zusammenarbeit soll sich v.a. auf das Destinationsmarketing auswirken. Davon wären insbesondere die Aufgabenbereiche wie z.B. Katalogerstellung, Messen, Märkte, Online-Marketing oder Tourist-Informationen betroffen. Länderspezifische Strukturen würden weiterhin existent bleiben, da die Förderung durch die Bundesländer eine wichtige Finanzierungsmöglichkeit darstellt (vgl. DMR Int. 1 2014: 83ff.). Der Vorteil läge insbesondere darin, dass mit der Dachmarke bereits eine länderübergreifende Organisationsstruktur existiert und andere Versuche dahingehend – wie z.B. die Rhön Marketing GbR, die als Papiertiger bezeichnet wird – nicht erfolgreich waren (vgl. DMR Int. 1 2014: 87ff.). Die länderspezifischen (Parallel-)Strukturen und administrativen Grenzen werden als ein wesentliches Hindernis für eine effiziente Vermarktung betrachtet:

„Die Rhön [krankt] einfach an dieser Unüberschaubarkeit von Institutionen und Zuständigkeiten. Jeder hat da seine Pfründe, die er verteidigt und es gibt administrative Rahmenbedingungen, in denen jeder arbeiten muss [...]. Eine einheitliche Vermarktungsstruktur, mehr Servicequalität für den Gast, egal ob er jetzt ein regionales Produkt einkauft [...], irgendwo Essen zu sich nehmen, wandern oder übernachten will. Die müssen einen Ansprechpartner,

eine Institution, und nicht erst eine halbe Doktorarbeit absolviert haben, um zu verstehen, wie das in der Rhön funktioniert" (DMR Int. 1 2014: 111). Eine Bündelung der Ressourcen und Kompetenzen wäre aus Sicht der Dachmarke ein wesentlicher Schritt, ein effizientes Innen- und Außenmarketing der Destination bei gleichzeitig gesteigerter Ressourceneffizienz zu entwickeln (vgl. DMR Int. 1 2014: 163).[110]

Schaalsee

Neben den eigenen Kommunikationskanälen wird die Regionalmarke im Biosphärenreservat Schaalsee über die Marketingmaßnahmen im Tourismusförderprogramm LandArt in den Jahren 2013/2014 touristisch vermarktet (vgl. Kapitel 7.3.3), wodurch sich die die Partner-Initiative als touristisches Angebot profilieren kann (schriftl. Mitteilung VWSC 2014a; VWSC Int. 1 2014: 513). Die Förderung wird als äußerst vorteilhaft und effektiv betrachtet, da sie eine deutschlandweite, professionelle, eine Vielzahl von Medien und Kanälen nutzende Vermarktung beinhaltet und gleichzeitig den Austausch mit dem Landestourismusverband intensiviert und festigt (vgl. VWSC Int. 1 2014: 507ff.).

Zusätzlich wird die Kooperation mit einem Partnerbetrieb, der als Regionalwarenladen zusätzlich eine Tourist-Information betreibt, als vorteilhaft empfunden. Dieser bewirbt vor Ort und online die Partnerbetriebe des Biosphärenreservats in den Kategorien Übernachtungen, Ausflüge, Restaurants und Cafés sowie Veranstaltungen (vgl. VWSC Int. 2 2014: 181ff.; VWSC Int. 1 2014: 21). Die Funktion des Partners gewinnt insbesondere vor dem Hintergrund einer ursprünglich im Rahmenkonzept angedachten, jedoch nicht realisierten, primär für das Biosphärenreservat zuständigen Tourismusorganisation und -information an Gewicht (vgl. VWSC Int. 1 2014: 213ff. sowie vgl. Kap. 7.6). Mit dem jetzt zuständigen Tourismusverband Mecklenburg-Schwerin wird die Kooperation als verbesserungsbedürftig eingestuft (vgl. VWSC Int. 1 2014: 563ff. sowie Kap. 7.5.2.6), insbesondere im Hinblick auf den geringen Bekanntheitsgrad der Destination Schaalsee auf überregionaler und nationaler Ebene (vgl. VWSC Int. 1 2014: 391, 491). Zwischen der Regionalmarke und dem Tourismusverband existiert ebenfalls nur ein gering ausgeprägter Kontakt (vgl. VWSC Int. 2 2014: 151, 191, 259).

Bei der künftigen Zielsetzung dreht es sich weniger um einen Ausbau des Netzwerks als vielmehr um das Thema Qualitätssteigerung. Dementsprechend sollen u.a. die Qualitätskriterien weiterentwickelt werden – ebenso wie die Logistik – um einen reibungsloseren Absatz regionaler Produkte durch die Gastronomie zu gewährleisten. Dieser Sektor soll, neben den Bereichen Gesundheit und Wellness, gefördert werden (vgl. VWSC Int. 2 2014: 259ff.). Bei den letzteren Sektoren stellt sich insbesondere die Suche nach objektiven, nachvollziehbaren Kriterien für z.B. Klangschalentherapien oder Naturheilung schwierig dar (vgl. VWSC Int. 1 2014: 541). Da-

---

110 Im März 2015 fand dazu eine Zukunftswerkstatt mit regionalen Institutionen, touristischen Anbietern und Akteuren etc. statt. Die Neustrukturierung des Rhön-Tourismus unter Einbezug der ARGE-Rhön, der regionalen Tourismusorganisationen, der Dachmarke und des Biosphärenreservates wird ab 2016 mit Vorlage des Konzeptes einer externen Tourismusberatung über mehrere Jahre umgesetzt werden (vgl. PFEUFFER 2015; VNLR 2015a).

neben besteht auch in dieser Initiative ein Defizit durch passive Betriebe, wo man versucht, diese über die Kriterien aktiver einzubinden (vgl. VWSC Int. 2 2014: 207).

Spreewald

Als im weitesten Sinne eigene Kommunikations-Maßnahmen werden von der Biosphärenreservats-Verwaltung insbesondere die Informationsauslagen zur Partner-Initiative in den als Partner anerkannten Tourist-Informationen bzw. dem Tourismusverband genannt (vgl. VWSW Int. 2 2014: 137ff.). Die Angebote des Biosphärenreservats sowie die Partner-Initiative zu vermarkten wird nicht primär dem eigenen Aufgabenbereich zugeordnet, denn *„dafür gibt es Organisationen, die das sowieso machen. Und deswegen muss ich nicht auch noch anfangen damit, eher muss ich die vielleicht ermuntern, das noch besser zu machen"* (VWSW Int. 1 2014: 194). Dennoch werden für die Partner ansatzweise Marketingmaßnahmen durchgeführt (VWSW Int. 1 2014: 206). Die Inwertsetzung der Partner-Initiative als Besonderheit bzw. Alleinstellungsmerkmal im Marketing durch die regionale Tourismusorganisation steht jedoch erst am Beginn der Entwicklung und benötigt die kontinuierliche Motivation der Akteure durch das Biosphärenreservat (vgl. VWSW Int. 2 2014: 129ff.). Wichtige thematische Zielgruppen für den Tourismus im Biosphärenreservat allgemein sowie die Partner-Initiative sind im Bereich des *„gehobenen, anspruchsvollen Nachhaltigkeitstourismus"* (VWSW Int. 1 2014: 89) sowie generell im Segment der Natur- bzw. an Umweltbildung und BNE interessierten Besucher zu sehen (vgl. VWSW Int. 1 2014: 81).

Potentiell vorteilhaft für die Partner-Initiative im Sinne eines aktiven Netzwerks und der Kooperation mit touristischen Institutionen ist die Mitgliedschaft des Tourismusverbandes Spreewald in der Partner-Initiative – neben weiteren regionalen Tourist-Informationen – und die Mitarbeit der stellvertretenden Geschäftsführerin im Vergaberat der Partner-Initiative (vgl. VWSW Int. 2 2014: 165ff.;195). Wesentliche Zielsetzung ist neben einer Qualitätssteigerung des regionalen touristischen Angebots durch Kriterien und Auszeichnung von Betrieben im Rahmen der Partner-Initiative die Förderung von Netzwerkeffekten sowie die Vermarktung des Biosphärenreservats unter dem Stichwort „Natur" (vgl. VWSW Int. 2 2014: 265). Da die Vermarktung regionaler Produkte im Spreewald bereits durch die Dachmarke Spreewald, organisatorisch aufgehängt im Spreewaldverein, erfolgt, stellt es eine wesentliche Herausforderung dar, eine *„Kommunikationsstrategie für die Region zu finden, die die regionale Dachmarke Spreewald und den Status eines UNESCO-Biosphärenreservats miteinander verknüpft"* (vgl. LANDESAMT FÜR UMWELT, GESUNDHEIT UND VERBRAUCHERSCHUTZ BRANDENBURG 2012: 31). In dieser muss sich die 2014 gegründete Partner-Initiative, das Biosphärenreservat sowie die Dachmarke Spreewald zu einem sinnvollen Ganzen fügen, da angemerkt wird: *„Eine zweite [Dachmarke] können wir hier nicht verkraften"* (VWSW Int. 1 2014: 127). Die Herausforderung gewinnt an Gewicht, da man selbst als Biosphärenreservat die Zertifizierung von Hotel- und Gastronomie anstrebt und die regionale Dachmarke inkl. Know-how dafür nutzen will (vgl. VWSW Int. 2 2014: 40, 185; VWSW Int. 1 2014: 42). Im Zuge einer weiteren, gemeinsamen Entwicklung versucht man im Rahmen der Mitarbeit des Biosphärenreservats in der Dachmarke, eine stärkere Ausrichtung auf Bio-Zertifizierung zu erwirken, um dadurch stärker den MAB-Kriterien gerecht zu werden (vgl. VWSW Int. 1 2014: 133).

Herausfordernd für das Management der Partner-Initiative im Spreewald ist die Motivation einzelner Partner und die kontinuierliche Aktivierung des Netzwerks, um das Projekt nicht einschlafen zu lassen. Hier spielen insbesondere die fehlenden finanziellen und personellen Ressourcen eine Rolle, was als größtes Hindernis bezeichnet wird. Diese Problematik verschärft sich in der für die Partner arbeitsintensiven, touristischen Hauptsaison, was sich in dem Zeitraum z.T. durch fehlendes Engagement im Rahmen der Initiative bemerkbar macht (vgl. VWSW Int. 2 2014: 129ff., 257ff.). Wie die Branchenstruktur zeigt, ist Tourismus das wichtigste Standbein der Partner-Initiative. Hier sieht die Verwaltung die eigene Funktion vornehmlich im Naturschutz. Tourismus im Rahmen der Entwicklungsfunktion wird hier insbesondere über eine weitere Qualitätssteigerung, u.a. über die Partner-Initiative, forciert: *„Wir sind nicht dafür, mehr Touristen hierher zu locken, sondern wir sind dafür, die touristische Wertschöpfung zu steigern"* (VWSW Int. 1 2014: 230). Als primäre Aufgaben bzw. Zielsetzungen stehen die oben genannte Qualitätssteigerung, eine stärkere Vernetzung und Kooperation sowie die Umsetzung gemeinsamer Projekte mit Partnern im Vordergrund (vgl. VWSW Int. 2 2014: 265).

Südost-Rügen

Übergeordnetes Ziel der Partner-Initiative in Südost-Rügen ist zum einen die intensivere Kommunikation und Vermarktung des Biosphärenreservats-Status, zum anderen eine stärkere Vernetzung der Partnerbetriebe untereinander sowie auf Ebene der NNL (vgl. VWSOR Int. 1 2014: 523ff.; VWSOR Int. 2 2014: 22). Das setzt an der übergreifenden Zielsetzung an, den aktuell stattfindenden Massentourismus inklusive der negativen Begleiterscheinungen nachhaltiger zu gestalten: dazu wird die Identifikation der Partnerbetriebe mit den Zielen des Biosphärenreservats sowie die daran gekoppelte Umsetzung von Ideen des nachhaltigen Wirtschaftens fokussiert. Das erfolgt insbesondere im Tourismus, der im Biosphärenreservat als der wichtigste Absatzmarkt für die Betriebe der Partner-Initiative genannt wird: Maßnahmen im Bereich Nachhaltigkeit sollen auf Betriebsebene umgesetzt und dadurch das Konzept des Biosphärenreservats und der Partner-Initiative an Kunden vermittelt werden (vgl. VWSOR Int. 2 2014: 20ff., 230; VWSOR Int. 1 2014: 553). Die Entwicklung eines stärker umweltorientieren Qualitätstourismus in Kombination mit Naturschutz und eine Steigerung des Bekanntheitsgrades der Partner-Initiative stehen im Vordergrund (vgl. VWSOR Int. 2 2014: 30ff., 140). Neben touristischen Zielsetzungen versucht man über die Partner-Initiative zum Erhalt der Küstenfischerei beizutragen. Um den traditionellen Wirtschaftszweig zu revitalisieren, wird für die nähere Zukunft die Entwicklung effizienter, gezielter Vermarktungsstrategien für Fischereiprodukte in enger Zusammenarbeit mit regionalen (touristischen) Akteuren angestrebt (vgl. MINISTERIUM FÜR LANDWIRTSCHAFT, UMWELT UND VERBRAUCHERSCHUTZ MECKLENBURG-VORPOMMERN 2013: 30).

Eine Marketingstrategie für die Partner-Initiative besteht nur in Ansätzen, für einzelne Maßnahmen stehen dazu Mittel aus Mitgliedsbeiträgen zur Verfügung, die jedoch als nicht ausreichend empfunden werden (vgl. VWSOR Int. 2 2014: 76, 140ff.; VWSOR Int. 1 2014: 583ff.). Neben den gängigen Kommunikationsmaßnahmen werden Werbemaßnahmen für die Partner-Initiative durch eine Werbeagentur, die gleichzeitig Partnerunternehmen ist, als höchst effektiv betrachtet. Die Agentur veröffentlicht regelmäßig Rügens auflagenstärkstes Urlaubermagazin (fünf Mal jährlich, fünfstellige Auflagenzahl) und bewirbt auf einer kompletten Seite die Partner des Biosphärenreservats (vgl. VWSOR Int. 2 2014: 130). Die Vermarktung der Partner-Initiative mit der regionalen Tourismusorganisation findet nur bedingt statt und wird als *„holprig"* bzw. *„schwierig"* bezeichnet (VWSOR Int. 2 2014: 122). Dementsprechend ist man seitens des Biosphärenreservats an einem stärkeren Informationsaustausch und intensiverer Zusammenarbeit interessiert, wie z.B. an der Integration der Partner-Initiative auf der Start-Website der Tourismusorganisation (in der Rubrik „Naturerlebnis") (vgl. VWSOR Int. 2 2014: 112, 180, 228; VWSOR Int. 1 2014: 901). Eine weitere Vermarktungsmöglichkeit bietet sich mit dem Rügen Markt, deren Veranstalter gleichzeitig Partnerbetrieb ist. Als Regionalmarkt mit rund 70 Ausstellern versucht sich das Biosphärenreservat einmal im Jahr über den Partnertag einen größeren Bekanntheitsgrad in der breiten Öffentlichkeit zu erarbeiten (vgl. VWSOR Int. 2 2014: 100, 168).

Der Rügen Produkte Verein konzentriert sich im Vergleich zur Partner-Initiative auf eine z.T. überregionale Vermarktung der Insel Rügen und seiner Produkte. Die Partner-Initiative des Biosphärenreservats Südost-Rügens ist dagegen stärker auf den regionalen bzw. lokalen Markt und Umsatz mit Touristen vor Ort ausgelegt (vgl. VWSOR Int. 1 2014: 553). Es wird speziell für das Biosphärenreservat und mit dem Nachhaltigkeitsanspruch der Produktionsmethoden bzw. Betriebe geworben. Dennoch ergibt sich eine Schnittmenge bei den Zielsetzungen im Hinblick auf Regionalität, Vermarktung und Zielgruppen, so dass einige Mitglieder des Rügen Produkte Vereins auch Mitglieder der Partner-Initiative sind (vgl. VWSOR Int. 1 2014: 489). Aus Sicht der Verwaltung besteht zwischen der Partner-Initiative, dem Rügen Produkte Verein sowie der Partner-Initiative im Nationalpark Jasmund keine (Marken-) Konkurrenz, vielmehr müsste noch stärker zusammengearbeitet werden wie z.B. im Rahmen bereits durchgeführter Aktionen. Als Beispiele werden der Rügen Markt oder der gemeinsame Besuch von Thementagen und Messen mit dem Rügen Produkte Verein genannt (vgl. VWSOR Int. 2 2014: 82, 162ff.). Dementsprechend besteht eine der großen Herausforderungen darin, eine gelungene, integrative Marketingstrategie für die Partner-Initiative innerhalb der Destination Rügen zu entwickeln, die auch die regionalen Teildestinationen wie z.B. Nationalpark Jasmund und das Biosphärenreservat Südostrügen, inkl. der jeweiligen Initiativen, berücksichtigt (vgl. VWSOR Int. 2 2014: 82, 160ff.). Dieser Aufgabe versuchte man sich bereits vor Etablierung der Partner-Initiative anzunehmen: Ursprünglich war eine, für ganz Rügen zuständige, übergeordnete Regionalmarke in Kooperation mit dem Rügen Produkte Verein und nach dem Vorbild der Dachmarke Spreewald das Ziel. Diese hätte z.B. die gemeinsame Abstimmung der Kriterien und die Integration der Partner aus dem Rügen Produkte Verein bedeutet. Das Projekt ist jedoch letztendlich nicht umgesetzt worden, u.a. auch auf Grund einer fehlenden hauptamtlich, zuständigen Person (vgl. VWSOR Int. 1 2014: 240ff.; VWSOR Int. 2 2014: 38ff.). Im Rahmen der Facharbeitsgruppen des Projektes „Parks und Benefits" und unter Beteiligung regionaler Akteure wurde die Partner-Initiative initiiert. 2010 wurde dazu eine Personalstelle zur Vorbereitung, Organisation und dem Management der Partner-Initiative geschaffen (vgl. VWSOR Int. 2 2014: 42).

Eine Obergrenze hinsichtlich der Anzahl an Partnern wird flexibel gehandhabt und so gewählt, dass mit der aktuellen Personalkapazität noch ausreichend und sinnvoll gearbeitet werden kann. Bezüglich dem zahlenmäßigen Ausbau an Partnerbetrieben geht man zurückhaltend vor bzw. versucht gezielt die schwächer besetzten Branchen wie z.B. Landwirtschaft und Lebensmittelverarbeitung auszubauen. Bei stärker besetzten Branchen setzt man darauf, dass geeignete Partner das Konzept der Partner-Initiative kennen und aus Eigenantrieb Partner werden wollen (vgl. VWSOR Int. 2 2014: 84; VWSOR Int. 1 2014: 51). Die Eigeninitiative wird als wichtiger Faktor bezeichnet, da passive Mitglieder mit mangelndem Engagement stetig Motivationsarbeit seitens der Verwaltung erfordern, damit die im Vertrag geregelten Vereinbarungen wie z.B. die Teilnahme an Schulungen oder Treffen, erfüllt werden (vgl. VWSOR Int. 2 2014: 50, 146, 180ff.). Mangelnde finanzielle Ressourcen sind ein weiterer Hindernisfaktor für die Arbeit der Verwaltungsstelle im Rahmen der Partner-Initiative. Dieser erschwert die Zusammenarbeit mit den Partnerbetrieben, die zusätzlich durch den saisonal kulminierenden Arbeitsaufwand stark zeitlich gebunden sind (vgl. VWSOR Int. 2 2014: 30, 228; VWSOR Int. 1 2014: 573).

Vessertal-Thüringer Wald

Eine zielgruppenspezifische Strategieausrichtung der Partner-Initiative wurde bisher noch nicht erarbeitet. Da die erste Branche insbesondere Hotellerie und Gastronomie umfasst, ist die Überschneidung mit dem Tourismus sehr hoch. Dabei sollen künftig die Partnerbetriebe auch in das Projekt „Naturerlebnis Biosphäre" verstärkt integriert werden (vgl. Kap. 7.3.3), um so entsprechende touristische Angebote zu entwickeln. Die Partner-Initiative wird auch als ein Angebotselement für naturinteressierte Besucher betrachtet, das aufgrund des Siegels und der Größe des Netzwerks der NNL bereits als Qualitäts- und Alleinstellungsmerkmal dienen kann (vgl. VWVTW Int. 2 2014: 38, 96). Der Hauptabsatzmarkt im Bereich Gastgewerbe ist der Tourist bzw. Ausflügler. Für die regionalen Produkte (falls diese im Rahmen der Partner-Initiative angeboten werden) betont die Verantwortliche die Relevanz des Absatzes an die heimische Bevölkerung. Regionale Produkte, die den Betrieben ein Einkommen und der ortsansässigen Bevölkerung deren Konsum zu moderaten Preisen ermöglichen, sind das Ziel. Ein reines „Exportgeschäft" wird nicht angestrebt, weshalb man sich insbesondere der Herausforderung stellen muss, das Bewusstsein der Bevölkerung für die Produkte zu schaffen (vgl. VWVTW Int. 2 2014: 94).

Neben den Standard-Marketingmaßnahmen wurden im Biosphärenreservat Vessertal-Thüringer Wald mehrfach strategische Orientierungsgespräche über eine potentielle Vermarktung über die Landestourismusorganisation und den Tourismusverband Thüringer Wald geführt. Im Zuge des Tourismusbudgets existiert hier bereits eine gute Zusammenarbeit (vgl. Kapitel 7.5.2.5 bzw. 7.6). Die Bemühungen um die touristische Entwicklung des Biosphärenreservats sind auch für die Partner-Initiative relevant, denn eine überregionale Vermarktung der Partner-Initiative und ihrer Mitgliedsbetriebe über die Internetauftritte beider Organisationen – z.B. die Einbindung in eine interaktive Karte mit Angeboten – ist in Vorbereitung (vgl. VWVTW Int. 2 2014: 100ff.; VWVTW Int. 1 2014: 199). Die im Rahmen des Projektes „Naturerlebnis Biosphäre" erstellten Angebote werden mittelfristig durch gleichwertige, jedoch durch Partnerbetriebe erstellte Angebote, ergänzt (vgl. VWVTW Int. 1 2014: 199; VWVTW Int. 2 2014: 100).

Wie im Kapitel 7.7.3 zur Gebietskulisse angemerkt, will man sich als Teilregion der Destination Thüringer Wald positionieren und diese Marke stärken, ohne jedoch als Konkurrenz aufzutreten (vgl. VWVTW Int. 2 2014: 68ff.). Eine Zusammenführung der verschiedenen Projekte Partner-Initiative, „Weidewonne" [111] und „Regionale Produkte aus dem Thüringer Wald" strebt man zum Zeitpunkt des Interviews im Biosphärenreservat Vessertal-Thüringer Wald nicht an. Das wird auf einen zu großen Arbeits- und Organisationsaufwand bzw. Sitzungsmarathons und vielseitige, teilweise divergierende, Interessen der (potentiellen) Partner zurückgeführt. Zusätzlich ist die jeweilige Stoßrichtung der einzelnen Projekte noch nicht definitiv geklärt (vgl. VWVTW Int. 2 2014: 36, 132ff.). Aus touristischer bzw. Vermarktungsperspektive ist man sich des Problems bewusst, hat aber noch keine Lösung wie man evtl. eine, sich auf das Biosphärenreservat erstreckende Partner-Initiative im Rahmen der größeren Dachmarke Thüringer Wald positioniert und dabei nicht in Konkurrenz tritt oder Parallelstrukturen aufbaut (vgl. VWVTW Int. 2 2014: 144). Eine Bündelung der einzelnen Ansätze auf organisatorischer und struktureller Ebene mit festen Zuständigkeiten innerhalb der Region existiert bisher nur ansatzweise und ist verwaltungsinterner Natur: *„Deshalb liegt das ja auch alles bei mir, weil es [...] viele Überschneidungen gibt [und] damit man das nicht über mehrere Kollegen machen muss"* (VWVTW Int. 2 2014: 14).

Von der Verwaltung wird angemerkt, dass bisher eine zu geringe Wahrnehmung des Biosphärenreservats (inklusive Potentialen) auf Seiten touristischer Betriebe existiert und dieses als Alleinstellungsmerkmal dementsprechend noch nicht ausreichend in Wert gesetzt wird. Konkret äußert sich das in einer abwartenden Haltung selbst bei interessierten, potentiellen Partnerbetrieben, die sich nicht auf ein Risiko einlassen möchten und vorzeigbare Erfolge erst abwarten (vgl. VWVTW Int. 2 2014: 92). Auch eine ältere Betriebsinhaber-Generation mit gering ausgeprägtem Innovations- und Investitionswillen bzw. geringer Teilnahmebereitschaft an Qualitätsoffensiven durch die Tourismusorganisation, wird als Hemmnis empfunden. Hier sieht man sich am Anfang eines langen Aufklärungs- und Entwicklungsprozesses, wo man über erfolgreiche Projektarbeit mit der Zeit Betriebe mobilisieren und für sich gewinnen muss. Hinzu kommt, dass auf Unternehmensseite oft noch Misstrauen, Konkurrenzdenken und wenig finanzieller Spielraum für neue Strategien existieren. Von Seiten einiger Betriebe wird zudem die Position vertreten, dass Verantwortliche auf höherer Ebene zuständig sind, die Situation im Tourismus zu verbessern (vgl. VWVTW Int. 2 2014: 36, 148).

Wichtig für den Erfolg der Initiative erscheint der Managerin der finanzielle Mehrwert, der im Rahmen der Partner-Initiative erreicht werden kann und erreicht werden muss. Letztendlich soll dieser bei den Partnerbetrieben in spürbarem Um-

---

111 EU-Life-Projekt (2009 bis 2015), mit dem das Siegel Weidewonne etabliert wurde. Selbiges soll in Zukunft vom Agrarmarketing Thüringen weitergeführt werden. Das Projekt widmet sich der Schafsfleisch-Vermarktung aus bestimmten Regionen, was aus Sicht des Biosphärenreservats einen vielversprechenden, potentiellen Ansatzpunkt zu Stärkung der Regionalvermarktung darstellt (vgl. VWVTW Int. 2 2014: 176).

fang ankommen, was jedoch Zeit und Geduld bedarf und nicht im ersten Jahr der Partnerschaft automatisch eintritt (vgl. VWVTW Int. 2 2014: 168ff.). Die Generierung eines Mehrwertes wird als langfristiger, z.T. generationenabhängiger, kettenartiger Prozess betrachtet, bei dem über die Informationsvermittlung an den Kunden dessen Wertschätzung für regionale Produkte bzw. Angebote gesteigert werden muss. Nur wenn das gelingt, können sich die Bemühungen in einer erhöhten Zahlungsbereitschaft widerspiegeln. Man ist sehr darauf bedacht, erfolgversprechende Projekte zu sondieren und durchzuführen, da eine negative Presse oder Mund-zu-Mund Propaganda bei Misserfolgen nachteilige Auswirkungen haben könnte. Unentschiedene Akteure könnten schlussendlich abgeschreckt, aktive Akteure enttäuscht werden und das Interesse an einer Partnerschaft verlieren (vgl. VWVTW Int. 2 2014: 94, 172).

Übereinstimmungen zeigen sich bei den untersuchten Biosphärenreservaten hinsichtlich der Kanäle durch die die Initiativen kommuniziert werden sowie der Dominanz bzw. Relevanz des Naherholungsverkehrs aus umliegenden Zentren für die Initiativen. Eine Ausnahme bildet Südost-Rügen als etablierte Destination mit nationaler Reichweite. Hinsichtlich räumlicher Schwerpunkte erfolgt die Kommunikation der Initiative vor allem in der Region und in den umliegenden Zentren. Als Ziel-Klientel gilt ein an Nachhaltigkeit und Gastronomie interessierter, naturorientierter Besucher. Aufgrund der wichtigen Rolle der touristischen Nachfrage wird in allen Gebieten versucht, die Initiativen auch in Kooperation mit der regionalen Tourismusorganisation in Wert zu setzen. Dabei zeigen sich relativ starke Unterschiede zwischen einer stärker eigenverantwortlichen touristischen Inwertsetzung wie z.B. der Regionalmarke im Schaalsee (abgesehen vom temporären Förderprogramm auf Landesebene) und einem bereits stärker integrativen Ansatz z.B. im Falle der Dachmarke Rhön, wo sich eine innovative Neuausrichtung der Strukturen von Biosphärenreservat, Dachmarke und Tourismus abzeichnet. Die Integration der Initiativen als Angebotsstruktur in die Destination und deren Marketing stellt aufgrund vorhandener institutioneller Strukturen sowie weiterer regionaler Initiativen mehr eine strategische Herausforderung als eine bereits genommene Hürde in den Untersuchungsgebieten dar.

7.7.6 Kriterien, Siegel und Qualitätsmanagement

In den NNL-Partner-Initiativen Spreewald, Südost-Rügen, Vessertal-Thüringer Wald sowie Pfälzerwald (loses Mitglied) existiert eine ähnliche Vorgehensweise hinsichtlich der Kriterienkataloge. Diese werden unter Bezugnahme auf die bundesweiten Kriterien und Mindeststandards von Europarc in Abstimmung mit den Betrieben regional angepasst (vgl. VWPW Int. 2 2014: 112; VWSW Int. 2 2014: 40, 175; VWSOR Int. 2 2014: 104ff.; VWVTW Int. 2 2014: 78). Dazu kann der Kriterienkatalog durch Erweiterungen bzw. Präzisierungen zur Integration weiterer Branchen weiterentwickelt werden (vgl. VWVTW Int. 2 2014: 78). Durch das Netzwerk besteht für neu hinzukommende Initiativen der Vorteil eines Wissenstransfers bezüglich der Kriterien, was eine effizientere und schnellere Entwicklung gewährleistet als z. B. ein gänzlicher Neustart einer Initiative (vgl. VWSOR Int. 2 2014: 104ff.).

Zur Kennzeichnung der Betriebe wird das offizielle Logo (vgl. Abbildung 47) der Partner-Initiative von Europarc genutzt (Wort-Bild-Marke), eine Nutzung als Produktlabel ist dementsprechend nicht vorgesehen (vgl. VWPW Int. 2 2014: 116).

Abbildung 47: Logo Partner-Initiative der NNL (Beispiel)

Quelle: Biosphärenreservatsamt Südost-Rügen (2015)

In den Fällen, in denen Betriebe bereits z.B. eine EU-Bio- oder Bioland-Zertifizierung besitzen (z.B. Biometzgereien, Bio-Ölmühle), reicht diese für eine Aufnahme in das Netzwerk im Pfälzerwald (vgl. VWPW Int. 2 2014: 94). Eine Kontrolle zur Einhaltung der Kriterien wird durch ein Audit-Verfahren durchgeführt, welches die Betriebe selbst im Rahmen der Gebühren finanzieren (vgl. VWPW Int. 2 2014: 96). Die Kontrollen finden in regelmäßigem Abstand statt, i.d.R. im drei-Jahres Rhythmus, u.a. bedingt durch den damit einhergehende Arbeitsaufwand (vgl. VWSW Int. 2 2014: 40, 175; VWSOR Int. 2 2014: 148ff.).

In den Biosphärenreservaten Südost-Rügen und Vessertal-Thüringer Wald wird die Kontrolle durch einen Vergaberat, der aus einem Gremium verschiedenster Akteure wie Landkreisen, Tourismusverband, IHK, DeHoGa u.a. besteht, durchgeführt (vgl. Ministerium für Landwirtschaft, Umwelt und Verbraucherschutz Mecklenburg-Vorpommern 2013: 43; VWVTW Int. 2 2014: 124, 142). Der Vergaberat ist möglichst breit mit regionalen Akteuren besetzt um die Glaubwürdigkeit zu steigern und regionale Interessen angemessen zu vertreten (vgl. VWVTW Int. 2 2014: 138). Für die Teilnahme bzw. Mitgliedschaft zahlen die Betriebe einen, nach Umsatzhöhe gestaffelten, jährlichen Mitgliedsbeitrag (vgl. VWSOR Int. 2 2014: 70).

Die Initiativen im Schaalsee und der Rhön existieren bereits länger als das Partnerprogramm der NNL. Im Schaalsee schloss man sich 2012 den NNL an, in der Rhön agiert man nach wie vor unabhängig. Neben Betrieben werden auch Produkte zertifiziert. In beiden Gebieten werden daher andere Siegel verwendet. Für die Auszeichnung von Produkten und Betrieben der Regionalmarke existieren im Schaalsee zwei Siegel. Das eigene Siegel in Kombination mit dem NNL-Logo wird an Betriebe, das eigene Siegel ohne NNL-Logo zur Produktkennzeichnung verwendet (vgl. Abbildung 48). Eine Biozertifizierung ist nur individuell auf Betriebsebene nach anderweitigen Kriterien wie z.B. EU-Zertifizierung oder Demeter möglich (vgl. VWSC Int. 1 2014: 481; VWSC Int. 2 2014: 109). Die Vergabe der Regionalmarke erfolgt für einen Zeitraum von einem Jahr. Anschließend erfolgt eine Vor-Ort-Kontrolle durch das

Abbildung 48: Kombiniertes Siegel zur Kennzeichnung von Betrieben bzw. Produkten

Vergabegremium (rund 10 Mitglieder)[112] (vgl. Ministerium für Landwirtschaft, Umwelt und Verbraucherschutz Mecklenburg-Vorpommern 2010: 70). Diese Vorgehensweise bedingt vierteljährliche Kontrollen und hat einen hohen Arbeitsaufwand für das Vergabegremium zur Folge, weshalb über eine Umstellung nachgedacht wird. Mangelnde Zeit und teilweise mangelnde Motivation einzelner Mitglieder des Vergaberates führen zu Passivität bei Veranstaltungen oder dem Mitwirken an den Aufgaben des Vergaberates (vgl. VWSC Int. 2 2014: 17, 191). Dennoch werden der Kontakt und die Zusammenarbeit im Rahmen des Vergaberates als Stärkung für ein lebendiges Netzwerk betrachtet (vgl. VWSC Int. 1 2014: 11).

Die Qualitätskriterien und Siegel der Dachmarke Rhön wurden aufgrund der längeren Historie nicht in Anlehnung an die Partner-Initiative der NNL entwickelt. Dennoch bildet auch hier ein möglichst hohes Maß an regionaler Herstellung, Verarbeitung und Vermarktung die Basis der Kriterien (vgl. DMR Int. 1 2014: 109). Die Dachmarke Rhön verfügt über insgesamt fünf Siegel (vgl. Abbildung 49). Die Siegel 1), 2), und 4) dienen der Kennzeichnungen von Produkten. Siegel 3) dient der Auszeichung von Gastronomiebetrieben, die Anzahl der Silberdisteln zur Kennzeichnung des Anteils verwendeter regionaler Waren. Siegel 5) ist zur einheitlichen Darstellung der Betriebe z.B. als Aufkleber für Fahrzeuge oder im Online-Bereich, darf jedoch nicht für Produkte verwendet werden. Bis auf das Identitätszeichen sind alle anderen Siegel an das Einhalten von Kriterien und Kontrollen gebunden (vgl. DMR Int. 1 2014: 109; Dachmarke Rhön GmbH 2015c). Mit fünf Siegeln und einer großen Bandbreite an Branchen existiert eine entsprechende Vielzahl an branchen- und produktspezifischen Kriterien (vgl. DMR Int. 1 2014: 147ff.; Dachmarke Rhön GmbH 2015a).

Die Qualitätskontrollen zum regionalen Wareneinsatz in der Gastronomie erfolgen durch ein Audit-Team, zusammengesetzt aus den drei Leitern der Verwaltungsstellen und externen Fachleuten, in Form einer Kontrolle und einem Beratungsgespräch im zu prüfenden Betrieb (vgl. BYVWR Int. 1 2014: 89). Für eine weiterführende Erläuterung der Siegel siehe Dachmarke Rhön GmbH (2015c).

---

112 Dieses setzt sich aus Vertretern der Kommunalpolitik, des Amtes für das Biosphärenreservat Schaalsee-Elbe, des Fördervereins Biosphäre Schaalsee e.V., der Wirtschaftsförderungsgesellschaft Ludwiglust, des Staatlichen Amtes für Landwirtschaft und Umwelt, des zuständigen Ministeriums für Landwirtschaft, Umwelt und Verbraucherschutz in Mecklenburg-Vorpommern, des Tourismusverbandes Mecklenburg-Schwerin und auch des Amtes Lauenburgische Seen/Schleswig-Holstein zusammen (vgl. Ministerium für Landwirtschaft, Umwelt und Verbraucherschutz Mecklenburg-Vorpommern 2010: 47).

Abbildung 49: Siegel der Dachmarke Rhön

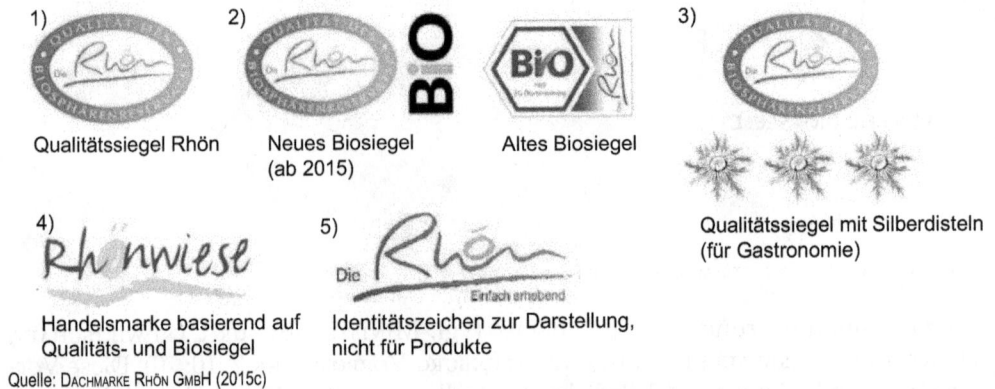

1) Qualitätssiegel Rhön

2) Neues Biosiegel
(ab 2015)

Altes Biosiegel

3) Qualitätssiegel mit Silberdisteln
(für Gastronomie)

4) Rhönwiese
Handelsmarke basierend auf
Qualitäts- und Biosiegel

5) Die Rhön
Einfach erhebend
Identitätszeichen zur Darstellung,
nicht für Produkte

Quelle: Dachmarke Rhön GmbH (2015c)

7.7.7 Erfolgsfaktoren der Inwertsetzung der Regionalvermarktungs- und Partner-Initiativen als touristische Angebotselemente

Alle untersuchten Biosphärenreservats-Verwaltungen sind im Bereich der Zertifizierung regionaler Betriebe und teilweise auch regionaler Produkte tätig. Diese Initiativen dienen sowohl als Angebotselement im Tourismus, der Qualitätssteigerung und Nachhaltigkeitsorientierung sowie der Kommunikation des Biosphärenreservates inklusive dessen Inhalten. Dennoch existieren Unterschiede im Hinblick auf deren Entwicklungsstand, z.B. hinsichtlich Branchenvielfalt, Mitgliederanzahl, finanzieller Ausstattung oder Marketingstrategien. Im Wesentlichen besitzen, neben dem Alter der Initiativen, folgende Faktoren Relevanz für eine erfolgreiche Entwicklung und Integration in touristische Strukturen und die Einbindung als Angebotselement in die Destination:

- Integration in allgemeine, touristische Marketingstrategie des Biosphärenreservats

- Integration des Alleinstellungsmerkmals „Biosphärenreservat" in die Initiativen, z.B. in der Kommunikation sowie den Kriterien, Produkten und Angeboten

- Wahrnehmung der touristischen Relevanz der Initiative auf Seiten der Tourismusorganisationen und der touristischen Leistungsträger

- Aktionskulisse der Initiative:
  - Kongruenz mit Destination, Tourismusorganisation, weiteren Initiativen und LAGn
  - Administrative Grenzen, „Kirchturmdenken", divergierende Interessen und erhöhter Koordinationsaufwand
  - Naturschutzfachliche, „authentische" Abgrenzung vs. ökonomisches und soziales Potential

- Pfadabhängigkeit und bereits existente Marke(n) der Destination
- Zusammenarbeit mit Tourismusorganisationen auf verschiedenen Ebenen
- Vermarktung und Kommunikation der Initiative
  - Eigene Vermarktung sowie durch Biosphärenreservat
  - Vermarktung in Kooperation mit Tourismusorganisation auf regionaler und Landesebene
  - Vermarktung über NNL sowie Corporate Identity als Vorteil vs. Verblassen der regionalen Charakteristika durch „Homogenisierung"
- Integration der Initiativen in Pauschalen und Kombinationsangebote

Daneben sind weitere Faktoren relevant, die jedoch stärker die generelle Entwicklung betreffen und über Erfolg bzw. Misserfolg der Initiative entscheiden:

- Politischer Wille zur Initiative
- Personal und finanzielle Ressourcen: Quantität, Qualität, Kontinuität
- Organisationsstruktur der Initiative und Management
- Unterstützung durch regionale Akteure (z.B. Fördervereine, Landkreise) und Integration der selbigen in Organisationsstrukturen (z.B. Vergaberat, Arbeitskreise)
- Integration der Initiative in regionale Kooperationsstrukturen (z.B. ARGE Rhön)
- Ergänzendes Know-how bezüglich Management
- Kompatibilität bzw. Bündelung „externer" Initiativen mit Biosphärenreservat (z.B. Dachmarke Spreewald)
- Integrative Marketing-Strategie (Schwerpunkte, Teildestinationen und weitere Initiativen, Vermarktung, Zielgruppen und -areale)
- Kontinuierliche Entwicklung unter aktiver Partizipation der Partnerbetriebe
- Aktives Netzwerk und Betriebe mit Innovations- und Investitionsbereitschaft sowie innovative Branchenstruktur (z.B. Integration der Tourist-Information, Medienunternehmen)
- Qualität der Betriebe
- Kosten-Nutzen Verhältnis für Betriebe
- Effizientes Kontroll- und Vergabesystem
- Logistik und Integration des Handels, v.a. bei Regionalmarken mit zertifizierten Produkten
- Kommunikation vorzeigbarer Erfolge und gelungener Projekte

Für eine weitere Erläuterung der allgemeinen Faktoren der Regionalvermarktungsprojekte in Biosphärenreservaten wird an dieser Stelle auf KULLMANN (2007) verwiesen.

Im Folgenden werden, nach einer kurzen Methodenreflexion, die Managementaktivitäten der Biosphärenreservats-Verwaltung im Bereich der touristischen Entwicklung und damit deren Beitrag zur Wettbewerbsfähigkeit der Destination und zur nachhaltigen Regionalentwicklung durch Tourismus zusammengefasst und diskutiert. Trotz bereits vielseitiger Ansätze seitens der Verwaltungen bleibt, wie die Analyse der touristischen Nachfrage zeigt, Entwicklungspotential.

8 Synthese und Diskussion – Beitrag der Biosphärenreservats-Verwaltungen zur nachhaltigen Regionalentwicklung durch Tourismus

8.1 Anmerkungen zur Methodik

Die Methodik des Experteninterviews wurde mit dem Anspruch gewählt, eine erste, möglichst systematische Untersuchung zur Integration von Tourismus und Schutzgebietsmanagement bzw. dessen Schnittstellen (vgl. HAMMER et al. 2012: 6) für sechs deutsche Biosphärenreservate vergleichend durchzuführen. Bisherige Untersuchungen zu Biosphärenreservaten und der Umsetzung der funktionalen Kriterien und der nachhaltigen Entwicklung durch Tourismus umfassen in der Regel die Schilderung regionaler Lösungsansätze bzw. die Darlegung von Best-Practice- oder einzelnen Fallbeispielen (vgl. z.B. KÜHNE 2010; SCHMID 2004; ENGELS & JOB-HOBEN 2004). Das ist mitunter auf die große Heterogenität der Biosphärenreservate hinsichtlich Eigenschaften und Rahmenbedingungen zurückzuführen (vgl. DRL 2010: 55ff.). Ein stärker standardisiertes Vorgehen hätte den Nachteil gehabt, dass diese regionalen Ausprägungen u.U. aufgrund mangelnden Vorwissens nicht ausreichend im Erhebungsinstrument berücksichtigt hätten werden können und das Verständnis für die regionalen Zusammenhänge und Prozesse, nicht in dieser Tiefenschärfe erlangt worden wäre.

Die Inhaltsanalyse der Evaluierungsberichte im Hinblick auf die im Leitfaden angesprochenen Themen erwies sich in der Vorbereitung auf die Gespräche als hilfreich. Dadurch konnte die Gebietskenntnis des Autors erweitert und Projekte, Inhalte, Maßnahmen und Strukturen im Tourismus teilweise vorab erfasst und zusammengestellt werden. Durch das Vorwissen konnten die Sachverhalte in den Gesprächen vertieft, ergänzt bzw. kritisch hinterfragt werden. Letzteres ist insbesondere vor dem Hintergrund zu sehen, dass die von den Biosphärenreservaten selbst verfassten Berichte die Grundlage für die Evaluation durch das MAB-Nationalkomitee bilden. Von daher wird man sich tendenziell nicht im schlechten Licht erscheinen lassen.

Der Leitfaden für die Interviews mit den Biosphärenreservats-Verwaltungen beinhaltet u.a. Fragen zu finanziellen Ressourcen und ist zudem sehr umfänglich, so dass die Gespräche teilweise bis zu drei Stunden dauerten. Ein gewisses Maß an Geduld und Vertrauen war notwendig und im Rahmen der persönlichen Befragung vor Ort gewährleistet. Weiterer Vorteil der Methode war, dass bei komplexen Sachverhalten, Zahlenmaterial o.ä. die relevanten Unterlagen seitens der Verwaltung schnell zur Hand waren und so nahezu lückenlos geantwortet werden konnte. Falls dem nicht so war, wurde ein Fragebogen vor Ort hinterlegt, so dass im Nachgang fehlende Informationen übermittelt werden konnten. Zwar kam es in einem Fall zur Verweigerung von Teilen der Angaben hinsichtlich der Verwaltungshaushalte, die wesentlichen Tendenzen sind dennoch, trotz der geringen Anzahl an Untersuchungsobjekten, klar ersichtlich.

Durch die Analyse der Evaluierungsberichte in Kombination mit den ausführlichen Interviews kann sichergestellt werden, dass die wesentlichen Aktivitäten, Ansätze, Angebote, Projekte etc., die für die Untersuchungsthematik relevant sind, in ihrer Umfänglichkeit größtenteils erfasst werden konnten. Anzumerken ist, dass es sich beim den Angaben zum verfügbaren Budget für Tourismus über den regulären Haushalt sowie den dafür prozentual zur Verfügung stehenden Personalaufwand um Schätzungen seitens der Verwaltung dreht, da genaue Zahlen nicht verfügbar sind. Ebenso dürfte es nahezu unmöglich sein, alle der Biosphärenreservats-Verwaltung direkt/indirekt zur Verfügung stehenden finanziellen Mittel (z.B. Mittel durch Förderprogramme, Vereine, Sponsoren) vollständig zu erfassen und abzubilden. In die Auswertungen wurden jedoch alle jeweils dazu vorhanden Angaben aus den genannten Quellen einbezogen, um so ein möglichst realitätsnahes Ergebnis zu erzielen und die Größenordnungen aufzuzeigen.

Zeitaufwendig war die qualitative Auswertung der Daten, wozu die Gespräche erst transkribiert, kodiert und letztendlich ausgewertet werden mussten. Um die rund 400 Seiten Transkript-Material zu strukturieren und analysieren wurde das Programm Atlas.ti genutzt. Dadurch sind eine genaue Nachvollziehbarkeit, eine strukturierte Erarbeitung und Überarbeitung der Kodierungen sowie eine Zuordnung zu Textstellen möglich. Letztendlich konnte so ein umfassender, vergleichender qualitativer Datensatz zu den Managementaktivitäten der Biosphärenreservate im Tourismus gewonnen und relevante Zusammenhänge und Faktoren ermittelt werden.

Vor dem Hintergrund der Untersuchung zur touristischen Nachfrageseite zeigt sich, dass die Biosphärenreservate versuchen, hinsichtlich der wesentlichen Kriterien – Besucheranzahl und -struktur, Kenntnisstand zum Biosphärenreservat, Präferenzen und Verhalten sowie Ausgabenniveaus – über touristische Entwicklungsmaßnahmen auf Destinationsebene Einfluss auf die Nachfragestrukturen zu nehmen. Gegenüber einer bloßen Betrachtung der Nachfrageseite bietet sich der Mehrwert der Kombination mit der Managementperspektive v.a. darin, dass im Hinblick auf eine künftige Einflussnahme auf die touristische Nachfrage wichtige Einflussfaktoren für die Arbeit der Biosphärenreservats-Verwaltung abgeleitet werden können. Dadurch wird eine Generierung von umfassenden, realistischen Managementimplikationen möglich und einer potentiellen Übersimplifizierung selbiger entgegengewirkt. Zudem können durch die Darlegung der Aktivitäten seitens der Biosphärenreservatsverwaltung Schnittstellen zwischen Biosphärenreservats-Management, touristischer Nachfrage und der Tourismusentwicklung auf regionaler Ebene aufgezeigt und ein tieferes Verständnis der Zusammenhänge erlangt werden, als bei einer nicht-kombinierten Vorgehensweise. Gewinnbringend wäre die Integration weiterer Untersuchungen zu dieser Thematik u.a. mit touristischen Anbietern (z.B. Netzwerke im Kontext des Biosphärenreservates), Tourismusorganisationen (z.B. Voraussetzung zur Integration des Biosphärenreservates in Destinationsentwicklung) und den NNL bzw. EUROPARC (z.B. ECST, Marketingunterstützung für Biosphärenreservate).

8.2 Touristische Nachfrage und Managementansätze

Sowohl der Kenntnisstand zum Schutzstatus Biosphärenreservat als auch dessen Stellenwert als beeinflussender Faktor im Hinblick auf einen Aufenthalt sind unter den Besuchern noch steigerungsfähig. Ein Nachfragesegment mit hoher Affinität zum Biosphärenreservat, das Schutzgebiets-spezifische Angebote präferiert und Zielsetzungen der Biosphärenreservate unterstützt, ist zwar empirisch abgrenzbar, die Einstellungen spiegeln sich jedoch noch nicht in nachhaltigen Verhaltensweisen und einer entsprechenden monetären Inwertsetzung über Produkt- bzw. Angebotslinien wieder. Mehrausgaben der Biosphärenreservatsbesucher i.e.S. lassen sich nur vereinzelt feststellen (z.B. signifikant erhöhte Ausgaben der Tagesgäste im Schaalsee und Vessertal-Thüringer Wald). Somit stellt die Affinität in der Summe kein entscheidendes Kriterium bezüglich der Ausgabenhöhe dar (vgl. Kapitel 6.2.1). Nach EAGLES (2002: 149f.) hängt es von der Management-Effektivität des Schutzgebietes ab, die negativen Effekte auf die Umwelt zu minimieren sowie die positiven ökonomischen Auswirkungen durch Tourismus in Form tangibler und intangibler Effekte zu maximieren.

Letztere können durch verschiedene Ansätze gesteigert werden, die je nach regionalen Rahmenbedingungen zu entwickeln sind: z.B. im Bereich der Organisation und Kooperation im Tourismus, der Anbahnung von Fördermöglichkeiten, der strategischen Ausrichtung der Destination, der Angebotserstellung und dem Marketing im Tourismus (vgl. EAGLES 2002: 148ff.; HAMMER & SIEGRIST 2008). Um die aktuellen Nachfragestrukturen stärker im Sinne einer nachhaltigen Regionalentwicklung zu beeinflussen, können aus ökonomischer Perspektive entweder die Besucherzahlen erhöht, deren Ausgabenniveau gesteigert oder die regionalwirtschaftlichen Verflechtung intensiviert werden. Dabei stellt die Steigerung der Besucherzahlen (i.d.R. nur in touristisch gering frequentierten Gebieten) unter Wahrung der ökologischen und sozialen Tragfähigkeit eine Option dar. Sinnvoller erscheint allerdings die Schaffung qualitativ hochwertiger Angebote zur Steigerung des Ausgabenniveaus sowie die Intensivierung regionaler Wirtschaftskreisläufe und die Steigerung regionaler Wertschöpfungsquoten (vgl. WOLTERING 2012: 249ff.), z.B. durch Regionalvermarktungsinitiativen. Die vorliegende Arbeit zeigt, dass die Biosphärenreservats-Verwaltungen in diesen drei Bereichen der ökonomischen Nachhaltigkeit aktiv werden. Für die Verknüpfung der Angebote mit dem Nachhaltigkeitsgedanken und die Abgrenzung gegenüber anderen Destinationen im ländlichen Raum sollte der Status des Biosphärenreservates stärker kommuniziert werden. Letztendlich ist es das Ziel, den Stellenwert des Biosphärenreservates in der jeweiligen Destination zu steigern und dadurch Besucher mit nachhaltigeren Verhaltensweisen zu empfangen, um so positive Effekte nicht nur für die Regionalwirtschaft zu erzielen.

Dieser Ansatz spiegelt im Wesentlichen den Ansatz des *„enlightened mass tourism"* wider (WEAVER 2014: 131): „*Opportunities for expanding the ethical bridgehead in mass tourism created by adherence to corporate social responsibility policies derive from the integration of alternative tourism products within mass tourism destinations and itineraries, accompanying possibilities for transformational tourist learning […].*" Die Generierung touristischer Produkte und Angebote die dem Ansatz entsprechen, werden z.B. auch im Nationalpark Berchtesgaden als schutzgebietskompatible Entwicklungsoption bezeichnet (vgl. BUTZMANN & JOB 2016: 17).

Je nach befragter Verwaltung werden dahingehend tendenziell mangelnde personelle und finanzielle Ressourcen, teilweise fehlende Unterstützung durch die Politik, übergeordnete Ebenen und die geringe Einbindung in die Strukturen der Tourismusorganisationen, fehlende Planungskompetenzen im Bereich der Entwicklungsfunktion sowie die administrative Anbindung der Verwaltung im Umweltbereich als hinderlich für die Aufgabenwahrnehmung im Tourismus empfunden, was Ergebnisse im internationalen Kontext bestätigt (vgl. EAGLES 2002: 149f.). Die administrative Anbindung und die Existenz vieler weiterer Aufgabenfelder bedingt mitunter die Ausprägung der Selbstwahrnehmung der Biosphärenreservats-Verwaltung als touristischer Akteur. Die Bandbreite erstreckt sich zwischen einem eher traditionellen Schutzakteur, der Tourismus vor allem unter ökologischen Aspekten entwickeln muss und einem Entwicklungsakteur, der diesen im Sinne der nachhaltigen Entwicklung proaktiver gestaltet (vgl. SHARPLEY & PEARCE 2007: 567f.).

Für die untersuchten Biosphärenreservate steht an einem Ende des Spektrums ein Selbstverständnis als Projektkoordinator bzw. -initiator, der Projekte auf regionaler Ebene anstößt und dadurch indirekt touristisch wirksam wird. Entsprechende Möglichkeiten, Projekte und Ansätze müssen vor allem von Seiten der Tourismusakteure im engeren Sinn selbst weiter aufgegriffen und in Wert gesetzt werden. Dieses Verständnis liegt allen Biosphärenreservats-Verwaltungen zu Grunde, wobei am anderen Ende des Spektrums die Rolle als proaktiver Entwicklungsakteur im Tourismus, je nach Untersuchungsgebiet, teilweise darüberhinausgehend intensiver wahrgenommen wird. Im Folgenden werden die Aktivitäten des Managements in ihrer ermittelten Bandbreite diskutiert sowie abschließend ein Überblick über potentiell relevante Einflussfaktoren gegeben.

8.3 Organisation und Kooperation mit Tourismusakteuren

Die Konstellation an regionalen Akteuren und deren Zuständigkeitsbereichen ist für die Untersuchungsgebiete i.d.R. komplex. Selten stimmen die Gebietskulissen bzw. Aktionsräume verschiedener Institutionen mit denjenigen der Biosphärenreservate überein. In allen Untersuchungsgebieten wird die Kooperation mit der regionalen Tourismusorganisation, die Einbettung des Biosphärenreservates in die Marketingstrategie und die Hervorhebung des Biosphärenreservats-Status im Sinne der Markenfunktion und der Destination als verbesserungswürdig eingestuft. Einen für beide Seiten idealen Kompromiss zu finden, gelingt bisher nur ansatzweise.

Die unzureichende Berücksichtigung des Biosphärenreservats wird z.T. auf eine administrative Zergliederung und daraus resultierende stärkere Gewichtung von Teildestinationen zurückgeführt (z.B. Rhön, Pfälzerwald). Ein weiterer Grund ist eine nicht ausreichende Bedeutung als kleines Gebiet in einer zu großen regionalen

Tourismusorganisation z.T. aufgrund einer fehlenden gemeinsamen Arbeitsebene wie im Schaalsee und Vessertal-Thüringer Wald. Im Spreewald und insbesondere Südost-Rügen findet man aufgrund mangelnden touristischen Gewichtes der Biosphärenreservats-Verwaltung nur bedingt Berücksichtigung im bereits stark entwickelten, etablierten Tourismusnetzwerk. Dieser Aspekt wirkt sich insbesondere als nachteilig aus, da die Organisation des Destinationsmanagements inkl. der Festlegung des Systems Destination laut RITCHIE & CROUCH (2003: 71ff.) die gelungene Führung und Koordination sicherstellt und damit eine zentrale und von den Akteuren beeinflussbare Rolle für die Wettbewerbsfähigkeit einnimmt (neben zahlenreichen nicht-beeinflussbaren Faktoren).

Dennoch gelingt es in Teilen auf die organisatorischen Strukturen zu wirken und die Kooperation zu festigen bzw. auszubauen. Ein integrativer Ansatz findet sich in der Rhön. Hier versucht man mit Hilfe der Dachmarke Rhön als länderübergreifendes Konstrukt, die Zusammenarbeit im Tourismus zu bündeln, um damit administrativ bedingte Parallelstrukturen abzubauen und die Effizienz der Destinationsvermarktung zu steigern. Mit einer Marketingstrategie, die im neuen Rahmenkonzept 2017 veröffentlicht werden soll, kann das Biosphärenreservat auf Destinationsebene an Bedeutung als Akteur und Marke zulegen. Somit erfüllt man eine vernetzende Funktion mit integrativem Ansatz, der sowohl Regionalvermarktung, Tourismus und Biosphärenreservat verbindet und wird in vielfältigen Managementbereichen (Kreislaufmanagement, Instrumentenabstimmungsinstrument etc.) nach HAMMER (2003: 21ff.) als Regionalentwicklungsakteur aktiv. Eine vergleichbare Vorgehensweise im Rahmen einer institutionalisierten Dachmarke wird im Pfälzerwald als erstrebenswert betrachtet, scheitert bisher jedoch an der finanziellen Umsetzung sowie dem Rückhalt auf politischer und regionaler Ebene.

Mit positiven Effekten auf die Kooperationsstrukturen wurde im Biosphärenreservat Pfälzerwald und Südost-Rügen, gemeinsam mit regionalen touristischen Akteuren und Institutionen, die ECST umgesetzt. Die Rolle der Charta als Integrationsmanagement zur Überwindung von Kompetenzüberschneidungen im Bereich Tourismus und informelle Partizipationsmöglichkeit (vgl. RUSCHKOWSKI 2010: 121), kann für die betreffenden zwei Untersuchungsgebiete bestätigt werden. Im Pfälzerwald gelang es jedoch nicht, das angedachte Destinationsmanagement zu etablieren, wodurch die Effizienz der Zusammenarbeit nicht dauerhaft gesichert werden konnte (der Charta-Prozess fand bereits 2006 statt).

In den Biosphärenreservaten Schaalsee und Vessertal-Thüringer Wald fehlt eine gemeinsame Arbeitsebene mit der regionalen Tourismusorganisation weitgehend, da die Schutzgebiete jeweils nur einen kleinen Teilbereich des Aktionsraumes der Tourismusorganisation darstellen. Hier wirkte sich eine engere Zusammenarbeit mit dem jeweiligen Landestourismusverband im Rahmen eines Förderprogrammes positiv aus. Dadurch erfährt man seitens der regionalen Tourismusorganisation vermehrt Aufmerksamkeit und konnte den Kontakt intensivieren. Durch das Förderprogramm konnten z.B. im Vessertal-Thüringer Wald verstärkt Angebote des Biosphärenreservates als Pauschalen über die Tourismusorganisation vermarktet werden. Inwieweit sich die temporären Vorteile im Rahmen der Förderung langfristig etablieren lassen, war zum Zeitpunkt des Interviews nur schwer abzuschätzen, von Seiten der Verwaltung jedoch sehr erwünscht.

Notwendig für die erfolgreiche Umsetzung der Förderprogramme bzw. die Intensivierung der Kooperation war sowohl auf Seiten der Fördermittelgeber, der Verwaltung als auch der touristischen Anbieter das Verständnis für die Zielsetzungen, Zwänge und Handlungslogik des Gegenübers (vgl. dazu auch REID et al. 2008: 9). Das umfasst z.B. die marktwirtschaftliche Orientierung auf Seiten des Anbieters und der Tourismusorganisation sowie die Schutzorientierung der Verwaltung. Allerdings wird von den Gesprächspartnern der Biosphärenreservats-Verwaltung angemerkt, dass die Fremdwahrnehmung der Entwicklungsorientierung der Biosphärenreservate z.T. noch zu gering ausgeprägt ist.

Destinationsmanagement wird als iterativer Prozess bezeichnet, bei dem sich die einzelnen Komponenten (vgl. Kapitel 2.3.2) gegenseitig beeinflussen (vgl. RITCHIE & CROUCH 2003: 184). Die hier dargelegten Kooperationsstrukturen haben dementsprechend Einfluss auf die strategische Ausrichtung der Destination, deren Angebotsstrukturen und Marketing. Neben der Kooperation mit den touristischen Institutionen sind zur Einflussnahme der Biosphärenreservate im Tourismus weitere Partnerschaften förderlich.

8.4 Förderprogramme als integrative, sektorübergreifende Ansätze

Die untersuchten Biosphärenreservate sind in ihrer Ausstattung mit Ressourcen und Personal, insbesondere in Anbetracht der Bandbreite an Funktionen die es zu erfüllen gilt, unzureichend ausgestattet (siehe hierzu u.a. DRL 2010: 67). Hinzu kommt, dass in den befragten Verwaltungen i.d.R. häufiger ein Stellenabbau statt einer Aufstockung erfolgt, was in Anbetracht der sich zunehmend komplexer gestaltenden Aufgaben der Biosphärenreservate (z.B. LAP Kapitel 3.1.2), als problematisch zu werten ist. Die im Tourismus zuständigen Personen haben für gewöhnlich einen fachfremden Ausbildungshintergrund (z.B. Forstwirtschaft, Landschaftspflege). Tourismusmanagement wird „on the job" erlernt, was in Anbetracht der Aufgabenstellung als Defizit zu bezeichnen ist, jedoch in vielen Schutzgebieten die Regel darstellt (vgl. EAGLES 2014: 535).

Der Ressourcenmangel bedingt, dass in den Untersuchungsgebieten unter Beteiligung der Biosphärenreservats-Verwaltung über LEADER und/oder andere Förderprogramme, über Fördervereine, regionale Arbeitsgemeinschaften und Sponsoren, Kapital für eine touristische Entwicklung der Region akquiriert wird. Dabei können im Rahmen der vorliegenden Arbeit wichtige Kooperationspartner und -strukturen, Projekte im Bereich Tourismus inkl. der Fördersummen und die diesbezügliche Rolle der Biosphärenreservats-Verwaltung ermittelt werden. Dadurch können typische Überlagerungen von Biosphärenreservaten mit anderen regionalen Handlungsräumen wie z.B. LAGn (vgl. MOSS & GAILING 2010: 125) aufgezeigt werden (vgl. Kapitel 5 bzw. Kapitel 7.3.1). Zudem kann ermittelt werden, inwieweit Projekte und Ideen der Biosphärenreservate im Rahmen von Förderprogrammen umgesetzt werden.

Diesbezüglich ermittelte Projekte gehen im Sinne der nationalen MAB-Kriterien räumlich teilweise über die eigentlichen Biosphärenreservats-Grenzen im engen Sinn hinaus (vgl. DEUTSCHES MAB-NATIONALKOMITEE 2007: 17; DRL 2010: 64), wie z.B. das touristische Besucherlenkungskonzepte im Spreewald und Südost-Rügen oder Projekte im Kontext der Dachmarke Rhön.

Einheitliche Konstellationen bzw. Kooperationsstrukturen existieren zwar bis zu einem gewissen Grad, variieren jedoch regional stark. Bis auf das Vessertal-Thüringer Wald konnten alle untersuchten Biosphärenreservate in der Förderperiode 2007-2013, gemeinsam mit den jeweils zuständigen LAGn, u.a. Projekte im Bereich Tourismus umsetzen. Die Projekte umfassen die touristische Angebotserstellung, Regionalvermarktung, Besucherlenkungskonzepte sowie das Tourismusmarketing und Kommunikationsmaßnahmen. Die dabei eingeworbenen Fördersummen im sechsstelligen Bereich übersteigen das reguläre Budget im Tourismus gemäß Haushalt um ein Vielfaches. Das verdeutlicht die Notwendigkeit, entsprechende Maßnahmen seitens der Biosphärenreservats-Verwaltung zu ergreifen (vgl. HAMMER & SIEGRIST 2008: 157ff.).

Aufgrund der administrativen Anbindungen und ihrem Status als öffentliche Verwaltung sind die Biosphärenreservats-Verwaltungen, abgesehen davon, dass i.d.R. zu wenig Kapital für den zu erbringenden Eigenanteil vorhanden ist, nicht förderfähig. Somit werden Kooperationspartner und Träger für die Umsetzung von Projekten erforderlich. Als besonders intensiv vernetzt mit den jeweiligen LAGn können die Biosphärenreservate Schaalsee, Südost-Rügen und das Biosphärenreservat Rhön, insbesondere der hessische Teil, gelten. Im Schaalsee und der hessischen Rhön ist dies v.a. auf eine sehr enge Kooperation der zwei Institutionen, eine weitgehende Kulissenübereinstimmung zwischen Biosphärenreservat und LAG und ein gemeinsames „Kernthema Biosphärenreservat" als verbindendes Element zurückzuführen. In der hessischen Rhön ist die LAG gleichzeitig Förderverein des Biosphärenreservates und man bildet hier eine Bürogemeinschaft. Am Schaalsee wirkte das Biosphärenreservat an der Gründung der LAG mit und man spricht insgesamt von einem aktiven, lebendigen Netzwerk im Bereich der Regionalentwicklung, das auch die Regionalmarkenpartner miteinschließt. Letztere sowie der aktive Förderverein des Biosphärenreservates fungieren oft als Träger und Kooperationspartner bei Förderprojekten der LAG. Eine intensive personelle Vernetzung ist auch in Südost-Rügen gegeben, wo der Austausch und die gegenseitige Mitarbeit seit rund 25 Jahren bestehen.

Deutlich höhere Transaktionskosten ergeben sich durch die Überschneidung mit mehreren LAGn. Das gilt z.B. im Falle des länderübergreifenden Biosphärenreservates Rhön oder dem Vessertal-Thüringer Wald. Insbesondere bei letzterem umfasst die Fläche jeweils nur einen kleinen Teil der insgesamt drei RAGn. Damit steigert sich zum einen der Koordinationsaufwand, zum anderen liegt es nahe, dass man durch die lediglich geringe Flächenübereinstimmung nicht zum Kernthema bzw. Schlüsselpartner der RAG wird. Bei länderübergreifenden Projekten ergeben sich in der Rhön aufgrund der Teilhabe des Biosphärenreservates an insgesamt fünf LAGn und drei Verwaltungsstellen vergleichsweise hohe Transaktionskosten. Im Biosphärenreservat Spreewald werden durch LEADER nur wenige Kooperations-Projekte durch das Biosphärenreservat umgesetzt. Das wird durch ein geringes Gewicht des Biosphärenreservates im deutlich größeren Wirtschaftsraum Spreewald sowie die nicht bestehende Förderfähigkeit des Biosphärenreservates als Landeseinrichtung und den Aufwand für die Suche eines notwendigen Projektträgers begründet.

Grundlegende Änderungen im Hinblick auf die Förderperiode 2014-2020 waren zum Zeitpunkt der Interviews nicht angedacht. Man arbeitete auf Seiten der jeweiligen LAG am Regionalentwicklungskonzept, indem sich auch Projekte unter Initiative oder in Kooperation mit den jeweiligen Biosphärenreservaten finden. Verbesserte personelle Kapazitäten im Biosphärenreservat Vessertal-Thüringer Wald sollen in der Förderperiode 2014-2020 eine intensivere Kooperation und damit eine Verankerung von Projekten, initiiert durch das Biosphärenreservat, ermöglichen.

Wichtige Impulse für die touristischen Entwicklung konnten die Förderungen in Südost-Rügen (INTERREG Projekte „Parks and Benefits"), dem Vessertal-Thüringer Wald („NATUR-Erfahrung Biosphäre") und dem Schaalsee („LandArt") generieren. Die beiden letztgenannten Förderungen sind dem jeweiligen Wirtschaftsministerium bzw. der Landestourismusorganisation zuzuordnen. Deutlich häufiger stehen Förderungen im Bereich Umweltschutz, Landwirtschaft und ländliche Entwicklung im Kontext der Biosphärenreservate bzw. Schutzgebiete (vgl. DRL 2010: 63; REVERMANN & PETERMANN 2002: 69ff.). Durch INTERREG bzw. Förderprogramme der Wirtschaftsministerien können die Fördermittel im Falle der betreffenden Untersuchungsgebiete stärker im Sinne strategischer, kooperativer Tourismusentwicklung und mit Fokus auf wirtschaftliche Aspekte verausgabt werden. Dabei ist die Biosphärenreservats-Verwaltung der wesentliche, ausführende Akteur, was zu einer besseren Positionierung des Biosphärenreservates als Angebotselement auf Destinationsebene bzw. in deren Vermarktung führt.

Das Förderprogramm in Südost-Rügen mündet in die Teilnahme an der ECST und in der Folge die Zertifizierung als Charta-Park. Das Förderprogramm LandArt im Schaalsee konzentriert sich auf Qualifizierungs- und Marketingmaßnahmen für das Partnernetzwerk der Regionalmarke. Es stellt unter den drei Programmen das am stärksten standardisierte und am geringsten regional beeinflussbare dar, da es im Wesentlichen durch den Landestourismusverband definiert wird. Das Projekt im Vessertal-Thüringer Wald setzt, unter der Federführung der Biosphärenreservats-Verwaltung, einen intensiven regionalen Kooperationsprozess durch Intensivierung der Beziehung zu touristischen Akteuren sowie den Tourismusorganisationen auf übergeordneter Ebene in Gang. Die Zielstellung umfasst dabei die Entwicklung als Destination mit Naturerlebnisangeboten und den Ausbau der nachhaltigen Mobilität.

Allen drei Programmen ist im Wesentlichen der Einbezug externen, fachlichen Know-hows von Seiten professioneller Tourismusakteure gemeinsam. Insbesondere im Vessertal-Thüringer Wald und Südost-Rügen wird durch das Programm auch ein intensiver Austausch auf regionaler Ebene gefördert. Im Vessertal-Thüringer Wald wird zudem die Beziehung zum Landestourismusverband gestärkt, was u.a. als katalysierend für die Beziehung zum regionalen Tourismusverband wirkt. Die Summen der drei Förderprogramme sind, ähnlich den umgesetzten LEADER Projekten, im sechsstelligen Bereich zu verorten und überschreiten das reguläre Budget für touristische Arbeit um ein Vielfaches.

Die Ergebnisse zeigen, dass sich wesentliche Aussagen der internationalen Forschung für die untersuchten Biosphärenreservate bestätigen bzw. übertragen lassen. Kooperationen und Partnerschaften werden als wichtige Strukturen bezeichnet, die ein Ressourcenpotential für die Verwaltung darstellen und zu einer Verbesserung der Tourismusentwicklung führen können. Daneben wird Innovation, kooperative Entscheidungsfindung sowie Konfliktlösung im Rahmen der Partnerschaften gefördert (vgl. MOORE & WEILER 2009: 129; LACY et al. 2002; McCOOL 2009: 145f.). Die Zusammenarbeit von Biosphärenreservats-Verwaltungen und regionalen Akteuren ist zur Akquise von Förderprogrammen als eine Voraussetzung zu betrachten. Der Vorteil der Biosphärenreservats-Verwaltung liegt in ihrer Kontinuität und damit der Möglichkeit, Kooperationsstrukturen unter zu Hilfenahme der temporären Förderprojekte zu entwickeln und dadurch strategisch langfristig zu planen. Dabei stellt oft diese Kombination, wie die Beispiele zeigen, einen vielversprechenden Ansatz im Hinblick auf eine nachhaltige Regionalentwicklung durch Tourismus dar. Als Strukturförderung stellen die Programme Transferleistungen in die Region dar, die zum Image der Region und zur regionalen Vernetzung beitragen (vgl. WOLTERING 2012: 277) sowie, bei entsprechender Aktivität der Biosphärenreservats-Verwaltung, die Wahrnehmung selbiger als Regionalentwicklungsakteur steigern können.

8.5 Strategie und Planung im Rahmen der Destination

Im Bereich der Planung sowie der strategischen und konzeptionellen Ausrichtung der Destination werden die Biosphärenreservate aktiv, indem sie touristische Leitbilder bzw. Entwicklungsstrategien konzipieren, initiieren und gemeinsam mit den Akteuren der Region umsetzen. Im Pfälzerwald und Südost-Rügen geschieht dies mit Hilfe der ECST. Damit existieren hier im Vergleich der Untersuchungsgebiete die umfänglichsten Strategien mit integrativem Charakter im Hinblick auf eine nachhaltige Regionalentwicklung.

Hinweise zu aktuellen Forschungsdefiziten hinsichtlich Verbindlichkeit und Wirksamkeit des informellen Leitbildes (vgl. RUSCHKOWSKI 2010: 121) können im Rahmen der vorliegenden Arbeit dementsprechend für zwei der Untersuchungsgebiete gegeben werden: neben der Einbindung externen touristischen Know-hows wird die Funktion als integratives Koordinationsmanagement gestärkt und ein intensiver Kooperationsprozess auf Ebene der Region angestoßen. Die persistente Wahrnehmung der Biosphärenreservats-Verwaltung als Schutzakteur kann auf regionaler Ebene aufgeweicht werden und man tritt stärker als Entwicklungsakteur in den Vordergrund. Die gemeinsame Entwicklung eines Maßnahmenplanes mit jeweils mehr als 40 Projekten in verschiedensten Bereichen von Angebotsgestaltung, Mobilität, Monitoring, Marketing bis Koordination führt dazu, dass trotz des informellen, unverbindlichen Charakters mehr als die Hälfte der Projekte umgesetzt werden konnte (im Biosphärenreservat Südost-Rügen endet der Maßnahmenplan 2016, wobei viele definierte Ziele mittel- bis langfristig umzusetzen sind). Ein fest etabliertes und den Projektzeitraum der ECST somit überdauerndes Destinationsmanagement war im Pfälzerwald angestrebt, konnte jedoch aufgrund von divergierenden Einzelinteressen der Akteure nicht umgesetzt werden (ein stärker verpflichtender Charakter des Leitbildes wurde als wünschenswert erachtet). Festzuhalten ist, dass der Charta-Prozess zwar wesentliche Entwicklungsimpulse auslöst und von der Verwaltung als äußerst positive, effiziente Strategie betrachtet wird, die Etablierung langfristiger Strukturen jedoch stärker fokussiert werden bzw. der Prozess im regelmäßigen Turnus erfolgen sollte.

Mit der ECST wird in beiden Biosphärenreservaten eine umfassende strategische Planung für die Entwicklung der Destination vorgelegt, die ökonomische, soziale und umweltbezogene Ziele enthält und als eine Art „guiding hand" für die Richtung und Struktur der regionalen Tourismusentwicklung fungieren kann (vgl. RITCHIE & CROUCH 2003: 71). Es bietet sich für Biosphärenreservats-Verwaltungen die Chance, ihre Rolle im „destination leadership" zu stärken, eine umfassende Vision zu generieren und Entwicklungsmöglichkeiten zu steuern (vgl. PRÖBSTL-HAIDER et al. 2014: 221f.). Laut PECHLANER (et al. 2014: 2f.) geht es u.a. um die Motivation, Ermunterung und Inspiration von Personen und Akteuren, mit dem Ziel, langfristig Werte und Richtungen zu beeinflussen, was für die Schutzgebiete und eine nachhaltige Tourismusentwicklung zunehmend an Relevanz gewinnt (vgl. PRÖBSTL-HAIDER et al. 2014: 221f.). Der Leadership-Gedanke auf Destinationsebene erfährt, vor dem Hintergrund einer erfolgreichen Destinationsplanung inkl. Management und den darin vorhanden Governance-Strukturen, verstärkt Beachtung (vgl. PECHLANER et al. 2014: 3), insbesondere da die Biosphärenreservate in der Regel ohne Planungskompetenzen auf freiwilliges Mitwirken der Akteure angewiesen sind. Das Konzept beruht nicht auf einer einfachen Durchsetzung von Partikularinteressen des Schutzgebietes, sondern auf Kooperationsprozessen hinsichtlich Planung und Implementierung (vgl. PRÖBSTL-HAIDER et al. 2014: 223).

Ähnliche Impulse für eine koordinierte Entwicklung der Destination unter der Federführung eines oder mehrerer Akteure, können von der Tourismuspolitik auf übergeordneter Ebene ausgelöst werden. PRÖBSTL-HAIDER (et al. 2014: 223) merken an, dass selten entsprechende Impulse gegeben werden und diese teilweise in zu starren, ambitionierten, top-down Programmen, die z.T. nur schwer an die jeweiligen regionalen Bedingungen anzupassen sind, umgesetzt werden. Es finden sich nur in zwei der sechs Untersuchungsgebiete entsprechende Ansätze in Form von Förderprogrammen seitens der Tourismuspolitik wieder und diese tragen in der Tat einen gewissen top-down Charakter.[113] Dennoch ist anzumerken, dass in diesen zwei Fällen die Ausarbeitung eines eigenen, regionalen Entwicklungsansatzes, unter Einhaltung gewisser Kriterien, nötig war, um an den als Wettbewerb ausgeschriebenen Programmen teilzunehmen. Mit dem Auswahlprozess wird somit die Anwendbarkeit auf regionaler Ebene gewährleistet. Folglich wird in keinem der zwei Programme ein zu starres Schema kritisiert.

---

113 Hier ist darauf zu verweisen, dass sich lediglich zwei der untersuchten Biosphärenreservate für eine entsprechende Förderung qualifiziert hatten. Für die anderen Biosphärenreservate wurde nicht ermittelt ob evtl. relevante Förderprogramme existieren bzw. zeitlich in Frage gekommen wären, man sich nicht aber nicht beworben hatte.

Die Teilnahme an den Förderprogrammen geht mit erheblicher finanzieller und institutioneller Unterstützung durch die übergeordneten Tourismusorganisationen einher. Im Falle des Schaalsees wird insbesondere die Regionalmarke durch eine Vielzahl an Marketing- und Qualifizierungsmaßnahmen unterstützt und als nachhaltiges Netzwerk zur Förderung des Tourismus im ländlichen Raum stärker vermarktet. Im Vessertal-Thüringer Wald wird unter Federführung der Biosphärenreservats-Verwaltung und unter Beteiligung einer Vielzahl regionaler Akteure der Ausbau der Angebote im Bereich Naturerlebnis, umweltfreundliche Mobilitätskonzepte, eine verbesserte Kooperation auf regionaler Ebene sowie eine professionelle Vermarktung der Destination gefördert. Beide Programme werden von der jeweiligen Verwaltung als hilfreich und effizient empfunden. Mit Übernahme der Federführung des Förderprogramms steigt die Biosphärenreservats-Verwaltung zu einem wichtigen Akteur des Destinationsmanagements auf, der andere Akteure mobilisiert, ein integratives, strategisches Konzept verfolgt und auch auf übergeordneter Ebene eine entsprechende Unterstützung erfährt. Diese sogenannte „destination leadership" durch Schutzgebiete wird als gewinnbringende Alternative im ländlichen Tourismus betrachtet (vgl. Pröbstl-Haider et al. 2014: 224). Abzuwarten bleibt die Dauer des Impulses bzw. die Langfristigkeit der Kooperationsstrukturen.

Vereinzelt können Ansätze aus den teilweise veralteten Rahmenkonzepten sowie deren Substituten auf regionaler Ebene umgesetzt werden. Im Pfälzerwald konnte das im Biosphärenreservats-Entwicklungskonzept festgelegte „Besucherlenkungs- und Informationskonzept Naturpark Pfälzerwald", ein touristisches Angebot sowie ein Regionalvermarktungsprojekt gemeinsam mit der LAG im LEADER-Entwicklungskonzept verankert und gefördert werden. Ähnlich sieht die Entwicklung im Schaalsee aus, wo das Rahmenkonzept oft als Grundlage diente, entsprechende Projekte mit touristischem Hintergrund gemeinsam mit der LAG und Regionalmarkenpartnern umzusetzen. Die wesentlich umfassenderen Rahmenkonzepte sind in der Rhön oder dem Spreewald, insbesondere aufgrund ihres Alters, weniger relevant.

8.6 Anziehungspunkte und zentrale Angebote

„Klassische" Angebotselemente

Die Unterschutzstellung des Gebietes trägt zum Erhalt der natürlichen Ressourcen, der Biodiversität und der traditionellen Kulturlandschaft bei, was als ursprüngliches Angebot gelten kann. Anziehungspunkte und zentrale Angebote der Destination werden darüber hinaus im Sinne des Entwicklungsauftrages durch das Biosphärenreservat konzipiert: Es wird seitens der Biosphärenreservats-Verwaltung versucht, die regional vorhandenen natürlichen, kulturellen und geschichtlichen Potentiale als Angebot (vgl. Ritchie & Crouch 2003: 68), in Kooperation mit privatwirtschaftlichen oder institutionellen Akteuren, in Wert zu setzten (vgl. Eagles 2002: 145f.). Das abgeleitete Angebot umfasst in den Untersuchungsgebieten Informationszentren und daran gebundene Angebote und Ausstellungen, klassische Informationsangebote und Kommunikationsmittel, Angebote zur Besucherbetreuung, Naturerlebnisangebote und BNE, Wegeinfrastruktur und Besucherlenkungskonzepte sowie Angebote mit Eventcharakter und z.T. Pauschalangebote.

Die Qualität der einzelnen Angebote variiert zwischen den Biosphärenreservaten. So sind z.B. in der Rhön dezentrale Informationszentren mit als zu niedrig empfundenen Standards vorzufinden. Im Schaalsee hingegen ein modernes, gut ausgestattetes, sowie mehrere dezentrale Infozentren, die durch interaktive Ausstellungselemente den Wiedererkennungswert für die Besucher erhöhen. Nach wie vor existiert somit ein Unterschied zwischen modernisierungsbedürftigen Informationszentren erster Generation und zeitgemäßen Zentren der zweiten Generation (vgl. REVERMANN & PETERMANN 2002: 59f.). Das zeigt sich u.a. in einer teilweise fehlenden Multifunktionalität. So fehlen oft z.B. Tourist-Information oder Regionalwarenläden.

Die seitens der Verwaltung konzipierten und erbrachten Angebote umfassen sowohl BNE als auch erlebnisorientierte Angebote bzw. sind in dieser Schnittmenge anzusiedeln. Eine Erweiterung und Erlebnisorientierung wird z.T. über die zertifizierten Natur- und Landschaftsführer oder anderweitige Kooperationspartner umgesetzt. Ein für die Untersuchungsgebiete einzigartiges Modell existiert im Spreewald mit den Nationalen Naturlandschaften Brandenburg, die als zentrale Einrichtung für Brandenburg u.a. buchbare, naturtouristische Erlebnisangebote (Ranger-Erlebnistouren) anbieten. Für eine stärkere Erlebnisorientierung der Angebote fühlen sich die Biosphärenreservats-Verwaltungen meist weniger selbst verantwortlich (bzw. aufgrund der personellen und finanziellen Ressourcen befähigt), sondern sehen vielmehr die privatwirtschaftlichen Akteure sowie die Tourismusinstitutionen in der Pflicht.

Von allen Biosphärenreservaten werden darüber hinaus Angebote mit Event-Charakter wie z.B. Feste oder Märkte durchgeführt, die auch als touristische Attraktion und Marketinginstrument gelten und dadurch zur Imageentwicklung der Produkte und der Region beitragen können (vgl. HALL & SHARPLES 2008: 4). In allen Untersuchungsgebieten wird zudem ein Beitrag zur Wegeinfrastruktur- und Besucherlenkung geleistet, u.a. über eine entsprechende Zertifizierung von Wanderwegen als Premiumwanderweg. Beides trägt dazu bei, einen touristischen Zusatznutzen zu generieren, der über das Maß ubiquitärer Naherholungsinfrastrukturen hinausgeht (vgl. NEUMEIER & POLLERMANN 2011: 163). Mit diesen Angeboten bedient das Biosphärenreservat die auf Nachfrageseite geäußerten Aufenthalts- und Besuchsgründe sowie wahrgenommenen Aktivitäten. Im Falle des Regionalmarktes können diese Aktivitäten, z.B. mit regionalen Anbietern, monetär in Wert gesetzt werden. Arrangements wie z.B. im Rahmen des Wildnis-Trails im Nationalpark Eifel fehlen teilweise in den untersuchten Biosphärenreservaten bzw. werden nicht speziell in dessen Kontext vermarktet, obwohl von manchen Biosphärenreservats-Verwaltungen maßgeblich daran mitgewirkt wird. Eine Ausnahme mit einem ähnlich etablierten, bereits bekannten Ein-Tages Pauschalangebot stellt hier die See-Pferd-Tour im Biosphärenreservat Schaalsee dar.

Die Feststellung des DTV (2005) hinsichtlich eines Mangels an buchbaren Naturerlebnispauschalen in Deutschland kann für einen Teil der Untersuchungsgebiete bestätigt werden. Die Einbindung Biosphärenreservats-bezogener Angebote durch die Tourismusorganisation bzw. touristische Leistungsträger in touristische Dienstleistungsketten zur Etablierung des Alleinstellungsmerkmals (vgl. HANNE-MANN et al. 2001: 15; BRODDA 2002: 22f.), steht in den untersuchten Biosphärenreservaten am Anfang der Entwicklung. Naturerlebnis-Pauschalen werden v.a. im Vessertal-Thüringer Wald und im Schaalsee forciert. Dabei ist die Biosphärenreservats-Verwaltung insbesondere im Vessertal-Thüringer Wald treibender Akteur. Hierzu waren Alleinstellungsmerkmale der Angebote hervorzuheben, Qualitätsstandards zu gewährleisten sowie die Kontinuität der Angebote sicherzustellen. Ebenso war die Buchbarkeit und Kompatibilität mit bestehenden Reservierungssystemen ein wesentliches Kriterium, um in die entsprechenden Arbeitsebenen und Vermarktungsstrukturen der Landestourismusorganisation aufgenommen zu werden. Aus Sicht der Verwaltung haben sich die Bemühungen bereits gelohnt. Zum einen da Kooperationen intensiviert werden konnten, zum anderen, da man mit den Angeboten einen deutlich größeren Nachfragemarkt erreicht. Demgegenüber ist man sich in anderen Verwaltungen z.T. nicht bewusst, ob eigene Angebote aufgegriffen werden und sieht hier stärker touristische Anbieter selbst in der Verantwortung, das Biosphärenreservat inklusive Angeboten zu integrieren. Das ist mitunter oft nicht ausreichend, denn nicht umsonst werden Unterstützung durch das Schutzgebiet und die aktive Partizipation der Beteiligen als wichtige Faktoren genannt (vgl. LAING et al. 2009: 216f.). Mit der z.T. schwach ausgeprägten Integration und Kombination von Angeboten stellen die Biosphärenreservate keinen Einzelfall dar. Laut EAGLES (2002: 147ff.) existiert generell ein Defizit im Hinblick auf die Verknüpfung vieler Teilangebote der Schutzgebiete.

Die Zurückhaltung anderer Biosphärenreservats-Verwaltungen geht einher mit einer stärkeren Betonung der Schutzfunktion sowie der Auffassung, nicht originär für die aktive Tourismusplanung/-entwicklung zuständig zu sein, was z.B. auch für englische Nationalparks konstatiert wird (vgl. SHARPLEY & PEARCE 2007: 569f.). Dadurch vergibt man als Verwaltung die Chance auf Vermarktungsmöglichkeiten der eigenen Angebote und damit die Möglichkeit, mehr Besucher des Gebietes mit Inhalten des Biosphärenreservates zu erreichen bzw. selbiges als Alleinstellungsmerkmal zu etablieren und Besucher in Richtung Nachhaltigkeit zu beeinflussen. Vor dem Hintergrund des teilweise geringen Kenntnisstandes des Schutzstatus auf Besucherseite, muss eine stärkere Vermittlung des selbigen erfolgen und durch die Angebote der Seltenheitswert des Biosphärenreservates kommuniziert werden. Für deutsche Nationalparke wurden hierzu Handlungsimplikationen entwickelt, die wertvolle Ideen für Biosphärenreservate liefern. Dazu zählt z.B. der inhaltliche Bezug der Pauschale auf das Biosphärenreservat und dessen eindeutige Hervorhebung, der persönliche Kontakt zur Naturwacht (z.B. Führung), Beherbergung und Gastronomie durch Partnerbetriebe und idealerweise die Verknüpfung mit ÖPNV Angeboten (vgl. HANNEMANN et al. 2001: 18f.). Im Sinne der Service-Orientierung und der Sicherstellung der Qualität des Besuchererlebnisses ist es notwendig, den problemlosen Ablauf der touristischen Dienstleistungskette sicherzustellen (vgl. RITCHIE & CROUCH 2003: 73).

Mit Angeboten, die durch Dritte erbracht werden (Partner-Initiative/-Netzwerk), kann eine größere thematische Breite sowie ein umfassenderes Aktivitätsspektrum abgedeckt werden. Werden diese nicht im Kontext des Biosphärenreservates z.B. über zertifizierte Partner angeboten, kann die Kommunikation des Biosphärenreservates inklusive dessen Inhalten nicht sichergestellt werden. Da in den untersuchten Biosphärenreservaten die eigenen Kapazitäten zur Besucherbetreuung z.B. durch die Naturwacht oft nicht ausreichend gegeben sind, ist dementsprechend ein großes Netzwerk an touristischen Partnern notwendig bzw. vorteilhaft.

Partnerschaften zwischen Schutzgebieten und Tourismusakteuren und -anbietern werden auch international mit dem Ziel einer nachhaltigen Tourismusentwicklung etabliert (vgl. LAING et al. 2009: 208; JOB et al. 2013a: 207ff.), u.a. um zusätzlich Ressourcen und Fähigkeiten zu aktivieren (vgl. LAING et al. 2008). Diese Vorgehensweise gilt im internationalen Kontext als ressourcen-effizientes Modell. Kritisch wird jedoch die Möglichkeit der Verwaltung zur Überprüfung von Verantwortlichkeiten betrachtet und dass diese nur unter hohen Kosten durchgeführt werden kann. Die mangelnde Transparenz auf Seiten der privaten Unternehmen gilt als nachteilig (vgl. EAGLES 2009: 239f.). Nichtsdestotrotz bieten die Kooperationen die Möglichkeit, ein breites Angebot, bei dem auf allen Leistungsstufen der touristischen Dienstleistungskette ein Bezug zum Biosphärenreservat hergestellt werden kann, zu entwickeln. Zudem trägt der Ansatz der Notwendigkeit der Generierung regionaler Wertschöpfung Rechnung. Da die Angebote durch Biosphärenreservate als öffentliche Verwaltungen in der Regel unentgeltlich erfolgen, tritt man in Konkurrenz zu regionalen Unternehmen.

Partner- und Regionalvermarktungsinitiativen

Einfluss auf die touristische Suprastruktur nimmt die Biosphärenreservats-Verwaltung u.a. über die Partner- bzw. Regionalvermarktungsinitiativen. Diese umfassen v.a. das Beherbergungs- und Gastronomiegewerbe sowie touristische Dienstleister, im Falle der Regional- bzw. Dachmarke (Schaalsee bzw. Rhön) auch vorgelagerte Wertschöpfungsstufen des sekundären und primären Sektors. Die Verwaltung nimmt im Hinblick auf die Wettbewerbsfähigkeit der Destination Einfluss auf Qualitätssteigerung und eine einheitliche Vermarktung und leistet somit einen Beitrag zum Imageeffekt. Durch die Initiativen fördert man die nachhaltige Unternehmensführung mit positiven Effekten für die Umwelt und akquiriert Multiplikatoren, die den Gästen Informationen zum Schutzgebiet vermitteln und das Verständnis gegenüber den Biosphärenreservaten fördern. Ebenso werden hochwertige Produkte und Dienstleistungen mit regionalem Charakter als authentische Produkte der Destination Biosphärenreservat generiert und damit ein Beitrag zur nachhaltigen Tourismusentwicklung geleistet (vgl. LAING et al. 2009: 221). Jedoch muss angemerkt werden, dass selbst im Netzwerk der Dachmarke Rhön, die im deutschen Kontext auf Schutzgebietsebene einen gewissen Vorbildcharakter hat, z.T. Betriebe existieren, die eher als „Mitläufer" eingestuft werden und hinsichtlich regionaler Vorleistungsverflechtungen und der Umsetzung von Nachhaltigkeitsmaßnahmen noch nicht dem definierten Anspruch genügen (vgl. KRAUS 2015: 136ff., 257ff.). Selbiges lässt sich in Teilen für die hier betrachteten Biosphärenreservate bestätigen, wo das Engagement einzelner Betriebe als steigerungsfähig bewertet wird.

Die Ergebnisse können einen wesentlich Beitrag zu der von KRAUS (2015: 48) identifizierten Forschungslücke hinsichtlich des Verhältnisses zwischen Biosphärenreservat und den Initiativen liefern. Für die Untersuchungsgebiete zeigen sich in Bezug auf finanzielle Ausstattung, Organisation, Größe des Netzwerks und Branchenvielfalt sowie der Integration in touristische Marketingstrukturen deutliche Unterschiede. Die Dachmarke Rhön wurde als ursprüngliches Projekt des Biosphärenreservates und der ARGE Rhön nach mehrjähriger Entwicklung durch das Biosphärenreservat und die Fördervereine in Form einer GmbH verselbstständigt. Das hat, im Vergleich zu den untersuchten Partner-Initiativen der NNL, eine gute personelle und finanzielle Ausstattung zur Folge. Die weitere Zusammenarbeit mit dem Biosphärenreservat und die Vereinbarkeit mit dessen Zielstellung sind beiderseits erklärte Ziele. Dass man dabei über die Grenzen des Biosphärenreservates hinausgeht hat Vorteile für die Finanzierung (Mittelgeber ARGE), die Integration eines entsprechenden Betriebspotentials und damit für die Entwicklung eines starken Netzwerks.

Die engere räumliche Abgrenzung der Partner-Initiativen bei den NNL wird auf den Faktor Authentizität und Bezug zum Biosphärenreservat zurückgeführt. Damit will man sich gegenüber weiteren Regionalvermarktungsinitiativen (z.B. Südost-Rügen, Vessertal-Thüringer Wald, Spreewald) klar positionieren. Hier ergeben sich zwar im Bereich der Kooperation mit den bereits existenten Regionalmarken Chancen für die Initiativen des Biosphärenreservates, z.B. im Bereich Austausch von Know-how oder gemeinsamer Logistik. Im Hinblick auf die Kommunikation an den Besucher kann die Existenz mehrerer Marken jedoch verwirrend wirken (vgl. TRIMBORN 2009: 178ff.), ähnlich der Überlagerung verschiedener Schutzgebiete. Potenziert tritt das Probleme z.B. auf Rügen auf: Eine Regionalmarke und zwei Partner-Initiativen im Biosphärenreservat sowie dem nahegelegenen Nationalpark Jasmund konkurrieren um die Aufmerksamkeit des Gastes.

Hinsichtlich des Marketings bestehen generell für die Initiativen Abgrenzungsprobleme gegenüber anderweitigen Regionalvermarktungsinitiativen. Wie äußert sich der Schutzgebietsbezug in Produkten, Kriterien und wie kann sich dieser in der Kommunikation niederschlagen? Diese Frage wurde im Rahmen der Interviews aufgeworfen und wird aktuell als schwer lösbar empfunden, insbesondere vor dem Hintergrund der Vielzahl an existenten Regionalvermarktungsinitiativen in Deutschland (siehe hierzu KRAUS 2015: 46).

Im Gegensatz zur eigenen Vermarktung – im Falle der Partner-Initiativen findet diese zusätzlich über die NNL statt – wird die Vermarktung der Initiativen über Tourismusorganisationen von den Biosphärenreservats-Verwaltungen i.d.R. als ausbaufähig bezeichnet. Dahingehend kann sicherlich das in der Rhön angestrebte Modell der organisatorischen Ansiedelung des länderübergreifenden Tourismusmarketings bei der Dachmarke, als ein positiv zu bewertender Ansatz gelten. Dieser wird auch im Pfälzerwald im Hinblick auf die Zersplitterung in Teildestinationen als erstrebenswert erachtet und forciert. Dadurch kann eine Bündelung der Angebote der Initiative und eine abgestimmte Kommunikation und Positionierung mit einer Marke sowie der Abbau von Parallelstrukturen erreicht werden. Zum anderen ist die Tourismusförderung auf Landesebene, z.B. im Rahmen des LandArt Projektes im Schaalsee, hilfreich für ein professionelles Marketing.

Eine Integration von individuell entwickelten Initiativen (z.B. Rhön, Schaalsee) in die Gruppe der von den NNL entwickelten Partner-Initiativen fällt mit zunehmender Entwicklung schwerer: zum einen aufgrund regionaler Akzeptanz und Identität der Akteure zum anderen aufgrund der unterschiedlichen Signets und Kriterien. Gelang dies im Schaalsee 2009 noch, sieht man diesbezüglich in der Rhön auf Seiten der Dachmarke keine realistische Perspektive. Synergieeffekte einer Kombination könnten sich dennoch für beide Seiten ergeben. Starke Regionalmarken in den NNL können als weitere, wichtige Multiplikatoren gelten, der explizite Schutzgebietsbezug durch die Kombination mit dem NNL-Logo in den individuellen Initiativen als Vorteil für deren Kommunikation.

Die Branchenstruktur kann potentiell eine gute Einbindung als Angebotsbaustein in das touristische Marketing der Destination gewährleisten. Dabei können die Initiativen der Biosphärenreservate Schaalsee und Rhön als Benchmark dienen. Vorgelagerte Wertschöpfungsstufen sind integriert und es können zertifiziert Produkte vermarktet und über das Gastgewerbe vertrieben werden. Die Partner-Initiativen beschränken sich hier noch stärker auf die touristischen Dienstleister, primäre und sekundäre Produzenten sind vergleichsweise schwach integriert.

Im Vergleich zu der Regional- bzw. Dachmarke im Schaalsee bzw. der Rhön wird die jüngere Historie der untersuchten NNL-Partner-Initiativen und deren weniger fortgeschrittene Entwicklung auf regionaler Ebene deutlich. Aufgrund der positiven Auswirkungen der Initiativen auf den Erhalt einer multifunktionalen Wirtschaftsstruktur, das Image und die regionale Wertschöpfung (vgl. Kapitel 3.4.2.3 bzw. KRAUS 2015; KRAUS et al. 2014), sind die Initiativen weiter auszubauen und qualitativ zu entwickeln. Wie die Ergebnisse zur Nachfrageseite zeigen, werden regionale Waren insbesondere von Übernachtungsgästen konsumiert. Ebenfalls vermehrt finden sich im Segment der Biosphärenreservatsbesucher i.e.S. Käufer regionaler Waren. Signifikant höhere Ausgaben dieses Besucher-Segmentes erfolgen jedoch nicht. Die Verknüpfung des Biosphärenreservates mit regionalen Produkten und Waren ist in den Gebieten noch stärker zu forcieren. Teilweise stehen bekannte regionale Produkte wie z.B. der Wein im Pfälzerwald oder die Gurken- und Meerrettich-Produkte im Spreewald für sich und werden noch nicht mit etablierten Regionalvermarktungsinitiativen seitens der Biosphärenreservate verknüpft.

HJALAGER & JOHANSEN (2013: 429f.) entwickeln ein mehrstufiges System zur Beschreibung des Verhältnisses von Schutzgebiet und Nahrungsmittelproduktion. An einem Ende des Spektrums ist die Nahrungsmittelproduktion komplett vom Schutzgebiet losgelöst, am anderen Ende stark mit diesem verknüpft (z.B. durch Label, Netzwerke, Wegeführung und Gastronomie). So stehen in manchen Gebieten (bspw. Vessertal-Thüringer Wald, Spreewald) die Partner-Initiativen bisher vor allem für nachhaltige Dienstleistungen, werden jedoch nicht mit den regionalen Produkten in Verbindung gebracht, die hier „abseits" des Biosphärenreservates, teilweise in eigenen Regionalmarken, existieren. Dementsprechend stellt sich die Herausforderung, eine Marketing- und Kommunikationsstrategie für die Region zu finden, die die regionale Dachmarke mit dem Status des Biosphärenreservates und den Partner-Initiativen sinnvoll verknüpft. Hierzu ist die ganze Wertschöpfungskette, vom Landwirt bis zum Absatz in der Gastronomie, im Kontext des Biosphärenreservates und im Rahmen der Destination zu vermarkten. Die Integration aller Wertschöpfungsschritte bietet zudem das Potential der touristischen Inwertsetzung, u.a. aufgrund der sich dadurch eröffnenden Erlebnismöglichkeiten wie z.B. im Rahmen von Betriebsbesichtigungen (vgl. DREYER et al. 2012: 170f.).

Mit den aufgezeigten Aktivitäten wird das Spektrum im Bereich der Angebotserstellung durch Biosphärenreservate deutlich. Die Intensität der Implementierung und Integration der Angebote in die touristischen Serviceketten und das Marketing der Destination variiert dabei regional. In Teilen stellen sich die Ansätze auf Destinationsebene als noch wenig koordinierte Einzelansätze dar, mitunter bedingt durch variierende Einflussnahme seitens der Biosphärenreservats-Verwaltung bzw. deren Relevanz für touristische Akteure und Institutionen. Ein Problem, das sich auch in anderen Schutzgebieten zeigt (vgl. SHARPLEY & PEARCE 2007: 570).

8.7   Integrative und kooperative Marketingstrategie

Für eine Kommunikation und Vermarktung des Biosphärenreservates im Rahmen einer erfolgreichen Marketingstrategie ist man auf Kooperationen und Zusammenarbeit angewiesen. Zum einen mit den Partnerbetrieben im Rahmen der Initiativen, die als Angebotselement und Multiplikatoren fungieren. Zum anderen mit den Tourismusorganisationen auf regionaler und übergeordneter Ebene sowie den NNL. Im Folgenden wird insbesondere auf die Planung und ansatzweise, zielgruppenorientierte Bewerbung und Vermarktung von touristischen Angeboten seitens der Biosphärenreservate und deren Integration als Produktgruppe in die Destination eingegangen.

Der wesentlichen Nachfragesegmente und Zielgruppen ist man sich in den Verwaltungen bewusst, z.B. der wichtigsten Quellmärkte, die bis auf Südost-Rügen im Wesentlichen die größeren, umliegenden Städte umfassen. Teilweise wird hinsichtlich Alter bzw. Motivation grob unterschieden. Prinzipiell zeigt man sich v.a. offen gegenüber jüngeren Besuchergruppen mit Angeboten im Bereich der BNE sowie den an Natur- und Kultur- und regionaler Gastronomie interessierten Besuchern in der ganzen Breite des Aktivitätsspektrums (z.B. Mountainbiker im Pfälzerwald, „Wassertouristen" im Spreewald). Ein kontinuierliches Monitoring zur touristischen Nachfrage existiert in den untersuchten Biosphärenreservaten jedoch nicht und wird i.d.R. über einzelne Abschlussarbeiten, Forschungsprojekte, im Rahmen der ECST sowie auf Angebotsseite durch die Evaluierung der Partnerprogramme durchgeführt. Hier ergibt sich sowohl Bedarf an genauen, kontinuierlich erhobenen Daten zu aktuellen Besucherstrukturen, -verhalten und -präferenzen. Ebenso sollte Wissen über potentielle Besucher und deren Aktivitäts- und Aufenthaltspräferenzen stärker in die Erarbeitung der Marketingstrategie eingebunden werden (vgl. REID et al. 2008: 9).

Meist erfolgt jedoch eine Konzentration auf die gegebenen Besuchergruppen. Eine Ansprache der Zielgruppen bereits im Quellgebiet, auch über externe Kommunikationswege, erfolgt nur bedingt, was von EAGLES (2014: 535) als *„reaktives"* Besuchermanagement (*„take it or leave it"*) bezeichnet wird. Ansätze die darüber hinausgehen, nehmen jedoch zu: im Biosphärenreservat Vessertal-Thüringer Wald und Schaalsee z.B. in Form von Naturerlebnisangeboten oder im Biosphärenreservat Südost-Rügen. Hier versucht die Biosphärenreservats-Verwaltung im Sinne eines nachhaltigen Tourismus eine qualitative Beeinflussung des überwiegend stattfindenden Massentourismus, indem z.B. Angebote im Bereich freiwilliger Mithilfe im Naturschutz vermittelt werden, vorzunehmen. Jedoch existieren hier noch stärker unkoordinierte Einzelangebote, denn man ist laut eigener Aussage noch nicht auf dem Stand der Angebotsentwicklung um auf Anbieter zuzugehen bzw. auf breiter Basis die Nachfrage zu beeinflussen.

Für eine effektive Marketingstrategie der Schutzgebiete ist es essentiell, festzulegen, welches Segment mit welchem Angebot angesprochen wird (vgl. ARNEGGER et al. 2010; BUTZMANN & JOB 2016). Die sehr breit gefassten Segmente und die aktuelle Situation des Monitoring machen die Notwendigkeit einer genaueren, kontinuierlichen Erfassung der Besuchersegmente im Hinblick auf ein gezieltes Marketing seitens der Biosphärenreservate deutlich (vgl. REID et al. 2008: 7; EAGLES 2014: 529). Destinationen im ländlichen Raum vermarkteten sich lange Zeit mit einem unspezifischen, allumfassenden Angebotsspektrum – von Kirchen über traditionelle Landwirtschaft, Kultur und Produkte, Natur etc. Dieses breite Angebot spricht jedoch nicht den zunehmend spezialisierten, erlebnisorientierten Touristen an, der klare Konzepte und spezifische Erfahrungen sucht (vgl. PRÖBSTL-HAIDER et al. 2014: 224). Für ein verbessertes Marketing und eine Produktentwicklung, ausgerichtet an den Segmenten und den (gewünschten) Hauptnachfragegruppen, kann der Analyserahmen der „Produkt-basierten Typologie im Naturnahen Tourismus" (siehe hierzu ARNEGGER et al. 2010; BUTZMANN & JOB 2016) ein wertvolles Managementtool als Ausgangsbasis darstellen.

Durch die Pauschalangebote im Schaalsee (Marketingstrategie Biosphärenband Elbe-Schaalsee) bzw. Vessertal-Thüringer Wald (im Rahmen des Förderprogrammes „NATUR-Erfahrung Biosphäre") wird eine Steigerung der Aufenthaltsdauer, eine Erhöhung des Übernachtungsgastanteils sowie ein Saison-Ausgleich angestrebt, bei gleichzeitiger Vermittlung der Inhalte des Biosphärenreservates. Im Schaalsee ergibt sich für die Biosphärenreservats-Verwaltung jedoch die Problematik, dass aufgrund geringer Nachfrage oft nicht ausreichend Angebote über das Jahr aufrechterhalten werden können, Schlechtwetter-Angebote zudem nur bedingt vorhanden sind. In anderen Verwaltungen ist man teilweise der Auffassung, dass man aufgrund des Stellenwertes des Biosphärenreservates innerhalb des regional vorhandenen Angebotsspektrums die Aufenthaltsdauer der Gäste nicht beeinflussen kann bzw. nicht primär dafür zuständig ist. Die Wahrnehmung bzw. Auffassung, dass hier z.T. Trends bzw. Faktoren (Ferienzeit, Klima) wirken, die durch die Verwaltung nur schwer beeinflussbar sind, ist auch in anderen Untersuchungen konstatiert worden (vgl. REID et al. 2008: 30).

Dennoch werden in allen Biosphärenreservaten verschiedene, als Nischenangebote zu bezeichnende Ansätze wie z.B. Vogelstimmenexkursion, Exkursion zum Landwirt und Verarbeitern oder der Sternenpark in der Rhön entwickelt, die jedoch bei entsprechender Professionalisierung durchaus Potential bieten. Von der Dark Sky Association wurde der Titel „Sternenpark im Biosphärenreservat Rhön" verliehen. Das internationale Prädikat gilt gemeinhin als Potential für eine touristische Inwertsetzung (vgl. RODRIGUES et al. 2015; COLLISON & POE 2013). Potentiale bieten sich ebenso in einer weiteren Professionalisierung von Angeboten im Bereich Naturevents (siehe hierzu HERGET et al. 2016) bzw. der Regionalvermarktung (siehe hierzu HALL & SHARPLES 2008: 4; HJALAGER & JOHANSEN 2013: 418f.).

Die Kommunikation und Vermarktung der Angebote betreiben die Biosphärenreservate durch zahlreiche eigene Maßnahmen u.a. über Beschilderung, Flyer, Veranstaltungskalender. Diese umfassen v.a. Maßnahmen innerhalb des Gebietes wodurch man Personen erreicht, die bereits in Kontakt mit dem Biosphärenreservat oder der Region stehen. Der Vorteil liegt darin, dass das Biosphärenreservat die Kontrolle über die kommunizierten Inhalte hat. Das muss im Rahmen der Kommunikation und Vermarktung über andere Akteure nicht gegeben sein (vgl. MOYLE & CROY 2009: 206f.). Zur stärkeren Positionierung des Schutzgebietes auf Destinationsebene und der Steigerung des Bekanntheitsgrades wird das Ansprechen von potentiell interessierten Besuchern erwähnt, das bisher jedoch nur in Teilen gelingt. Hier müssten das jeweilige Biosphärenreservat sowie die Tourismusorganisation auf regionaler, landes- und nationaler Ebene inklusive der NNL im Rahmen einer Marketingstrategie und der Kommunikation stärker zusammenarbeiten, wie z.B. im Vessertal-Thüringer Wald oder dem Schaalsee. Dabei sollte diese im Kontext von Schutzgebieten die Planung, Implementierung und Kontrolle der Entwicklung, die Preisgestaltung, Werbung und Vermarktung von Produkten umfassen (vgl. SHARPLEY & PEARCE 2007: 563; FULLER 1999: 4). Seitens einer Biosphärenreservats-Verwaltung wird u.a. angemerkt, dass man sich unter den Schutzgebieten stärker vernetzen sollte, um Know-how auszutauschen. Darüber hinaus sollte, gemeinsam mit EUROPARC, die touristische Entwicklung in den Biosphärenreservaten aktiver vorangetrieben werden.

Die Ergebnisse zeigen, dass ein erfolgreiches Marketing der Biosphärenreservate die gegebenen Anforderung des Tourismussystems und dessen Organisation auf deutscher Ebene (vgl. Kapitel 2.3.3) kennen, verstehen und sich zu Nutze machen sollte. Dazu müssen die Biosphärenreservate i.d.R. aktiv auf regionale und übergeordnete Tourismusinstitutionen zugehen um in deren Strukturen integriert zu werden, neue Besuchergruppen zu erschließen und den Stellenwert auf Destinationsebene zu erhöhen. Das Destinationsmarketing über die Tourismusorganisationen kann aufgrund der gegebenen Strukturen und Vernetzung bei weitem mehr potentielle, bis dahin uninformierte Besucher erreichen als das Biosphärenreservat durch eigene Aktivitäten. Denn laut BIEGER (2008: 193ff.) fallen insbesondere die Kommunikation und Distribution in den primären Aufgabenbereich der Tourismusorganisationen. Um die Buchbarkeit, die für die Distribution über die Tourismusorganisationen Voraussetzung ist (vgl. BIEGER 2008: 195) zu gewährleisten, müssen Angebote des Biosphärenreservats auf regionaler Ebene sowie Angebote einzelner touristischer Leistungsträger gebündelt werden. Dadurch können in Kooperation erstellte, mit dem Alleinstellungsmerkmal Biosphärenreservat prädikatisierte Angebote mit einer höheren Wertschöpfungsquote auf Seiten der Leistungsanbieter

Abbildung 50: Integration des Biosphärenreservates in touristische Marketingstrukturen

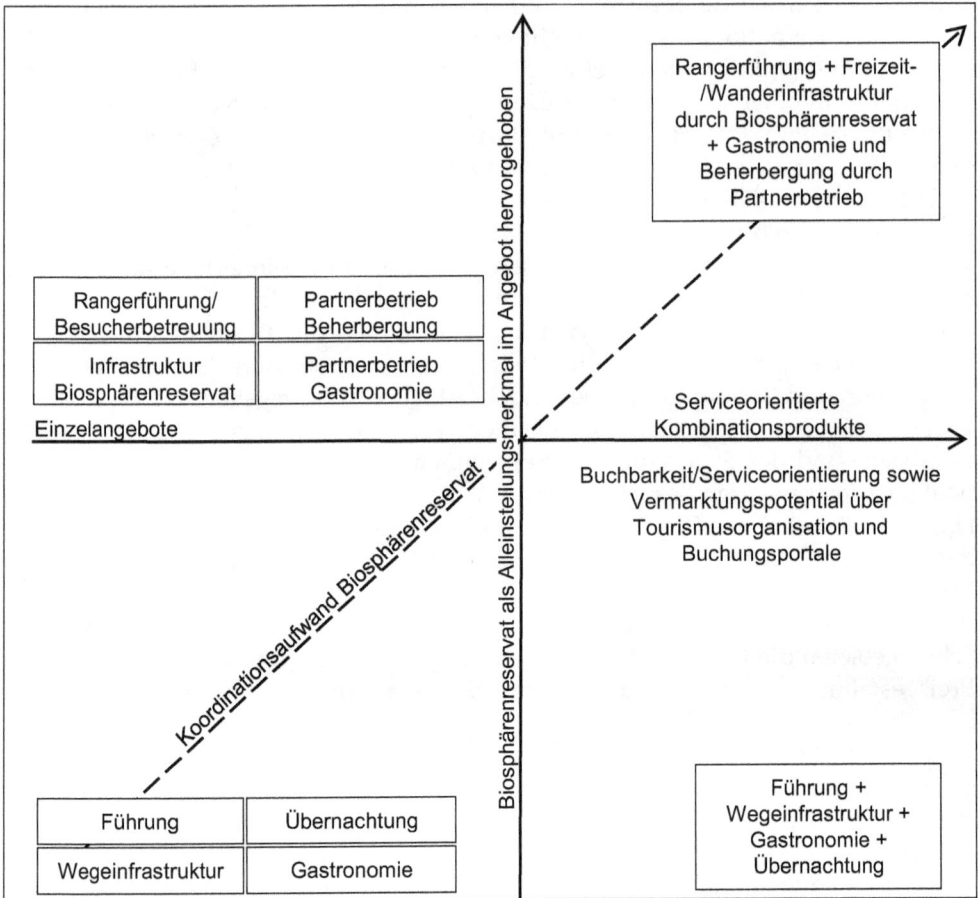

Quelle: Eigene Darstellung stark verändert nach NEWSOME et al. (2013: 15)

vermarktet und gleichzeitig der Schutzstatus, inklusive dessen Inhalten, der breiten Bevölkerung effektiver kommuniziert werden (vgl. Abbildung 50).

Wie die Ergebnisse der Besucherbefragung zeigen, bietet sich im Segment Pauschalen bzw. Vorabbuchung noch Potential. Bisher macht der Anteil an Pauschalen unter den Befragten in den Biosphärenreservaten rund 6 % aus. Im Vergleich dazu sind 53 % aller Inlandsreisen auf deutscher Ebene in irgendeiner Weise vorher gebucht (Teilleistung oder komplett), bei jeder zweiten Reise wird vorab mindestens die Unterkunft gebucht, jede vierte Reise wird komplett ohne Vorab-Buchung unternommen. Insgesamt wird knapp jede fünfte Reise voll organisiert gebucht (18 %) (vgl. DZT 2013: 19, 30ff.). Das zunehmend praktizierte „dynamic packaging" über Internetportale umfasst eine Auswahl, Bündelung und Buchung von Teilleistungen durch den Kunden. Das Zusammenstellen und Verkaufen in Echtzeit erfordert eine permanente Aktualität der zugrunde liegenden Datenbank (vgl. FUCHS et al. 2008: 206). Um sich dieser Option nicht zu verschließen, ist ein erhöhter Ressourcenaufwand der NNL und der Biosphärenreservats-Verwaltung in Kooperation mit privatwirtschaftlichen Anbietern notwendig, zumal das Internet zur Informationsbeschaffung und Buchung immer relevanter wird (vgl. BTE 2016; FUR 2015: 5). Das Erschließen neuer Nachfragegruppen bzw. die Beeinflussung selbiger ist umso wichtiger, da Biosphärenreservate laut dem Naturerlebnismonitor[114] mit 78 % bisher gegenüber Nationalparken (93 %) und Naturparken (84 %) die am wenigsten bekannten Großschutzgebiete in Deutschland sind (vgl. BTE 2016).

8.8 Positionierung und Imagefunktion

Der Erfolg einer Marke als Alleinstellungsmerkmal für eine Destination definiert sich neben dem Bekanntheitsgrad auch über den ideellen Nutzen der Marke. Beides ist, wie die Ergebnisse zur Nachfrage in den Untersuchungsgebieten zeigen, ansatzweise für den Schutzstatus UNESCO-Biosphärenreservat zu erkennen, erscheint jedoch noch ausbaufähig.

Die Bekanntheit der Marke kann über eine gelungene Kommunikation und Vermarktung sowie die Verknüpfung mit positiven Erfahrungen durch entsprechende Angebote gefördert und mit Inhalt versehen werden (vgl. RITCHIE & CROUCH 2003: 188f.). Wie weit die Marke entwickelt ist bzw. welche Wirkung ihr bereits zuzuschreiben ist, lässt sich über die Abfrage der Bekanntheit und die Anziehungskraft bzw. am Verhalten der gewünschten Besuchersegmente ablesen. In diesem Falle handelt es sich um die Biosphärenreservatsbesucher i.e.S., für die nachhaltige, qualitativ hochwertige Angebote im Kontext des Biosphärenreservates relevant sind und deren Verhalten sich letztlich in minimalen negativen Umwelteinwirkungen sowie hohen ökonomischen Effekten in der Zielregion niederschlagen sollte (vgl. EAGLES 2002: 149f.).

Mit dem Schutzgebietsstatus bietet sich ein positiver Imageträger mit der Chance auf eine Alleinstellung als Destination, wozu das koordinierte Vorgehen zwischen Biosphärenreservat, Tourismusorganisation und privatwirtschaftlichen Anbietern von Nöten ist. Organisationsprobleme erschweren diesen Prozess zusätzlich zur Begriffsschwierigkeit „Biosphärenreservat" (vgl. HENNE 2007: 58). So lassen sich z.T. die Teildestinationen nur schwer unter einer Marke vereinen. Exemplarisch sei hier der Pfälzerwald genannt, wo das Biosphärenreservat zum einen das größte zusammenhängende Waldgebiet Deutschlands umfasst, zum anderen Teilbereiche der westlich gelegenen Destination Weinstraße. Für die Pfalz existiert bereits eine über die Jahre, unter finanziellem Aufwand etablierte Marke mit dem Schwerpunkt Wein. Das Biosphärenreservat taucht darin lediglich teilweise im Kontext bestimmter Aktivitäten auf (z.B. Wellness, Natur, Aktiv-Outdoor). Im Pfälzerwald kommt er-

---

114 Dabei handelt es sich um eine bundesweite Online-Umfrage unter Tages- und Übernachtungsgästen zu ihrem Reise- und Informationsverhalten. Insgesamt wurden 3.238 Personen im Zeitraum Oktober 2015 bis Januar 2016 im Zuge des DZT Themenjahres „Faszination Natururlaub" befragt (vgl. BTE 2016).

schwerend hinzu, dass hier der Naturpark über Jahrzehnte als Marke firmierte und in der Wahrnehmung nach wie vor mit der Destination verknüpft ist. Der Wunsch nach einer engeren organisatorischen Zusammenarbeit von Biosphärenreservat, Partner-Initiative und Tourismusinstitutionen im Sinne einer Dachmarke könnte als koordinierte Vorgehensweise, Ordnung in das heterogene Destinationsmarketing bringen. Die von BIEGER (2008: 193f.) genannten Nachteile eines dezentralen Marketings wie schwaches, diffuses Image, gegenläufige Positionierung der Destination, Ressourcenineffizienz könnten dadurch vermieden werden.

In der Rhön wird die noch steigerungsfähige Betonung des Biosphärenreservats-Status insbesondere auf länderübergreifende und administrative Hindernisse zurückgeführt, wobei man hier für die Zukunft bereits die genannten Weichen im Rahmen einer länderübergreifenden Tourismusorganisation mit Hilfe der Dachmarke gestellt hat. Speziell auf hessischer Seite hat man jedoch mit dem Status Biosphärenreservat, u.a. aufgrund der mangelnden Integration in die tourismuspolitische Konzeption seitens der Landestourismusorganisation, einen schweren Stand.

Im Schaalsee kann man sich bei der Positionierung des Biosphärenreservates als Destination und der Entwicklung einer Marke vergleichsweise frei entfalten. Da es sich bei der Region um eine neu entstehende Destination handelt, wird das Biosphärenreservat von der regionalen Tourismusorganisation, wenn auch noch steigerungsfähig, aufgegriffen und von den regionalen Akteuren als Chance verstanden. Unterstützend wirkt insbesondere das Förderprogramm der Landestourismusorganisation, wobei hier insbesondere die Regionalmarke des Biosphärenreservates durch ein deutschlandweites Marketing gestärkt wird. Demnach ziehen hier alle im Tourismus beteiligten Akteure bezüglich der Marke im Wesentlichen an einem Strang.

Das Biosphärenreservat Vessertal-Thüringer Wald liegt hingegen innerhalb der tradierten Destination Naturpark Thüringer Wald. Innerhalb dieser will man sich als Biosphärenreservat positionieren und als Alleinstellungsmerkmal für die ganze Destination fungieren. Im Rahmen des touristischen Förderprogramms nimmt man die Einbindung in das organisierte Tourismusmarketing und eine Profilschärfung als touristisches Ausflugsziel vor.

Ebenso interagiert man im Biosphärenreservat Spreewald und Südost-Rügen mit touristisch stärker etablierten Strukturen. Da die Destinationen seit langem ohne das Biosphärenreservat erfolgreich touristisch am Markt bestehen, fällt es schwer, die Wahrnehmung des Biosphärenreservates bzw. dessen Stellenwert zu stärken und im Marketing zu positionieren. Dabei erkennt man auf Seiten der Biosphärenreservats-Verwaltung die Marke Rügens als Insel an und versucht, sich als eine Teildestination (auch im Rahmen der ECST), z.B. neben dem Nationalpark Jasmund, zu etablieren. In beiden Gebieten spricht man jedoch von einer kontinuierlich wachsenden Wahrnehmung und Einbindung des Biosphärenreservates auf Seiten der regionalen Tourismusorganisation.

Ähnlich den Nationalparken und im Gegensatz zu den Naturparken, kann den Biosphärenreservaten eine *„oligopolähnliche Marktstellung"* (HANNEMANN & JOB 2003: 8) zugeschrieben werden, die von anderen Regionen nicht imitierbar ist. Im Gegensatz zu Nationalparken und Naturparken handelt es sich zudem um ein, durch die Anerkennung der UNESCO, internationales Prädikat. Der positive Beitrag zum Image der Region wird bisher jedoch nicht immer von den jeweiligen regionalen Akteuren erkannt (Ausnahmen bilden im Vergleich das Biosphärenreservat Schaalsee, Rhön und Vessertal-Thüringer Wald) und im Sinne einer koordinierten Destinationsstrategie ausreichend in Wert gesetzt.

Wie die Diskussion zeigt, ergibt sich die Notwendigkeit, die touristischen Entwicklungsansätze seitens der Biosphärenreservate weiter zu fördern und das Biosphärenreservat als eine Angebotseinheit auf Destinationsebene stärker zur Geltung zu bringen. Denn nach wie vor werden touristische Angebote, Infrastrukturen oder Veranstaltungen im Biosphärenreservat oft unabhängig davon, bzw. ohne die Kommunikation des Schutzstatus, angeboten und vermarktet. Das Biosphärenreservat, so wird in den Gesprächen z.T. angemerkt, wird als weitere, ergänzende Attraktion genannt, ohne deutlich zu machen, dass viele der Elemente bzw. Attraktionspunkte Bestandteil des Biosphärenreservates sind. Die Vernetzung von Angeboten im Bereich der Nachhaltigkeit und das Auftreten unter einem Label bzw. einer Marke der charakteristischen Naturlandschaft wird von Boesch (et al. 2008) als „Brandscaping" bezeichnet. Das Bekenntnis der Region zu einer gemeinsamen Strategie, der entsprechende politische Rückhalt verbunden mit Fördermöglichkeiten, die Verknüpfung von Angeboten in verschiedenen Branchen, die Fokussierung auf Nachhaltigkeit und Qualität im Rahmen der Angebote und die Bündelung unter einem Label können zu einem wichtigen Zusatznutzen führen, der sich in einer höheren regionalen Wertschöpfung niederschlägt (vgl. Boesch et al. 2008: 104). Damit würde man dem von Sharpley & Pearce (2007:570) als *„piecemeal approach"* bezeichneten Ansatz auf Destinationsebene begegnen und mit einem stärker holistischen, integrativ ausgerichteten Ansatz den Nachhaltigkeitsansprüchen des Biosphärenreservates besser gerecht werden können.

Im Rahmen der Arbeit wird die Bedeutung der Biosphärenreservate für die Tourismusentwicklung in den Untersuchungsgebieten empirisch belegt und der Beitrag sowohl auf (1) normativer (z.B. Vision, Leitbild), (2) strategischer (z.B. Konzepte), (3) operativer (z.B. Marketing, Angebote), (4) kooperativ-integrativer (z.B. Akteurssystem) Ebene sowie als (5) Synergie- und Kreislaufmanagement (Regionalvermarktung in Kombination mit Tourismus) und (6) Instrumentenabstimmungsmanagement (z.B. LEADER) erfasst (vgl. Hammer 2003: 21; Kapitel 3.4.2.4). Biosphärenreservats-Verwaltungen können folglich für eine Vielzahl der Determinanten des Destinationsmodells (vgl. Ritchie & Crouch 2003 bzw. Kapitel 2.3.2) Relevanz besitzen, wodurch sich Möglichkeiten zur Steigerung tangibler und intagibler Effekte im Rahmen einer nachhaltigen Regionalentwicklung bieten. Wie die Untersuchung zeigt, sind diese Möglichkeiten je nach Gebiet noch stärker zu nutzen.

Einen zusammenfassenden Überblick über die relevanten Faktoren, die die Biosphärenreservate bei der Inwertsetzung des Schutzstatus Biosphärenreservat und der Einbindung des Schutzgebiets inklusive seiner Angebote in die Destinationsentwicklung im Rahmen einer nachhaltigen Regionalentwicklung beeinflussen, gibt das folgende Kapitel.

8.9 Synthese – Erfolgsfaktoren der nachhaltigen Regionalentwicklung durch Tourismus

Im Verlauf der Gespräche wurden Interdependenzen zwischen den Faktoren, die in den jeweiligen Unterkapiteln des Kapitels 7 aufgeführt sind, deutlich. Das Schaubild in Abbildung 51 verzichtet aus Gründen der Übersichtlichkeit auf Mehrfachnennungen. So wird bspw. der Faktor „finanzielle Ressourcen" einmal als wichtige Rahmenbedingung dargestellt, hat aber sowohl Auswirkungen auf das Tourismuskonzept, die Angebotserstellung oder die Partner-Initiativen.

Die Einteilung gliedert die Faktoren in drei Gruppen: Faktoren des Bereichs „Rahmenbedingungen und regionales Umfeld" sind tendenziell nur indirekt durch das Biosphärenreservat beeinflussbar und umfassen bspw. finanzielle und personelle Ressourcen, die Unterstützung durch Politik, institutionelle Rahmenbedingungen oder regionale Gegebenheiten wie administrative Grenzen oder die Überlagerung mit anderen Schutzgebieten. Sie stellen im Hinblick auf eine Tourismusentwicklung insbesondere Faktoren dar, die im Kontext des Untersuchungsobjektes „Biosphärenreservat" relevant sind.

Die Rahmenbedingungen beeinflussen die „normative, strategische und kooperative Ebene" wie z.B. die verwaltungsinterne Schwerpunktsetzung der Biosphärenreservate, die Kooperationen mit Tourismusorganisationen oder die Marketingstrategie bzw. stehen mit selbigen Aspekten in Wechselwirkung. Beide genannten Ebenen haben wiederum Einfluss auf die Faktoren der „Angebotsebene" und beeinflussen deren Quantität, Qualität, Grad der Integration in touristischen Wertschöpfungsketten sowie die touristische Inwertsetzung der Regionalvermarktungsbemühungen und Partner-Initiativen. Der Zusammenhang bzw. die gegenseitige Beeinflussung der Faktorenebenen wird durch die Pfeile in der Abbildung dargestellt. In der hier vorliegenden Arbeit werden klassische Angebotselemente und die Regionalvermarktungs- und Partner-Initiativen schematisch getrennt, was zum Teil auch auf organisatorischer Ebene in der Verwaltung erfolgt. Es bestehen jedoch bereits zahlreiche Ansätze die zwei Angebotslinien stärker zu verbinden und im Rahmen einer strategischen Ausrichtung zu integrieren (z.B. Dachmarke Rhön).

Die Faktoren stimmen mit den in Kapitel 2.3.2 & 3.4.3 dargelegten Einflussfaktoren überein und präzisieren die von SIEGRIST et al. (2007) bzw. HAMMER & SIEGRIST (2008) im Kontext alpiner Schutzgebiete genannten Faktoren für die deutschen Biosphärenreservate. Für Partner-Initiativen bzw. Regionalvermarktungsinitiativen umfasst das vorliegende Schaubild die Erfolgsfaktoren mit explizitem Tourismusbezug.

Die betrachteten Biosphärenreservats-Verwaltungen werden in vielen Bereichen, welche die Nachhaltigkeit und Wettbewerbsfähigkeit der Destination beeinflussen, aktiv. Bezogen auf das Modell von RITCHIE & CROUCH (2003, vgl. Kapitel 2.3.2) wirken die Verwaltungen auf die Determinanten des *unmittelbaren Wettbewerbsumfeldes*, der *Anziehungspunkte und zentralen Angebote*, der *unterstützenden Faktoren und Ressourcen*, der *strategischen Planung und Entwicklung der Destination* sowie des *Destinationsmanagements* aktiv moderierend, verstärkend, unterstützend oder initiierend.

Rahmenbedingungen und regionales Umfeld

Politischer Wille

Administrative Zuordnung
- Umweltressort und Kompetenzen
- Institutionelle Rahmenbedingungen, Gesetzgebung, Planungskompetenz
- Regionale Wahrnehmung des BR als Naturschutz- und Entwicklungsakteur
- Selbstwahrnehmung der BR als touristischer Akteur und Aufgabengewichtung

Reguläre finanzielle Ressourcen
- Höhe & Zweckbindung
- Kontinuität & Planbarkeit

Personelle Ressourcen
- Dauerhafte Planstelle Tourismus und Regionalvermarktungsinitiative
- Ausbildungshintergrund, Qualifikation und fachliches Know-how
- Naturwacht

Überlagerung Schutzstatus

Spatial-Fit und Grenzen der BR
- Administrative Grenzen, Parallelstrukturen, Transaktionskosten
- Egoismen und divergierende Interessen (z.B. Pfadabhängigkeit)
- Kompatibilität mit Destination bzw. Subdestinationen für Kooperation und Vermarktung

Existenz/Potential Tourismusförderung bzw. sektorübergreifender Förderung für BR

Projektbezogene Kooperation mit LAG:
- Förderschwerpunkte LAG, Richtlinien
- Trägerfunktion und Anteilsfinanzierung durch BR
- Spatial-Fit und Transaktionskosten
- Institutionelle Nähe und Übereinstimmung Zielsetzung
- Kooperationsintensität
- Selbstverständnis des BR
- Ressourcenkapazität und Expertise auf Seiten BR und LAG
- Rückhalt BR in Region und Integration in Akteursnetzwerk „Regionalentwicklung"
- Menschliche Komponente

(Zwischen)menschlicher Faktor, Eigenmotivation und Innovationswille der Akteure

Normative, strategische und kooperative Ebene

Tourismuskonzepte und Leitbild
- Aktualität
- Umsetzungs- bzw. Planungsrelevanz, Verbindlichkeit
- Beteiligung regionaler Akteure bei Erarbeitung und Umsetzung
- Bereitschaft für Koordinierungsfunktion durch BR
- Finanzielle und personelle Ressourcen zur Umsetzung unter Federführung des BR
- Einstellung der touristischen Akteure und Institutionen und Akzeptanz des Leitbildes
- Integration von Maßnahmen in Fördermechanismen
- Externes Know-how durch professionelle Tourismusakteure/ECST
- Evaluationsmechanismen

Trägerstrukturen/Fördervereine

Wahrnehmung der Vernetzungsfunktion seitens des BR im Tourismus

Marketingstrategie und Positionierung des BR
- Eigene, BR-spezifische touristische Marketingstrategie
- Integration Tourismus, Partner-Initiative, Regionalvermarktung und Kompatibilität mit Destination
- Attraktivität BR und Alleinstellungsmerkmal UNESCO-BR Status
- Kompatibilität mit bestehendem Destinationsmarketing (Pfadabhängigkeit, weitere Schutzgebiete)
- Kommunikation in Kooperation mit TO
- Kommunikation in Kooperation mit NNL auf Bundeslandebene bzw. nationaler Ebene sowie mit Landestourismusorganisation bzw. nationalen Tourismusverantwortlichen (DTV, DZT)

Kooperation mit TO auf verschiedenen administrativen Ebenen
- Wahrnehmung des BR (inkl. Initiativen) als Entwicklungsakteur seitens der TO
- Gemeinsame Arbeitsebene und feste Kooperationsstruktur
- Beeinflussung der Wahrnehmung durch entsprechende Beiträge/Erfüllung von Voraussetzungen seitens des BR
- Buchbares Angebotsportfolio/Marketingstrategie seitens des BR
- Bereitschaft touristischer Leistungsanbieter (regulär und Initiativen) sowie der TO auf verschiedenen Ebenen das BR bei der Angebotserstellung, Kommunikation und Angebotsvermarktung zu integrieren (z.B. Landestourismuskonzeption) bzw. Kooperation bei der Angebotserstellung

Verankerung BR-initiierter Projekte auf regionaler Ebene (Ausgliederung" Bsp. Dachmarke Rhön)

Angebotsebene: Touristische Produkte und Dienstleistungen

BR-Angebote
- Qualitativ hochwertige und attraktive Informations- und Wegeinfrastruktur, Besucherbetreuungs-, BNE- und Natur-Erlebnisangebote
- Angebotsentwicklung im Rahmen der Saisonverlängerung bzw. Aufenthaltsdauer
- Balance aus BNE und Erlebnisorientierung
- Zielgruppennahe Angebote und Mainstreaming mit Bildungsauftrag (Monitoring)
- Strategische Planung und Integration von Alleinstellungsmerkmalen in Angebote

Kombinationsangebote (Integration eigener Angebote in touristische Wertschöpfungsketten)
- Strategisches Vorgehen seitens der BR mit dem Versuch, Alleinstellungsmerkmale des BR in Kombinations-Angebote zu integrieren
- Planung der Pauschalangebote in Abstimmung mit TO auf unterschiedlichen Administrationsebenen (Stichwort Themenjahre)
- (Innovations-)Wille zur Integration von BR-Angeboten auf Seiten touristischer Leistungsträger und TO
- Entwicklung der Angebote für definierte Zielgruppen und breiten Markt mit TO und Leistungsträgern
- Kontinuierliche Betreuung der Pauschalangebote durch BR oder Partner bis hin zur erfolgreichen Etablierung
- Ökonomische Tragfähigkeit der Pauschalangebote auf Seiten der touristischen Leistungsanbieter

Partner-Initiativen, Regional- und Dachmarken als touristisches Angebot
- Integration in BR-Marketingstrategie (Schwerpunkte, Teildestinationen und weitere Initiativen, Vermarktung, Zielgruppen und -areale) und Destinationsstrategie
- Integration des Alleinstellungsmerkmals BR-Status in die Initiativen
- Wahrnehmung der Initiativen seitens der TO und Zusammenarbeit (zwischen Gremienbesetzung und Integration)
- Eigene Vermarktung bzw. Kommunikation der Initiative sowie über Kanäle dritter (NNL, TO)
- Integration der Initiativen bzw. der Betriebe in Pauschalen und Kombinationsangebote
- Kulisse: Vereinbarkeit von ausreichender Größe, Authentizität des BR, Kompatibilität mit Destination

Qualität touristischer Leistungsträger

Weitere, grundlegende Erfolgsfaktoren der Regionalvermarktung ohne spezifischen Tourismushintergrund

---

* Aufgrund einer besseren Übersichtlichkeit werden die Begriffe Biosphärenreservat (BR) und Tourismusorganisation (TO) in der vorliegenden Abbildung entsprechend abgekürzt.
Quelle: Eigene Darstellung

Die Aktivitäten können, wenn auch regional unterschiedlich in Art und Intensität, dementsprechend als wichtige Schnittstellen für Kooperationen mit den originär zuständigen Tourismusakteuren gelten und verdeutlichen, dass Biosphärenreservate dadurch mehr als die Schutzfunktionen erfüllen. Damit liefern die im Rahmen der Arbeit erzielten Ergebnisse einen Beitrag zur Frage der Integration von Tourismus und Schutzgebietsmanagement sowie dessen Schnittstellen (vgl. HAMMER et al. 2012: 6; McCOOL 2006: 9).

Daneben gibt es Faktoren, die größtenteils außerhalb des Einflussbereiches der Destination liegen, aus Managementperspektive nur schwer beeinflussbar sind und mitunter deshalb auch in den Gesprächen als unveränderliche Rahmenbedingungen aufgefasst, akzeptiert und nicht bzw. nur indirekt erwähnt wurden. Das sind auf der Angebotsebene z.B. das ursprüngliche Angebot mit Landschaft und Klima. Ebenso können teilweise die *grundlegenden Faktoren und Ressourcen* einer touristischen Entwicklung wie z.B. generelle Infrastrukturen, Zugänglichkeit, Unternehmertum oder politischer Wille nur bedingt und nur auf lange Sicht beeinflusst werden (vgl. RITCHIE & CROUCH 2003).

Den Biosphärenreservaten ist aufgrund ihrer umfassenden Aufgabenaufstellung und des geforderten Beitrags zur nachhaltigen Entwicklung im Vergleich zu einer DMO mitunter mehr Einflussnahme auf diese grundlegende Ebenen zuzumuten, was im Rahmen dieser Arbeit jedoch nur knapp, im Rahmen einzelner Beispiele, angeschnitten werden kann. Auf die *grundlegenden Faktoren und Ressourcen* der Destination wird über Verkehrsprojekte – z.B. RennsteigShuttle im Biosphärenreservat Vessertal-Thüringer Wald oder dem Fahrtziel Natur in Südost-Rügen – Einfluss auf die infrastrukturelle Ausstattung genommen. In den Initiativen sind zudem nicht nur touristische Unternehmen, sondern auch deren Vorleister vertreten. Dadurch trägt die Biosphärenreservatsverwaltung über die Initiativen diversifizierend und zu einer multifunktionalen Wirtschaftsstruktur bei (vgl. KRAUS 2015: 237ff.). Bis zu einem gewissen Grad ergibt sich durch die Biosphärenreservats-Verwaltung auch eine Einflussnahme auf den politischen Willen im Hinblick auf die Tourismusförderung der Region: z.B. im Zuge von Themenjahren der DZT oder im Rahmen der NNL. Als Schutzgebiete sind die Biosphärenreservate politisch gewollte Institutionen, die laut der nationalen Strategie zur Biologischen Vielfalt auch als Erholungsgebiete für Naturerfahrung zu entwickeln sind (vgl. BMU 2007: 52f.). Das muss jedoch auf Landesebene nicht konsequenterweise umgesetzt werden, da Naturschutz und Großschutzgebiete vornehmlich eine Länderaufgabe darstellen. Ebenso umfasst die Ebene der *qualifizierenden und verstärkenden Determinanten* Aspekte, die nur schwerlich von der Verwaltung beeinflusst werden können wie z.B. die Lage im Raum oder das generelle Preisniveau.

Die Zusammenstellung liefert einen Überblick über relevante Faktoren und macht die Komplexität des Auftrages der Biosphärenreservate deutlich. Eine Aussage darüber, wie stark sich die Faktoren generell gegenseitig beeinflussen bzw. evtl. kompensieren können, lässt sich an dieser Stelle nicht treffen. Es ist zu beachten, dass ein Ranking der Faktoren durch die deutschen Biosphärenreservate hinsichtlich ihrer Bedeutung zwar durchführbar ist, jedoch die regionale Ebene stets eine wichtige Rolle für die Relevanz und letztendliche Gewichtung einzelner Faktoren spielt (vgl. RITCHIE & CROUCH 2003: 62, 250; BUHALIS 2000: 106).

9 Fazit

9.1 Managementimplikationen

Die Ergebnisse zur touristischen Nachfrage in den untersuchten Biosphärenreservaten sowie den Managementansätzen der Verwaltungsstellen der Biosphärenreservate lassen Potential für eine weitere proaktive Entwicklung durch die Biosphärenreservate erkennbar werden. Daneben wirken Rahmenbedingungen, auf welche man als Biosphärenreservat nur bedingt Einfluss hat und wo dementsprechend von übergeordneter Ebene Impulse generiert werden müssen. Folgende Ansatzpunkte können, je nach regionalen Gegebenheiten, eine effektivere Tourismusentwicklung im Sinne einer nachhaltigen Regionalentwicklung ermöglichen.

Ein wichtiger Aspekt ist die Ausstattung und Flexibilität der Verwaltungsstellen im Hinblick auf finanzielle und personelle Ressourcen. Dieser stellt bereits ein bekanntes Problem im Kontext von Schutzgebieten dar: *„Financial efficiency is the major weakness of government management in parks and protected areas. Centralized budgets approved well ahead of service delivery are notoriously incapable of responding to ongoing change in tourism demand. The inability to function like a business places a huge burden on park managers"* (EAGLES 2009: 245). Selbiges trifft auch auf die untersuchten Biosphärenreservate zu: das Budget für die Aufgabenwahrnehmung im Tourismus bzw. die Kofinanzierung von Projekten ist im regulären Haushalt oft begrenzt und von daher durch übergeordnete Ebenen aufzustocken. Unabhängig davon sind die finanziellen Kapazitäten mit Hilfe von Förderprogrammen aktiv durch die Verwaltung zu erweitern, was wiederum entsprechendes Fachpersonal und Kooperationspartner voraussetzt. Sinnvoll erscheint es, eine hauptamtliche Stelle mit dem Schwerpunkt Tourismus zu schaffen, die in engem Austausch mit Personen, zuständig für Regionalentwicklung, Regionalvermarktung bzw. Partner-Initiativen steht. Die Fachkraft wäre für die Initiierung touristischer Projekte sowie deren Bündelung und kooperative Inwertsetzung mit den touristischen Akteuren und Institutionen der Region zuständig. Entsprechende Tourismusmanagementkapazitäten im Bereich strategischer Planung und Implementierung, Monitoring, Kommunikation, Marketing etc. sind in der Verwaltung zu entwickeln (vgl. EAGLES 2014: 535; SHARPLEY & PEARCE 2007: 571) und auch im Bereich der Regionalvermarktung zu gewährleisten.

Die administrative Anbindung der Biosphärenreservats-Verwaltung im Bereich Naturschutz erschwert die Wahrnehmung des querschnittsorientierten Auftrages im Bereich Tourismus und der nachhaltigen Entwicklung. Neben den Förderprogrammen, die ministeriell dem Zweig Umwelt-/Landwirtschaft zuzurechnen sind, können insbesondere Förderprogramme der Wirtschaftsministerien bzw. Landestourismusorganisationen das Biosphärenreservat befähigen, im Tourismus als Impulsgeber für die strategische Ausrichtung und Entwicklung auf regionaler Ebene zu wirken. Sektorübergreifende Handlungsmöglichkeiten und Entwicklungskompetenzen können dadurch erweitert werden. Das setzt einerseits das entsprechende Personal voraus, andererseits Fördermöglichkeiten unter verbesserter Abstimmung seitens der Länder: *„Auf Landesebene sollen die Staatskanzleien und alle thematisch*

berührten Ministerien Verantwortung für die Umsetzung der Biosphärenreservatszielset-
zungen übernehmen und ihre Förderprogramme [...] aufeinander abstimmen" (DRL 2010:
70), sodass die Funktion der Biosphärenreservate als Modellregionen gegeben ist
und regionale Strategien im Bereich Tourismus und Regionalentwicklung besser
abgestimmt werden können.

Dazu sind unter anderem die bestehenden Regionalmarketing- und Förderinitia-
tiven, i.d.R. gefördert durch die Länder, besser abzustimmen. Diese sind im Zusammenspiel oft nicht vollständig zielkonform, insbesondere wenn Biosphärenreservate
zusätzlich als weitere, neue Akteure auf regionaler Ebene hinzukommen (vgl. ARL
2016: 3). Eine stärkere, effizientere Biosphärenreservats-Verwaltung sollte mit mehr
Kompetenzen im Sinne eines Regionalmanagements etabliert werden, wodurch
mehr Verantwortung aber auch Aufgaben wahrgenommen werden können. Die
Vorteile lägen in einer entsprechenden finanziellen und personellen Stärkung, der
Bündelung von Strategien und Projekten, einer einheitlichen Ausrichtung im Zuge
der regionalen Governance-Prozesse, der Akzeptanzsteigerung (vgl. ARL 2016: 3f.)
und der stärkeren Anerkennung des Biosphärenreservates als Regionalentwicklungsakteur. Dazu ist es nötig, dass die Verwaltungen verstärkt Einfluss auf das
Netzwerk im Bereich Regionalentwicklung nehmen, wie die Beispiele der Kooperation bzw. Ausrichtung der LAG auf das Thema Biosphärenreservat im Schaalsee
oder der Rhön auf hessischer Seite zeigen.

Selbst unter den schwer beeinflussbaren Rahmenbedingungen leisten die Biosphärenreservate mit vielfältigen Managementansätzen (vgl. Kapitel 3.4.2.4) einen Beitrag
zur touristischen Entwicklung im Sinne einer nachhaltigen Regionalentwicklung.
Wie die Ergebnisse zeigen, sind integrative Planungsinstrumente, wie z.B. die informelle ECST, förderlich. Der breite Beteiligungsprozess, die Ausarbeitung einer Vision
mit Zielsetzungen, der zugehörigen Maßnahmen inklusive Verantwortlichkeiten und
der Einbezug externen fachlichen Know-hows bieten der Biosphärenreservats-Verwaltung die Chance, tendenziell stärker koordiniert mit den regionalen Akteuren zu
agieren als durch die Umsetzung einzelner touristischer Modellprojekte. Idealerweise
münden die Ansätze in langfristige, formalisierte Kooperationsstrukturen zwischen
den beteiligten Institutionen und Akteuren und tragen zur Verstetigung der Zusammenarbeit, über den Zeitraum des Charta-Prozesses hinaus, bei.

Das Defizit veralteter Rahmenkonzepte oder fehlender spezieller Planungen im
Tourismus sollte durch die Verwaltungen beseitigt werden. Dazu könnte ein stärker
proaktives Management der Biosphärenreservats-Verwaltungen in der Tourismusentwicklung inklusive des dafür notwendigen Selbstverständnisses teilweise noch
stärker entwickelt werden. Die Existenz internationaler Richtlinien und Vereinbarungen im Bereich eines nachhaltigen Tourismus werden im Zuge des internationalen MAB-Programms sowie auf deutscher Ebene anerkannt, im Rahmen der nationalen MAB-Kriterien bzw. des Bundesnaturschutzgesetztes jedoch nur bedingt
erwähnt. Eine Aufnahme in die Gesetzgebung oder ein Positionspapier seitens des
MAB-Nationalkomitees mit genauer definierten Kriterien bzw. Aufgaben der Verwaltung könnte in diesem Bereich positive Entwicklungen anstoßen.

Bei der Entwicklung des Tourismus in Biosphärenreservaten geht es keinesfalls
lediglich um eine, u. U. tragfähige Steigerung der Nachfrage in ihrer Quantität,

sondern um eine Veränderung der Nachfrage im Sinne der Nachhaltigkeit und die Steigerung der Bekanntheit bzw. Akzeptanz gegenüber dem Schutzgebiet. Regional sind folgende Maßnahmen zu prüfen und gegebenenfalls unter Mitwirkung der Verwaltungen und deren Kooperationspartner umzusetzen:

Eine bessere Ausstattung der Biosphärenreservate im Bereich der eigenen Angebotsgestaltung ist zu gewährleisten. Die Errichtung und Ausstattung der Informationszentren mit moderner Architektur, interaktiven Ausstellungsinhalten und Edutainment-Angeboten sowie die Multifunktionalität der Zentren ist zu forcieren. Durch eine Aufstockung der Naturwacht ist die Besucherbetreuung sicherzustellen, die Angebotserweiterung durch ein starkes Netzwerk an Natur- und Landschaftsführern sowie Freizeitinfrastrukturen (zertifizierte Wanderwege, Einbezug regionaler Gastronomie in Wegeführung) ist vorzunehmen. Wo möglich soll das Biosphärenreservat durch eigene Angebote sowie unter Einbezug der Partner die Inhalte und den Schutzstatus vor Ort kommunizieren, um den Wissensstand und das Verständnis auf Seiten der Besucher zu erhöhen.

Die Etablierung service- und qualitätsorientierter touristischer Dienstleistungsketten, die das Biosphärenreservat mit den vielseitigen Angeboten im Bereich Bildung, Naturerlebnis, Erholungsinfrastrukturen, Veranstaltungen, regionale Gastronomie/Produkte mit zertifizierten Partnern umfassen, wird sichergestellt. Dazu sind teilweise die Erweiterung der Partner-Initiativen auf entsprechende Branchen und der Ausbau des Netzwerks notwendig.

Die Entwicklung einer buchbaren Biosphärenpauschale mit regionalen Top-Attraktionen unter Einbezug der Partnerbetriebe und dem Kontakt zur Naturwacht könnte in allen Biosphärenreservaten – als eine Art Leuchtturmangebot – entwickelt werden. Um Personen zu erreichen, die bisher nicht mit den NNL oder Biosphärenreservaten vertraut sind, sollten die Angebote über regionale und Landestourismusorganisationen in Kooperation mit den NNL auf deutscher Ebene vermarktet werden (denkbar wäre z.B. ein Naturlandschafts-Pass). Laut MAB-Nationalkomitee sind in jedem Biosphärenreservat geeignete Bereiche einer Kernzone für Bildungsarbeit mit angepassten Infrastruktureinrichtungen wie z.B. Wildnis- oder Erlebnispfad auszustatten (vgl. DEUTSCHES MAB-NATIONALKOMITEE 2016: 8f.). Unter klarer Priorisierung der ökologischen Zielsetzung könnten diese als exklusives Teilangebot mit Führung bei begrenztem Kontingent im Rahmen einer Pauschale vermarktet werden.

Hinsichtlich der Regionalvermarktungs- und Partner-Initiativen ist zu prüfen, ob die teilweise bereits vorhandenen, unabhängig vom Biosphärenreservat entwickelten Initiativen auf regionaler Ebene nicht im Sinne eines einheitlichen Auftretens der regionalen Marke (z.B. Dachmarke) zu bündeln sind. In Gebieten mit bereits etablierten Regionalmarken ist zu prüfen, ob bzw. in welchen Bereichen das Biosphärenreservat stärker im Sinne einer nachhaltigen Ausrichtung der Marke und dessen Produkten mitwirken kann bzw. ob sich bereits etablierte regionale Produkte in den Kontext des Biosphärenreservates stellen lassen (z.B. Bio-Winzer etc.). Das ist insbesondere vor dem Stellenwert zu sehen, den die Besucher regionalen Waren und der Gastronomie bereits beimessen.

Die Kooperationsstrukturen im Destinationsmanagement sind in allen Biosphärenreservaten weiter zu festigen und stärker zu institutionalisieren. Hier gelingt es in der Rhön, mit der zunehmenden institutionellen Verknüpfung des Biosphärenreservates, der Dachmarke, der Landkreise und der Tourismusorganisation, einen vergleichsweise stark kooperativ ausgerichteten Ansatz des Destinationsmanagements umzusetzen. Je nach gegebenen regionalen Governance- bzw. Kooperationsstrukturen kann die intensive Kooperation der genannten Institutionen durch den Abbau von Parallelstrukturen und die Einigung auf eine integrative, einheitliche Marketingstrategie katalysierend auf die touristische Entwicklung wirken. Es besteht das Potential, über administrative Grenzen hinweg zu agieren, eine starke regionale Förderung (z.B. Landkreise) zu etablieren sowie den Entwicklungsansatz über die Grenzen des Biosphärenreservates hinaus zu tragen.

Die Einbindung des Biosphärenreservates in die Marketingstrategie der Destination, sowohl auf Seiten der regionalen Tourismusorganisation als auch auf Landesebene, ist von allen Akteuren zu gewährleisten. Hierbei geht es um eine qualitative Beeinflussung der Nachfrage im Sinne der Nachhaltigkeit (in touristisch weniger frequentierten Gebieten ist nach Prüfung die Erschließung neuer Märkte in Betracht zu ziehen). Dafür kann das Zugehen des Biosphärenreservates auf die genannten Institutionen notwendig sein, um über die Entwicklungszielsetzung weiter aufzuklären und potentielle Vorteile für die Destination zu erläutern. Zur Verbesserung der Integration sind von Seiten der Verwaltungen Vorleistungen zu erbringen wie z.B. die Generierung buchbarer und damit integrierbarer Angebotselemente oder die Berücksichtigung langer Vorlaufzeiten bei Themenjahren und genereller Voraussetzung seitens der Tourismusorganisation. Regional ist zu prüfen, welche Rolle der Schutzstatus Biosphärenreservat auf Destinationsebene spielen kann. Bei einer jungen Destination (z.B. Schaalsee) ist der Stellenwert sicherlich höher als in den traditionelleren Destinationen wie z.B. Rügen, wo man sich dementsprechend als Teildestination vermarktet. Dennoch sollte von allen Beteiligten sichergestellt werden, dass bei Angeboten und Dienstleistungen im Kontext des Biosphärenreservates, dieses auch kommuniziert wird.

Für eine effektive Marketingstrategie ist ein Besucher-Monitoring (Biosphärenreservat) und Marktforschung (NNL) zu tatsächlichen und potentiellen Besuchern durchzuführen, um so eine Angebotsspezialisierung zu erreichen und sich gegenüber anderen Destinationen im ländlichen Raum zu positionieren. Dadurch können spezielle Quellmärkte oder Besucherwünsche angesprochen werden und der Schutzstatus im Rahmen der Angebote vermittelt werden. Eine Segmentierungshilfe zur komplementären Angebotsgestaltung kann hier die „Produkt-basierte Typologie im naturnahen Tourismus" leisten (siehe hierzu Arnegger et al. 2010; Butzmann & Job 2016).

Ein kontinuierliches, einheitlich umgesetztes Besuchermonitoring mit definierten Standards – wie z.B. für die deutschen Nationalparke (vgl. Job et al. 2016a) – ist zu entwickeln und dauerhaft zu implementieren. Die im Rahmen dieser Arbeit gewonnenen Daten zur touristischen Nachfrage können einer Neufestlegung von Zielsetzungen und der Entwicklung einer Strategie für eine nachhaltige Regionalentwicklung durch Tourismus zuträglich sein. Deshalb ist die Untersuchung weiterer Biosphärenreservate im Rahmen des Forschungsprojektes „Implementierung des integrativen Monitorings der Großschutzgebiete (Nationalparks und Biosphärenreservate)" seitens des BMU zu unterstützen.

Um Tourismus im Sinne einer nachhaltigen Regionalentwicklung zu gestalten, ist von Seiten des Biosphärenreservates stets der Ausgleich zwischen den einzelnen Dimensionen der Nachhaltigkeit zu gewährleisten. Die im Rahmen der Arbeit vorgestellte Destinationstypologie (vgl. Kapitel 4.2) bietet eine Orientierung, in welche Richtung die Tourismusentwicklung gehen kann. Die entworfene Systematik weist eine Überschneidung mit einer allgemeineren Typisierung auf (vgl. SCHERER 2005; NEUMEIER et al. 2011: 42f.). Darin wird unterschieden in touristische Ordnungsräume, die durch intensive touristische Nutzung gekennzeichnet sind. Deren weitere touristische Entwicklung sollte dementsprechend qualitativer Natur sein (z.B. Südost-Rügen, tendenziell Spreewald). Touristisch weniger beanspruchte Räume sind die touristischen Gestaltungsräume. Diese sind durch eine differenzierte touristische Infrastruktur und Nutzung gekennzeichnet, womit sie nur beschränkt und nach eingehender Prüfung quantitativ erweiterungsfähig sind (z.B. Rhön, Pfälzerwald). Bei touristischen Entwicklungsräumen ist eine quantitative Ausweitung, stets unter der Berücksichtigung qualitativer Aspekte, i.d.R. vertretbar (z.B. Schaalsee, Vessertal-Thüringer Wald).

Die hier dargelegten möglichen Implikationen sind als Ansätze und Impulse für langfristige Entwicklungen zu sehen und im Konsens mit den regionalen Akteuren und Institutionen, bestenfalls in Form von Win-Win Situationen, umzusetzen. Dabei ist die Tourismusentwicklung, wie dargelegt, in Verbindung mit der BNE bzw. der Regionalvermarktung und nicht als Einzelsektor zu betrachten. Gegen eine kurzfristige sektorale Umsetzung sprechen sowohl touristische als auch ökologische Bedenken, weshalb langfristige und integrative Lösungen zu forcieren sind (vgl. HANNEMANN & JOB 2003: 14). Dabei kann ein umfassendes Leitbild bzw. eine Marketingstrategie seitens des Biosphärenreservates auf Seiten der regionalen Akteure zum Verständnis für potentielle positive Effekte und gemeinsame Ansatzpunkte auf Destinationsebene beitragen und die Komplexität der Funktionen der Biosphärenreservate besser verdeutlichen, als das Umsetzen vereinzelter Projekte.

9.2 Schlussbetrachtung

UNESCO-Biosphärenreservate sollen als international anerkannte Modellregionen eine nachhaltige Entwicklung verwirklichen. Das bedeutet, dass eine Balance von Mensch und Umwelt zu gewährleisten und neben Aufgaben im Umweltschutz auch die sozio-ökonomische Entwicklung der Region mit innovativen Ansätzen zu gewährleisten ist. Dabei stellt der Tourismus eine strategische Komponente und ein relevantes Handlungsfeld für die Biosphärenreservats-Verwaltungen dar. Die vorliegende Arbeit dreht sich um die Frage, inwieweit Tourismus zur nachhaltigen Regionalentwicklung in den deutschen Biosphärenreservaten beiträgt. Zu diesem Zweck wird zum einen die touristische Nachfrage aus regionalökonomischer Perspektive betrachtet, was eine Erfassung der Besucher hinsichtlich Anzahl, Strukturen, Ausgabenniveaus, Aufenthaltsmerkmalen sowie Einstellungen und Präferenzen umfasst. Darüber hinaus wird ermittelt, inwieweit die Biosphärenreservats-Verwaltungen die touristische Entwicklung auf regionaler Ebene im Sinne der nachhaltigen Regionalentwicklung mitgestalten. Dazu wird eine möglichst tiefgehende und vor allem vergleichende Erfassung mit Hilfe von Experteninterviews in den Verwaltungen angestellt, die die Bandbreite an Ansätzen aufzeigt und die Ableitung von relevanten Einflussfaktoren ermöglicht.

Auf Basis einer Destinationsanalyse, die die deutschen Biosphärenreservate hinsichtlich ihres touristischen Entwicklungsstandes klassifiziert, werden sechs Biosphärenreservate ausgewählt, um so das Spektrum besser einschätzen und repräsentative Vertreter untersuchen zu können. Für die sechs Untersuchungsgebiete Pfälzerwald, Rhön, Schaalsee, Spreewald, Südost-Rügen und Vessertal-Thüringer Wald liefert die Arbeit die ersten vergleichbaren, einheitlich generierten Ergebnisse für die touristischen Nachfrage in deutschen Biosphärenreservaten.

Insgesamt wird ein touristischer Bruttoumsatz von 908 Mio. € generiert, davon knapp 12 Mio. € im Schaalsee und das Maximum von 379 Mio. € im Biosphärenreservat Südost-Rügen. Das unterstreicht, dass der Stellenwert des Tourismus je nach Gebiet stark variiert. Insgesamt entspricht die Wertschöpfung von 474 Mio. € rund 28.000 Einkommensäquivalenten. Das Segment der Biosphärenreservatsbesucher i.e.S. generiert einen Bruttoumsatz von 62 Mio. €, die touristische Wertschöpfung entspricht 1.917 Einkommensäquivalenten. Das entspricht ca. 7 % des Bruttoumsatzes bzw. der Einkommensäquivalente. Die Anzahl der Besucher schwankt zwischen 487.000 Besuchern im Vessertal-Thüringer Wald und 6,4 Mio. in der Rhön. Stärker von Übernachtungsgästen aufgesucht werden die traditionelleren Destinationen wie Südost-Rügen (93,3 %) und der Spreewald (51,3 %). In den übrigen Biosphärenreservaten bilden Tagesgäste das Gros der Besucher, mit Anteilen zwischen 60,6 % im Pfälzerwald und 82,4 % im Schaalsee. Neben Besucherzahlen und -strukturen variiert auch der Stellenwert des Schutzgebietes im Hinblick auf den Aufenthalt. Im Durschnitt kennt jeder zweite Besucher den Schutzstatus des Gebietes. In der Rhön sind es knapp 75 %, was folglich als Benchmark für die anderen Biosphärenreservate gelten kann, wo teilweise nur ein Drittel der Besucher den Status richtig zuordnen kann (z.B. Pfälzerwald, Südost-Rügen). Für die Biosphärenreservatsbesucher i.e.S. spielt der Schutzstatus eine entscheidende Rolle für den Aufenthalt in der Region. Das Segment variiert anteilsmäßig zwischen 3,5 % im Pfälzerwald und 21,5 % im Schaalsee.

Das Segment ist empfänglich für die Ansätze der nachhaltigen Ausrichtung des Tourismus seitens der Biosphärenreservats-Verwaltung. Es präferiert z.B. traditionelle Kulturlandschaftsbilder, ist offen für Schutzbemühungen und legt Wert auf kulturelle Elemente, Bio-Labels und Regionalität bei Produkten und Dienstleistungen. Diese Präferenzen spiegeln sich jedoch noch nicht im Ausgabeverhalten wider, denn die Biosphärenreservats-Affinität stellt kein entscheidendes Kriterium zur Differenzierung dar. Lediglich in den Biosphärenreservaten Schaalsee und Vessertal-Thüringer geben die Biosphärenreservatsbesucher i.e.S. unter den Tagesgästen signifikant mehr aus. Wesentliche Unterschiede zwischen den Ausgabenniveaus ergeben sich zwischen Tages- und Übernachtungsgästen sowie in Teilen zwischen den Gebieten: das höchste Ausgabenniveau der Übernachtungsgäste wird im Biosphärenreservat Südost-Rügen (75,60 €) ermittelt, das Minimum im Schaalsee (51,10 €). Bei den Tagesgästen findet sich das Maximum im Spreewald (24,70 €), das Minimum im Biosphärenreservat Vessertal-Thüringer Wald (10,70 €).

Die touristische Nachfrage generiert wirtschaftliche Effekte und leistet in allen Untersuchungsgebieten, je nach Ausstattung, Reichweite und Tradition der Destination, einen Beitrag zum regionalen Einkommen. Es werden auf regionaler Ebene also ökonomische Impulse generiert, die im Rahmen der Tourismusentwicklung als Instrument der nachhaltigen Regionalentwicklung weiter in Wert gesetzt werden können. Die Steigerung der Gesamtbesucherzahl, der Ausgabenniveaus (z.B. durch die Schaffung entsprechender Angebote) sowie der Wertschöpfungsquoten (durch Regionalvermarktungs- und Partner-Initiativen) stellen Möglichkeiten dar, diesen Beitrag auf regionaler Ebene zu erhöhen. Im Sinne der Nachhaltigkeit sollte die Steigerung der Besucherzahlen nur in Vereinbarkeit mit der ökologischen und soziokulturellen Tragfähigkeit des Raumes verfolgt werden.

Dahingehend werden im Rahmen der Arbeit die Managementaktivitäten der Verwaltungen auf Destinationsebene im Bereich der strategischen Planung, der Fördermittelakquise, der Generierung touristischer Angebote und Dienstleistungen, der Entwicklung von Regionalvermarktungs- und Partner-Initiativen sowie der Positionierung des Biosphärenreservates als Destination und Marke betrachtet. Die Aktivitäten zielen im Wesentlichen auf die verbesserte Kommunikation und Wahrnehmung des Biosphärenreservates auf Destinationsebene ab, versuchen regionale Wertschöpfungsketten zu schließen und das ansatzweise erkennbare Segment nachhaltigerer Touristen anteilsmäßig zu vergrößern bzw. deren Präferenzen in einem entsprechenden Verhalten resultieren zu lassen. Dieses zeichnet sich idealerweise durch erhöhte Ausgaben, eine verstärkte Wahrnehmung des Biosphärenreservates und eine in der Summe nachhaltigere Aufenthaltsgestaltung aus. Die Integration des Biosphärenreservates als Akteur, Attraktion und Angebotsfamilie, Marke und verbindende Thematik inkl. der mit dem Biosphärenreservat einhergehenden normativen Ansprüche in die regionale Organisation und Konstellation an Akteuren auf Destinationsebene, wird in allen Untersuchungsgebieten als verbesserungswürdig eingestuft.

Was diese Gemeinsamkeit betrifft, können verschiedene Rahmenbedingungen und Einflussfaktoren für die komplexe Aufgabenstellung der Biosphärenreservats-Verwaltungen erfasst werden. Diese lassen sich in drei Gruppen gliedern. Die Faktoren im Bereich „Rahmenbedingungen und regionales Umfeld" umfassen Aspekte der ministeriellen Zuordnung, der Ausstattung mit Ressourcen, Überlagerung mit anderen Schutzgebieten oder Akteuren der Regionalentwicklung oder die Unterstützung durch (politische) Akteure auf übergeordneter Ebene. Das bedingt mitunter das Selbstverständnis und die proaktive Aufgabenwahrnehmung im Tourismus. Letztere ist seitens der Biosphärenreservats-Verwaltung u.a. für die Akquirierung finanzieller Ressourcen im Rahmen von Förderprogrammen mit Kooperations-Partnern notwendig. Dabei werden touristische Projekte mit den LAGn durchgeführt, wobei die Effizienz der Zusammenarbeit im Hinblick auf die umgesetzten Projekte, je nach Kooperationsintensität, Ausrichtung der LAG etc., variiert. Teilweise werden auch spezielle Tourismusförderungen durch die Biosphärenreservats-Verwaltungen akquiriert.

Die Faktoren der ersten Ebene stehen sowohl untereinander in Bezug und beeinflussen darüber hinaus die zweite Gruppe der Faktoren auf der „normativen, strategischen, und kooperativen Ebene". Durch spezielle Tourismusleitbilder, die gemeinsam mit der Region unter Federführung der Biosphärenreservats-Verwaltung erarbeitet werden (z.B. ECST), ergibt sich die Möglichkeit, stärker als vernetzender Entwicklungsakteur zu agieren. Genannte Vorteile im Rahmen der jeweiligen Projekte sind die Einbindung externen touristischen Know-hows sowie die kooperative Entwicklung eines Maßnahmenplanes mit Verantwortlichkeiten aller Akteure für die jeweilige Umsetzung. Zudem verbessert die Definition einer regionalen Vision und gemeinsamer Werte die Positionierung und Kommunikation des Biosphärenreservates als verbindendes Element in der Region. Wenn auch weniger umfänglich als die ECST, kann eine Marketingstrategie die Integration des Biosphärenreservates in das Destinationsmanagement seitens der Tourismusorganisation leichter fallen lassen. Durch die Strategie kann der komplexe Inhalt des Biosphärenreservats mit seinen touristischen Elementen und Angebotskomponenten gegenüber anderen Akteuren klarer kommuniziert werden, was diesen den Umgang mit dem Biosphärenreservat bzw. dessen Einbindung erleichtern kann. Die positiven Kooperations- und Vermarktungseffekte – insbesondere mit den Tourismusorganisationen – werden im Rahmen der sektorübergreifenden Tourismusförderung konstatiert, wozu die Biosphärenreservats-Verwaltungen bestimmte Bewerbungsvoraussetzungen erfüllen mussten (z.B. im Bereich Angebotsgestaltung oder Marketingstrategie). Durch die Ansätze kann das Defizit einer oft noch nicht ausreichenden Kommunikation des Biosphärenreservates als Besonderheit, in Teilen behoben werden. Das erfordert eine proaktive Aufgabenwahrnehmung seitens der Biosphärenreservats-Verwaltung unter Einbezug der Faktoren der dritten Ebene.

Diese umfasst die touristische „Angebotsebene" selbst. Wie die empirische Erhebung zeigt, leisten die Biosphärenreservate einen Beitrag zu touristischen Angeboten und Dienstleistungen auf regionaler Ebene. Dieser umfasst die Informationszentren inklusive daran gebundene Führungen, Veranstaltungen und Informationsangebote, Angebote zur Besucherbetreuung, Naturerlebnisangebote und BNE, Wegeinfrastruktur und Besucherlenkungskonzepte sowie Angebote mit Veranstaltungscharakter und – regional unterschiedlich – Biosphären- bzw. Naturerlebnispauschalen. Die Angebote variieren je nach Gebiet in Qualität oder sind teilweise nicht vorhanden (z.B. Naturerlebnispauschalen, Biosphären-Regionalmarkt). In allen Biosphärenreservaten stellen Kooperationspartner ein wichtiges Element im Hinblick auf die Erweiterung des eigenen Angebotes dar.

Zur Steigerung der regionalen Wertschöpfung, die vor allem über privatwirtschaftliche Akteure erreicht werden muss, agieren die Biosphärenreservate im Rahmen von Partner-Initiativen, Regional- und Dachmarken. Wie die Einstellungen und Präferenzen auf Nachfrageseite zeigen, können die Initiativen ein passendes Angebot zum Wunsch nach regionalen, zertifizierten Produkten und Dienstleistungen darstellen. Zwischen der Dachmarke (Rhön) bzw. Regionalmarke (Schaalsee) und den Partner-Initiativen können noch große Unterschiede im Hinblick auf die finanzielle Ausstattung, Organisation und Management, Größe des Netzwerks und die vertretenen Branchen festgestellt werden. Ebenso ist die Positionierung der Marke auf Destinationsebene und eine klare Kommunikation gegenüber dem Kunden teilweise noch steigerungsfähig.

Im Rahmen der dargelegten Managementaktivitäten im Tourismus werden viele Beiträge für eine nachhaltige Regionalentwicklung geleistet. Darunter fallen z.B. Netzwerkarbeit und Kooperation, Mobilisierung regionaler Akteure, integrative Nachhaltigkeitsstrategien, Fördermittelakquirierung, Regionalvermarktungs- und Partner-Initiativen, Aufrechterhaltung touristischer Infrastrukturen und ein Beitrag zum Image und der Attraktivität der Region. Die dargelegten Aktivitäten der Biosphärenreservats-Verwaltungen können auch als Ansatz betrachtet werden, die intangiblen Effekte (vgl. Kapitel 2.2.1) zu verstärken, um so langfristig die tangiblen Effekte zu erhöhen. Zudem können die Aktivitäten als Schnittstellen zwischen dem Schutzgebiet und der Destination bzw. der Tourismusorganisation gelten. Diese Schnittstellen bieten wiederum Möglichkeiten für eine weiterführende Kooperation auf regionaler Ebene.

Es ist zu konstatieren, dass in allen Biosphärenreservaten gelungene Ansätze in verschiedenen Bereichen vorliegen, Tourismus als Instrument einer nachhaltigen Regionalentwicklung zu nutzen. Ein einzelnes Biosphärenreservat als Paradebeispiel zu bezeichnen fällt schwer. Vielfältige Rahmenbedingungen beeinflussen die Biosphärenreservate in ihrer Arbeit und die Verwaltungen sind aufgrund der internen Ressourcenausstattung teilweise nur eingeschränkt fähig, die ihnen obliegende Bandbreite an Themenbereichen gleichwertig zu bearbeiten. Hier ist von übergeordneter Stelle Abhilfe zu schaffen, wenn Biosphärenreservate wirklich zu Modellregionen nachhaltiger Entwicklung werden sollen.

Zudem kann es als essentielle Voraussetzung für eine nachhaltige Tourismusentwicklung betrachtet werden, die regionalen Akteure und Institutionen für eine gemeinsame Vision, Leitbild und Strategie, ausgerichtet an den normativen Werten des Biosphärenreservates, zu motivieren und zu mobilisieren. Denn wie wichtig die Partnerschaften zur Implementierung der Entwicklungsansätze im Tourismus sind, zeigt sich an deren Vielzahl und Bandbreite und den daraus generierten positiven Effekten. Um jedoch in der Kommunikation bzw. dem Innenmarketing mit den Akteuren auf regionaler Ebene effektiver agieren zu können und den Mehrwert des Biosphärenreservates für die Destination zu verdeutlichen, scheint eine umfassende Strategie, erarbeitet unter der Beteiligung aller regionalen Akteure, sinnvoll. Die Akteure werden das Biosphärenreservat vor allem unterstützen, wenn ein für sie günstiges Kosten-Nutzen-Verhältnis vorhanden ist. Das verdeutlicht die Wichtigkeit der proaktiven Aufgabenwahrnehmung im Tourismus seitens der Verwaltung, wodurch man letztendlich die Wahrnehmung als Entwicklungsakteur auf regionaler Ebene steigert und das Image des ausschließlichen Schutzakteurs erweitert.

Insgesamt trägt die vorliegende Arbeit dazu bei, den Beitrag der Biosphärenreservate zu einer nachhaltigen Regionalentwicklung durch Tourismus greifbar zu machen. Dabei zeigt sich, dass für die untersuchten Biosphärenreservate noch

Potential hinsichtlich ihres Stellenwerts als touristischer Entwicklungsakteur und ihrer Einflussnahme auf Destinationsebene besteht. Ob Biosphärenreservate im Tourismus als Regionen einer nachhaltigen Entwicklung fungieren können, ist nicht zuletzt auch davon abhängig, inwieweit es gelingt, aktuelle und potentielle Besucher für die Inhalte des Schutzgebietes stärker zu sensibilisieren. Letztendlich müssen Besucher über Kommunikations- und Bildungsmaßnahmen sowie Angebote und Dienstleistungen erreicht werden, um dadurch eine erhöhte Zahlungsbereitschaft für ein im Gegenzug qualitativ hochwertiges und nachhaltiges touristisches Angebotsspektrum im Kontext des Biosphärenreservates zu erzielen. Im Hinblick auf diese Zielstellung besteht Potential, die im Rahmen der Arbeit erfassten Managementbemühungen weiter zu intensivieren und zu professionalisieren und die Biosphärenreservate mit deren Inhalten als Marke auf Destinationsebene stärker zu verankern, wodurch letztendlich der Beitrag zur nachhaltigen Regionalentwicklung gesteigert werden kann.

Literaturverzeichnis

AGBR (Ständige Arbeitsgruppe der Biosphärenreservate in Deutschland) (1995): *Biosphärenreservate in Deutschland. Leitlinien für Schutz, Pflege und Entwicklung.* Berlin.

Ahlert, G. (2008): Estimating the Economic Impact of an Increase in Inbound Tourism on the German Economy Using TSA Results. In: *Journal of Travel Research* 47 (2), S. 225-234.

Amt für das Biosphärenreservat Schaalsee (Hrsg.) (2004): *Rahmenkonzept Biosphärenreservat Schaalsee. Kurzfassung – Leitbilder und Ziele.* Zarrentin.

Amt für das Biosphärenreservat Schaalsee (Hrsg.) (2012): *Biosphärenband Elbe-Schaalsee.* (=Projektdokumentation). URL: http://www.schaalsee.de/inhalte/ download/BIOSPHRENBAND-Elbe-Schaalsee_Finales-Konzept.pdf (Abrufdatum: 07.07.2016).

Amt für das Biosphärenreservat Südost-Rügen (Hrsg.) (2011): *Europäische Charta für Nachhaltigen Tourismus – Leitbild, Strategie und Maßnahmenplan Biosphärenreservat Südost-Rügen.* Lancken-Granitz.

Amt für das Biosphärenreservat Südost-Rügen (Hrsg.) (2014): *Leitbild für das Biosphärenreservat Südost-Rügen.* Putbus.

Appel, E. (2002): *Konzeption und Durchführung von Projekten der nachhaltigen Regionalentwicklung. Projektevaluierung zur Ermittlung und Darstellung wesentlicher Faktoren bei der Umsetzung regionaler Entwicklungsinitiativen.* Dissertation, Technische Universität Berlin, Berlin.

Arbeitskreis „Volkswirtschaftliche Gesamtrechnungen der Länder" im Auftrag der Statistischen Ämter des Bundes und der Länder (2011): *Einkommen der privaten Haushalte in den kreisfreien Städten und Landkreisen Deutschlands 1995 bis 2009.* URL: https://www.destatis.de/DE/Publikationen/Thematisch/VolkswirtschaftlicheGesamtrechnungen/VGRderLaender/VGR_KreisergebnisseBand3. html (Abrufdatum: 16.07.2013).

ARL (Akademie für Raumforschung und Landesplanung) (2000): *Nachhaltigkeitsprinzip in der Regionalplanung. Handreichung zur Operationalisierung* (=Forschungs- und Sitzungsberichte der ARL, Bd. 212). Hannover.

ARL (Akademie für Raumforschung und Landesplanung) (Hrsg.) (2016): *Großschutzgebiete, Biodiversität und räumliche Planung* (=Positionspapier aus der ARL 107). Hannover.

Arnberger, A., Eder, R., Allex, B., Sterl, P., Burns, R. C. (2012): Relationships between national-park affinity and attitudes towards protected area management of visitors to the Gesaeuse National Park, Austria. In: *Forest Policy and Economics* 19, S. 48-55.

Arnegger, J. (2014): *Protected Areas, the Tourist Bubble and Regional Economic Development. Two case studies from Mexico and Morocco* (=Würzburger Geographische Arbeiten 110). Würzburg.

ARNEGGER, J., WOLTERING, M., JOB, H. (2010): Toward a product-based typology for nature-based tourism. A conceptual framework. In: *Journal of Sustainable Tourism* 18 (7), S. 915-928.

BAHRENBERG, G. (2005): Gemeinschaftsaufgabe „Verbesserung der Agrarstruktur und des Küstenschutzes". In: ARL (AKADEMIE FÜR RAUMFORSCHUNG UND LANDES-PLANUNG) (Hrsg.): *Handwörterbuch der Raumordnung*. 4., neu bearbeitete Auflage. Hannover, S. 364-366.

BALMFORD, A., GREEN, J. M. H., ANDERSON, M., BERESFORD, J., HUANG, C., NAIDOO, R., WALPOLE, M., MANICA, A. (2015): Walk on the wild side: estimating the global magnitude of visits to protected areas. In: *PLoS biology* 13 (2), S. e1002074.

BATISSE, M. (1982): The Biosphere Reserve: A Tool for Environmental Conservation and Management. In: *Environmental Conservation* 9 (2), S. 101-111.

BATISSE, M. (1997): Biosphere Reserves: A Challenge for Biodiversity Conservation & Regional Development. In: *Environment: Science and Policy for Sustainable Development* 39 (5), S. 6-33.

BÄTZING, W. (1996): Tourismus und nachhaltige Regionalentwicklung im Alpenraum. In: *Geographische Rundschau* 48 (3), S. 145-151.

BÄTZING, W. (1997): *Kleines Alpenlexikon. Umwelt, Wirtschaft, Kultur.* München.

BÄTZING, W. (2011): Methodendiskussion – „Neue Kulturgeographie" und Regionale Geographie. Können die Ansätze der „Neuen Kulturgeographie" auf die Regionale Geographie übertragen werden? Eine kritische Bewertung vor dem Hintergrund von 30 Jahren Alpenforschung. In: *Mitteilungen der Österreichischen Geographischen Gesellschaft* 153, S. 101-128.

BÄTZING, W., ERMANN, U. (2001): „Was bleibt in der Region?" Analyse der regionalen Wirtschaftskreisläufe landwirtschaftlicher Erzeugnisse am Beispiel des Landkreises Neumarkt in der Oberpfalz. In: *Zeitschrift für Wirtschaftsgeographie* 45 (2), S. 117-133.

BÄTZING, W., FECHT, T. v. d. (1999): Nachhaltigkeit durch Tourismus? Beispiele und Strategien aus den Alpen. In: GROSSMANN, W. D. (Hrsg.): *Nachhaltigkeit. Bilanz und Ausblick.* Frankfurt am Main, S. 87-97.

BAUMGARTNER, C., RÖHRER, C. (1998): *Nachhaltigkeit im Tourismus. Umsetzungsperspektiven auf regionaler Ebene.* Wien, Köln.

BBSR (BUNDESINSTITUT FÜR BAU-, STADT-, UND RAUMFORSCHUNG) (2012): *Raumtypen 2010 Lage.* URL: http://www.bbsr.bund.de/BBSR/DE/Raumbeobachtung/Raumabgrenzungen/Raumtypen2010_vbg/Download_KarteLage.pdf?__blob=publicationFile&v=2 (Abrufdatum:26.10.2014).

BECKER, C., JOB, H., WITZEL, A. (1996): *Tourismus und nachhaltige Entwicklung: Grundlagen und praktische Ansätze für den mitteleuropäischen Raum.* Darmstadt.

BENGSCH, L., HARRER, B., GRASEGGER, S. (2008): *Wirtschaftsfaktor Tourismus in Mannheim.* URL: https://www.stadtarchiv.mannheim.de/bibliostar/digitalisate/web38.pdf (Abrufdatum: 29.04.2016).

BEYER, M., HÄUSLER, N., STRASDAS, W. (2007): *Tourismus als Handlungsfeld der deutschen Entwicklungszusammenarbeit – Grundlagen, Handlungsbedarf und Strategieempfehlungen.* Eschborn.

BEZIRKSVERBAND PFALZ (2015): *Positionspapier des Bezirksverbandes Pfalz zum Biosphä-renreservat/Naturpark Pfälzerwald*. URL: http://www.pfaelzerwald.de/wp-content/uploads/2015/03/Positionspapier-des-Bezirksverbands-Pfalz.pdf (Abrufdatum: 16.09.2015).

BFN (BUNDESAMT FÜR NATURSCHUTZ) (2015): *Europäische Charta für nachhaltigen Tourismus in Schutzgebieten*. URL: https://www.bfn.de/0323_charta.html (Abrufdatum: 04.08.2016).

BFN (BUNDESAMT FÜR NATURSCHUTZ) (2016): *Biosphärenreservate in Deutschland*. URL: http://www.bfn.de/0308_bios.html (Abrufdatum: 22.06.2016).

BIEGER, T. (1998): Reengineering destination marketing organizations. The case of Switzerland. In: *The Tourist Review* 53 (3), S. 4-17.

BIEGER, T. (2001): Wirtschaftliche Nachhaltigkeit von Sportevents am Beispiel der Ski-WM 2003. In: *Tourismus Journal* 5 (1), S. 77-95.

BIEGER, T. (2008): *Management von Destinationen*. München.

BIEGER, T., LAESSER, C. (1998): *Neue Strukturen im Tourismus. Der Weg der Schweiz*. Bern.

BIEGER, T., BERITELLI, P. (2013): *Management von Destinationen* (=Lehr- und Handbücher zu Tourismus, Verkehr und Freizeit). München.

BIOSPHÄRENRESERVAT RHÖN (2013): *Bericht zur Überprüfung des UNESCO-Biosphärenreservates Rhön 2013*. Erfurt/München/Wiesbaden.

BIOSPHÄRENRESERVAT RHÖN (2014): *Ein neuer Rahmen für das Biosphärenreservat? Erstellung eines neuen Rahmenkonzeptes*. URL: http://biosphaerenreservat-rhoen.de/_upl/br/_pdf/2014_prozess_ rahmenkonzept_br_rhoen-1.pdf (Abrufdatum: 07.06.2015).

BIOSPHÄRENRESERVAT VESSERTAL-THÜRINGER WALD (2015): *Die Biosphärenregion, nördlicher Teil*. URL: http://www.biosphaerenreservat-vessertal.de/de/naturerleben/brregion1/ (Abrufdatum: 20.11.2015).

BIOSPHÄRENRESERVAT VESSERTAL-THÜRINGER WALD (2015): *Regionale Produkte*. URL: http://www.biosphaerenreservat-vessertal.de/de/regionale-produkte/ (Abrufdatum: 21.04.2016).

BIOSPHÄRENRESERVAT THÜRINGER WALD (2017): Erweiterung des UNESCO Biosphärenreservates. URL: https://www.biosphaerenreservat-thueringerwald.de/de/biosphaerenreservat/erweiterung-br/#inhalt (Abrufdatum: 25.01.2017).

BIOSPHÄRENRESERVAT VESSERTAL-THÜRINGER WALD (Hrsg.) (2006): *Rahmenkonzept Biosphärenreservat Vessertal-Thüringer Wald*. Schmiedefeld am Rennsteig.

BIOSPHÄRENRESERVATSAMT SCHAALSEE-ELBE (2015a): *Biosphärenreservatspartner*. URL: http://www.schaalsee.de/inhalte/seiten/regionalmarke/touristische-einteilung.php (Abrufdatum: 20.10.2015).

BIOSPHÄRENRESERVATSAMT SCHAALSEE-ELBE (2015b): *Gesetzliche Änderungen für das Biosphärenreservat*. URL: http://www.elbetal-mv.de/biosphaerenreservat/gesetzliche-grundlagen.html (Abrufdatum: 18.01.2016).

BIOSPHÄRENRESERVATSAMT SÜDOST-RÜGEN (2013): *Parks and Benefits. Das Biosphärenreservat Südost-Rügen – Partner im „Parks & Benefits"-Projekt (Co-Finanzierungsphase 2009-2012)*. URL: http://www.parksandbenefits.de/ (Abrufdatum: 10.10.2014).

Biosphärenreservatsamt Südost-Rügen (2015): *Biosphärenreservat Südost-Rügen.* URL: http://www.biosphaerenreservat-suedostruegen.de/de/ (Abrufdatum: 27.09.2016).

BLE & DVS (Bundesanstalt für Landwirtschaft und Ernährung & Deutsche Vernetzungsstelle Ländliche Räume) (Hrsg.) (2009): *Zukunft auf dem Land gestalten. So funktioniert der europäische Landwirtschaftsfonds für die Entwicklung der ländlichen Räume in Deutschland.* Bonn.

BLE (Bundesanstalt für Ernährung und Landwirtschaft) (2016): *Erläuterungen zu den Rechtsgrundlagen und zur Funktionsweise der Gemeinschaftsaufgabe Agrarstruktur & Küstenschutz.* URL: http://www.bmel.de/DE/Landwirtschaft/Foerderung-Agrarsozialpolitik/GAK/_Texte/Erlaeuterungen.html#doc376682bodyText1 (Abrufdatum: 02.03.2016).

Bleile, G. (1999): Marketing touristischer Destinationen ist keine Aufgabe für parastaatliche Tourismusorganisationen. In: *Tourismus Jahrbuch: Forum für Wissenschaft und Praxis* 3, (1). S. 3-17.

BMU & BfN (Bundesministerium für Umwelt, Naturschutz und Reaktorsicherheit & Bundesamt für Naturschutz) (Hrsg.) (2012): *Dialogforum – Partner der Nationalen Naturlandschaften: Ein Netzwerk für Tourismus und Natur. Dokumentation.* Bonn.

BMU (Bundesministerium für Umwelt, Naturschutz und Reaktorsicherheit) (Hrsg.) (2007): *Nationale Strategie zur Biologischen Vielfalt* (=Reihe Umweltpolitik). Berlin.

BMUB & BfN (Bundesministerium für Umwelt, Naturschutz, Bau und Reaktorsicherheit & Bundesamt für Naturschutz) (Hrsg.) (2014): *Naturbewusstsein 2013 Bevölkerungsumfrage zu Natur und biologischer Vielfalt.* Berlin/Bonn.

BMUB (Bundesministerium für Umwelt, Naturschutz, Bau und Reaktorsicherheit) (Hrsg.) (2015): *Ressortforschung des Bundesministeriums für Umwelt, Naturschutz, Bau und Reaktorsicherheit. Forschungsrahmen und Ressortforschungsplan 2016 des BMUB.* Berlin. URL: http://www.bmub.bund.de/fileadmin/Daten_BMU/Download_PDF/Forschung/ressortforschungsplan_2016_gesamt_bf.pdf. (Abrufdatum: 03.03.2016).

BMWi (Bundesministerium für Wirtschaft und Energie) (Hrsg.) (2013a): *Tourismusperspektiven in ländlichen Räumen – Handlungsempfehlungen zur Förderung des Tourismus in ländlichen Räumen.* Berlin.

BMWi (Bundesministerium für Wirtschaft und Technologie) (Hrsg.) (2013b): *Tourismuspolitischer Bericht der Bundesregierung. 17. Legislaturperiode.* Berlin.

Boesch, M., Renner, E., Siegrist, D. (2008): "Brandscaping". From Traditional Cultural Landscapes to "Label Regions". In: *Mountain Research and Development* 28 (2), S. 100-104.

Bogner, A., Menz, W. (2005): Das theoriegenerierende Experteninterview – Erkenntnisinteresse, Wissensform und Interaktion. In: Bogner, A., Littig, B., Menz, B. (Hrsg.): *Das Experteninterview. Theorie, Methode, Anwendung.* Wiesbaden, S. 33-70.

Borrini-Feyerabend, G., Dudley, N., Jaeger, T., Lassen, B., N. Pathak Broome, Phillips, A., Sandwith, T. (2013): *Governance of Protected Areas. From understanding to action* (=Best practice protected area guidelines series 20), IUCN, Gland.

BORTZ, J., DÖRING, N. (2006): *Forschungsmethoden und Evaluation. Für Human- und Sozialwissenschaftler.* Heidelberg.

BÖVENTER, E. v., VAHRENKAMP, K. (1989): *Ökonomische Theorie des Tourismus.* Frankfurt/Main.

BRAMWELL, B., LANE, B. (2011): Critical research on the governance of tourism and sustainability. In: *Journal of Sustainable Tourism* 19 (4-5), S. 411-421.

BRODDA, Y. (2002): Biosphärenreservat im Südharz – Chance für eine Region?. In: MOSE, I., WEIXLBAUMER, N. (Hrsg.): *Naturschutz: Grossschutzgebiete und Regionalentwicklung* (=Naturschutz und Freizeitgesellschaft 5). Sankt Augustin, S. 19-39.

BTE (2010): *Besucherlenkungs- und Informationskonzept Naturpark Pfälzerwald.* Hannover.

BTE (2016): *Der Naturerlebnis-Monitor Deutschland füllt eine Informationslücke zum Reise- und Ausflugsverhalten der Deutschen.* URL: http://naturerlebnis-deutschland.de/wp-content/uploads /2016/03/160311_NeMo_PM- Fachpresse.pdf (Abrufdatum: 08.09.2016).

BUHALIS, D. (2000): Marketing the competitive destination of the future. In: *Tourism Management* 21 (1), S. 97-116.

BULKELEY, H., JORDAN, A., PERKINS, R., SELIN, H. (2013): Governing sustainability. Rio+20 and the road beyond. In: *Environment and Planning C* 31 (6), S. 958-970.

BÜNDNIS LÄNDLICHER RAUM IM NATURPARK PFÄLZERWALD E.V. (2014): *Lokales integriertes ländliches Entwicklungskonzept für die LAG Pfälzerwald (Langfassung). LEADER-Förderperiode 2007-2013 in Rheinland-Pfalz.* Pirmasens.

BUTCHART, S. H. M., WALPOLE, M., COLLEN, B., van STRIEN, A., SCHARLEMANN, J. P. W., ALMOND, R. E. A., BAILLIE, J. E. M., BOMHARD, B., BROWN, C., BRUNO, J., CARPENTER, K. E., CARR, G. M., CHANSON, J., CHENERY, A. M., CSIRKE, J., DAVIDSON, N. C., DENTENER, F., FOSTER, M., GALLI, A., GALLOWAY, J. N., GENOVESI, P., GREGORY, R. D., HOCKINGS, M., KAPOS, V., LAMARQUE, J.-F., LEVERINGTON, F., LOH, J., McGEOCH, M. A., McRAE, L., MINASYAN, A., HERNANDEZ MORCILLO, M., OLDFIELD, T. E. E., PAULY, D., QUADER, S., REVENGA, C., SAUER, J. R., SKOLNIK, B., SPEAR, D., STANWELL-SMITH, D., STUART, S. N., SYMES, A., TIERNEY, M., TYRRELL, T. D., VIE, J.-C., WATSON, R. (2010): Global biodiversity: indicators of recent declines. In: *Science* 328 (5982), S. 1164-1168.

BUTZMANN, E., JOB, H. (2016): Developing a typology of sustainable protected area tourism products. In: *Journal of Sustainable Tourism*, S. 1-20.

CANADA, A. (2013): *Regional Tourism Satellite Account* (=UNWTO Statistics and TSA Issue Paper Series STSA/IP/2013/02). URL: http://statistics.unwto.org/en/content/papers (Abrufdatum: 05.10.2014).

CARLOWITZ, H. K. v. (1713): *Sylvicultura oeconomica.* Leipzig.

CASTRO, C. J. (2004): Sustainable Development. Mainstream and Critical Perspectives. In: *Organization & Environment* 17 (2), S. 195-225.

COLLISON, F. M., POE, K. (2013): Astronomical Tourism. The Astronomy and Dark Sky Program at Bryce Canyon National Park. In: *Tourism Management Perspectives* 7, S. 1-15.

CROCE, E., PERRI, G. (2010): *Food and wine tourism. Integrating food, travel and territory.* Wallingford, Cambridge, Massachusetts.

CROMPTON, J. L., LEE, S., SHUSTER, T. J. (2001): A Guide for Undertaking Economic Impact Studies. The Springfest Example. In: *Journal of Travel Research* 40 (1), S. 79-87.

CROUCH, G. I., RITCHIE, J. R. B. (1999): Tourism, Competitiveness, and Societal Prosperity. In: *Journal of Business Research* 44 (3), S. 137-152.

CROUCH, G. I., RITCHIE, J. R. B. (2000): The competitive destination: A sustainability perspective. In: *Tourism Management* 21 (1), S. 1-7.

DACHMARKE RHÖN GMBH (2015a): *Kriterien Dachmarke Rhön.* URL: http://dachmarke-rhoen.de/kriterien (Abrufdatum: 10.06.2016).

DACHMARKE RHÖN GMBH (2015b): *Über uns.* URL: http://dachmarke-rhoen.de/struktur (Abrufdatum: 22.10.2015).

DACHMARKE RHÖN GMBH (2015c): *Übersicht über Zeichen und Marken der Dachmarke Rhön.* URL: http://dachmarke-rhoen.de/markenuebersicht (Abrufdatum: 22.10.2015).

DEUTSCHE UNESCO-KOMMISSION (Hrsg.) (2011): *For life, for the future. Biosphere reserves and climate change. Conference proceedings including the Dresden Declaration.* Bonn.

DEUTSCHER BUNDESTAG (2006a): *Beschlussempfehlung und Bericht des Ausschusses für Tourismus (20. Ausschuss)* (=Bundestags-Drucksache 16/4269). URL: http://dip21.bundestag.de/dip21/btd/17/093/ 1709308.pdf (Abrufdatum:18.06.2016).

DEUTSCHER BUNDESTAG (2006b): *Nationale Naturlandschaften – Chancen für Naturschutz, Tourismus, Umweltbildung und nachhaltige Regionalentwicklung.* (=Bundestags-Drucksache 16/3298). URL: https://www.cducsu.de/sites/default/files/11%20%20 %20AntragNat.pdf (Abrufdatum:18.06.2016).

DEUTSCHES MAB-NATIONALKOMITEE (Hrsg.) (1996): *Kriterien für Anerkennung und Überprüfung von Biosphärenreservaten der UNESCO in Deutschland.* Bonn.

DEUTSCHES MAB-NATIONALKOMITEE (2007): *Kriterien für die Anerkennung und Überprüfung von Biosphärenreservaten der UNESCO in Deutschland.* Bonn.

DEUTSCHES MAB-NATIONALKOMITEE (2011): *Empfehlungen des deutschen MAB-Nationalkomitees zur Kernzonen in Biosphärenreservate.* Schmiedefeld am Rennsteig.

DEUTSCHES MAB-NATIONALKOMITEE (2012): *Positionspapier des MAB-Nationalkomitees zur Nutzung von Windkraft und Biomasse in Biosphärenreservaten.* Blieskastel.

DEUTSCHES MAB-NATIONALKOMITEE (2014): *Positionspapier des MAB-Nationalkomitees zu Bildung für eine nachhaltige Entwicklung in UNESCO-Biosphärenreservaten.* Lenzen.

DEUTSCHES MAB-NATIONALKOMITEE (2016): *Positionspapier und Handlungsempfehlung des deutschen MAB-Nationalkomitees zu Kernzonen in Biosphärenreservaten* (=Entwurf).

DIEPOLDER, U., FEIGE, M. (2000): *Die Entwicklung des Tourismus in Großschutzgebieten – bestehende Rahmenbedingungen, Folgen, Chancen, Gestaltungsmöglichkeiten und Konflikte* (= unveröffentlichtes Gutachten im Auftrag des Deutschen Bundestages). Berlin.

DIPPOLD, P., WEISS, A. (2009): Europäische Charta für nachhaltigen Tourismus in Schutzgebieten. In: BFN (BUNDESAMT FÜR NATURSCHUTZ) (Hrsg.): *Nachhaltiger und naturverträglicher Tourismus – Strategien, Erfolgsfaktoren und Beispiele zur Umsetzung* (=Naturschutz und biologische Vielfalt 79). Bonn-Bad Godesberg, S. 73-86.

DREYER, A. (2012): Bedeutung von Weintourismus im ländlichen Raum. In: REIN, H., SCHULER, A. (Hrsg.): *Tourismus im ländlichen Raum*. Wiesbaden, S. 239-255.

DREYER, A., DÜRKOP, D., GROSS, S., GROSS, M. S. (2012): Regionale Produkte in der touristischen Vermarktung – Situationsanalyse und Entwicklungsmöglichkeiten im Harz. In: ZEHRER, A., GRABMÜLLER, A. (Hrsg.): *Tourismus 2020+ interdisziplinär. Herausforderungen für Wirtschaft, Umwelt und Gesellschaft* (=Schriften zu Tourismus und Freizeit 15). Berlin, S. 167-184.

DRL (DEUTSCHER RAT FÜR LANDESPFLEGE) (Hrsg.) (2010): *Biosphärenreservate sind mehr als Schutzgebiete – Wege in eine nachhaltige Zukunft* (=Schriftenreihe des Deutschen Rates für Landespflege 83). Bonn.

DRUMM, A., MOORE, A. (2005): *Ecotourism Development: A Manual for Conservation Planners and Managers. An Introduction to Ecotourism Planning*. Arlington, VA.

DTV (DEUTSCHER TOURISMUSVERBAND E.V.) (Hrsg.) (2005): *Natur. Erlebnis. Angebote. Entwicklung und Vermarktung*. URL: http://www.naturerlebnisangebote.de/download/leitfaden.pdf (Abrufdatum: 24.09.2014).

DVS (DEUTSCHE VERNETZUNGSSTELLE LÄNDLICHE RÄUME) (2016a): *Förderperiode 2007-2013: ELER in Deutschland*. URL: https://www.netzwerk-laendlicher-raum.de/themen/eler-2007-2013/eler-in-deutschland/ (Abrufdatum: 29.06.2016).

DVS (DEUTSCHE VERNETZUNGSSTELLE LÄNDLICHE RÄUME) (2016b): *LEADER 2007-2013*. URL: https://www.netzwerk-laendlicher-raum.de/regionen/leader/leader-2007-2013/ (Abrufdatum: 28.06.2016).

DVS (DEUTSCHE VERNETZUNGSSTELLE LÄNDLICHE RÄUME) (Hrsg.) (2006): *LEADER+ in Deutschland – Ausgewählte Projekte*. Bonn.

DWIF (2014): *LandArt – Landurlaub der besonderen Art. Netzwerke erschließen den ländlichen Raum neu. Abschlussdokumentation*. Berlin.

DWIF (Hrsg.) (2010): *Prozessbegleitung: Europäische Charta für nachhaltigen Tourismus in Schutzgebieten. Touristisches Leitbild für das Biosphärenreservat Südost-Rügen*. Berlin.

DWIF (Hrsg.) (2011): *Prozessbegleitung: Europäische Charta für nachhaltigen Tourismus in Schutzgebieten. Strategiekonzept für das Biosphärenreservat Südost-Rügen*. Berlin.

DZT (DEUTSCHE ZENTRALE TOURISMUS E.V.) (Hrsg.) (2012): *Qualitätsmonitor Deutschland-Tourismus. Ergebnisse 2011/2012*. Frankfurt/Main.

DZT (DEUTSCHE ZENTRALE TOURISMUS E.V.) (Hrsg.) (2013): *Das Reiseverhalten der Deutschen im Inland – Studie*. Frankfurt/Main.

DZT (DEUTSCHE ZENTRALE FÜR TOURISMUS E.V.) (Hrsg.) (2015): *Presse Information: Themenkampagne 2016: Faszination Natururlaub in Deutschland – Naturtourismus steht 2016 im Fokus der DZT*. URL: https://www.germany.travel/media/content/press_kit/faszination_natururlaub_in_ deutschland/pdf_9/de/PM_DZT_Basistext_Natururlaub_GER.pdf (Abrufdatum: 19.03.2016).

EAGLES, P. F. (2002): Trends in Park Tourism: Economics, Finance and Management. In: *Journal of Sustainable Tourism* 10 (2), S. 132-153.

EAGLES, P. F. (2009): Governance of recreation and tourism partnerships in parks and protected areas. In: *Journal of Sustainable Tourism* 17 (2), S. 231-248.

EAGLES, P. F. (2014): Research priorities in park tourism. In: *Journal of Sustainable Tourism* 22 (4), S. 528-549.

EAGLES, P. F. J., McCOOL, S. F., HAYNES, C. D. (2002): *Sustainable tourism in protected areas. Guidelines for planning and management* (=Best practice protected area guidelines series 8). Gland, Switzerland.

EGNER, H. (2002): Natursport-Tourismus als Wirtschaftsstrategie einer peripheren Kleinstadt? Entwicklung des Mountainbiking in Moab, Utah. In: DREYER, A. (Hrsg.): *Tourismus und Sport*. Wiesbaden, S. 133-150.

EISENSTEIN, B. (2010): *Grundlagen des Destinationsmanagements*. München.

ENGELS, B., JOB-HOBEN, B. (2004): Nachhaltige Tourismusentwicklung. In: DEUTSCHES MAB-NATIONALKOMITEE (Hrsg.): *Voller Leben. UNESCO-Biosphärenreservate – Modellregionen für eine nachhaltige Entwicklung*. Berlin, S. 113-119.

ENGELS, B., JOB-HOBEN, B. (2009): Nachhaltiger Tourismus in Deutschland – Eine aktuelle Bestandsaufnahme. In: BUNDESAMT FÜR NATURSCHUTZ (BfN) (Hrsg.): *Nachhaltiger und naturverträglicher Tourismus – Strategien, Erfolgsfaktoren und Beispiele zur Umsetzung*. Bonn-Bad Godesberg, S. 7-25.

ERDMANN, K.-H., NAUBER, J. (1995): *Der deutsche Beitrag zum UNESCO-Programm „Der Mensch und die Biosphäre" (MAB) im Zeitraum Juli 1992 bis Juni 1994*. Bonn.

ERDMANN, K.-H., NIEDEGGEN, B. (2003): Biosphärenreservate in Deutschland – Lernräume einer nachhaltigen regionalen Entwicklung. In: HAMMER, T. (Hrsg.): *Grossschutzgebiete. Instrumente nachhaltiger Entwicklung*. München, S. 97-119.

EUROPÄISCHE KOMMISSION (2006): *Der Leader-Ansatz. Ein grundlegender Leitfaden*. Luxemburg.

EUROPÄISCHE KOMMISSION (2010): *Europa – wichtigstes Reiseziel der Welt: ein neuer politischer Rahmen für den europäischen Tourismus. Mitteilung der Kommission an das Europäische Parlament, den Rat, den Europäischen Wirtschafts- und Sozialausschuss und den Ausschuss der Regionen*. URL: http://eur-lex.europa.eu/LexUriServ/LexUriServ.do?uri=COM:2010:0352:FIN:de:PDF (Abrufdatum: 20.01.2015).

EUROPÄISCHE UNION (Hrsg.) (2005): *Verordnung (EG) Nr. 1698/2005 des Rates vom 20. September 2005 über die Förderung der Entwicklung des ländlichen Raums durch den Europäischen Landwirtschaftsfonds für die Entwicklung des ländlichen Raums (ELER) ABl. L 277 vom 21.10.2005. S.1.*

EUROPÄISCHE UNION (Hrsg.) (2006): *Verordnung (EG) Nr. 1083/2006 des Rates vom 11. Juli 2006 mit allgemeinen Bestimmungen über den Europäischen Fonds für regionale Entwicklung, den Europäischen Sozialfonds und den Kohäsionsfonds und zur Aufhebung der Verordnung (EG) Nr. 1260/1999 ABl. L 210 vom 31.7.2006. S. 25.*

EUROPÄISCHE UNION (Hrsg.) (2011): *European territorial cooperation. Building bridges between peoples*. Luxemburg.

EUROPARC DEUTSCHLAND (Hrsg.) (2002): *Ankommen lohnt sich – Bleiben auch. Biosphärenreservate in Deutschland*. URL: http://nationale-naturlandschaften.com/dateien/publikationen/Natuerlich_nah_ Biosphaerenreservate_in_Deutschland.pdf (Abrufdatum: 25.03.2014).

EUROPARC DEUTSCHLAND e.V. (Hrsg.) (2013): *Urlaub in der Natur. Attraktive Tourentipps und Angebote*. URL: http://www.europarc-deutschland.de/wp-content/uploads/2012/08/Angebotsbrosch%C3%BCre_Urlaub-in-der-Natur_2011.pdf (Abrufdatum: 20.11.2014).

EUROPARC Deutschland e.V. (Hrsg.) (2016a): *Bundesweite Mindestanforderungen für Partner der Nationalen Naturlandschaften. Stand 1. März 2016.* URL: http://www. europarc-deutschland.de/wp-content/uploads/2013/12/2016-03-01_Bundeaswei- te_Mindestanforderungen_Partner_der_NNL.pdf (Abrufdatum: 30.06.2016).

EUROPARC Deutschland e.V. (Hrsg.) (2016b): *Bundesweite Mindeststandards für Partner-Initiativen. Stand 1. März 2016.* Berlin. URL: http://partner.nationale-na- turlandschaften.de/files/2012/10/2016-02-01_Bundesweite_Mindeststandards_ Partner-Initiativen.pdf. (Abrufdatum: 30.06.2016).

EUROPARC Deutschland e.V. (2016c): *Partner der Nationalen Naturlandschaften.* URL: http://partner.nationale-naturlandschaften.de/ (Abrufdatum: 30.06.2016).

Europarc Federation (2009): *Joining Forces. How the European Charter for Sustainable Tourism in Protected Areas is successfully implementing the Convention on Biological Diversity guidelines for biodiversity and tourism.* URL: http://www.europarc.org/up- loaded/documents/462.pdf. (Abrufdatum: 10.11.2014).

Europarc Federation (2013): *European Charter for Sustainable Tourism in protected ar- eas: The value of the "Charter" in identifying sustainable tourism destinations.* URL: http://www.europarc.org/wp-content/uploads/2015/05/2013-BfN-Final-Report- The-Value-of-the-Charter-in-identifying-sustainable-tourism-destinations.pdf (Abrufdatum: 06.09.2015).

Europarc Federation (2015): *Sustainable Tourism in Protected Areas. Good for Parks, good for People.* URL: http://www.europarc.org/wp-content/uploads/2015/12/ ECST_2015.pdf (Abrufdatum: 02.02.2016).

Federation of Nature and National Parks of Europe (1993): *Loving them to death? Sustainable tourism in Europe's Nature and National Parks.* Grafenau.

Feige, M. (1992): Monitoringsysteme als Rettungsanker für ökologisch sensible Ge- biete? – Zur Dauerbeobachtung von Touristenströmen. In: Becker, C. (Hrsg.): *Erhebungsmethoden und ihre Umsetzung in Tourismus und Freizeit* (=Materialien zur Fremdenverkehrsgeographie 25). Trier, S. 148-163.

Feige, M., Triebswetter, U. (1997): *Projektberichte Sozioökonomie Teil A: Theoretisches Konzept und Methodologie* (=UBA-Texte 47/97). Berlin.

Fletcher, J. E. (1989): Input-output analysis and tourism impact studies. In: *Annals of Tourism Research* 16 (4), S. 514-529.

Flick, U. (2008): *Triangulation. Eine Einführung* (=Qualitative Sozialforschung 12). Wiesbaden.

Flick, U. (2011): *Qualitative Sozialforschung. Eine Einführung.* Reinbek bei Hamburg.

Föderation EUROPARC (2015): *EUROPARC Föderation Jahresbericht. Januar – De- zember 2015.* Regensburg.

Fontanari, M. L., Hallerbach, B., Job, H., Otto, T. (2000): *Einbindung des Tourismus in Großschutzgebieten in Frankreich, Großbritannien sowie den Benelux-Staaten.* Trier.

Ford, K., Oberski, I., Higgins, S. (2000): Computer-Aided Qualitative Analysis of Interview Data: Some Recommendations for Collaborative Working. In: *The Qua- litative Report* 4 (3), S. 1-14.

Förderverein Biosphäre Schaalsee e.V. (2015): *Aktivitäten und Projekte 2015 (Rechenschaftsbericht).* URL: http://www.biosphaere-schaalsee.de/wp-content/ uploads/2015/12/ Aktivitaeten2016.pdf (Abrufdatum: 20.12.2015).

FOXLEE, J. (2007): Key Principles and Directions for Tourism in Protected Areas: a Review of Existing Charters, Guidelines and Declarations. In: BUSHELL, R., EAGLES, P. F. J. (Hrsg.): *Tourism and protected areas. Benefits beyond boundaries: the Vth IUCN World Parks Congress.* Wallingford, UK, Cambridge, Massachusetts, S. 44-69.

FRYNAS, J. G. (2008): Corporate Social Responsibility and International Development. Critical Assessment. In: *Corporate Governance: An International Review* 16 (4), S. 274-281.

FUCHS, W., MUNDT, J. W., ZOLLONDZ, H.-D. (Hrsg.) (2008): *Lexikon Tourismus. Destinationen, Gastronomie, Hotellerie, Reisemittler, Reiseveranstalter, Verkehrsträger.* München.

FULLER, D. A. (1999): *Sustainable marketing. Managerial-ecological issues.* Thousand Oaks.

FUR (FORSCHUNGSGEMEINSCHAFT URLAUB UND REISEN E.V.) (Hrsg.) (2012): *Urlaubsreisetrends in der deutschen Nachfrage. Ergebnisse der 42. Reiseanalyse zum 16. BTW-Tourismusgipfel Hotel Adlon Kempinski Berlin.* URL: b2b.tourismus-bw.de/content/download/20687/176669/file/RA_Urlaubsreisetrends.pdf (Abrufdatum: 23.01.2013).

FUR (FORSCHUNGSGEMEINSCHAFT URLAUB UND REISEN E.V.) (Hrsg.) (2015): *Erste ausgewählte Ergebnisse der 45. Reiseanalyse zur ITB 2015.* Kiel.

FÜRST, D., LAHNER, M., POLLERMANN, K. (2005): Regional Governance bei Gemeinschaftsgütern des Ressourcenschutzes: das Beispiel Biosphärenreservate. In: *Raumforschung und Raumordnung* 63 (5), S. 330-339.

FÜRST, D., LAHNER, M., POLLERMANN, K. (2006): *Entstehung und Funktionsweise von Regional Governance bei dem Gemeinschaftsgut Natur und Landschaft. Analysen von Place-making- und Governance-Prozessen in Biosphärenreservaten in Deutschland und Großbritannien.* (=Endbericht zum DFG-Projekt FU 101/21-1; Beiträge zur räumlichen Planung 82). Hannover.

FÜRST, D., GAILING, L., LAHNER, M., POLLERMANN, K., RÖHRING, A. (2008a): Die Konstituierung und Entwicklung von kulturlandschaftlichen Handlungsräumen – zusammenfassende Erkenntnisse. In: FÜRST, D., GAILING, L., POLLERMANN, K., RÖHRING, A. (Hrsg.): *Kulturlandschaft als Handlungsraum. Institutionen und Governance im Umgang mit dem regionalen Gemeinschaftsgut Kulturlandschaft.* Dortmund, S. 315-324.

FÜRST, D., GAILING, L., POLLERMANN, K., RÖHRING, A. (Hrsg.) (2008b): *Kulturlandschaft als Handlungsraum. Institutionen und Governance im Umgang mit dem regionalen Gemeinschaftsgut Kulturlandschaft.* Dortmund.

FÜRST, D., LAHNER, M., POLLERMANN, K. (2008c): Vergleich der Fallstudien zu Biosphärenreservaten. In: FÜRST, D., GAILING, L., POLLERMANN, K., RÖHRING, A. (Hrsg.): *Kulturlandschaft als Handlungsraum. Institutionen und Governance im Umgang mit dem regionalen Gemeinschaftsgut Kulturlandschaft.* Dortmund, S. 287-314.

GEHRLEIN, U. (2006): LEADER und ILE: Zwei Programme, eine gemeinsame Richtung? Zum zukünftigen Verhältnis von LEADER und ILE in den Bundesländern. In: *LEADER-Forum* (2), S. 40-42.

GEHRLEIN, U. (2010): Nachhaltiges Wirtschaften in Biosphärenreservaten – von der Strategie zur Umsetzung. Ergebnisse und Schlussfolgerungen des F+E Vorhabens „Strategien zur Förderung des nachhaltigen Wirtschaftens in Biosphären-reservaten". In: DRL (Hrsg.): *Biosphärenreservate sind mehr als Schutzgebiete – Wege in eine nachhaltige Zukunft* (=Schriftenreihe des Deutschen Rates für Landespflege 83). Bonn, S. 98-103.

GEHRLEIN, U., FICK, J. (2007): *Bedeutung der Regionalvermarktung für Kulturlandschafts-erhalt und Naturschutz* (=BfN-Skripten 221). Bonn-Bad Godesberg.

GEHRLEIN, U., GRUNZKE, B., STEIMEL, K., KLINKHART, H. (2007): *Strategien zur Förde-rung des nachhaltigen Wirtschaftens in Biosphärenreservaten* (=BfN Skripten 202). Bonn-Bad Godesberg.

GESCHÄFTSSTELLE DER LAG PFÄLZERWALD (2015): *Projekte.* URL: http://www.leader-pfaelzerwald.de/index.php?menuid=28 (Abrufdatum:10.09.2015).

GLATZ, H., SCHEER, G. (1981): Autonome Regionalentwicklung. Eine neue Dimension des Regionalismus. In: *Österreichische Zeitschrift für Politikwissenschaft* (10), S. 333-346.

GOODWIN, H. (2011): *Taking responsibility for tourism. Responsible tourism management.* Oxford.

GÖSSLING, S., GARROD, B., AALL, C., HILLE, J., PEETERS, P. (2011): Food management in tourism. Reducing tourism's carbon 'foodprint'. In: *Tourism Management* 32 (3), S. 534-543.

GRAHAM, J., AMOS, B., PLUMPTRE, T. (2003): *Governance principles for protected areas in the 21st century - a discussion paper* (=prepared for the Fifth World Parks Congress Durban, South Africa). Ottawa.

GREBE, R., BAUERNSCHMITT, G. (1995): *Biosphärenreservat Rhön. Rahmenkonzept für Schutz, Pflege und Entwicklung.* Nürnberg.

GRUNWALD, A., KOPFMÜLLER, J. (2012): *Nachhaltigkeit.* Frankfurt, New York.

HAHNE, U. (1985): *Regionalentwicklung durch Aktivierung intraregionaler Potentiale. Zu den Chancen „endogener" Entwicklungsstrategien.* München.

HALL, C. M. (2011): A typology of governance and its implications for tourism policy analysis. In: *Journal of Sustainable Tourism* 19 (4-5), S. 437-457.

HALL, C. M., MÜLLER, D. K., SAARINEN, J. (2009): *Nordic tourism. Issues and cases.* (=Aspects of tourism). Bristol, U.K, Buffalo.

HALL, C. M., SHARPLES, L. (2008): Food events, festivals and farmers' markets: an in-troduction. In: HALL, C. M., SHARPLES, L. (Hrsg.): *Food and wine festivals and events around the world. Development, management and markets.* Amsterdam, London, S. 3-22.

HAMMER, T. (2002): Das Biosphärenreservat-Konzept als Instrument nachhaltiger Entwicklung? Beispiel Entlebuch, Schweiz. In: MOSE, I., WEIXLBAUMER, N. (Hrsg.): *Naturschutz: Grossschutzgebiete und Regionalentwicklung* (=Naturschutz und Frei-zeitgesellschaft 5). Sankt Augustin, S. 111-135.

HAMMER, T. (2003): Grossschutzgebiete neu interpretiert als Instrumente nachhalti-ger Regionalentwicklung. In: HAMMER, T. (Hrsg.): *Grossschutzgebiete. Instrumente nachhaltiger Entwicklung.* München, S. 9-34.

HAMMER, T. (2007): Protected Areas and Regional Development: Conflicts and Op-portunities. In: MOSE, I. (Hrsg.): *Protected areas and regional development in Europe. Towards a new model for the 21st century.* Aldershot, England, Burlington, VT, S. 21-36.

HAMMER, T., MOSE, I., SCHEURER, T., SIEGRIST, D., WEIXLBAUMER, N. (2012): Societal research perspectives on protected areas in Europe. In: *ecomont* 4 (1), S. 5-12.

HAMMER, T., SIEGRIST, D. (2008): Protected Areas in the Alps. The Success Factors of Nature-Based Tourism and the Challenge for Regional Policy. In: *GAIA* 17 (1), S. 152-160.

HANNEMANN, T., POPP, D., ZIMMER, P. (2001): *Touristische Angebotsgruppe „Deutsche Nationalparke"*. Bonn.

HANNEMANN, T., JOB, H. (2003): Destination "Deutsche Nationalparke" als touristische Marke. In: *Tourism Review* 58 (2), S. 6-17.

HARRER, B, SCHERR, S. (2010): *Ausgaben der Übernachtungsgäste in Deutschland* (=Schriftenreihe des dwif 53). München.

HARRER, B., BENGSCH, L., NEUMANN, A. (2010): *Wirtschaftsfaktor Tourismus in Franken : Studie zur Struktur und ökonomischen Bedeutung*. Nürnberg, München.

HARRER, B., SCHERR, S. (2013): *Tagesreisen der Deutschen* (=Schriftenreihe des dwif 55). München.

HAUFF, V. (1987): *Unsere gemeinsame Zukunft. Der Brundtland-Bericht der Weltkommission für Umwelt und Entwicklung*. Greven.

HAUGLAND, S. A., NESS, H., GRØNSETH, B.-O., AARSTAD, J. (2011): Development of tourism destinations. In: *Annals of Tourism Research* 38 (1), S. 268-290.

HENNE, E. (2007): Nationale Naturlandschaften – Kommunikationsprojekt stärkt Biosphärenreservate. In: DEUTSCHE UNESCO-KOMMISSION E.V. (Hrsg.): *UNESCO Biosphärenreservate: Modellregionen von Weltrang*. Rheinbreitbach, S. 58-60.

HENNIG, S., GROSSMANN, Y. (2008): Charakterisierung von Erholungsuchenden in Schutzgebieten im Fokus der Besucherlenkung am Beispiel des Nationalparks Berchtesgaden. In: KOPP, H. (Hrsg.): *Mitteilungen der Fränkischen Geographischen Gesellschaft (=Band 55)*. Neustadt an der Aisch, S. 97-122.

HERGET, Y., SCHAMEL, J., SCHEDER, N., JOB, H. (2016): Birding im Nationalpark Vorpommersche Boddenlandschaft. In: *Naturschutz und Landschaftsplanung* 48 (5), S. 153-160.

HERRENKNECHT, A., WOHLFARTH, J. (1997): Auf dem Weg ins ‚Nachhaltigkeits-Land‘? Was hat der ländliche Raum von der Nachhaltigkeitsdebatte zu erwarten? In: *Pro Region* (22/23), S. 5-35.

HIRSCHNITZ-GARBERS, M., STOLL-KLEEMANN, S. (2011): Opportunities and barriers in the implementation of protected area management. A qualitative meta-analysis of case studies from European protected areas. In: *The Geographical Journal* 177 (4), S. 321-334.

HJALAGER, A.-M., JOHANSEN, P. H. (2013): Food tourism in protected areas – sustainability for producers, the environment and tourism? In: *Journal of Sustainable Tourism* 21 (3), S. 417-433.

HJERPE, E. E., KIM, Y.-S. (2007): Regional economic impacts of Grand Canyon river runners. In: *Journal of environmental management* 85 (1), S. 137-149.

HOFFMANN, A. (2006): *Biosphärenreservate in ihrer Bedeutung als Zielgebiet für Freizeit und Tourismus. Das Beispiel des Biosphärenreservates Oberlausitzer Heide- und Teichlandschaft* (=Diplomarbeit an der katholischen Universität Eichstätt-Ingolstadt). Eichstätt.

Hoffmann, A. (2009): „Urlaub bei unseren Partnern" – Fruchtbare Kooperation zwischen nationalen Naturlandschaften und touristischen Betrieben. In: BfN (Bundesamt für Naturschutz) (Hrsg.): *Nachhaltiger und naturverträglicher Tourismus – Strategien, Erfolgsfaktoren und Beispiele zur Umsetzung*. Bonn-Bad Godesberg, S. 195-212.

Institut für ländliche Strukturforschung (2014): *Evaluation der LEADER-Region Pfälzerwald*. Frankfurt.

Internationale Konferenz zu Biodiversität und Tourismus (Hrsg.) (1997): *Berlin Declaration on Biodiversity and Sustainable Tourism, 6.-8. März*. Berlin.

Job, H. (2003): „Reisestile": Modell des raumzeitlichen Verhaltens von Reisenden. Ein raumwissenschaftlicher Diskussionsbeitrag zum Wandel der Gestalt touristischer Destinationen. In: *Tourismus Journal 7* (3), S. 355-376.

Job, H. (2005): Die Alpen als Destination – eine Analyse in vier Dimensionen. In: *Mitteilungen der Österreichischen Geographischen Gesellschaft 147*, S. 113-138.

Job, H. (Hrsg.) (2008): *Die Destination Nationalpark Bayerischer Wald als regionaler Wirtschaftsfaktor*. Grafenau.

Job, H. (2010): Welche Nationalparke braucht Deutschland?. In: *Raumforschung und Raumordnung 68* (2), S. 75-89.

Job, H., Maier, P., Niederprüm, H.-D., Preun, W., Witzel, A. (1993): *Informations- und Öffentlichkeitsarbeit in Natur und Landschaft. Von der Theorie zur Praxis!* (=Schriftenreihe des Informationszentrums Naturpark Altmühltal 6). Eichstätt.

Job, H., Knies, S. (2001): Der Wert der Landschaft. In: *Raumforschung und Raumordnung 59* (1), S. 19-28.

Job, H., Metzler, D., Vogt, L. (2003): *Inwertsetzung alpiner Nationalparks. Eine regionalwirtschaftliche Analyse des Tourismus im Alpenpark Berchtesgaden* (=Münchner Studien zur Sozial- und Wirtschaftsgeographie 43). Kallmünz/Regensburg.

Job, H., Vogt, L. (2003): Freizeit/Tourismus und Umwelt – Umweltbelastungen und Konfliktlösungsansätze. In: Becker, C., Hopfinger, H., Steinecke, A. (Hrsg.): *Geographie der Freizeit und des Tourismus. Bilanz und Ausblick*. München, S. 851-864.

Job, H., Metzler, D., Müller, M., Mayer, M. (2004): The Contribution of Small and Medium Tourism Enterprises to Regional Economic Development – a Comparison between two German National Park Regions. In: Keller, P., Bieger, T. (Hrsg.): *The Future of Small and Medium Sized Enterprises in Tourism* (=Editions AIEST Vol. 46), St. Gallen, S. 55-76.

Job, H., Harrer, B., Metzler, D., Hajizadeh-Alamdary, D. (2005a): *Ökonomische Effekte von Großschutzgebieten. Untersuchung der Bedeutung von Großschutzgebieten für den Tourismus und die wirtschaftliche Entwicklung der Region* (=BfN Skripten 135). Bonn-Bad Godesberg.

Job, H., Paesler, R., Vogt, L. (2005b): Geographie des Tourismus. In: Schenk, W., Schliephake, K. (Hrsg.): *Allgemeine Anthropogeographie*. Gotha/Stuttgart, S. 581-628.

Job, H., Metzler, D., Hajizadeh-Alamdary, D. (2006): *Ökonomische Effekte von Großschutzgebieten. Leitfaden zur Erfassung der regionalwirtschaftlichen Wirkungen des Tourismus in Großschutzgebieten* (=BfN-Skripten 151). Bonn-Bad Godesberg.

JOB, H., WOLTERING, M., HARRER, B. (2009): *Regionalökonomische Effekte des Tourismus in deutschen Nationalparken* (=Naturschutz und biologische Vielfalt 76). Bonn-Bad Godesberg.

JOB, H., MAYER, M. (Hrsg.) (2013): *Tourismus und Regionalentwicklung in Bayern* (=Arbeitsberichte der ARL 9). Hannover.

JOB, H., BECKEN, S., SACHER, P. (2013a): Wie viel Natur darf sein? In: *Standort* 37 (4), S. 204-210.

JOB, H., KRAUS, F., MERLIN, C., WOLTERING, M. (2013b): *Wirtschaftliche Effekte des Tourismus in Biosphärenreservaten Deutschlands* (=Naturschutz und biologische Vielfalt 134). Bonn-Bad Godesberg.

JOB, H., MERLIN, C., METZLER, D., SCHAMEL, J., WOLTERING, M. (2016a): *Regionalwirtschaftliche Effekte durch Naturtourismus in deutschen Nationalparken als Beitrag zum Integrativen Monitoring-Programm für Großschutzgebiete* (=BfN-Skripten 431). Bonn-Bad Godesberg.

JOB, H., WOLTERING, M., WARNER, B., HEILAND, S., JEDICKE, E., MEYER, P., NIENABER, B., PLIENINGER, T., PÜTZ, M., RANNOW, S., RUSCHKOWSKI, E. v. (2016b): Biodiversität und nachhaltige Landnutzung in Großschutzgebieten. In: *Raumforschung und Raumordnung* 74 (6), S. 481-494.

JOHNSEN, J., BIEGER, T., SCHERER, R. (2008): Indicator-based Strategies for Sustainable Tourism Development. In: *Mountain Research and Development* 28 (2), S. 116-121.

JOHNSON, R. L., MOORE, E. (1993): Tourism impact estimation. In: *Annals of Tourism Research* 20 (2), S. 279-288.

JOINT TECHNICAL SECRETARIAT OF THE BALTIC SEA REGION PROGRAM (2015): *Program 2007-2013 Project Database – Parks & Benefits.* URL: http://eu.baltic.net/Project_Database.5308.html?& contentid=9&contentaction=single (Abrufdatum: 18.06.2015).

JUNGK, R. (1980): Wie viele Touristen pro Hektar Strand. In: *Geo* (10), S. 154-156.

KAMMANN, E., MÖLLER, L. (2007): MAB – Der Mensch und die Biosphäre. Ein Rückblick. In: *UNESCO heute* (2), S. 13-15.

KASPAR, C. (1996): *Die Tourismuslehre im Grundriss* (=St. Galler Beiträge zum Tourismus und zur Verkehrswirtschaft Reihe Tourismus 1). Bern.

KELLER, P., BIEGER, T. (Hrsg.)(2004): *The Future of Small and Medium Sized Enterprises in Tourism* (=Editions AIEST Vol. 46), St. Gallen.

KRAUS, F. (2015): *Nachhaltige Regionalentwicklung im Biosphärenreservat Rhön. Regionale Wertschöpfungsketten diskutiert am Beispiel der Dachmarke Rhön* (=Würzburger Geographische Arbeiten 114). Würzburg.

KRAUS, F., MERLIN, C., JOB, H. (2014): Biosphere Reserves and their contribution to sustainable development – A value-chain analysis in the Rhön Biosphere Reserve, Germany. In: *Zeitschrift für Wirtschaftsgeographie* 58 (2-3), S. 164-180.

KRIPPENDORF, J. (1975): *Die Landschaftsfresser. Tourismus und Erholungslandschaft – Verderben oder Segen?* Bern.

KUCKARTZ, U. (2007): *Einführung in die computergestützte Analyse qualitativer Daten.* Wiesbaden.

KÜHN, M. (2000): Biosphere Reserves as Planning Models for Sustainable Regional Development. Schorfheide-Chorin, Germany. In: *Journal of Environmental Planning and Management* 43 (6), S. 897-904.

Kühne, O. (2010): Das UNESCO-Biosphärenreservat Bliesgau. In: *Standort* 34 (1), S. 27-33.

Kullmann, A. (2007): *Regionalvermarktung in den deutschen Biosphärenreservaten. Status Quo-Analyse und Optimierungspotentiale* (=BfN-Skripten 175). URL: http://www.bfn.de/fileadmin/ MDB/documents/service/skript175.pdf (Abrufdatum: 03.10.2011).

Küpfer, I. (2000): *Die regionalwirtschaftliche Bedeutung des Nationalparktourismus: untersucht am Beispiel des Schweizerischen Nationalparks* (=Nationalpark-Forschung in der Schweiz 90). Zernez.

Küpfer, I., Elsasser, H. (2000): Regionale touristische Wertschöpfungsstudien: Fallbeispiel Nationalparktourismus in der Schweiz. In: *Tourismus Journal* 4 (4), S. 433-448.

Lacy, T. d., Battig, M., Moore, S., Noakes, S. (2002): *Public/private partnerships for sustainable tourism. Delivering a sustainability strategy for tourism destinations.* Gold Coast, Qld.

Laesser, C. (2002): Aufgaben des Destinationsmanagements und Herausforderungen für eine zukunftsorientiere Tourismuspolitik. In: Pechlaner, H., Wiermeier, K., Laesser, C. (Hrsg.): *Tourismuspolitik und Destinationsmanagement. Neue Herausforderungen und Konzepte* (=Internationale Tagung „Tourismuspolitik und Destinationsmanagement" der Arbeitsgemeinschaft Alpenländer ARGE ALP, 22.-23. Mai 2001). Bern, S. 77-122.

LAG Mecklenburger Schaalseeregion (2015): *Projekte.* URL: http://www.leader-schaalsee.de/de/projekte/ (Abrufdatum: 10.03.2016).

Lahner, M. (2009): *Regional Governance in Biosphärenreservaten. Eine Analyse am Beispiel der Regionen Rhön und Schaalsee unter Einbeziehung von Place-Making.* Stuttgart.

Lahner, M., Pollermann, K. (2008): Biosphärenreservat Rhön. In: Fürst, D., Gailing, L., Pollermann, K., Röhring, A. (Hrsg.): *Kulturlandschaft als Handlungsraum. Institutionen und Governance im Umgang mit dem regionalen Gemeinschaftsgut Kulturlandschaft.* Dortmund, S. 209-232.

Laing, J. H., Lee, D., Moore, S. A., Wegner, A., Weiler, B. (2009): Advancing conceptual understanding of partnerships between protected area agencies and the tourism industry. A postdisciplinary and multi-theoretical approach. In: *Journal of Sustainable Tourism* 17 (2), S. 207-229.

Laing, J., Wegner, A., Moore, S., Weiler, B., Pfueller, S., Lee, D., Mcbeth, J., Croy, G., Lockwood, M. (2008): *Understanding partnerships for protected area tourism. Learning from the literature.* Gold Coast, Qld.

Landesamt für Umwelt, Gesundheit und Verbraucherschutz Brandenburg (Hrsg.) (2012): *Bericht zur Überprüfung des UNESCO-Biosphärenreservates Spreewald 2012.* Potsdam.

Landratsamt Ilm-Kreis (Hrsg.) (2013): *Wettbewerb Tourismusbudget 2013 – NATUR-Erfahrung Biosphäre – Region UNESCO-Biosphärenreservat Vessertal-Thüringer Wald.* Arnstadt.

Lawhon, M., Patel, Z. (2013): Scalar politics and local sustainability. Rethinking governance and justice in an era of political and environmental change. In: *Environment and Planning C* 31 (6), S. 1048-1062.

LEE, J., CHOI, Y., BREITER, D. (2016): An Exploratory Study of Convention Destination Competitiveness from the Attendees Perspective. Importance-Performance Analysis and Repeated Measures of Manova. In: *Journal of Hospitality & Tourism Research* 40 (5), S. 589-610.

LEIBENATH, M. (2001): *Entwicklung von Nationalparkregionen durch Regionalmarketing* (= Europäische Hochschulschriften Reihe 5, Band 2732). Frankfurt/Main.

LEIPER, N. (1990): Tourist attraction systems. In: *Annals of Tourism Research* 17 (3), S. 367-384.

LEUNG, Y.-F., SPENCELEY, A., HVENEGAARD, G., BUCKELY, R. (2015): *Tourism and Visitor Management in Protected Areas: Guidelines towards sustainability* (=Best Practice Protected Area Guidelines No. XX). Gland, Schweiz, IUCN.

LIU, Z. (2003): Sustainable Tourism Development. A Critique. In: *Journal of Sustainable Tourism* 11 (6), S. 459-475.

LOOMIS, J., CAUGHLAN, L. (2006): The importance of adjusting for trip purpose in regional economic analyses of tourist destinations. In: *Tourism Economics* 12 (1), S. 33-43.

LÜTKEPOHL, M., SCHULZ, R. (2013): Die Naturwacht Brandenburg. In: *Natur und Landschaft* 88 (6), S. 270-274.

MAJEWSKI, L. (2014): *Analyse touristischer Angebotserstellung durch die Verwaltungsstellen deutscher Biosphärenreservate: ein Vergleich ausgewählter Fallbeispiele* (=unveröffentlichte Bachelorarbeit am Lehrstuhl für Geographie und Regionalforschung der JMU-Würzburg). Würzburg.

MALY-WISCHHOF, L. (2012): *Marketingkonzept „Erlebnisregion Bliesgau". Vermarktung von BNE-Angeboten*. Berlin.

MASCHKE, J. (2005): *Tagesreisen der Deutschen* (=Schriftenreihe des dwif 50). München.

MASCHKE, J. (2007): *Hotelbetriebsvergleich 2005 (=Sonderreihe 74)*. München.

MASCHKE, J. (2007): *Tagesreisen der Deutschen. Grundlagenuntersuchung* (=Schriftenreihe des dwif 52). München.

MASCHKE, J. (2010): *Betriebsvergleich für die Hotellerie und Gastronomie in Bayern 2008 (= Sonderreihe 75)*. München.

MAYER, M. (2013): *Kosten und Nutzen des Nationalparks Bayerischer Wald. Eine ökonomische Bewertung unter Berücksichtigung von Tourismus und Forstwirtschaft* (=Hochschulschriften zur Nachhaltigkeit, 59). München.

MAYER, M. (2014): Can nature-based tourism benefits compensate for the costs of national parks? A study of the Bavarian Forest National Park, Germany. In: *Journal of Sustainable Tourism* 22 (4), S. 561-583.

MAYER, M., WOLTERING, M. (2008): Angebotsseitige Analyse des Tourismus in der Nationalparkregion Bayerischer Wald. In: JOB, H. (Hrsg.): *Die Destination Nationalpark Bayerischer Wald als regionaler Wirtschaftsfaktor*. Grafenau, S. 66-99.

MAYER, M., WOLTERING, M., JOB, H. (2008): Tourismus und Regionalentwicklung in den Bayerischen Alpen. In: *Geographische Rundschau* 60 (10), S. 40-46.

MAYER, M., MÜLLER, M., WOLTERING, M., ARNEGGER, J., JOB, H. (2010): The economic impact of tourism in six German national parks. In: *Landscape and Urban Planning* 97 (2), S. 73-82.

MAYER, M., JOB, H. (2014): The economics of protected areas – a European perspective. In: *Zeitschrift für Wirtschaftsgeographie* 58 (2/3), S. 73-97.

MAYER, M., VOGT, L. (2016): Economic Effects of Tourism and its influencing Factors. An Overview focusing on the Spending Determinants of Visitors. In: *Zeitschrift für Tourismuswissenschaft* 8 (2), S. 169-198.

MAYERL, D. (2004): Das Netzwerk der Biosphärenreservate in Deutschland. In: DEUTSCHES MAB-NATIONALKOMITEE (Hrsg.): *Voller Leben. UNESCO-Biosphärenreservate – Modellregionen für eine nachhaltige Entwicklung.* Berlin, S. 26-41.

MAYRING, P. (2002): *Einführung in die qualitative Sozialforschung.* Weinheim.

MAYRING, P. (2010): *Qualitative Inhaltsanalyse. Grundlagen und Techniken.* Weinheim.

McAREAVEY, R., McDONAGH, J. (2011): Sustainable Rural Tourism. Lessons for Rural Development. In: *Sociologia Ruralis* 51 (2), S. 175-194.

McCOOL, S. F. (2006): Managing for visitor experiences in protected areas: promising opportunities and fundamental challenges. In: *Parks* 16 (2), S. 3-9.

McCOOL, S. F. (2009): Constructing partnerships for protected area tourism planning in an era of change and messiness. In: *Journal of Sustainable Tourism* 17 (2), S. 133-148.

McKERCHER, B., DU CROS, H. (2002): *Cultural tourism. The partnership between tourism and cultural heritage management.* New York.

MEADOWS, D. L., MEADOWS, D., MILLING, P., ZAHN, E. (1973): *Die Grenzen des Wachstums. Bericht des Club of Rome zur Lage der Menschheit.* Reinbeck bei Hamburg.

MEIER KRUKER, V., RAUH, J. (2005): *Arbeitsmethoden der Humangeographie* (=Geowissen kompakt). Darmstadt.

MERLIN, C., KRAUS, F. (2016): Wirtschaftliche Effekte des Tourismus in Biosphärenreservaten Deutschlands. In: *Natur und Landschaft* 91 (1), S. 26-31.

MESSERLI, P. (2001): Natur- und Landschaftsschutz in der Regionalentwicklung. In: *Schweizerische Blätter für Natur- und Heimatschutz* 43 (6).

METZLER, D. (2007): *Regionalwirtschaftliche Effekte von Freizeitgroßeinrichtungen. Eine methodische und inhaltliche Analyse* (=Münchner Studien zur Sozial- und Wirtschaftsgeographie 46). Kallmünz/Regensburg.

METZLER, D., WOLTERING, M., SCHEDER, N. (2016): Naturtourismus in Deutschlands Nationalparks. In: *Natur und Landschaft* 91 (1), S. 8-14.

MEUSER, M., NAGEL, U. (2005): Experteninterviews – vielfach erprobt, wenig bedacht. Ein Beitrag zur qualitativen Methodendiskussion.. In: BOGNER, A., LITTIG, B., MENZ, B. (Hrsg.): *Das Experteninterview. Theorie, Methode, Anwendung.* Wiesbaden, S. 71-93.

MINISTERIUM FÜR LANDWIRTSCHAFT, UMWELT UND VERBRAUCHERSCHUTZ MECKLENBURG-VORPOMMERN (Hrsg.) (2010): *Bewahren und Entwickeln – 10 Jahre Biosphärenreservat Schaalsee 2000-2010.* Schwerin.

MINISTERIUM FÜR LANDWIRTSCHAFT, UMWELT UND VERBRAUCHERSCHUTZ MECKLENBURG-VORPOMMERN (Hrsg.) (2013): *Bericht zur Überprüfung des UNESCO-Biosphärenreservates Südost-Rügen.* Putbus.

MINISTERIUM FÜR UMWELT, KLIMA UND ENERGIEWIRTSCHAFT BADEN-WÜRTTEMBERG (Hrsg.) (2016): *Biosphärengebiet Schwarzwald – Antrag auf Anerkennung als UNESCO-Biosphärenreservat.* Freiburg.

MITSCHANG, S. (1999): Der Planungsgrundsatz der Nachhaltigkeit. In: ZIEKOW, J. (Hrsg.): *Bauplanungsrecht vor neuen Herausforderungen.* (=Vorträge auf den Ersten

Speyerer Planungsrechtstagen, 10. bis 12. März 1999 an der Deutschen Hochschule für Verwaltungswissenschaften Speyer, Schriftenreihe der Hochschule Speyer 134). Berlin, S. 73-98.

Mönnecke, M., Schubert, B., Wasem, K. (2005): *Sportaktivitäten im Einklang mit Natur und Landschaft. Handlungsorientierte Lösungen für die Praxis.* Rapperswil.

Moore, S. A., Weiler, B. (2009): Tourism-protected area partnerships: stoking the fires of innovation. In: *Journal of Sustainable Tourism* 17 (2), S. 129-132.

Mose, I. (1989): Eigenständige Regionalentwicklung – Chance für den peripheren Raum? In: *Geographische Zeitschrift* 77 (3), S. 154-167.

Mose, I. (1993): *Eigenständige Regionalentwicklung – neue Chancen für die ländliche Peripherie?* (=Vechtaer Studien zur angewandten Geographie und Regionalwissenschaft 8). Vechta.

Mose, I. (Hrsg.) (2007): *Protected areas and regional development in Europe. Towards a new model for the 21st century.* Aldershot, England, Burlington, VT.

Mose, I., Weixelbaumer, N. (2003): Grossschutzgebiete als Motoren einer nachhaltigen Regionalentwicklung? Erfahrungen mit ausgewählten Schutzgebieten in Europa. In: Hammer, T. (Hrsg.): *Grossschutzgebiete. Instrumente nachhaltiger Entwicklung.* München, S. 35-96.

Moss, T., Gailing, L. (2010): Institutionelle Herausforderungen und Governance-Formen für die nachhaltige Entwicklung von Biosphärenreservaten. In: DRL (Hrsg.): *Biosphärenreservate sind mehr als Schutzgebiete – Wege in eine nachhaltige Zukunft* (=Schriftenreihe des Deutschen Rates für Landespflege 83). Bonn, S. 123-126.

Moyle, B. D., Croy, W. G. (2009): Media in the Previsit Stage of the Tourist Experience. Port Campbell National Park. In: *Tourism Analysis* 14 (2), S. 199-208.

Müller, H. R., Kramer, B., Krippendorf, J. (1991): *Freizeit und Tourismus.* Bern.

Mundt, J. W. (2013): *Tourismus.* München.

Munz, K. (2015): *Regionalvermarktungsinitiativen und Partnerschaftsinitiativen als Instrumente nachhaltiger Entwicklung in Biosphärenreservaten* (=unveröffentlichte Bachelorarbeit am Lehrstuhl für Geographie und Regionalforschung der JMU-Würzburg). Würzburg.

NatPPfälzerwaldV RP 2007: *Landesverordnung über den „Naturpark Pfälzerwald" als deutscher Teil des Biosphärenreservates Pfälzerwald-Nordvogesen vom 22. Januar 2007.*

Naturpark Pfälzerwald e.V. (2012): *Fortgeschriebenes Handlungsprogramm des Naturparks Pfälzerwald – deutscher Teil des grenzüberschreitenden Biosphärenreservates Pfälzerwald Nordvogesen für die Jahre 2009 - 2018.* Lambrecht/Pfalz.

Neumeier, S., Pollermann, K. (2011): Ländlicher Tourismus als Chance? Möglichkeiten und Grenzen der Förderung von ländlichem Tourismus am Beispiel eines Modellvorhabens. In: *Landbauforschung vTI Agriculture and Forestry Research* 61 (3), S. 161-174.

Neumeier, S., Pollermann, K., Jäger, R. (2011): *Überprüfung der Nachhaltigkeit des Modellprojektes Einkommenssicherung durch Dorftourismus* (=Landbauforschung Sonderheft 351). Braunschweig.

Newsome, D., Moore, S., Dowling, R. (2013): *Natural area tourism. Ecology, impacts and management* (=Aspects of tourism 58). Bristol.

NOLTE, B. (2004): *Sustainable Tourism in Biosphere Reserves of East Central European Countries – Case Studies from Slovakia, Hungary and the Czech Republic.* URL: http://www.metla.fi/julkaisut/workingpapers/2004/mwp002-50.pdf   (Abrufdatum: 15.01.2013).

NOLTE, B. (2005): *Tourismus in Biosphärenreservaten Ostmitteleuropas. Hoffnungen, Hindernisse und Handlungsspielräume bei der Umsetzung von Nachhaltigkeit.* Berlin.

OBERHUBER, N. (2016): Grenzwertig. In: *Zeit Online*, 24.02.2016. URL: http://www.zeit.de/wirtschaft/2016-02/fluechtlingskrise-grenze-deutschland-oesterreich-kontrollen (Abrufdatum: 05.08.2016).

OSTERMANN, O., ENGELS, B., WOIDIG, S., KAISER, M. (2014): Die Europäische Charta zum nachhaltigen Tourismus in Schutzgebieten und das Projekt PARKS & BENEFITS. In: *Natur und Landschaft* 89 (3), S. 118-123.

ÖTE (ÖKOLOGISCHER TOURISMUS IN EUROPA E.V.) (Hrsg.) (2013): *Praxisleitfaden Tourismus & biologische Vielfalt – Umsetzungsstrategien zur erfolgreichen Förderung von Naturtourismus und Entwicklung von Naturerlebnis im Tourismus.* Bonn.

PAESLER, F. (2015): *Regionalentwicklung und Mensch-Umwelt-Interaktion. Zwei Fallbeispiele aus Kenia und der Demokratischen Republik Kongo* (=Würzburger Geographische Arbeiten 113). Würzburg.

PEATTIE, K. (1999): Rethinking Marketing. In: CHARTER, M., POLONSKY, M. J. (Hrsg.): *Greener marketing. A global perspective on greening marketing practice.* Sheffield, S. 57-70.

PECHLANER, H. (2003): *Tourismus-Destinationen im Wettbewerb* (=Neue Betriebswirtschaftliche Forschung 312). Wiesbaden.

PECHLANER, H., KOZAK, M., VOLGGER, M. (2014): Destination leadership. A new paradigm for tourist destinations? In: *Tourism Review* 69 (1), S. 1-9.

PECHLANER, H., LANGE, S., RAICH, F. (2011): Enhancing tourism destinations through promoting the variety and uniqueness of attractions offered by minority populations. An exploratory study towards a new research field. In: *Tourism Review* 66 (4), S. 54-64.

PETERMANN, C. (2007): Die Bedeutung der Regionalvermarktung für Kulturlandschaftserhalt und Naturschutz. In: BfN (BUNDESAMT FÜR NATURSCHUTZ) (Hrsg.): *Bedeutung der Regionalvermarktung für Kulturlandschaftserhalt und Naturschutz* (=BfN-Skripten 221). Bonn-Bad Godesberg, S. 13-23.

PETERS, U., WITZEL, A. (1995): Regionale Nachhaltigkeit – von der Idee zum Leitbild regionaler Entwicklung. In: EUROPÄISCHES TOURISMUSINSTITUT GMBH (Hrsg.): *Tourismus und nachhaltige Entwicklung. Strategien und Lösungsansätze. 3. Europäisches Wissenschaftsforum auf der Internationalen Tourismus-Börse Berlin '95* (= ETI-Texte 7). Trier, S. 19-31.

PFEUFFER, T. (2015): Die Rhön zieht an einem Strang. In: *Main-Post,* 22.03.2015 URL: http://www.mainpost.de/regional/rhoengrabfeld/Tourismusorganisationen-Vertrieb;art20297,8637155. (Abrufdatum: 22.03.2015).

PLIENINGER, T., WOLTERING, M., JOB, H. (2016): Implementierung des Ökosystemleistungs-Ansatzes in deutschen Biosphärenreservaten. In: *Raumforschung und Raumordnung* 74 (6), S. 541-554.

PLONER, A., BRANDENBURG, C. (2003): Modelling visitor attendance levels subject to day of the week and weather. A comparison between linear regression models and regression trees. In: *Journal for Nature Conservation* 11 (4), S. 297-308.

POKORNY, D. (2010): Erfahrungen und Perspektiven zur regionalen Selbststeuerung (Regional Governance) aus dem Biosphärenreservat Rhön. In: DRL (Hrsg.): *Biosphärenreservate sind mehr als Schutzgebiete – Wege in eine nachhaltige Zukunft* (=Schriftenreihe des Deutschen Rates für Landespflege 83). Bonn, S. 127-133.

POLLERMANN, K. (2004): *Planungsstrategien zur Umsetzung von integrierten Umweltschutzkonzepten für die Landnutzung durch Tourismus, Landwirtschaft und Naturschutz. Eine Evaluation der Umsetzungserfolge in Beispielgebieten und die Ableitung von Handlungsempfehlungen zur Gestaltung von kooperativen Planungsprozessen* (=Beiträge zur räumlichen Planung 77). Hannover.

PORTER, M. E. (1990): *The competitive advantage of nations.* New York, N.Y.

PRESSE- UND INFORMATIONSAMT DER BUNDESREGIERUNG (Hrsg.) (2002): *Perspektiven für Deutschland. Unsere Strategie für eine nachhaltige Entwicklung.* Berlin.

PRICE, M. F., PARK, J. J., BOUAMRANE, M. (2010): Reporting progress on internationally designated sites. The periodic review of biosphere reserves. In: *Environmental Science & Policy* 13 (6), S. 549-557.

PRÖBSTL-HAIDER, U., MELZER, V., JIRICKA, A. (2014): Rural tourism opportunities. Strategies and requirements for destination leadership in peripheral areas. In: *Tourism Review* 69 (3), S. 216-228.

PÜTZ, M., JOB, H. (2016): Governance und Regionalentwicklung in Großschutzgebieten Österreichs. In: *Raumforschung und Raumordnung* 74 (6), S. 569-583.

REID, M., WEARING, S., CROY, W. G. (2008): *Marketing of protected areas as a tool to influence visitors' pre-visit decisions.* Gold Coast, Qld.

REIN, H. (2009): Nachhaltiger Tourismus auf Ebene der Destination – Indikatorenmodelle warten auf Umsetzung. In: BUNDESAMT FÜR NATURSCHUTZ (BfN) (Hrsg.): *Nachhaltiger und naturverträglicher Tourismus – Strategien, Erfolgsfaktoren und Beispiele zur Umsetzung.* Bonn-Bad Godesberg, S. 43-62.

REIN, H., BALÁŠ, M. (2015): Nachhaltiges Destinationsmanagement. In: REIN, H., STRASDAS, W. (Hrsg.): *Nachhaltiger Tourismus. Einführung.* Konstanz, Stuttgart, S. 273-314.

REIN, H., STRASDAS, W. (Hrsg.) (2015): *Nachhaltiger Tourismus. Einführung.* Konstanz, Stuttgart.

REINIUS, S. W., FREDMAN, P. (2007): Protected areas as attractions. In: *Annals of Tourism Research* 34 (4), S. 839-854.

RESPONSIBLE TOURISM INSTITUTE (2015): *World summit on Sustainable Tourism 20th Anniversary of the world charter for sustainable tourism – Main References.* URL: http://sustainabletourismcharter2015.com/main-references/ (Abrufdatum: 15.05.2015).

REUBER, P., PFAFFENBACH, C. (2005): *Methoden der empirischen Humangeographie.* Braunschweig.

REVERMANN, C., PETERMANN, T. (2002): *TA-Projekt: Tourismus in Großschutzgebieten. Wechselwirkungen und Kooperationsmöglichkeiten zwischen Naturschutz und regionalem Tourismus. Endbericht* (=TAB Arbeitsbericht 77). Berlin.

RILEY, R. W., LOVE, L. (2000): The State of qualitative Tourism Research. In: *Annals of Tourism Research* 27 (1), S. 164-187.

Ritchie, J. R. B., Crouch, G. I. (2010): A model of destination competitiveness/sustainability. Brazilian perspectives. In: *Revista de Administração Pública* 44 (5), S. 1049-1066.

Ritchie, J. R. B., Crouch, G. I. (2003): *The competitive destination. A sustainable tourism perspective.* Wellingford.

Rodger, K., Moore, S. A., Newsome, D. (2007): Wildlife Tours in Australia. Characteristics, the Place of Science and Sustainable Futures. In: *Journal of Sustainable Tourism* 15 (2), S. 160-179.

Rodrigues, A. L. O., Rodrigues, A., Peroff, D. M. (2015): The Sky and Sustainable Tourism Development. A Case Study of a Dark Sky Reserve Implementation in Alqueva. In: *International Journal Tourism Research* 17 (3), S. 292-302.

Rügen Produkte Verein (2015): *Regionale Produzenten.* URL: http://ruegenprodukte. de/ produkte/regionale-produzenten/ (Abrufdatum:12.01.2016).

Ruschkowski, E. v. (2010): Nachhaltigkeit in Biosphärenreservaten – welche Rolle spielt die Planung. In: DRL (Hrsg.): *Biosphärenreservate sind mehr als Schutzgebiete – Wege in eine nachhaltige Zukunft* (=Schriftenreihe des Deutschen Rates für Landespflege 83). Bonn, S. 120-122.

Russo, A. P. (2002): The "vicious circle" of tourism development in heritage cities. In: *Annals of Tourism Research* 29 (1), S. 165-182.

Rütter, H., Guhl, D., Müller, H. (Hrsg.) (1996): *Wertschöpfer Tourismus. Ein Leitfaden zur Berechnung der touristischen Gesamtnachfrage, Wertschöpfung und Beschäftigung in 13 pragmatischen Schritten.* Bern.

Ryan, C. (1998): Economic impacts of small events: estimates and determinants – a New Zealand example. In: *Tourism Economics* 4 (4), S. 339-352.

Ryan, J., Silvanto, S., Seitz, V. (2013): The promotion of UNESCO biosphere reserves as tourist destinations: a preliminary examination of trends and implications. In: *International Journal of Business and Globalization* 10 (3), S. 309-324.

SCBD (Secretariat of the Convention on Biological Diversity) (2004): *Guidelines on biodiversity and tourism development. International guidelines for activities related to sustainable tourism development in vulnerable terrestrial, marine, and coastal ecosystems and habitats of major importance for biological diversity and protected areas, including fragile riparian and mountain ecosystems.* Montreal.

SCBD (Secretariat of the Convention on Biological Diversity) (2007): *Managing tourism & biodiversity. User's manual of the CBD guidelines on biodiversity and tourism development.* Montreal.

SCBD (Secretariat of the Convention on Biological Diversity) (2015a): *Aichi Biodiversity Targets.* URL: https://www.cbd.int/sp/targets/default.shtml (Abrufdatum: 22.08.2016).

SCBD (Secretariat of the Convention on Biological Diversity) (2015b): *Tourism supporting Biodiversity – A Manual on applying the CBD Guidelines on Biodiversity and Tourism Development.* Montreal.

Scheidegger, E. (2009): Tourismus im naturnahen Raum – die wirtschaftliche Sicht. In: Siegrist, D., Stremlow, M. (Hrsg.): *Landschaft Erlebnis Reisen. Naturnaher Tourismus in Pärken und UNESCO-Gebieten.* Zürich, S. 41-53.

Scherer, R. (2005): *Aktuelle Trends im Tourismus – Die Konsequenzen für die Kulturlandschaft* (=Präsentation an bei der LAG Baden-Württemberg der Akademie für Raumforschung und Landesplanung). Titisee, 24.11.2005.

Scherer, R., Johnsen, J., Strauf, S. (2005): *Die wirtschaftlichen Effekte einer UNESCO Weltkulturlandschaft Bodensee – Expertise im Auftrag der internationalen Bodenseekonferenz*. St. Gallen.

Schliep, R., Stoll-Kleemann, S. (2010): Assessing governance of biosphere reserves in Central Europe. In: *Land Use Policy* 27 (3), S. 917-927.

Schmid, A. (2004): *UNESCO Biosphäre Entlebuch: Modell für eine nachhaltige Regionalentwicklung?* Dissertation, Universität Zürich. Entlebuch.

Schmid, A., Schüpfheim, E. R., Elsasser, H. (2004): UNESCO Biosphäre Entlebuch: Modell für eine nachhaltige Regionalentwicklung? Konzept Zielerreichungskontrolle. In: *Geographica Helvetica* 59 (2), S. 144-153.

Schmitz-Veltin, A. (2003): *Biosphärenreservate und Tourismus – Die wirtschaftliche Bedeutung des Fremdenverkehrs im Biosphärenreservat Rhön* (=Unveröffentlichte Diplomarbeit an der Universität Mannheim). Mannheim.

Schmitz-Veltin, A. (2005): Der Wirtschaftsfaktor Tourismus in Nationalparken und Biosphärenreservaten als Beitrag zu nachhaltigen Regionalentwicklung. Wechselspiel zum Naturschutz am Beispiel Berchtesgaden und Rhön. In: *Naturschutz und Landschaftsplanung* 37 (4), S. S. 115-121.

Schnell, R., Hill, P. B., Esser, E. (1999): *Methoden der empirischen Sozialforschung*. München.

Schrader, N. (2006): *Die deutschen Biosphärenreservate auf dem Prüfstand! Evaluierung der bestehenden Biosphärenreservate unter Berücksichtigung der Vorgaben der UNESCO, der Anforderungen der nationalen Biosphärenreservatskriterien und des neu entwickelten Bewertungsverfahrens*. Dissertation Universität Trier. Trier.

Schrader, N. (2010): Biosphärenreservate auf dem Prüfstand – Ergebnisse einer ersten unabhängigen Evaluierung. In: DRL (Hrsg.): *Biosphärenreservate sind mehr als Schutzgebiete – Wege in eine nachhaltige Zukunft* (=Schriftenreihe des Deutschen Rates für Landespflege 83). Bonn, S. 86-89.

Schreiber, H.-J. (2005): *Organisation, Aufgaben und Finanzierung von Biosphärenreservaten der UNESCO in Deutschland* (=Informationsveranstaltung Willebadessen). 14.12.2005.

Schuler, A. (2015): Institutionelle Nachhaltigkeit im Tourismus. In: Rein, H., Strasdas, W. (Hrsg.): *Nachhaltiger Tourismus. Einführung*. Konstanz, Stuttgart, S. 315-333.

Schulz, W. (2004): Nachhaltiges Wirtschaften. In: Deutsches MAB-Nationalkomitee (Hrsg.): *Voller Leben. UNESCO-Biosphärenreservate – Modellregionen für eine nachhaltige Entwicklung*. Berlin, S. 99-104.

Sharpley, R. (2000): Tourism and Sustainable Development. Exploring the Theoretical Divide. In: *Journal of Sustainable Tourism* 8 (1), S. 1-19.

Sharpley, R., Pearce, T. (2007): Tourism, Marketing and Sustainable Development in the English National Parks. The Role of National Park Authorities. In: *Journal of Sustainable Tourism* 15 (5), S. 557-573.

SIEGRIST, D. (2005): Erfolgsfaktoren für ein nachhaltiges Tourismusmanagement in Naturparken. In: ÖSTERREICHISCHER ALPENVEREIN (Hrsg.): *Nachhaltige Innovationsfaktoren für ländliche Räume*. Insbruck, S. 31-36.

SIEGRIST, D., LINTZMEYER, F., HASS, S. (2007): *SUSTOURPARK – Erfolgsfaktoren im alpinen Schutzgebietstourismus. Ergebnisse einer Delphibefragung im Alpenraum* (=Schriftenreihe des Instituts für Landschaft und Freiraum, Hochschule für Technik Rapperswil 3). Rapperswil.

SIMS, R. (2009): Food, place and authenticity: local food and the sustainable tourism experience. In: *Journal of Sustainable Tourism* 17 (3), S. 321-336.

SLOAN, P., LEGRAND, W., CHEN, J. S. (2009): *Sustainability in the hospitality industry. Principles of sustainable operations*. Amsterdam, Boston.

SPEHL, H. (2001): Nachhaltige Regionalentwicklung. In: COSTANZA, R., CUMBERLAND, J. H., DALY, H. E., GOODLAND, R. J., NORGAARD, R. B., ESER, T. W. (Hrsg.): *Einführung in die ökologische Ökonomik*. Stuttgart, S. 285-286.

SPENCELEY, A. (2016): Tourism and protected areas. Comparing the 2003 and 2014 IUCN World Parks Congress. In: *Tourism and Hospitality Research*, S. 1-16.

STATISTISCHE ÄMTER DES BUNDES UND DER LÄNDER (2012a): *Monatserhebung im Tourismus. Tourismus: Beherbergungsbetriebe, Gästebetten, -übernachtungen, -ankünfte - Jahressumme – regionale Tiefe: Gemeinden, Samt-/Verbandsgemeinden (2010)*. Wiesbaden.

STATISTISCHE ÄMTER DES BUNDES UND DER LÄNDER (2012b): Regionaldatenbank Deutschland, Bezugsjahr 2010. URL: https://www.regionalstatistik.de/genesis/online (Abrufdatum: 10.04.2013).

STATISTISCHE ÄMTER DES BUNDES UND DER LÄNDER (2013): *Monatserhebung im Tourismus 1998-2011*. Wiesbaden.

STATISTISCHES BUNDESAMT (2012): *Zahl der Woche – Jeder Vierte in Deutschland hat Abitur*. Wiesbaden. URL: https://www.destatis.de/DE/PresseService/Presse/Pressemitteilungen/zdw/2012/ PD12_007_p002pdf.pdf;jsessionid=683FF55767F0C7074 4F91DAAF476C0A2.cae4?__blob=publicationFile (Abrufdatum:11.12.2015).

STATISTISCHES BUNDESAMT (2014): *Bevölkerung und Erwerbstätigkeit Vorläufige Ergebnisse der Bevölkerungsfortschreibung auf Grundlage des Zensus 2011*. Wiesbaden. URL:https://www.destatis.de/DE/Publikationen/Thematisch/Bevoelkerung/ Bevoelkerungsstand/VorlBevoelkerungsfortschreibung5124103149004.pdf?__ blob=publicationFile. (Abrufdatum 19.08.2016).

STEINECKE, A. (2013): *Destinationsmanagement*. Konstanz.

STEINMETZ, R. (2010): *Food, Tourism and Destination Differentiation: The Case of Rotorua, New Zealand*. Auckland.

STOLL-KLEEMANN, S., WELP, R. (2008): Participatory and Integrated Management of Biosphere Reserves. Lessons from Case Studies and a Global Survey. In: *GAIA* 17 (1), S. 161-168.

STRASDAS, W. (2009): Sanft, öko und fair – Nachhaltiger Tourismus vom gesellschaftlichen Gegenentwurf bis zur gegenwärtigen Klimakrise. In: BFN (BUNDESAMT FÜR NATURSCHUTZ) (Hrsg.): *Nachhaltiger und naturverträglicher Tourismus – Strategien, Erfolgsfaktoren und Beispiele zur Umsetzung*. Bonn-Bad Godesberg, S. 27-41.

STRASDAS, W. (2015): Einführung nachhaltiger Tourismus. In: REIN, H., STRASDAS, W. (Hrsg.): *Nachhaltiger Tourismus. Einführung*. Konstanz, Stuttgart, S. 11-38.

STRASDAS, W., BALAS, M., ZEPPENFELD, R. (2016): *Bestandsaufnahme und Bewertung von Zertifizierungssystemen für nachhaltigen Tourismus in Deutschland*. Eberswalde.

STRASDAS, W., ZEPPENFELD, R. (2008): *Nachhaltiger Tourismus. Studienbrief EZ0900. Fernstudium Nachhaltige Entwicklungszusammenarbeit.* Technische Universität Kaiserslautern. Kaiserslautern.

STYNES, D. J. (1997): *Economic Impacts of Tourism: A Handbook for Tourism Professionals.* Urbana.

THÜRINGER MINISTERIUM FÜR LANDWIRTSCHAFT, FORSTEN, UMWELT UND NATURSCHUTZ (Hrsg.) (2011): *Bericht zur Überprüfung des UNESCO-Biosphärenreservates Vessertal-Thüringer Wald.* Erfurt.

TORRES, R. (2002): Toward a better understanding of tourism and agriculture linkages in the Yucatan. Tourist food consumption and preferences. In: *Tourism Geographies* 4 (3), S. 282-306.

TOURISMUS- UND HEILBÄDERVERBAND RHEINLAND-PFALZ E.V. (Hrsg.) (2015): *Strukturen und Aufgaben der lokalen Ebene im Tourismus in Rheinland-Pfalz.* URL: http://www.projectm.de/project-m/de/Beratungskompetenz/Downloads/Tourismusstrategie_2015_ Rheinland -Pfalz.pdf (Abrufdatum: 13.12.2015).

TRIMBORN, R. (2009): Die Bedeutung von Qualitätszeichen, Labeln und Gütesiegeln im Tourismus. In: BFN (BUNDESAMT FÜR NATURSCHUTZ) (Hrsg.): *Nachhaltiger und naturverträglicher Tourismus – Strategien, Erfolgsfaktoren und Beispiele zur Umsetzung.* Bonn-Bad Godesberg, S. 175-183.

TSCHURTSCHENTHALER, P. (1993): Methoden zur Berechnung der Wertschöpfung im Tourismus. In: HAEDRICH, G., KASPAR, C., KLEMM, K., KREILKAMP, E. (Hrsg.): *Tourismus-Management. Tourismus-Marketing und Fremdenverkehrsplanung.* Berlin, S. 213-241.

UN (UNITED NATIONS) (1992): *Convention on Biological Diversity.* New York.

UN (UNITED NATIONS) (2000): *United Nations Millennium Declaration* (=General Assembly, Fifty-fifth session, A/RES/55/2). New York.

UN (UNITED NATIONS) (2015a): *Promotion of sustainable tourism, including ecotourism, for poverty eradication and environmental protection* (=General Assembly, Sixty-ninth session, A/RES/69/233). New York.

UN (UNITED NATIONS) (2015b): *Transforming our World: The 2030 Agenda for Sustainable Development* (=General Assembly, Seventieth session, A/RES/70/1). New York.

UNEP & WTO (UNITED NATIONS ENVIRONMENT PROGRAMME & WORLD TOURISM ORGANIZATION) (2005): *Making tourism more sustainable. A guide for policy makers.* Paris, Madrid.

UNESCO (UNITED NATIONS EDUCATIONAL, SCIENTIFIC AND CULTURAL ORGANIZATION) (1968): *Intergovernmental conference of experts on the scientific basis for rational use and conservation of the resources of the biosphere. Final Report.* Paris.

UNESCO (UNITED NATIONS EDUCATIONAL, SCIENTIFIC AND CULTURAL ORGANIZATION) (1996): *Biosphere reserves: The Seville Strategy and the Statutory Framework of the World Network.* Paris.

UNESCO (UNITED NATIONS EDUCATIONAL, SCIENTIFIC AND CULTURAL ORGANIZATION) (1974): *Programme on Man and the Biosphere (MaB). Task Force on: Criteria and guidelines for the choice and establishment of biosphere reserves* (=MaB report series 22). Paris.

UNESCO (United Nations Educational, Scientific and Cultural Organization) (1985): *Action Plan for Biosphere Reserves*. Paris.

UNESCO (United Nations Educational, Scientific and Cultural Organization) (1986): *International Co-ordinating Council of the Programme on Man and the Biosphere (MaB) – Ninth Session* (=MaB report series 60). Paris.

UNESCO (United Nations Educational, Scientific and Cultural Organization) (2001): *Seville +5. International Meeting of Experts*. Paris.

UNESCO (United Nations Educational, Scientific and Cultural Organization) (2004): *Report of the workshop of the Focus Group of the Task Force on the Development of Quality Economies in Biosphere Reserves, Berlin, Germany, October 2002*. Paris.

UNESCO (United Nations Educational, Scientific and Cultural Organization) (2008): *Madrid Action Plan for Biosphere Reserves (2008-2013)*. Paris.

UNESCO (United Nations Educational, Scientific and Cultural Organization) (2013): *International Co-ordinating Council of the Man and the Biosphere (MAB) Programme – Twenty-fifth session. Final Report* (=SC-13/CONF.225/11). Paris.

UNESCO (United Nations Educational, Scientific and Cultural Organization) (2015): *MAB Strategy 2015-2025*. Paris.

UNESCO (United Nations Educational, Scientific and Cultural Organization) (2016a): *Biosphere Reserves – Learning Sites for Sustainable Development*. URL: http://www.unesco.org/new/en/natural-sciences/environment/ecological-sciences/biosphere-reserves/ (Abrufdatum: 26.06.2016).

UNESCO (United Nations Educational, Scientific and Cultural Organization) (2016b): *International Co-ordinating MAB Council of the Man and the Biosphere (MAB) Programme 28th Session Lima, Peru, 18-19 March 2016 – Final Report* (=SC-16/CONF.228/13). Paris.

UNESCO (United Nations Educational, Scientific and Cultural Organization) (2016c): *Lima Action Plan for UNESCO's Man and the Biosphere (MAB) Programme and its World Network of Biosphere Reserves (2016-2025)*. Lima.

UNESCO (United Nations Educational, Scientific and Cultural Organization) (2016d): *Lima Declaration on the UNESCO Man and the Biosphere (MAB) Programme and its World Network of Biosphere Reserves (WNBR). International Coordinating Council of the Man and the Biosphere (MAB) Programme Twenty-eighth session Lima, Peru 18 – 19 March 2016*. Paris.

UNESCO Biosphäre Entlebuch (Hrsg.) (2012): *Bedeutung, Charakteristiken und wirtschaftliche Auswirkungen des Sommertourismus in der UNESCO Biosphäre Entlebuch*. Entlebuch.

UNESCO MAB Secretariat (2002): *The MaB Programme and Ecotourism – Tracking the path of sustainable tourism*. URL: http://unesdoc.unesco.org/images/0012/001259/125914e.pdf. (Abrufdatum: 15.09.2013).

UNESCO-Biosphärenreservat Vessertal-Thüringer Wald (2016): *Erweiterung des UNESCO-Biosphärenreservats*. URL: http://www.biosphaerenreservat-vessertal.de/de/biosphaerenreservat/ erweiterung-br/ (Abrufdatum: 04.04.2016).

UNWTO (World Tourism Organization) (Hrsg.) (2013): *Sustainable Tourism for Development Guidebook*. Madrid.

Utthof, D. (1988): Tourismus und Raum. Entwicklung, Stand und Aufgaben geographischer Tourismusforschung. In: *Geographie und Schule* 53, S. 2-12.

van Kerkhoff, L., Lebel, L. (2006): Linking Knowledge and Action for Sustainable Development. In: *Annual Review of Environment and Resources* 31 (1), S. 445-477.

Verbändearbeitskreis „Tourismus und biologische Vielfalt" (2013): *Leitbild des Verbände-Arbeitskreises „Tourismus und biologische Vielfalt"*. URL: http://www.europarc-deutschland.de/wp-content/uploads/2012/08/oete_Leitbild_final_300dpi.pdf (Abrufdatum: 15.04.2016).

Verein Naturpark Pfälzerwald e.V. (2013): *Bericht zur zweiten periodischen Überprüfung des Biosphärenreservats Pfälzerwald als deutscher Teil des Biosphärenreservates Pfälzerwald-Nordvogesen.* Lambrecht/Pfalz.

VNLR (Verein Natur- und Lebensraum Rhön) (2014a): *Mitten in Deutschland – im Dreiländereck Bayern, Hessen und Thüringen.* URL: http://biosphaerenreservat-rhoen.de/wo-passierts (Abrufdatum: 01.02.2016).

VNLR (Verein Natur- und Lebensraum Rhön) (2014b): *Rechenschaftsbericht 2013.* Gersfeld.

VNLR (Verein Natur- und Lebensraum Rhön) (2014c): *Regionales Entwicklungskonzept Lebensraum Rhön 2014-2020.* Gersfeld.

VNLR (Verein Natur- und Lebensraum Rhön) (2014d): *Von der Anerkennung 1991 bis zur Erweiterung 2014.* URL: http://biosphaerenreservat-rhoen.de/anerkennung (Abrufdatum: 01.02.2016).

VNLR (Verein Natur- und Lebensraum Rhön) (2015a): *Neustrukturierung des Rhön-Tourismus.* URL: http://biosphaerenreservat-rhoen.de/news/877-klares-ja-zur-geplanten-neustrukturierung-des-rhoen-tourismus (Abrufdatum: 01.02.2016).

VNLR (Verein Natur- und Lebensraum Rhön) (2015b): *Team der Hessischen Verwaltungsstelle.* URL: http://biosphaerenreservat-rhoen.de/mitarbeiter-hessen (Abrufdatum: 16.11.2015).

VNLR (Verein Natur- und Lebensraum Rhön) (2015c): *Was wird gemacht?* URL: http://biosphaerenreservat-rhoen.de/was-wird-gemacht (Abrufdatum: 22.10.2015).

Vogt, L. (2008): *Regionalentwicklung peripherer Räume mit Tourismus? Eine akteur- und handlungsorientierte Untersuchung am Beispiel des Trekkingprojekts Grande Traversata delle Alpi.* (=Erlanger Geographische Arbeiten Sonderband 38). Erlangen.

Walter, A., Precht, F., Preyer, R. D. (2004): MAB – ein Programm im Wandel der Zeit. In: Deutsches MAB-Nationalkomitee (Hrsg.): *Voller Leben. UNESCO-Biosphärenreservate – Modellregionen für eine nachhaltige Entwicklung.* Berlin, S. 10-12.

Wang, Y., Rompf, P., Severt, D., Peerapatdit, N. (2006): Examining and identifying the determinants of travel expenditure patterns. In: *International Journal of Tourism Research* 8 (5), S. 333-346.

WCED (World Commission on Environment and Development) (1987): *Report of the World Commission on Environment and Development Our Common Future. Official Records of the General Assembly, Forty-second Session, Supplement No. 25 (A/42/25).* Genf.

Weaver, D. B. (2014): Asymmetrical Dialectics of Sustainable Tourism. Toward Enlightened Mass Tourism. In: *Journal of Travel Research* 53 (2), S. 131-140.

Weber, W., Kabst, R. (2009): *Einführung in die Betriebswirtschaftslehre.* Wiesbaden.

WEICHERT, S. (2008): *Integriertes Destinationsmanagement in deutschen Biosphärenreservaten*. München (=unveröffentlichte Diplomarbeit and der LMU-München).

WEIERMAIR, K. (2002): Die touristische Bedeutung von Landschaftsbild und Landschaftspflege. Einige einführende Beobachtungen. In: LANGER, G. (Hrsg.): *Tourismus und Landschaftsbild. Nutzen und Kosten der Landschaftspflege* (=Entwicklung von Gastgewerbe und Tourismus 10). Innsbruck, S. 13-14.

WEIZENEGGER, S. (2006): The TALC Model and Protected Natural Areas: African Examples. In: BUTLER, R. (Hrsg.): *Conceptual and Theoretical Issues* (=Aspects of tourism 28). Clevedon, Buffalo, S. 124-137.

WESSEL, K. (1996): *Empirisches Arbeiten in der Wirtschafts- und Sozialgeographie. Eine Einführung*. Paderborn.

WÖHLER, K. (2003): Virtualisierung von touristischen Räumen. In: *Tourismus Journal* 7 (2), S. 237-250.

WOLTERING, M. (2012): *Tourismus und Regionalentwicklung in deutschen Nationalparken. Regionalwirtschaftliche Wirkungsanalyse des Tourismus als Schwerpunkt eines sozioökonomischen Monitoringsystems* (=Würzburger Geographische Arbeiten 108). Würzburg.

WTO (WORLD TOURISM ORGANIZATION) (1993): *Sustainable Tourism Development – Guide for local Planers*. Madrid.

ZIENER, K. (2001): *Das Bild des Touristen in Nationalparken und Biosphärenreservaten im Spiegel von Befragungen* (=Praxis Kultur- und Sozialgeographie 26). Potsdam.

ZIENER, K. (2003): *Das Konfliktfeld Erholungsnutzung – Naturschutz in Nationalparken und Biosphärenreservaten* (=Berichte aus der Geowissenschaft). Aachen.

Anhang

Anhang 1: Überblick über Kongresse, Erklärungen, Leitlinien, Programme im Kontext eines nachhaltigen Tourismus

Jahr	Federführende Institution(en)	Kongress/Erklärung
Kongresse und Erklärungen mit Einfluss auf Entwicklung des Nachhaltigen Tourismus		
1980	WTO	Manila Declaration on World Tourism
1989	Inter Parliamentary Union, WTO	The Hague Declaration on Tourism
1995	UNESCO, UNWTO, UNEP, European Commission	World Charter for Sustainable Tourism
2000	UN	United Nations Millennium Declaration
2000	UNWTO, ECPAT	The Code of Conduct for the Protection of Children from Sexual Exploitation in Travel and Tourism
2001	UNWTO	Global Code of Ethics for Tourism
2002	UNEP, UNWTO	Quebec Declaration on Ecotourism
2002	CEE, UNEP, UNESCO	Babia Góra Declaration on Sustainable Tourism Development in Mountain Areas
2002	Responsible Tourism Partnership	Cape Town Declaration on Responsible Tourism in Destinations
2003	UNWTO	Djerba Declaration on Tourism and Climate Change
2005	UNWTO	Declaration - Harnessing Tourism for the Millennium Development Goals
2005	UNESCO	Convention on the Protection and Promotion of the Diversity of Cultural Expressions
2007	UNWTO, UNEP, WMO, WEF	Davos Declaration. Climate Change and Tourism: Responding to Global Challenges
2008	International Centre for Responsible in India	The Kerala Declaration on Responsible Tourism
2012	UN	The Future We Want
2013	UNWTO	Réunion Island Declaration on Sustainable Tourism in Islands
2013	UNWTO	The Ninh Binh Declaration on Spiritual Tourism for Sustainable Development
2014	PATA, UNESCO, UNWTO	Phnom Penh Declaration on Community Development through Tourism
2014	Small Islands Developing States, UNWTO	Nassau Declaration on Tourism as a key sector for Development in Island States
2014	Resolution adopted by the UN General Assembly	Promotion of sustainable tourism, including ecotourism, for poverty eradication and environment protection
2014	Disabled People's Organizations & UNWTO	San Marino Declaration on Accessible Tourism
2014	UNWTO	Bethlehem Declaration on Religious Tourism as a Means of Fostering Socio-Economic Development of Host Communities
Guidelines		
1999	IUCN	Guidelines for public use measurement and reporting at parks and protected areas
2001	WWF	Guidelines for Community-based Ecotourism Development
2002	IUCN	Sustainable tourism in protected areas: guidelines for planning and management

2002	UNESCO World Heritage Centre	Managing Tourism at World Heritage Sites: a Practical Manual for World Heritage Site Managers
2004	UNWTO	Indicators of Sustainable Development for Tourism Destinations – A Guidebook
2004	SCBD	CBD Guidelines on Biodiversity and Tourism Development
2004	ETE, UNESCO Office in Venice, World Heritage Center, UNEP	Sustainable Tourism Development in UNESCO Designated Sites in South-Eastern Europe
2005	UNEP, UNWTO	Making Tourism More Sustainable: A Guide for Policy Makers
2005	UNEP	Marketing Sustainable Tourism Products
2005	UNEP	Forging Links Between Protected Areas and the Tourism Sector: How Tourism Can Benefit Conservation
2007	CBD	Biological Diversity and Tourism: Development of Guidelines for Sustainable Tourism in Vulnerable Ecosystems
2007	GEF, UNEP, UNESCO MAB Programme, ETE	Sustainable Tourism Management Planning in Biosphere Reserves - A methodology guide
2008	UNWTO, UNEP	Climate Change and Tourism: Responding to Global Challenges
2008	UNEP, University of Oxford, UNWTO, WMO	Climate Change Adaptation and Mitigation in the Tourism Sector: Frameworks, Tools and Practices
2008	Ramsar Secretariat	Culture and wetlands a Ramsar guidance document
2011	IUCN	Sustainable tourism and natural World Heritage: priorities for action
2012	UNWTO	Tourism and Intangible Cultural Heritage
2012	UNEP, UNWTO	Tourism in the Green Economy: Background Report
2013	UNWTO, European Commission	Sustainable Tourism for Development Guidebook – Enhancing capacities for Sustainable Tourism for development in Developing Countries
2015	UNEP	Responsible Food Purchasing: Four steps towards sustainability for the hospitality sector
2015	UNEP	What does Sustainability Look Like for Small- and Medium-Sized Businesses?
2015	CBD	Tourism Supporting Biodiversity. A Manual on applying the CBD Guidelines on Biodiversity and Tourism Development
Internationale Programme		
2009	International Task Force on Sustainable Tourism Development	A Three Year Journey for Sustainable Tourism
2011	UNESCO Word Heritage Centre	The UNESCO World Heritage and Sustainable Tourism Programme
2014	UNEP, UNWTO	10-Year Framework of Programmes Sustainable Tourism
2015	Global Sustainable Tourism Council	Global Sustainable Tourism Council – Destination Assessment Programme
Initiativen im Bereich Nachhaltiger Tourismus (Auswahl)		
2002	EUROPARC	The European Charter for Sustainable Tourism in Protected Areas
2004	Responsible Travel	World Responsible Tourism Awards at WTM
Weitere Initiativen und insbesondere Awards		

Quelle: Eigene Zusammenstellung nach RESPONSIBLE TOURISM INSTITUTE (2015), FOXLEE (2007) und den jeweiligen Hompages der Herausgeber bzw. Veranstalter

Anhang 2: Biosphärenreservate und LEADER-Regionen in Deutschland (2014-2020)

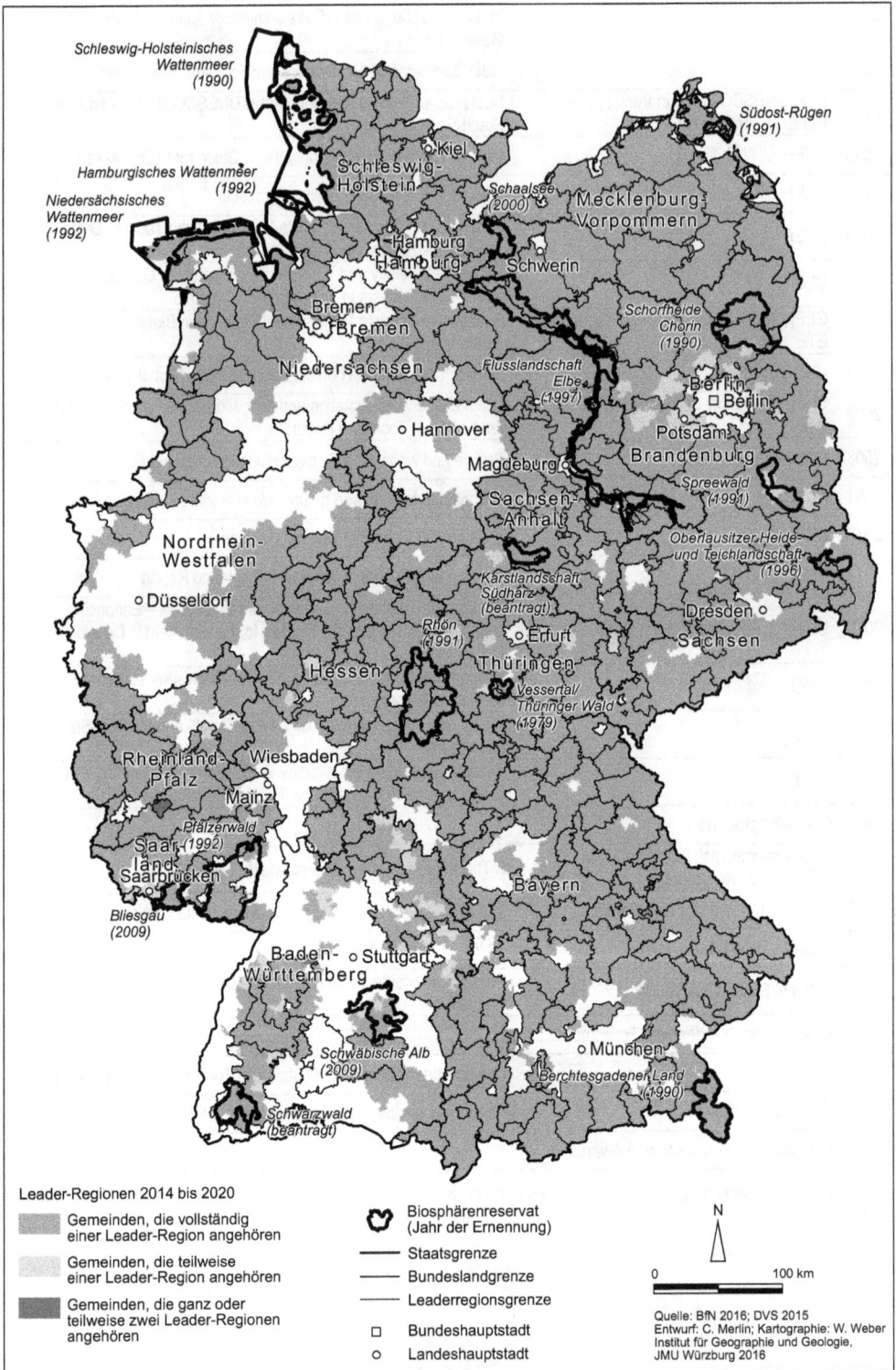

Schleswig-Holsteinisches
Wattenmeer
(1990)

Südost-Rügen
(1991)

Hamburgisches Wattenmeer
(1992)

Niedersächsisches
Wattenmeer
(1992)

Kiel

Schleswig-
Holstein

Schaalsee
(2000)

Mecklenburg-
Vorpommern

Hamburg
Hamburg

Schwerin

Bremen
Bremen

Schorfheide
Chorin
(1990)

Niedersachsen

Flusslandschaft
Elbe
(1997)

Berlin
Berlin

Hannover

Potsdam
Brandenburg

Magdeburg

Spreewald
(1991)

Sachsen-
Anhalt

Oberlausitzer Heide-
und Teichlandschaft
(1996)

Nordrhein-
Westfalen

Karstlandschaft
Südharz
(beantragt)

Düsseldorf

Rhön
(1991)

Erfurt

Dresden

Sachsen

Hessen

Thüringen

Vessertal/
Thüringer Wald
(1979)

Rheinland-
Pfalz

Wiesbaden

Mainz

Pfälzerwald
(1992)

Saar-
land
Saarbrücken

Bayern

Bliesgau
(2009)

Baden-
Württemberg

Stuttgart

Schwäbische Alb
(2009)

München

Berchtesgadener Land
(1990)

Schwarzwald
(beantragt)

Leader-Regionen 2014 bis 2020

Gemeinden, die vollständig
einer Leader-Region angehören

Gemeinden, die teilweise
einer Leader-Region angehören

Gemeinden, die ganz oder
teilweise zwei Leader-Regionen
angehören

Biosphärenreservat
(Jahr der Ernennung)

Staatsgrenze

Bundeslandgrenze

Leaderregionsgrenze

☐ Bundeshauptstadt

○ Landeshauptstadt

N

0   100 km

Quelle: BfN 2016; DVS 2015
Entwurf: C. Merlin; Kartographie: W. Weber
Institut für Geographie und Geologie,
JMU Würzburg 2016

LEHRSTUHL FÜR GEOGRAPHIE UND REGIONALFORSCHUNG
JULIUS-MAXIMILIANS-UNIVERSITÄT WÜRZBURG

UNIVERSITÄT WÜRZBURG

Liebe Gäste,
ich bin Student der Universität Würzburg und führe im Rahmen eines Forschungsprojekts eine Befragung zum Tourismus in der Region durch. Bitte nehmen Sie sich kurz Zeit, um die folgenden Fragen zu beantworten. Natürlich werden Ihre Angaben absolut vertraulich behandelt.

Nr.: ....   **Datum:** ....   **Uhrzeit:** ....

Interviewer: ....   **Standort:** ....   **Ablehnung:** ....

Witterung: □¹ wolkenlos   □² heiter   □³ bewölkt   □⁴ bedeckt   □⁵ Niederschläge

Aktivität: □¹ Spaziergänger   □² Wanderer   □³ Radfahrer   □⁴ Reiter   □⁵ Ski   □⁶ Flugsport   □⁷ Badegast

Bemerkungen: ....

Ausgabeverhalten V

1) Was ist der Ausgangsort Ihres heutigen Besuchs?
□¹ Hauptwohnsitz oder   □² Ferienort/Übernachtungsort: ....

1a) In welchem Ort übernachten Sie? (*Tagestouristen weiter bei Frage 2*)
□¹ Hauptwohnsitz oder   □² Ferienort/Übernachtungsort: ....

1b) Wie viele Nächte sind sie bisher bzw. insgesamt in diesem Ort?
Bisher: .... Nächte   Insgesamt : .... Nächte

1c) Gesamte Übernachtungszahl während dieser Reise:
.... Nächte

1d) In welcher Art von Unterkunft übernachten Sie?
□¹ *Hotel (garni)*   □¹ *bis 30€*   □² *bis 50€*   □³ *bis 75€*   □⁴ *über 75€*   *pro Person/Übernachtung*
□² Gasthof   □⁵ Kurklinik   □⁸ Bekannte/Verwandte
□³ Pension   □⁶ Jugendherberge   □⁹ Sonstiges: ....
□⁴ Ferienwohnung   □⁷ Camping   □⁹⁹ keine Angabe

1e) Welches Verpflegungsarrangement haben Sie gebucht?
□¹ keine Mahlzeit   □² Frühstück   □³ Halbpension   □⁴ Vollpension   □⁹⁹ keine Angabe

1f) Ist die Reise
□¹ pauschal gebucht oder   □² selbst organisiert (*Weiter bei Frage 2*)   □³ Kur (*Weiter bei Frage 2*)

1f)i) Bei Pauschalbuchung: **1f)ii) Welche Leistungen sind im Preis inbegriffen?**
Gesamtpreis: .... €
für .... Personen   ....

2) Bitte nennen Sie die zwei wichtigsten Gründe, warum Sie in die Region gekommen sind!
i) ....   ii) ....

3) Wissen Sie, ob die Region unter einem besonderen Schutz steht? Ist die Region... (*Mehrfachnennungen möglich*)(*Rotation*)
□¹ Naturschutzgebiet   □² Landschaftsschutzgebiet   □³ Biosphärenreservat
□⁴ Naturpark   □⁵ Nationalpark   □⁶ kenne ich nicht

4a) Aus welchem Grund sind Sie jetzt in der Region?
□¹ Urlaub/Freizeit   □² geschäftliche Gründe   □³ Kur   □⁴ Sonstiges: ....

4b) Welchen Aktivitäten gehen Sie in der Region nach?
i) ....   ii) ....   iii) ....

5) Mit welchem Verkehrsmittel sind Sie hierher gekommen?
□¹ Pkw   □² Bahn/ÖPNV   □³ Reisebus   □⁴ Fahrrad   □⁵ Motorrad   □⁶ Sonstiges: ....

6) Kennen Sie die Bezeichnung „Nationale Naturlandschaften" ?
□¹ ja   Wenn ja, bitte nennen Sie Beispiele von „Nationalen Naturlandschaften":   i) ....
□² nein   ii) ....

7a) Wissen Sie, ob es in der Region ein Biosphärenreservat gibt?
□¹ ja   □² nein (*Weiter bei Frage 8*)

7b) Welche Rolle spielte das Biosphärenreservat bei Ihrer Entscheidung die Region zu besuchen?
□¹ ja, spielte eine sehr große Rolle   □² ja, spielte eine große Rolle   □³ spielte kaum eine Rolle   □⁴ nein, spielte keine Rolle

7c) Wären Sie heute auch hier, wenn es das Biosphärenreservat nicht gäbe?
□¹ ja   □² nein   □³ eventuell

(*Nur für Übernachtungsgäste*)
8) Besuchen Sie die Region das erste Mal?
□¹ ja   □² nein, zum 2.-5. Mal   □³ nein, zum 6.-10. Mal   □⁴ nein, ich war schon über 10 Mal hier

9) Benennen Sie bitte zwei Top-Attraktionen dieser Region! Welche haben Sie besucht/haben Sie vor zu besuchen?
.... □¹   .... □¹

Version A ... **Version B**

10) Bitte nehmen Sie zu den folgenden Statements mittels der vorgegebenen Antwortmöglichkeiten Stellung.

i. Ich besuche im Urlaub gerne kulturelle Veranstaltungen.
$\square^1$ ich stimme voll und ganz zu $\square^2$ ich stimme zu $\square^3$ teils/teils $\square^4$ ich stimme nicht zu $\square^5$ ich stimme gar nicht zu $\square^9$ W.N. $\square^{99}$ k.A.

ii. Bei der Auswahl meines Reiseziels achte ich auf geschützte Natur (z.B. Naturparke).
$\square^1$ ich stimme voll und ganz zu $\square^2$ ich stimme zu $\square^3$ teils/teils $\square^4$ ich stimme nicht zu $\square^5$ ich stimme gar nicht zu $\square^9$ W.N. $\square^{99}$ k.A.

iii. Wenn ich Produkte kaufe (z.B. Lebensmittel) oder Dienstleistungen benötige (z.B. Handwerker), achte ich darauf, dass sie möglichst aus der Region kommen.
$\square^1$ ich stimme voll und ganz zu $\square^2$ ich stimme zu $\square^3$ teils/teils $\square^4$ ich stimme nicht zu $\square^5$ ich stimme gar nicht zu $\square^9$ W.N. $\square^{99}$ k.A.

iv. Öko-Labels sind für mich wichtige Anreize bei der Kaufentscheidung für Produkte oder Dienstleistungen.
$\square^1$ ich stimme voll und ganz zu $\square^2$ ich stimme zu $\square^3$ teils/teils $\square^4$ ich stimme nicht zu $\square^5$ ich stimme gar nicht zu $\square^9$ W.N. $\square^{99}$ k.A.

v. Naturlandschaft bedeutet für mich keinerlei menschliche Nutzung zu zulassen.
$\square^1$ ich stimme voll und ganz zu $\square^2$ ich stimme zu $\square^3$ teils/teils $\square^4$ ich stimme nicht zu $\square^5$ ich stimme gar nicht zu $\square^9$ W.N. $\square^{99}$ k.A.

vi. Traditionelle Elemente der Kulturlandschaft (z.B. Bergwiesen oder Teiche) sprechen mich an.
$\square^1$ ich stimme voll und ganz zu $\square^2$ ich stimme zu $\square^3$ teils/teils $\square^4$ ich stimme nicht zu $\square^5$ ich stimme gar nicht zu $\square^9$ W.N. $\square^{99}$ k.A.

11) Wie viel haben Sie für sich und Ihre Mitreisenden ausgegeben bzw. planen Sie auszugeben?

	W.N.	k.A.	Ø Ausgaben pro Tag bezogen auf die Aufenthaltstage pro Person (0 = nichts)	Betrag	Anz. Tage	Anz. Pers.
a) Unterkunft *(nicht für Tagestouristen)*	$\square^9$	$\square^{99}$	€ ....pro UN			
b) Verpflegung in Gastronomie	$\square^9$	$\square^{99}$	€			
c)i) Lebensmittel	$\square^9$	$\square^{99}$	€			
c)iii) Einkäufe mit Einzelposten unter 50 € (Sonst.)	$\square^9$	$\square^{99}$	€			
c)iv) Einkäufe Einzelbeträge über 50 € (separat)	$\square^9$	$\square^{99}$	€ .... € .... €			
d) Sport/Freizeit/Unterhaltung/Kultur (inkl. Eintritte)	$\square^9$	$\square^{99}$	€			
e) Verkehrsmittelnutzung während des Aufenthaltes - Linienbusse/S-Bahn/Taxi etc. - Ausflugsbus/-schiff, Bergbahn etc. - Parkgebühren	$\square^9$	$\square^{99}$	€ .... € .... €			
f) Kurtaxe/Fremdenverkehrsbeitrag/Gästekarte	$\square^9$	$\square^{99}$	€			
g) Kurmittel (Bäder/Massagen etc.)/Arztkosten	$\square^9$	$\square^{99}$	€			
h) Sonstiges	$\square^9$	$\square^{99}$	€			

Biosphärenreservate haben u.a. das Ziel, die regionale Wertschöpfung zu stärken.

12a) Haben Sie während Ihres Aufenthaltes bewusst Lebensmittel aus regionaler Herstellung gekauft? $\square^1$ ja $\square^2$ nein *(weiter mit Frage 13)*	**12b) Wie viel haben Sie bisher für Lebensmittel aus regionaler Herstellung ausgegeben?** **Gesamtpreis:** .... €
13a) Haben Sie während Ihres Aufenthaltes bewusst regionale Produkte gekauft? $\square^1$ ja $\square^2$ nein *(weiter mit Frage 14)*	**13b) Wie viel haben Sie bisher für regionale Produkte ausgegeben?** i) .... € .... ii) .... € .... iii) .... € ....

Zum Schluss bitten wir Sie noch um ein paar Angaben für die Statistik:

14) Wo wohnen Sie (Hauptwohnsitz):   PLZ: ....   Land: ....

15a) Bitte geben Sie Ihr Alter sowie das Alter Ihrer Mitreisenden an! .... $\square^1 w$ $\square^2 m$ .... $\square^1 w$ $\square^2 m$ .... $\square^1 w$ $\square^2 m$ .... $\square^1 w$ $\square^2 m$ .... $\square^1 w$ $\square^2 m$ .... $\square^1 w$ $\square^2 m$	**15b) Wie groß ist Ihre Reisegruppe insgesamt?** i) Anzahl Personen: .... ii) davon Kinder: ....

16a) Welchen höchsten allgemeinen Schulabschluss haben Sie?
$\square^1$ Noch in Schulausbildung $\square^2$ Kein Schulabschluss $\square^3$ Hauptschul- / Volksschul- Abschluss $\square^4$ Mittlere Reife / POS $\square^5$ Abitur / Fachhochschulreife / EOS $\square^{99}$ keine Angabe

16b) Haben Sie ein abgeschlossenes Studium?
$\square^1$ ja $\square^2$ nein $\square^3$ keine Angabe

Vielen Dank für Ihre Mitarbeit!

Anhang 4: Fragebogen Kurzinterview und Zählbogen am Beispiel Vessertal-Thüringer Wald

Zählbogen Biosphärenreservat Vessertal

Beobachter/Interviewer: _____

Datum: _____   Standort: _____

Uhrzeit Zähl-/Blitzinterview-Beginn: _____   Uhrzeit Zähl-/Blitzinterview-Ende: _____   (je Zählintervall einen neuen Bogen verwenden!)

Anzahl Übernachtungen/Kategorie (Tagestouristen bitte mit „0" Übernachtungen eintragen!)

Frequenz	Anzahl				
Spaziergänger/ Nordic/Jogger 1 5 10 15 20 25 30 35 40					
Wanderer/ Trekker 1 5 10 15 20 25 30 35 40					
Radfahrer/MTB 1 5 10 15 20 25 30 35 40					
Reiter/Kremser 1 5 10 15 20 25 30 35 40					
Ski/Langlauf 1 5 10 15 20 25 30 35 40					
Kletterer 1 5 10 15 20 25 30 35 40					

357

Schneekopf Winterstandort

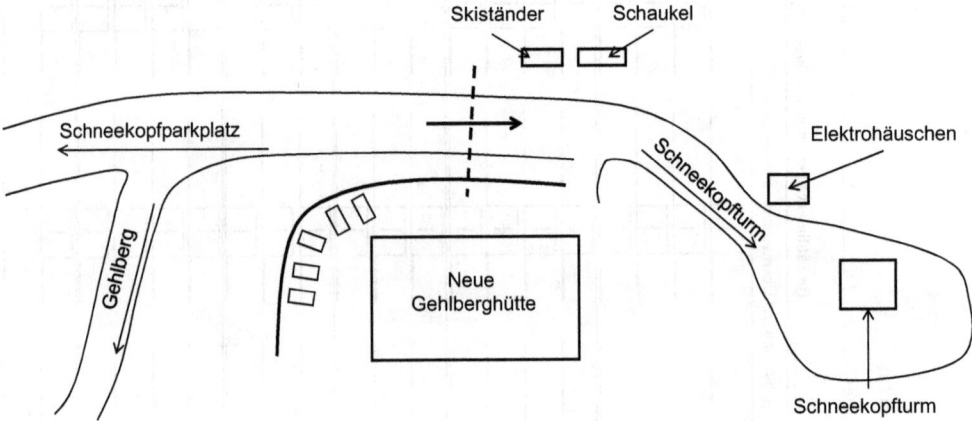

Anhang 6: Interviewleitfaden Verwaltungsstelle allgemein

I. Allgemeine Angaben

Verwaltungsstelle BR:

Bundesland/Ort:

Datum:

Uhrzeit:

Gesprächspartner:

Bitte beschreiben Sie Ihre(n) Aufgabenbereich(e) bzw. Arbeitsschwerpunkt(e).

II. Organisation/Ausstattung mit Ressourcen im Bereich Tourismus/Tourismusstrategie

1. **Wie ist die BR-Verwaltung institutionell aufgehängt? Förder-/Trägerverein vorhanden?**

2. **Wie viele Personen arbeiten derzeit in der Verwaltungsstelle?**

   a) Vollzeit: _____ davon _____ / _____ Verwaltung/Naturwacht

   b) Teilzeit: _____ davon _____ / _____ Verwaltung/Naturwacht

   c) Praktikanten/Bufdis: _____ / _____

3. **Neueinstellungen bzw. Stellenabbau in den letzten 5 Jahren?**

4. **Wie viele Mitarbeiter innerhalb der BR-Verwaltung sind im Bereich Tourismus tätig?** *(Welcher Prozentsatz der Arbeitszeit der Stelle eines Mitarbeiters wird für Tourismus verwendet?)*

   Anzahl: _____   Prozentsatz Stelle: _____ %

   a) Handelt es sich bei den Mitarbeitern um entsprechend ausgebildetes Personal?

   b) Falls Tätigkeit im Arbeitsbereich Tourismus, werden Fortbildungen/Schulungen in diesem Bereich besucht/gefördert?

   c) Falls keine Person im Bereich Tourismus tätig ist bzw. Tourismus kein Arbeitsfeld, warum nicht?

5. **Beziffern Sie bitte die Haushaltsmittel (letzten 5 Jahre oder Durchschnitt).** (ohne/mit Personalkosten/Dienstbetrieb/Sächlicher Verwaltungshaushalt; Geld das den finanziellen Gestaltungsspielraum vorgibt?)

6. **Projekte im Bereich Tourismus: Bitten nennen Sie Anzahl, Projektbezeichnung inkl. kurze Inhaltsangabe, Budget bzw. Förderbetrag, Beteiligung/Rolle des BR? (inkl. LEADER; ELER, etc. Projekte der letzten 3 Jahre)** (oder generelle Liste/Rechenschaftsbericht falls vorhanden?)

7. **Welche finanziellen Ressourcen stehen der BR-Verwaltung für das Themenfeld Tourismus (ohne/mit Regionalvermarktung i.e.S.) zur Verfügung?** (2008-2014 im Rahmen der regulären Haushaltsmittel)

8. **Welche Rolle bzw. Aufgaben kommen der BR-Verwaltung bei der nachhaltigen Entwicklung des Tourismus in der Region ihrer Meinung nach zu (v.a. ökonomische Perspektive)?**

9. **Arbeitsbereich Tourismus: hat sich die Bedeutung für die Verwaltungsstelle seit Gründung geändert? (abgenommen, zugenommen, künftige Entwicklung)**

10. **Auf welcher regionalen Kulisse agiert die BR-Verwaltung im Bereich Tourismus (Marketing/Kooperation/Angebote im Rahmen einer größeren Destination)? Oder ist das BR die Destination?**

    a) Aus welchen Gründen wurde dieser Regionszuschnitt für die Arbeit des BR gewählt?

    b) Falls nicht, gibt es Vorschläge/Ambitionen für einen zielkonformen Regionszuschnitt im Sinne einer Destination? (Warum kann das evtl. nicht umgesetzt werden?)

11. **Liegt für die Tourismusentwicklung auf regionaler Ebene ein auf Nachhaltigkeit ausgelegtes Konzept vor (z.B. ECST, Rahmenkonzept etc.)?** ○Ja ○Nein *(Exemplar(e) erhältlich?)*

    a) Falls ja, um welche Strategie handelt es sich und seit wann existent? Falls nein, warum nicht?

    b) Welche Rolle spielt die BR-Verwaltung bei der Erarbeitung?

    c) Falls nein, ist eine entsprechende Strategie geplant?

    d) Bei Vorlage: ist das strategische Konzept den örtlichen Kommunen, Kooperationspartnern, Tourismusorganisationen etc. bekannt? Besitzt es regionale Relevanz?

1

e) Aktueller Stand der Umsetzung? Wird die Zielerreichung evaluiert?

III. Produkte, Dienstleistungen und Wertschöpfung im Tourismus

12. **Wer sind die relevantesten touristischen Nachfragesegmente im Biosphärenreservat/der Destination?**

13. **Wie definieren sie Ihre voranginge(n) touristische(n) Zielgruppe(n)?** *(z.B. nach Motivation, Aktivität, Einstellungen)?* **Gibt es für diese touristische Angebote seitens des BR?** *(Kultur-, Naturinformation, Abenteuerorientierung, reg. Gastronomie etc.)*

14. **Existieren zielgruppenorientierte, naturnahe, destinationstypische Angebote (Dienstleistungen und Produkte) die durch das BR bereitgestellt/entwickelt werden)?**
a) Sollen die Angebote in Zukunft erweitert bzw. qualitativ aufgewertet werden und falls ja, wo sehen sie Potential?
b) Gibt es Angebote mit Alleinstellungsmerkmal gegenüber anderen BR? Generelles touristisches Alleinstellungsmerkmal des BR?
c) Ist im Bereich der Angebote eine Erlebnisorientierung geboten oder handelt es sich um reine Umweltbildungsmaßnahmen bzw. besteht das Ziel stärkerer Erlebnisorientierung (z.B. Geocaching, Wandermarathon, Abenteuer, Gastronomie, Kunst und Natur, Sport etc.)?
d) Falls keine oder nur in geringem Ausmaß Angebote vorliegen, warum? Schwierigkeiten/Konflikte?
e) Wird von Seiten des BR versucht, durch BR-spezifische Angebote (Events, Märkte etc.) in schwachen Saisonabschnitten Touristen in die Region zu bringen?
f) Wird von Seiten des BR versucht, gezielt Übernachtungsgäste in die Region zu bringen bzw. die Aufenthaltsdauer zu verlängern?

15. **Sind die BR-spezifischen Angebote (z.B. Kultur(landschafts-) und Naturhighlights) ausreichend in regionale Wertschöpfungsketten des Tourismus eingebettet (z.B. in Form von Pauschalangeboten oder als Produkte innerhalb von Angeboten der offiziellen Tourismusbroschüre)? Falls ja, welche, falls nein, warum nicht? Versucht die BR-Verwaltung das zu steigern und wenn ja wie?**
a) Wie sieht die Zusammenarbeit zwischen BR-Verwaltung und touristischen Leistungsträgern der Region aus (hinsichtlich Angebotsgestaltung)? *(welche Zusammenarbeit in welchen Projekten?)*
b) Nachhaltige Tourismusentwicklung: wirkt die BR-Verwaltung für touristische Leistungsträger beratend/unterstützend?

c) Wo sehen Sie die größten Probleme im Angebotsbereich Tourismus und Lösungsansätze (v.a. ökonomische Nachhaltigkeit)?

16. **Wie bewerten Sie das ursprüngliche und abgeleitete Angebot des BR (gegenüber anderen BR/Alleinstellungsmerkmal, Stärken und Schwächen)?**

IV. Regionalvermarktung

17. **Existieren Regionalvermarktungsinitiativen (Dachmarke, Regionalmarke, regionale Produktlinien, Partnerbetriebe) um die regionale Wertschöpfung im Tourismus zu steigern? Falls nein, warum nicht?**
a) Welche Rolle spielt die BR-Verwaltung bei diesen Projekten?
b) Welche Rolle spielt die Initiative im Tourismus bzw. der Tourismus für die Initiative? (Wird die Initiative als Alleinstellungsmerkmal des BR touristisch in Wert gesetzt (Angebote, Vermarktung)? Falls ja, inwiefern, falls nein, warum nicht? Vermarkten sie die Initiative touristisch?)
c) Seit wann sind die angesprochenen Initiativen existent?
d) Welche Produktlinien werden angeboten (Beherbergung, Nahrungs- und Genussmittel, Führungen, etc.?) und wie viele Mitglieder (nach Branchen)?
e) Welches sind die Vorzeigeprodukte bzw. absatzstärksten? Welche Branchen/Produkte sollen evtl. ausgebaut werden?
f) Wo sehen Sie die Hauptabsatzmärkte?
g) Wie organisiert? (rechtlich, Management (Anzahl Stellen), Marken/Label/Zertifikate, vorhandene Mittel, Budget jährlich?)

18. **Aktuelle Probleme/Konflikte bei der Durchführung von Regionalvermarktungsprojekten?**
a) Wie wird die entsprechende Initiative (touristisch) vermarktet? Wenn ja, wo (v.a. im Hinblick auf potentielle Absatzmärkte)?
b) Künftige Entwicklung bzw. Zielsetzung für die Regionalvermarktungsinitiative(n)?

19. **Existiert ein in der Hauptsache von der BR-Verwaltung initierter Regionalmarkt?** ○ Ja ○ Nein
a) Wie ist dieser entstanden und welche Rolle spielte das BR?
b) Wie viele Anbieter aus welchen Branchen beschicken den Markt? Wichtigste Anbieter?
c) Welche Rolle spielt der Regionalmarkt im Tourismus bzw. der Tourismus für den Regionalmarkt?

d) Frequenz:
e) Besucherzahl:
f) Wie soll die künftige Entwicklung verlaufen? Erweiterung? Hindernisse?
g) Gibt es eine Marketingstrategie für den Regionalmarkt? Falls ja, wie sieht diese aus?

V. Kooperation

20. Wie ist die Zusammenarbeit im Tourismus auf regionaler Ebene organisiert und wie ist das BR eingebunden? (formell, informell, feste Gremien, Foren, Frequenz der Treffen, Breite der Beteiligung)
a) Gibt es Probleme in der Zusammenarbeit mit TO? Landesebene und regionale Ebene?
b) Bleiben relevante Akteure außen vor bzw. besitzen einzelne Akteure mehr/weniger Entscheidungskompetenzen?

21. Wo sehen sie die größten Defizite im Bereich „Kooperation im Tourismus" (v.a. ökonomische Dimension)?
a) Mit welchen Kooperationspartnern gibt es Konflikt? Wie stellt sich der Konflikt dar?
b) Welche Entwicklungen/Projekte mit welchen Partnern sehen Sie als besondere Erfolge im Bereich nachhaltiger Tourismusentwicklung aus ökonomischer Perspektive (der letzten 5 Jahre)?

22. Wie würden Sie Möglichkeiten regionaler Akteure beurteilen, sich bei der Entwicklung des Tourismus in der Region einzubringen? *(Im Bereich Tourismus: liegt für die Region ein gesundes Verhältnis aus bottom-up und top-down vor?)*

23. Existiert eine Zusammenarbeit mit der Marke Nationale Naturlandschaften?
a) wenn ja, wie gestaltet sich die Zusammenarbeit?
b) wenn keine Kooperation, warum nicht?
c) Chancen und Risiken/Vorteile/Nachteile der Zusammenarbeit?

VI. Kommunikation und Vermarktung

24. Gibt es eine touristische Marketingstrategie für das BR und wie sieht diese aus?
a) Wenn ja, wie wird das BR touristisch vermarktet?
b) Gibt es verschiedene Marketing-Strategien zur Kundenneugewinnung bzw. zum Stammkundenerhalt (TG und UN)?

c) Gibt es verschiedene touristische Nachfrage-Segmente die gezielt angesprochen werden?

25. Wird versucht bei der touristischen Vermarktung des BR die touristisch attraktive Vielseitigkeit des Schutzgebietes (Natur, Kultur) im Zusammenhang mit den Zielen und Funktionen des BR klar zu kommunizieren? Beispiele?
a) Gibt es für die Region/Destination eine Marketingstrategie, in die das BR ausreichend integriert ist bzw. die das BR als touristisches Alleinstellungsmerkmal mit Angeboten herausstellt? Falls nein, warum nicht? *(Stimmt die Marketingstrategie der Region mit der eigenen Marketingstrategie bzw. touristischen Zielsetzung des Biosphärenreservates überein? Falls nein, warum nicht?)*
b) Ist das BR inklusive seiner touristischen Angebote bekannt und wird es entsprechend von touristischen Akteuren/Institutionen nach außen kommuniziert? *(Mit wem funktioniert es gut, wo liegen evtl. noch Probleme?)*
c) Findet eine Vermarktung und Buchung von BR-spezifischen Angeboten über hauseigene Kanäle *(z.B. Veranstaltungskalender oder Internet?)* und oder in Kooperation mit Tourismusorganisationen, Nationalen Naturlandschaften/touristischen Akteuren etc. statt? Falls nein, warum nicht?
d) Wird das BR an den relevanten touristischen Hot-Spots entsprechend kommuniziert? Wie stellt sich die Kommunikation an touristischen Hot-Spots dar? *(sowohl UN als auch TG aus nahegelegenen oder weiter entfernten Verdichtungsräumen)*
e) Gibt es Pläne/Aktivitäten in Kooperation mit Tourismusorganisationen das BR in potentiellen Quellgebieten verstärkt zu vermarkten? *(Fokus: werden alle abgedeckt?)*

Abschluss des Interviews

26. Was sehen sie als größtes Problem im Hinblick auf eine nachhaltige Regionalentwicklung durch Tourismus im BR *(Fokus: ökonomische Dimension, Wertschöpfungssteigerung)?*

27. Was sind Ziele für die Zukunft im Kontext BR und Tourismusentwicklung *(Fokus: ökonomische Dimension, Wertschöpfungssteigerung)?*

3

Anhang 7: Anzahl geführter Interviews an den Erhebungsstandorten im Biosphärenreservat Pfälzerwald

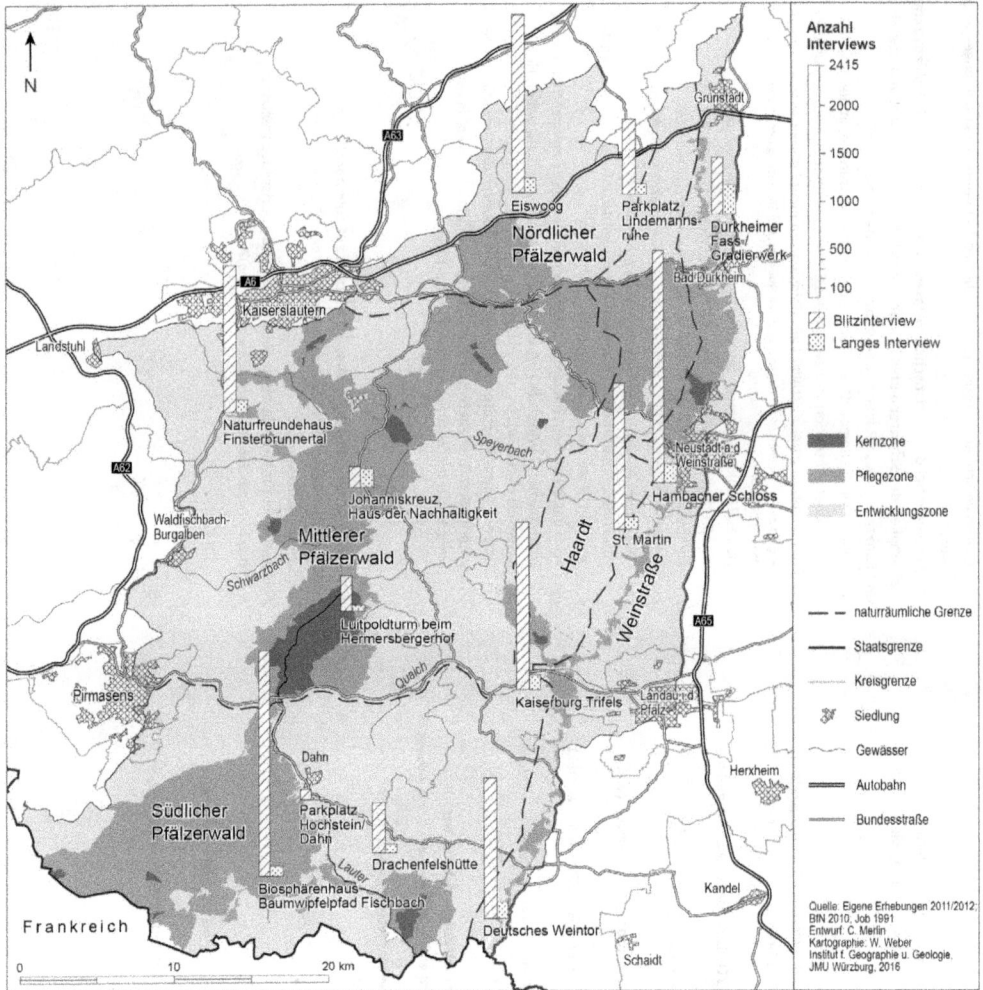

Anhang 8: Anzahl geführter Interviews an den Erhebungsstandorten im Biosphärenreservat Rhön

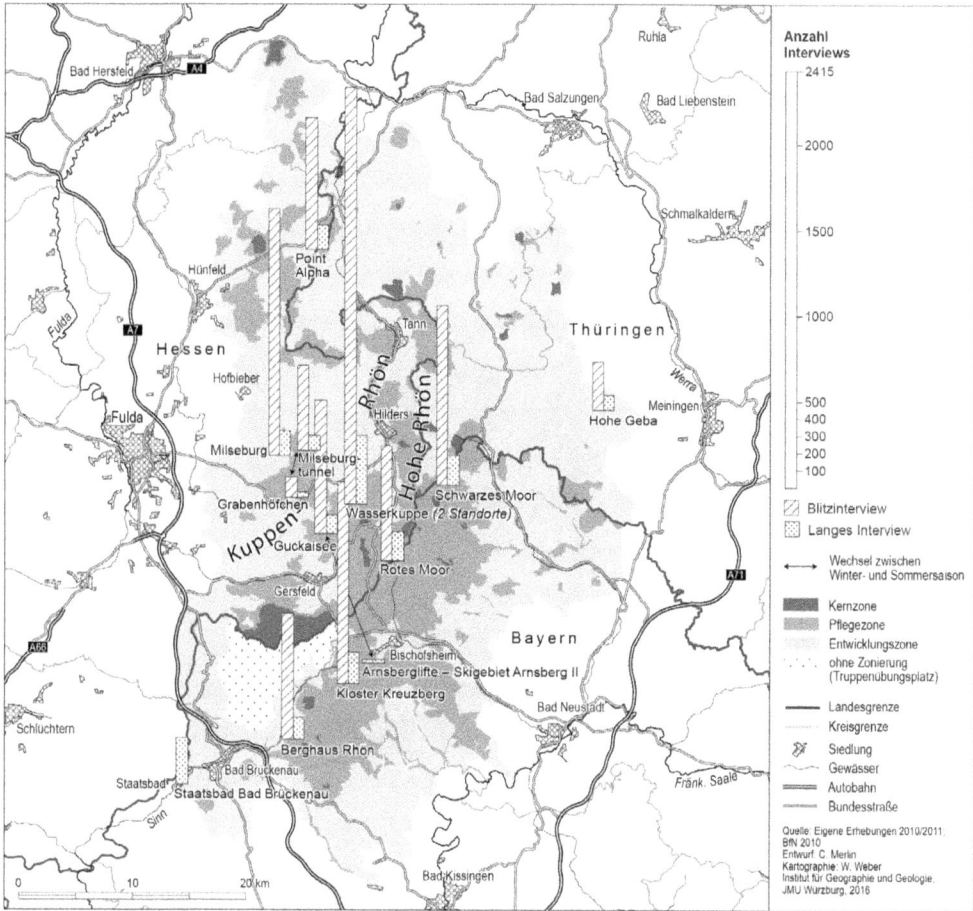

Anhang 9: Anzahl geführter Interviews an den Erhebungsstandorten im Biosphärenreservat Schaalsee

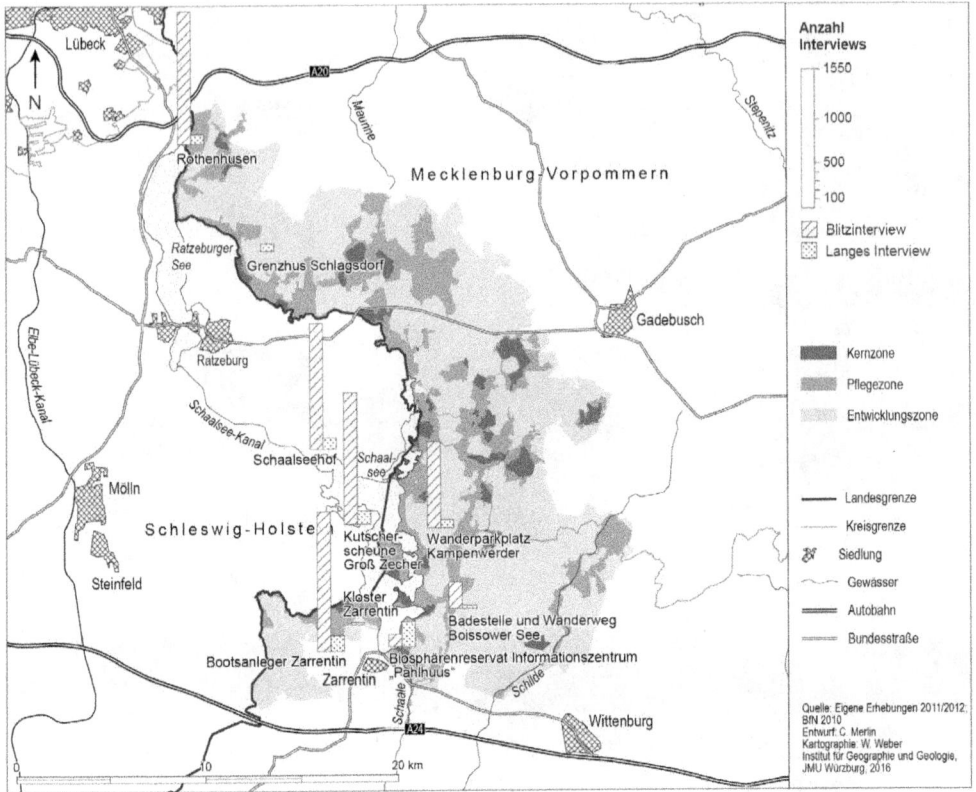

Quelle: Eigene Erhebungen 2011/2012;
BfN 2010
Entwurf: C. Merlin
Kartographie: W. Weber
Institut für Geographie und Geologie,
JMU Würzburg, 2016

Anhang 10: Anzahl geführter Interviews an den Erhebungsstandorten im Biosphärenreservat Spreewald

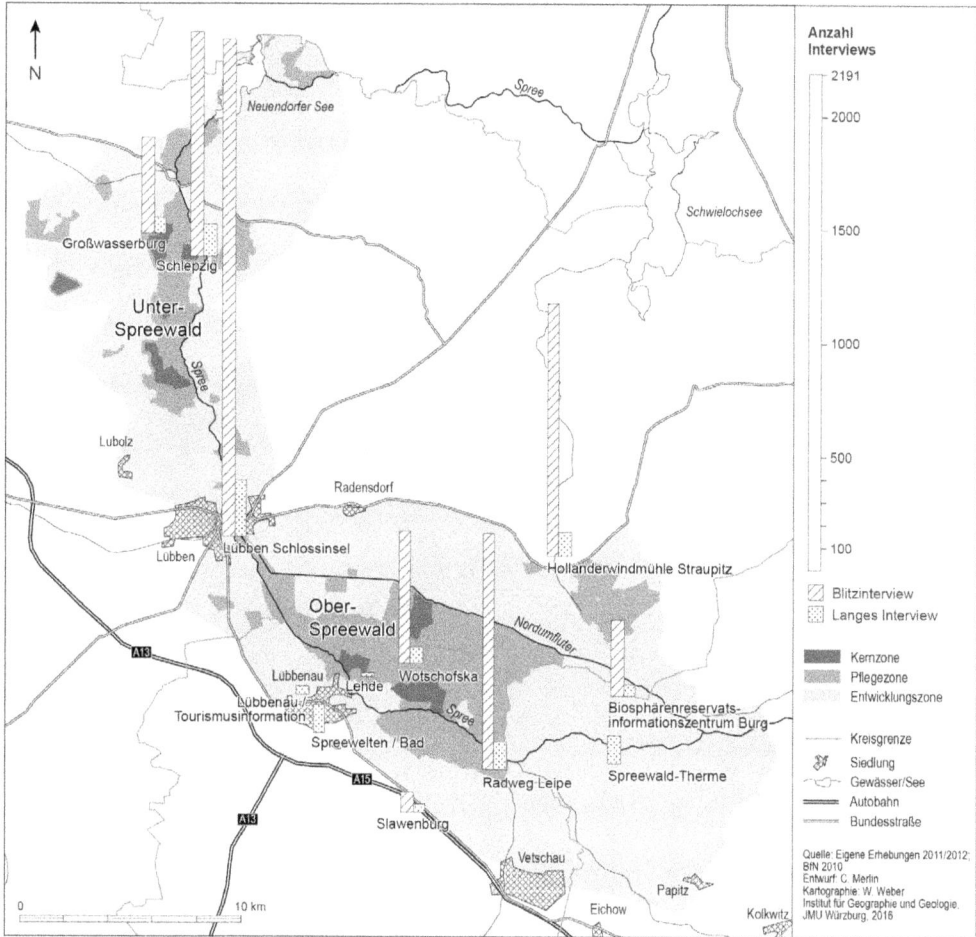

Anhang 11: Anzahl geführter Interviews an den Erhebungsstandorten im Biosphärenreservat Südost-Rügen

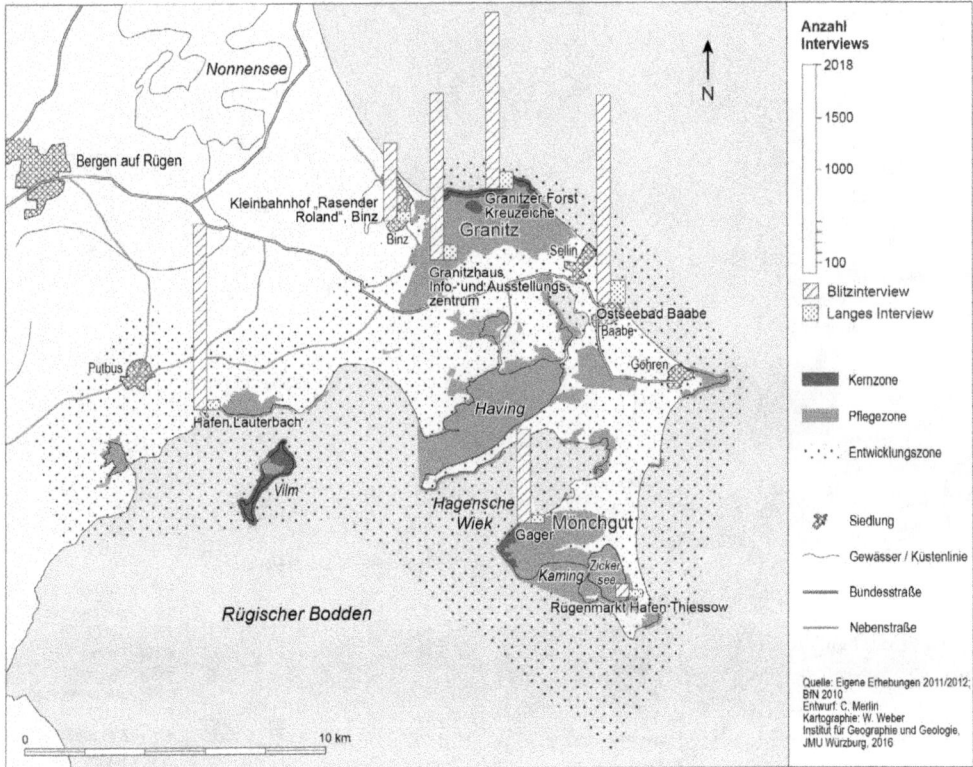

Anhang 12: Anzahl geführter Interviews an den Erhebungsstandorten im Biosphärenreservat Vessertal-Thüringer Wald

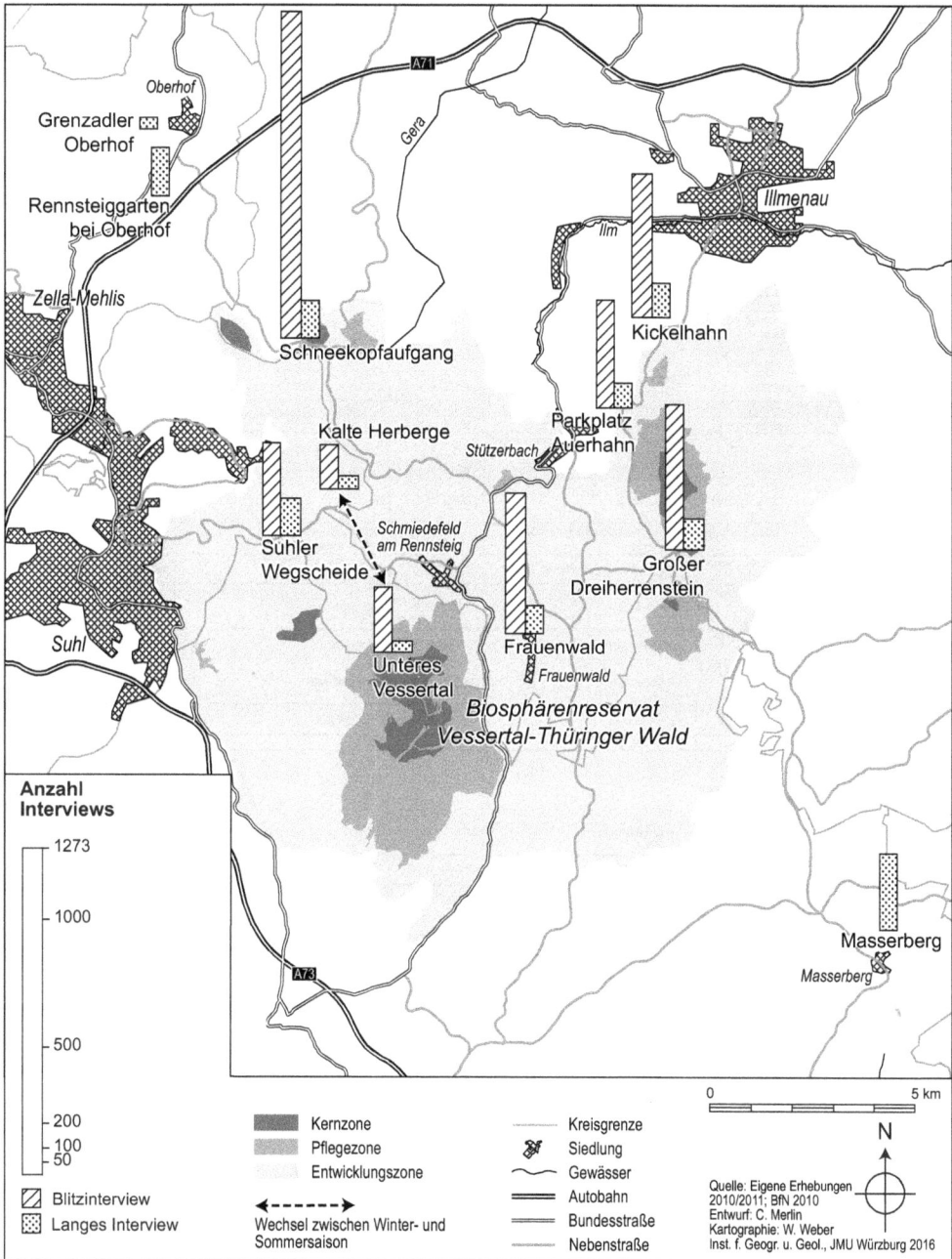

Anhang 13: Übersicht zu den geführten Interviews

Datum	Uhrzeit	Institution	Gesprächspartner/Zuständigkeits-bereich	Kurzbezeichnung im Text*	Ort	Gesprächs-form	Gesprächs-dauer (hh:mm)
03.06.2014	9:00	BR Rhön, Hessische Verwaltungsstelle	Leitung/Regionalentwicklung und Tourismus	HEVWR Int. 1/ HEVWR Int. 2	Wasserkuppe, Verwaltungsstelle Hessischer Teil	persönlich	02:00
01.07.2014	15:00	BR Rhön, Bayerische Verwaltungsstelle	Leitung/Regionalentwicklung und Tourismus	BYVWR Int. 1	Oberelsbach, Verwaltungsstelle Bayerischer Teil	persönlich	01:45
03.07.2014	10:00	BR Rhön, Thüringische Verwaltungsstelle	Landschaftsplanung/Regionalentwicklung und Tourismus	THVWR Int. 1	Zella, Verwaltungsstelle Thüringischer Teil	persönlich	01:30
01.07.2014	13:00	BR Rhön, Dachmarke Rhön	Regionalvermarktung/Partner-Initiative	DMR Int. 1	Oberelsbach, Verwaltungsstelle Bayerischer Teil	persönlich	01:07
14./17./31.08. 2015		ARGE Rhön	LK Bad Kissingen, Bereich Öffentlichkeitsarbeit, Kreisentwicklung, Wirtschaftsförderung	ARGE Rhön	Schriftverkehr		
14.07.2014	14:00	BR Pfälzerwald	Stellv. Leitung/Regionalentwicklung und Tourismus	VWPW Int. 1	Lambrecht, Verwaltungsstelle	persönlich	01:45
25.07.2014	11:00	BR Pfälzerwald	Regionalvermarktung/Partner-Initiative	VWPW Int. 2	Lambrecht	telefonisch	01:05
16.02.2015	14:00	Landkreis Südwestpfalz, LAG Pfälzerwald	LAG-Manager	LAGPW Int. 1	Pirmasens	telefonisch	00:10
23.07.2014	14:00	BR Schaalsee	Dezernatsleitung/Regionalentwicklung und Tourismus	VWSC Int. 1	Zarrentin, Verwaltungsstelle	persönlich	03:30
22.12.2014	10:00	BR Schaalsee	Regionalvermarktung/Partner-Initiative	VWSC Int. 2	Zarrentin	telefonisch	01:03
23.07.2015	11:00	Förderverein BR Schaalsee	Geschäftsführung	FVSC Int. 1	Zarrentin	telefonisch	00:15
09./26.03.2015		LAG Mecklenburger Schaalseeregion	Regionalmanagement/LAG-Manager	LAGMSR	Schriftverkehr		
26.06.2014	15:00	BR Spreewald	Leitung/Regionalentwicklung und Tourismus	VWSW Int. 1	Lübbenau, Verwaltungsstelle	persönlich	01:45
12.12.2014	10:00	BR Spreewald	Regionalvermarktung/Partner-Initiative	VWSW Int. 2	Lübbenau	telefonisch	00:43
20.02.2015	10:30	Spreewaldverein e.V.	LAG-Manager	LAGSW Int. 1	Lübben	telefonisch	00:05
09.07.2014	9:00	BR Südost-Rügen	Dezernatsleitung/Regionalentwicklung und Tourismus	VWSOR Int. 1	Putbus, Verwaltungsstelle	persönlich	02:36
10.12.2014	9:30	BR Südost-Rügen	Regionalvermarktung/Partner-Initiative	VWSOR Int. 2	Putbus	telefonisch	01:02
20.02.2014	10:40	LEADER-Regionalmanagement Rügen	LAG-Manager	LAGRÜ Int. 1	Stralsund	telefonisch	00:05
11.07.2014	14:00	BR Vessertal-Thüringer Wald	Stellv. Leitung/Regionalentwicklung und Tourismus	VWVTW Int.1	Schmiedefeld am Rennsteig, Verwaltungsstelle	persönlich	02:45
11.07.2014	11:00	BR Vessertal-Thüringer Wald	Regionalvermarktung/Partner-Initiative	VWVTW Int. 2	Schmiedefeld am Rennsteig, Verwaltungsstelle	persönlich	01:05
10.03.2015	12:00	Geschäftsstelle RAG Hildburghausen-Sonneberg e.V.	RAG-Manager	RAGHS Int. 1	Hildburghausen	telefonisch	00:20
14.04.2015	14:30	Geschäftsstelle RAG Wartburgregion	RAG-Manager	RAGWR Int. 1	Moorgrund	telefonisch	00:20
16.04.2015	11:00	Geschäftsstelle der RAG Hildburghausen-Sonneberg e.V.	RAG-Manager	RAGHS Int. 1	Hildburghausen	telefonisch	00:20
16.04.2015	11:30	RAG-Geschäftsstelle RAG "Henneberger Land" e.V.	RAG-Manager	RAGHL Int. 1	Rippershausen	telefonisch	00:08
21.04.2015	11:00	Spreewaldverein e.V.	LAG-Manager	LAGSW Int. 1	Lübben	telefonisch	00:10
22.04.2015	15:20	LAG Bad Kissingen, Geschäftsstelle Konversionsmanagement/ LEADER	LAG-Manager	LAGBK Int. 1	Bad Kissingen	telefonisch	00:15
13.05.2015	14:50	Projektmanager Regionalentwicklung, Rhönforum e.V.	Projekt-Manager	RF Int. 1	Geisa	telefonisch	00:05
13.05.2015	15:00	Geschäftsstelle RAG Wartburgregion	RAG-Manager	RAGWR Int. 1	Moorgrund	telefonisch	00:05
29.05.2015	09:40	Regionalmanagement Rhön-Grabfeld	LAG-Manager	LAGRG Int. 1	Bastheim	telefonisch	00:07

*Bei Quellenangaben im Text, die sich auf die Gespräche beziehen, werden Kurzbezeichnung, Jahreszahl und die Absatznummer im Interview genannt. Schriftliche Auskünfte der Gesprächspartner oder andere zur Verfügung gestellte Unterlagen werden durch die Kennzeichnung „schriftl. Mitteilung " ergänzt, die Kurzbezeichnung bleibt dabei die gleiche, jedoch ohne den Zusatz „Int.".

Anhang 14: T-Test Ausgabenwerte zwischen Übernachtungs- und Tagesgästen in den Gebieten

Gebiet	n	Mittelwert Tagesgäste	Mittelwert Übernachtungsgäste	df	T-Test, p
Pfälzerwald	1.675	17,20€ (n=1.068)	75,10€ (n=607)	1.673	0,001***
Rhön	1.488	15,80€ (n=1.105)	57,60€ (n=382)	1.486	0,001***
Schaalsee	879	17,90€ (n=743)	51,10€ (n=136)	877	0,001***
Spreewald	850	24,70€ (n=458)	67,00€ (n=392)	848	0,001***
Südost-Rügen	520	17,20€ (n=37)	75,60€ (n=483)	518	0,001***
Vessertal-Thüringer Wald	740	10,70€ (n=496)	53,70€ (n=244)	738	0,001***
Gesamt	6.152	17,00€ (n=3.908)	67€ (n=2.244)	6.150	0,001***

Anhang 15: ANOVA/Tamhane-Test Ausgabenwerte pro Person (gesamt) und Untersuchungsgebiet getrennt nach Tages- und Übernachtungsgästen

	Pfälzerwald	Rhön	Schaalsee	Spreewald	Südost-Rügen	Vessertal-Thüringer Wald
Tagesgäste; Signifikanzniveau: $p<0{,}05$	17,20€ (a)*	15,80€ (a)	17,90€ (a)	24,70€ (b)	17,20€ (a,b,c)	10,70€ (c)
Übernachtungsgäste Signifikanzniveau: $p<0{,}05$	75,10€ (b,c)*	57,60€ (a)	51,10€ (a)	67,00€ (c)	75,60€ (b)	53,70€ (a)

*Zwei Mittelwerte mit gemeinsamer Buchstabensignatur unterscheiden sich nicht signifikant (innerhalb einer Gruppe)

Anhang 16: T-Test/Mann-Whitney-U Test Ausgabenwerte zwischen Biosphärenreservatsbesuchern i.e.S. und Sonstigen Besuchern für Tages- und Übernachtungsgäste

Gebiet	Mittelwert (Biosphärenreservats-besucher i.e.S)	Mittelwert (Sonstige Biosphärenreservats-besucher)	df	p
Pfälzerwald TG (n=1.068)	14,90€ (n=32)	17,30€ (n=1037)	1066	0,583
Pfälzerwald UN (n=607)[1]	58,60€ (n=27)	75,90 (n=580)	Mann-Whitney U: 6732	0,010**
Rhön TG (n=1.107)	13,70€ (n=168)	16,10€ (n=939)	1103	0,359
Rhön ÜN (n=382)	60,20€ (n=45)	57,30€ (n=338)	380	0,642
Schaalsee TG (n=743)	20,40€ (n=152)	17,20€ (n=590)	741	0,008**
Schaalsee ÜN (n=136)	58,60€ (n=34)	48,70€ (n=102)	134	0,168
Spreewald TG (n=458)[1]	15,40€ (n=23)	25,20€ (n=435)	Mann-Whitney U: 5518	0,006**
Spreewald ÜN (n=392)	67,70€ (n=38)	67€ (n=354)	390	0,930
Südost-Rügen TG (n=37)	k.a.(n=0)	17,20€ (n=37)	Gruppe der TG/ Biosphärenreservats-besucher i.e.S. nicht besetzt	
Südost-Rügen ÜN (n=483)[1]	67,50€ (n=23)	75,60€ (n=460)	Mann-Whitney U: 3542	0,396
Vessertal-Thüringer Wald TG (n=495)	13,60 (n=60)	10,30 (n=435)	493	0,047*
Vessertal-Thüringer Wald ÜN (n=244)[1]	50,10€ (n=23)	54€ (n=221)	Mann-Whitney U: 2102	0,153

[1]Im Falle eines Stichprobenumfangs <30 wird der nicht-parametrische Mann-Whitney-U Test angewandt, was für vier Gruppen nötig war

Anhang 17: Ermittelte Wertschöpfungsquoten und Mehrwertsteuersätze für die Besuchergruppen in den Untersuchungsgebieten

	Besuchersegment	Pfälzerwald	Rhön	Schaalsee	Spreewald	Südost-Rügen	Vessertal-Thüringer Wald
MwSt.	TG BR i.e.S.	14,9%	13,4%	15,0%	14,7%	*	15,2%
	ÜN BR i.e.S.	11,6%	11,7%	10,7%	11,4%	9,7%	10,6%
	TG Sonstige	16,5%	14,7%	15,8%	15,2%	15,8%	15,9%
	ÜN Sonstige	11,3%	11,7%	11,3%	10,8%	9,9%	11,2%
WSQ 1. Stufe	TG BR i.e.S.	36,5%	45,1%	35,3%	43,5%	*	36,3%
	ÜN BR i.e.S.	35,3%	39,9%	38,2%	41,2%	42,8%	39,6%
	TG Sonstige	39,2%	41,3%	38,5%	43,1%	44,8%	36,7%
	ÜN Sonstige	38,8%	37,5%	37,4%	40,9%	41,5%	38,7%

* Für das BR-Südost-Rügen lediglich zwei Werte für die Tagesgäste, daher nicht ermittelt.

Anhang 18: ANOVA/Tamhane-Test Ausgabenwerte für regionale Waren nach Gebiet und Tages- und Übernachtungsästen

	Pfälzer-wald	Rhön	Schaalsee	Spreewald	Südost-Rügen	Vessertal-Thüringer Wald
Tagesgäste (n=590, Signifikanzniveau p<0.05)*	16,30€ (a)	6,00€ (b)	8,80€ (a)	4,30€ (b)	-	11,40€ (a,b)
Übernachtungsgäste (n=1.020, Signifikanzniveau p<0.05)*	7,40€ (c)	2,80€ (a,b)	3,70€ (a)	2,20€(a,b)	1,70€ (b)	2,40€ (a,b)

* Zwei Mittelwerte mit gemeinsamer Buchstabensignatur unterscheiden sich nicht signifikant (innerhalb einer Gruppe)

Anhang 19: T-Test Ausgabenwerte für regionale Waren getrennt nach Tages- und Übernachtungsgästen

Gebiet	n	Mittelwert Tagesgäste	Mittelwert Übernachtungsgäste	df	p
Pfälzerwald	392	16,30€ (n=123)	7,40€ (n=269)	390	0,001***
Rhön	230	6,00€ (n=97)	2,80€ (n=133)	228	0,001***
Schaalsee	251	8,80€ (n=183)	3,70€ (n=68)	249	0,001***
Spreewald	378	4,30€ (n=158)	2,20€ (n=221)	376	0,001***
Vessertal-Thüringer Wald[1]	92	11,40€ (n=29)	2,40€ (n=63)	90	0,001***
Südost-Rügen[2]	269	n=2	1,70€ (n=267)	-	-

1 Trotz n<30 für die Tagesgäste liegt eine Normalverteilung vor (Kolmogorv-Smirnov-Test, p<0,001)
2 Für das BR Südost-Rügen lediglich zwei Werte für Tagesgäste, daher nicht ermittelt.

Anhang 20: T-Test/Mann-Whitney-U Test Ausgabenwerte für regionale Waren getrennt nach BR-Besuchern i.e.S. und Sonstigen BR-Besuchern

Gebiet	n	Mittelwert BR-Besucher i.e.S/ Fallzahl/Median.	Mittelwert Sonstige BR-Besucher/Fallzahl/Median	df	p
Rhön	230	4,60€ (n=40) Median:3,20	4,10€ (n=190) Median:1,90	228	0,588
Schaalsee	251	7,00€ (n=58) Median:5,00	7,50€ (n=193) Median:5,00	249	0,666
Pfälzerwald	392	9,40€ (n=12) Median:1,90	10,30€ (n=380) Median:4,90	Mann-Whitney-U: 1.652,00	0,086
Spreewald	378	2,20€ (n=27) Median:1,30	3,10€ (n=351) Median:2,10	Mann-Whitney-U: 4.933,00	0,658
Südost-Rügen	269	1,60€ (n=17) Median:1,40	1,70€ (n=252) Median:1,30	Mann-Whitney-U: 1.569,50	0,579
Vessertal-Thüringer Wald	92	14,70€ (n=13) Median:3,30	3,70€ (n=80) Median:2,00	Mann-Whitney-U: 405,00	0,197

Anhang 21: Alternative Szenarien der Affinitätsabgrenzung in den untersuchten Biosphärenreservaten

	Pfälzerwald	Rhön	Schaalsee	Spreewald	Südost-Rügen	Vessertal-Thüringer Wald
"Wären Sie heute auch hier, wenn es das Biosphärenreservat nicht gäbe?" (Alle Besucher n=7.307)						
Ja	97,6%	95,6%	89,4%	95,9%	97,1%	96,4%
Nein	1,2%	2,4%	4,9%	1,1%	0,6%	0,9%
Eventuell	1,2%	2,0%	5,6%	3,1%	2,3%	2,7%
"Wäre Sie auch heute hier, wenn es das Biosphärenreservat nicht gäbe?" (BR-Besucher i.e.S. n=745)						
Ja	54,7%	77,5%	59,0%	68,5%	55,0%	85,1%
Nein	26,6%	9,8%	19,8%	11,2%	10,0%	3,4%
Eventuell	18,8%	12,7%	21,2%	20,2%	35,0%	11,5%
Alternative Abgrenzung 1: Einteilung der Besucher anhand der Biosphärenreservats-Affinität unter Berücksichtigung der Antwortkategorie "Nein" auf die die Frage: "Wären Sie heute auch hier, wenn es das Biosphärenreservat nicht gäbe?" (n=7.307)						
BR-Besucher mit höchster Affinität I	0,9%	1,3%	4,3%	1,0%	0,5%	0,4%
Alternative Abgrenzung 2: Einteilung der Besucher anhand ihrer Biosphärenreservats-Affinität unter Berücksichtigung der Antwortkategorie "Nein" und "Eventuell" auf die die Frage: "Wären Sie heute auch hier, wenn es das Biosphärenreservat nicht gäbe?" (n=7.307)						
BR-Besucher mit höchster Affinität II	1,6%	3,1%	8,8%	2,7%	2,2%	1,7%

Anhang 22: Informationszentren und integrierte Angebote (I)

Biosphären-reservat		Informations-zentren (Ort)	Eröff-nung	Öff-nungs-zeiten	Besuch-erzahlen	Angebote					
						Ausstellungen	Speziell deklarierte BNE Angebote	Vorträge & Führungen	Veranstaltungen & Events	Außenbereich	Regionalladen
Pfälzerwald		Biosphärenhaus Pfälzerwald-Nordvogesen (Fischbach bei Dahn)	2001	Montag bis Freitag	65.000 Besucher zwischen 2011 und 2012	Ausstellung über Kultur- und Naturraum der Biosphärenreservats-Region, Präsentationen über das grenzüberschreitende Biosphärenreservat	Spielstationen, Spielecken für Kinder	Bildervortrag und Gruppenführungen über das Außengelände und über Erlebnisweg	Nacht-Exkursionen	Baum-Wipfel-Pfad seit 2002: Erlebnis-orientierung im Vordergrund	–
		Haus der Nachhaltigkeit (Johanniskreuz); Kooperation mit Landesforsten	2003	saisonal unter-schied-lich	k.A.	Informations- und Servicestelle; Dauerausstellung, ergänzt durch wechselnde Ausstellungen; Filme Herausgabe eines vierteljährlich erscheinenden Newsletters	Bestandteil des UNESCO-Projektes BNE; Newsletter; Veranstaltungen	Vorträge, Fortbildungen, Workshops; „Schaufenster des Waldes": interaktiver Workshop über multifunktional wirkenden Waldbestand; Seminarraum	Veranstaltungen (Online-Veranstaltungs-kalender): z.B. Wandermarathon, Romantische Waldweihnacht, Messe „Zukunftsenergien"	Garten	„Pfälzer Waldladen" mit regionalen Produkten
Rhön	Bayern	Haus der Schwarzen Berge (Wildflecken-Oberbach)	1997	Täglich; saisonal unter-schied-lich		Ausstellung über die Kulturlandschaft ergänzt durch wechselnde Ausstellungen Verschiedene Bereiche des Erholungs- und Freizeitangebots: Tourist-Information mit Information über Freizeittipps, Wanderungen, Wanderkarten	Informations-veranstaltungen für Schulen und Kindergärten	Vorträge, Führungen	Wanderungen, Aktionstage	–	Regionalwarenladen
		Haus der Langen Rhön (Oberelsbach)	2001	Täglich; saisonal unter-schied-lich	29.700 (2011)	Ausstellung über Landschaftsentwicklung und Projekte nachhaltiger Entwicklung in der Rhön; interaktive Ausstellungselemente;	Hausrally und Ausstellung	Kino-Vorträge	Wanderungen, Aktionstage für Kinder, Rundfahrten, Seminare, Kurse	–	–
		Schwarzes Moor (Fladungen)	k.A.	Täglich		Informationen über das Naturschutzgebiet „Lange Rhön"	–	Vermittlung von Landschaftsführern (durch die Rhön oder das Schwarze Moor)	Wanderungen	Rastplatz	Verkauf von Wanderkarten, Literatur und Souvenirs
	Hessen	Groenhoff-Haus (Wasserkuppe)	1998	Täglich; saisonal unter-schied-lich	70.000 (2011)	Dauerausstellung, ergänzt durch wechselnde Ausstellungen Multivisionsschau; Filme	Führungen für Schulklassen und Kindergärten	Fachvorträge, Informations-veranstaltungen	Jugendcamps, Seminare	–	Regionalwarenladen „Rhöner Durchblick"
	Thüringen	Propstei Zella (Zella)	2009	Täglich	51.000 (2011)	Interaktive Ausstellungen; Multivisionsschau;	–	Führungen, Vorträge, Multivisionsschau	Aktionstage für Kinder	Streuobst-lehrpfad	–
		Haus auf der Grenze/Point Alpha (Geisa)	2003	k.A.		Innerdeutsche Grenze, Biosphärenreservat und Grünes Band	k.A.	k.A.	k.A.	Ehemalige Grenzzaun-anlage	–

Anhang 23: Informationszentren und integrierte Angebote (II)

Biosphären-reservat	Infozentren (Ort)	Eröffnung	Öffnungs-zeiten	Besucher-zahlen	Ausstellungen	Angebote			Außenbereich	Regional-laden
						Speziell deklarierte BNE Angebote	Vorträge, Führungen	Veranstaltungen, Events		
Schaalsee	Pahlhaus (Zarrentin am Schaalsee)	1998	Täglich im Sommer, Winter: an Wochen-enden/Feier-tagen	37.600 (2010)	Ausstellung über Biosphärenreservat; wechselnde Ausstellungen, Informationen über touristische Angebote, Informationsmaterial, Wanderkarten	Veranstaltungen für Kinder	Fach- &, Naturvorträge, Moorführungen	Biosphäre-Schaalsee-Markt (von April bis November); Theater für Kinder	Moorlehrpfad; E-Bike Station	–
	Grenzhus (Schlagsdorf)	2000	Täglich	k.A.	Informationen zum Leitmotiv „Grenzen": innerdeutsche Grenze, Revier- und Verbreitungsgrenzen, Klima- und Vegetationsgrenzen der Schaalsee-Region, Grenzen des Wachstums	–	Führungen mit Thema „Grenze"	–	Außenparcours an die ehemalige innerdeutsche Grenze mit Informationen	–
Spreewald	Haus für Mensch und Natur (Lübbenau)	1995 und 1998	Apr.-Okt.: täglich außer Mo; Nov.-Mär.: Die-Fr.	4.700 (2010)	Arten-Infosystem über Flora & Fauna; Interaktive Ausstellung mit Computerspiel	k.A.	Rangertouren	k.A.	k.A.	–
	Schloss-berghof (Burg)		April-Oktober	8.400 (2010)	Informationen über Streusiedlung Burg	k.A.	Rangertouren	Erlebnistage	Natur-Erlebnis-Uhr: barrierefreier Naturerlebnis-Pfad; Kräutergarten	–
	Alte Mühle (Schlepzig)		Wochen-ende	17.000 (2010)	Informationen über Lebensräume Wasser und Wald	k.A.	Ranger-Touren	Seminarraum	k.A.	–
Südost-Rügen	Granitzhaus (bei Binz)	2004	Mai bis Oktober	30.200 (2012)	Ausstellung zum BR, regionale Besonderheiten über Südost-Rügen und über die Geschichte des Granitzhauses	k.A.	k.A.	k.A.	k.A.	–
Vessertal-Thüringer Wald	Informations- und Bildungs-zentrum des Förder-vereins (Frauenwald)	1999	Mo.-Fr. und nach Anmeldung	400 (2013)	Informationen über das Biosphärenreservat	Schüler-programme	Naturkundliche Führungen, geführte Wild-beobachtungen	Schülerprogramme	k.A.	–
	Haus „Am Hohen Stein" (Schmiede-feld am Rennsteig)		2015		Informationen zu den vier Hauptlebensräumen des Biosphärenreservats, Wälder, Wiesen, Bäche, Moore; Informationen zu früher Besiedlungsgeschichte, heutige Kulturlandschaft					–

Quelle: Eigene Darstellung basierend auf den geführten Interviews, Quellen im Anhang 28 sowie MAJEWSKI 2014

Anhang 24: Informations- und Kommunikationsangebote

Biosphärenreservat		Klassische Informationsangebote	Offizielle Webseite	Veranstaltungskalender
Pfälzerwald		Flyer, Postkarten, Ausstellungen, Werbefahnen, Annoncen, Infoboards, Infoblöcke, Broschüren, Karten, Newsletter des „Hauses der Nachhaltigkeit", Pressemitteilungen	ja; gemeinsame, dreisprachige Webseite in Kooperation des GBR	nur online; Veranstaltungskalender des Hauses der Nachhaltigkeit „Naturerlebnis"
Rhön	Bayern Hessen Thüringen	Länderübergreifender Mediendienst, Flyer, Broschüren, Faltblätter, Zeitschrift „Rundblick Rhön", Pressemitteilungen, Newsletter, Pressemitteilungen, Roll-Ups	Von den Verwaltungsstellen gemeinsam betreute Webseite	ja ja ja
Schaalsee		Rad- und Wanderkarten mit Tourentipps, Broschüren, Faltblätter, regelmäßiges Informationsblatt, Flyer, Pressemitteilungen, Öffentlichkeitsarbeit im Rahmen des LandArt Förderprogramms	ja	ja
Spreewald		Zeitschrift ADEBAR, Film über das Biosphärenreservat, Faltblätter, Broschüren & Flyer, Radwanderkarten, Wasserwanderkarten mit Tourentipps, Naturbuch, Pressemitteilungen	Im Internetauftritt der Landesverwaltung Brandenburg eingebunden (seit 2015 neu im CD)	ja
Südost-Rügen		Broschüren, Flyer, Zeitschrift „Biosphärenreservat aktuell", Image-Film, Organisator und Träger der „Rügener Holzmesse" von 1996 bis 2006, Fernsehbeiträge, Informations-Mappe, Pressemitteilungen	ja	nur online
Vessertal-Thüringer Wald		Faltblätter & Flyer, Tourentipps und Wanderrouten, Tagungsbände, Jahresberichte der Verwaltung, Wanderkarten, Pressemitteilungen, verstärkte Kommunikation durch Förderprogramm „Naturerlebnis Biosphäre"	ja	ja

Quelle: Eigene Darstellung basierend auf den geführten Interviews, Quellen im Anhang 28 sowie MAJEWSKI 2014

Anhang 20: Angebote zur Besucherbetreuung, Naturerlebnisangebote und BNE

Biosphären-reservat		Eigene touristische Angebote				In Kooperation entwickelte Angebote
		Angebote zur Besucherbetreuung			Angebote für Kinder und Jugendliche (teilweise in Kooperation)	
		Angebote der Naturwacht	Angebote zertifizierter Naturführer	Natur-führer		
Pfälzerwald		Vorträge und Führungen am „Biosphärenhaus" (durch hausinternes Personal)	Natur- und landeskundliche Führungen, Sportangebote (z.B. Mountainbiketouren) und Erlebnisangebote, Naturerlebniswanderungen, Waldführungen durch Förster	13	Vorträge für Schulklassen im „Biosphärenhaus", Geländeexkursionen, Naturerlebnis-Spiele, themen- und zielgruppen-spezifische Workshops, Erlebnistage, naturhistorische Wanderungen im Naturerlebniszentrum „Wappenschmiede", Walderlebnispfade mit Führung	Deutsch-französische Projekte für Kinder und Jugendliche, Waldführungen, Fachexkursionen, geführte Wanderungen mit Förstern, Biosphären-Trekking: 9 Trekking-Plätze mit Camping-Möglichkeit
Rhön	Bayern	Geführte Wanderungen	Themenwanderungen, Natur- und landeskundliche Führungen, Halbtagswanderungen	16	Aktionstage, Skilanglauf, Wanderungen, „NaturErlebnisCamp", them. Projekte: regionale u. gesunde Lebensmittel, Jugendgruppe „Wanderratten", Angebote in der Umweltbildungsstätte Oberelsbach, Für Kinder gestaltete Homepage „Rhönentdecker" (länderübergreifend)	Bildungsarbeit mit Jugendherberge Wildflecken
	Hessen	Geführte Wanderungen	Natur- und landeskundliche Führungen, Wanderungen (Halbtages-, Tages-, Mehrtageswanderungen), Themenwanderungen, Busbegleitung	39	Führungen für Kindergruppen und Schulklassen (naturkundliche Themen, Energie, Landwirtschaft, Nachhaltigkeit, Klima, Demographischer Wandel), Jugendgruppe „Junior-Ranger"	Bildungsarbeit mit Jugendherbergen Gersfeld, Oberbernhards, Jugendbildungsstätte Wasserkuppe
	Thüringen	Geführte Wanderungen	Themenwanderungen, Natur- und landeskundliche Führungen	10	Führungen für Kindergruppen und Schulklassen (Arten- und Biotopschutz, Regionalgeschichte, BNE, Monitoring), Aktionstage für Kinder, „Junior-Ranger"	Bildungsarbeit mit Jugendherberge Simmershausen, Fototouren mit Naturfotograf
Schaalsee		Führungen, Exkursionen, Themen-wanderungen, Radtouren (E-Bike-Verleih), Bootstouren (See-Pferd-Tour)	Exkursionen, Naturerlebniswanderungen, Seminare	1	Exkursionen, Projekttage, Umweltbildungsprogramme an Biosphäre-Schaalsee-Märkten, Jugendgruppe „Junior-Ranger"	Projekttage mit Bildungsträgern, Kooperation mit Kanu-Center (Regionalmarkenpartner): Kanuwanderfahrten
Spreewald		Wanderungen, Radtouren, Themen-wanderungen, Bootstouren	Natur- und landeskundliche Führungen, geführte Wanderungen, Gästeführung, Kahnfahrten	5	Umweltbildungsangebote für Schulklassen, in touristische Angebote integriert, „Junior-Ranger"	„Flechtwerk Spreewald": Netzwerk Umweltbildung, Führung von Biologin mit Forscher- und Entdeckerkahn „Nautilust", Kooperation mit Kanu-Verleih, Natur-Erlebnis-Uhr: barrierefreier Naturerlebnis-Pfad, Spürnasen im Einsatz, Abenteuer-Kahnfahrt
Südost-Rügen		Natur- und landeskundlich geführte Wanderungen	Natur- und landeskundliche Führungen, Events, Safaris etc.	2.	Wanderungen mit Ranger, Jugendgruppe „Junior-Ranger"	„Urlaubsranger"/„Robbenbotschafter" mit Discover Rügen: Projekte im Bereich Naturschutz und Tourismus, geführte Wanderungen mit Naturführer, Fledermausführung
Vessertal-Thüringer Wald		Natur- und landeskundlich geführte Wanderungen	Tages-, Rad-, Ski-, Schneeschuhtouren, Themenwanderungen, Familientage, Kinderprogramme, Gruppenführungen, Wildbeobachtung	22	Ferientage, Wanderungen, Erlebniswandertage	Wanderungen, Stadtführungen, Familienprogramme, Naturführungen, Wildbeobachtung am „Roten Berg" bei Frauenwald (durch den Förderverein) sowie die Pauschalangebote in Anhang 27

Quelle: Eigene Darstellung basierend auf den geführten Interviews, Quellen im Anhang 28 sowie Majewski 2014

Anhang 26: Wegeinfrastruktur und Besucherlenkung

Biosphärenreservat	Wegeinfrastruktur und Maßnahmen zur Besucherlenkung*
Pfälzerwald	Bewirtschaftete Vereinshütten und Wanderhütten, Naturfreundehäuser, Ausflugslokale, Aussichtstürme, Grillhütten, Jugendzeltplätze, Waldparkplätze mit Rundwanderwegen, markierte Wanderwege, zwei Prädikatswanderwege („Pfälzer Waldpfad", „Pfälzer Weinsteig"), 15 zertifizierte Premiumwanderwege, Mountainbikewege (Mountainbikepark Pfälzerwald), Naturerlebnispfade
Rhön	Lehr- und Naturpfade (zu bestimmten Themen), Markierungen, Informationstafeln, Radwanderwege (Rhönradweg), Mountainbikewege, Skipisten, Skiabfahrtstrecken mit Skilift-Anlagen, Wetterinformationssysteme, markierte Wanderwege, Premiumwanderweg „Der Hochrhöner"
Schaalsee	Markierte Wander- und Radwege (alle beschildert), Besucherlenkung (Hinweis auf Verbot ortsfremder und nicht registrierter Boote), Beobachtungstürme, Erlebnispfade (z.B. Moorerlebnispfad), Themenradrouten, Informationstafeln mit Karten und Informationen
Spreewald	Rastplätze für Wasserwanderer, Informationstafeln, Beobachtungstürme, markierte Wanderwege (z.B. Europaweg E 10), Radwanderwege, Kanufährhäfen, Naturerlebnispfade, Rundwege, Besucherlenkungskonzept für Wassertourismus
Südost-Rügen	Informationstafeln, markierte Rad-, Wander-, Reitwege (aktuelles Projekt: einheitliche Beschilderung auf gesamt Rügen), Ausarbeitung eines Besucherinformationssystems (Informationen zu Naturschutzgebieten, Nutzung historischer Gebäude im Informationssystem, Einbindung des „Rasenden Rolands"), Themenweg „Pfad der Muße und Erkenntnis" in Kooperation mit Michael-Succow-Stiftung
Vessertal-Thüringer Wald	Neu erarbeitetes Besucherlenkungskonzept (stärker verknüpft, reduziert): markierte Rad- und Wanderwege, zwei Prädikatswanderwege, Rundwanderwege, Hochmoorlehrpfad, Wanderparkplätze, Informationstafeln, Skipisten, Aussichtspunkte

* Einige der Angebotselemente sind nicht alleine durch das Biosphärenreservat erstellt. So z.B.: Naturfreundehaus bzw. Vereinshütten im Pfälzerwald, der Themenweg „Pfad der Muße und Erkenntnis" im Biosphärenreservat Südost-Rügen oder der „Hochrhöner" (als Projektpartner). Dennoch stehen die hier aufgeführten Angebotselement in engerem Bezug zum Biosphärenreservat, z.B. im Rahmen von Kooperationsprojekten.
Quelle: Eigene Erhebungen basierend auf den geführten Interviews, Quellen in Anhang 28 sowie MAJEWSKI 2014

Anhang 27: Angebote mit Veranstaltungscharakter und Pauschalangebote

Biosphären-reservat	Erlebnisangebote		Pauschale Naturerlebnisangebote	
	Events	Regionalmärkte	Angebot	Leistungen
Pfälzerwald	Kulinarische Abende (z.B. Wein), Wandermarathon, „Waldweihnacht" am Haus der Nachhaltigkeit	Deutsch-französische Bauernmärkte (Veranstaltet vom Biosphärenreservat Pfälzerwald-Nordvogesen), „Biosphären-Bauernmärkte" mit Nachhaltigkeitskriterien	Schüler- und Gruppenpakete im „Biosphärenhaus" (nicht durch Biosphärenreservat initiiert)	Eintritt „Biosphärenhaus", Baum-Wipfel-Pfad, Falknerei, Biosphären-Vortrag oder Biosphären-Entdeckertour (für Kinder: „Biosphärenhaus"-Rallye)
Rhön	Rhöner Wandertag	Rhöner Wurstmarkt in Ostheim v.d.R., Rhöner Brot- und Biermarkt in Poppenhausen (Partner des Biosphärenreservats), 20-jähriges Jubiläum des Biosphärenreservats 2011: „Markt der Rhöner Ideen" und „Markt der Rhöner Genüsse" in Gersfeld	keine	keine
Schaalsee	Kulinarische Schaalseewochen „Das Beste vom Rind", Roggendorfer Fest mit Regionalmarkenpartnern	Biosphäre-Schaalsee-Markt (Gemeinschaftsinitiative der Biosphärenreservats-Verwaltung und des Fördervereins Biosphäre Schaalsee e.V.): Regionale Produkte und Informationen über die Homepage der Region (Standort PAHLHUUS)	See-Pferd-Tour	Schiffstour, Mittagessen, Moorführung, Kremserfahrt, Führung Informationszentrum PAHLHUUS
			Weitere Pauschalangebote von Partnern sind auf der Homepage verlinkt (z.B. Biber „Jesse" Tours)	z.B. Radwanderungen, Wanderungen, Führungen, Fahrschulen
Spreewald	Birdwatching, Beteiligung Wanderfrühling,-herbst	keine	Rangerlebnistour (Naturwacht Brandenburg)	Geführte Wasserwanderungen mit Booten über Naturwacht Brandenburg
Südost-Rügen		„Rügener Bauernmarkt" (Partner des Biosphärenreservats)	keine	
Vessertal-Thüringer Wald	keine	keine	Entwicklung seit 2008 in Zusammenarbeit mit Hotels und Reiseanbietern	
			„Unterwegs in Thüringen" (Böhlen)	Geführte Wanderwoche: „Zur Bergwiesenblüte in und um das Biosphärenreservat Vessertal-Thüringer Wald"
			Landferienhaus Linde (Langenbach)	Geführte Wanderwochen: „Blühende Bergwiesen", „Sommerwanderwoche", „Hirsch-Brunftzeit"
			Aparthotel Oberhof (Oberhof)	„Natürlich Thüringer Wald", 3 Ü/HP für Individualgäste, „Auf Schuster's Rappen zu den höchsten Gipfeln im UNESCO-Biosphärenreservat Vessertal-Thüringer Wald", 3 Ü/HP für Gruppen
			Hotel Waldmühle (Zella-Mehlis)	„Radtage entlang des Rhön-Rennsteig-Radweges in das UNESCO-Biosphärenreservat Vessertal-Thüringer Wald", 3 Ü/HP für Individualgäste
			Hotel Moosbach (Ilmenau)	„Goethe und der Thüringer Wald", 3 Ü/HP
			Hotel Gastinger (Schmiedefeld)	„Durch's wilde Vessertal – Unterwegs im schönsten Tal Mitteldeutschlands", 5 Ü/4 Touren
			Ringberg Hotel (Suhl)	„Unterwegs im UNESCO-Biosphärenreservat Vessertal-Thüringen Wald", 4 Ü/HP/2 Touren
			Hotel Thüringen (Suhl)	„Das Ursprüngliche erleben im UNESCO-Biosphärenreservat Vessertal-Thüringer Wald", 3 Ü/HP

Quelle: Eigene Darstellung basierend auf den geführten Interviews, Quellen im Anhang 28 sowie MAJEWSKI 2014

Anhang 28: Quellen für die Recherche der touristischen Angebote in Biosphärenreservaten

Veranstaltungskalender 2014

AMT FÜR DAS BIOSPHÄRENRESERVAT SCHAALSEE (Hrsg.) (2014): Veranstaltungskalender 2014. Zarrentin am Schaalsee.

BIOSPHÄRENRESERVAT RHÖN, VERWALTUNG THÜRINGEN (Hrsg.) (2014): Veranstaltungsangebot 2014. Zella/Rhön.

BIOSPHÄRENRESERVAT VESSERTAL-THÜRINGER WALD, VERWALTUNG (Hrsg.) (2014): Veranstaltungskalender Sommer 2014. Schmiedefeld a. Rennsteig.

LANDKREIS FULDA, FACHDIENST BIOSPHÄRENRESERVAT UND NATURPARK HESSISCHE RHÖN (Hrsg.) (2014): Veranstaltungsprogramm Hessische Rhön 2014. Gersfeld.

MINISTERIUM FÜR UMWELT, GESUNDHEIT UND VERBRAUCHERSCHUTZ DES LANDES BRANDENBURG (HRSG.) (2014): Veranstaltungskalender 2014. Lübbenau.

NATURPARK & BIOSPHÄRENRESERVAT BAYERISCHE RHÖN E.V. (Hrsg.) (2014): Jahresprogramm 2014. Oberelsbach.

Evaluierungsberichte

BAYERISCHES STAATSMINISTERIUM FÜR UMWELT UND GESUNDHEIT; HESSISCHES MINISTERIUM FÜR UMWELT, ENERGIE, LANDWIRTSCHAFT UND VERBRAUCHERSCHUTZ; THÜRINGER MINISTERIUM FÜR LANDWIRTSCHAFT, FORSTEN, UMWELT UND NATURSCHUTZ (Hrsg.) (2013): Bericht zur Überprüfung des UNESCO-Biosphärenreservats Rhön 2013. Berichtszeitraum 2003-2013.

LANDESAMT FÜR UMWELT, GESUNDHEIT UND VERBRAUCHERSCHUTZ BRANDENBURG (Hrsg.) (2013): Bericht zur Überprüfung des UNESCO-Biosphärenreservates Spreewald. Berichtszeitraum 2003-2013.

MINISTERIUM FÜR LANDWIRTSCHAFT, UMWELT UND VERBRAUCHERSCHUTZ MECKLENBURG-VORPOMMERN (Hrsg.) (2010): Bewahren und Entwickeln – 10 Jahre Biosphärenreservat Schaalsee 2000-2010. Berichtszeitraum 2000-1010.

MINISTERIUM FÜR LANDWIRTSCHAFT, UMWELT UND VERBRAUCHERSCHUTZ MECKLENBURG-VORPOMMERN (Hrsg.) (2013): Bericht zur Überprüfung des UNESCO-Biosphärenreservates Südost-Rügen. Berichtszeitraum 2003-2013.

THÜRINGER MINISTERIUM FÜR LANDWIRTSCHAFT, FORSTEN, UMWELT UND NATURSCHUTZ (Hrsg.) (2011): Bericht zur Überprüfung des UNESCO-Biosphärenreservats. Berichtszeitraum 2001-2011.

VEREIN NATURPARK PFÄLZERWALD E.V. (Hrsg.) (2013): Bericht zur zweiten periodischen Überprüfung des Biosphärenreservats Pfälzerwald als deutscher Teil des Biosphärenreservat Pfälzerwald-Nordvogesen. Berichtszeitraum 2003-2013.

Internetseiten der Biosphärenreservate

Pfälzerwald

BIOSPHÄRENHAUS PFÄLZERWALD/NORDVOGESEN (Hrsg.) (2014): Biosphärenhaus Ausstellung. URL: http://www.biosphaerenhaus.de/biosphaerenhaus/ausstellung/ueberblick/ (Abrufdatum: 17.11.2014).

BIOSPHÄRENHAUS PFÄLZERWALD/NORDVOGESEN (Hrsg.) (2014): Schulklassen. URL: http://www.biosphaerenhaus.de/gruppenangebote/schulklassen/ (Abrufdatum: 17.11.2014).

BIOSPHÄRENHAUS PFÄLZERWALD/NORDVOGESEN (Hrsg.) (2014): Vorträge und Gruppenführungen. URL: http://www.biosphaerenhaus.de/gruppenangebote/vortraege-und-gruppenfuehrungen/ (Abrufdatum: 17.11.2014).

MINISTERIUM FÜR UMWELT, LANDWIRTSCHAFT, ERNÄHRUNG, WEINBAU UND FORSTEN (Hrsg.) (2014): Haus der Nachhaltigkeit. URL: http://www.hdn-pfalz.de/ (Abrufdatum: 17.11.2014).

MINISTERIUM FÜR UMWELT, LANDWIRTSCHAFT, ERNÄHRUNG, WEINBAU UND FORSTEN (Hrsg.) (2014): Winteröffnungszeiten. URL: http://www.hdn-pfalz.de/index.php?id=33 (Abrufdatum: 17.11.2014).

NATURPARK PFÄLZERWALD (Hrsg.) (2014): Geführte Touren mit zertifizierten Natur- und LandschaftsführerInnen im Pfälzerwald. URL: http://www.pfaelzerwald.de/ (Abrufdatum: 17.11.2014).

NATURPARK PFÄLZERWALD (Hrsg.) (2014): Offizielle Webseite des Trägervereins Naturpark Pfälzerwald. URL: www.pfaelzerwald.de (Abrufdatum: 19.11.2014).

NATURPARK PFÄLZERWALD (Hrsg.) (2014): Veranstaltungstermine des Naturparks im Jahr 2014. URL: http://www.pfaelzerwald.de/ (Abrufdatum: 17.11.2014).

Rhön

VEREIN NATUR UND LEBENSRAUM RHÖN (Hrsg.) (2014): Informationszentren. URL: http://biosphaerenreservat-rhoen.de/236-infozentren-im-biosphaerenreservat-rhoen (Abrufdatum: 17.11.2014).

VEREIN NATUR UND LEBENSRAUM Rhön (Hrsg.) (2014): Lehr- und Naturpfade. URL: http://biosphaerenreservat-rhoen.de/naturlehrpfade (Abrufdatum: 24.11.2014).

VEREIN NATUR UND LEBENSRAUM RHÖN (Hrsg.) (2014): Mountainbiking. URL: http://biosphaerenreservat-rhoen.de/242-mountainbiking (Abrufdatum: 24.11.2014).

VEREIN NATUR UND LEBENSRAUM RHÖN (Hrsg.) (2014): Offizielle Webseite des Biosphärenreservats Rhön. URL: www.brrhoen.de (Abrufdatum: 24.11.14).

VEREIN NATUR UND LEBENSRAUM RHÖN (Hrsg.) (2014): Presse- und Infomaterial zum Download. URL: http://biosphaerenreservat-rhoen.de/broschueren (Abrufdatum: 24.11.2014).

VEREIN NATUR UND LEBENSRAUM RHÖN (Hrsg.) (2014): Radwandern. URL: http://biosphaerenreservat-rhoen.de/241-radwandern (Abrufdatum: 24.11.2014).

VEREIN NATUR UND LEBENSRAUM RHÖN (Hrsg.) (2014): Rhönentdecker. URL: http://rhoenentdecker.de/ (Abrufdatum: 25.11.2014).

VEREIN NATUR UND LEBENSRAUM RHÖN (Hrsg.) (2014): Wintersport in der Rhön. URL: http://biosphaerenreservat-rhoen.de/243-wintersport-in-der-rhoen (Abrufdatum: 24.11.2014).

Schaalsee

AMT FÜR DAS BIOSPHÄRENRESERVAT SCHAALSEE (Hrsg.) (2014): Aktivitäten. URL: http://www.schaalsee.de/inhalte/seiten/erholung/aktivitaeten.php (Abrufdatum: 18.11.2014).

AMT FÜR DAS BIOSPHÄRENRESERVAT SCHAALSEE (Hrsg.) (2014): BiosphärenBand Elbe-Schaalsee: Regionale Produkte, Ausstellungen, Ausflugstipps. URL: http://www.schaalsee.de/inhalte/seiten/biosphaerenband/biosphaerenband.php (Abrufdatum: 18.11.2014).

AMT FÜR DAS BIOSPHÄRENRESERVAT SCHAALSEE (Hrsg.) (2014): Das „GRENZHUUS". URL: http://www.schaalsee.de/inhalte/seiten/regionalmarke/grenzhuus.php (Abrufdatum: 18.11.2014).

AMT FÜR DAS BIOSPHÄRENRESERVAT SCHAALSEE (Hrsg.) (2014): Exklusive Pauschalangebote buchbar für die Saison 2014. URL: http://www.schaalsee.de/inhalte/seiten/erholung/pauschalangebote.php (Abrufdatum: 18.11.2014).

AMT FÜR DAS BIOSPHÄRENRESERVAT SCHAALSEE (Hrsg.) (2014): Moorerlebnispfad mit neuen Exponaten ausgestattet. URL: http://www.schaalsee.de/inhalte/seiten/presse/2012/12-12moorpfad.php (Abrufdatum: 18.11.2014).

AMT FÜR DAS BIOSPHÄRENRESERVAT SCHAALSEE (Hrsg.) (2014): Offizielle Webseite des Biosphärenreservats Schaalsee. URL: www.schaalsee.de (Abrufdatum: 18.11.14).

AMT FÜR DAS BIOSPHÄRENRESERVAT SCHAALSEE (Hrsg.) (2014): Vögel. URL: http://www.schaalsee.de/inhalte/seiten/landschaft/voegel.php (Abrufdatum: 18.11.2014).

AMT FÜR DAS BIOSPHÄRENRESERVAT SCHAALSEE (Hrsg.) (2014): Wandern und Radfahren im Biosphärenreservat Schaalsee. URL: http://www.schaalsee.de/inhalte/seiten/erholung/wandern_radfahren.php (Abrufdatum: 18.11.2014).

FÖRDERVEREIN BIOSPHÄRE SCHAALSEE E.V. (Hrsg.) (2014): See-Pferd-Tour. URL: http://www.see-pferd-tour.de/ (Abrufdatum: 18.11.2014).

Spreewald

MINISTERIUM FÜR LÄNDLICHE ENTWICKLUNG, UMWELT UND LANDWIRTSCHAFT BRANDENBURG (Hrsg.) (2014): Offizielle Webseite des Landesamt für Umwelt, Gesundheit und Verbraucherschutz Brandenburg. URL: www.lugv.brandenburg.de (Abrufdatum: 19.11.2014).

MINISTERIUM FÜR LÄNDLICHE ENTWICKLUNG, UMWELT UND LANDWIRTSCHAFT BRANDENBURG (Hrsg.) (2014): Haus für Mensch und Natur Lübbenau. URL: http://www.mlul.brandenburg.de/cms/detail.php/lbm1.c.377669.de (Abrufdatum: 19.11.2014).

MINISTERIUM FÜR LÄNDLICHE ENTWICKLUNG, UMWELT UND LANDWIRTSCHAFT BRANDENBURG (Hrsg.) (2014): In der Alten Mühle Schlepzig "Unter Wasser unterwegs" sein. URL: http://www.mlul.brandenburg.de/cms/detail.php/lbm1.c.377605.de (Abrufdatum: 19.11.2014).

MINISTERIUM FÜR LÄNDLICHE ENTWICKLUNG, UMWELT UND LANDWIRTSCHAFT BRANDENBURG (Hrsg.) (2014): Kahnfahrten. URL: http://www.mlul.brandenburg.de/cms/detail.php/lbm1.c.374877.de (Abrufdatum: 19.11.2014).

MINISTERIUM FÜR LÄNDLICHE ENTWICKLUNG, UMWELT UND LANDWIRTSCHAFT BRANDENBURG (Hrsg.) (2014): Naturbeobachtung. URL: http://www.mlul.brandenburg.de/cms/detail.php/lbm1.c.382222.de (Abrufdatum: 19.11.2014).

MINISTERIUM FÜR LÄNDLICHE ENTWICKLUNG, UMWELT UND LANDWIRTSCHAFT BRANDENBURG (Hrsg.) (2014): Naturerleben mit allen Sinnen auf dem Schlossberghof Burg. URL: http://www.mlul.brandenburg.de/cms/detail.php/lbm1.c.377650.de (Abrufdatum: 19.11.2014).

MINISTERIUM FÜR LÄNDLICHE ENTWICKLUNG, UMWELT UND LANDWIRTSCHAFT BRANDENBURG (Hrsg.) (2014): Natur- und Erlebnispfade. URL: http://www.mlul.brandenburg.de/cms/detail.php/lbm1.c.374887.de (Abrufdatum: 19.11.2014).

MINISTERIUM FÜR LÄNDLICHE ENTWICKLUNG, UMWELT UND LANDWIRTSCHAFT BRANDENBURG (Hrsg.) (2014): Orientierung für Wasserwanderer. URL: http://www.mlul.brandenburg.de/cms/detail.php/lbm1.c.382233.de (Abrufdatum: 19.11.2014).

MINISTERIUM FÜR LÄNDLICHE ENTWICKLUNG, UMWELT UND LANDWIRTSCHAFT BRANDENBURG (Hrsg.) (2014): Paddeln. URL: http://www.mlul.brandenburg.de/cms/detail.php/lbm1.c.374878.de (Abrufdatum: 19.11.2014).

MINISTERIUM FÜR LÄNDLICHE ENTWICKLUNG, UMWELT UND LANDWIRTSCHAFT BRANDENBURG (Hrsg.) (2014): Publikationen. URL: http://www.lugv.brandenburg.de/cms/detail.php/bb1.c.375444.de (Abrufdatum: 19.11.2014).

MINISTERIUM FÜR LÄNDLICHE ENTWICKLUNG, UMWELT UND LANDWIRTSCHAFT BRANDENBURG (Hrsg.) (2014): Radtouren durch den Spreewald. URL: http://www.mlul.brandenburg.de/cms/detail.php/lbm1.c.374882.de (Abrufdatum: 19.11.2014).

MINISTERIUM FÜR LÄNDLICHE ENTWICKLUNG, UMWELT UND LANDWIRTSCHAFT BRANDENBURG (Hrsg.) (2014): Wandern und Nordic Walking. URL: http://www.mlul.brandenburg.de/cms/detail.php/lbm1.c.374883.de (Abrufdatum: 19.11.2014).

Südost-Rügen

AMT FÜR DAS BIOSPHÄRENRESERVAT SÜDOST-RÜGEN (Hrsg.) (2014): Die Naturschutz-Millionäre Rügens. URL: http://www.biosphaerenreservat-suedostruegen.de/de/willkommen/presse/die_naturschutz_millionaere_ruegens (Abrufdatum: 20.11.2014).

AMT FÜR DAS BIOSPHÄRENRESERVAT SÜDOST-RÜGEN (Hrsg.) (2014): Die Ranger im Biosphärenreservat Südost-Rügen – Dienstleister und Ansprechpartner vor Ort. URL: http://www.biosphaerenreservat-suedostruegen.de/de/das_amt/ranger (Abrufdatum: 20.11.2014).

AMT FÜR DAS BIOSPHÄRENRESERVAT SÜDOST-RÜGEN (Hrsg.) (2014): Geführte Wild- und Heilkräuterwanderungen und Führungen zu Hügel- und Großsteingräbern. URL: http://www.biosphaerenreservatsuedostruegen.de/de/partner/partner_des_biosphaerenreservates/partnerunternehmen/gefuehrte_wild_und_heilkraeuterwanderungen_und_fuehrungen_zu_huegel_und_grosssteingraebern (Abrufdatum: 20.11.2014).

AMT FÜR DAS BIOSPHÄRENRESERVAT SÜDOST-RÜGEN (Hrsg.) (2014): Offizielle Webseite des Biosphärenreservats Südost-Rügen. URL: www.biosphaerenreservat-suedostruegen.de (Abrufdatum: 20.11.2014).

Vessertal-Thüringer Wald

UNESCO-BIOSPHÄRENRESERVAT VESSERTAL-THÜRINGER WALD (Hrsg.) (2014): Offizielle Webseite des Biosphärenreservats Vessertal-Thüringer Wald. URL: www.biosphaerenreservat-vessertal.de (Abrufdatum: 20.11.2014).

UNESCO-BIOSPHÄRENRESERVAT VESSERTAL-THÜRINGER WALD (Hrsg.) (2014): Ausflugsziele vom Bahnhof Rennsteig aus. URL: http://www.biosphaerenreservat-vessertal.de/de/bahnhof-rennsteig/unterwegs-mit-dem-rad/#inhalt (Abrufdatum: 20.11.2014).

UNESCO-BIOSPHÄRENRESERVAT VESSERTAL-THÜRINGER WALD (Hrsg.) (2014): Fünf empfohlene Wanderrouten. URL: http://www.biosphaerenreservat-vessertal.de/de/naturselbsterkunden/rund-index/#inhalt (Abrufdatum: 20.11.2014).

UNESCO-BIOSPHÄRENRESERVAT VESSERTAL-THÜRINGER WALD (Hrsg.) (2014): Qualitätswanderwege im Mittleren Thüringer Wald. URL: http://www.biosphaerenreservat-vessertal.de/de/naturselbsterkunden/qualitaetswege/#inhalt (Abrufdatum: 20.11.2014).

UNESCO-BIOSPHÄRENRESERVAT VESSERTAL-THÜRINGER WALD (Hrsg.) (2014): Unterwegs auf dem Moorsteg. URL: http://www.biosphaerenreservat-vessertal.de/de/naturselbsterkunden/unterwegs-auf-dem-moorsteg/#inhalt (Abrufdatum: 20.11.2014).

UNESCO-BIOSPHÄRENRESERVAT VESSERTAL-THÜRINGER WALD (Hrsg.) (2014): Wandern bei Breitenbach. http://www.biosphaerenreservat-vessertal.de/de/naturselbsterkunden/rund-breitenbach/ (Abrufdatum: 20.11.2014).

www.ingramcontent.com/pod-product-compliance
Lightning Source LLC
Chambersburg PA
CBHW080225270326

41926CB00020B/4150